Teneriffa

»Gleichsam an der Pforte der Tropen und doch nur wenige Tagereisen von Spanien gelegen, hat Teneriffa schon ein gut Theil der Herrlichkeit aufzuweisen, mit der die Natur die Länder zwischen den Wendekreisen ausgestattet (hat).«

Alexander von Humboldt (1769-1859)

am 23.6.1799 in einem Brief aus Puerto de la Cruz (damals Puerto Orotava) an seinen Bruder Wilhelm

Teneriffa

Eyke Berghahn, Petrima Thomas,
Hans-R. Grundmann

Eyke Berghahn
Petrima Thomas
Hans-R. Grundmann

Teneriffa

5. komplett überarbeitete und aktualisierte Auflage 2010
(mit separater Straßenkarte und Wanderbeilage)
ist erschienen im
Reise Know-How Verlag
ISBN 978-3-89662-257-0

Gestaltung
Umschlag: Carsten C. Blind/Asperg, Hans-R. Grundmann
Satz und Layout: Hans-R. Grundmann/Carsten Blind
Fotos: siehe Nachweis auf Seite 549
Karten: map solutions, Karlsruhe

Druck
W. Zertani, Druckerei und Verlag, Bremen

Dieses Buch ist in jeder Buchhandlung
in Deutschland, Österreich und der Schweiz erhältlich.
Die Bezugsadressen für den Buchhandel sind

- Prolit Gmbh, 35463 Fernwald
- Buch 2000, CH-8910 Affoltern
- Mohr & Morawa GmbH, A-1230 Wien
- Barsortimenter

Wer im lokalen Buchhandel Reise Know-How-Bücher nicht findet, kann diesen und andere Titel der Reihe auch im Buchshop des Verlages im Internet bestellen: **www.reisebuch.de**

Zur Konzeption dieses Buches

Jahr für Jahr reisen eine Mio. Deutsche nach Teneriffa. Die meisten haben eine Pauschalreise und hoffentlich den »richtigen« Ort und die »richtige« Unterkunft gebucht. Andere verlassen sich auf bereits gemachte eigene Erfahrungen oder gute Tipps von Freunden bei der individuellen Buchung von Ferienort und Quartier. So oder so hat man nur so rechte Freude im Urlaub, wenn Orts-, Hotel- oder Apartmentwahl den Vorstellungen entsprechen.

Viele Reiseführer bieten in dieser Hinsicht nur begrenzt Entscheidungshilfen, denn im Vordergrund stehen meist allgemeine, häufig zu freundliche Kennzeichnungen der Ortscharakteristika und Sehenswürdigkeiten. **Dieses Buch** dagegen hilft u.a. bei der Standortfrage durch sorgfältige Beschreibung der Hotelstruktur in den verschiedenen Touristenorten und mit begründeten Empfehlungen. **Besondere Berücksichtigung** erfahren aber auch veranstalterunabhängige Häuser, Alternativen wie ***Casas Rurales*** (kleine *Fincas* und/oder Apartments im Hinterland) und die zunehmende Zahl schöner **Landhotels** abseits des Massentourismus.

Das Buch gibt außerdem Antworten auf alle weiteren Fragen der Urlaubsplanung und -gestaltung. Das **Hauptgewicht** liegt auf den Kapiteln im Teil **»Teneriffa selbst entdecken«**. Alle reizvollen Ausflugsrouten, vornehmlich für Mietwagen, teilweise aber auch mit dem gut ausgebauten öffentlichen Bussystem, sind detailliert ausgeführt und eng verknüpft mit der Beschreibung von Städten, Orten, Naturschönheiten und geologischen Besonderheiten am Wegesrand. **Eine Straßenkarte** auf neuestem Stand liegt bei. Alle Kapitel wurden ergänzt mit zahlreichen informativen **Themenkästen** und **Essays**, die kulturelle und historische Phänomene dort erläutern, wo sie geographisch »passen«. Integriert in die Routenkapitel sind viele **Wanderhinweise** und – in einigen Fällen – auch genaue Wegbeschreibungen. Weitere Vorschläge für längere Wanderungen finden sich im separaten Heft **»Wandern auf Teneriffa«** von Götz Kampmann.

Für die Einkehr unterwegs gibt es eine große **Restaurantauswahl** an Strecken und in Orten mit Öffnungszeiten, Preisniveau und Lage, sowohl für einfache,. preiswerte Lokale mit guter kanarischer Küche, als auch für Spezial- und Spitzenrestaurants. Darüberhinaus haben wir ein zusätzliches Kapitel den Eigenheiten von **Essen und Trinken auf Teneriffa** gewidmet.

Im abschließenden dritten Teil des Buches finden sich unter der Überschrift **»Teneriffa Wissen«** Beiträge zu Geschichte, Wirtschaft und Kultur von den Ureinwohnern, den Guanchen, bis zur Gegenwart, zum Geheimnis des »ewigen« Inselfrühlings und zu neuen Erkenntnissen über die insulare Vulkankette am Rande Europas. Viel Raum haben wir der beachtlichen **Flora Teneriffas** eingeräumt. Was nicht bereits entlang der Routen behandelt wurde, ist in einem **Sonderkapitel zur Vegetation** dokumentiert und illustriert. Wir danken Herrn Hermann Schmidt aus Nürnberg für seine Mithilfe bei diesem Kapitel.

Unser Dank für ihre kenntnisreichen Artikel gilt ferner Hans Beter, Klaus Schwidrowski und Dr. Lothar Mayring, die auf Teneriffa leben. Eine Übersicht aller Essays findet sich auf Seite 10, aber auch integriert in der Inhaltsübersicht.

Eine gute Zeit auf Teneriffa wünschen Ihnen

Petrima Thomas, Eyke Berghahn und Hans-R. Grundmann

TEIL 1 FERIENZIEL TENERIFFA

Unterkunftsempfehlung · Restaurantempfehlung · Cafeteria, Bar, Kneipe · Wanderhinweis

Themen und Essays rund um Teneriffa

Ferienziel
Teneriffa

1. Was bietet Teneriffa?

1.1 Teneriffa als Teil der Kanaren

Makaronesien

Die kanarischen Inseln zählen zu Makaronesien (griechisch für »glückselige Inseln«), einer Gruppe von Archipelen vor der nordwestafrikanischen Küste, zu denen auch die portugiesischen Kapverden, Madeira und die Azoren mitten im Atlantik gehören. Sie alle sind vulkanischen Ursprungs und wurden über Jahrhunderte immer wieder mit dem versunkenen Kontinent **Atlantis** in Verbindung gebracht (➢ Seite 478). Das kanarische Archipel besteht aus **sieben Inseln** (von Ost nach West: Lanzarote, Fuerteventura, Gran Canaria, Teneriffa, La Gomera, La Palma und El Hierro), die sich auf einer Fläche von 500 km x 200 km verteilen. Die kürzeste Entfernung (von Fuerteventura) nach Afrika beträgt knapp 100 km, nach Europa (Cadiz-Teneriffa) ca. 1.200 km.

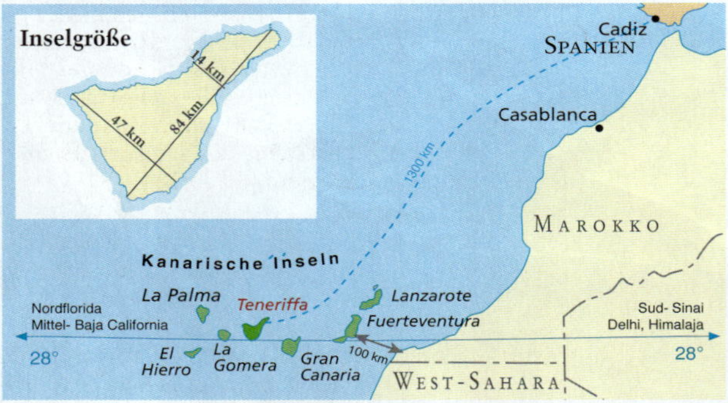

Lage und Klima

Die Inseln liegen um den 16. Längengrad und den 28. und 29. Breitengrad (➢ Seite 14) und damit auf gleicher Höhe wie Florida (Orlando), die *Baja California* von Mexiko, Delhi, das Himalaya-Gebirge und Ägyptens Süd-Sinai. Nur auf Hawaii findet man auf dieser Breite (ca. 500 km nördlich des nördlichen Wendekreises auf 23,5°) das ganze Jahr ein ähnlich mildes Klima. Grund dafür sind die kühlen Luft- und Meeresströme (der Nordostpassat und der Kanarenstrom), die wie eine Klimaanlage wirken. Im Sommer frischen sie die Wüstenhitze der nahen Sahara auf. Von November bis Februar kommen mit angenehmen 23°C Frühlingsgefühle im Winter auf. Bei beachtlich geringer Luftfeuchtigkeit (55%-65%) sinken die Jahresdurchschnittstemperaturen an den Küsten durchweg nachts kaum unter 15°C und klettern am Tag selten über 30°C. Auch der Atlantik bietet bei Wassertemperaturen von 19°-24° das ganze Jahr über Badefreuden. Dazu lacht die Sonne am Rande des beständigen Azorenhochs täglich 6-12 Stunden (3000/Jahr), es bleibt 11 (Winter) bis 14 (Sommer) Stunden hell(➢ Seite 33), und je nach Jahreszeit gibt es maximal 5 Regentage/Monat.

Ganzjährige Saison

Während die mediterranen Urlaubsorte in Griechenland, Italien, der Türkei und auf der Iberischen Halbinsel von Mitte Oktober bis Mitte Mai ihren Betrieb einstellen oder auf Sparflamme setzen, herrscht auf den kanarischen Inseln ganzjährig Saison. Ab Oktober fliegen die Nord- und Mitteleuropäer ein, weil es ihnen zu Hause zu naß und kalt wird; im Sommer kommen die Festlandspanier, weil es ihnen daheim zu heiß ist. Ihren Touristenboom verdanken die Kanaren diesem traumhaften Klima. Sie haben im Winterhalbjahr das sommerlichste Wetter ganz Europas und im Juli/August die frischeste Mittelmeer-Wärme.

Die zwei Seiten der Kanaren

Dieses Traumklima hat freilich zwei Seiten: Garantie für Sonne im Winter bieten die hohen und bergigen Inseln (Teneriffa, Gran Canaria, La Palma und La Gomera) nur auf der kargen Südhälfte und Wärme nur in Küstennähe. An den grünen Nordhängen dagegen lassen gelegentliche Regenschauer eine reiche kanarische Flora sprießen und drücken die Temperaturen um 3°-4°C.

Urlaubskonkurrenten

Die kanarischen Inseln behaupten sich bisher gegenüber konkurrierenden Reisezielen an der nordafrikanischen Küste und am Roten Meer. Dort erwarten den Nord- und Mitteleuropäer zwar warme Wellen, z. T. auch schönere Strände und exotische Kulturen. Dafür sind Naher Osten und die südlichen Mittelmeer-Anrainer politisch unsicherer und landschaftlich einseitiger als das kanarische Landschafts-Kaleidoskop.

Nur mit den Fernreisezielen weit im Westen (Karibik, Florida) oder Osten (Thailand, Indonesien) haben die Inseln des ewigen Frühlings ernsthafte Konkurrenz in punkto Strandqualität, Exotik, fremder Kultur und Preisniveau vor Ort. Dafür verdoppelt sich die Flugzeit bei Reisen über den Atlantik und verdreifacht sich gar in den Fernen Osten. Je nachdem, wohin es geht, schmälern dabei die mitgebuchten Jetlag-Beschwerden den Erholungswert zu Urlaubsbeginn oder -ende um ein paar Tage. Der **Zeitunterschied** zwischen Mitteleuropa und den Kanaren von nur minus einer Stunde bringt dagegen keine Probleme mit sich.

Sieben Inseln

Jede kanarische Insel hat ihre eigene Couleur, ein anderes Image und ihre spezifischen landschaftlichen Reize:

- **Lanzarote** ist die schwarze, vulkanischste, steinigste, exotischste und kahlste Insel, hat dunkle wie helle Sandstrände und nur wenig Flora
- **Fuerteventura**, die windige, gilt mit ihren kilometerlangen hellen Sandstränden und Dünenlandschaften an einigen Küstenabschnitten als die gold-gelbe Insel.
- **Gran Canaria** ist die rotbraune, nach La Palma dritthöchste (bis 2 000 m) Insel mit weiten gelben Stränden und hohen Dünen im Süden. Außerdem fungiert sie als Handels- und Versorgungszentrum der gesamten kanarischen Inselwelt.
- **La Palma** ist die grüne, die ***Isla Bonita*** (schöne Insel), mit subtropischer Vegetation, Gebirge bis 2.500 m Höhe, und kaum Stränden. Sie gilt als Beispiel für (bisher) sanften Tourismus.

- **La Gomera**, die zauberhafte Insel, ist grüngrau, kegelförmig steil (1.500 m) mit abgelegenen Schluchten, ausgedehnten Lorbeerwäldern und 120.000 Palmen, das Traumeiland vieler Rucksacktouristen und neuerdings auch Geheimtip für Superreiche.
- **El Hierro**, die eiserne (*hierro* = Eisen) Insel, ist schwarz-grün, windzerzaust und von herber Anmut. Die kleinste Kanareninsel am westlichen Ende Europas erinnert auf ihrem zentralen Hochplateau ein Stück an Irland.
- **Teneriffa** inmitten dieser Inselwelt ist die größte, die anderen überragende der feurigen Geschwister. Vielleicht hat sie deswegen von allem etwas. Sie gilt zu Recht als die vielfältigste Insel, die auch nach wiederholten Besuchen noch landschaftliche Überraschungen bereithält.

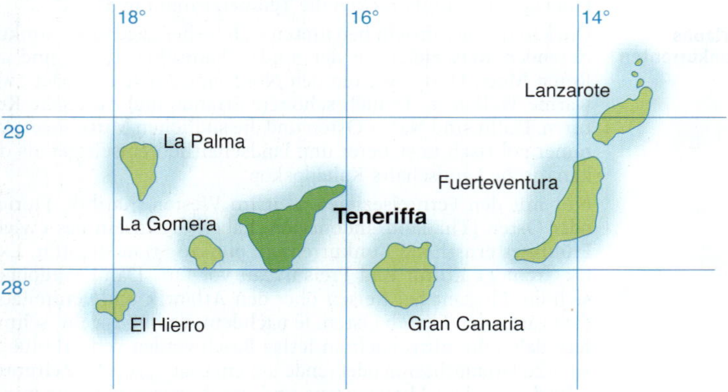

Entstehung der Insel Teneriffa

Ein Bruchsystem in der ozeanischen Platte in Form eines nach links unten gekippten Y formte Teneriffa. Die beiden Arme des Y, die Nordwestecke (Tenogebirge) und die Südwestecke (Gegend um Adeje) laufen in einem Winkel von etwa 120° dort zusammen, wo sich heute das Teidemassiv befindet. Das »Standbein« des Y bildet die ***Cordillera Dorsal*** (auf der Linie zwischen Teide und La Laguna) mit dem abschließenden Anagagebirge.

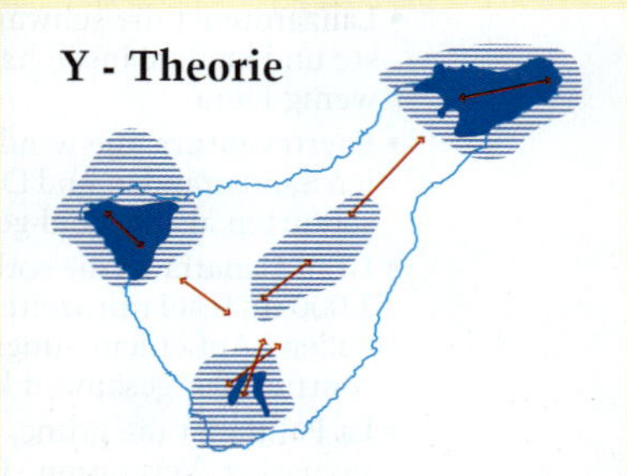

1. Spaltenvulkanismus

Diese drei zunächst unverbundenen Gebiete (Teno/Adeje/Anaga) wurden vor etwa 7-5 Mio. Jahren aus harten basaltischen Laven aufgebaut. Der Druck aus tiefer liegenden Magmakammern brach das Gestein immer wieder auf. In den entstandenen Spalten stieg Magma hoch.

Heute, nach vielen Millionen Jahren der Erosion, ist nur noch das harte eingeschlossene Gestein in den Spalten übriggeblieben. Die eng nebeneinander stehenden Felsen machen deutlich, daß immer wieder Spalten aufgebrochen wurden (➢ *Diques* bzw. Gänge, Seiten 168 und 280).

2. Rückgrat

Später, vor ca. 3-2 Mio. Jahren bildete sich das von Nordost nach Südwest gerichtete Spaltensystem, auf dessen Kamm die Straße von La Laguna zum Teide-Nationalpark verläuft (➢ östliche Teideauffahrt, Seite 397ff). Große Mengen Lava flossen punktuell seitlich nach Norden und Süden aus, welche heute u. a. die Begrenzungen (*Laderas*) der Täler von Orotava, Güímar und Icod bilden.

Eine andere Theorie besagt, das Orotavatal habe erst durch die Zerstörung des riesigen Vulkans, der ein Vorläufer des *Teide* war, sein jetziges Gesicht bekommen (➢ *Cañadas*, Seite 417ff).

3. Urvulkan

In der nächsten Phase verlagerte sich der Vulkanismus auf das Ende der stetig ansteigenden *Cordillera Dorsal* Rückgrat), dem Gebiet des heutigen Teide. Im Gegensatz zu den bisher linear aneinandergereihten »Öffnungsspalten« bildete sich ein zentraler Vulkan, voraussichtlich mächtiger und höher als der Teide.

Auch die Zusammensetzung des vulkanischen Materials änderte sich. Waren es bisher basaltische Laven, trat jetzt trachytische und phonolytische Lava aus (➢ Lexikon Seite 437f).

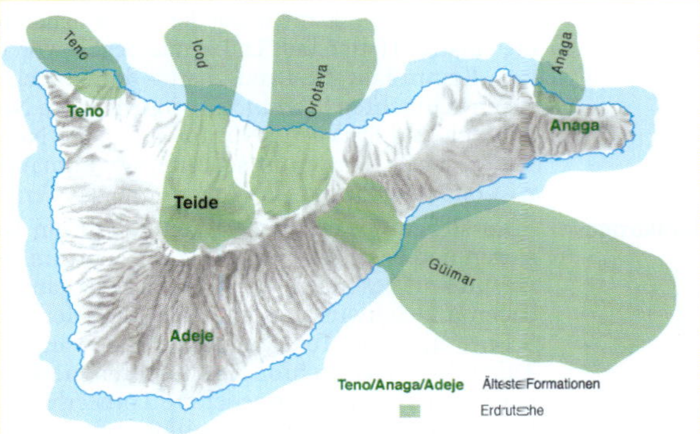

Erdrutsche am Calderarand, ➢ Seite 321

4. Zerstörung des Urvulkans

Vor etwa 170 000 Jahren stürzte der Urvulkan nach gewaltigen Ausbrüchen ein und veränderte durch die ungeheure Menge des sich neu verteilenden Gesteins die Gestalt Teneriffas.

5. Teide Im entstandenen Kessel (*Caldera*) bildeten sich neue Vulkane, aus denen das heute bestehende Teidemassiv mit dem *Pico Viejo* hervorging (➢ Seite 417).

6. Jüngerer Vulkanismus Vor allem zur östlichen und südlichen Flanke der Insel wurden während einer späteren Phase in explosiven Eruptionen Aschewolken und Lockermaterialen (Bimsstein, Tuffs, Lapilli, ➢ Seiten 408+437f) ausgestoßen, die das ältere Gestein überdeckten und neues Terrain vom Meer hinzugewannen. Außerdem bildeten sich bis in die Neuzeit hinein an den Hängen rund um die Insel – mit Ausnahme der Anaga-und Tenoregionen – in unterschiedlicher Dichte weit über 100 kleine Aschekegel heraus (➢ Seiten 407).

Der jüngste Vulkanismus der Insel stellt die Verbindung zwischen dem Teidemassiv und dem Teno her. Davon zeugen die schwarzen noch unverwitterten und nicht mit Erde bedeckten Gesteinsmassen der Ausbrüche der *Montaña Negra* (1706), der *Narices de Teide* (1798) und des *Chinyero* (1906); ➢ Seiten 279 und 350). Zur Entstehung des gesamten Archipels ➢ Seite 434.

1.2 Die Landschaften Teneriffas

1.2.1 Übersicht

Prägende Geologie Teneriffa gleicht einem gleichschenkeligen Dreieck, dessen spitzer Winkel nach Nordosten zeigt. Etwas oberhalb des Dreieckschwerpunkts ragt der kegelförmige Teide (3.715m) aus einer riesigen, 2.200 m hohen Kraterebene (*Las Cañadas*), von der sich ein kiefernbewaldeter Bergkamm (*Cumbre Dorsal*) nach Nordosten zieht. Er läuft in einer ausgedehnten Senke aus, dem *Valle de Aguere* (ca. 500-600 m), in der der Nordflughafen (*Los Rodeos*) und die einstige Hauptstadt La Laguna liegen. Von den *Cañadas* bzw. dem Kamm fällt die Landschaft – durchbrochen von vielen z.T. tiefen Schluchten (*Barrancos*) – ins Meer; im Norden steiler als an der Süd- und Ostküste. Nur im äußersten Nordosten und Nordwesten ragen wiederum schroffe, wildromantische Massive bis zu 1.000 m Höhe auf, das Anaga- und das Tenogebirge.

Mikrokosmos »Auf sieben Inseln um die Welt« heißt ein kanarischer Werbeslogan und beschreibt Teneriffa im Zentrum dieses kleinen Universums als besonders mannigfaltig: Das ganze Jahr über Sonnenbaden und Schwimmen im Meer (zuweilen November bis April Schnee auf dem Teidegipfel), pechschwarze Lavawüsten, helle Tuffstein-Felder, schroffe Schluchten neben bizarren Felsformationen (*Roques*), ausgedehnte Lorbeerbaum- (*Laurisilva*) und Kiefernwälder, senkrechte Steilküsten oder schwarze Sandbuchten und immergrüne, blühende Gartenlandschaften. Was im kanarischen Mikrokosmos fehlt, sind Seen, Flüsse und Auen.

Umbruch Erst seit Mitte des 20. Jahrhunderts erlebte das Naturparadies Teneriffa radikale Eingriffe. Insbesondere an den Küsten und unteren Hanglagen wurde eine moderne Infrastruktur geschaffen, die für die kleine Insel vergleichsweise mächtig ist: Ein im Norden und Süden extrem dichtes Straßennetz mit einer um Dreiviertel der Insel laufenden Ringautobahn, zwei internationale Flughäfen und im Großraum Santa Cruz/La Laguna – mit 380.000 Einwohnern etwas größer als Mannheim – zahlreiche ambitionierte Großstadtprojekte internationaler Architekten.

Zersiedelung

Viele Küstenabschnitte sind total zersiedelt, um die alten Dorfkerne herum drängen sich engstehende, manchmal unverputzte Zementblockhäuser, Ortskerne lassen sich kaum noch erkennen. Erst nach einem einjährigen Baustopp für neue touristische Anlagen im Jahr 2001, den man aber kaum einhielt, wurde forciert an einem inselweiten Raumordnungsplan gearbeitet. Bis dato baute man in jeder der 31 Gemeinden, wie es kam. Nur die höheren Lagen blieben dank ausgedehnter Naturschutzgebiete (47% der Inselfläche!) von der Bauwut verschont.

Keine Dorfromantik

Um das ursprüngliche Teneriffa zu finden, muss man schon genauer hinschauen und nach altkanarischer Dorfromantik lange suchen. Liebliche Weiler sind selten. Eher trifft man auf Fischer- und Gebirgssiedlungen von unverwechselbarer Herbheit.

Schnee in den Cañadas (2.200 m), auf einer subtropischen Insel eine unerwartete Attraktion

1.2.2 Strände, Pools und steiler Fels

Von Teneriffas 360 km langen Küsten*) bestehen nur 24 km aus schwarzem Lavastrand; der Rest ist steinig, steil oder felsig.

Gegensätze

Die flachere Südküste ist bei weitem nicht so attraktiv wie die steile Nordküste. Dessen Hanglage über dem Meer und die Weite des Orotavatals bieten immer wieder herrliche Ausblicke auf den Atlantik oder das Teidemassiv und oft genug auf beides. Das Farbenspiel ist perfekt: schwarze Lavafelsen an der Küste, umspült von blauen Wellen und weißer Gischt, grüne Hänge und der im Winter schneebedeckte Vulkankegel vor blauem Himmel.

---

*) Zum besseren Verständnis der Teneriffa-Aufteilung in Nord-Süd-Ost-West ➢ Kapitel »Regionen und Küsten« auf Seite 90f.

Nordküste

Allerdings erschwert diese Steilküste den Zugang zum Wasser. Schwimmen ist meist nur in brandungsgeschützten **Meerwasser-Schwimmbädern** möglich. Sie gibt es an vielen Orten der luvseitigen Nordküste, mal als schmucklose Betonbecken, mal als exotisch gestaltete Badelandschaft. Wenn die Wellen bei Seegang überschwappen, machen sie das Bad im Meer zum echten Vergnügen. Im Norden finden sich nur wenige leicht zugängliche **Lavasandstrände** (*Playa Jardín* und *Bollullo*/Puerto de la Cruz, Socorro und San Marcos, ➢ Strände, Seite 95ff, und Nordküste, Seite 108f).

Der Süden

An der leeseitigen Südküste Teneriffas geht es über Lavaklippen oder hellen Tuffstein flacher und optisch weniger spektakulär ins ruhigere Wasser. Bis auf El Médano und Los Cristianos gibt es keine längeren natürlichen Sandstrände. Doch wie im Norden hat der Mensch auch hier in den letzten Jahren nachgeholfen und im **Bereich Las Américas/Costa Adeje** lange **künstliche Strände** angelegt. Sie können sich sehen lassen. Riesige Stein-Schredder haben kartoffelgroße ovale Inselsteine (*Callaos*) feingemalen zu hellgrauem feinkörnigen Sand. Die neuen Strände sind durch Molen wellengeschützt, führen kinderfreundlich seicht ins Wasser und sind an der Promenade subtropisch begrünt.

Die Westküste

Nur an der Westküste ist die Strandarchitektur kaum entwickelt so dass es am Wasser in Playa de la Arena und nebenan bei Los Gigantes mit seinem winzigen Strand zwischen Liegen und Laken eng werden kann. Während nördlich von Los Gigantes die Natur durch gigantische Steilfelsen jeglichen Strandfreuden ein Ende setzt, sind an der südlichen Westküste die schwarzen Strandabschnitte wie in Playa de San Juan und Alcalá zu erwähnen.

Die Ostküste

Die kleinen Sandstrand-Buchten mit oft starker Brandung zwischen El Médano und Santa Cruz sind untouristisch (Poris de Abona, Playa Grande). Einige Orte (Candelaria, Puertito de Guimar) verfügen über kleine Fischerhäfen und auch nette Ecken für Schwimmer und Sonnenhungrige. Nördlich von Santa Cruz lockt **Teneriffas Vorzeigestrand**, der 1,6 km lange ***Playa de las Teresitas*** beim Vorort San Andrés, wieder Wasserratten an. Der Strand wurde vor 30 Jahren mit 4 Mio Sack Sahara-Sand aufgeschüttet und mit Palmen bepflanzt. Auch die städtische **Badelandschaft** beim Auditorium in **Santa Cruz kann sich sehen lassen**.

Meerwasser-schwimmbad in Bajamar an der Nordküste, *➢ oben*

1.2.3 Grüne Wälder, tiefe Schluchten, schroffe Gipfel

Cañadas

Während sich an den Küsten alles drängt, schlummern oberhalb von 800 m nur noch kleine Dörfer. In 2.200 m Höhe liegt der ***Parque Nacional del Teide*** (*Las Cañadas*), eine fast kreisrunde Hochebene von rund 16 km Durchmesser. Umringt von den Kraterwand-Resten eines riesigen eingebrochenen Urvulkans, erhebt sich aus dieser Ebene nochmals ein 1.500 m hoher Vulkankegel, der im Winter schneebedeckte *Pico del Teide* (3.715 m). In den *Cañadas* entfaltet das Eruptions-Gestein seine ganze wilde Schönheit. Eine Seilbahn-Auffahrt bis kurz unter den Teide-Gipfel gehört für viele Touristen zum Teneriffa-Muss.

Blick über Lavafelder der Cañadas auf den winterlichen Teide (von der Westauffahrt, Straße TF 38)

Anaga- und Teno-Gebirge

Die geologisch ältesten Inselregionen, das Anaga- und das Tenogebirge im Nordosten bzw. Nordwesten, sind in ihrer bizarren Schroffheit von besonderem Reiz. Im Winter und Frühjahr sind sie ein grüner Magnet für Wanderer und Pflanzenkundler. Ein weites Netz an Rund- und Zielwegen in 800-1.200 m Höhe endet meist an Dorfkneipen oder einer Haltestelle des gut ausgebauten Bussystems (➢ Seiten 57 und 586f). Von den Aussichtspunkten bieten sich immer wieder neue, überwältigende Panoramablicke über tiefeingeschnittene Schluchten und skurrile Gipfelformationen auf den Atlantik – bei klarer Sicht bis hinüber zu den Nachbarinseln La Gomera, La Palma und Gran Canaria.

Kiefernwälder und Laurisilva

Unterhalb der *Cañadas*, zwischen 1.000 m und 1.800 m Höhe, liegt ein ausgedehnter Kiefernwaldgürtel, wenn auch ohne das uns vertraute Unterholz. Die hohen kanarischen Kiefern saugen mit langen Nadeln die Feuchtigkeit aus den Passatwolken und versorgen so mit Milliarden Tropfen Teneriffas komplizierten Süßwasserhaushalt (➢ Seiten 447). Immergrün sind auch die *Laurisilva*-Wälder (➢ Seite 170), 2-3 m hohe Lorbeer-Bäumchen und 1-2 m hohe Baumheide, die in Farnen, Moosen und »Riesenlöwenzahn« (Gänsedistel) stehen.

Tufflandschaft Wo der Mensch in die beigefarbene Tufflandschaft im Osten und Süden der Insel eingriff, wirkt sie abstoßend wie eine Geröllhalde. Nur abseits der bewohnten Gebiete findet sich dieses poröse Gestein noch in skurrilen Formationen (➢ Foto Seite 28). An den Hängen zwischen Vilaflor und Arico wurde der **Tuff zu Lapillisteinchen** kleingemahlen und dient den Bauern zum Trockenanbau. Nach der Ernte wirken die kahlen Terrassenfelder wie gigantische Treppenstufen im Lande Goliaths.

Gartenbau und Landwirtschaft Teneriffas Norden beeindruckt auch im Winter mit blühender subtropischer Vegetation. Aus Zierpflanzen, Oleander, Tulpenbäumen und wahren Bougainvillea-Wasserfällen schießen schlanke kanarische Palmen mit Wedeln wie Struwelpeter-Haare. Im Frühjahr blühen auch an den südöstlichen und westlichen Hängen Mandelbäume, Feigen, Margeriten und der orange glühende kalifornische Mohn. Nach wie vor werden diese Regionen landwirtschaftlich genutzt. An der Küste sieht man Bananen- und Tomatenplantagen, oft unschön zum Schutz vor Wind unter Plastik verpackt. Etwas oberhalb wird Wein angebaut.

Tuffsteinküste bei Tajao (Südautobahn, Ausfahrt 19). Bauern streuen das zu kleinen Kieseln gemahlene Toscagestein (sog. hygroskopische Lapilli) gern auf ihre Felder (➢ Seite 408).

1.2.4 Kolonial- und Großstadtflair im Bereich Santa Cruz

Mit gut 380.000 Einwohnern hat der Großraum Santa Cruz-La Laguna Großstadtcharakter mit allen Vor- und Nachteilen.

Ausflugsziel Heftiges Gewerbegebiet sowie ein Labyrinth von Vororten und engen Straßen liegt beiderseits der dort 6-8 spurigen Nordautobahn zwischen der alten Hauptstadt La Laguna und der neuen, Santa Cruz. Während La Lagunas Zentrum als erste spanische Kolonialstadt zum UNESCO-Weltkulturerbe zählt, setzt Santa Cruz neben der Restauration seiner alten Fassaden mit ehrgeiziger Architektur (Messehalle, Auditorium, Hochhäuser) im ehemaligen Industriebereich *Los Llanos* auf die Zukunft. Vom zentral gelegenen Hafen spülen täglich Kreuzfahrer-Touristen auf die Ramblas und Plazas, in die Parks und Fußgängerzonen; sie bummeln und shoppen in zahlreichen schicken Läden. Vor allem die in Santa Cruz reizvolle Mischung von Kolonial- und spanischer Großstadt lohnt einen Tagesausflug dorthin.

1.3 Teneriffas Klima: Ewiger Frühling?

Die Touristenzentren im Süden der Insel werben mit 360 Sonnentagen im Jahr, doch selbst auf der »Insel des ewigen Frühlings« scheint nicht immer nur die Sonne über wolkenlos-blauem Himmel. Auch Teneriffa kennt Jahreszeiten und wechselndes Wetter.

Gegensätze

Da die Klimata an der Nordküste und im Süden erheblich voneinander abweichen, spielen die meteorologischen Daten für die Wahl des Ferienortes eine große Rolle. Der grüne Norden ist generell kühler als der karge Süden und Westen. Zusätzlich sorgen tiefe Schluchten und hohe Bergkämme auf beiden Inselseiten für vielfältige Mikroklimata, so dass man bei einer Inselrundfahrt am gleichen Tag mal Sonne, mal Nebelschwaden, mal kräftige Fallwinde oder heftige Regenduschen erleben kann.

Teneriffa kennt auch Schlechtwetterlagen mit vielen Wolken oder Saharasand in der Luft (➢ Seite 447). Doch dass der Himmel wie bei uns in Nordeuropa über viele Tage grau und zugezogen bleibt, kommt kaum (im Süden nie) vor. Manchmal ändern sich Wind und Wetter mehrmals am Tag und zwar in den verschiedenen Inselbereichen in recht unterschiedlicher Weise.

Nordseite

Wer in punkto Wetter sicher gehen will, sollte im Winter den Norden Teneriffas besser meiden, weil dort die Lufttemperaturen im Schnitt 4°C niedriger liegen als im Süden. Dabei ist mit doppelt so vielen Regentagen zu rechnen, und die Sonne scheint im Schnitt täglich eine Stunde weniger. Dafür ist es auf der Nordseite im Sommer – dann angenehme – 5°C kühler, Grund genug für die ältere (Residenten-) Generation, ihr Domizil im Orotavatal (insbesondere in Puerto de la Cruz) zu suchen.

Passatwolke

Wer im Norden Teneriffas nicht unmittelbar am Meer, sondern in etwas höheren Lagen wohnt, gerät zudem oft an den unteren Rand der dicken Passatwolkendecke, die oft mittags aufzieht und einem das Sonnenbad auf der Terrasse verderben kann. Sie hängt im Winter 500 m dick zwischen 900 m und 1.700 m und im Sommer 300 m dick in einer Höhe von 600-1.300 m.

Diese Wolken »schwappen« vor allem im Winter zwischen Güímar und Santa Cruz von Norden herüber auf die andere Inselseite.

Passatwolke über dem Tenogebirge von Süden aus gesehen. Der Norden liegt derweil unter dichter Bewölkung

Teneriffas Klimawerte in Zahlen

	Jan-März	Apr-Juni	Juli-Sep	Okt-Dez
NORDEN				
°C am Tag	19-20	21-23	24-26	24-20
°C nachts	13-14	14-18	19-20	19-14
Sonnenstd./Tag	5-7	8-10	11-8	6-5
Regentage	10-8	4-2	1-3	5-9
SÜDEN				
°C am Tag	21-22	23-27	28-30	26-22
°C nachts	15-16	16-19	21	20-16
Sonnenstunden	6-7	8-11	11-9	8-6
Regentage	4-3	2-0	0	5-4
°C WASSER				
Nord + Süd	19	20-21	24-21	20

Kühler ist es in höheren Lagen, z.B. in La Laguna (550 m):

La Laguna				
°C am Tag	15-17	18-22	24-25	22-16
°C nachts	9-10	10-13	15-16	14-10
Sonnenstunden	8-7	6-4	2-3	6-4
Regentage	11-12	8-5	3-5	11-14

Südseite Generell ist das Wetter im Süden sommers wie winters sehr viel stabiler als im Norden. Nur im Winter kann es kurze variable Perioden (2-3 Tage) geben, wenn feuchtkühle Nordwestwinde Nieselregen bringen. Kräftiger schüttet es, falls der Wind mal aus der falschen, der südwestlichen Richtung weht.

Wind Überhaupt ist eher der Wind für viele Urlauber das größere Problem als Sommerwolken und vereinzelte Niederschläge. Auch bei guter Wetterlage machen oft starke Fallwinde aus den Bergen Hochfrisuren und Zeitungslesern am Strand zu schaffen. Die böigen Brisen sind die Kehrseite der Feuchtigkeit spendenden Passatwolke im Norden, die nach dem Auftrieb an den nördlichen Berghängen auf der anderen Seite des Kamms ins Tal bläst. Los Gigantes und El Médano sind davon eher betroffen als das geschützter liegende Las Américas und die Costa Adeje.

An Teneriffas Südküsten haben Ferienapartments weder Klimaanlage noch Heizung, denn beides wurde von der Natur vorinstalliert. Außer im Hochsommer erlauben die Nachttemperaturen selbst dort nicht jeden Abend das Trägerhemdchen. Aber ein leichtes Tuch um die nordeuropäische Schulter reicht allemal – junge *Canarias* sind da erstaunlicherweise weniger empfindlich und gehen auch nachts im nabelfreien Bustier aus.

Höhenlagen

Richtig kalt kann es in den Bergen werden. Die Faustregel lautet: 1°C kühler pro 100 Höhenmeter. Auch wenn unten in Puerto de la Cruz die Sonne lacht, können die Nordhänge tagelang in der Waschküche liegen. Aber selbst im Süden wird das Finca-Leben im Winter ab 500 m ungemütlich, und nicht nur nachts.

So flackert in den Berghotels (600-1.500 m) abends der Kamin, und in den *Casas Rurales* sorgt der Vermieter für ausreichend Holz vor der Hütte, falls die Heizung schwach ausgelegt ist. Die kleinen Poolanlagen der Berghotels sind gewöhnlich beheizt.

Die *Cañadas* (2.200 m) haben fast 6 Monate Nachttemperaturen unter Null – ganz zu schweigen vom Teidegipfel.

Hinweis

Wer sich für die meteorologischen Hintergründe des Klimas auf Teneriffa und die globalen Einflüsse interessiert, denen das Wetter der Kanaren unterliegt, findet ein **ausführliches Kapitel zum Thema »Klima auf den Kanaren«** auf den Seiten 141ff.

Teneriffa – Zahlen, Daten, Fakten (Stand 2009)

Von den 2000 km² Fläche stehen 1000 km² unter Landschafts-/Naturschutz. Die verbleibenden 1000 km² teilen sich Landwirtschaft und Bevölkerung, so daß 500 km² Wohn- und Nutzflächen für die 865.00 Einwohner (plus 5 Mio Touristen pro Jahr, d. h. bis zu 200.000 gleichzeitig) zur Verfügung stehen.

Die Bevölkerungsdichte von 393 E/km² (BRD 231 E/km²) sagt wenig, denn die meisten drängeln sich am Meer. Oberhalb 600 m ist die Insel dünn besiedelt (15%). Fast jeder Zweite lebt im Großraum Santa Cruz/La Laguna, weitere 30% wohnen im Orotavatal Kanarenweit explodierte die Bevölkerung Ende des 20. Jahrhunderts (1770: 150.000 - 1900: 364.000 -1950: 807.000 - 2006: über 2 Mio). Seit 1995 boomt der Zuzug in den Inselsüden, wo sich die Einwohnerzahl verdoppelte. Auf dem Archipel leben 11% Ausländer (225.000), die Hälfte Europäer, der Rest insbesondere Lateinamerikaner.

Die *Islas Canarias* bilden **zwei Provinzen**: Teneriffa (mit den westlichen Inseln La Gomera, La Palma und El Hierro) und Gran Canaria (mit den Lanzarote und Fuerteventura). Die Inseln sind 4-5 Flugstunden (ca. 3.500 km) von Frankfurt, 100-500 km von Afrika und 1.300 km von Cadiz/Gibraltar entfernt, über dessen Hafen 80% aller Waren auf die Insel gelangen.

Teneriffa ist die größte Kanareninsel (84 km lang und bis 47 km breit). Ein Blick ins **Telefonbuch** sagt einiges zur Infrastruktur. Teneriffa schlägt mit 530 Seiten zu Buche, La Palma besetzt 48, La Gomera 12 und El Hierro 7 Seiten.

Die jährlich rund 5 Mio Touristen konzentrieren sich auf **drei Zentren**: Im Norden auf den Großraum **Puerto de la Cruz** (30.000 Betten), im Süden auf **Los Cristianos** und **Las Americas** (140.000 Betten) und im Westen auf die Region **Los Gigantes** (15.000 Betten).

33% der Bevölkerung arbeiten im **Tourismus**, in dem 28% des BIP (€8,5 Mrd) erwirtschaftet werden (Festland 12%). Die Arbeitslosenquote fiel von 28% (1993) auf 11% (2006), stieg aber wieder auf 18% (2008). Durchschnittslohn: € 1.475 bei rechnerischen 137 Stunden/Monat (Basken: € 1992 bei 115 Stunden). Mindestlohn € 624/Monat. 30% leben in Armut.

1.4 Urlaubsinsel Teneriffa

Wer nicht nur am Pool entspannen will, kann auf Teneriffa viel erleben. Das touristische Freizeitangebot ist (anders als z.B. in Ägypten und Marokko) vor allem im Süden groß.

1.4.1 Baden und Bummeln

Nordseite

Die Kanaren haben zwar ganzjährig Badewasser-Temperaturen von 19-24° Celsius, trotzdem ist Teneriffa keine ausgesprochene Badeinsel. Im Norden sind die Küsten steil und felsig, die natürlichen Strände oft klein und steinig, die Brandung meist hoch und die (Unter-) Strömungen dort gefährlich. Echtes Badevergnügen beschränkt sich – Puertos *Playa Jardín* und *El Socorro* einmal ausgenommen – entlang der Nordküste vornehmlich auf Meerwasser-Schwimmbäder (➢ Seiten 108f).

Süden und Westen

Dagegen steht im Süden und Westen zwischen El Médano und Los Gigantes das Strandleben im Mittelpunkt. Felseinstiege über Leitern direkt in den tiefblauen Atlantik und flache Sandstrände (ob nun künstlich-hell oder natürlich-schwarz) sind Teneriffas Touristen-Magneten.

Strandspaziergang

Lange Strandspaziergänge sind aber selbst im Süden nicht möglich. Außer bei El Médano sind Teneriffas Sandstrände kurz und künstlich. Nur *Playa Las Vistas* (Los Cristianos), *Las Teresitas* (San Andrés) und die *Playa Jardín* (Puerto de la Cruz) bringen es auf vierstellige Meterzahlen.

Meerespromenaden

Statt barfuß im nassen Sand schlendert man in Sandalen auf breiten Meerespromenaden – denn die gibt es reichlich in den Urlaubszentren: im Süden ca. 10 km zwischen Los Cristianos und La Caleta und 3 km in Puerto de la Cruz. Die Touristenstädte eignen sich auch gut zum Shopping-Bummel. Dazu kommen an der Nordküste traumhafte Kliff-Pfade für längere Spaziergänge.

Der hellste Strand der Insel, Las Teresitas bei San Andrés, ist mit seinen 1.600 m Länge ein beliebtes Terrain für »Strandmarschierer«

1.4.2 Bus- und Bootsfahrten

Busausflüge

Teneriffa hat als landschaftlich vielfältigste Insel des kanarischen Archipels weit mehr zu bieten als Liegestühle und Luftmatratzen. Wer das Inselinnere nicht per Mietwagen auf eigene Faust erkunden möchte, findet tägliche Angebote von Busunternehmen, die **Ausflugspakete** (Fahrt, Besichtigung und Mittagessen o.ä.) zu allen **Insel-Highlights** anbieten. Zu den beliebtesten Tagesausflügen per Bus zählen folgende Ziele:

- **Masca** im Tenogebirge (mit oder ohne Garachico-Abstecher)
- das **Anagagebirge** (mit oder ohne Stopps am *Teresitas*-Strand/ Santa Cruz zum Baden, Bummeln und Shopping)
- ***Cañadas*/Nationalpark Teide** (mit/ohne Seilbahn zum Gipfel).

Wer alle drei Touren unternimmt, erhält einen guten Überblick über Teneriffas Landschaften, Küsten und Städte

Ausflüge per Taxi

Per Taxi lassen sich derartige Inselrundfahrten auf festgelegten Routen zu erschwinglichen Fixpreisen allerdings individueller gestalten (➢ Seite 58).

Ausflüge per Boot

Abwechslung bieten auch die zahlreichen **Bootstrips** im Süden:

- **Bade- und Segelfreuden** mit dem Schoner zu einer einsamen Bucht mit anschließendem Deck-Picknick.
- Tagesausflüge zur **Nachbarinsel** (La Gomera, Gran Canaria) mit Turbo-Catamaran oder Autofähre mit eigenem (Miet-) Wagen (➢ La Gomera-Ausflug, Seite 257).
- **Tiefseetauchen** oder ***Blue-Marlin*-Hochseeangeln**,
- **Wal- und Delfin-Beobachtung** zwischen Teneriffa und Gomera,
- **Wasserski** oder fröhlicher **»Bananenritt«** über die Wellen,
- am **Fallschirm hinterm Boot** zwischen Himmel und Wasser
- **Glasbodenblick** auf Meeresschildkröten, Fischschwärme und kleine *Mantas* (Rochenart).

1.4.3 Zerstreuung und Infotainment

Die tinerfeñische Freizeit-Industrie weiß auch sonst, was Touristen im Urlaub wollen. Jedes größere Hotel hat **Squash**- und/oder **Tennisplätze** (oder teilt sie mit dem Nachbarhaus) und offeriert **Fitnessprogramme**, morgendliche *Brunch*-Büffets, nachmittägliche **Tanztees** und abendliche **Animation**.

Der **Tauchlehrer** kommt mit Maske, Flasche und Flossen zum Schnupperkurs in den Hotel-Pool, die nächste **Minigolf-Anlage** liegt um die Ecke, die **Bingo-Halle** nur etwas weiter.

In den Hotelrezeptionen liegt überall jede Menge Material über geführte Wanderungen, Ballonaufstiege, Nightlife und Discos, Jazz- oder Pianomusik in Bars und Shows à la Las-Vegas. **Jedes Bedürfnis wird befriedigt**, jeder Geschmack bedient und jede Altersstufe bedacht. Und mit Glück füllen diverse Spielkasinos ausgebrannte Urlaubskassen am Abend wieder auf (Eintritt frei).

1.4.4 Besucherparks

(➢ speziell die Seiten 250ff)

Top-Niveau hat der ***Loro Parque*** (Puerto de la Cruz), ein besonderer Tierpark im Norden. ***Aguilas del Teide*** (= ***Parque Ecológico***) mit Familienunterhaltung hält im Süden (Arona) dagegen. Zum Dinner bei Ritterspielen geht's ins ***Castello San Miguel***, einer bombastischen Burg. Kleine Kinder planschen im ***Aqualand***, große Kinder reiten auf **Kamelen**. Spektakulär ist der **Siam Wasserpark** für Jung und Alt (alle bei Las Americas).

In **Icod de los Vinos** kann man im Park um den berühmtesten Drachenbaum der Insel auch das Leben der Ureinwohner der Insel, der Guanchen, in Dioramen nachgestellt bewundern (➢ Seite 480) oder im ***Mariposario*** Schmetterlinge flattern sehen. Bei **Orotava** lassen sich im ***Pueblo Chico*** kanarische Bauten en miniature bestaunen (➢ Seite 332).

Gratisbusse pendeln zwischen Hotels und den Attraktionen.

Parkeigene Busse fahren im Süden die Besucher gratis von den Hotels zu den meisten kommerziellen Attraktionen

1.4.5 Wellness, Beauty und Kuren

Angebote

Vom Alltagstress entspannen, den Körper verwöhnen, mit sich selbst im Reinen und schöner aus dem Urlaub nach Hause kommen – das ist ein Trend der Zeit. Teneriffa ist auch auf dieses Urlaubsbedürfnis eingestellt. Fast alle großen Hotels an der Costa Adeje (z.B. *Mare Nostrum Resort*) und mehr und mehr auch im Norden *(Oceano, Tierra de Oro, La Quinta)* bieten **Wellness-Programme**: Ayurveda, Thalasso, Vulkanerde-Packungen, Aroma-Hydromassagen, Lymph-Drainage, Wasser- und Elektro- oder sogar eine Diamanten-Therapie werden in Paketen wie »Meeresflucht«, »Antistress« oder »Wiedergeburt« offeriert. Nicht zu vergessen Körper-Peeling, Gesichtsmasken und alles, was der Schönheit sonst noch dient. Auf hohem Niveau asiatisch orientiert ist das ***Oriental Spa*** im Hotel Botánico in Puerto de la Cruz. Teilweise laufen diese Programme unter medizinischer Aufsicht.

Reha

Daneben wird Teneriffa immer beliebter für medizinische Kuren und Reha-Programme. Los Cristianos z.B. hat seit langem ein anerkanntes Zentrum für MS-Kranke.

1.4.6 Kultur und Geschichte

Historische Städte

Der Wechsel von Sonne, Sand und Strand zu Kultur, Kunst und Museum ist auf Teneriffa nicht so fließend wie in Italien, Frankreich oder Griechenland. Teneriffa ist nicht Andalusien und Santa Cruz kein Barcelona. Doch einen kurzen Besuch sind die Inselstädte allemal wert: Die alte Hauptstadt **La Laguna** (140.000 Einwohner) steht als Muster für alle Kolonialstädte der Spanier auf der UNESCO-Liste für Weltkulturerbe, **Orotava** gilt als architektonisches Beispiel für reiche Patrizierstädte, ähnlich wie **Garachico**, das bis zum Vulkanausbruch 1706 die wichtigste Hafenstadt der Insel war. Die spannende Handelsgeschichte des Archipels lässt sich hier ebenso gut studieren wie die spanische Kolonialarchitektur in ihren speziell-kanarischen Ausformungen.

Museen

Auch die Museen lohnen einen Besuch. In Santa Cruz gibt das anthropologische Museum (***Museo de la Naturaleza y del Hombre***) eine gute Einführung in die Kultur der Ureinwohner (Guanchen). Dass sie sogar Stufenpyramiden für kultische Riten gebaut haben, erfährt man in *Thor Heyerdahls* Museum in **Güímar**.

Sehenswert ist auch das Geschichtsmuseum in La Laguna (***Museo de Historia de Tenerife***); ferner das **Iberoamerikanische Museum** und das **Töpfereimuseum** in Orotava. Dazu gesellt sich eine ganze Reihe kleinerer Spezialmuseen wie das **Weinmuseum** in El Sauzal, das **Honigmuseum** gleich nebenan, das ***Mariposario*** in Icod und das winzige **Guanchen-Keramik-Museum** in Arguayo.

Folklore

Fern vom Tourismus pflegen die Canarios in vielen Orten ihren Volkssport ***Lucha Canaria*** (Ringkampf) und ihre Folklore. Auf ***Romerias*** (eine Art Erntedankfest) singen sie in alten Trachten ihre Lieder zur *Timple* (Mini-Gitarre), schmücken zu **Fronleichnam** Straßen und Plätze mit Blumen- und bunten Lavasand-Teppichen und hauen zum **Karneval** nächtelang so auf die Pauke, dass selbst Delegationen aus Rio und dem Rheinland ins Staunen kommen.

Kunsthandwerk (*Artesanía*), wie Lochstickereien, Klöppelarbeiten und Töpferwaren werden nicht nur für Touristen gefertigt. In den geschwungenen ***Artenerife*-Pavillons** in Puerto de la Cruz, Santa Cruz und Las Américas und auch in entsprechenden Läden in Garachico und Orotava werden dem Käufer Güte und Echtheit der Produkte garantiert.

Lucha Canaria als »Sandbild«, ➢ Seite 386

1.4.7 Naturparadies und geologische Wunderwelt?

Insbesondere die westlichen Inseln La Palma, El Hierro, La Gomera und Teneriffa sind ein Synomym für den Reichtum der kanarischen Flora und bis heute ungelöste geologische Rätsel.

Ungewöhnliche Botanik

Zahlreiche – auch deutschsprachige – Bücher führen durch die Welt der endemischen Pflanzen. **Hunderte von Arten** gilt es zu unterscheiden, sei es im feuchtgrünen Laurisilva-Wald des Anagagebirges, hoch oben in der Vulkanlandschaft der Cañadas oder im geschützen Ödland (*Malpaís*) im Süden (z.B. *Montaña Roja* bei El Médano). Aber nicht nur Hobby-Biologen schlägt auf Teneriffa das Herz höher, auch das Auge botanischer Laien kommt auf seine Kosten. So wurde ein einzelner Baum, der ***Drago Millenario*** von Icod, zum vielbesuchten Touristenkönig und die rote ***Tajinaste*** zur Königin der Insel.

Fauna

Selbst die weniger berühmte tinerfeñische Fauna wird bei genauerem Hinschauen spannend. Vornehmlich **kleine Tierchen** (Insekten, Käfer, Echsen) krabbeln an Halmen und krebsen in Felsspalten. Die **Vogelwelt** ist zwar wenig artenreich, doch unvermutet können einem selbst Reiher, Eulen und Falken begegnen – ganz zu schweigen von der endemischen Taube (*paloma turque*), dem blauen Finken (*pinzón azúl*) oder dem Kanarienvogel.

Fische und anderes Getier

Was unter Wasser lebt, sieht der Tourist im Restaurant auf seinem Teller (*Calamares*, Thunfische, viele Barsch-Arten und Brassen), auf dem Marktstand (Muränen, Kraken, Rochenarten) oder beim Bootsausflug und Tauchen: sogar Meeresschildkröten, die sich zwischen Delfinen und Europas größten Walbänken (Tümmler und Pilotwale) vor Teneriffas Südküste tummeln.

Geologie

Auch für geologisch Interessierte hält Teneriffa **Leckerbissen** bereit. Wer sich etwas einliest in die Gesetze des Vulkanismus und die Welt der Gesteine, wer Tuffsteine, Basalte, Bims und Obsidian unterscheiden kann und wer »Gänge«, »Türme« oder Lavatunnel erkennt, sieht die Insel plötzlich mit anderen Augen. Da werden

Tuffsteinformationen in der Paisaje Lunar, ➢ Seite 413

selbst karge Steinwüsten zum spannenden Teil der Naturwerkstatt, skurrile Felsformationen zum fachkundlichen Augenschmaus und die durch den Straßenbau freigelegten farbigen Gesteinsschichtungen zum Kunstwerk der Erdgeschichte am Autobahn- und Straßenrand.

Biologische und geologische **Exkursionen** unter fachkundiger Führung erfreuen sich wachsender Beliebtheit.

1.4.8 Aktivurlaub

An dieser Stelle erfolgt nur ein **kurzer Überblick** über die Palette dessen, was Teneriffa Aktivurlaubern zu bieten hat. Genaueres dazu und Adressen finden sich im breiter angelegten **Kapitel zu Sport- und Aktivurlaub ab Seite 514**.

Wandern und Klettern

Wie La Palma und La Gomera verfügt auch Teneriffa über abwechslungsreiche Wander- und Klettergebiete. Wer sich die zerklüftete Bergwelt der Insel erwandern will, kann nicht einfach drauf loslaufen. Steile Hänge, tiefe Schluchten und plötzliche Wetterumschwünge erfordern – neben viel Puste – eine gute Ausrüstung sowie angemessene Vorbereitung. Denn Ausschilderung und Kennzeichnung der Wege sind nicht immer befriedigend.

Touren

Neben drei detailliert beschriebenen Touren (➢ Seiten 184f und 395) finden sich im Reiseteil dieses Buches zahlreiche weitere Hinweise für Wanderungen, deren Einstieg und Verlauf vor Ort hinreichend ausgeschildert (mit ungefährer Dauer, Einkehrmöglichkeit und ggf. Busanschluss) und denen relativ leicht zu folgen ist. Ebenso wird auf viele lohnenswerte Spaziergänge und kürzere Ziel- oder Rundwege hingewiesen.

Wer mit dem Gedanken spielt, mehr als nur gelegentliche Kurzwanderungen zu unternehmen, sollte den Abschnitt dazu im **Kapitel »Sport- und Aktivurlaub«** gründlich lesen, ➢ Seite 514, und das beiliegende Wanderheft nutzen.

Tauchen und Schnorcheln

Teneriffa ist **kein Schnorchelparadies**. Nur an einigen Felsbuchten im Süden (z.B. an der *Costa del Silencio* lohnt es sich, bei ruhiger See ins Wasser zu steigen. An der Nordküste gibt es gefährliche Unterströmungen. Nur gute Schwimmer sollten das Schnorcheln in La Barranquera oder Garachico wagen.

Wer Teneriffas **Unterwasserwelt** richtig erleben möchte, braucht eine Taucherausrüstung. Zahlreiche **Tauchschulen** (vor allem im Süden und an der Westküste) bieten alles vom Schnupperkurs im Hotelpool bis zur Tiefsee-Tauchfahrt. In 30 m und mehr Tiefe trifft man (bei guten Sichtverhältnissen) auf Muränen, Rochen, Barracudas, Trompetenfische u.a.

Surfen und Wellenreiten

Die Kanaren sind Europas einzige Ecke, wo man auch im Winter windsurfen kann. Teneriffas (Kite-)Surfer-Treffpunkt ist El Médano im Süden. Seine Strände gelten als überdurchschnittlich gute Surfreviere (für Fortgeschrittene!). Der Wind weht dort im Sommer noch kräftiger als in den Wintermonaten.

Die tinerfeñische Jugend liebt ***Body-(Boogie-)boarding*** noch mehr als Wellenreiten und findet vor allem an der Nordküste an abgelegenen steinigen (!) Stränden gute Brandungsbedingungen für ihre bunten Bretter (z.B. bei Taganana, Mesa del Mar und El Socorro). Im Norden üben sich Touristen an Puertos ***Playa Jardín***. An den touristischen **Sandstränden im Süden ist Surfen** zum Schutz der Badenden **verboten**. In Las Américas sieht man Wellenreiter nur an der Lavafelsküste vor dem *Hotel Villa Cortés*.

Segeln

Die Kanaren sind ein schwieriges Segelgebiet. Mit starken und plötzlichen Windböen, raschen Wetterumschwüngen und wenigen Häfen kommen nur erfahrene Segler klar. Es gibt aber einige **Segelschulen** und **Charterfirmen** im Süden und in Santa Cruz.

Paragliding

Was fürs Segeln gesagt wurde, gilt auch für den **Gleitschirmflug** (*Parapente*). Wechselhafte Winde setzen eine sehr gute Kenntnis der Wetterlage, Thermik und Landemöglichkeiten voraus. Nur erfahrene Paraglider kommen im Winter voll auf ihre Kosten.

Reiten

Eine schroffgebirgige, geröllige Vulkaninsel gilt nicht eben als Reiterparadies. Dennoch finden sich Reitställe an den bewaldeten Nordhängen zwischen 600 m und 1.200 m Höhe und an den flacher abfallenden Hängen der Ost- und Südküste. Die Reitschulen im Norden bieten für einheimische Clubmitglieder Wochenend-Ausritte und Reitstunden im Parcours an. Besucher können Ausritte in einigen Fällen nur unter der Woche buchen. Besonders schöne Reitwege verlaufen in der Umgebung der ***Finca Estrella*** bei Icod und der ***Finca Verde*** bei Orotava. Die ***Rancho Grande*** auf dem Gelände des *Amarilla Golf & Country Club* (im Süden) veranstaltet u.a. Touren mit *Western Barbecues* für Touristen.

Golf

Teneriffa hat sich zu einer beachtlichen **Golfer-Insel** gemausert. Im Süden wurden binnen weniger Jahren sechs Golfplätze aus der Steinwüste gestampft, die sich sehen lassen können. Puerto de la Cruz verfügt nur über ein Übungsterrain. Besonders schön liegen die Plätze bei Buenavista und San Juan (Hotel *Abama*).

Vorbereitung der Paraglider am Strand bei El Médano

Im Norden der Insel hatten die Engländer schon vor dem 2. Weltkrieg einen Platz angelegt (*Los Rodeos*), der heute vor allem von *Canarios* genutzt wird und nur wochentags auch Touristen offensteht. Wegen der steigenden Zahl der Plätze und Bedeutung des Golfspiels ist ihm im Rahmen des Sportkapitels besonders breiter Raum gewidmet, ➢ Seite 528f.

Tennis

4- und 5-Sterne-Hotels auf Teneriffa verfügen meist über eigene Plätze oder kooperieren mit Nachbarhäusern. Betonplätze sind sehr verbreitet. Nur in tinerfeñischen Clubs trifft man vereinzelt auf Sand oder PVC-Plätze.

Biken

Abgesehen vom bequemen Radeln in den städtischen Bereichen der flachen Urlaubszentren im Süden (El Médano, TenBel, Los Cristianos und Las Américas/Costa Adeje) schätzen Kenner die Kanaren als **Rennrad- und Mountainbike-Gebiet**.

In unteren Lagen wird einem jedoch vielfach der Spaß durch den dichten Verkehr genommen. Nur in mittleren Lagen finden sich kleine verkehrsärmere, nicht zu steile Straßen und breite Forstwege. Krönende Erlebnisse sind die kilometerlangen Abfahrten von den *Cañadas*, für Geübte gilt das auch für die sehr steilen Strecken im Anaga- und Tenogebirge.

1.4.9 Teneriffa-Trümpfe

Vielfalt

Teneriffa ist auf kleinem Raum für fast jeden touristischen Anspruch »gerüstet«: extreme landschaftliche Unterschiede (Strand, Wald, Wüste und Gebirgswelt) sind nur einige Autominuten voneinander entfernt. Wenige Kilometer Luftlinie trennen abgeschiedene Weiler von Bettenburgen oder kleinen spanischen Zentren. Baden, Wandern, Biken, Klettern, Paragliden, Surfen und Tauchen, ausgiebiges Shoppen und Restauranthoppen – alles ist möglich.

Insektenfrei

Vor allem im Winter gibt es auf Teneriffa tagsüber kaum Fliegen und nachts nur vereinzelt Mücken. Das plagenfreie Leben erhöht die Lebensqualität auf den Kanaren ganz beträchtlich: wo sonst kann man nach Sonnenuntergang ärmellos und barfuß auf der Terrasse beim Glas Wein sitzen oder bei offenem Fenster lesen ohne dass es ständig summt, piekt oder juckt?

Gefährliche Tiere?

Auch gibt es wenig lästige und praktisch gar **keine gefährlichen Tiere** wie Schlangen oder Skorpione. In ländlichen Regionen trifft man nur auf Eidechsen, manchmal robustere Exemplare als am Mittelmeer. Zwar gibt es **Bienen** in den Höhen (und dadurch köstlichen Teide-Honig) und Wespen, aber keine Hornissen. Und wenn sich im Sommer doch mal eine Mücke, Frucht- oder die gemeine Hausfliege ins Zimmer verirrt, schnappt ein verbreiteter Hausgenosse, der allenthalben an der Wand klebende **Gecko**, zielsicher zu. Diese behänd-scheuen Tierchen sehen aus wie graue Eidechsen mit dickem Bauch und Kulleraugen und können mit ihren Saugnäpfen an den Füßen die Wände hochlaufen. Sie sind völlig ungefährlich, mancher findet sie sogar süß und possierlich.

Nur in vernachlässigten Quartieren trifft man unangenehmere Gesellen: bis zu 5 cm große **Kakerlaken** (*Cucarachas*), denen die *Canarios* mit Spezialsprays und Fallen den Garaus machen.

Preisniveau

Die Preise auf den Kanaren sind **mit denen in Deutschland vergleichbar**. Für den Warenkorb im Supermarkt zahlt man mehr oder weniger soviel wie daheim. Frischer Fisch ist – trotz der Insellage mitten im Atlantik – überraschend teuer.

Dienstleistungen, **Benzin**, **Tabakwaren** und **Spirituosen** sind – dank der kanarischen Niedrigsteuer –entschieden **billiger als bei uns**. Bei elektronischem Gerät muss man aufpassen und die heimischen Preise einigermaßen im Kopf haben, bevor man bei vermeintlichen Schnäppchen »zuschlägt«.

Abseits der Touristenzentren findet man in Lokalen und Geschäften ein **günstiges Preis-Leistungsverhältnis**. Wer in einfachen Restaurants (➢ *Guachinches*, Seite 375) essen geht, bekommt für wenig Geld bodenständige, qualitativ gute Speisen in reichlichen Portionen: für Mittag- oder Abendessen zahlt man dort für Salat, Fisch oder Kaninchen mit *Papas* und *Mojo* (Kartoffeln mit Soße) und ein Dessert oder einen Café solo plus Wein und Bier um € 15-€18/Person. Auch das Glas Bier in der Kneipe (um € 1) oder offener Wein (oft unter € 2) sind preiswert.

Infrastruktur

Viele EU-Standards gelten auch auf den Kanaren: die gewohnten **ec-Geldautomaten** stehen an jeder Ecke, das **(Handy-)Telefonat** nach Hause klappt problemlos, die öffentlichen grünen TITSA-Busse (➢ Seiten 57+586f) sind preiswert, tip-top und pünktlich. Per Satellit kommen über 25 deutschsprachige TV- (und noch mehr Radio-) Progamme in viele Hotel-Zimmer.

Die **medizinische Versorgung** ist überdurchschnittlich gut. Hinzu kommt, dass sich viele deutsche Ärzte und einige Zahnärzte hier angesiedelt haben. Im **Notfall** ist es gut zu wissen, dass im Sommer über 80 und im Winter über 130 Jets/Woche in Richtung Deutschland, Österreich und Schweiz starten.

1.5 Fazit

Weite Teile der Insel beeindrucken mit spektakulärer Landschaft und mannigfaltiger, oft endemischer Vegetation. In nur 4-5 Flugstunden ist man ohne Jet-Lag in einer politisch stabilen Region im besten Klima Europas: ganzjährig frühlingshaft mit viel Sonne und wenig Regen. Das Atlantikwasser ist sauber und bringt selbst im Winter Badefreuden. Wer gern in frischer Bergluft wandert, ein Auge für seltene Flora und Geologie hat, wird die Insel trotz der Bausünden in sein Herz schließen. Vielleicht erst auf den 2. Blick.

Teneriffa-Urlaub ist »easy«: es gibt zahllose Lokale jedweder Provenienz, Shopping- und Vergnügungs-Attraktionen, eine breites Sportangebot; dazu billige Mietwagen und ein gutes öffentliches Bussystem. In den touristischen Zentren kommt man ohne weiteres mit Deutsch oder Englisch klar.

2. Urlaubsplanung und -vorbereitung

2.1 Zu welcher Jahreszeit nach Teneriffa?

Klimatische Aspekte

Die kanarischen Inseln sind das einzige europäische Reiseziel mit frühlingshaften Temperaturen in den Wintermonaten (Luft 20°C bis 24°C, nachts ca. 15°C). Bei Wassertemperaturen um die 19°C kann man sogar im Januar/Februar baden. Dabei darf man nicht vergessen, daß die Nordseite ganzjährig wolkiger, feuchter und 3°-4° Celsius kühler als die Südseite ist. Im Sommer sind die Tage kürzer (7-21 Uhr) als in Europa, dafür sind sie im Winter erheblich länger (8-19 Uhr).

Saisonale Aspekte

Nordeuropäer buchen die Kanaren vornehmlich im Winter (November-April). Bei den Veranstaltern gilt diese Zeit als Hauptsaison, wobei über Weihnachten, zum Karneval und zu Ostern Spitzenpreise verlangt werden. Die Monate Mai, Juni und September gelten als Nebensaison. Im Juli-August, wenn der Archipel von Festlandsspaniern frequentiert wird, ziehen die Hotelpreise zwar noch einmal an, bleiben aber in unseren Katalogen unter dem höchsten Preisniveau im Winter.

Nordküste

Im Herbst braucht man im grünen Inselnorden meist noch keinen Schirm, denn die ab Ende Oktober/Anfang November einsetzenden Niederschläge fallen oft nachts und geben der Vegetation nach dem trockeneren Sommer ihr frisches Grün zurück. Besonders schön ist es im Norden ab Mitte Dezember, wenn die baumgroßen Weihnachtssterne in ihrer roten »Blüte« stehen. Obwohl es im Frühjahr etwas trockener ist als im Herbst, sprießen die Gräser und Wiesenblumen; die wenigen Laubbäume bekommen neue Blätter und die Obstbäume blühen. Ein Eindruck wie Anfang Juni in Deutschland.

Südküste

Erst Ende Dezember bis Anfang Januar erwacht die Vegetation des Südens aus dem Sommerschlaf. Bis Ende April haben die Wolfsmilchgewächse grüne Blätter; und Mandelbäume, Margeriten und Ginster blühen. So zeigt sich die karge Vulkanlandschaft etwas lieblicher.

Sukkulentenkomposition über der Paza von El Sauzal

Teide Park Für Liebhaber von Wüstenvegetation ist das Gebiet der *Cañadas* Ende April bis Juni besonders reizvoll, wenn die roten Tajinasten und der weiße Teideginster blühen.

Klima im Sommer Für Nordeuropäer ist Teneriffa eine Insel für den Winter. Die gängige Vorstellung ist, dass es in einer Region, die im Winter vor- bis hochsommerliche Temperaturen hat, im Juli-August so heiß sein muss wie am Roten Meer. Dabei sind die Inseln trotz der nahen Sahara im Sommer klimatisch angenehmer als die Mittelmeerländer. 3 Millionen Festlandspanier machen im Juli-August auf dem Archipel Ferien, weil es ihnen zu Hause zu heiß wird. Das kanarische Sommerwetter ist absolut stabil, tagsüber steigt das Thermometer selten über 30°C und nachts kühlt es angenehm ab. Schlaflose Nächte zwischen nassgeschwitzten Laken braucht man auf der Atlantikinsel auch ohne Klimaanlage ebensowenig zu fürchten wie Moskito- oder Fliegenplagen. Dafür sorgt u.a. der ständig wehende Nordostpassat, der in den Sommermonaten stärker und regelmäßiger als im Winter bläst.

Wind Was **Windsurfer** anzieht, kann für windempfindliche Menschen ein Grund sein, einige Küstenstreifen (z.B. El Médano, Los Gigantes) zu meiden. An der in den Wintermonaten brandungsstarken Nordküste gibt es aber viele versteckte Strände und Badebuchten, die in den Sommermonaten vergleichsweise ruhig sind und sich gut zum Schwimmen eignen. Dann haben indessen auch die *Tinerfeños* Ferien, und es kann an einigen Ufern eng werden.

Für alle Sonnenhungrigen und Wasserratten, denen es im Sommer am Mittelmeer zu heiß ist, kommt Teneriffa als Ferienziel daher unbedingt auch im Juli und August in Frage.

2.2 In welchen Ferienort?

2.2.1 Kriterien der Ortswahl

Reisekatalog-Angaben Da Teneriffa ein typisches Pauschal-Reiseziel ist, orientieren sich die meisten Urlauber bei der Auswahl des Ferienortes und der Unterkunft an den Angeboten der Reiseveranstalter. Die üblichen zwei bis drei Fotos, die freundliche Beschreibung des Objekts und natürlich die Kosten müssen dabei für die Entscheidung ausreichen. Nun finden sich echte Fehlinformationen zwar ziemlich selten, aber Realität und Prospekteindruck können doch schon erheblich voneinander abweichen. Z.B. geben die Kataloge kaum oder gar nicht Auskunft über das Umfeld der angebotenen Hotels, Apartments oder Landhäuser.

Umfeld/ Umgebung Auch kann man sich bei der Buchung meist kein realistisches Bild von Größe und Atmosphäre des Urlaubsortes und der Landschaft ringsum machen. Die individuellen Vorstellungen vom »romantischen Fischerort«, einem »abgelegenen Dorf« oder vom »alten Kurort« können arg variieren: das »Fischerdorf« entpuppt sich vielleicht als nüchterne Siedlung am Meer und der »Kurort«

Ein guter Standort im Norden für Ausflüge ist das üppig »eingegrünte« Apartmenthotel Florasol im Stadtteil Taoro von Puerto de la Cruz (das Foto entstand im Februar)

als verkehrsreiche Mittelstadt. Man sieht zwar das Wasser, aber es ist weit weg und nur nach Über-/Unterquerung einer Autobahn zu erreichen usw.

Standortgebunden oder mobil?

Wer nicht durch ein spezielles Interessse auf bestimmte Inselorte festgelegt ist (z. B. Surfen in El Médano, Golfen im Süden), kann in maximal einer guten Autostunde viel Abwechslung, Unterhaltung und ganz unterschiedliche Landschaften erreichen.

Gute **Badestrände** gibt es an allen drei Küstenlinien (➢ Seiten 95ff), einige der besten liegen indessen etwas versteckt; um sie zu finden, benötigt man bisweilen ein wenig Spürsinn. Bergwanderungen sind auf der ganzen Insel möglich. Die endemische Wüstenflora ist für Kenner nicht minder interessant, als es die Pflanzen in den immergrünen Anagawäldern sind.

Unterkunft am Meer?

Für Inselerkundungen muss der Urlaubsort nicht unbedingt am Meer liegen. Wichtiger ist, dass das unmittelbare und weitere Unterkunftsumfeld den persönlichen Urlaubsintentionen entspricht: Ein müder Wanderer ersehnt sich ein komfortables Hotel oder vielleicht nur eine einfache, für die Fortsetzung der Tour günstig gelegene Herberge. Ein Reiter sitzt nach seinem Ausritt durch die Wälder abends eventuell lieber auf der belebten Kolonialstadt-Plaza als in einer stillen Hütte.

Sternfahrt oder Rundreise?

Das und mehr ist auf einer so kompakten Insel wie Teneriffa ohne weiteres möglich. Und wer die tägliche Auto-Sternfahrt zum nächsten Urlaubs-Event scheut, macht eine Insel-Tour durch Teneriffas landschaftliche Vielfalt und buntes Angebot an touristischen Aktivitäten mit 2-3maligem Unterkunftswechsel (➢ dazu Hotelempfehlungen für eine Rundreise auf Seite 571f).

»Falschen« Ort vermeiden

Unsicherheiten und Missgriffe bei der Wahl des Urlaubsortes lassen sich bei Beachtung der folgenden Hinweise vermeiden. Umfassendere Beschreibungen der Ferienorte und -regionen finden sich im Reiseteil ab Seite 116.

2.2.2 Touristenzentren

Städtische Hochburgen

Über 90% aller Unterkünfte liegen in den drei städtischn Tourismus-Hochburgen: Badeleben vor der Tür – an einem der wenigen Naturstrände oder an einem prima künstlichen Sandstrand oder am der reizvollen Meerwasserpools – findet man

- im südlichen Ballungsraum im Bereich Los Cristianos, Las Américas, Costa Adeje (etwa 140.000 Betten).
- im Westen in Puerto Santiago und Los Gigantes (25.000 Betten)
- im gewachsenen **Puerto de la Cruz** an der zentralen Nordküste (30.000 Betten).

Insgesamt gab es 2006 laut ofizieller Statistik inselweit in Hotels und Apartmentanlagen 185 000 Betten.

Charakteristik

Auch wenn Puerto de la Cruz, Los Cristianos und Puerto de Santiago einen alten Ortskern besitzen, handelt es sich im touristischen Umfeld doch um neu errichtete Hotel- und Touristenkomplexe samt Einkaufszentren etc. auf gedrängtem Raum.

Expansion

Diese Zentren expandieren ständig. Trotz kurzer Baustopps für Hotelanlagen Anfang des neuen Jahrhunderts und Krise 2008 drehen sich die Kräne allerorten weiter, um Baulücken zu schließen und schon genehmigte Anlagen zu vollenden. Und trotz wachsender Proteste führte die Bautätigkeit zu einem architektonischen und städteplanerischen Tohuwabohu. Bisweilen stehen an sich empfehlenswerte Häuser in unattraktivem Terrain oder kleine grüne Bungalow-Oasen in einem großstädtischen Umfeld.

Touristen als Bevölkerung

Vor allem ausländische Touristen in legerer Kleidung beherrschen das Straßencafé- und Promenaden-Bild. Um sie dreht sich alles. Die Strandartikel, die Speisekarten, die Supermarktauslagen, die Super-Sonder-Schnäppchen. Alltagsleben findet nicht statt. Die einheimische Bevölkerung fährt nach der Arbeit irgendwo anders auf der Insel nach Hause und kommt höchstens zum Sonntagsausflug mit der ganzen Familie in die Touristenzentren.

Hotelpark Bahia Principe an der in den letzten Jahren ständig erweiterten Costa Adeje am Nordende des touristischen Ballungszentrums Los Cristianos/Las Américas

Kleinere Touristenorte

In den wenigen kleineren Badeorten mit touristischen Quartieren (z.B. El Médano, Bajamar/Punta de Hidalgo) geht es zwar ruhiger zu, aber auch dort reduziert sich die Fischerdorf-Romantik auf ein paar am schwarzen Strand liegende bunte (Ruder-) Boote.

2.2.3 Im Dorf und auf dem Land

Dörfer und Höhenlage

Wer dem Trubel der Küste entkommen will und die landschaftliche Vielfalt Teneriffas erkunden möchte, mietet sich auf dem Land ein. Da Dörfer meist in Höhenlagen von 500 m bis 800 m liegen, kann es im Winter selbst im Süden kühl und im Norden obendrein neblig sein (➢ Klima, Seiten 22/23).

Turismo Rural

Bisher blieben die *Canarios* außerhalb der Touristenzentren unter sich. In den Dörfern gab es keine Unterkünfte, weder kleine Pensionen noch Privatzimmer. Erst in den 1990er-Jahren entwikkelte sich mit staatlicher Hilfe ein inselweites Netz von *Turismo Rural*-Häusern. Die alte *Hacienda* wurde zum Landhotel umgebaut, die kleine *Finca* oft aufwendig renoviert. Fast ausnahmslos liegen diese Unterkünfte nicht direkt an der Küste, wenn auch viele von ihnen Meerblick haben.

Keine Dorfromantik

Ein urkanarisches Dorf verführt selten zu »Liebe auf den ersten Blick«. Den Inselorten fehlt – bis auf den Kirchplatz – so ziemlich jede Romantik. Neben schmalen Bürgersteigen geben hohe Mauern selten den Blick in die grünen Innenhöfe frei. Viele Fincas sind schmucklosen, 2-3stöckigen Neubauten aus *Bloques* (Beton) gewichen. Die ausgefransten Dorfränder erinnern hier mehr an das nahe Marokko als an das ferne Andalusien. Der Dorfplatz ist meist verlassen, die Kirchtür verschlossen, der Hausstrand weit, und nur in der Bar an der Hauptstraße ist manchmal was los.

Ländliche Alleinlagen

Auch die Beschreibung einer Finca oder eines Landhotels »in weiten Bananenplantagen« oder »auf landwirtschaftlich genutztem Gelände« kann irreführen, verstecken sich doch viele Felder hinter hohen Zementmauern oder unter Plastikplanen.

Die grüne, blühende Nordseite der Insel präsentiert sich dabei – trotz dichterer Besiedlung – gefälliger als die karge Südseite.

Ortsbeschreibungen

Es empfiehlt sich auf jeden Fall, **im Reiseteil dieses Buches** nachzulesen, was sich hinter den kurzen Ortsbeschreibungen der Kataloge wirklich versteckt. Auch braucht man bei fast allen Quartieren in ländlichen Regionen ein Auto, das in den Angeboten der Reiseveranstalter meist enthalten ist. Denn der Weg zu nutzbaren Stränden, Geschäften und Lokalen kann weit sein.

Fazit

Wer die richtige Unterkunft auf dem Land findet, erlebt oft eine »Liebe auf den zweiten Blick« und unvergeßliche Ferien fernab vom Rambazamba (➢ *Turismo Rural*, Seite 573f)

Naturschutzregionen

In höheren Lagen steht fast die ganze Insel unter Naturschutz. Es gibt kaum Siedlungen und bis auf ganz wenige Ausnahmen keine Unterkünfte (Ausnahmen sind das Dorf Vilaflor, der *Parador* in den *Cañadas* und einige sehr schöne Landhotels, ➢ Seite 579f).

2.2.4 Städtisches Ambiente

Wer unter *Tinerfeños* wohnen und trotzdem Geschäfte und Restaurants zu Fuß erreichen möchte, findet sowohl in Teneriffas **Hauptstadt Santa Cruz** als auch in La Laguna, La Orotava oder in der Kleinstadt Garachico attraktive Hotelunterkünfte.

Garachico Das kompakte Garachico im Nordwesten der Insel ist eine bedenkenswerte Wahl; es liegt auf einer Lavafelszunge direkt am Meer mit Pools zwischen schwarzen Felsen und daneben einem großen Schwimmbad. Das Zentrum beleben die Einwohner der Stadt, während zwei Straßen weiter an der Küstenstraße die Ausflugstouristen in Cafés und Terrassen-Restaurants sitzen.

La Orotava Auch ins reizvolle La Orotava kommen tagsüber viele Touristen; dafür ist man abends weitgehend unter *Tinerfeños* und wohnt in fast 500 m Höhe keine 10 km entfernt von Puerto de la Cruz. Ebenfalls nur etwa 10 km sind es zu den Wandergebieten in den weiter oben gelegenen Kiefernwäldern.

La Laguna Das Leben in La Laguna wird von den Studenten der altehrwürdigen Universität geprägt. Die einstige Kolonialstadt liegt am Rand einer Hochebene auf ca. 600 m und bietet neben lebendigem *City Life* viele Möglichkeiten für Ausflüge (auch und gerade mit öffentlichen Bussen) an die Nordküste zum Baden oder in die Hauptstadt Santa Cruz, außerdem zum Wandern im nahen Anagagebirge, im Mercedes- oder Esperanza-Wald.

Santa Cruz Das noch gut überschaubare Santa Cruz besitzt alle Vorzüge (und Nachteile) einer quirligen Groß- und Hafenstadt: Viele Geschäfte, Kneipen, Restaurants und Kultur (Konzerte, Museen, Galerien) bei allerhand Verkehr und Lärm. Der **Hausstrand *Las Teresitas*** ist nur 7 km entfernt (Bus alle 10-15 min), auch zum Esperanzawald und in das Anagagebirge ist es nicht weit (circa 12-15 km).

Unterkunft **Santa Cruz** hat Unterkünfte für jeden Geldbeutel, die anderen Städte verfügen eher über einfache, aber auch mindestens eine noblere Unterkunft (➢ Seiten 552ff). **Garachico** besitzt drei sehr feine Hotels.

2.2.5 Urbanisationen

Charakteristik Zu beiden Seiten des größten Urlaubszentrums Los Cristianos/Las Américas entstanden in den letzten 10 Jahren an der Süd- und Westküste geschlossene *Urbanizaciones* (Siedlungen nach amerikanischem Vorstadtmodell mit Bungalows oder Reihenhäusern), speziell an der ***Costa del Silencio*** und ***Callao Salvaje***. Frühe Vorläufer solcher Reihenbungalow-Siedlungen waren im Inselnorden *La Romántica* I und II an den terrassierten Hängen unterhalb von Los Realejos.

Golf Urbanisationen Die grünen Rasenflächen der neuen Golfplätze im Süden (*Urbanización Golf del Sur* und *Los Olivos* in La Caleta), verleihen den Siedlungen zwischen Meer und Bergen ein gepflegtes und distinguiertes Aussehen. Strände sind in dieser Gegend allerdings rar. Ins – dort sehr klare – Wasser geht es überwiegend über Leitern.

Populäre Tapa-Restaurants in der „Noria" von Santa Cruz (➢ siehe Seite 126)

Viele solcher Siedlungen wirken wie aus dem Ei gepellt; sie haben ihren eigenen Dorfkern mit picobello Läden, Restaurants und Gemeinschaftspool. In diesen Enklaven für Tennisspieler und Golfer braucht man für den Tapetenwechsel (wie beim Land-und Stadturlaub) ein Auto. Wen – je nach Windrichtung – gelegentlicher Jetlärm der nahen Einflugsschneisen (am der *Costa del Silencio*) nicht stört, der kann sich dort wohlfühlen.

Zugang

In den Katalogen der Reiseveranstalter finden sich kaum Angebote für solche Urbanisationen (Ausnahme: Golfhotels). Denn die meisten Wohneinheiten dort gehören privaten Eigentümern. Ihre Vermietung läuft großenteils über spezielle Vermittlungsagenturen (➢ Unterkünfte, Seite 574).

2.2.6 Rundfahrt

Beispiel

Wegen ihrer unterschiedlichen Landschaften ist die Insel auch für einen **Urlaub mit wechselnden Standorten** geeignet: Auftakt z.B. im ***Parador*** in den *Cañadas* (in 2.200 m Höhe), dann zwei Nächte im **Landhotel** an der wellenumspülten Lavafelsküste im Norden (z.B. ***Finca Salada*** bei Bajamar), danach in den **Esperanzawald *(Don Leandro)***, anschließend in die **Vulkanasche-Landschaft** an den Südabhängen (z.B. ***La Correa***) oder in Vilaflor am Rande des Kiefernwaldes das ***VillAlba***. Danach in eine alte Kolonialstadt (La Laguna: ***Aguere; La Orotava: Hotel Rural Orotava***), zum Schluss Meer satt in El Médano oder Luxus pur im ***Bahía del Duque*** an der Costa Adeje.

Dank Teneriffas Vielfalt sind auch **ganz andere Kombinationen** mit anders gearteten geographischen wie qualitativen Schwerpunkten denkbar – je nach individueller Präferenz, Aufenthaltsdauer und Geldbeutel (➢ Unterkünfte/Rundreise, Seite 571f).

2.3 Wahl der Unterkunft

2.3.1 Überblick

Die folgende **nicht an der üblichen Sternekategorie orientierte Charakterisierung** der Unterkunftsmöglichkeiten soll helfen, das optimale Quartier am ausgewählten Ferienort zu finden.

Auswahl Apartments und Zimmer gibt es in allen Kategorien, wobei viele Häuser beides anbieten. Das unterste Preisniveau (unter €45) ist kaum zu finden; auch billige Privatzimmer oder einfache Pensionen (ab €30) sind rar. **Selbstbuchung** ist vor allem bei Hotels teilweise erheblich teurer als über die Reiseveranstalter und nur angeraten, wenn der bei Pauschalreisen übliche Wochenturnus nicht in die eigene Urlaubsplanung paßt. Auch alle Luxusherbergen können über Veranstalter gebucht werden.

Reservierung Ohne Reservierung zu landen, ist problematisch, da die kanarischen **Hotels und Apartments oft ausgebucht** sind. Buchungen in der Rezeption am Tresen klappen zudem oft nur zu Bürozeiten, selbst wenn Zimmer frei sind. Die besten Aussichten auf ein Doppelzimmer unter €50 hat man in einem solchen Fall in den weniger touristischen Städten La Laguna, La Orotava und Santa Cruz. Auch in den unattraktiven Hotels beim Südflughafen in San Isidro (*Monica Sur*, *Ucanca*, etwa 4 km entfernt, ➢ Seite 560) kann man Glück haben. Einfach in einen abgelegeneren Ort zu fahren und ein Zimmer zu suchen, ist schwierig. Schilder mit der Aufschrift »Zimmer zu vermieten« gibt es fast gar nicht.

Vermittlung Die Touristenbüros in den Urlaubszentren vermitteln keine Unterkünfte, halten aber Adressenlisten parat. Die Information im *Terminal* des Südflughafens (➢ Seite 55) schickt Gäste ohne Dach über dem Kopf eher nach Los Cristianos oder El Médano als nach Las Américas, wo sich die Hotels zu fast 100% in der Hand der Reiseveranstalter befinden.

Detaillierte Beschreibungen zu Lage, Typ und Ausstattung von Hotels, Apartmentanlagen und Campingplätzen finden sich ab Seite 552, ebenso Adressen von Apartment-/Finca-Vermittlern.

2.3.2 Traditionelle Hotels

Beispiele Traditionshotels mit dem Flair von gestern gibt es auf Teneriffa kaum. Der einzige noch erhaltene Hotelbau aus dem 19. Jahrhundert, das ***Hotel Taoro*** in Puerto de la Cruz, beherbergte betuchte Engländer, war Kongresszentrum mit Kasino und soll wieder Hotel werden. Zwei alte Herrenhäuser, das ***Marquesa*** (in Puerto) und das ***Aguere*** (La Laguna) dienten schon Ende des 19. Jahrhunderts als Hotels. Darüberhinaus war das kanarische Gastgewerbe trotz des regen Handels mit Europa und Amerika kaum entwikkelt. Das Nobelhotel ***Mencey*** in Santa Cruz stammt von 1953.

Stadtpaläste In den letzten Jahren wurden klassische Stadtpaläste zu feinen Hotels umgewandelt, so das ***San Roque*** und ***La Quinta Roja*** in Garachico, das ***Nivaria*** (nur Apartments) in La Laguna.

Auch auf dem Lande kann man in einigen zu Landhotels umgebauten Haziendas stilvoll wohnen (***El Patio*** bei Garachico, ***Finca Raya*** bei Güímar, ***La Salada*** bei Tejina, ***El Nogal*** bei Escalona). Außer *El Patio* und *La Salada* liegen aber alle weit ab vom Meer.

Hotelfinca La Salada bei Tejina/ Nordküste östlich von Puerto de la Cruz

2.3.3 Hotelklötze aus der Zeit des ersten Tourismusbooms

Preisgünstige Alternativen

Als Ende der 1960er-Jahre an den sonnigen Küsten Europas der Tourismus-Boom begann, wurden auch auf Teneriffa die damals üblichen Kästen mit bis zu 20 Stockwerken, winzigen Balkonen und schlichten, kaum begrünten Pools hochgezogen. Dieser heute antiquierte Hoteltyp ist vor allem im zentralen Bereich von Las Américas anzutreffen (z.B. *Palm Beach, Troya, Gran Tinerfe Park*). In Puerto de la Cruz, einer Stadt mit vereinzelten sympathischen Altstadtresten, wirken die fantasielosen Klötze der touristischen Frühzeit heute genauso störend wie an den Küsten im Süden und im Nordosten (*Punta del Hidalgo, Mesa del Mar*). Dafür liegen die alten Bettenburgen fast alle – obwohl meist durch eine Straße getrennt – am Meer. Halbherzige Renovierungen haben sie bislang vor der Abrissbirne gerettet. In manchen Orten (speziell in Punta Hidalgo und Bajamar) kann man in solchen Hotels preisgünstig Urlaub machen und sich dabei über die gute Lage freuen.

2.3.4 Blühende Gärten

Taoro und La Paz bei Puerto

Auf dem Taoro-Hügel über dem Zentrum von Puerto de la Cruz wurden schon in den 1970er-Jahren flachere, 4-5-stöckige Hotels errichtet und mit parkähnlichen subtropischen Gärten umgeben, so dass heute botanische Führungen in den Hotelanlagen stattfinden (*Hotels Tigaiga* und *Chiripa*). Auch im ebenso hoch gelegenen Stadtteil La Paz wurde Wert auf grüne Oasen gelegt (*Hotel Botánico*). Diese Adressen sind eine teure, aber gute Wahl, wenn auch recht weit entfernt vom Meer.

2.3.5 Glitzerluxus

Postmoderne Hotelbauten

Ab Ende der 1980er-Jahre entstanden zwischen Los Cristianos und dem alten Las Américas im Stadtteil Los Morritos und an der neu erschlossenen Costa Adeje glitzernde postmoderne Luxusbauten. Hier im Süd(west)en Teneriffas verfügte man über genug Platz für die neuen großen, gestreckten und aufgelockerten Aparthotelbauten: Marmor, viel Glas, Keramik und Holz sollten dem Bunker-Image der alten Hotels entgegenwirken.

Charakteristik der neuen Komplexe

Der Gast wird in riesigen Lobbys wie ein König empfangen, sonnt sich in karibischen Badelandschaften mit Bambusdach-Poolbar und diniert an üppigen Büffets, bevor er in seinem (meist geräumigen!) 08/15-Doppelzimmer schlafen geht. Ihn binden immer mehrere Hotelrestaurants und Ladenzeilen, Tennisplätze, Fitnessräume, etliche Saunen, sowie ein großes Beauty-, Wellness- und täglich wechselndes Animations-Programm an sein Haus: das **Hotel als Event**. Nur zum Schwimmen im Meer müssen die Gäste ihre Anlage durch die bewachte Gartenpforte verlassen und die Strandpromenade überqueren, z.B. ***Mare Nostrum Resort Bahía del Duque, Europa Villa Cortes, Jardines de Nivaria, Costa Adeje Palace, Anthelia Park, Bahia Principe*** und ***Sol Meliá*** sowie das grandiose Hotel ***Abama,*** beide bei Guia de Isora.

Einige dieser Hotels mit **Las Vegas-Touch** sind architektonisch durchaus originell, aber inzwischen werden selbst solche Superanlagen durch weitere Neubauten (der Konkurrenz) beengt.

2.3.6 Apartmentanlagen

Neben dem absoluten Luxus enstand ebenfalls in den 1980er-Jahren ein etwas bescheidener wirkender, aber nicht weniger komfortabler Apartmentanlagen-Typ. Aufgelockerte und versetzt miteinander verbundene Flachbauten mit größeren Balkonen oder Terrassen sind dabei um eine üppig begrünte Poolanlage gruppiert. Das Ganze wirkt meist sympathisch, hell und freundlich. Diese Bauweise bestimmt den Stadtteil **Fañabé** an der Costa Adeje (so z.B. *Parque del Sol, Lagos de Fañabé, Sol Sun Beach*)

Hotel Santiago IV in Las Américas

und die Süd(west)küste an der *Costa del Silencio* und *Callao Salvaje*. Einziger Minuspunkt auch hier ist die **Backe-an-Backe-Bauweise** der in sich recht großzügigen Anlagen. In Fañabé sind sie in der ersten Reihe nur durch die Strandpromenade vom Meer getrennt. An der *Costa del Silencio* und *Callao Salvaje* sind die Wege zum Strand weiter.

2.3.7 Individuelle Hotels

Exklusivität im Kleinen

Erst seit Mitte der 90er-Jahre gibt es exklusive kleinere Häuser (Hotels oder Apartmentanlagen), die auf das Glitzerhotel-Beiwerk (Läden, Tennis, Badelandschaften mit Poolbar) verzichten und mehr auf die individuelle Note setzen, ohne auf Standards wie das Schwimmbad zu verzichten. Diese Häuser sind zwar alles andere als billig, finden aber zunehmend ihr Publikum. Typische Beispiele sind die Apartmentanlage ***Jardín de la Paz*** in La Matanza, das Hotel ***Villa Chiripa*** auf dem Taorohügel in Puerto de la Cruz, das Hotel ***Reveron*** in Los Christianos, das Hotel ***Alhambra*** in La Orotava und die oben schon genannten Stadt- und Landhotels in restaurierten historischen Gebäuden. Keines davon liegt indessen unmittelbar am Meer.

Hotel Villa Chiripa in Puerto de la Cruz

2.3.8 Fincas und Villas

Wohnungen und ganze Häuser zur Miete

Wer sich im Urlaub ein ganzes Haus leisten möchte, findet bei einigen Veranstaltern reichlich Angebote an z.T. luxuriösen Objekten (Olimar, Terramar, Jahn, TUI). Neuere schicke Bungalows oder Luxusvillen gehören oft Ausländern, die renovierten Fincas – meist mit herrlichen Gärten oder Patios – zum *Turismo Rural*-Programm (➢ Seite 574). Ihre Lagen am Kliff oder weiten Hängen garantieren zumindest Ausblicke auf den Atlantik. Die größeren Häuser sind oft so unterteilt, dass auch einzelne Apartments gemietet werden können und der Garten (gegebenfalls mit Pool) gemeinsam genutzt wird. Kleinere *Turismo Rural-Fincas* verfügen seltener über ein Schwimmbad.

2.3.9 Einfache Pensionen

Häuser, die in keinem Katalog stehen

Die Zahl einfacher Pensionen (***Hostales***) nimmt ab. Diese Häuser offerieren karge Zimmer (z.T. Etagenbäder) in schlichten Altbauten. Solche Unterkünfte findet man eher in **La Laguna, La Orotava, Puerto de la Cruz** und **Santa Cruz**, kaum in kleineren Orten. Auch in **Los Cristianos** kommen La Gomera- und El Hierro-Durchreisende relativ preiswert unter (ab € 30). Sie sind in keinem Katalog zu finden (➢ Seite 555). Die Entwicklung geht zu mehr individuellen Unterkünften abseits der großen touristischen Zentren. Aber die sind überwiegend teuer (➢ Seite 572/73).

2.3.10 Camping

Begrenzte Möglichkeiten

Es gibt auf Teneriffa nur drei private Campingplätze, die in Ausstattung (Wasser, Duschen, Versorgung etc.) unterem Standard entsprechen, dafür aber nicht teuer sind. Sie liegen abseits der Küsten. Die Stellplätze sind meist beengt; Schatten ist rar. Nur wenige Wohnmobilisten tun sich denn auch die lange Anreise und teure Fähre an. Reizvoll und besser ist der neue (staatliche) **Platz in Punta Hidalgo** an flacher, aber lavaspitzer Felsküste.

»Wild« Campen

Wer entsprechend sucht, findet – vor allem im Winter – auch Gratisplätzchen, wo man ohne Wasseranschluss und Toiletten vorübergehend campen kann. Im Sommer schlagen viele *Canarios* ihr Zelt in verschwiegenen Felsbuchten auf. Die Spuren sind am Ende der Saison deutlich sichtbar.

Staatliche Einfachplätze zum Nulltarif

Ein Geheimtip ist einfaches Zelten in den ***Zonas Recreativas***, herrlichen staatlichen (Picknick- und) Campingplätzen in den waldigen, kühlen Höhenlagen der Insel. Im Winter ist es dort oben zu kalt, oft wolkig und neblig-regnerisch, im Sommer aber eine bedenkenswerte, dazu kostenlose Lösung der Quartierfrage.

Wegen der administrativen Regulierung der *Zonas Recreativas* erfordert das Campen dort gute Planung und einige Mühe. In den Monaten Juli/August sind die Zeltplätze oft vergeben, speziell an Wochenenden. Alle Details dazu stehen ab Seite 583.

Wildes Camping der Kanarier an der Nordküste bei Benijo (Anagaregion).

2.4 Die Reise nach Teneriffa

2.4.1 Pauschalurlaub inklusive Flug

Charter

Die Teneriffaflüge der Reiseveranstalter werden mit deutschen Firmen wie *Air Berlin* (sowie ihr *LTU*-Partner), *Condor oder TUI fly*, aber auch mit spanischen Luftlinien wie z.B. *Air Europa* oder *Spanair* abgewickelt. In ein- und demselben Fugzeug sitzen meist Kunden verschiedener Reiseveranstalter und ebenso mehr und mehr Leute, die lediglich das Ticket gekauft haben, weil sie z.B. privat unterkommen oder auf Teneriffa leben.

Abflughäfen

Da Charterflüge nach Teneriffa von allen nennenswerten Flughäfen starten, liegt es für den Urlauber nahe, den nächstgelegenen Airport ins Auge zu fassen. In Abhängigkeit von Veranstalter und Fluggesellschaft zahlt Zuschläge/Abschläge auf den/vom Katalogpreis (- €20 bis +€30), wer von anderen als von bestimmten «Basisflughäfen« abfliegen möchte.

Hotelübernachtung vor dem Abflug

Wenn Flüge von nähergelegenen Airports ausgebucht sind – und das ist zum jeweiligen Ferienbeginn der Bundesländer häufig schon lange im voraus der Fall – ergeben sich nicht selten ärgerliche **Zusatzkosten** für eine auswärtige Hotelübernachtung. Denn bei Abflügen in nächtlicher Frühe/am frühen Vormittag sind passende Verbindungen mit der Bundesbahn zur Ausnutzung der *Rail & Fly*-Vergünstigung in den ersten Morgenstunden desselben Tages selten vorhanden. Alternativ um 2 Uhr morgens mit dem Auto aufzubrechen, ist auch nicht jedermanns Sache. Einige Veranstalter tragen dieser Problematik Rechnung und bieten in Kooperation mit bestimmten Hotels Sondertarife für Übernachtung am Airport auch und gerade bei Anfahrt mit eigenem Fahrzeug z.B. unter der Bezeichnung ***Park, Sleep & Fly*** an. Während der Abwesenheit des Gastes bleibt das Auto dann zum Nulltarif oder einer geringen Gebühr auf dem Hotelparkplatz.

Tarifgefälle

Für **scharfe Rechner** macht der Abflug von einem weiter entfernten Flughafen trotz der Anfahrt, eventueller Hotelkosten und des damit verbundenen Umstandes mitunter auch »freiwillig« Sinn. Wenn nämlich bei Buchung ab Airport X eine andere Saison gilt als bei Abflug in Y, kann die Ersparnis pro Person €100 und mehr betragen. Bei einer 4-köpfigen Familie bringt daher (etwa zu Ferienbeginn in NRW, aber noch nicht in Niedersachsen) eine Fahrt von Hannover nach Paderborn ggf. eine wesentliche Ersparnis.

Rail & Fly

Bei günstigen Zugverbindungen kann auch die Anreise per Bahn erwägenswert sein. Mittlerweile ist die bei allen großen Veranstaltern im Reisepreis enthalten.

Einchecken

Die **Abflugzeiten** und das **Erfordernis sehr zeitigen Eincheckens** – bis zu 2 Stunden vor dem Start beim Hinflug und oft noch früher beim Rückflug, wobei der Abholtermin wegen des Einsammelns von 'zig Parteien in verschiedenen Hotels auch schon mal 4 Stunden vor dem planmäßigen Rückflug liegt – sind der kleine Nachteil von Pauschal-Urlaubsreisen.

Abflugzeiten Bei längerfristiger Vorbuchung, was im Hinblick auf Urlaubstermine und Ferien der Kinder oft unerlässlich ist (und teilweise einen Rabatt bringt), wählt der Kunde immer nur die **Wochentage** von Hin- und Rückflug. Die genauen **Flugdaten** erfährt er oft erst später. Auch im voraus fixierte Abflugzeiten sagen noch nichts. Die Flugpläne werden zuweilen kurzfristig verändert und werfen dann die zunächst erfreuliche Zeitkombination wieder über den Haufen. Wer Pech hat, muss den Hinflug nachmittags und den Rückflug vormittags antreten. Dabei geht leicht ein voller Urlaubstag verloren.

Langfristrabatte und Last Minute Reisen Bei langfristiger Vorausbuchung können Pauschalreisen und Flüge neuerdings günstiger sein als Buchungen in letzter Minute, sagen die Veranstalter, die ein Interesse daran haben, ***Last Minute*** zurückzudrängen. Was aber bis kurz vor Abflug noch nicht gebucht ist, wird letztlich doch wieder als *Last Minute* billiger verkauft. **Sonderschalter** der Veranstalter wie unabhängiger Reisebüros gibt es **in allen Flughäfen**. Aber Achtung, nicht alles, wo *Last Minute* drauf steht, ist wirklich billiger als der Katalogpreis. ***Last Minute*** lässt sich auch **im Internet buchen**, entweder bei den Veranstaltern direkt (➢ Seite 48) oder bei Spezialanbietern w.z.B. www.last minute.de oder www.reisegeier.de.

2.4.2 Reise- und Sondergepäck, Umbuchung, Storno

Die folgende Tabelle zeigt alle aktuell geltenden Regelungen und Kosten für die Punkte der Überschrift bei den wichtigsten deutschen Ferienfluglinien.

Reise- & Sondergepäck, Umbuchung/Storno, Vorabend/online Check-in (weitere Details auf den jeweiligen Websites der Airlines)

Handgepäck (maximal 56x45x25 cm, teilweise 55/40/20 cm): 6-10 kg; Freigepäck üblicherweise 20 kg, für Airline Card-Inhaber 30 kg; Übergepäck (ab 10 kg anmelden!) kostet ab € 5 je kg

Für Sondergepäck fallen folgende Kosten an (jeweils retour):

Fahrrad (verpackt!): Air Berlin & TUIfly € 40, Condor € 50*)

Surf/Kiteboard (ab 1.40m)/Kajak (in Hülle): alle: € 50*)

***) Fahrrad/Bike, Surf/Kitebrett, Kajak:** 48 oder 24 Std **vorher anmelden!**

Tauchausrüstung: alle Gesellschaften bis 30 kg frei

Golf: alle bis 30 kg frei

Umbuchung	z.B. TUIfly: bis zum 9. Tag vor Abflug € 30
Flug-Storno	3-1 Woche(n) vorher 20-50%Rabatt, danach voller Preis
Check-in:	**Vorabend** bei Vormittagsflügen meist 18-20/21 Uhr
	online: Bordkarten-Ausdruck ab 30 min bis 2 Std. vor Abflug

Air Berlin ist heute der größte deutsche Ferienflieger, hier eine Boeing 737 noch in alten AB-Farben; nur die Triebwerksabdeckung zeigt schon das neue Rot

2.4.3 Individuell nach Teneriffa fliegen

Wer seine Unterkunft selber organisiert, muss notwendigerweise den Flug gesondert buchen:

Linienflug

Die **Lufthansa** fliegt nicht nach Teneriffa; nichtsdestoweniger kann man bei der Lufthansa Teneriffa buchen, muss dann aber in Madrid umsteigen in eine Maschine des Kooperationspartners **Spanair**. Auch die spanische **Iberia** bedient von europäischen Airports außerhalb Spaniens Teneriffa nicht. Man fliegt mit **Iberia** entweder nach Madrid oder Barcelona und dann weiter. Faktisch spielen im Teneriffa-Flugverkehr ab Deutschland, Österreich oder der Schweiz Linienflüge so gut wie keine Rolle mehr.

Ferienfluglinien

Die bekannten **Ferienfluglinien**, die von vielen, auch kleineren Airports wie Rostock, Münster, Paderborn oder Erfurt zum Flug nach Teneriffa starten, sind für die meisten Reisenden aber ohnehin erste Wahl. Normalerweise ist der **südliche Airport** ***Reina Sofía*** (TFS) Zielflughafen. Aber immer mehr Flieger aus Deutschland landen auch auf dem – zum internationalen Airport ausgebauten – **Nordflughafen** (TFN), vormals *Los Rodeos*, der speziell für Puerto-Urlauber entschieden günstiger liegt als Teneriffa-Süd.

Buchung in Reisebüro oder Internet

Man kann Flüge der Ferienflieger genau wie die Pauschalreisen in jedem Reisebüro buchen. Alternativ geht das auch bei den Fluggesellschaften im Internet direkt, ➢ nächste Seite oben.

Die Feststellung der Verfügbarkeit von Plätzen und Reservieren ist einfach, letzteres aber nur mit Kreditkarte oder Abbuchungsermächtigung möglich. Wer das nicht möchte, sucht sich einen Flug und läßt ein Reisebüro die Sache abwickeln. Ist man dem Büro als Kunde bekannt, kostet das einen kurzen Anruf und geht häufig fixer als Suchen und Buchen im Internet: keine langwierige Dateneingabe, kein »Absturz« und kein Zeitverlust bei nicht 100%ig ausgefüllter Buchungsmaske etc. pp.

Billigtickets

Dank massiver Werbung der **Discountflieger** wie *Ryanair* hat sich herumgesprochen, dass Flüge ins europäische Ausland für € 29 und weniger zu haben sind. Von einer Reihe deutscher Flughäfen geht es tatsächlich bisweilen auch nach Teneriffa für Preise unter € 30 pro Flugstrecke (plus Gebühren!). Ein paar Tage früher oder später kann der identische Flug oder zurück auch über € 300 kosten, in der Hochsaison, speziell über Weihnachten/Neujahr und Ostern sogar über € 400 pro Flugstrecke plus Zuschläge, meist dazwischen. Das Schnäppchen macht nur, wer durch die Websites der Anbieter surft und rasch »zuschlägt«, denn morgen könnte der Tarif schon höher sein:

Websites der Ferienflieger

- www.airberlin.com und Partner www.flyniki.com (ab fast allen deutschen Flughäfen und Wien)
- www.tuifly.de;TUI-Jets fliegen von BRD-14 Flughäfen & Basel
- www.condor.de (im Sommer ebenfalls von bis zu 14 Flughäfen)
- www.ryanair.com; fliegt z.Z. nur Bremen-Teneriffa-Süd
- www.edelweissair.ch (Schweiz, ab Zürich, Genf und Basel)
- www.laudaair.com bedient Teneriffa von Wien,Linz und Graz

Flugsplitting Da man nicht mit derselben Airline zurückfliegen muss, kann man 2mal *oneway* buchen: **Mit Linie A hin und Linie B zurück**.

Tarifinfo Gesamtübersichten gibt's u.a. unter www.billig-fliegen.de und www.skyscanner.net oder www.flug.idealo.de. Wer die günstigsten Tarifangebote nicht verpassen will, sollte sich die ***Internet-Newsletter*** der Fluglinien abonnieren.

Tarifsituation 2009 Die folgende Übersicht zeigt, wie die Angebote für Teneriffa einzuordnen sind (Angebote jeweils eine Strecke + Zuschläge):

bis +/- € 100	supergünstig
bis +/- € 150	sehr günstig
bis +/- € 200	günstig
bis +/- € 250	o.k.
bis +/- € 300	geht noch gerade - je nach Saison
über € 350	ungünstig (Hochsaison/Schulferien)

Air Berlin Cards Air Berlin vergibt ab 20.000 mi bzw. 40.000 mi mit der Airline (ohne Zeitbegrenzung) die ***Top Bonus Silver*** bzw. ***Gold Card***. Mit beiden gibt es eine Vielzahl von Vergünstigungen. So erhöht sich z.B. die Freigepäckgrenze auf 30 kg, Sportgepäck reist gratis, und Sitzplatzreservierungen ohne Gebühr sind möglich.

Ein besonderer Vorzug ist der **Check-in-Schalter für Karteninhaber**, der ein Schlangestehen weitgehend vermeidet.

Rückflug Üblicherweise wird **beim Hinflug** bereits ein **Rückflug** reserviert. Bei **Änderungswünschen** bleibt es der Airline überlassen, inwieweit sie flexibel ist bzw. sein kann.

Umbuchung Meist werden bei Flugänderung **Umbuchungskosten** fällig (€25-€50). Bei den größeren Gesellschaften lässt sich das direkt bei der Repräsentanz auf Teneriffa (➢ Seite 54) regeln.

Empfehlung Unter dem (Rückflug-) **Flexibilitätsaspekt** ist die Buchung bei einer Airline mit möglichst vielen Starts von einem Flughafen in Heimatnähe empfehlenswert. Damit hat man bessere Chancen zur Realisierung von eventuellen Ticketumschreibungen als bei einer Gesellschaft mit nur wenigen Abflügen.

Handgepäckregelungen auf allen europäischen Flughäfen seit Mai 2007

Das Handgepäck ist seit Mai 2007 beschränkt auf ein Stück mit den maximalen Abmessungen von 55x45x25cm.

Flüssigkeitsfläschchen, Zahnpasta-Tuben, Gel-Dosen und andere Behälter (je max. 100 ml) müssen in einen durchsichtigen und verschließbaren Plastikbeutel von maximal einem Liter Volumen, der gesondert vorzuweisen ist. Ausnahmen gelten nur für Diätkost, Medikamente und Babynahrung.

Nach der Kontrolle gekaufte Flüssigkeiten dürfen – auch in größeren Mengen als ein Deziliter - mit an Bord.

Zuvor in Duty-Free-Shops gekaufte Flaschen sind nur in dort speziell versiegelten Taschen zugelassen.

Mäntel und Jacken müssen bei der Kontrolle abgelegt werden und die Röntgenkontrolle passieren. Laptops und alle elektronischen Geräte sind aus dem Handgepäck herauszunehmen; sie müssen separat durch die Kontrolle.

2

2.4.4 Nach Teneriffa auf dem Land- und Seeweg

In 47 Stunden geht's einmal pro Woche per Autofähre ab Cadiz über Lanzarote & Gran Canaria nach Santa Cruz de Tenerife

Und **ab Portugal** (Portimao) fährt die Reederei ***Armas*** via Madeira auch auf die Kanaren: www.navieraarmas.com

Alle Interinsularfähren: www.kanaren-faehre.de

Cádiz – Teneriffa – Cádiz

ab Cádiz.	Di	17.00 Uhr
an Teneriffa	Do	18.00 Uhr
ab Teneriffa	Sa	11.00 Uhr
an Cádiz	Mo	10.00 Uhr

2/3/4-Bett-Kabinen für 1-4 Personen mit/ohne WC; mit/ohne Fenster ab €750/Person; Autos je nach Länge;

Option: Auto per Schiff, Fahrer fliegt

Information und Buchung:
© (0034) 902-454645 (Spanisch/Englisch)
www.trasmediterranea.es (Acciona)
Beste Website für alle kanar. Fähren:
http://canarias.arkus.net oder auch
www.aferry.de oder www.ab-travel.net

Cadiz dringend frühzeitig reservieren

Die Autofähre nach/von Madeira und Portugal im Hafen von Santa Cruz

2.5 Reisevorbereitungen

2.5.1 Papiere

Einreise

Die Kontrolle der Personalpapiere ist zwar innerhalb der EU weitgehend entfallen, aber dies bedeutet nicht, dass man den Personalausweis (bzw. ersatzweise einen Reisepass) nicht mehr mitführen müßte. Es kann immer noch aus irgendeinem Grund am Airport bzw. an der Grenze kontrolliert werden; und auch in Spanien muss man sich auf Verlangen ausweisen können. Im Hotel erfolgt die Anmeldung ebenfalls anhand der Personalpapiere. Ein Blick auf das **Ablaufdatum der Ausweise** früh genug vor der Abreise kann daher nicht schaden. Das Papier sollte noch mindestens drei Monate gültig sein.

Auch für den Besuch im Spielkasino, für eine Einlösung von Reiseschecks und meist auch bei Kreditkartenzahlungen benötigt man den Personalausweis.

Führerschein

Wer ein Fahrzeug mieten möchte, muss neben dem Führerschein in der Regel auch seinen Personalausweis oder Pass vorlegen. Die nationale Version des Führerscheins genügt, ein Internationaler Führerschein ist nicht nötig. Umgekehrt reicht der Internationale Führerschein allein nicht aus.

Kopien

Sinnvoll ist, die **Kopien von Führerschein, Personalausweis/Pass** mitzunehmen oder eingescannt an die eigene Email-Adresse zu senden. Dort sind sie dann von überall abruf- und ausdruckbar.

2.5.2 Versicherungen

Reiserücktritt

Die Pauschalreisepreise einiger Veranstalter verstehen sich mitunter inklusive einer **Reiserücktrittskosten-Versicherung**. Alle anderen offerieren sie ihren Kunden zu recht moderaten Tarifen. Da auch bei kurzfristiger Buchung unvorherzusehende Ereignisse wie Erkrankung oder Unfall des Reisenden oder Angehöriger den Reiseantritt in letzter Minute noch unmöglich machen können, sollte man das Angebot wahrnehmen. Bei individuellem Vorgehen – Flugbuchung und Unterkunft getrennt und in Eigeninitiative – kann man sich entsprechend des Wertes bzw. der bei Nichtantritt anfallenden Rücktrittskosten separat versichern lassen.

Krankheit

Bei Fragen, die Erkrankung und sonstige Notfälle betreffen, ➢ auch Kasten »**Notfälle**« auf Seite 549.

Gesetzliche Krankenversicherung

Bis vor kurzem gab es für in Deutschland gesetzlich Versicherte keinen (auch nicht teilweisen) Ersatz für im Ausland angefallene selbst bezahlte Krankheitskosten durch die Kassen. Man konnte sich **auf Kassenkosten im Ausland** nur bei Ärzten und Einrichtungen behandeln lassen, die den sog. Auslandskrankenschein akzeptieren. Das hat sich geändert.

Der Auslandskrankenschein E111 wurde für die EU-Länder abgeschafft, und durch die EU-Krankenversicherungskarte (*European Health Insurance Card,* ***EHIC*** ersetzt; sie ist automatisch auf der

Rückseite der Chip-Versicherungskarte aufgedruckt (➢ www.krankenkassen.de). Wenn bei ärztlicher Behandlung oder in privaten Krankenhäusern Rechnungen bezahlt werden müssen und diese Karte nicht akzeptiert wird, ersetzen die Kassen die Kosten nach deutschen Vorgaben (dazu gibt es ein Merkblatt). Darüber hinaus gehende Kosten trägt der Versicherte

(Info: www.medinfo.de > Ausland).

Private Auslands-krankenversicherung

Es bleibt auf jeden Fall bei der dringenden **Empfehlung an alle gesetzlich Versicherten**, eine **Auslands-Reisekrankenversicherung** abzuschließen. Zum Glück ist das nicht teuer. Fast alle Privatversicherer bieten Auslandspolicen. Besonders günstige Tarife bietet u.a. die HUK-Coburg, www.huk24.de.

Privatversicherte interessiert die Frage meistens nicht, da die Kosten einer Heilbehandlung zumindest im europäischen Ausland voll ersetzt werden, solange der Aufenthalt eine bestimmte maximale Dauer nicht überschreitet.

Versichert in Verbindung mit Kreditkarten

Weniger Sorgen in dieser Hinsicht brauchen sich die Inhaber bestimmter **Kreditkarten** (meist der Edelklasse) zu machen. Viele **Goldkarten** (*Mastercard, VISA, American Express*) bieten ihren Kunden und ggf. Familienangehörigen bei Auslandsreisen bis zu 6-8 Wochen Dauer eine Krankenversicherung, unabhängig davon, ob die Reise mit der Karte bezahlt wurde.

Gepäck-versicherung

Die gern angebotene Gepäckversicherung, die häufig auch in Versicherungspaketen enthalten ist, benötigen viele nicht, da bei Reisen ins europäische Ausland eine bereits bestehende Hausratversicherung ggf. (in Grenzen) Ersatz leistet. Im übrigen sind die Ausschlussklauseln regelmäßig zahlreich. Das Risiko, in Teneriffa – außer durch eigene Unachtsamkeit – Verluste zu erleiden, ist insgesamt eher niedrig.

2.5.3 Die Finanzen

Geld-automaten

Wie zu Hause dienen Geldautomaten dem Bargeldnachschub. Sie sind in den Flughäfen, in allen Touristen- und größeren Orten unübersehbar und zahlreich. Schon seit längerem dürfen Banken beim Zahlen mit EC- und Kreditkarten in EU-Ländern keine Zusatzkosten mehr berechnen. Bargeldabhebungen an EC-Automaten kosten €2-€5 pro Transaktion; nur EU-Filialen der Deutschen Bank, sowie die DKB, GE-Money, Ing-Diba, SEB, Netbank und HASPA nehmen EU-weit keine Gebühr (➢ auch Seite 532).

Kreditkarten/ Verlustfall

Kreditkarteninhaber können auf Teneriffa ihre Karte genauso einsetzen wie gewohnt. Vielfach (in Banken, Läden) wird jedoch zusätzlich die Vorlage des Personalausweises verlangt.

Den **Verlust von Kredit-, EC-, Kundenkarten und Handys aller Anbieter** sollte man umgehend melden:

Sammel-✆ : 0049-116 116 (dabei Kartennummer bereithalten)

3. Ankunft auf Teneriffa

Airports Die meisten Flugzeuge landen auf dem Südflughafen, dem ***Aeropuerto del Sur*** (TFS, auch *Reina Sofia* genannt), einige auf dem kleineren ***Aeropuerto del Norte*** (TFN); er liegt für Nordküsten-Urlauber günstiger. Internet beide Airports: www.aena.es.

Anflug Je nach Route und Windrichtung benötigen die Jets aus Mitteleuropa 4-5 Stunden non-stop, mit Zwischenlandung leicht über 6 Stunden. Der Anflug auf den Südflughafen erfolgt normalerweise nördlich oder südlich am Teide vorbei; die Maschinen halten zunächst Kurs auf Gomera, um gegen den beständigen Nordostpassat zu landen. Über 200 Starts und Landungen werden in der Hochsaison am betriebsamsten Tag (Freitag) abgewickelt, die nächtlichen Transportflugzeuge nicht mitgerechnet.

Einreise Trotz des Schengener Abkommens, das keine Ein- und Ausreisekontrollen zwischen Spanien und Deutschland bzw. Österreich mehr vorsieht, gibt es doch regelmäßig Stichproben. Wie oben bereits ausgeführt, muss man daher einen gültigen **Personalausweis** oder den **Pass** mitnehmen. Bei Einreisen aus der Schweiz und anderen Nicht-EU-Ländern sowieso.

Gepäck, Service **Gepäckkarren** sind **kostenlos**, die Koffer-Ausgabe ist flott und auch der übrige Service (Geldautomaten, Mietwagen, Fund-, Infobüro, Post etc.) entspricht internationalem Standard.

Zollkontrolle Seit die EU-Zollschranken entfallen sind, finden nur in Ausnahmefällen Stichproben statt. Faktisch kann man fast alles als persönlichen Bedarf deklarieren. Zigaretten, Alkoholika und Parfüms gibt es übrigens auf den Kanaren in vielen Fällen billiger als im zollfreien Einkauf im Jet.

Offiziell abgabenfrei sind nur folgende Mengen pro Person: 200 Zigaretten oder 100 Zigarillos oder 50 Zigarren; 1 Liter Spirituosen (über 22%) oder 2 Liter (bis 22%)

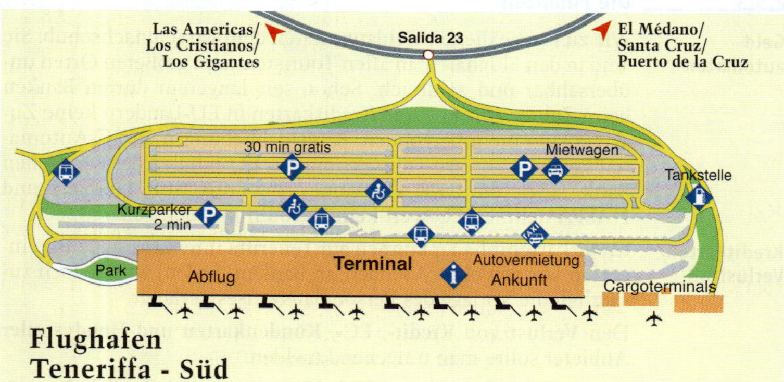

Flughafen Teneriffa - Süd

Hoteltransfer

Pauschaltouristen, die von einem Repräsentanten »ihrer« Reisegesellschaft abgeholt werden, sind – je nach Urlaubsort – **ab dem Südflughafen (TFS) 10-90 min** bis zu ihrem Hotel unterwegs.

Transferzeiten für die wichtigsten Orte:

Los Cristianos, **Las Américas**, **Costa Adeje**: 25-35 min
El Médano: 10 min; **TenBel**: 15 min
Los Gigantes/Puerto de Santiago: 60 min.
Nordküste (**Puerto de la Cruz u.a.**): 90 min oder mehr.

Wer auf dem **Nordflughafen (TFN)** landet, ist per Bus in einer guten halben Stunde in seinem Quartier an der Nordküste, muss aber mit 70-90 min Busfahrt zu den Touristenzentren im Süden bzw. im Westen rechnen.

Autovermieter

In beiden Airports finden sich neben den internationalen Anbietern auch nationale (spanische) Vermieter. Nach Vorlage von Führerscheins und Kreditkarte sind die Mietverträge rasch abgewickelt. Kleinwagen kosten inkl. Versicherung und ohne Kilometerbegrenzung etwa ab € 130/Woche, ➢ Seite 60.

Rent-a-Car ab beiden Airports:

Hertz: © 922-759319	www.hertz.com
Avis: © 922-392056,	www.avis.com
Auto Reisen/Orcar: © 922-759364	www.autoreisen.es
	www.orcarcanarias.com
Europcar: © 922-759313	www.europcar.es
Atesa/National: © 922-759475	www.atesa.es
Cicar: © 922-759329	www.cicar.com
Poul's Auto: © 922-740742	www.poulsauto.com

Öffentliches Busnetz

Das gut ausgebaute Bussystem Teneriffas (TITSA) funktioniert zuverlässig und pünktlich. Abgelegene Dörfer werden nur spärlich bedient. Gäste in Häusern des ***Turismo Rural*** benötigen für das letzte Stück vom nächstgelegenen mit dem Bus erreichbaren Ort zu ihrer Unterkunft fast immer ein Taxi, sofern kein Abholdienst organisiert wurde. Die günstigen **Bono-Bus-Karten** (➢ Seite 586) gibt es vor dem Südflughafen-Terminal (Automat unter dem Zeltdach) . **TITSA**-Busfahrpläne im Info-Büro (➢ unten).

Die Straßenbahn (***Tranvia*** Santa Cruz-La Laguna) bildet mit TITSA-Bussen einen Verbund (Bono-Karten gelten für beide, ➢ unten)

Taxis

Die kanarischen Taxis sind preisgünstig und ohne Nepp (➢ Seite 58). Mit etwas Spanisch kann man Fixpreise für Fahrten ohne Taxameter aushandeln.

Touristeninfo

Im Südflughafen befindet sich ein – schwach sortiertes – Infobüro (Deutsch, Englisch; Mo-Fr 9-21, Sa 9-13 Uhr, © 922-392037) mit Insel- und Wanderkarten, Unterkunftslisten und dem kostenlosen **Fahrplan aller TITSA-Buslinien** (➢ Seite 586f).

Nordflughafen: Mo-Fr 8-21, Sa+So 9-17 Uhr, © 922-635192.

3

Wichtige Telefonnummern auf den Airports

Flughafen Süd - Reina Sofia Zentrale: ✆ 922-759000
Taxis: ✆ 922-759009 Information: ✆ 922-759200 und -759510
Touristeninfo.: ✆ 922-392037 Polizei: ✆ 922-759357
Gepäckverlust: ✆ 922-759342 (Iberia Handling); ✆ 922-759054 (Air Europa Handling)
Flughafen Nord Zentrale: ✆ 922-635998/99

Fluggesellschaften

TUIfly:	✆ 902020069	RYANAIR(engl)	✆ 807-220999 (67cent/min)
AIR-BERLIN:	✆ 922-759570	IBERIA:	✆ 922-759285
LTU:	✆ 922-759146	SPANAIR:	✆ 922-759150
CONDOR:	✆ 922-759505	FLYNIKI	✆ 0820737800
EDELWEISSAIR	✆ 044-2774100	LAUDAAIR	✆ 0043(0)820320321

TITSA-Busse ab Südflughafen (TFS) nach: (➢ Seite 57+586f)

Abfahrtzeiten per SMS (➢ Seite 587): ✆ **5676** und im Text den TFS-Code-: **»TITSA 7571«**

Santa Cruz (50 min) Bus #111 halbstündlich jeweils zur vollen und halben Stunde (**€ 6,50**, mit *BonoBus* **€ 3,10**); täglich ab ca. 6-22.30 Uhr, einige Busse nachts.

Los Cristianos/Las Americas (20-30 min) Bus #111 halbstündlich jeweils um x.20 Uhr und x.50 Uhr (**€ 2,25**, mit *BonoBus* **€ 1,55**); täglich ab ca. 6-22.20 Uhr, einige Busse nachts.

Puerto de la Cruz (85 min) #340 (über den Nordflughafen/TFN, **€ 9,50**, mit *Bonobus* **€ 4,30**): 9.45, 14.00, 20.00 und 23.30. Wer mit dem Bus #111 nach Santa Cruz fährt und dort umsteigt, findet dort tagsüber häufiger Anschluß nach Puerto de la Cruz.

AEROBUS: La Caleta (45 min) #488 (18 Stopps: Los Cristianos/Las Americas), **€ 2,25**, *Bonobus* **€ 1,55**: tägl. 6.10-22.10 Uhr alle 30 min., 23.15, 0.15, 3.15 (Fr/Sa: 23, 02, 4.45)

Präziser Haltestellen-Plan: www.titsa.com/mapa_linea.asp?idl=488

Los Gigantes/Puerto Santiago. Ob im Norden oder Süden gelandet, die Westküste (Los Gigantes) erreicht man per TITSA-Bus nur durch Umsteigen im ZOB von Las Américas: ➢ TITSA **#473**: Las Galletas-**Las Américas**-Los Gigantes oder **#488**, ➢ oben & Seite 587f)

TITSA-Busse ab Nordflughafen (TFN) (➢ Seite 57+586f):

Abfahrtzeiten per SMS (➢ Seite 587): ✆ **5676**, im Text den TFN-Code-: **»TITSA 4537«**
Linie 102 Strecke Santa-Cruz-**TFN**-Puerto Cruz/Botánico/ZOB (ca. halbstündlich)
Linie 107 Strecke Santa Cruz-**TFN**-Buenavista über La Orotava-Icod-Garachico-Los Silos
Linie 108 nach Icod über La Orotava
Linie 340 Strecke TFS-**TFN**-Puerto Cruz/Botanico-ZOB; Abf. TFS plus 40 min, ➢ oben

Tarife der Taxis ab Flughafen

SÜD-Flughafen nach
- El Médano € 11
- Los Cristianos € 19
- Las Américas € 21
- Los Gigantes € 45
- Santa Cruz € 62
- Flughafen Nord € 66
- Puerto de la Cruz € 90

Für die Abreise

Flughafenbusse zum Aeropuerto del Sur (TFS)

ab Puerto Linie 340: 7.10, 12.00, 17.20, 21.45; Dauer 85 min

ab LA/LC Linie 488: halbstündlich Dauer 45 min; Fr/Sa auch 1.15 und 3.40 Uhr ab ZOB

ab Santa Cruz Linie 341: 5.30, 6.30, 7.30, 8.10, 910, 10.10, 10.50, 11.50, 12.50, 13.30, 14.30, 15.30, 16.10, 17.10, 18.10, 18.50, 19.50, 20.50, 21.30, 0.10; Dauer ca. 50 min

Flughafenbusse zum Aeropuerto del Norte (TFN)

ab Puerto Linie 340: 7.10, 12.00, 17.20, 21.45; Dauer 40 min
ab Puerto Linie 102: ca. halbstündlich, ➢ Seite 587, Dauer 40 min
ab Santa Cruz Linie 109: halbstündlich 6.30-20.30, 21.15, 22.30, 24.00; Dauer 25 min

Parken am Aeropuerto del Sur (TFS)

Busse und Taxis halten direkt vor dem Terminal; nur zum Entladen stoppen **Privatwagen** Täglich ab ca. 6-22.30 Uhr, einige Busse nachtsßen Parkraum oberhalb (gebührenpflichtig € 12/Tag). **Mietwagenrückgabe** am hinteren Ende des langgestreckten Terminal-Parkplatzes (ausgeschildert »*Rental Cars*«).

Wer bei **Wartezeiten** auf dem Aeropuerto del Sur noch ein wenig **Sonne tanken** will, findet ruhige Parkbänke am rechten (westlichen) Ende des Terminals.

Ankunft mit der Fähre

(Auto-)Fähren-Reisende aus Cádiz oder Portimao, Portugal legen östlich der *Estación Marítima* in Santa Cruz an (➢ Seite 49).

Von dort erreicht man den Hauptplatz der Stadt, Plaza España, rasch zu Fuß. Taxis stehen bereit. Zum TITSA-Busbahnhof/ZOB (*Estación de Guaguas*) und *Intercambiador* (*Tranvia*-Strassenbahn nach La Laguna) sind es 2 km. Im Privat-Kfz: beide Autobahnzubringer (Nord/Süd) erreicht man übers südliche Hafentor, Richtung Auditorium ohne Zollkontrolle (➢ Seite 52).

Die wichtigsten Touristeninformations-Büros

Touristentelefon	**Mo-Fr 9-19 Uhr: 902-003121 (Taste 3: Auskunft in deutscher Sprache)**
Flughäfen	**Süd:** © 922-392037; Mo-Fr 9-21, Sa 9-13 Uhr **Nord:** © 922-635192; Mo-Fr 8-21, Sa/So 9-17 Uhr
Costa Adeje	Avda Rafael Puig 1 (beim Hotel *Troya*), © 922-750633 Mo-Fr 10-17 Uhr
Las Américas	City Center (Hot.*Santiago 2*), © 922-797668, Mo-Fr 9-21, Sa/So 9-15.30
- Playa Vistas	Meerespromenade; © 922-787011; Mo-Fr 9-21, Sa /So 9-15.30 Uhr
- Playa Fañabe	Avenida Litoral, © 922-716539, Mo-So 10-17 Uhr
Los Cristianos	*Centro Cultural* (Calle Gen. Franco); © 922-757137; Mo-Fr 9-21, Sa 9-15
Playa Arena	im *EKZ Seguro El Sol*, © 922-860348; Mo-Fr 9.30-15.30, Sa bis 12.30 Uhr
El Médano	Plaza, © 922-176002; Mo-Fr 9-15 (im Sommer bis 14), Sa 9-13 Uhr
Las Galletas	Ende der Palmenallee, © 922-730133, Mo-Sa 9-15.30 Uhr
Urb. Golf del Sur	El Guincho, am Torbogen, © 922-738664 , Mo-Fr 8.30-14.30 Uhr
Candelaria	Parkplatz am Meer, © 922-032230, Juni-Sept. 10-18; Okt-Mai 9-17 Uhr
Puerto de la Cruz	Plaza Europa (*Aduana* am Hafen); © 922-386000; Mo-Fr 9-20, Sa/So 9-17
La Orotava	Calle Calvario (*Auditorio T. Power*), © 922-323041; Mo-Fr 8.30-18 Uhr
Santa Cruz	Plaza España; © 922-289334, Mo-Fr 9-18, Sa 9-13; Juli-Sept. bis 17/12 Gut: Calle Nifu Nifá in Kirchnähe/Brco. Santos; Mo-Fr 9-18, Sa 9-13
La Laguna	Calle Carrera 7 (Plaza Adelantado), © 922-631194; Mo-Fr 9-17, Sa/So bis 15 Uhr
Garachico	Kiosk am Hafenparkplatz, © 922-133461, Mo-Fr 10-14 Uhr
Los Silos	*Ex-Convento* © 922-841086, Mo-Sa 10-14 Uhr
Tacoronte	im Zentrum/*Mercado Municipal*, © 922-561350; Mo-Fr 9-13 Uhr
Buenavista	© 922-129030 (Apparat 142); Juli-Sept Mo-Fr 9-14 Uhr, sonst bis 15 Uhr

4. Mobil auf Teneriffa

4.1 Ausflüge: organisiert oder individuell?

Ausflugsziele

Spätestens am ersten wolkenverhangenen Tag stellt sich die Frage, ob man dem Urlaubsort nicht zur Abwechslung 'mal den Rücken kehren sollte. Wie schon eingangs beschrieben, bietet Teneriffa **landschaftlich und kulturell eine Fülle von Zielen** für kleine und ausgedehntere Ausflüge. Hinzu kommen die mit dem Tourismus entstandenen **kommerziell betriebenen Attraktionen**.

Neues Ausflugsziel Siam Vergnügungspark im Süden bei Las Americas, ➢ Seite 251

Vorzüge selbst organisierter Ausflüge

Die Vorteile individueller Exkursionen liegen auf der Hand:

- **Gestaltung nach eigenen Vorstellungen**;
- **hohe zeitliche Flexibilität**;
- **intensiverer Kontakt zur Insel.**

Jede Unternehmung auf eigene Faust bedarf der Planung und Vorbereitung. Alles Wichtige dazu kann man diesem Buch entnehmen oder zusätzlicher, auf die persönlichen Interessen zugeschnittener Lektüre, die man in größeren Buchläden reichlich findet (➢ Seite 598). Ferner ermöglicht nur der fahrbare Untersatz Urlaubern ohne gebuchte Hotelverpflegung eine Erweiterung des kulinarischen Aktionsradius'. Die lohnt sich bestimmt, denn eine ganze Reihe von empfehlenswerten Restaurants liegt abseits der üblichen Routen (➢ Seiten 80ff, 231 und 236).

TITSA-Bus oder Mietauto?

Individuell erkundet man Teneriffas Highlights außerhalb der Touristenzentren am besten im **TITSA**-Linienbus (➢ rechts) oder per Mietwagen, dessen Kosten bereits ab zwei Personen immer preiswerter sind als organisierte Ausflüge per Bus.

Manche **Ausflugsangebote** sind nichtsdestoweniger eine bedenkenswerte Alternative. Sie bieten den Vorzug, sich entspannt ganz ohne Streckenplanung und Vorinformation zurücklehnen zu können und dennoch das Wichtigste geboten zu bekommen – bei Fahrten in den Teide Nationalpark sogar durch ausgebildete Experten. Auch Stress am Steuer auf engen Gebirgsstraßen oder im dichten Autobahn-/Stadtverkehr (um Santa Cruz) entfällt.

4.2 Öffentliche Verkehrsmittel

Das Bussystem (TITSA) ist sehr gut ausgebaut, zuverlässig und preiswert; auch Taxis sind billiger als bei uns, ➢ Seiten 57 und 588.

4.2.1 Linienbusse

Komfort

Die TITSA-Busse entsprechen modernen Anforderungen und sind überwiegend mit Klimaanlagen ausgerüstet.

Vorzüge & Bono Bus

Busse sind auch bei Fahrten quer über die Insel allein oder zu zweit das **billigste Verkehrsmittel**. Ab 2 Personen kann man bei ausgedehnteren Ausflügen dennoch in die Nähe der günstigsten Leihwagentarife geraten. Es sei denn, man hat sich (an einem Busbahnhof oder an Zeitungskiosken) ein ***Bono Bus-Ticket*** besorgt. Mit Bono-Bus (ab € 12; in Busbahnhöfen auch für € 30) spart man bei Strecken über 21 km 40% des Einzelfahrpreises und erhält in staatlichen Museen auch noch 50% Ermäßigung auf den Eintritt. Das Ticket ist übertragbar, zwei oder mehr zusammengehörende Personen können im Bus ein- und dieselbe Karte nutzen.

Eine Anreise mit Linienbus hat bei Wanderungen und ggf. Bootsausflügen den Vorzug, dass man kein Fahrzeug am Ausgangspunkt zurücklässt und daher leichter Touren mit abweichenden Endpunkten durchführen kann.

Strassenbahn

Seit 2007 verbindet eine Straßenbahn (*tranvía*) Santa Cruz mit La Laguna, für die auch die Bono Bus-Tickets gelten. Das erleichtert die Besichtigung dieser beiden Städte, denn wer sein Auto in Santa Cruz im *Intercambiador* (= ZOB)-Parkhaus abstellt und in Bahn/Bus umsteigt, erhält Rabatte auf den Parktarif (➢ Seite 586).

Fahrpläne

Auf Teneriffa sind quasi **alle Orte per Bus erreichbar**, mind. 2-3mal täglich. Das gilt bis in die äußersten Ecken wie Almáciga und Chamorga im Nordosten (Anagagebirge) sowie Masca/Buenavista im Nordwesten (Bereich Tenogebirge). Auch in den Teide Nationalpark geht es einmal am Tag per Linienbus.

Die **Fahrpläne** (➢ Seite 588ff; Stand Mitte 2009) beziehen sich auf die touristischen Routen.

Alle TITSA-Busse sind unverkennbar weiß-lindgrün

Mercedesmodelle sind auch auf Teneriffa als Taxis beliebt. Offizielle Taxen tragen das Wappen der jeweiligen Gemeinde an den Vordertüren

4.2.2 Taxis

Jedes Taxi führt eine Liste (***Lista de Precios***) mit den Tarifen:

Grundpreis: € 2,68 (Flughafen: plus € 1,65); Warten € 3,20/15 min.

Tarif 1 (Mo-Fr 6-22 Uhr) € 0,47/km

Tarif 2 (22-06 Uhr, sowie Sa/So/feiertags € 0,58/km)

Exkursion

Man kann auf Teneriffa **Taxi-Exkursionen auf festgelegter Route** buchen. Standard-Routen dauern (mit Pausen) maximal 9 Stunden. Naturgemäß muss man derartige Trips anmelden, speziell, wenn man Wert auf einen Fahrer legt, der neben Spanisch auch Deutsch oder Englisch spricht. Anmeldungen können unter der jeweiligen Taxi-Rufummer eines Ortes erfolgen bzw. persönlich an den zentralen Taxiständen.

Gute **Beispiele** ganztägiger Standard-Rundfahrten sind die beiden folgenden Routen ab Puerto de la Cruz (✆ 922-385818 – nur spanisch!). Sie sind für 9 Stunden ausgelegt und kosten um € 140 bei bis zu 4 Teilnehmern.

Ähnliche Trips gibt es ab allen Touristenzentren.

Beispiele

Exkursion I: Puerto de la Cruz - *Mirador de Humboldt* - La Orotava - *Las Cañadas del Teide* - Vilaflor - Playa de las Américas - Playa San Juan - Los Gigantes - Tamaimo - *Mirador de Garachico* - Icod de los Vinos - San Juan de la Rambla und zurück nach Puerto.

Exkursion II: Puerto de la Cruz - *Mirador de Humboldt* -Santa Úrsula - La Victoria - La Matanza - Tacoronte - Tejina - Bajamar - Tegueste - Las Mercedes - *Pico del Inglés* - *Bailadero* - Taganana - San Andrés/*Las Teresitas* - Santa Cruz und zurück nach Puerto.

4.3 Mietfahrzeuge

Der Fuhrpark an Mietwagen, Motor- und -Fahrrädern ist riesig. Dank harter Konkurrenz sind die Tarife moderat.

4.3.1 Autos

Situation

Eine Armada von bald 50.000 Mietwagen – jedes zehnte Inselauto – steht auf Teneriffa für die Touristen bereit. Das ist immer noch nicht genug an Spitzentagen der Hochsaison wie Weihnachten, Sylvester oder Ostern. Dann sind alle Fahrzeuge ausgebucht.

Buchung

Wer während des gesamten Urlaubs einen Wagen braucht, reserviert ihn vorzugsweise schon von zu Hause aus bei einem kanarischen Verleiher (viele davon mit deutschsprachigem Personal) oder beim eigenen Veranstalter, wenn dessen Tarife konkurrenzfähig erscheinen. Eindeutig am preisgünstigsten fahren Internet-Vorausbucher (➢ Seite 61).

Die Verfügbarkeit eines Wagens wird oft nicht sofort beim Buchungsvorgang angezeigt, sondern erst per Email mit einer Buchungsnummer bestätigt; ferner muss im allgemeinen der angegebene Fahrer zugleich zwingend der Kreditkarten-Besitzer sein. Oft erhält man nicht das bevorzugte »eigentlich« gebuchte Modell, sondern einen ähnlicher Typ (siehe das »Kleingedruckte«).

Spontanbucher für Tagesausflüge gehen am besten vor Ort zur Hotelrezeption oder »um die Ecke«. **Autovermieter** gibt es **wie Sand am Meer**. Sie sind noch im kleinsten Touristenort vertreten. Etwas teurer wird es für alle, die ohne Vorreservierung am Airport ein Auto mieten wollen. Dort sind auch schon mal die preiswerteren Typen ausgebucht.

Konditionen

Der Miet-Fuhrpark ist modern, die überwiegend angebotenen Wagen der Kompakt- und Kleinwagenklasse sind preisgünstig, und die Mietabwicklung ist unkompliziert. **Kleinwagen gibt es ab ca. € 100/Woche inkl. Versicherung und unbegrenzten Kilometern**. Langzeitmieter erhalten Sondertarife.

Voraussetzung jeder Miete sind der nationale Führerschein, ein Mindestalter von 21 (unter 23 Jahren höhere Selbstbeteiligung) und 1 Jahr Fahrpraxis (Führerschein muss mind. 1 Jahr alt sein).

Flughafenservice

»Flughafenservice« heißt »Übernahme und Abgabe« des Autos am Airport, auch wenn der betreffende Vermieter dort über kein Büro verfügt. Der Kunde erhältkonkrete Angaben über Typ, Farbe, Kennzeichen des Fahrzeugs und dessen Standort. Der Wagen ist nicht verschlossen, der Schlüssel liegt an vereinbarter Stelle versteckt ebenso wie das Gratis-Parkticket.

Der Vertrag wird erledigt, sobald der Mieter Zeit findet, im Büro vorbeizuschauen. Die komfortablere Variante ist, daß ein Abholer den Kunden mit Namensschild erwartet und zum Mietwagen geleitet. Die Rückgabe des Autos am Flughafen erfolgt – je nach Vereinbarung – ebenso unkompliziert.

Verkehrsregeln (➢ auch Seite 543)

Kosten Die folgende beispielhafte Tarifübersicht eines nicht superbilligen, aber günstigen Vermieters versteht sich inkl. gesetzlicher Haftpflicht, Insassen- und Vollkaskoversicherung (ohne Selbstbeteiligung oder mit einer moderaten Beteiligung von €100-€300) sowie lokaler Steuern bei unbegrenzten Kilometern.

Ferner ist ab einer Woche Mietdauer der Flughafenservice (7-22 Uhr) im Preis eingeschlossen. Bei Langzeit-Anmietungen lassen sich mit lokalen (deutschen) Inselvermietern meist beachtliche Preisabschläge aushandeln.

Tariftabelle eines durchschnittlich günstigen Vermieters in Euro (ausgewählte Fahrzeuge)

Mietdauer 3 Tage/7 Tage Hoch-/Nebensaison (H/N)

Autotyp	3 Tage H	7 Tage H	3 Tage N	7 Tage N
Fiat Punto	82	164	52	103
Seat Cordoba	112	233	67	133
Fiat Punto Cabrio	148	296	89	178
Ford Focus	125	250	68	135
Suzuki open (4x4)	175	349	114	227
Mercedes A-Klasse	193	385	155	308

Vergleich Zur Beurteilung eines konkreten Angebots kann man sich gut an diesen Tarifen orientieren, um preiswerte Vermieter zu ermitteln. Für das Jahr 2009 liegt von den größeren Vermietern u.a. **Auto Reisen** (www.autoreisen.es) in etwa auf diesem Niveau mit Wochentarifen ab €92 für kleine Modelle wie den Citroen C3.

Extrakosten fallen oft beim Zweitfahrer oder Kindersitz an.

Hinweis Aber nicht nur auf den Tarif achten! Kleinwagen sind motormäßig oft am Berg zu schwach und man sollte auch auf Platz und Durchzugskraft setzen. Eine **Klimaanlage** (AC=Air Condition) ist nicht nur sinnvoll, sondern speziell im Süden der Insel so gut wie unverzichtbar.

Benzin Bezüglich der Benzinkosten ist die sauberste, aber durchaus nicht von allen Vermietern bevorzugte Variante: der bei Mietbeginn vollgetankte Wagen muss mit vollem Tank zurückgegeben werden. Andere Varianten (so z.B. die Vorabberechnung des vollen Tanks mit – und manchmal auch ohne – Rückvergütung des Restsprits) gehen immer zu Lasten des Mieters. Bei den kanarischen Benzinpreisen ist dies aber relativ unerheblich. Der Liter (*Euro Super sin plomo*) kostet deutlich weniger als in Deutschland.

Tankstellen (*Gasolineras*) sind mit Ausnahme der Gebirgsregionen reichlich vorhanden. Große Tankstellen an den Autobahnen und in den Städten haben teilweise durchgehend geöffnet.

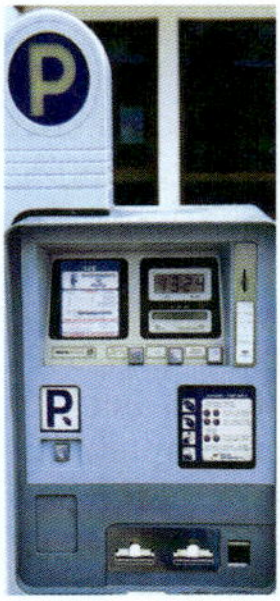

Parkautomaten stehen allerorten

Über **lokale, deutschsprachige Vermieter mit Airportservice** informieren folgende Portale (jeweils © 922-):

www.bernardino.el-medano.com	Süden	-176205
www.hermanns-cars.com	Süden	-791110
www.auto-ernst.de	Süden	-791309
www.eurorenttf.com	Süden	-791222
www.trc-cars.com	Süden	-735240
www.nizacars.com	Süden	-792919
www.teneriffa-autovermietung.de	Südflughafen	-390881
www.tamayrentacar.com (englisch)	Los Gigantes	-861353
www.autos-alimar.com/de	Nordküste	-577817
www.rentacarmolina.com	Nordküste	-324495
www.autovermietungdirkboeke.de	Nordküste	-365090
www.auto-max.com	Nordküste	-384886
www.autos-colon.de	Puerto	-384575
www.teneriferentacar.com	Puerto	-373537
www.insularauto.com	Puerto	-380258
www.autos-colon.de	Puerto	-384575
www.autoswitt.de	Los Realejos	-363037
www.rentacarlasrosas.com	inselweit	-861872
www.oasis-rentacar.com	inselweit	-793454
www.nizacars.com	inselweit	902-995950
www.citycareurope.com	inselweit	902-400480
www.autoeurope.de (inselweit)	aus D:	03005600333
www.recordrentacar.com (Südflughafen)	aus D:	0 801111140

4.3.2 Zweiräder

Motorrad/roller-Vermieter gibt es nur in großen Orten. Die Fahrerlaubnis entspricht den EU-Regeln:

- ab 16 Jahren mit Moped-Führerschein bis maximal 50 ccm
- ab 18 Jahren mit Führerscheinklasse B (Pkw) bis 125 ccm
- über 125 ccm nur mit Führerscheinklasse A1
- **Führerschein** Pass/Personalausweis, **Kaution/Kreditkarte**

Moped/Scooter bis 125 ccm

Ein Motorroller bis 50 ccm kostet bei Miete ab 7 Tagen etwa ab € 20/Tag plus Versicherungskosten (ab € 6/Tag) und MWSt. (16%).

Motorräder über 125 ccm

Mit A1-Motorrad-Führerschein zahlt man € 20-€ 70/Tag plus Versicherung (ab € 7) – fast soviel oder mehr als für Mietautos.

Adressen

- ***Rent a Moto***, Las Americas, Edificio Tajinaste (in der Nähe des Hotel *Columbus*), © 922-752605
- ***Hobby Moto***, Las Americas, *Pueblo Canario*, Mountain-Bikes ab € 15/Tag © 922-7944677/-791639
- **Motorrad-Touren** (auch La Gomera) bietet ***moto-sol***; Büro in **Hamburg**: © 040-6425794; www.moto-sol.com, © 922-773229;
- ***Teneriffa-on-Bike***: Fahrzeuge, Touren, Zubehör; in Deutschland ©/Fax: 05522-4767; www.teneriffa-on-bike.de
- ***Topacio: Scooter***, Motorräder+Quads; Las Americas beim Hotel *Park Troya*), ©/Fax: 922-796244, www.rentamototenerife.com

5. Essen und Trinken auf den Kanaren

Wer den zentralen touristischen Bereichen den Rücken kehrt oder anderswo logiert, trifft vielerorts noch auf die Eigenheiten der kanarischen Küche. Sie werden im folgenden beschrieben. Im Anschluß daran (➢ ab Seite 80) findet sich eine handverlesene **Restaurantauswahl mit typisch kanarischer und/oder guter spanischer oder internationaler Küche**. Lokale mit spanischer oder nicht-spanischer Küche sind ferner unter »Praktisches« bei den jeweiligen Ortsbeschreibungen aufgeführt. Bei allen Empfehlungen spielen neben dem Preis-/Leistungsverhältnis auch der Service und insbesondere das Ambiente eine wichtige Rolle.

5.1 Die kanarische Gastronomie

Buen provecho! (Guten Appetit!) – das Lokalangebot ist riesig. Würden alle *Canarios* gleichzeitig in ihre Kneipen und Restaurants gehen, bräuchte jeder Wirt keine 100 Stühle. Nur die Balearen haben noch mehr Pinten. Dort reichten 80 Sitze. Die meisten Restaurants sind Sonntagabend und Montag geschlossen.

Imbiss

Eine spanische **Bar** ist eine Imbiss-Kneipe. Dort bekommt man Kaffee, Bier, Wein und Soft-Dinks sowie belegte Brötchen (*Bocadillos*) und kleine **Tellerhappen (*Tapas*)**. Einfachster kanarischer Tapa-Standard sind marinierte Krakenstücke mit Zwiebeln und Paprika (***Salpicón de Pulpo***), Eiersalat mit Mayonnaise (***Huevos Rusos***), Fisch- oder Fleisch-Kroketten (***Croquetas***), Hackbällchen (***Albóndigas***), Fleischwürfel mit Kartoffeln (***Carne fiesta***) und marinierte Sardellen (***Boquerones***).

Cafeterías sind größere, preiswerte Bars (oft an Tankstellen!) mit derartigen typisch-kanarischen *Tapa*-Gerichten. Sie ersetzen mittags das schnelle Kantinenessen. Heiße Würstchen (*Perros Calientes*) und Hamburger gibt`s in sogenannten ***Hamburgueserías***.

Strandbar der »feineren« Art an der Costa Adeje

Garagenlokal (Guachinche) »El Nervioso«, ➢ *Seite 388*

Einfache Restaurants

Die kanarische Küche ist schlicht, wenig abwechslungsreich, aber natürlich und schmackhaft. Wer zum heimischen Fisch oder Fleisch mit Kartoffeln (*Papas*) und einem rustikalen Salatteller offenen Inselwein, Bier oder Wasser bestellt und als Nachtisch kanarische Früchte oder Kaffee ordert, zahlt um € 15 und ist für die nächsten Stunden pappsatt. Diese Art Insel-Gastronomie findet man vor allem in **Garagenlokalen** (➢ **»*Guachinches*«**, ➢ 375).

Speise-Restaurants

Spanische Restaurants haben eine ***Tasca*** (Vorraum mit *Tapa Bar*) und einen Speiseraum (***Comedor***). Gehobene Restaurants verstehen sich nicht nur auf die baskische, asturische, galizische und katalanische Küche, sondern verfeinern auch traditionelle kanarische Gerichte.

International

Auf der Insel ist die komplette internationale Restaurantpalette vertreten, vom Italiener bis zum Libanesen und Thai. Und wer lieber wie zu Hause ißt, braucht in den Touristenzentren auch gute mittel- und nordeuropäische Lokale nicht lange zu suchen.

Fleisch satt

Deutlich spürt man die historische Nähe des Archipels zu Südamerika. Allenthalben stößt man auf ***Areperas*** aus Venezuela (die »achte Insel«) mit gefüllten Maistaschen (*Arepas*), mexikanische Küche und sogar brasilianische ***Churrasquerías*** (bei Los Rodeos und in Las Américas), in denen es Grillfleisch satt gibt.

5.2 Wie die Einheimischen essen und trinken

5.2.1 Übersicht

Frühstück

Viele *Canarios* nehmen ihr Frühstück (*desayuno*) nicht zu Hause, sondern auf dem Weg zur Arbeit. Zeitungsblätternd stehen sie am Tresen ihrer Stammbar – der Barkeeper weiß schon Bescheid. ***Café solo*** (Espresso) und ein ***bocadillo*** (belegtes Brötchen) mit *jamón* (Schinken – *cocido* oder *serrano* – gekocht oder roh), *pata* (Schweinebraten), *lomo* (Kassler) und/oder *queso* (Käse). Oder das gleiche als Toast (*tostada,* auch *sandwich* genannt) mit einem ***Café con leche*** (Milchkaffee) oder einem ***café cortado*** (Espresso mit einem Schuß Milch). Unter **Milch** versteht man hier meist süße Kondensmilch. Wer das nicht mag, sagt »*con leche natural*« und bekommt H-Milch, denn frische Milch gibt es kaum auf den Inseln. Wie in ganz Spanien sind auch hier ***Churros*** beliebt, daumendicke, nicht sonderlich süße Spritzkuchenstangen, die – *con chocolate* – auch genüsslich in heißen Kakao getaucht werden.

Fruchtsäfte

Aus Südamerika stammen Fruchtsaftbars, die man nicht nur an der Bezeichnung ***Zumería***, sondern oft auch an kleinen, mit exotischen Früchten gefüllten Netzbeuteln vor der Tür oder überm Tresen erkennt: mit Mangos, Papayas, Orangen (*naranjas*) und Bananen (*plátanos*). Die Säfte (***zumos***) werden vor den Augen des Kunden gepresst oder im Mixer mit Milch oder Wasser und viel Zucker zubereitet; sie **schmecken köstlich** und kosten ab €2.

Essengehen

Vamos a comer! (Gehen wir Essen: *almuerzo* = kleines Mittagessen, *cena* = großes Essen; außer am Wochenende immer abends). Nach dem Kellner (*camarero*) ruft man im Restaurant **nicht mit *Hola*!** (Hallo), sondern mit ***Oiga, por favor*!** (Hören Sie bitte!). Und »Guten Appetit« heißt »***Buen provecho***«.

An Wochenenden sind Städte wie Santa Cruz oder La Laguna ab Mittag wie ausgestorben. Dann fahren auch die weniger betuchten **Familien mit Kind und Kegel zum Essen**. Zuvor wird geklärt, ob die Fahrt bergauf oder bergab gehen soll, denn Fisch (*pescado*) gibt es überwiegend an der Küste, Fleisch (*carne*) mehr in den Höhenlagen. Zwischen 14 und 17 Uhr sind alle kanarischen Lokale und anschließend die Autobahnen gerappelt voll.

Vorspeisen

Tapas, die spanischen Antipasti, sind auf den kanarischen Inseln simpler als in Sevilla, Madrid oder Barcelona. Neben der oben aufgezählten *Tapa*-Standard-Palette finden sich noch *Embutidos* (Wurstsorten), z.B. ein Teller mit Oliven, Salami und *Jamón Serrano*, luftgetrockneter Schinken, der als *Jamon Ibérico* oder *Pata Negra* besonders köstlich und teuer ist. Beliebt ist auf Teneriffa ***Morcilla***, gebratene Blutwurst mit Mandeln und Rosinen.

Tapas

Spanier kennen nur den Plural *tapas*, denn eine *tapa* ist so lecker, dass es selten bei einer bleibt. *Tapa* heißt »Korken, Deckel«. Andalusische Kellereiwirte sollen einst Salamischeiben auf das Weinglas gelegt haben, um lästige Fliegen am Nippen zu hindern. Von diesen *Bodegas* kamen die *tapas* ins Restaurant. Spanische Lokale kreieren ständig neue, kanarische servieren rustikale Appetizer: eingelegte Sardinen, Eiersalat, kleine Klopse, Würfelfleisch, dünne Kasslerscheiben. Am Tresen stehend verzichtet man oft darauf, danach noch in den *Comedor* (Speiseraum) zum Hauptgang zu wechseln. Dazu schmecken die Dinger in manchen Lokalen einfach zu gut.

Ein tolles **Tapa-Restaurant** ist das ***Arcon*** in Puerto, ➢ Seite 315. ***Montaditos*** (Schnittchen) sind eine Tapa-Variante; köstlich schmecken sie in der ***Casa Chano*** in Guamasa, Ctra. El Boquerón (Ausfahrt #14 Richtung Tacoronte, dann 1. Straße rechts bergab Richtung Boquerón; © 922-636247, So Abend zu.

Besondere Tapas

Als *Tapa* zählen auch ***Lenteja*** (Linsensüppchen) oder gebratene ***Chipirones*** (Tintenfischchen), ***Gueldes*** (frittierte Jungfischchen) oder ***Queso Blanco*** (frischer Weichkäse) und ***Tortilla*** (ein Kartoffel-Gemüse-Omelett). Probieren sollte man ***Pulpo a la Gallega*** (dünne Krakenscheiben mit Cayenne) oder ***Pimientos de Padrón*** (kleine grüne Paprika mit grobem Salz gegrillt), und ***Pan Catalán*** (Toast-Häppchen mit Knoblauch-Tomaten-Sauce und Schinken). Der Übergang zwischen Vorspeise und *Tapa* bzw. halber Portion (*media ración)* eines Hauptgerichts ist fließend.

Mit mehreren Personen kann man »***para compartir***« oder »***a picar***« (aufgeteilt/zum Picken) Essengehen. Dann weiß der Ober, dass er jeden Gang aufgeteilt auf einer großen Platte servieren muss, von der sich dann jeder nimmt. Das hebt die Geselligkeit.

Salate

Rustikaler kanarischer Salat, serviert in ortsüblicher Keramik

Kanarische Salate (***ensaladas***) sind einfach und rustikal. Da es nur wenige Blattsalat-Sorten (***lechugas***) gibt, kommen Tomaten, Zwiebeln, Oliven, Mais, Paprika, Karotten, manchmal auch Kartoffeln, Avocados und Eier oder Ananas mit in die große Schüssel. Alles wird nur grob geschnitten, Olivenöl, Essig, Salz und Pfeffer getrennt gereicht. Eine Portion reicht für zwei, vor allem, wenn's noch etwas anderes geben soll.

Suppen

In kanarischen Lokalen bekommt man häufig ***Escaldón de Puchero*** oder *Escaldón de Pescado. Escaldón* wird als klare Brühe separat gereicht und gewöhnlich mit *Gofio* angedickt. Verbreitet sind ***Potaje*** oder ***Sopa de Verdura*** (Gemüsesuppe), ***Potaje de Berros*** (Brunnenkresse) und die ***Sopa de Pescado*** (Fischsuppe).

Eintöpfe

Eintöpfe, die den Hauptgang ersetzen, sind ***Garbanzas*** bzw. ***Garbanzo compuesto*** (Kichererbsen mit Schweinefleisch), ***Rancho Canario*** (eine dicke Suppe aus Nudeln und Gemüse), ***Ropa Vieja*** (altes Zeug, d.h. zusammengekochte Reste) und der ***Puchero***, eine kanarische Spezialität. Im ***Puchero*** werden folgende Gemüsesorten in großen Stücken gegart: mehrere Kürbisarten (*calabaza*), *Bubangos* (Zucchiniart), Kichererbsen (*garbanzos*), Maiskolben (*millo*), Porree, Süßkartoffeln (*patatas*) und mehrere Kohlsorten, sowie mindestens zwei Arten Fleisch mit Speck und Würsten.

Auf prunktvollen **Hochzeiten** wurde früher ***Puchero Canario de las Siete Carnes*** kredenzt: neben einem guten Dutzend Gemüsesorten und Speck kamen sieben Fleischarten: Kaninchen, Huhn, Rind, Kalb, Ziege, sowie Taube und Rebhuhn auf den Tisch.

Hauptgang

Zu einfachen Fisch- und Fleischgerichten kommen immer auch ***Mojos*** (Tunken) und ***Papas*** (Pellkartoffeln) oder Batatas (Süßkartoffeln). Gemüse als Beilage zum Hauptgericht kennt man nur in der gehobenen, nicht aber in der einfachen kanarischen Küche.

Die Gemüsesorten finden sich im **Speiseglossar** (➢ Seite 76).

Mojos

In zwei Schälchen werden immer *Mojo rojo* und/oder *Mojo verde* (rote/grüne Soße) gereicht und über den Bratfisch oder das Grillfleisch geträufelt. Die **milde *Mojo verde*** wird mit viel Petersilie, Koriander (*cilantro*) und auch Kreuzkümmel hergestellt.

Die ***Mojo rojo*** (*picón*) **ist schärfer**, denn außer Knoblauch enthält sie auch rote Paprika und Chili. Ob rot oder grün, die *Mojo*-Zutaten werden erhitzt oder auch kalt ins Olivenöl eingerührt.

Papas arrugadas

Eine leckere Spezialität sind kleine **Runzelkartoffel** (*arrugas* = Runzeln), ein Nachfahre der peruanischen Urkartoffel »*papa antigua*«, die als Pellkartoffeln gereicht werden. Innen eigelb (»*yema de huevo*«), außen mit weißem Salzbelag, denn sie wurden früher in Meerwasser (heute mit grobem Salz) gegart. Sind sie (nach 3 min!) halbgar, wird Flüssigkeit abgegossen, bis nur noch Salzwasser-Konzentrat auf dem nur zum *Papas*-Kochen verwendeten (nie abgewaschenen!) Topfboden verbleibt. Dann, mit einem Tuch bedeckt, schwenkend aufkochen, damit der Dampf entweicht, das Salz aber im Gefäß verbleibt. Es schlägt sich als weiße Kruste nieder und verrunzelt die Pelle. Ein ovaler grauer *Callao*-Kiesel vom Strand im Topf verhindert das Anbrennen.

Nicht die weiße Salzschicht, sondern die Runzeln verraten also, ob die ***Papas* original-kanarisch** zubereitet wurden. Auf den Märkten (ab € 4/kg) findet man über ein Dutzend *papas*, wie *borralla, azucena, melonera, autodate* (aus dem Englischen: »*out of date*«) oder *chineguas* (= *King Edward*!). Beliebt sind die kleinen *bonitas* (schönen), teuer die *negras* (schwarzen).

Batatas

Erdartischocken sind urige Knollen kriechender Pflanzen, aber keine Kartoffeln. Zubereitung: waschen, schälen, mehrfach anstechen, einölen und kochen; oder in Folie eingewickelt backen. Sie schmecken süßlich und passen gut zu Fisch und Fleisch.

Die Casa Juana in Alcalá an der Westküste (➢ Seite 276) ist ein typisch kanarisches Restaurant

Puchero – der kanarische Gemüse-Eintopf

Zutaten (fehlende Gemüse durch andere – z.B. Möhren – ersetzen)

1 kg Suppenfleisch
350 g Schweinefleisch (Rippchen)
1 Paprikawurst
1 Weißkohlkopf
1 Tomate
1-2 Bubangos (große Zucciniart)
500 g Kürbis
3 Maiskolben
1 Zwiebel
1 rote Paprika
2 kg Kartoffeln
2 grosse Süßkartoffeln (*batatas*)
250 g Kichererbsen (*garbanzos*)
250 g grüne Bohnen
1/2 Knoblauchzwiebel
etwas Safran, Kümmel und grobes Salz (Meersalz)

Beim Servieren *Gofio*, Olivenöl und Essig reichen, Kichererbsen schon am Vortag einweichen. Den ausgepreßten Knoblauch, die gewürfelte Zwiebel, Paprika und die Tomate mit dem Kümmel und Safran in 4 Liter Wasser geben. Wenn das Suppenfleisch darin halbgar gekocht ist, gibt man das Schweinefleisch und die anderen Ingredienzen ungeschält dazu. Nur der zarte *Bubango* kommt etwas später in den Topf. Bei Bedarf nur heißes Wasser nachgeben.

Das gargekochte Fleisch und Gemüse aus der Brühe heben, trennen und warm halten. Die Brühe servieren; durch Einrühren des *Gofio*-Mehls entsteht ein dünner Brei (escaldón) den man mit einem Teil des Fleisches (mit roter/grüner *Mojo*) als Vorspeise ißt. Anschließend serviert man das Gemüse mit Essig und Olivenöl, sowie den Rest des Fleisches.

Die kanarischen *Mojos*

Die kanarischen *Mojos* sind im Mixer schnell bereitet:

Mojo Verde

1 Tassen Olivenöl (*aceite de oliva*)

3 Tassen Pflanzen- oder Sojaöl (*aceite de mesa*)

1/3 Tasse natürliches Mineralwasser (*agua mineral sin gas*

1-2 Esslöffel Wein- oder Kräuteressig (*vinagre*)

1 Bund Koriander (*cilantro*), 1 Bund glatte Petersilie (*perejil*)

1 ganze Knolle Knoblauch (*cabeza de ajo*)

Meersalz (*sal gorda*) und weißer Pfeffer (*pimienta blanca*)

Mojo Rojo

4 Tassen Oliven-/Pflanzenöl (Mischung wie oben)

1/3 Tasse natürliches Mineralwasser

1 Esslöffel Wein- oder Kräuteressig

2-5 Schoten scharfe getrocknete rote Pepperoni (*pimientos secos*)

2 gehäufte Teelöffel Rosenpaprika (*polvo de pimentón*)

1 ganze Knolle Knoblauch

1 kleine Dose Tomatenmark (*extracto de tomate*)

Meersalz u. etwas Kümmel (*comino*)

Beide Soßen werden mit den unvermeidlichen ***Papas arrugadas*** (➢ unten) zu jeder Art gebratenem Fisch oder Fleisch gereicht.

Fisch

Spanier essen traditionell viel Fisch. Da Tiefgefrorenes (*congelados*) in heißen Ländern lange als fortschrittlich galt, sollte man auf ***Pescado fresco*** bestehen; 25% sind Zuchtfische.

Viersprachige Kinderkarte

Fisch wird auf den Kanaren seltener gekocht oder gedünstet (*guisado*), sondern meist gegrillt oder auf einer heißen Platte (***a la plancha***) sehr kross gebraten. Wer den Fisch nicht so trocken mag, bestellt ihn ***a la espalda***. Dazu wird er bäuchlings aufgeklappt und auf dem Rücken mit Kräutern und viel Knoblauch in der Pfanne leicht gebraten.

Auf den Speisekarten stehen oft Rotbrasse (*sama*), Goldbrasse (*dorada*), Seehecht (*merluza*), Barsche (*cherne, mero*), Kabeljau (*bacalao*) und Seezunge (*lenguado*). Als besondere kanarische Delikatesse gilt die *Vieja* (die Alte), bei uns als **Papageifisch** bekannt. Dieser grätenreiche Fisch schillert rötlich-gelb und wird ungeschuppt serviert – ausnahmsweise (➢ oben), meist gekocht oder gedünstet.

Nicht zu vergessen ist auch ***Bacalao*** (getrockneter Kabeljau), der als *Tapa* oder Hauptgericht kommt. Er schmeckt leicht versalzen, wenn er nicht sorgfältig gewässert wird. Fein zubereitet (*a la vasca*) wird er mit *Batatas* (großen Süßkartoffeln) und mildem roten Paprika gereicht. Als **Arme-Leute-Essen** gelten **Sardinen** (*sardinas* oder *chicharros*), **Makrele** (*caballa*) und **frische Kleinstfische** (*pescado a la playa*), kurz frittiert.

Wer ***Pescado frito*** (oder *mixto*) bestellt, bekommt einen bunten Teller mit gebratenem Fisch. Auch hier reicht eine Portion oft für 2 Personen, vor allem, wenn *Papas* und Salat dazugehören.

Gebraten wird auch ***Atún*** bzw. ***Bonito*** (Thunfisch) serviert.

Meeresfrüchte

Die Liste weiterer Meeresfrüchte (*mariscos*) ist ziemlich lang: ***Pulpos*** (kleine Kraken), ***Calamares*** (Tintenfische), ***Chocos*** (*Sepia*-Tintenfische), ***Chipirones*** (kleine Tintenfische, frittiert), ***Lapas*** (kleine Meerschnecken), ***Mejillones*** (Miesmuscheln), ***Almejas*** (Venusmuscheln) und – relativ selten – ***Gambas*** oder *Langusten*.

5.2.2 Kanarische Fischgerichte

Sancocho

Besonders in der Osterwoche (*Semana Santa*) wird viel **Trockenfisch** gegessen, z.B. ***Sancocho***, die heilige Suppe. Der getrocknete Stockfisch wird mit Alkohol übergossen und flambiert, dann zehn Stunden eingeweicht, das Wasser dabei mehrmals gewechselt. Den zerteilten Fisch kocht man mit Süßkartoffeln, Koriander und Zwiebeln zu einer Suppe. Dazu gibt es *Mojo rojo* und *Gofio*, der mit gekochten Bananen, Salz und Öl geknetet wurde.

Tollo

Tollos (*cazón*) werden häufig auf den kanarischen Inseln angeboten. Dieser an der Luft getrocknete **Dornhai** ist nicht jedermanns Sache, denn er ist hart, trocken und behält auch nach dem Braten seinen sehr eigenen Geruch. Auf *Romerías* (Wallfahrten, Prozessionen) gibt es oft *Tollo* gegrillt.

Gofio

Geröstetes und dann erst gemahlenes Farnwurz nannten die Guanchen *Gofio*; später aus Korn (Gerste, Weizen und Mais) gewonnen, blieb diese Mehlvariante bis heute ein Grundnahrungsmittel auf dem Archipel. Noch Mitte des 20 Jahrhunderts nutzte man zu seiner Herstellung Wassermühlen, deren Ruinen z.B. oberhalb von La Orotava zu sehen sind.

Lange Zeit galt *Gofio* als Arme-Leute-Essen, denn es ist billig, nahrhaft und mindestens 6 Monate haltbar. Es enthält weder Konservierungs- noch Farbstoffe. Dafür ist es reich an Vitaminen (B 1-3 und C), Proteinen und Mineralien (Eisen, Magnesium, Kalzium, Zink). Doppelt geröstet verdaut es sich besser. Durch den Export moderner Mühlen nach Afrika hofft man neuerdings, die Ernährungsprobleme des Kontinents mit *Gofio* mildern zu können.

Viele Canarios bereiten ihr Frühstück aus *Gofio*. Man ißt es wie Cornflakes, verrührt es mit Wasser oder Milch und Früchten zu Brei und erhält eine Kraftnahrung, die lange vorhält. 1-2 Eßlöffel voll im morgendlichen Müsli heben den Geschmack. Mit Palmenhonig, Datteln oder Nüssen in Leder- oder Leinensäckchen (*Zurron*) verknetet, wird *Gofio* zur **Süßspeise**.

Der kanarische Gemüseeintopf ***Puchero*** wird traditionell mit Gofiomehl angedickt. Selbst in edlen Restaurants wird *Gofio* gereicht, beispielsweise als ***Escaldón*** (Gofio in Fleisch- oder Gemüsebrühe); zuweilen wird *Escaldón* auf Süßkartoffeln (*batata*) gereicht. Zur Zeit feiert *Gofio* ein regelrechtes Comeback: kleine Kinder schlecken am Gofio-Eis, große bestellen sich zum Dessert ein ***Mousse de Gofio***

Kanarische Supermärkte verkaufen heute Mischungen aus mehreren Getreidearten, auch unter Zusatz von Hülsenfrüchten, Kichererbsen, Reis, Soja und Hirse. Unreines *Gofio* erkennt man sofort: Es sinkt in einem Glas Milch sofort auf den Boden.

Gofiomühle im Museum Valle Guerra

Salado

Sama, ***Cherne*** oder ***Mero*** werden zuweilen als ***salado*** angeboten. Der Fisch wird im dicken Salzmantel im Ofen (***al horno***) gebakken. Dadurch trocknet er beim Garen nicht aus und sein Fleisch bleibt saftig. Eine prima Zubereitungsart, die jedoch vom Gast Geduld verlangt (mindestens 30 min).

Thunfisch Der ***Bonito*** (der Schöne) ist eine kleine Thunfischart, die vor allem im Winter gefangen, in Mengen als Dosenfisch verarbeitet und auf das spanische Festland verkauft wird. Nur ein kleiner Teil des Fangs landet gebraten oder gedünstet auf kanarischen Tischen. Schade, denn mit Tomaten, Kräutern und Knoblauch frisch serviert, ist er eine Delikatesse. Kenner bereiten sich aus dem rohen Rückenfilet Tartar, dessen Geschmack kaum an Fisch erinnert; www.pescabase.org (spanisch) erläutert die Fischnamen.

5.2.3 Fleischgerichte

Kaninchen/ Ziege Fast ein kanarisches Nationalgericht ist ***Conejo en Salmorejo*** (in Kräuter/Weinsoße mariniertes und gedünstetes Kaninchen); so wird auch ***Cabra/Cabrito*** (Ziege/Zicklein) zubereitet.

Eine Spezialität in einigen wenigen Restaurants ist das ***Cochino Negro***, ein kleines schwarzes Schwein, das es schon zu Guanchenzeiten gab und jetzt wieder gezüchtet wird. Ebenso die ***Ovejas Pelibuey***, kurzhaarige kanarische Schafe, die auf der *Finca La Estrella* aufgezogen werden (➢ Seite 241).

Parillada Ansonsten ist eine ***Parillada*** beliebt, ein Teller mit gemischtem Grillfleisch: ***Chuletas de Cerdo*** (Kotelett vom Schwein) oder ***de Cordero*** (Lamm), sowie ***Salchichas*** oder *Chorizo* (Wurst). Auch ***Pollos*** (Hähnchen) werden meist einfach gebraten oder gegrillt. Das ausgezeichnete ***Solomillo*** (Filetsteak) kommt vom Rind (*ternera*) und wird sehr unterschiedlich zubereitet: mal *a la pimienta* (gepfeffert), mal *al queso* (in Käsesauce). Man ordert es *poco hecho* (englisch), *medio hecho* oder *bien hecho* (durchgebraten).

Lamm/Rind ***Asados***, Lamm- oder Rinder-Braten im Ofen gegart, kommen an Wochenenden in Ausflugslokalen auf den Tisch. Etwas einfachere Fleischgerichte sind die köstliche ***Ropa Vieja*** (altes Zeug, aus Resten zusammengekochter Eintopf mit Fleischeinlage, ➢ oben) und – hervorragend – der ***Estofado***, geschmortes Fleisch/ Gulasch. ***Carne Fiesta***, eine bereits oben erwähnte Art Gulasch mit Salzkartoffeln, kann da nicht mithalten.

5.2.4 Getränke

Wasser ***Agua*** (Mineralwasser) wird automatisch als *sin gas* serviert (ohne Kohlensäure, auch ***agua natural*** genannt). Wer ***Agua con gas*** (sprudelndes Mineralwasser) bevorzugt, muss es ausdrücklich ordern. Im Supermarkt findet man es oft nur in den Kühlschränken.

Sekt und Wein ***Cava*** (Sekt) und ***Champán*** (Champagner) wird auf den Kanarischen Inseln sehr viel weniger getrunken als bei uns. Neben ***Vino Blanco*** und ***Tinto*** (Weiß-/Rotwein) sind (kanarische) ***Rosados*** (Rosé) beliebt. Während bei uns liebliche Weine in den letzten Jahren stark zurückgegangen sind, sollte man auf dem Archipel darauf achten, ob der Wein trocken (*seco, brut*), halbtrocken (*semi-dulce*) oder *dulce* (süß) ist. Wer offenen **Insel-/Hauswein** (*vino del país/de la casa*) zum Essen bestellt, bekommt ihn meist in der ***Jarra*** (Krug; sprich: »*Charra*«). Man bestellt Hauswein als *una cuarta* (1/4 l), *medio litro* (1/2 l) oder *un litro* (1 l).

Bier

Die auf Teneriffa gebrauten Marken **DORADA** und **REINA** schmecken gut. Es gibt sie auch *sin* (ohne) *alcohol*. Gezapftes Bier heißt ***caña*** oder ***cañita*** (0,3l), im Krug ***jarra*** (0,4-0,5 l). In der Flasche oder Dose ordert man es als ***cerveza***.

Teneriffas Weine

Wie überall im Südeuropa gehört auch auf den Kanaren ein Glas Wein *(vaso* oder *copa de vino)* zu jedem Essen. Dabei wird in den dörflichen *Tapa Bars* oder einfachen Lokalen (*Guachinches*, ➢ Seite 375) der örtliche Tropfen immer noch direkt aus dem Fass (*barril*) ins schlichte Wasserglas gezapft.

Ist man bei uns zu zweit oder dritt, wird aus einem »Gläschen« schnell ein »Fläschchen«. Der Südländer aber bleibt oft bei seinem einen *vasito* (Gläschen). Das gilt weniger für die mehr zum Bier tendierende jüngere Generation.

Auf Speisekarten mit Ledereinband und Büttenpapier suchte man bis vor zehn, zwanzig Jahren vergebens nach kanarischen Weinen. Bekannte spanische Festlandsmarken beherrschten die heimische Gastronomie. Die kleinen dörflichen Weinbauern produzierten in ihrer *Bodega* (Weinkeller) nach Gutdünken nur kräftige Tropfen zu deftigen Gerichten. Heute sind Inselweine auch in den feinsten kanarischen Restaurants selbstverständlich. Einige Marken erhielten gar spanische Auszeichnungen.

Sie kommen abgebottelt mit Gütesiegeln (*Denominación de Origen Calificada/DOC*) und peu à peu entwickelt sich Teneriffa, wo der meiste kanarische Wein angebaut wird, zur Weinregion. Im ***Museo del Vino*** (El Sauzal, ➢ Seite 369) oder ***Bodegas*** (z.B. ***Monjes***, ➢ unten, ***Cumbre de Abona***/Arico, ➢ Seite 195) können Besucher bei einer Weinprobe die kanarischen Spitzenweine kosten, ob nun rot (*tinto*), rosé *rosado*) oder weiß (*blanco*). Die insulare Weinwirtschaft hat es Dank vulkanischer Böden und idealer Klimata geschafft, ihren Agrarland-Anteil gegenüber der Banane (21%) mit 42% zu verdoppeln.

Vor 350 Jahren fehlte der kanarische **Malvasier** auf keiner Tafel der europäischen High Society. Anders als etwa in der Toskana, Provence oder auf dem spanischen Festland hat der dann folgende fast 300-jährige Weinboom aber keine verwurzelte Weinkultur auf dem Archipel begründet. Wie alle kanarischen Monokulturen (Zuckerrohr, Koschenille, Tomate, Banane) wurde auch der Weinhandel von Großgrundbesitzern und ausländischen Handelsgesellschaften initiiert, aufgebaut und kontrolliert. Dieselben wirtschaftlichen Kräfte waren es wieder, die beim Zusammenbruch des Zuckerrohrmarktes auf den Rebensaft als neuen Exportschlager setzten.

Restaurant im Weinmuseum

Schon **1496**, gleich nach der Eroberung Teneriffas, kam die süße **Malvasia-Rebe** aus Kreta auf die Inseln. Getreu der Devise »keine Taufe eines Wilden ohne Meßwein« wurde der **12-15%ige *Malvasia*** dann beim letzten Stopp auf dem Weg zu den südamerikanischen Missionen geladen. Auch die dort stationierten spanischen Herrschaften fanden an dem schweren Tropfen Gefallen. Dies paßte den andalusischen Weinhändlern nicht ins Geschäft. Neidvoll beäugten sie die dicken Gewinne der von ihnen als Kolonien betrachteten kanarischen Inseln. Die *Casa de Contracción y el Consejo de Indias* in Sevilla kontingentierte daraufhin die kanarischen Fässer, die ab sofort nur noch über den Hafen von Sevilla gehandelt werden durften.

Das wiederum öffnete den Schmugglern Tür und Tor. Das Mutterland war weit und die Beute leicht gemacht. Sie ging nicht nur über den Atlantik nach Amerika, sondern auch über die Biscaya nach Großbritannien, wo man just unter Malvasier-Entzugserscheinungen litt. Schon im Mittelalter hatten die Engländer den süffigen Wein schätzen gelernt. Aber seit das mediterrane Herkunftsland Kreta zur Mitte des 17. Jahrhunderts in türkische Hände gefallen war, darbten die Briten mit trockenen Kehlen.

Ein großer Malvasier-Markt waren auch Englands Besitzungen in Nordamerika und in der Karibik. Dem Bostoner Geldadel des späten 17. Jahrhunderts waren die Kanaren als »Wein-Inseln« wohlbekannt. Und so entwickelte sich ein reger Dreiecks-Handel zwischen England, Amerika und dem kleinen Archipel, bei dem zwar nicht alles mit rechten Dingen zuging, aber vieles unter Mithilfe der spanischen Handelsflotte. Kanarische Schiffe fuhren Schmuggelware nach Südamerika und bekamen dafür begehrtes Silber und exotische Waren. Die tauschten sie mit ihrem Wein gegen Luxusgüter wie feine englische Tuche. Und die Briten machten mit Wein, Silber und dem südamerikanischen Exoten zu Hause gut Kasse. Ein ***cambuyonero*** (auch: *cambullón*) ist seit dieser Zeit auf den Inseln das kanarisierte Wort für »*come buy on*« (Los, zugreifen!), was man sich hinter vorgehaltener Hand zuraunte, wenn Schmuggelware eingetroffen war. Seither nennt man auch fliegende Händler und kleine Kaufleute *cambullones* und dunkle Geschäfte *bisne* (*business*).

Viel politisches Hin und Her innerhalb der europäischen Königshäuser machte diesem erfolgreichen Treiben ein Ende. Charles II. legte mit seinen Navigationsakten (1662 und 1663) den merkantilistischen Grundstein für strikte Regulierungen beim Handel zwischen England und seinen Kolonien. Der Export kanarischer Weine nach Amerika wurde zollpflichtig und durfte nur von englischen Häfen und unter britischer Flagge erfolgen. Den Portugiesen war weiterhin der direkte Weinhandel erlaubt; Charles war schließlich mit einer portugiesischen Prinzessin verheiratet. Und da damals die Adelshäuser noch zu den Trendsettern zählten, wurde bei Königs und Gefolge alsbald Madeira aus Portugal statt des Malvasiers aus Spanien kredenzt.

1665 hatten englische Kaufleute zur Rettung der festgefahrenen Geschäfte die *Compañía de Canarias* gegründet. Sie erlaubte es, die tinerfeñischen Preise und Transportkonditionen festzulegen. Der Protest der kanarischen Weinbauern gegen die fremden Handelsherren ließ nicht lange auf sich warten. Die **Weinauschüttung von Garachico** (1666, ➢ Seite 355), eine Art kanarische »*Boston Teaparty*« führte zur Auflösung der britischen *Compañía*.

Doch die goldenen Zeiten, in denen der *Malvasia* bare Münze war, mit der sogar ein Shakespeare entlohnt wurde und den er in seinen Dramen gebührend würdigte, waren vorbei. Die Konkurrenz von Madeira und Sherry machte dem Malvasier schwer zu schaffen. Durch Überproduktion ausgelaugte Böden erbrachten zudem nur minderwertige Kreszenzen. 1675 wurden die Anbauflächen beschränkt, da die Produzenten inzwischen auch ungeeignete Böden nutzten. Dazu kam eine Reblaus- und Mehltau-Plage, die dem flauen Handel spätestens Mitte des 19. Jahrhunderts den endgültigen Garaus machte.

Da die *Canarios*, wie eingangs erwähnt, keine eigene Weinkultur entwickelt hatten, verlor der Anbau mit dem Ende des Exporthandels an Bedeutung.

Erst in den 1980er-Jahren wagte Tacoronte im Norden Teneriffas einen Neuanfang. Die regionalen Weinbauern garantieren seither unter der gemeinsamen Herkunftsbezeichnung »***Tacoronte-Acentejo***« eine DOC (➢ oben) vergleichbare Güteklasse. Andere Anbaugebiete zogen nach. Inzwischen stellen sich Jahr für Jahr im Mai alle kanarischen DOC- Weinhersteller auf der berühmten Tacoronter ***Alhondiga*** (ursprünglich ein Kornmarkt) einer Qualitätsprüfung.

Während *Tacoronte-Acentejo* und *Valle de la Orotava* auch für ihre Rotweine (*Tintos*) Anerkennung finden (z.B. *La Isleta, La Palmera, Viña Norte, Eras de Marques, Gran Theyda*), kommen unter der Bezeichnung *Ycode-Daute-Isora* meist Weißweine auf den Markt (z.B. *Cueva del Rey*). Die Gegend im Nordwesten Teneriffas umfaßt neun Gemeinden um das Städtchen Icod de los Vinos herum, die früher zum Herrschaftsgebiet der *Menceys Ycode* und *Daute* gehörten. Auch zwei Anbaugebiete im Süden – Valle de Güímar und Abona – machen mit *Rosados* und *Blancos* von sich reden (*Brumas de Ayosa, Cumbres de Abona, Flor de Chasna*).

Die am häufigsten angebauten Trauben sind *Listan negro* (oft mit *negramoll* verfeinert) und *Listan blanco*. Während auf Lanzarote noch größere Mengen *Malvasia* vorzugsweise in einer trockenen Variante gezogen werden, findet man ihn auf Teneriffa nur noch vereinzelt im Anagagebirge .

Die meisten tiñerfenischen Weine sind leicht bis frisch und gute Tafelweine. Das gilt auch für Rotweine, die in den ersten beiden Jahren getrunken werden sollten. *Canarios* schätzen ihren ***Rosado***. Obwohl heute die Anbaufläche für Wein größer als die für Bananen ist, deckt die Produktion den Bedarf nicht.

Zwar sind Inselweine in jedem Supermarkt gut vertreten, spanische Festlandweine füllen jedoch die meisten Regale. Der hohe Weinkonsum geht auch auf das Konto der jährlich fast 5 Mio. Touristen. Umgekehrt werden aber im spanischen Mutterland keine kanarischen Weine vertrieben. Vor allem beim Rotwein reicht kein Inselwein an die iberischen Qualitätsweine heran. Zudem haben kanarische Weine wegen der kleinterrassierten Anbauflächen hohe Produktionskosten. Für einen Inselwein zahlt man mit € 7 mehr als für einen vergleichbaren Festlandwein.

Die Zeiten, als kanarischer Wein in aller Munde war, haben also bislang kein Comeback feiern können. Aber es entwickelt sich auf Teneriffa zur Zeit eine von fremdem Kapital unabhängige, eigenständige Weinkultur.

Einen Überblick über Teneriffas Weine gibt das ***Museo del Vino*** in El Sauzal (➢ Seite 369). Ebenfalls Salida 21, aber oberhalb der Autobahn (Richtung Ravelo) die Kellerei ***Bodega Monje***, Camino Cruz Leandro 36, ✆ 922-585027, Mo-Fr 10-19, Sa bis14 Uhr; ab 2009 mit Restaurant; www.bodesgasmonje.com), im Süden die Cooperativa ***Cumbres de Abona***, ➢ Seite 195 und ***Frontos***, ➢ Seite 82.

Gut sortiert ist die ***Bodega San Sebastian*** in Santa Cruz, Calle San Sebastian 55, gegenüber dem *Mercado* (➢ Seite 128) bei der Grünanlage; ✆ 922-216853.

Tinerfeñische Regionen mit Qualitätssiegel (Denominación de Origen/D.O.):

• *Tacoronte Acentejo* • *Valle de Orotava*
• *Ycoden Daute Isora* • *Valle de Güímar* • *Abona*

In Restaurants beliebt - weiß: • *Viña Zanata*
• *Viñátigo* • *Brumas de Ayosa* • *Frontos (ecológico)*
• *Monje* • *Flor de Chasna* ***- rot:*** • *Viña Norte*
• *Arautava* • *Miranda*

Mehr Information zu Teneriffas Weinen unter www.cabtfe.es/casa-vino & tacovin.com (z.T. deutsch)

Akrobatischer Kellner (er hält hier insgesamt 20 Gläser in einer Hand) im Restaurant La Quadra, ➢ Seite 80ff

5.2.5 Nachtisch - Postre

Verbreitet ist ***Flan*** (Vanillepudding mit Karamelsoße); hergestellt aus frischem Weißkäse heißt er auf den Kanaren ***Quesillo*** bzw. ***Leche asada*** (»gebackene« Milch). Üblich ist auch ***Frangollo*** (Maispudding), beliebt ***Príncipe de Alberto*** (leichte Schokocreme mit Mandelsplittern) oder ***Bienmesabe*** (Mandelcreme mit Honig und Eigelb). Überhaupt werden die heimischen Mandeln (*almendras*) oft in zuckersüßem Gebäck und Torten (*tartas de almendra*) verarbeitet. Besonders lecker ist ***Tocino de Cielo***: Yoghurtcreme mit Honig-Mandelsoße.

Canarios lieben es zum Abschluss süß; der Spruch »Käse schließt den Magen«, ist ihnen fremd. Nur sehr feine Lokale bieten eine Käseplatte mit (oft exzellenten) lokalen oder Festlandssorten.

Südländer wechseln auch gern ins nächste ***Postre*-Lokal**, einem Mix aus Eisdiele und Café mit Desserts und süßen Kalorienbomben, Obst und Eisbechern mit exotischen Namen und Früchten.

5.2.6 Hochprozentiges

Ein opulentes Mahl endet mit Hochprozentigem. Was Whisky in Schottland und Obstler in den Alpen, ist in Spanien der ***Brandy*** (Cognac). Aber unsere kleinen Schwenker-Pfützen zum Nippen sind verpönt. Als Kenner erweist sich, wer gleich die Marke nennt, wie den edlen ***Duque de Alba*** oder ***Carlos I*** (*primero*). Ein *Carlos III* (*terzero*), *Magno* oder *103* (*ciento-tres*) tut's auch, bringt sich aber am nächsten Tag eher in Erinnerung.

Liköre werden aus allen Fruchtarten destilliert, insbesondere aus *Manzana* (Apfel), *Plátano* (Banane), *Melocotón* (Pfirsich – bei Damen als *Melocotón a la Crema* beliebt).

Ein echter Señor verpasst sich auch noch eine ***Puro*** (Zigarre) ***rubio*** mit hellem Tabak von der Nachbarinsel La Palma (➢ Seite 139).

Zum Schluß ein ***Café solo*** (Espresso, als *Cargado*: doppelter Espresso), ***Cortado leche leche*** (*Café solo* mit gezuckerter Kondensmilch plus Milchschaum; mit Cognac *Carajillo*) oder gar ein ***Barraquito completo***, eine tiñerfenische Spezialität! Sie besteht – vorm Umrühren – aus drei Schichten: aus gezuckerter Kondensmilch, Espresso mit einem Schuss *Tia Maria* oder *Licor 43* und einem Schnipsel Zitronenschale; dazu kommt noch etwas Zimt auf die Milchschaum-Haube.

5.2.7 Trinkgeld-Propina

Hat der ***Camarero*** auf den Ruf »***La cuenta, por favor!***« die Rechnung gebracht geht er zunächst wieder, holt darauf den vom Gast hinterlegten Betrag und bringt das Wechselgeld; erst dann kalkuliert man stressfrei das Trinkgeld (*propina*), ca. 10 Prozent.

Kanarischer Käse

Verbreitet ist weißer ***Queso fresco***, feuchter, leicht gesalzener Frischkäse. Meist von Ziegen, aber auch Kühen oder als Mix, sollte er nicht älter als eine Woche sein. Beliebt ist er in Lokalen als ***Tapa Queso Frito con tres Mojos***, leicht geräuchert mit ***mojo rojo*** und ***verde*** sowie ***miel*** (Honig).

Der ***semicurado*** (halbgereift, weich) sollte nicht älter als 2-8 Wochen sein, wohingegen ***curado*** (gereift, fester) über zwei Monate alt sein sollte. Leicht angeräuchert (***ahumado***) bekommt der leichte Frischkäse einen etwas herberen Akzent. Auch ihn gibt es in den erwähnten drei Reifegraden.

Mehrfach hoch prämierten Käse stellen die ***Quesería de Arico*** (an der TF 625) und die ***Granja Teisol*** in Benijos (an der Straße Orotava - Los Realejos) her. Etwas vielfältiger sind die Käsesorten der Nachbarinseln – insbesondere von Lanzarote, El Hierro und La Palma. Nur sehr feine eingeborene Gaumen können unterscheiden, von welcher der Inseln ein Käse stammt.

5.3 Kleines kulinarisch-gastronomisches Lexikon

Spanisch-kanarische Begriffe

(auf der Rückseite der Beilegerkarte durchgängig alphabetisch, auch Deutsch-Spanisch)

Auf dem Markt

DieBauernmärkte führen auf Tafel/ Monitoren die Kilopreise aller Obst- und Gemüsesorten auf.

Obst (*Fruta)*

Albaricoque – Aprikose
Almendra – Mandel
Cereza – Kirsche
Ciruela – Pflaume
Dátil – Dattel
Durazno - ähnelt einem Pfirsich, schmeckt wie Birne
Fresa – Erdbeere
Guayaba – kleine gelbe Frucht, die sich fast wie eine Apfelsine schälen lässt. Orangefarbenes Fleisch, mit Kern eßbar.
Higo de Leche – Feigen
Higo Pico – die gefährlich stachelige Frucht der Feigenkakteen (Opuntien, ➢ *Cochenilla*, Seite 546). Das Fruchtfleisch ist grünlich oder hell orangerot. Man kann es mit den Kernen essen. Man schält sie so: erst Kappe und Boden abschneiden und nach einem Längsschnitt die Stachelschale mit dem Messer ablösen
Limón – Zitrone
Mango – Mango
Manzana – Apfel
Melocotón – Pfirsich
Mora – Maul-/Brombeere
Naranja – Apfelsine
Níspero – Mispel
Nueces – Walnüsse
Papaya – Papaya
Pera – Birne
Piña – Ananas
Plátano – Banane
Uva – (Wein-) Traube

Gemüse (*Verdura/Legumbres)*

Aguacate – Avocado (*para hoy* = reif)
Ajo – Knoblauch
Alcachofas – Artischocken
Batata – Süßkartoffel
Berenjena – Aubergine
Berro – Kresse
Brécoles – Brokoli
Bubango – eine große Zucchini-Art
Calabaza – Kürbis
Cebolla – Zwiebel
Cilantro – Koriander
Cól – Kohl
Cól de Brusela – Rosenkohl
Espárrago – Spargel
Garbanzas – Kichererbsen
Guisantes – grüne Erbsen
Hierbas – Kräuter
Judías – Bohnen
Kinegua (auch: *Chineguas*) – Kartoffelsorte (Verballhornung des englischen Königs - *King Edward*)
Lechuga – grüner Salat
Lentejas – Linsen
Millo – Mais
(*Piña de millo*: Maiskolben)
Papas – Kartoffeln
Pepino – Gurke
Perejil – Petersilie
Pimento – Paprika
Pimienta – Pfeffer
Rabanitos – Radieschen
Remolacha – rote Beete

Seta – Pilz
Trigo – Weizen
Zanahoria – Möhre
Puerro – Porree

Frühstück *(Desayuno)*

Kaffee

Café Solo – Espresso
Café con Leche – Milchkaffee (*con/sin azúcar* = mit/ohne Zucker)
Cortado natural – Espresso mit aufgeschäumter Milch
leche y leche = *Cortado* plus gesüßte Kondensmilch
Barraquito = *Cortado* mit Likör 43 und Zitronenschale
Caragillo = Café solo mit Cognac

Säfte

Batido – Milchshake (mit Früchten)
Jugo oder *Zumo* – Fruchtsaft

Zu essen

Bocadillo – belegtes Brötchen (*con Pata, Lomo, Queso, Jamon serrano/cocido,* = Braten, Kassler, Käse, Schinken roh/gekocht)
Sandwich (*Tostada*) = belegtes Toastbrot
Churros con Chocolate = salzige Schmalzgebäck-Stangen, die man in eine herbe Kakaotunke taucht

Snacks

Tapas – einfache, auch als *media ración* (halbe Portion) bezeichnet, oder als Hauptgang serviert, ➢ Kasten, Seite 64
Aceitunas – Oliven
Albóndiga de Pescado – Fischbällchen
Albóndiga de Carne – Fleischbällchen
Boquerones – eingelegte Sardellenfilets
Camarones – Krabben
Churros de Pescado – frittierte Fischstückchen
Croquetas de Pescado – Fischkroketten
Croquetas de Jamón – Schinkenbällchen
Embutido – aufgeschnittene Wurst
Ensaladilla Russa – Kartoffelsalat mit Ei und Mayo
Pan Catalán – geröstete Toasthäppchen mit Tomate, Knofi und Schinken
Pimentos de Padrón – gegrillte kleine grüne Paprika mit grobem Salz
Pulpo a la Gallega – gekochte Krakenscheiben mit Cayenne-Pfeffer
Salpicón de Pulpo – eingelegte Krakenstücke mit Zwiebeln und Paprika
Salpicón de Atún – Thunfischsalat

Suppen (*Sopas*) und Eintöpfe

Caldo – klare Brühe
Cazuela de Pescado – Fischsuppe mit großen Fischstücken in der Kasserolle
Escabeche - Zwiebel/Pimieto-Soße
Escaldón – Gemüsebrühe mit *Gofio* als Brei angedickt
Fabada – Bohneneintopf (meist mit
Judías – dicke Bohnen)
Garbanzas – Kichererbsen (*compuestas*) mit Schweinepfoten)
Lenteja – Linsensuppe
Potaje – Gemüsesuppe/Eintopf
Potaje de berros – Kressesuppe

Puchero – kanarisches Nationalgericht: Gemüse-Eintopf aus Kürbis, Gurke, Möhre, Mais und Porree mit Fleischeinlage; *Gofio* zum Andicken (➢ Seite 65f)

Rancho Canario – dicke Suppe mit Nudeln und Fleisch

Ropa Vieja – altes Zeug – aus Fleisch, Gemüse und Kartoffeln zusammengekochte Reste

Sancocho – Trockenfisch mit Süßkartoffeln zusammen gegart; dazu: *Gofio* u./o. *Mojo*.

Aus dem Meer (*Fruta del Mar*)

Fisch (*Pescado fresco*)

* auf den Kanaren empfehlenswerte Speisefischarten

*Abadejo** – Pollack (weißer »Lachs«)
Alacha – Sardine
Anchoa – Sardelle, Anchovis
Atún – Tunfisch
Bacalao – Kabeljau, Dorsch/Stockfisch
*Bocinegro** – Meeresbrasse
*Bonito** – kleiner Thunfisch
Breca – Rotbrasse
Caballa – Makrele
*Cherne** – Wrackbarsch
Chicharro – Sardinenart (*Chicharrero* = Teneriffas Bewohner)
Chipirón – junger Tintenfisch
Choco – Tintenfischart
Congrio – Seeaal
*Dorada** – Dorade (Goldbrasse)
*Espada** – Schwertfisch
Lenguado – Seezunge
Longorón – Sardelle
Merluza – Seehecht
*Mero** – Zackenbarsch
Morena – Muräne
*Pez espada** – Schwertfisch
Potas – Tintenfische
Pulpo – Krake
Rape – Seeteufel
Rodaballo – Steinbutt
Salmoneta – kleiner Rotbarsch
Sardinas – Sardinen
Sepia – Tintenfischart wie *choco*
Tollo – Dornhai
Trucha – Forelle
*Vieja** – Papageifisch
Gueldes – frittierte Winzfische

Kopffüßer

Calamar – Tintenfisch
Chipirón – junger Tintenfisch
Choco (ital: *Sepia*) – Tintenfischart
Pulpo – Krake, Oktopus

Krustentiere/Muscheln

Cangrejos – Krebse
Carabinieros – (*Gamberones*) große, rote, teure *Gambas*
Almejas – Venusmuscheln
Mejillones – Miesmuscheln
Lapas – Meer-Napfschnecken
Gambas – Gambas
Langostaros – Langusten

Fleischgerichte (*Carnes*)

Fleisch

Cabra/cabrita – Ziege/Zicklein
Cerdo – Schwein
Chorizo – Paprikawurst
Chuleta – Kotelett
Cochinillo – Spanferkel
Conejo – Kaninchen
Cordero (lechal)- Lamm/Hammel (Milchlamm)
Cordonices – Wachteln
Estofado – geschmortes Fleisch (Gulasch)

Hígado – Leber

Lomo – Schweinerücken

Morcilla – Blutwurst mit Rosinen und Mandeln

Perdices – Rebhühner

Pollo – Huhn

Salchicha – gebratene/gegrillte Wurst

Solomillo – Rinderfilet

Ternera – Rind

Zubereitungsarten

al aceite – mit Olivenöl

ahumado – geräuchert

al ajo – mit Knoblauch

a la plancha – auf heißer Eisenplatte gebraten (a la *parilla*)

a la espalda – Fisch bäuchlings geöffnet und auf dem Rücken gebraten

al horno – im Ofen gebacken

asado – gebraten

cocido – gekocht

escabeche – mariniert

frito – frittiert

guisado – gekocht

rebozada – paniert

relleno – mit Füllung, gefüllt

revuelto – vermischt (= Rührei)

sal, saltado – gesalzen/Fisch im Salzmantel gebacken

salmorejo – in Kräuterbeize geschmort

poco hecho – englisch (schwach) (durch-) gebraten

bien hecho – durchgebraten

vinagre – Essig

Beilagen

Mojo verde/rojo – grüner/roter Dip

Alioli – Mayonnaise mit viel Knoblauch

Papas arrugadas – Runzelkartoffeln

Legumbres – Gemüse, ➢ oben »Auf dem Markt«

Süßes

Nachtisch (*Postre*)

Bienmesabe – (»es schmeckt mir gut«) Eigelb, Honig, Mandelcreme

Flan – Vanillepudding mit Karamelsoße

Frangollo – Gofiospeise, meist auf Maisbasis mit Rosinen und Honig

Helado – Eis

Leche asada – gebackene Milch (*Quesillo*-Art)

Príncipe Alberto – eine Art *Mousse au chocolat* mit viel Mandeln

Quesillo – wie ein *Flan*, aber mit Frischkäse (*Queso fresco*)

Quesadillas – goldgelbe bierdeckelgroße Käse/Zitronenkuchen

Tarta Andalucía – Sahne-Obstgelee auf dünnem Mürbeteig (auch *Tarta Arandanos*)

Gebäck

Galletas – Kekse

Tartas – Torten/Gebäck

Polverones – mürbes Weihnachtsgebäck mit Puderzucker bestreut, in verschiedenen Geschmacksrichtungen: z.B. »mit Nüssen«, «ohne Nüsse« etc.

Truchas – Forellen, aber auch Weihnachtsgebäck: Teigtaschen in Halbmondform, gefüllt mit einer Paste aus Süßkartoffeln, gemahlenen Mandeln, Zimt und Zucker

5

5.4 Restaurant-Empfehlungen der Autoren

Wer gern essen geht, schätzt neben den kreativ-feinen auch die traditionell einfachen regionalen Gerichte. Für beide wie auch für die internationale Küche ist die Auswahl immens groß.

Bewertung Da bei der Bewertung von Restaurants viele Aspekte eine Rolle spielen, kann bei offiziell über 2000 tinerfeñischen Lokalen eine **»Chart der Besten« nur selektiv-subjektiv** ausfallen. Ein anderer »Tester« käme sicherlich zu einer abweichenden Liste.

Hier nun die stark individuell geprägten Empfehlungen für eine Einkehr unterwegs oder auch für den eigens eingeplanten kulinarisch-kulturellen Ausflug. Neben Küchenqualität und ggf. dem guten Preis-/Leistungsverhältnis wurde bei den Empfehlungen mit eher deftiger Küche auch das Ambiente des Lokals mit einbezogen (sei es nun zünftig-schlicht, stimulierend-locker, exklusiv-elegant, mit oder ohne »Blick«).

Preisniveau

€	**niedrig:**	€ 12-20
€€	**mittel:**	€ 18-30
€€€	**hoch:**	€ 28+

Unsere »Gourmet-Reise« beginnt im Anagagebirge, verläuft im Uhrzeigersinn um die Insel und endet am Teide.

Besondere Restaurantempfehlungen

1) im Anagagebirge
2) Rincon de Anaga
3) Coto de Antonio
4) Meson Portón
5) GOM
6) Como decia mi Padre
7) Casa Tato
8) Casa Olegario
9) El Auténtico
10) El Pimentón
11) Tierra de Frontos (nur Events/Gruppen)
12) La Taberna Vasca
13) El Rincón del Arroz
14) Perlas del Mar
15) Los Roques
16) El Jable
17) Casa Tagoro
18) MarSalá
19) Casa Juana
20) Mirador Chirche
21) Burgado
22) Las Aguas
23) Mesón El Monasterio
24) Arcón
25) Bistro de Yves
26) La Gañania
27) Donde Mario, u.a.
28) La Quadra de San Diego
29) Casa Juan Ahumadero
30) Jalea Menta
31) La Milpa
32) La Casucha
33) Casa Pepe
34) Cofradia
35) Parador del Teide

5.4.1 Anaga

unterhalb von Taganana

1) Im Anagagebirge passt die rustikal-kanarische Küche zur wildzerklüfteten Szenerie: an der hier oft schäumenden Brandung füllen sich an Wochenenden ab 13 Uhr die Lokale (zur Dämmerung wird geschlossen): In **Roques de la Bodega** gleich mehrere gegenüber dem bei Body-Board-Surfern beliebten Strand. Urig ist das große ***Playa Africa***, auch ***Bar Playa*** genannt, in dem man zuweilen Folklore hört. Guter *pulpo frito*; täglich, ✆ 922-590100; €/€€. Ziviler ist ***Olga*** z.B. mit *Caldoso* und *Paella*, täglich, ✆ 922-590220; €€.

Roques de la Bodega

Benijo

Am Ende der TF 134 liegen in bester Position 50 m hoch über dem Traumstrand von Benijo ***El Mirador*** (bei gutem Fang unschlagbar in punkto Qualität, feiner Zubereitung und Preis; kein fester Ruhetag, ✆ 922-590217, €/€€ ; und oberhalb davon dann ***El Frontón***, für Gruppen nach Voranmeldung, ✆ 922-590154; €

2) ***Rincón de Anaga***

Igueste de San Andrés

Das Lokal liegt auf der Südseite des Anagagebirges am Ende der Insel. Wer auf der TF 121 (San Andrés–Igueste), vorbei an Succulum, den Teresitas-Strandblick aus luftiger Höhe erlebte, braucht noch 7 km bis Igueste, dessen erstes Haus dieses schlichte Lokal im Souterrain beherbergt. 6 kleine Tische, Meerblick, aber keine Terrasse. An der Bar geht's kanarisch zu. Frischer Fisch (wenn's der Fang hergab), gute Desserts, freundlicher Service; 13-22 Uhr, Mo bis 17 Uhr, Di zu; ✆ 922-599000; €/€€.

5.4.2 Großraum Santa Cruz/La Laguna

Santa Cruz

3) ***Coto de Antonio***

Alteingesessen, hohes Niveau, spanisch-kanarische Küche. Werktags Business-Treff, Sa/So Familien (Stammgäste); gemütliche Räume, lockere Atmosphäre; Calle Perdoma 13, bei der Stierkampfarena; 13-16, 20-24 Uhr, So abends zu; ✆ 922 272105, €€.

4) ***Meson Portón***

Gut besucht, lebendige *Tasca*, prima kanarische Küche, riesige Portionen: *Pan con Tomate, Pulpo a la Gallego, Chopitos a la Plancha, Pimentos de Padron, Pescado Fresco a la Espalda* etc. Beim Hotel *Mencey*: Calle Doctor Guigou 18 (Nebenstraße der Rambla Santa Cruz), täglich 12.30-16 Uhr, 19.30-24 Uhr, ✆ 922-280764, €€.

5) ***GOM***

Schräg gegenüber dem *Mesón Portón* werden leichtere Gerichte in urban-modernem Ambiente serviert. Leichte, nur gering »angeschickte« Küche; Fr/Sa vorbestellen. Di-Sa 13-16, 20-23Uhr, So/Mo zu; ✆ 922-276058; €€/€€€.

bei La Laguna

6) *Como decia mi Padre*

Beliebte kleine *Tasca* (»Wie mein Vater sagte«), mit hervorragenden kanarisch-spanischen Gerichten. Zufahrt: Ausfahrt 8b der Autobahn (TF 24 zum PN Teide); nach 0,8 km rechts und gleich wieder rechts (»Baldios«). Nach 2 km rechts das unauffällige Lokalschild; 13-17 Uhr, 19.30-24 Uhr, So zu, © 922-266036; €/€€.

5.4.3 Bereich Ostküste

bei Arafo

7) *Casa Tato*

Mitten im Gewerbegebiet hält sich das kernige Fischerdorf **Socorro** (➢ Seite 201, schwarze Madonna). Hierher verirrt sich kaum ein Tourist. Meerblick, frischer Fisch, leckere (teure) *Berberecho*-Muscheln und *Postres*. Südautobahn (*Salida* #20/Arafo zum Meer, unterhalb der ALCAR-Halle am 3. Kreisel rechts; dann ausgeschildert). 13-21 Uhr, So abends und Mo ganz zu; © 922-502875; €€.

Candelaria

8) *Casa Olegario*

Prima frischer Fisch nahe der Hafenmole; nüchtern-kanarischer Gastraum, mit Alu überdachte Terrasse, nur Einheimische. Südautobahn-Ausfahrt Candelaria, dann am Wasser links und die erste Straße rechts; © 922-500557; täglich 12-24 Uhr; €/€€.

Cuevicitas

9) El Auténtico

Klein, elegant in einer Höhle, die sich zu einer Barranco-Blickterrasse öffnet. Ein magischer Ort mit belgischem Chef. Super- Deserts. Autobahn-Salida 9/Candelaria, bergseitig Richtung La Hidalga/Güimar. Beim Lokal Caracas II bergauf nach Cuevecitas. Dessen Zentrum links liegen lassen und »Finca La Paz« folgen. Nicht aufgeben!!! 13-16.30, 20-22.30 Uhr; So/Mo geschlossen, €€/€€€. © 649 152811, www.fincalapaz.es.

Arico Nuevo

10) El Pimentón

Einziger Treffpunkt im verschlafenen Ort ist diese urgemütliche ***Tasquita*** am Kirchplatz. Tolle Salate und kleine Gerichte mit internationalem Touch. Die deutschen Besitzer vergessen dabei auch nicht ihre Heimat; Südautobahn - Ausfahrt 39, bergseitig Richtung Arico Viejo. Dann links in die TF 28 und nach 5 km in den Ort Arico Nuevo. 13-23 Uhr, Mo/Di zu; €/€€; © 922-768486.

bei Chimiche

11) ***Tierra de Frontos*** (Nur noch für Gruppen/Veranstaltungen)

Diese Bodega, die sich in einem *Barranco* versteckt, hat einen großen Speiseraum mit mächtiger Holzdecke. Hier gibt es Fleisch vom kleinen *Cochino Negro* (kanarisches Urschwein) und prima *Capaccio* vom *Pulpo* in feinem Olivenöl zu prämierten Hausweinen. Zufahrt: Südautobahn *Salida* 20 nach Chimiche, dort links auf der TF 28 Richtung Westen; bei km 70,2 rechts ab; Mi-Sa 13-16 Uhr und 19-22.30 Uhr, So Abend, Mo, Di und im Februar zu; Voranmeldung/Absprache unter © 922-777254; €€.

5.4.4 Der Süden

Los Cristianos

12) *La Taberna Vasca*

Klein, aber oho, baskische Küche, gemütlich-moderner Gastraum, Terrasse; prima *Pinchos* (Häppchen/*Montaditos*). Mittags Tellergerichte, abends gehobene Qualität, preisgünstig; ausgezeichnete »*Bacalao pil-pil*« und gute Desserts. Hinter dem *Centro Cultural* von der Avenida Juan Carlos I bergauf in die Calle Berna (*Urbanisación Cristianos Sur*); 13-16 Uhr und 20-23 Uhr, So geschlossen; © 922-751689; €€.

13) *El Rincón del Arroz*

Die »Reisecke« ist mittags – mehr noch als abends – von Spaniern gut besucht. Reisgerichte, Meeresfrüchte, Fleisch, Gemüse, gute Postres. Von der Autobahnausfahrt Los Cristianos kommend Richtung Playa/Puerto Cristianos auf der bergseitigen Verbindungsstraße (Avenida Chayofita), dann in die Calle Los Sabadeños (2. Straße links). Dort gleich am Anfang im *Edificio Soledad*; 13-16 Uhr, 20-23 Uhr, So abends/Mo zu; © 922-777741; €€.

Los Abrigos

14) *Perlas del Mar*

In der kleinen Hafenbucht von Los Abrigos reiht sich ein Fischrestaurant an das andere. Ganz am Ende auf der Felsspitze hat man vom *Perlas del Mar* (große Terrasse) zum frischen Fisch den besten Meerblick. Man bestellt am Glastresen den Fisch seiner Wahl (Tipp: Seezunge = *Lenguado*); Mo zu; © 922-170014, €/€€.

15) Los Roques

Untypisch zwischen Los Abrigos' Fischlokalen ist dieses kleine moderne und feine Restaurant mit erlesener Karte, die nicht nur Fisch- sondern auch Fleischgerichte führt; schöner Meerblick. Etwas für einen besonderen Abend; gutes Preis/Leistungs-Verhältnis; 18-23.30 Uhr So/Mo zu; 922-749401; €€,€€€.

San Isidro

16) *El Jable*

Fensterlos, von außen schmucklos, versteckt sich das *El Jable* in einer Nebenstraße im unattraktiven San Isidro. Innen hat es Stil, wenn auch schlicht: Toscasteine, Holzmobiliar, karierte Tischdecken. Die Küche ist indessen fein-kanarisch. Freundlicher Service und gute Stimmung. Südautobahn, *Salida* 22, TF 64 bergauf, vor der (links) CEPSA-Tankstelle rechts in die Calle Bentejui; dort nach 150 m links; täglich 13-16 Uhr, 19.30-23 Uhr, So und Mo mittags geschlossen; © 922-390698; €€/€€€.

Granadilla

17) *Casa Tagoro*

In einer 300 Jahre alten, aufwendig restaurierten Finca am oberen Ortsrand von Granadilla stößt man auf ein bürgerlich-elegantes Ambiente, exquisite deutsch/österreichische und internationale Küche. Kulinarische Wochen; manchmal gibt es Wild. Autobahn (*Salida* 22) über San Isidro und bei der Granadilla-Ortsdurchfahrt

5

(TF 82) linkerhand auf das Geschäft von *Doña Teodora* achten. Davor geht's links die Calle Tagoro bergauf, vorbei am begrünten Platz; Mo und Do-Sa 17.30-23 Uhr, So ab 12.30 Uhr, Di und Mi geschlossen; © 922-772240, www.casatagoro.de, €€/€€€.

5.4.5 Westküste

Playa San Juan

18) *MarSalá*

Hier offeriert man leichte moderne Küche auf hohem Niveau, aber auch Kuchen, Eis und kleine Leckereien im großzügigen *Comedor* und auf der Terrasse direkt hinter Strand und Hafen; ein Gaumen- und Augenschmaus; Küche täglich 13-22 Uhr, Mo zu, © 902-077079; €€. .

Alcalá

19) *Casa Juana*

Frischer Fisch, einfach zubereitet. Mittags Geschäftsleute. Versteckt am Meer; mit Patio, aber ohne Terrasse und Blick. Nach der Verkehrsinsel an der südlichen Ortseinfahrt (aus San Juan kommend) die 2. Straße links (Calle Candelaria 13) 200 m bis zum Ende. 13-16 Uhr und 19.30-22 Uhr, So abends und Mi zu; © 922-866126; €€.

20) *Mirador Chirche*

Weiter Blick über karge Südlandschaft, begrünte Terrasse. Im runden *Comedor* schmecken Tellergerichte: *Conejo Salmorejo, Carne Cabra*. Oberhalb Guia Isora an der westlichen Teide-Auffahrt TF 38 (km-Stein 23,6); täglich 9-22 Uhr, © 671-202223; €.

5.4.6 Nordküste westlich von Puerto de la Cruz

Buenavista

21) *Burgado*

An schwarzen Lavafelsen schäumt die Gischt oft mächtig auf. In dieser Position liegt das Lokal mit durch Fischernetze verhangene Terrasse. Die Küche ist nicht atemberaubend, aber der Sonnenuntergang dort macht das bei einem Glas Wein unbedingt wieder wett.Von Buenavista aus den orangefarbenen Schildern zum Golfplatz bzw. der Straße bis zum Meer folgen; © 922-127831, täglich durchgehend; €€.

San Juan de la Rambla

22) *Las Aguas*

Im östlichen Vorort von Juan de la Rambla beim unverfehlbaren Schwimmbad. Spezialität sind Reisgerichte: Paella und Caldoso (wie Paella mit Fleisch oder Fisch, aber nicht so trocken). Über den Küstenweg (➤ Los Realejos, Seite 338) kann man dorthin auch wandern (ca. 30 min). Calle La Destila 20; © 922-360428; 13.30-15.30 Uhr und 20-22.30 Uhr, So abends und Mo zu, €€.

Wer am Sa/So nicht reservierte, weicht aus auf das größere ***La Escuela*** oberhalb, mit riesiger Meerblick-Terrasse; © 922-360438 (Di zu) oder das einfache, aber gute ***El Sótano*** mit frischem Fisch (am Parkplatzende); 12.30-22 Uhr, Mo zu, © 922-360244.

Los Realejos

23) *Mesón El Monasterio*

Im Klosterkomplex (*Monasterio*) laben sich deutsche wie spanische Gaumen. Gemütliche Räume: *Bodega, Tasca,* diverse Terrassen und Gärten. Verschiedene Küchen, Büfetts und Fondue-Sektion. Lecker: Griebenschmalz, krustiges Schwarzbrot und Meterwürste, Spezialität Ente. Aus der Cafetería *Mirador* schweift der Blick über das Orotavatal. Das Ambiente ist hier vielen Gästen wichtiger als das Essen. Zufahrt: Autobahnausfahrt 36 (Los Realejos), nach 3 km an der Kreuzung TF 333 und TF 322 etwas versteckt rechterhand; © 922-340707. Täglich geöffnet, nur einzelne Küchen haben Ruhetage. Ab Puertos ZOB geht's stündlich per Bus #352 in 15 min. dorthin. Alle Preislagen; €-€€€.

5.4.7 In/bei Puerto de la Cruz

Puerto de la Cruz, Zentrum

24) *Arcón*

Kleines Tapa-Lokal im Fußgängerbereich. Die Tapas werden nach altkanarischen Rezepten liebevoll bereitet. Der perfekt deutschsprechende spanische Besitzer erklärt gern seine Küchengeheimnisse. Tipp: *pulpo, conejo* und der ***saberoca*** (= *barraquito, cortado* mit Likör). Oberhalb der Plaza Charco an der schattig-grünen Plaza Concejil, einer Oase im Touri-Trubel © 650-161025 (Handy), täglich außer So, 11-23 Uhr, € , ➢ auch Seite 300.

bei der Plaza Charco

25) *Bistro de Yves*

Französische Küche. Der Speisesaal (mit integrierter Küche) ist auf ganzer Front zur Passage offen und zieht mit geschmackvoller Dekoration und guten Gerüchen die Kunden an. Beliebt und empfehlenswert sind die Mittagsmenüs für € 15 (Abendmenü € 22). Calle Blanco 3 links oberhalb der Plaza Charco; mittags 12.30-16.30 Uhr, 18.30-22.30 Uhr, Mi zu; © 922-368890, €/€€. .

Durazno

26) *La Gañania*

Kleines feines Restaurant mit Terrasse im rustikal modernen Nebengebäude eines alten Gutshofes. Der Gast hat weite Blicke über das Meer. Koch *Pedro Rodriguez Dios* gewann 2007 einen Preis für den besten Küchenchef der Kanaren. Er steht für leichte kreative Küche basierend auf kanarischen Gerichten. Vom Vorort La Paz nach Durazno, Camino de Durazno 71 (➢ Seite 317), Schilder führen zur Gañania; Mi-So 12-23 Uhr; © 922-371000; €€/€€€

La Cuesta

27) **Donde Mario, Abuelita, Bodeguita Enfrente**

Diese drei beieinander liegenden Restaurants gehören zur gleichen Familie und bieten Kanarenküche mit unterschiedlichen Akzenten. Autobahnausfahrt La Cuesta (*Salida* 31). An der Gabelung der TF 217/TF 21 (auf dem Weg zum *Mirador Humboldt*).

a) ***Donde Mario***; feine, kreative Küche, Terrasse (an der TF 217 noch vor der Gabelung mit der TF 21), täglich 13-16 Uhr und ab 18 Uhr, So Abend und Mi zu, © 922-304585, €€/€€€

b) ***El Calderito de la Abuelita***; traditionelle Pfannen- und Topfgerichte in kleineren Portionen, gute Desserts. Blick über die Küste. Gleich nach der Abzweigung der TF 21 meerseitig TF 217. 13-16 Uhr, 19-23 Uhr, So Abend und Mo zu, © 922-301918, €/€€.

c) ***La Bodeguita de Enfrente***, gemütliche Kneipenatmosphäre, preiswerte, fantasievolle *Tapas*; gegenüber vom *El Calderito*, ab 18 Uhr, Di zu, © 922-302760; €/€€.

5.4.8 Nordküste östlich von Puerto de la Cruz

La Matanza

28) ***La Quadra de San Diego***

Im alten Kuhstall (*Quadra*) mit herrlicher Gartenterrasse und Drachenbaum stimmt alles: Ambiente, Service und die abwechslungsreiche kanarische Tapaküche. In La Matanza am Camino Botello; Zufahrt: Nordautobahn, *Salida* 23, dann Richtung La Matanza und immer rechts halten, ca 1 km nach der *Casa Vieja* etwas versteckt unmittelbar rechts hinter einer meerseitigen Kapelle unterhalb der Straße. Do-Sa 13-16 Uhr und 19.30-23 Uhr, So 13-16 Uhr; Mo, Di, Mi geschlossen; © 922-578385, €/€€.

29) ***Casa Juan Ahumadero***

Auch bei Spaniern beliebtes Restaurant (Schweizer Leitung) mit geschützter Terrasse im Garten; gute deutsche Gerichte (zur Weihnachtszeit köstliche Entengerichte), eigene Räucherei, gute Desserts. *Salida* 23/La Matanza, dann meerseitig die Parallelstraße zur Autobahn Richtung Puerto, ausgeschildert; täglich 12.30-16 Uhr und 18.30-22.30 Uhr, So/Mo zu; © 922-577012, €€.

El Sauzal

30) ***Jalea Menta***

Im Zentrum von El Sauzal gegenüber dem Rathaus; lichtdurchfluteter modern eingerichter Raum mit Blick über die Nordküste; Cafetería, Bar, Eisdiele und Restaurant mit leichter Küche. Für den Aperitif gibt es eine gemütliche Sofaecke; Mo-Do 10-23 Uhr, Fr/Sa bis 00.30, So -22.00 Uhr; © 922-571775, €/€€.

bei Tacoronte

31) ***La Milpa***

Hervorragende, leichte Küche in modern-schlichtem Ambiente auf internationalem Niveau. Lockere Atmosphäre. Nach einem Besuch auf dem Bauernmarkt in Tacoronte (➢ Seite 380) besonders zu empfehlen. Ausfahrt 19 der Nordautobahn nach Tacoronte, im Zentrum des Ortes meerseitig auf die TF16 nach Valle Guerra/Tejina abbiegen. Nach etwa 4 km auf der rechten Seite (leicht zu übersehen) das Restaurant noch vor dem Markt; So Abend, Mo und Di mittags geschlossen; © 922-570239, €€.

bei Tacoronte

32) ***La Casucha***

Im stilvoll-eleganten Ambiente mit geschützter Terrasse werden traditionelle spanische Gerichte serviert; *Asados* (Braten) vom Holzofen und gute Desserts. Von der TF 152 im Zentrum von Tacoronte auf die TF 16 Richtung Meer (Valle Guerra), dann nach

500 m links zum ausgeschilderten *Ayuntamiento*; dort geradeaus vorbei und die nächste Straße links; an der Kirche parken. *La Casucha* liegt wenige Schritte oberhalb (westlich) der Kirche; 13-16.30 Uhr, 20-24 Uhr, So abends zu, © 922-573028, €€.

Bajamar

33) *Casa Pepe*

Ohren- und Augenschmaus zu Gaumenfreuden! Man sitzt wie in einer Loge über der Promenade, hört die Brandung und sieht die Gischt über die Mole donnern. Freundliche Bedienung. Einfaches Fleich- & Fisch-Restaurant mit Pfiff. Spezialität: *Montaditos* (Toasthäppchen). Saisonale Empfehlungen: Auberginen, Paprika, frische Pasta, *Puchero, Pulpo Gallego*. Tipp: *Chicharros Aliñados* (eingelegte Sardinenart). Bei den Schwimmbädern (*Piscinas Municipales)* in Bajamar. 13-16 Uhr, 19.30-23.30 Uhr, Mo und Di geschlossen; © 922-540958, €/€€.

Punta del Hidalgo

34) *Cofradia*

Auf der Terrasse der *Cofradia de los Pescadores* (Genossenschaft der Fischer) im kleinen Hafen von Punta del Hidalgo spürt man bei frischem Fisch noch etwas Fischerdorf-Romantik. In diesem einfachen Lokal treffen sich am Wochenende die Einheimischen zum späten Mittagessen; **Tipp**: den Sonnenuntergang erlebt man dort besonders intensiv; täglich 12.30-22.30 Uhr, je nach Fangergebnis und Wetter auch früher; Mittwoch zu, €/€€.

Andreas Schmidt, bekannt aus „Fleisch ist mein Gemüse“, mag in kernigen Lokalen auch Fisch; hier mit Autorin Petrima Thomas in der Cofradia von Punta del Hidalgo

5.4.9 Teide Nationalpark

35) *Parador del Teide*

Rustikal-elegant präsentiert sich der *Parador de Turismo de las Cañadas del Teide* am Fuße des Vulkankegels draußen wie drinnen. Man sitzt am mannshohen Kamin und speist kanarisch gediegen. Spezialitäten wie *Potajes* und *Puchero* (Eintopf) oder *Cabrito* (Zicklein) serviert die Bedienung in tinerfeñischen Trachten; Nicht-Hotelgäste müssen vorbestellen. Täglich 13.30-17 Uhr und 19-22 Uhr, © 922-386415, €€/€€€, ➢ auch Seite 570.

Teneriffa selbst entdecken

1

1 Regionen und Küsten

1.1 Konzeption des Reiseteils

1.1.1 Teneriffas Regionen

Nord, Ost, Süd oder West?

Mit dem spitzen Winkel Richtung Nordosten liegt Teneriffa wie ein gleichschenkliges Dreieck im Atlantik. Manche erkennen in den Inselkonturen gar ein Huhn, das seinen Kopf nach Nordosten (Anaga) reckt. Ob nun Triangel oder Henne, bei der Frage nach der Himmelsrichtung kommt man leicht ins Schleudern. Selbst unter Teneriffa-Kennern kann es darüber nach dem zweiten Glas Wein Streit geben. Las Américas, Teneriffas Reiseziel Nr. 1, liegt eindeutig im Süden, aber eigentlich schon an der Westküste; Santa Cruz befindet sich an der Ostküste, aber irgendwie doch im Insel-Norden. Und Puerto de la Cruz, das etwas südlicher als die Hauptstadt liegt, gilt als »der« Touristenort im Norden.

Wetterscheide

Tinerfeños unter sich lösen diese Orientierungsprobleme so: sie nehmen die Wetterscheide entlang Teneriffas Kammstraße (Chamorga-La Laguna-Teide) und nennen alles unterhalb davon »den Süden«, alles darüber »den Norden«. Ost oder West sind unbedeutend, was ja klimatisch auch weitgehend stimmt, ➢ Klima, Seiten 21f+ 444f. Wichtiger auf der gebirgigen Insel sind da schon oben und unten, was weniger Unklarheiten verursacht.

Aufteilung der Insel in diesem Buch

Teneriffa wurde in **7 Regionen** definiert (➢ nebenstehende Karte):

Das Dreieck (grau) zwischen Vilaflor, Santiago del Teide und La Esperanza bildet den **zentralen Teil** der Insel: **Teide Nationalpark/ *Cañadas*** und ***Cumbre Dorsal*** (= Strecke Teide-La Esperanza).

Abgrenzung der Regionen

Von diesen drei Städten wurden Linien zu folgenden Küstenorten gezogen: von La Esperanza nach Punta del Hidalgo und von Santiago del Teide nach Punta de Teno (das ergibt die **Region Nordküste**), von Vilaflor über Granadilla nach El Médano und über Adeje nach La Caleta (das ergibt den **Süden**).

Die Region **Westküste** resultiert gleichzeitig damit aus den Linien Punta de Teno über Santiago del Teide nach Vilaflor und von dort nach La Caleta. Die Region **Ostküste** erstreckt sich zwischen Vilaflor/El Médano und La Esperanza/Santa Cruz.

Eine letzte Verbindungslinie zwischen San Andrés und Punta del Hidalgo markiert zwei weitere Regionen:

- oberhalb/rechts der Linie den Bereich **Anagagebirge**,
- unterhalb dieser Linie das Ballungsgebiet La Laguna/Santa Cruz bis La Esperanza, das hier **Großraum Santa Cruz (Metro)** heißt.

Bedeutung

Diese Aufteilung zieht sich durch den gesamten Reiseteil; sie wird einer ganzen Reihe von geologischen, klimatischen und geographischen Aspekten gerecht.

Der überwiegende Teil der Urlauber wohnt im Süden und an der Nord- oder Westküste:

Die Regionen

Der Norden

Drei Regionen bieten an der Nordküste unterschiedliches Urlaubsambiente: im zentralen Abschnitt ist das die Tourismus-Hochburg **Puerto de la Cruz** mit **La Orotava** und **Los Realejos**.

Beiderseits davon schließen sich zwei weniger touristisch entwickelte Küstenabschnitte an: im Westen die Region um **Garachico** und **Buenavista** mit einem weitgehend kleinstädtischen Charakter, das stark besiedelte Gebiet östlich von Puerto um **Tacoronte** und der ablegenere Bereich um **Punta del Hidalgo** und **Bajamar** mit älteren, vereinzelt stehenden Aparthotels.

Daraus ergibt sich die Dreiteilung der Nordküste in

- **Puerto de la Cruz** mit La Orotava und Los Realejos
- **Östliche Nordküste** mit Tacoronte bis Bajamar und Hidalgo
- **Westliche Nordküste** mit Garachico und Buenavista

Der Süden

Im Süden gibt es ebenfalls drei touristische Zentren: allen voran ist der Ende der 1960er-Jahre entstandene und immer noch wachsende großstädtische **Touristenkomplex Los Cristianos/Las Américas** zu nennen. Er dehnt sich an der ***Costa Adeje*** immer weiter in Richtung Nordwesten aus (zur Zeit bis La Caleta).

Unweit des Süd-Flughafens *Reina Sofia* liegen zwei schon in den 1970er-Jahren entstandene, zeitweise touristisch ausgebremste Gebiete: die ***Costa del Silencio*** mit der Ferienanlage ***TenBel*** und neuen Hotel-Großbauten wie modernen Chalet-Urbanisationen, an die mehrere Golfplätze grenzen; ferner der **Surfer-Treffpunkt El Médano**, den jüngere Urlauber bevorzugen.

Dieser touristische Süden ist daher in drei Kapitel aufgeteilt:

- **Los Cristianos-Las Américas-Costa Adeje**
- **Costa del Silencio**
- **El Médano**

Die Westküste

An der touristisch weniger entwickelten Westküste konzentriert sich der Fremdenverkehr auf die Retortenstädte **Los Gigantes** und **Playa de la Arena**, sowie **Puerto de Santiago**, dessen alten Ortskern man nur noch mit Mühe ausmachen kann. Alle drei Bereiche sind inzwischen **übergangslos** miteinander verwachsen.

1.1.2 Gliederung und Inhalt des Reiseteils

Reihenfolge der Kapitel

Ausgehend von dieser regionalen Aufteilung wird nach einer Übersicht über die besten **Strände, Buchten und Pools** zunächst

- der **Großraum Santa Cruz** mit der alten Hauptstadt La Laguna vorgestellt. Da das Anagagebirge an Santa Cruz grenzt und bei Ausflügen in dieses Gebiet die meisten Besucher – außer bei Ausgangsorten der Nordostküste (Punta del Hidalgo/Bajamar) – den Großraum durchfahren müssen, erscheint es konsequent,
- den **Bereich Anaga** unmittelbar zusammenhängend mit Santa Cruz und La Laguna zu behandeln.

Danach geht es im **Uhrzeigersinn** rund um die Insel:

- Dem kurzen Kapitel zum **Ostküstenbereich** folgt die ausführliche **Darstellung des touristischen Südens** und der sich daran anschließenden **Westküste** samt **Abstecher nach La Gomera**.
- Dann werden – ausgehend von **Puerto de la Cruz** – zunächst der **zentrale Teil** der Nordküste, anschließend die **westliche** und die **östliche Nordküste** beschrieben.

Den Abschluß des Reiseteils bilden die verschiedenen

- **Auffahrten in den Teide-Nationalpark** und ein Kapitel zur Erkundung der ***Cañadas***.

Inhaltliche Konzeption

Alle Kapitel wurden nach der Vorgabe »**Teneriffa individuell entdecken**« konzipiert und sind sehr ausführlich. Der Leser findet genaue und – wo nötig – kritische Darstellungen aller nennenswerten Urlaubsorte und aller gängigen Ausflugsrouten und -ziele. Außerdem werden auch weniger frequentierte Strecken und Abstecher in abgelegene Inselecken beschrieben. In erster Linie wenden sich die Autoren damit an Leser, die Teneriffa **per Miet-Auto** kennenlernen wollen, zeigen aber auch Möglichkeiten auf, sich die Insel **per Linienbus** zu erschließen.

Kästen, Essays und Informationen Im Rahmen der Orts-, Strecken- und Landschaftsbeschreibungen ist den Besonderheiten der jeweiligen Region und den mit ihr verbundenen historischen, kulturellen und natürlichen Ereignissen und Gegebenheiten viel Raum gewidmet. Bedeutsame lokale und regionale Phänome sind in Themenkästen und Essays abgehandelt. Für größere Ortschaften finden sich im Anschluß an die allgemeinen Ausführungen in kompakter Form praktische Informationen einschließlich Restaurant- und Shopping-Empfehlungen.

Orientierung für Autofahrer

Verkehrsdichte Den Autofahrer erwartet auf durchweg gut ausgebauten Straßen eine oft erhebliche Verkehrsdichte. Auf Teneriffa waren im Jahr 2007 – inklusive 50.000 Mietwagen – über 700.000 Autos zugelassen bei weiter steigender Tendenz.

Straßennetz ImGroßraum und im Inselnorden ist das Straßennetz sehr engmaschig, aber auch unübersichtlich. Unkonventionelle Ortsdurchfahrten und irritierende Streckenführungen machen selbst Ortskundigen das Leben schwer. Dazu gibt es extrem kurze Autobahnaus- und -auffahrten und viele Kreisel.

Nummernsalat Wiederholt wurden Teneriffas **Straßennummerierung** und die Nummerierung der **Autobahnausfahrten** geändert. Die heute gültigen Kennzeichnungen sind bislang auf vielen gängigen Karten – wenn überhaupt – nur unzulänglich nachvollzogen worden. Die **beiliegende Teneriffa-Karte** und die gesondert zu erwerbende Karte von **Reise Know-How/*Map Alliance*** zeigen durchgehend die neuen Nummen; auch die Karte 222 von Michelin ist weitgehend up-to-date, weicht in einigen Fällen aber noch von der offiziellen Nummerierung ab (➢ Verzeichnis Seite 603).

Gewichtung Zudem sind Ortschaften, Strände, Kaps und andere Punkte auf den Kartenwerken ausgesprochen unterschiedlich gewichtet, so kommt etwa Puertos bekannte *Playa Jardín* in manchen Karten gar nicht oder in kaum zu identifizierender Form vor.

Wander- und Spazierwege

Einige der schönsten **Rund- und Streckenwanderungen** – vornehmlich im Inselnorden – ergänzen die Reisekapitel an passender Stelle mit detaillierter Beschreibung. Darüber hinaus werden **weitere Ziel- und Rundwanderungen**, deren Startpunkte im Bereich der Routenbeschreibungen dieses Buches liegen, kurz erläutert. Wer sich dadurch animieren läßt, kann manchen einfachen Weg bei guter Ausschilderung ohne große Vorbereitung gehen. Für intensiveres Wandern sollte man auf das beiliegende Heft von Götz Kampmann oder einen der speziellen Wanderführer für Teneriffa zurückgreifen, ➢ Seite 602.

Auch auf schöne **Spazierwege**, die man ohne Vorbereitung einschieben kann, wird hingewiesen. Manche dieser Wege sind die ersten Abschnitte längerer Wanderrouten.

Gastronomie

Restaurant-empfehlungen

Dem Thema »Essen & Trinken« wurde bereits ein besonders umfangreiches Kapitel gewidmet. Die darin herausgehobenen Restaurant-Empfehlungen (Seiten 80-87) finden sich am passender Stelle auch noch einmal im Reiseteil, darüber hinaus zahlreiche weitere Hinweise auf Einkehrmöglichkeiten, sowohl in allen größeren Orten, als auch entlang der beschriebenen Routen.

Weitere' Thematisierung

Über regionale und sonstige Besonderheiten der Gastronomie und Speisen auf Teneriffa gibt es weitere **Themenkästen** und **Essays** in den folgenden Kapiteln, etwa zu den »**Restaurantstraßen**« zwischen der Nordostküste und La Laguna, ➢ Seite 161.

Öffnungszeiten/Telefonnummern

Öffnungszeiten und Telefonnummern von Informationsbüros, Restaurants, Museen etc. wurden für 2008 wieder gründlich recherchiert; kleine Veränderungen im Zeitablauf sind möglich.

Restaurants

Kanarische **Lokale** sind 13-16 Uhr und 20-23/24 Uhr geöffnet. Ruhetage sind wie bei uns üblich, wechseln aber stark. In den Touristenzentren gelten oft durchgehende Zeiten.

Touristen-information

Die Öffnungszeiten von **Touristenbüros** weichen – je nach Ort – mehr oder weniger voneinander ab. Wird keine Siesta eingelegt, sind sie meist nur bis 17 Uhr geöffnet, sonst auch länger. Samstags sind Infobüros in vielen Fällen erst ab Mittag besetzt, sonntags durchweg ganz geschlossen; komplette Liste ➢ Seite 55.

Kirchen sind geöffnet, bevor Messen stattfinden bis kurz nach der Messe; ansonsten existieren keine verbindlichen Zeiten, selbst wenn sie am Eingangsportal angeschlagen sein sollten.

Bei **Museen** treten seltener Unregelmäßigkeiten auf; die angegebenen Zeiten werden im Allgemeinen eingehalten. Im Fall kleinerer Häuser sollte man auf eventuelle Mittagspausen achten.

Ins Meer hineingebaute Pools, die oft bei hoher See überspült werden, findet man an allen Küsten rund um die Insel. Hier Crab Island bei Los Gigantes (Westküste)

1.2 An Teneriffas Küsten

Extreme Unterschiede

Die kanarischen Luft- und Wassertemperaturen erlauben ganzjähriges Schwimmen unter freiem Himmel – sei es im offenen Atlantik, im Hotelpool, in öffentlichen Badeparks, in natürlichen, durch Lavamauern geschützten Buchten (sog. *charcas*) oder in – in den Ozean hineingebauten – Meerwasser-Schwimmbecken, eine kanarische Besonderheit. In Anbetracht der extrem unterschiedlichen lokalen Bedingungen an Teneriffas Küsten wird diesem Punkt vorab ein eigenes Kapitel gewidmet.

Baden unterwegs

Das auch deshalb, weil sich unterwegs auf Teneriffa an heißen Tagen durchaus oft die Frage stellt: »**Wo kann man denn hier mal schnell ins Wasser springen?**« Darüber hinaus bilden manche Strände, Badebuchten und öffentliche Poolanlagen schon für sich ein gutes Motiv für einen Ausflug.

1.2.1 Strände, Buchten und Pools

Natürliche Sandstrände und Felsbuchten

Freizeitkarten von Teneriffa verzeichnen ringsum zahllose Playas und Badestellen. Dabei hat die Insel **nur wenige natürliche Sandstrände**, die man ohne Probleme erreichen kann und an denen sich gut baden läßt. An der Nordküste sind einige zudem nur bei Ebbe vorhanden. Die Badestrände der Ostküste liegen oft unterhalb relativ unattraktiver Fischerdörfer. Sie werden zwar zum Teil in den Sommermonaten von Einheimischen zu buntem Badeleben erweckt, bieten aber touristischen Besuchern wenig. Es gibt andererseits viele prima Badestellen an felsigen Buchten mit und ohne steinige Sandstrandabschnitte.

Künstliche Strände

In den letzten Jahren wurden etliche Strände aus hochgepumptem Meeresboden bzw. geschredderten Steinen künstlich angelegt. Sie sind hellgrau-beige und feinkörnig (z.B. *Las Vistas* in Los Cristianos oder *Playa Bahía del Duque* an der Costa Adeje). Der einzige gelbe Sandstrand befindet sich 6 km nordöstlich von Santa Cruz bei San Andrés (*Playa de Las Teresitas*); er wurde vor 30 Jahren mit Sand aus der Sahara aufgeschüttet.

Meerwasserpools

Vor allem entlang der Nordküste ist eine Reihe von Meerwasser-Schwimmbecken eine Attraktion, die sich großer Beliebtheit erfreut: entweder als aufwendige türkisblaue **Badelandschaft** mit Palmen und Inseln (z.B. *Lago de Martiánez* in Puerto de la Cruz) oder als ***Piscinas Municipales***, traditionellen Badeanstalten direkt am Meer (z.B. in Los Silos oder Las Aguas) oder einfach als ***Piscinas Naturales*** (natürliche Pools), wo im Brandungsbereich hochgezogene Betonmauern selbst bei nur leichtem Seegang schon die Wellen abhalten und lediglich erfrischende Spritzer durchlassen (in Punta del Hidalgo, El Pris, Bajamar und die gelungene Anlage *El Caletón* in Garachico).

Gefahren

Rund um die Insel ist Baden nicht ungefährlich, es sei denn man schwimmt in Buchten, die durch künstliche Riffs geschützt sind (z.B. *Las Teresitas, Fañabé*/Las Américas, *Playa Jardín*/Puerto).

An der Nordküste gibt es gefährliche Unterströmungen, die selbst guten Schwimmern schon zum Verhängnis wurden (z.B. an der Nordostspitze Roque de las Bodegas bei Taganana/Benijo).

Ernst nehmen sollte man die bunten Signalflaggen:

Grün = Baden frei;
Gelb = frei nur für gute Schwimmer;
Rot = Lebensgefahr, Badeverbot.

Oben ohne/ FKK

»Oben ohne« ist auf Teneriffa kein Problem (Ausnahme seit 2007: die Strände von Arona), aber der großen Mehrheit der Spanierinnen ist es fremd, sich unbekleidet in der Öffentlichkeit zu zeigen.

Es gibt keine offiziellen FKK-Buchten, aber an folgenden Stränden baden auch Spanier(innen) nackt: ***Benijo*** (Taganana), ***Las Gaviotas*** (zwischen San Andrés und Igueste), ***La Tejita*** (El Médano).

Hinweis

Für felsige und/oder steinige Strände sollte man stets Badeschuhe (Seeigel!) und Isomatte im Auto haben.

Abgrenzung

Im Folgenden genauer aufgeführt sind alle gut erreichbaren, zumindest annehmbaren Strände, felsigen Badestellen und Meerwasserbecken mit Anfahrtbeschreibung und praktischen Hinweisen (Läden/Restaurants). Wenn Duschen, Umkleidekabinen und vor allem Toiletten fehlen, ist »ohne Service« vermerkt.

Systematik

Die Beschreibung erfolgt im Uhrzeigersinn rund um die Insel und beginnt im hohen Nordosten. Die Nummerierung entspricht der in der **Karte auf Seite 103**; auf der Doppelseite 102/03 befindet sich außerdem eine tabellarische Kurzkennzeichnung.

1.2.2 Teneriffas beste Strände und Badestellen im Großraum Santa Cruz und Anaga

Taganana (1)

Roque de las Bodegas, Almáciga, Benijo (Bus 246, ➢ Seite 588)

Östlich von Taganana liegen drei Strände ohne Service bei Roque de las Bodegas unterhalb von Almáciga und Benijo.

Sie verfügen über schwarzen Lavasand (z.T. steinig) und gefährliche Unterströmungen. Zum Eintauchen sind alle drei o.k., aber Rausschwimmen ist riskant.

Roque de las Bodegas

Hinter dem ersten Strand, der ***Playa San Roque***, liegen beliebte **Fischlokale**, die an Wochenenden gut besucht werden.

Dem Strand vorgelagert sind kleine und große Felsen. Auf dem größten von ihnen gibt es eine von Land aus trockenen Fußes erreichbare Plattform mit Leitereinstieg ins Meer.

Almáciga

Etwas weiter östlich befindet sich die bei *Canarios* beliebte Surfbucht mit der teilweise steinigen *Playa de Almáciga*. Im Sommer stehen dort viele Zelte und Kioske zwischen Straße und Strand; im Winter nur bei gutem Wetter und an Wochenenden.

Playa Benijo (bei Taganana im Nordosten), ein Traumstrand

Benijo

Der einsame *Benijo-Strand* ist am schönsten. Er liegt etwas unterhalb des gleichnamigen 20-Seelen-Weilers. Man erreicht ihn bequem über eine Treppe ab dem Restaurant *Mirador* (mit offener Terrasse). Oberhalb davon steht das größere Restaurant *El Frontón* mit windgeschützter Terrasse und verglastem Speiseraum.

Antequera (2)

Nur per Boot oder nach beschwerlicher Wanderung ab Igueste (> Seite 146) erreicht man die ***Playa Antequera***, einen der schönsten Lavastrände der Insel an der äußersten felsigen Spitze Teneriffas (Proviant und Trinkwasser mitnehmen!). In San Andrés kann man im Restaurant der *Cofradía* (Beginn des Strandes *Las Teresitas*) nach Fischern fragen, die dorthin fahren.

San Andrés (bei Santa Cruz)

Playa de las Gaviotas (3)

Eine steile und kurvige, aber asphaltierte Anfahrt (2 km) ohne Leitplanke führt zum **Lavastrand *Las Gaviotas*** (kein Service). Unten am Wasser gibt es überraschend viel Parkraum. Auch ein Kiosk-Restaurant ist vorhanden, in dem *Charley* köstliche Salate und Sardinen serviert und Touristen gern neppt. Oft ist dieser bei Santa Cruzeros beliebte (FKK-)Strand voll, insbesondere bei Flut, wenn der Strand schmaler wird.

Wer am Ende des Parkplatzes um die Ecke schaut, blickt auf die kleinere ***Playa Chica*** unterhalb des gleichnamigen Hochhauses.

Man erreicht beide Strände über die Küstenstraße von San Andrés nach **Igueste de San Andrés** (TF 121). Ca. 3 km nach dem Aussichtspunkt über dem *Las Teresitas*-Strand zweigt die Anfahrt nach rechts ab (hier oben Busstop der Linie 245).

Igueste de San Andrés

Nur bei allertiefster Ebbe gibt der Atlantik vor einer Felswand mit kleinen Höhlen ein schmales feinsandiges **Lavastrandstück** frei. Wochentags hat man dieses schöne Eckchen oft ziemlich für sich allein; an Wochenenden zelten dort gerne junge *Canarios*.

Playa Las Gaviotas bei Igueste de San Andrés

Gleich am Ortseingang hinter dem Kneipenrestaurant ***Rincón de Anaga*** (toller Blick und frischer Fisch) kann man parken und den kleinen Treppenweg (rechts halten) in Richtung San Andrés hinuntergehen. Keine Serviceeinrichtungen.

Playa de las Teresitas (4)

Teneriffas Vorzeige- und Hausstrand der Santa Cruzer liegt 7 km nordöstlich der Hauptstadt gleich im Anschluß an das Fischerdorf San Andrés (ab Santa Cruz gut ausgeschildert). Vor 30 Jahren wurde die Halbmondbucht mit gelbem Saharasand aufgeschüttet und Palmen gepflanzt, ➢ Foto Seite 145.

Außer im Hochsommer ist der breite 1,6 km lange Strand angenehm leer. An den vielen Parkplätzen kann man ermessen, was im Juli/August hier los ist. Dann leidet auch die Wasserqualität. Eine begehbare Mole am Strandende (mit Blick hinüber nach Santa Cruz und auf die Teidespitze im Hintergrund) und eine Brandungsbarriere machen das Baden ungefährlich und kinderfreundlich, zumal der Strand nur langsam abfällt. Mit Kiosken und Bars, nahen Restaurants (beliebt ist die *Cofradía*/Fischereigenossenschaft, täglich geöffnet). Duschen, Umkleide-Kabinen, Toiletten und Telefon. Aber Vorsicht, dort lauern gern Autoknacker und Taschendiebe! Bus 910 pendelt bis 23 Uhr alle 15 min von/nach Santa Cruz.

Santa Cruz

Parque Marítimo (5), Karte auf Seite 127

Erst vor wenigen Jahren wurde diese große Badelandschaft mit drei Pools und schwarzem Strand neben dem Auditorium unterhalb der *Estación de Guaguas*, dem ZOB, eröffnet. Das Bad ist der letzte Entwurf des Lanzaroter Architekten *César Manrique* und nüchterner als sein erstes Schwimmbad, der *Lago Martiánez* in Puerto de la Cruz. Das Umfeld wirkt fremd: Messehalle, Auditorium, Raffinierie und Hafenanlagen. **Avenida de la Constitución**, täglich 10-18 Uhr, Eintritt €2, Kinder/Senioren die Hälfte.

Das ***Palmetum***, ein Palmengarten auf einem künstlichen Hügel nebenan, wartet seit Jahren auf seine Eröffnung.

1.2.3 Bereich Ostküste

Las Caletillas (6)

Das große Neubauviertel Las Caletillas wurde bereichert durch ein kleineres, sehr ansprechend gestaltetes öffentliches Meerwasser-Schwimmbad (Calle Piscina etwas nordöstlich des kleinen Hafens von Candelaria). Eintritt.

Candelaria (7)

Der schwarze Sandstrand unterhalb des großen Platzes vor der Basilika in Candelaria (ohne Service, im Winter bei Flut schmal) erstreckt sich bis zu Candelarias kleinem Hafen und bietet auch bei Wellen noch ungefährlichen Badespaß. Auf der Plaza hat man die Auswahl zwischen mehreren Terrassen-Cafés.

Anfahrt Autobahn ***Salida* #17**, dann nicht den Schildern »Basilika« folgen, sondern besser links halten und unten am Wasser gegenüber dem Rathaus (*Ayuntamiento*) auf dem großen Parkplatz am Meer das Auto abstellen.

Restaurant-Tipp für beide Strände: ***Casa Oligario*** (➢ Seite 205).

Puertito de Güímar (8)

Der große steinige Strand hat nur ganz am Ortsende (beim *Club Náutico*) ein paar Meter schwarzen Lavasand. Besser badet man im Hafenbereich; mehrere Leitern und Treppen erleichtern den Einstieg ins hier kristallklare Wasser. Sonnenbaden kann man auf hölzernen Plattformen.

Die autofreie Plaza Las Indias verfügt über Cafés und zwei ausgezeichnete Fischrestaurants, ➢ Seite 198.

Anfahrt Autobahn ***Salida 11*** »Puertito de Güímar«

Wochenend-Trubel am schmalen Strand von Candelaria direkt am Ort

1

Los Roques (9)

Die winzige **Fischersiedlung** Los Roques bei Fasnia liegt eingeklemmt zwischen hohen Felsen, die eine gut geschützte natürliche Bucht bilden. Der kleine steinige Strand ist nichts zum Liegen und Sonnenbaden; von einer betonierten Plattform geht es über eine Leiter ins klare Wasser. Kein Service.

Anfahrt Autobahn ***Salida 14***, dann Richtung Meer und bei der Gabelung rechts abbiegen; am Straßenende befindet sich ein Parkplatz. Eine lange Treppe führt zum Wasser hinunter.

Poris de Abona (10)

Der breite helle Sandstrand ***Playa Grande*** beim gesichtslosen Ort Poris de Abona ist oft windig und manchmal durch Treibgut zu ungepflegt, um sich wohl zu fühlen (ohne Service); auch über eine Leiter an der Mole kommt man ins Meer. Einstiege über Leitern finden sich auch um den alten Hafenbereich herum. Guter Platz für **Schnorchler**. Einfache Fischrestaurants im Dorf.

Anfahrt Von der Autobahn ***Salida 17*** (Poris de Abona), dann (für die *Playa Grande*) im Ort rechts halten und am Leuchtturm orientieren.

Abades (11)

Bei der recht gelungenen Bungalowsiedlung Abades liegt östlich der Felsnase die ***Playa Los Abrigos***; ein kleiner Fußweg führt zu einer weiteren kleinen sandigen Bucht (ohne Service). Kleine Terrassen-Restaurants mit Meerblick am Parkplatz. Wer bei Hitze Abkühlung braucht, ist hier richtig. Gut auch für Kinder.

Anfahrt Von der Autobahn ***Salida 18*** (Abades).

1.2.4 Der Süden

El Médano (12)

Playa de El Médano Der natürliche Strand von El Médano ist der beste seiner Art auf Teneriffa: 2 km recht heller Sand, flaches Wasser, Duschen, Toiletten, Umkleidekabinen, Kioske sowie Bars und Restaurants entlang einer Promenade aus Holzbohlen. Niedrige Felshänge bilden beliebte Höhlen, in denen man vorm Wind geschützt ist. Der weht oft und kräftig im **Windsurfer-Paradies** El Médano.

Richtung Südwesten erstreckt sich das ***Montaña Roja*-Naturreservat** um einen roten Vulkan-Ascheberg (172 m). Unterhalb davon gibt's Minidünen (*Médanos*), die sich wie natürliche Strandburgen zum Sonnenbaden anbieten.

Anfahrt Von der Autobahn ***Salida 22*** geht's zur zentralen Plaza. Dort kann man parken. Oder man hält sich kurz vor El Médano rechts Richtung Los Abrigos (TF 643) und fährt zum Hotel *Playa Sur Tenerife*.

Playa de El Cabezo Die relativ hellsandige *Playa de El Cabezo* erreicht man von Médanos Zentrum zu Fuß in 20 Minuten am Meer entlang Richtung Nordosten. Sie liegt offen vor dem flachem Hinterland und ist

Playa de El Médano; im Hintergrund sieht man die Montaña Roja

ein reiner Surferstrand. Meistens stehen dort einige Surfer mit ihren Wohnwagen: vom Bett sind es zu den bunten Brettern nur ein paar Meter. Das Strandumfeld ist hier weit weniger attraktiv als an Médanos Hauptstrand.

Östlich des Sporthotels *Calimera Atlantic Playa* schließen sich noch mehrere Felsbuchten an (alle ohne Service).

Anfahrt

Von der Autobahn ***Salida 22***, dann ca. 4 km Richtung El Médano und im Ort links halten.

Playa de la Tejita (13)

Der 1,2 km helle Sandstrand *Playa de La Tejita* ist das Pendant zum *Playa de El Médano* am westlichen Fuß der *Montaña Roja*. Ein ruhiges und empfehlenswertes Plätzchen: der Wind verweht den Jetlärm des nahen Flughafens und ein Kiosk bietet Drinks und Brötchen (*Bocadillos*). Wer um die *Montaña Roja* herumgeht, findet kleine FKK-Buchten. Die Wasserqualität ist blendend.

Anfahrt

Autobahn ***Salida 22*** (TF 64/643) **oder 24** (TF 643). Drei ausgeschilderte Parkplätze liegen unterhalb der *Montaña Roja* direkt an der TF 643 (El Médano-Los Abrigos); von dort sind es nur noch ein paar Minuten zu Fuß an den Strand.

Golf del Sur (14)

Punta del Guincho

Unterhalb des Golfplatzes *Golf del Sur* an der *Punta del Guincho* liegt direkt vor der Bungalow-Siedlung San Miguel ein wunderbar in die Felsküste eingepaßtes Meerwasser-Schwimmbad; wenige Meter weiter westlich gelangt man außerdem über Leitern in das kristallklare Atlantikwasser.

Anfahrt und Zugang

Autobahn ***Salida 24*** Richtung Los Abrigos/*Golf del Sur*, aber die Golfeinfahrt links liegen lassen, dann die ***Residencia San Miguel Golf*** unterhalb umrunden und erst beim Schild ***San Blas*** nach rechts; vor dem ***Tenerife Golf Hotel*** parken und zum Strand/Meer laufen (rechts halten).

Strände und Badestellen auf einen Blick:

(* 2007 mit blauer Flagge ausgezeichnet)

Strand/Bucht/Pool (ab Anagagebirge im Uhrzeigersinn)

Nähe von/bei	Name/Playa	Bemerkung
1 Taganana	*San Roque, Almáciga, Benijo*	Lava, natürlich, Surfen, gefährlich
2 San Andrés	*Las Gaviotas, Playa Chica*	Lava, natürlich, Kiosk, steile Zufahrt, FKK
3 San Andrés	*Las Teresitas**	1,6 km Saharasand, seicht, gut für Kinder, Palmen,Kioske
5 Santa Cruz Hafennähe	*Parque Marítimo*	3 Pools, kleiner Lavastrand
6 Caletillas	*Piscina Municipal*	kleiner Pool, modernes Restaurant
7 Candelaria	*Candelaria*	Lavastrand, schmal, mit Brandung
8 unterhalb Güímar	*El Puertito*	Leitern ins Meer
9 unterhalb Fasnia	*Los Roques*	Leitern ins Meer
10 Poris de Abona	*Playa Grande*	Lavasandstrand
11 Abades	*Playa Los Abrigos*	Lavasandstrand
12 El Médano	*El Médano**	relativ heller Sand, seicht, Surfen; lange Promenade
	El Cabezo	bester Surfstrand
13 El Médano	*Tejita*	relativ heller Sand, seicht, Kiosk, FKK, Felsbuchten
14 Golf del Sur	*Punta del Guincho*	Meerwasserpool und Leitern ins Meer
15 Costa de Silencio	*Montaña Amarilla*	tolle Felskulisse, Leitern ins Meer
TenBel	*Bellavista*	Pontons im Meer
16 Los Cristianos	*Los Cristianos*	relativ hell, seicht, touristisch, am Hafenbecken
	*de las Vistas**	hell, seicht, touristisch, Promenade
17 Las Américas	*Camisón*	relativ hell, geschützt, gepflegt
	Troja, Torviscas*	eng, viel Trubel
	La Roca	Pool-Landschaft am Meer
18 Costa Adeje	*de Fañabé**	recht heller Sand, seicht,
	*Puerto Colón**	touristisch, Promenade
	Duque, La Enramada*	dunkler Sand: gepflegt, 800m
19 La Caleta	a) *Caleta* b)*Hernández*	a) Felsen, Leitern b)30min Fußweg
20 Playa Paraiso	*El Puertito*	Lavasandstrand
San Juan/Alcalá		kleine Strände im Fischerhafen
21 Santiago de Teide	*de la Arena**	Lavasandstrand, touristisch,
	Guios	kleine Gartenpromenade
22 Los Gigantes	*los Guios*	winziger Lavastrand
	Laguillo, Oasis,Crab Island	attraktive Pools, spez. *Crab Island*
23 Faro de Teno		felsige Fischerbucht
24 Buenavista	*Las Arenas + Piscina Natural*	Strand und zwei Meerwasserpools

Strand/Bucht/Pool (im Uhrzeigersinn)

Nähe von/bei	Name/Playa	Bemerkung
25 Los Silos	*Piscina Municipal*	Meerwasserpool, wenig besucht
26 Garachico	*El Caletón + Pisc. Municipal*	Pools in Lavabuchten + großer Pool
27 Icod de los Vinos	*San Marcos*	Kleiner Lavastrand; Restaurants
28 Las Aguas	*Piscina Municipal*	guter Meerwasserpool; Kiosk
29 Los Realejos	*del Socorro*	200 m Lavastrand, Surfer
30 Puerto de la Cruz	*Playa Jardín**	großer künstlicher Lavasandstrand, Palmen, Gartenpromenade
	Lago Martiánez	tolle Meerwasser-Poollandschaft
	Playa Martiánez	grauer Sand, Surfer, touristisch
31	*Bollullo*	versteckter Strand, Lavasand, Kiosk
32 Mesa del Mar	*las Arenas*	steiniger Strand, Surfen, abgelegen
	Piscina Municipal	groß, relativ ungepflegt
33 El Pris	*del Pris*	Meerwasserpool und Lavastrand
34 Tejina	*La Barranquera*	felsige Fischerbucht, urig, Leiter
	Jover	Meerwasserpool
35 Bajamar	*Piscina Natural*	großer Meerwasserpool, Hauptspaß bei Brandung
36 Punta del Hildago	*Pools Altagay*	mehrere gestaltete Pools
	Piscinas Naturales	Naturbecken
FKK-Strände	*Benijo, Antequera (4), Gaviotas, Tejita, Bollullo*-Nebenstrände	

Costa del Silencio (15)

Am östlichen Ende der *Costa del Silencio* (östlich von Las Galletas) liegen Einstiege in den Atlantik (z.T. über Leitern), die für Schnochler ideal sind. Badeschuhe/Isomatten nicht vergessen!

Montaña Amarilla Die gelben Felsen ***Montaña Amarilla*** bilden eine atemberaubende Kulisse, die die unattraktive Bebauung dahinter vergessen läßt. Neugierige schauen um die Ecken und finden verschwiegene »private« Plätzchen zum Sonnenbaden, ➢ Seite 243.

Anfahrt Von der Autobahn ***Salida 24*** (Los Abrigos) Richtung Meer; beim ersten Kreisel auf die TF 655 Richtung Las Galletas (parallel zur Autobahn); danach auf der TF 652 bei Kilometerstein 2,5 links ab zum Meer (Schild: *Costa del Silencio*). Noch einmal nächste links und am *Edificio Chasna C* parken. Wenige Meter zum Wasser.

Atlantic View Eingerahmt von Lavafelsen geht es über eine kleine betonierte Plattform (nur bei ruhiger See!) in den Atlantik.

Anfahrt Wie zur *Montaña Amarilla*, dann weiter Richtung Südwesten am Hotel *Costa Sol* vorbei zum *Atlantic View*. Unterhalb der verglasten Promenaden-Terrasse des *Atlantic View* ins Meer.

Bellavista Von der **TenBel-Meerespromenade** führen zwischen der zentralen Poolanlage und dem Komplex ***Maravilla*** steile Treppen über die Klippen ans Meer. Bei ruhiger See ist dies ebenfalls ein prima Platz (mit Pontons) für ein Erfrischungsbad. **Anfahrt** über Las Galletas/TenBel.

Toller Badeplatz Montaña Amarilla zwischen Ten Bel und Los Abrigos

Los Cristianos (16)

Playa de Los Cristianos

Der natürliche, relativ helle Strandabschnitt entlang der quirligen Promenade mit vielen Terrassen-Restaurants und Cafés eröffnet die Folge einer Reihe von Touristenstränden, die sich von hier bis zum 10 km entfernten *Grand Hotel Bahía del Duque* ziehen.

Der Strand grenzt ans Hafenbecken mit Fischerbooten, Yachten, Ausflugsbooten und den Gomera-Fähren. Bei so viel Trubel steht es um die Wasserqualität nicht immer zum Besten.

Die sich ans Hafenbecken südöstlich anschließende Küstenlinie bis zum *Arona Grand Hotel* ist nicht sonderlich einladend.

Anfahrt

Nach der **Autobahnausfahrt Nr. 27** (Los Cristianos) folgt man ganz einfach den Schildern »*Puerto*«.

Playa de las Vistas

Ein Tunnel führt vom Los Cristianos-Strand durch eine gewaltige Betonmauer zur hellen 800 m langen *Playa de las Vistas*. Neben den Stränden *Camisón*, *Fañabé* und *Duque* zählt er zu den besten Stränden im Süden. Er ist immer gut besucht, dennoch ruhiger als die *Playa de Los Cristianos*. Eine Häuserzeile und die Promenade mit vielen Restaurants und Läden schirmen ihn vom Verkehr ab.

Anfahrt

Autobahnausfahrt Nr. 27 (Los Cristianos) und dann den Schildern »*Puerto/Playa Las Vistas*« folgen.

Las Américas (17)

Playa del Camisón

Die *Playa del Camisón* ist ein heller und gepflegter Touristenstrand vor den Hotels *Santiago III* und *Sir Anthony*. Da hier »Buchungsbuden« Kioske und Läden an der breiten Promenade fehlen, kommt trotz der Hotelfassaden im Hintergrund kein beengendes Gefühl auf, ein gelungen gestalteter Strandabschnitt.

Anfahrt

Autobahn ***Salida 27***, dann den Schildern »Las Américas« folgen; Der Strand liegt in der Nähe der *Pyramide de Arona*.

Playa de Troya/ las Américas/ Las Cuevitas

Direkt neben der verkehrsreichen Avenida am Meer und der Promenade liegt ein kleiner grau-beige farbener Sandstrand mit zwei Buchten, die ***Playa de Troya***. Hier ist jede Menge los. Gleiches gilt für die Strände *Playa de las Américas* und *Las Cuevitas*. Dahinter stehen Hotel-Großbauten aus den 1970er-Jahren wie das *Park Hotel Troya*, *Palm Beach* und *Gran Tinerfe*.

Anfahrt

Autobahn ***Salida 27*** (➤ oben) und der Küstenstraße weiter folgen.

Club La Roca/ Jardín Tropical

Wem der eigene Hotelpool nicht genügt, kann hier »fremdgehen«. Die elegante **Meerwasser-Schwimmlandschaft *La Roca*** gehört zum dahinterliegenden *Hotel Jardín Tropical*, ist aber öffentlich. Das Becken liegt direkt am Steilufer unterhalb der Promenade und zieht sich schmal und gestreckt wie eine Flußlandschaft durch die schön gestalteten Gärten. Den Drink nimmt man an der Restaurantbar *La Roca* auf einer Felsnase.

Eintritt, Liege €3, Sonnenschirm €1,50.

Anfahrt

Autobahn ***Salida 30*** (San Eugenio), beim *Centro Comercial San Eugenio* parken und zum *Hotel Jardín Tropical* gehen.

Costa Adeje (18)

Playa Torviscas Die beige-graue Sandbucht direkt im Anschluß an den Yachthafen Puerto Colón ist meist mehr als gut besucht: ein typischer Touristenstrand mit allem, was dazu gehört: Geschäfte, Restaurants, Cafes etc. – und dicken Hotelklötzen dahinter.

Anfahrt Autobahn ***Salida 30***, dann Ausschilderung »Puerto Colón«.

Playa de Fañabé Die ***Playa de Fañabé*** (700 m) zählt zu den schönsten zwischen Los Cristianos und Las Galetas. Der beigefarbene Sand wird durch ein Unterwasserriff geschützt. Der Strandabschnitt verliert leider durch eine doppelstöckige Promenade mit Läden und Lokalen aus Beton. Aber die Wasserqualität ist dort erstklassig.

Anfahrt Autobahn ***Salida #31***, dann zum Hotel *Jardines de Nivaria*.

Playa del Duque Der hellgraue Strand vor dem Luxushotel ***Bahía del Duque*** beginnt am kastellartigen Komplex auf einer Felsnase, die ihn gut gegen die Wellen abschirmt. Cafés und Bistros unter Palmen und Stroh-Sonnenschirmen, als sei man in der Karibik. Alles ist sehr gepflegt, der Strand exklusiver als die *Playa Fañabé* und das Wasser bestens. Die ***Playa Enramada***, ein 800 m langer dunkler Sandstrand (aufgeschüttet), liegt fast schon in **La Caleta**.

Anfahrt Ab Autobahn ***Salida #30*** den Schildern *Playa del Duque* folgen.

La Caleta (19)

In La Caleta führen Leitern von kleinen glatten Felsplateaus hinunter zum Meer. Hinter den Apartments am westlichen Dorfrand (Zugang über die Treppen zwischen den Gebäuden) führt ein Pfad zu mehreren Buchten (u.a. zur ***Playa Hernandez***; 30 min).

Anfahrt Autobahn ***Salida 31***, dann Richtung La Caleta.

Schwimmlandschaft des Bahía del Duque; im Hintergrund sichtbar La Gomera

1.2.5 Bereich Westküste

El Puertito (20)

Unmittelbar vor der kleinen Fischersiedlung El Puertito liegt auf einer Felsnase die Halle einer stillgelegten Bananen-Packanlage, dahinter ein 500 m langer Strand (ohne Service). Im Sommer wird dort viel wild gecampt, aber im Winter ist es werktags ruhig.

Die Küste zwischen La Caleta und El Puertito (2 km Luftlinie) ist ein Geheimtip für ankernde Segler. Hier fehlt noch jede Bebauung. Wer einsame Buchten sucht, durchquert El Puertito zu Fuß und findet glatte Felsen am Meer. Wunderbares Wasser.

Fußfaule mieten sich am Strand von El Puertito ein gelbes Seekajak und paddeln um die Ecke; täglich 10-18 Uhr.

Anfahrt

Von der Südautobahn-Verlängerung (TF 82, Richtung Guía de Isora) nach links auf die TF 47 Richtung Playa San Juan abbiegen. Am Ortseingang von Armeñime geht es in einer scharfen Rechtskurve links ab in Richtung Meer nach Bahia Principe/El Puertito.

Hafenbucht von Playa San Juan und Teilstück des aufgeschütteten Strandes

Playa San Juan; Alcalá (20)

San Juan: Jüngst erweitert: ruhiges Sandstrandleben mit Service am Hafen; mit Küsten-Promenade und angenehmen Cafés;

Alacalá: Gut geschützte kleine Felsbucht. Der schwarze Steinstrand wird unterbrochen von einer Slipanlage für Fischerboote (dort Meereinstieg). Diverse Cafés und Restaurants.

Anfahrten

Die **TF 47**(siehe oben El Puertito) weiter Richtung Los Gigantes

Puerto de Santiago

Playa de la Arena (21)

Ein 400 m schwarzer, feiner Sandstrand in einer geschwungenen Bucht – das hat Investoren nicht ruhen lassen. Oberhalb der gartenähnlichen Promenade wurde viel zu masssiv und eng gebaut. An der dahinter verlaufenden Durchgangsstraße reihen sich Shops und Restaurants dicht an dicht. Für die vielen Gäste der

Hotels und Apartmentanlagen ist der an sich schöne Strand ab mittlerer Auslastung der Ortskapazitäten zu klein.

Anfahrt Von der **TF 47** auf die Küstenstraße Richtung Puerto de Santiago.

Tipp Dem Trubel der *Playa de la Arena* entkommt, wer die verschwiegene Bucht an der Felsnase ***Punta Negra*** findet (unmittelbar südlich der *Playa de la Arena*): von der Calle Punta Negra biegt die Calle El Drago links ab, von der wiederum eine Schleife nach rechts abzweigt. Ein paar Stufen führen dort hinab ans Wasser.

Los Gigantes (22)

Das eng bebaute Los Gigantes bietet **drei Badestellen** am Meer: Der kleine graue Sandstrand ***Playa los Guios*** liegt etwas versteckt hinter dem Sporthafen mit tollem Blick auf die namensgebenden gigantischen Felswände. Tretboote, Liegen und Sonnenschirme.

Außerdem gibt es zwei Meerwasserpools (***El Laguillo*** und ***Club Oasis***, beide Eintritt); sie liegen links der Hafenmauer.

Äußerst reizvoll ist die Lage eines ins Meer gebauten **Naturpools** auf der Landzunge *Isla Cangrejos*, auch ***Crab Island*** genannt.

Anfahrt Auf der **TF 47** bzw. **TF 454** nach Los Gigantes hinein und dort auf die Ausschilderung achten.

1.2.6 Nordküste

Faro de Teno (23)

Wer an der äußersten Nordwestecke beim Faro de Teno baden möchte, findet den Weg ins Wasser bei den Fischerbooten über die Bootsrampe oder (noch schöner!) hinter dem Leuchtturm über Treppen und Leitern. Ein lauschiges Fleckchen besonders bei Sonnenuntergang. Keinerlei Service.

Von der Playa los Guios in Los Gigantes hat man einen tollen Blick hinüber zu den namensgebenden gigantischen Felswände

Anfahrt Die **TF 445** westlich von Buenavista bis zum Kap fahren. Viele Verkehrsschilder unterwegs warnen zwar vor Steinschlag, bedeuten aber kein Durchfahrtsverbot. Bei akuter Steinschlaggefahr (nach Regenfällen) wird die Straße gesperrt.

Buenavista (24)

Playa las Arenas Ein grandioser, versteckter Küstenabschnitt liegt unterhalb des ***Mirador Don Pompeyo***: Die Straße **TF 445** zum *Punta/Faro de Teno* hat nach ca. 2,5 km, ausgeschildert: »*Buenavista Golf*«, einen Abzweig ans Meer zur ***Playa las Arenas*** und weiteren Stränden: ca. 1.000 m dahinter geht es links ab nach *Playa del Fraile*, *Charco Roque* und *Playa de las Mujeres*

Dort befinden sich neben dem – etwas steinigen – schwarzen Sand auch kleine, natürliche Meerwasserpools ➢ Seite 360.

Außer, dass man bei Buenavista ausgezeichnet schwimmen kann, lohnen der Besuch im ***Restaurant Burgado*** mit herrlicher Aussicht und ein Spaziergang auf der Küstenpromenade. Sie führt westlich zu den steinigen Stränden (➢ links unten) und den Pools ***Charco Roque*** in Lavaformationen und östlich (am Golfplatz entlang) zum kleinen **Schwimmbad »*Don Alonso*«**.

Los Silos (25)

Die große *Piscina Municipal* von Los Silos ist einen kleinen Abstecher von der Küstenstraße wert. Man schwimmt mit Meerblick im Atlantikwasser, aber geschützt vor dessen Brandung. Es liegt zwar am Rande eines wenig animierenden Neubaugebietes, ist aber im Winter wenig besucht. Mit Restaurant. Eintritt.

Anfahrt Küstenstraße **TF 42** bis Los Silos und an der küstenseitigen Tankstelle zum Meer abbiegen (ausgeschildert »***Playa del Puertito***«).

Garachico (26)

El Caletón Die tief eingeschnittene Lavafelsküste (ein eingestürzter Lavatunnel, ➢ Kasten Seite 356) wurde mit geschickten Eingriffen zu einer einmaligen **Badelandschaft** gestaltet: Die offenen Becken (*charcos*) wurden mit schwarzem Vulkangestein unauffällig ergänzt, um vor der Brandung zu schützen. Dazwischen befinden sich Liegeflächen, Verbindungspfade und Treppchen. Sehr weit schwimmen kann man nicht, aber es macht Spaß, bei nicht allzu heftiger Brandung in diesen »Sprudelbecken« zu spaddeln. Kostenlos; Toiletten; Restauration.

Piscina Für ehrgeiziges Streckenschwimmen eignet sich das benachbarte städtische **Schwimmbad olympischer Ausmaße** besser. Eintritt.

Beide Bäder liegen in Garachico direkt an der Küstenstraße.

Playa de San Marcos (27)

Der sehr geschützt liegende Lavasandstrand (150 m) unterhalb von Icod im Fischerdorf San Marcos ist nicht nur bei *Canarios* ein beliebtes Wochenendziel. Eine kurze Promenade läuft entlang der teilweise zu Restaurants umgebauten ehemaligen Fischerhäuser. Duschen, Kabinen, Toiletten und Läden.

Anfahrt Von der großen **Küstenstraße TF 5** auf die **TF 414** Richtung Meer nach San Marcos einbiegen (ca. 3 km).

Las Aguas (28)

Das Meerwasser-Schwimmbad (Eintritt) in Las Aguas liegt exponiert auf Felsen am Meer. Der Blick reicht weit über die spektakuläre Küste. Das Dorf bietet eine hübsche Kulisse und drei gute Lokale: *Las Aguas* (Reis), *Escuela* und *Soltano* (Fisch).

Anfahrt Von der **Küstenstraße TF 5** in San Juan de la Rambla auf die Ausschilderung »Las Aguas« achten. Ca. 1 km Zufahrt.

Playa del Socorro (29)

200 m schwarzer feiner Sand an der nicht besonders geschützten Küste ziehen an Sommerwochenenden Besuchermassen an, die Brandung und »*Bodyboarding*« genießen wollen. Ein großer Parkplatz nimmt die vielen Autos auf. Im Winter spülen Steine an und der dann noch stärkere Wellengang erschwert das Baden. Die Bucht ist unbebaut, hat aber Duschen, Toiletten und ein kleines Café (im Winter geschlossen).

Wer bei Ebbe an der Küste Richtung Westen geht, erreicht eine weitere kleine Bucht.

Anfahrt An der **Küstenstraße TF 5** zwischen San Juan de la Rambla und Los Realejos auf die Ausschilderung achten.

Puerto de la Cruz

Playa Jardin (30) 200.000 m^3 Sand wurden eigens für diesen 1.000 m langen und sehr breiten Strand aus dem Atlantik gepumpt. Die *Playa Jardín* ist nicht nur eine Meisterleistung der Strand-, sondern auch der Gartenarchitektur; die Promenade erhielt zwei Ebenen und wurde mit Pflanzen, Pergolas, Ruhezonen, Sitzbänken und Cafeterias ansehnlich gestaltet. Eine Brandungsmauer liegt unterhalb der Wasserlinie und ist so konstruiert, daß Abschnitte mit und ohne Brandung entstanden. Sichtbar im Wasser sind nur einige schwarze Felsbrocken, die attraktiv positioniert wurden.

Die ideale Lage des Strandes zwischen dem *Castillo de San Felipe* und dem weißen Fischerdorf Punta Brava auf einer Landzunge wird nur durch die übermäßige Bebauung im Hintergrund gestört – ein postmortaler Schock für den Strandarchitekten *César Manrique*, der auch den *Lago de Martiánez* schuf.

Anfahrt Autobahn, **Ausfahrt Puerto de la Cruz *»por las Arenas«*** (#35 oder #36), und den Schildern hinab Richtung Meer folgen.

Lago de Martíanez Die Badelandschaft ***Lago de Martiánez*** auf einer aufgeschütteten Landzunge ist das Vorzeigeobjekt von Puerto de la Cruz. Vier kleine (eins für Kinder) und ein riesiges Becken (27.000 m^3 Salzwasser) gehören zu diesem typischen *Cesar Manrique*-Komplex: Schneeweiße Beckenränder mit pechschwarzen Lavafelsen, hellblaues Wasser und viel Grün, Treppchen und kleine Brücken, die zu künstlichen Inseln mit Bambus-Kiosken führen. Spiele, Bars, Restaurants und ein von Wasser umgebenes Kasino.

Playa Martiánez

Gleich westlich schließt sich der 200 m lange Lavasandstrand ***Playa Martiánez*** an, der trotz wiederholter Umgestaltungen (Holzbohlen-Promenade, Kioske) kein rechtes Image besitzt.

Anfahrt

Autobahn ***Salida #32*** *»Puerto por Martianez/Rincon«*, dann den Hinweisen *»Lago Martiánez«* folgen.

Playa Bollullo (31)

Dieser feinsandige schwarze Strand (250 m) liegt in einer schön geschwungenen, nicht besonders wellengeschützten Bucht, zu der Treppen hinunterführen.

Vom Puerto-Vorort La Paz kommen die Besucher in 30 min zu Fuß über einen kleinen Pfad durch ausgedehnte Bananenplantagen (genauere Wegbeschreibung ➢ Puerto/La Paz, Seite 311). Dieser einzige von Puerto leicht erreichbare Naturstrand in ländlicher Umgebung wird an Wochenenden schnell voll. Oberhalb liegt das *Restaurant Bollullo* (tägl. ab 12 Uhr), unten ein Kiosk.

Anfahrt

Der **Abzweig** nach ***El Rincón/Bollullo*** liegt in der **Autobahnausfahrt #32** (*Puerto por Martianez/Rincon*). Eine ziemlich schmale asphaltierte Straße führt in vielen Kurven durch die Bananenplantagen zum bereits erwähnten *Restaurant Bollullo*.

Playas del Pozo und de los Patos

Diese schmalen, nur bei Ebbe zugänglichen Lavasandstrände sind in den sich östlich anschließenden Buchten faktisch Fortsetzungen der *Playa Bollullo*. Sie sind nur durch Kliffklettererei oder über einen steilen Abstieg erreichbar. Vor allem jüngere *Canarios* nutzen diese abgelegenen (FKK-)Stellen. Kein Service.

Schwarzer Lavafels bestimmt die Küste vor Puerto de la Cruz; im Hintergrund liegt der Lago de Martiánez

Mesa del Mar (32)

Playa de las Arenas

Dieser steinige Strand (ca. 350 m) in einer (fast) unbebauten Bucht ist im Sommer bei *Canarios* und Surfern beliebt. Nur bei Ebbe sind größere Sandstücke frei von Wasser, sonst überwiegen hühnereigroße, graue *Callao*-Steine, was Sonnenbaden erschwert. Ein schöner Fußweg führt hinter dem Strand entlang (mit **Terrassen-Restaurant**, hinter dem es auch einfachste Bungalows zu mieten gibt, ➢ Unterkünfte/Camping, Seite 584). Autos kann man beim Hochhaus *Mesa del Mar* parken und die paar Schritte zur Bucht durch einen wenig einladenden Tunnel gehen. Kein Service

Naturbecken

Vor besagtem Hochhaus befindet sich ein hervorragend angelegtes Meereswasserbecken, das bei stärkerer Brandung genau die richtige Menge schäumender Gischt in das geschützte Becken pülschen läßt, um das Badevergnügen perfekt zu machen. Leider ist die Poolanlage nicht gerade gepflegt und das Ambiente mit Hochhaus und Parkplatz etwas störend. Kostenlos, kein Service.

Ein Küstenweg läuft von Mesa del Mar nach El Pris (ca. 25 min).

Anfahrt

Von der Autobahn ***Salida 11*** (Tacoronte), dann Richtung Valle de Guerra und nach ca. 5 km links nach Mesa del Mar abbiegen; sehr steile Abfahrt.

El Pris (33)

Piscina/ Playa del Pris

Die Badestellen in El Pris sind besonders erwähnenswert, weil sich dieses Fischerdorf (außer einem störenden, viel zu großen Apartmentkomplex) noch einen Rest ursprünglichen Charme bewahren konnte. Das kleine **Meerwasserbecken** ist zwar renovierungsbedürftig und nur zum erfrischenden Eintauchen gut, aber bei mittlerem Wellengang bietet es in der Gischt dennoch Badespaß, zudem kostenlos. Ein kleiner **steiniger Strand** ist durch die Hafenmole vom Becken getrennt. Im ***Restaurant Pescador*** gibt es täglich frischen Fisch.

Anfahrt

Von der Autobahn ***Salida 11*** (Tacoronte), dann Richtung Valle de Guerra und nach ca. 5 km links nach Mesa del Mar abbiegen; kurz vorher nach rechts Richtung El Pris, oder **TF 163** von Osten.

Tejina (34)

La Barranquera

In Tejina zweigt von der **TF 16** (Tacoronte-Hidalgo) die **TF 161** Richtung La Barranquera/Jover zum Meer ab. Dieser asphaltierte Feldweg führt durch Bananenplantagen, Gärtnereien, passiert Gewächshäuser und Fincas (*Hotel Rural Salada*, ➢ Seiten 41+581) und endet auf einer kleinen Landzunge mit einer Handvoll Häuschen. La Barranquera lebt noch vom Fischfang; das Ambiente ist kanarisch-herb mit zwei Dorfkneipen und Teideblick. Über Leitern gelangt man bei ruhiger See in die kleinen lavafelsigen Atlantikbuchten. Auf einer hölzernen Liegeplattform riecht es nach Meer und nicht nach Sonnenmilch. Ein Super-Eckchen, aber nichts für Stöckel- und Lackschuhe. Dusch- und Umkleideräume befinden sich im gelblichen Haus oberhalb (*servicio público*) .

Jover Fährt man auf der **TF 161** in einer Linkskurve nicht nach La Barranquera, sondern geradeaus nach Jover, trifft man am Meer auf eine Badestelle mit kleinem **Meeresschwimmbecken**. Im Sommer ist auch Schwimmen in der Bucht an der Slipanlage für Boote möglich. Nebenan verfügt das sturm- und salzwassergeschundene Minidorf Jover über zwei zünftige Kneipenrestaurants, die *Casa Marina* und – mit Aussicht – die *Bar San Andrés*.

Bajamar (35)

Piscina de Bajamar Zwei riesige **Meerwasserpools**, in denen auch Streckenschwimmer auf ihre Kosten kommen, vermitteln schon bei normaler Brandung einen Hauch von Abenteuer, weil die Wellen kräftig überschwappen. Bei starker Brandung (im Winter oft) kann es in diesen Pools schon mal gefährlich werden. Duschen, Umkleidekabinen und Toiletten. Lokale in Sichtweite

Anfahrt Nach Bajamar geht`s auf der **TF 16**; die *Piscinas* sind ausgeschildert.

Punta del Hidalgo (36)

Zwei schöne **Meerwasserbecken** machen Baden und Schwimmen in Punta del Hidalgo auch bei starken Wellen möglich.

Pools Altagay Die ins Wasser gebaute Poolanlage des **Hochhauses *Altagay*** (eine Bausünde direkt am Meer) ist gut gepflegt und bietet auch bei stärkstem Seegang totalen Schutz. Bei ruhiger See steigt man über Leitern ins Meer. Liegen und Schirme zur Miete; Eintritt.

Pool an der Promenade Ein zweites kleineres Meerewasserbecken liegt an der autofreien **Promenade** unterhalb des ***Hotel Oceano***. Der Pool ist natürlicher gestaltet, ziemlich gepflegt und bietet guten Schutz vor den Wellen. Zum Sonnenbaden gibt es keine Einrichtungen. Gratis.

Weiter östlich (vorbei am Leuchtturm) gibt es ein drittes tolles Becken (€ 3) am ruhigen Terrassencafé (➢ Foto auch Seite 383).

Anfahrt **TF 16**, dann **durch den Ort** bis zum unübersehbaren *Edificio Altagay* fahren. Von dort zu Fuß zur Promenade hinübergehen.

Riesiger Pool des Edificio Altagay direkt am Meer in Punta del Hidalgo

2 Großraum Santa Cruz, Anagagebirge und Ostküste

2.1 Santa Cruz

2.1.1 Teneriffas Hauptstadt heute

Kennzeichnung

Die Hauptstädte von Teneriffa und Gran Canaria haben sich zu miteinander konkurrierenden Metropolen entwickelt. Las Palmas (380.000 Einwohner) ist dabei unstrittig das Handelszentrum der Kanaren, während sich Santa Cruz de Tenerife als **kanarische Kulturhauptstadt** bezeichnet. Da Santa Cruz (222.000 Einwohner) im Laufe der Jahre mit La Laguna (145.000 Einwohner), der ehemaligen nur 9 km entfernten Hauptstadt auf 600 m Höhe, zusammenwuchs, entwickelte sich in Teneriffas Nordosten ein großräumiges Ballungsgebiet, in dem fast jeder zweite *Tinerfeño* lebt.

Infobüro:
➢ Seite 55

Stadtbild

Da Santa Cruz erst **1823 die Hauptstadtfunktion** von La Laguna übernahm, finden sich nur wenige repräsentative Kolonialbauten. Die Hauptstadtepoche wurde eingeleitet durch den Bau von klassizistischen Regierungs- und Verwaltungsgebäuden (2. Hälfte des 19. Jahrhunderts), die sich in der Stadt bunt vermischen mit jeder Art Baustil bis hin zu üblen Bausünden der 1960er- und 1970er-Jahre. Die südwestliche Stadteinfahrt wird durch eine riesige Raffinerie verunstaltet. Hier stehen architektonische Grosskomplexe wie die Messehalle, *Auditorium* (Konzerte), moderne Wohnblocks und sogar zwei kleine »Wolkenkratzer«, sowie Shopping Centers. Daran schließen sich östlich kilometerlange Hafenanlagen an.

Stadtentwicklung

Die Stadtväter bemühen sich seit Mitte der 1990er-Jahre erfolgreich, das Image der Stadt mit gezielten Konservierungsarbeiten, imposanten Bauwerken und vielen Freizeitangeboten neu zu prägen. Weitgehend restauriert ist der älteste Stadtteil um die *Iglesia de la Concepción* herum mit einem Karree altkanarischer Häuser.

Im verkehrsberuhigten Zentrum östlich der Calle Castillo bieten sich heute Blicke auf sehenswerte Häuserfassaden, immergrüne Alleen (*Ramblas*) und auf wunderschöne Plätze und Parks.

Bis Ende 2008 wurden diese Projekte abgeschlossen: Die ***Tranvia***, eine Straßenbahn, die Santa Cruz mit La Laguna verbindet und die Verkehrsprobleme im Ballungsgebiet entschärft, die Neugestaltung der ***Plaza España*** und der ***TEA (= Tenerife Espacio de las Artes*** oder *Instituto Óscar Domínguez)*, beide von den Star-Architekten *Herzog* & *De Meuron*.

Außerdem sollen ein Teil des Hafens stärker in die Stadt eingebunden, um die Stadt zum Meer zu öffnen, das Gewerbegebiet an der östlichen Küste umstrukturiert und die Region um den »Hausstrand« *Las Teresitas* und das Fischerdorf San Andrés urbanisiert werden, ein Projekt, das seit über 30 Jahren immer wieder ausgebremst wurde.

Touristen und Spanier

Anders als Gran Canarias Kapitale Las Palmas ist **Santa Cruz de Tenerife** vom großen Hotel-Tourismus nicht berührt. Ausländische Residenten wohnen oder überwintern im Inselsüden bzw. im Orotavatal im Norden. Fremde trifft man in Santa Cruz fast nur als Tagesbesucher, die sich auf Sehenswürdigkeiten im Zentrum konzentrieren und nach ein paar Stunden wieder auf ihre Kreuzfahrtschiffe oder in die Touristenorte zurückkehren. So sind die ***Chicharreros***, wie sich die Santa Cruzeros nach einer Makrelenart »bekosenamen«, abends wieder ganz unter sich.

Situation heute

Nach dem *Facelifting* besitzt Santa Cruz heute drei Gesichter: Zum Meer hin eine aufgelockerte **Hafenfront** mit Promenade und signifikanter Architektur (Messehalle, Auditorium, Badeanlagen), im **Zentrum** typisch spanisch-kanarische Winkel, lebendige Fußgängerzonen mit guten Shopping-Möglichkeiten, schöne Wohnstraßen und Villenviertel, aber auch verbaute, **slumartige Vororte** (*barrios*) mit Gewerbegebieten.

Kultur & Feste

Der Santa Cruzer **Karneval** ist weltberühmt. Das öffentliche Leben ruht, die Schulen bleiben eine Woche lang geschlossen, und auch nach Aschermittwoch wird auf den Straßen nächtelang zu lateinamerikanischen Klängen gefeiert. So mancher *Chicharrero* kann sich dann selbst tagsüber nicht von seiner Pappnase trennen.

Außerhalb der Narrenzeit besitzt die Stadt ein **bemerkenswertes kulturelles Angebot** mit Galerien, Kinos, Messen und (Open-air) Konzerten. Für das klassische Musikleben sorgen ausländische Gastspiele (im Januar im Rahmen eines Festivals) und vor allem ein über die Kanaren hinaus bekanntes Symphonieorchester.

Karneval - *Carnaval*

Das närrische Treiben beginnt mit einem höllischen Knall. Der Startschuss gilt dem Auftakt des Straßenkarnevals. Schon lange vorher dreht sich alles um diesen großen Moment. Der Faschings-Marathon flackert inselweit immer wieder auf und die Pappnasen können bis April tanzen. Jeder Inselort hat seine eigenen Karnevalstermine - unabhängig vom offiziellen (religiösen) Kalender.

Santa Cruz fühlt sich während der (ca. 10 tollen Tage) als Rio Europas. Der Auftakt in Santa Cruz ist – 3 Wochen vor Rosenmontag – die Prämierung der *Murgas* (= Straßensänger). Rund 40 Bänkelsänger in uniformen Clownskostümen tragen politsarkastische Chöre vor, gesungene Büttenreden. Einige *Murgas* wie ***NiFú-NiFá*** kennt jedes Kind. Es folgt die Inthronisation der Kinder- und der Alterskönigin (*Reina de la Tercera Edad*, des 3. Lebensabschnitts) und schließlich am Mittwoch vor Aschermittwoch die Wahl der Karnevals-Königin.

Gekürt wird nicht die Schönste, sondern das schönste Kostüm. Kein Prinzess-Kleidchen wie am Rhein aus weißer Seide mit Rüschen und Goldborte, auch kein luftiges Federgesteck wie unterm Zuckerhut, das lange Beine und schwingende Hüften zu Samba-Klängen frei lässt. Nein, hier erscheinen die Rivalinnen in haushohen, fantasievollen Kreationen (100 kg, € 10.000), z.B. als »Kandelaber« (mit geschwungenen Armleuchtern) oder als »Meeresfee« (umringt von einem Fischschwarm). Wochenlang haben fleißige Näherinnen die bunte Pracht perfektioniert, und flinke Hände sind zur Stelle, um der endlosen Schleppe zu einem majestätischen Abgang von der Bühne (Kosten € 600.000) zu verhelfen.

Närrische Begleiter sind *Comparsas*, Tänzerinnen mit Rhythmusgruppen, die im Trommelwirbel hüpfen.

Die eigentlichen tollen Tage beginnen in Santa Cruz am Freitag vor Rosenmontag mit dem Umzug der Königinnen und *Murgas* auf geschmücktem Lkw, begleitet von umgebauten Uralt-Vehikeln (*Carrozas*), mit überbordender Dekoration, dröhnenden Lautsprechern und bald torkelnder Besatzung.

Jedes Jahr steht unter einem anderen Motto: »Piraten«, »Ägypten«, »1001 Nacht« oder »Horror«. Aber auch jede andere Verkleidung ist gern gesehen. Hauptsache, man kommt nicht ohne – ein buntes Hütchen tut's auch. Mit von der Partie sind jedesmal die drei *Look-a-likes*: *Charly Chaplin*, *Fidel Castro* und *Groucho Marx*. *Miss Gran Canaria* von der rivalisierenden Nachbarinsel wird als pottfette Sau dargestellt, eingezwängt ins viel zu enge Ballett-Kleidchen. Beliebt bei Paaren ist der Partnerlook. Auch Freundesgruppen oder ganze Schulklassen kommen gern im gleichen Fummel. Kids und Teens lieben Katzen als Teddyfell-Overall; halbgeöffnet hängt das Oberteil zum Tanzen runter; später schließt man es per Zip und fertig ist ein Schlafsack zum Pennen auf der nächsten Kühlerhaube.

Die City ist ab jetzt autofrei. Um die Plaza España, dem alten Epizentrum, reiht sich eine Bude an die andere; sie sichern die Dauerversorgung mit Bier, Soft- und Longdrinks, sowie megawattweise *Samba*, *Salsa* und *Merengue*. Schließlich sind die »achte Insel« (Venezuela) und Karibik näher als Brasilien.

Am Wochenende tanzt man sich ein für die Nacht der Nächte von Rosenmontag auf Dienstag. Jeder dritte *Tinerfeño* kommt frühestens ab Mitternacht in seine Hauptstadt zu einer der größten Feten Europas. Durchfeiern ist Ehrensache. Hartgesottene hängen ihr Katerfrühstück gleich hintendran, irren verkleidet, verarmt und verstört durch die Straßen. Oft genug auch frisch verliebt.

Karnevalsparade auf dem Paseo Marítimo

Nicht die Schönste, sondern das schönste Kostüm wird gekrönt

Als heidnisches Relikt und Kontrapunkt zur christlichen Fastenzeit wurde der Kanaren-Karneval von der katholischen Kirche verfolgt und von **Franco** verboten. Nicht nur wegen der (männlichen) Vorliebe zur Geschlechtsverdrehung in obszönen Kostümen, was bis heute Tradition blieb. Jedes Jahr sieht man mehr Kerle in Weiberklamotten, die in Puerto Cruz auf Pumps um die Wette laufen. Als Charleys Tante lebt man sich tuntig aus. Weniger erotisch, aber mit deftigem Männerhumor: Röckchen heben, Dildos zeigen, Riesenbusen schütteln.

»In« sind männliche Stubenmädchen mit zweideutigem Staubwedel und weibliche Polizisten mit eindeutigen Gummiknüppeln.

Dienstagnachmittag ist ab 16 Uhr großer Umzug auf der Meeres-Avenida von Santa Cruz. Anschliessend herrscht erstmal ein bisschen Ruhe, um die Batterie für neue Höhepunkte aufzuladen.

Die Beerdigung der Sardine (*chicharro*) am Aschermittwoch ab 18 Uhr ist das Originellste am Karneval von Santa Cruz. Man trägt sich selbst zu Grabe, denn *Chicharrero* ist der gern-gelittene Spitzname für die Tinerfeños. Um das närrische Treiben zu verlängern, wird das Trauerritual zuweilen in drei Akte (Tod, Totenwache, Einäscherung) von Mittwoch bis Freitag gestreckt.

Eine riesige Pappmaché-Sardine wird der *puro* rauchenden Trauerkolonne – überwiegend Männer als trauernde Witwen – vorausgetragen. Man heult, tanzt, trinkt und krümmt sich schluchzend zu Boden im ersterbenden Trommelwirbel, der sogleich wieder zum Weitertanzen erwacht. Die Sardine endet am Hafen auf dem Scheiterhaufen – Teneriffas Karneval aber feiert schon in der übernächsten Nacht für weitere Wochen inselweite Auferstehung.

Feste Karnevalsveranstaltungen (Höhepunkte)

Santa Cruz

1) Mittwoch vor Rosenmontag um 21.30 Uhr Kongresshalle: Wahl der Königin
2) Freitag vor Rosenmontag ab 21 Uhr: Umzug mit Karnevalswagen (***Cabalgata***). Ab Plaza Weyler, Calle Méndez Nuñez, dann Richtung Hafen.
3) Samstag und Sonntag vor Rosenmontag: ab 23 Uhr Tanz zwischen Plaza Candelaria und Plaza Príncipe. Nimmermüde sieht man noch am nächsten Mittag am Kiosk an der Park-Ecke Rambla Santa Cruz/Calle Numancia.
4) Rosenmontag: ab 23 Uhr, Riesentanz (wie 2 Tage zuvor)

5) Fastnacht (Dienstag): Feiertag, d.h., alles hat geschlossen. Ab 16 Uhr Umzug mit den Karnevalsgruppen auf der Avenida Marítima (Plaza España); danach abends/nachts Party in allen Gassen und Kneipen.

6) Aschermittwoch: Beerdigung der Sardine; ab 21 Uhr trauernder Umzug (Rambla Pulido bergab zur Plaza Weyler, dann Teatro Guimerá und Hafen) mit Verbrennung der Sardine am Hafen; ab 23 Uhr Tanz und Feuerwerk.

7) Freitag und Samstag nach Aschermittwoch: ab 21 Uhr letzte Tanzabende mit Live Musik (Samstag – genannt ***Piñata*** – 18 Uhr: Umzug der Kinder zur Plaza Candelaria, lautstarke »***Traca***« mit nächtlichem Feuerwerk).

Für **Santa Cruz** sollte man sich nach der genauen Strecke der Umzüge (***cabalgatas***) am Freitag vor Rosenmontag und am Aschermittwoch (Beerdigung der Sardine) erkundigen.

Der **Umzug am Faschings-Dienstag** geht immer entlang der Avenida Marítima. Aber die Plätze, auf denen die Orchester zum Tanz aufspielen, ändern sich oft.

Der Karneval in **Puerto de la Cruz** findet fast zeitgleich mit dem in Santa Cruz statt. Die närrischen Tage in Los Cristianos beginnen meist innerhalb der ersten 10 Tage nach Aschermittwoch.

Die **Termine anderer Inselgemeinden** variieren. Man muss sie jeweils vor Ort im Touristenbüro erfragen.

In der ganzen Zeit finden begleitend Theater-Veranstaltungen und Auftritte der Karnevalsgesellschaften statt (*NiFú-NiFá, Los Fregolinos,* u.a.) .

Das Schönste für viele Tinerfeños sind die Männer in Frauenkleidern

2.1.2 Generelles zur Stadtbesichtigung

Systematik und Geographie

Als Tourist in Santa Cruz

Santa Cruz ist einen Tagesausflug wert, mindestens aber einen Stopp auf dem Weg zum »Hausstrand« *Las Teresitas*. Englisch und mehr noch Deutsch hört man vormittags auf dem bunten Lebensmittel- und Blumenmarkt mit dem melodischen Namen ***Mercado de Nuestra Señora de Africa*** und sonntagmorgens auf dem angrenzenden Flohmarkt. Auch in der **Fußgängerstraße *Castillo*** (➢ unten) erkennt man die Touristen zwischen den sommerlich, aber immer korrekt gekleideten Spaniern auf Anhieb.

Infobüro:

➢ Seite 55

Plaza España - der "Lago" von Herzog & de Meuron ist das neugestaltete Herz der Hauptstadt

Rundwege

Im folgenden werden zunächst die Lage des Stadtkerns, die **optimale Stadtzufahrt**, sowie gute Park- und Ausgangspunkte für eine Stadtbesichtigung beschrieben, danach **drei Rundwege** durch Santa Cruz mit Tipps zum Shoppen und Pausieren. Zum Schluß folgt eine **Abstecher-Empfehlung** zur 7 km nordöstlich gelegenen *Playa de Las Teresitas*, weiter zum Strand *Las Gaviotas* und eventuell nach Igueste de San Andrés.

Stadtzentrum

Die für Touristen interessanten Viertel befinden sich alle nördlich des *Barranco Santos*. Der Altstadtkern mit Szenekneipen für den Abend und die ruhige Einkehr mittags findet sich oberhalb der *Iglesia de la Concepción* (10/11). Das geschäftige Zentrum zum Flanieren, Kaffeetrinken auf Plazas und Einkaufen wird im Norden von der Rambla Santa Cruz und im Osten von den Parks *García Sanabria* (21) und *Plaza del Príncipe* (6) begrenzt. Eine neue *Downtown* entsteht zwischen der Avda 3 de Mayo und dem Parque Marítimo (23) südlich des *Barranco Santos*.

Wichtigste **Fußgängerzone** ist die autofreie **Calle Castillo**. Sie verläuft von der zentralen **Plaza de España** (1) sanft aufwärts zur **Plaza General Weyler** (15) und geht dann über in die **Hauptgeschäftsstraße Rambla de Pulido**, die an der **Plaza de la Paz** auf die Prachtallee **Rambla Santa Cruz** (19) stößt.

Santa Cruz expandiert mit seiner neuen *Downtown* nach Südwesten. Seit den 1990er-Jahren wird deswegen mit viel baulichem Aufwand versucht, auch das bisherige Gewerbegebiet südlich des *Mercado* (13) attraktiv zu gestalten: mit Messehalle, *Parque Marítimo*, *Auditorium* (24) und dem zukünftigen Hügel *Palmetum*.

Anfahrt per Auto

Von Norden/ Südwesten

Nur Abenteurer wagen sich mit dem Auto ins enge, immer zugeparkte Zentrum. Von der Süd- oder von der Nordautobahn kommend sollte man daher **nicht** die Spur »*Ramblas*« oder *La Salle*, sondern den Abzweig bzw. die Spur »***Avda Marítima***« wählen, denn auf ihr (später auch als »*Puerto*«, »*Muelles*« ausgewiesen) gelangt man zur Tiefgarage ***Plaza de España*** und – weiter am Meer entlang (Avda Anaga) zur *Playa Teresitas* bei San Andrés und ins Anaga-Gebirge.

Parken

Von der Marítima geht es unten am Hafen 400 m hinter dem schneeweißen Auditorium rechts auf einen **Parkplatz unterhalb der *Avda. Marítima*** und nach weiteren 400 m an der **Plaza de España** ohne Vorankündigung rechts in jene **Tiefgarage**.

Ferner: ***Mercado***, Kaufhaus ***El Corte Inglés*** und ***CC Meridiano***.

Parktipp: Intercambiador

Der ***Intercambiador*** (ZOB, Bus/Bahn) hat günstige ***Park&Ride***-Tarife, um Santa Cruz quasi bergab (Richtung Meer) oder auch La Laguna zu erbummeln. **Nord-Zufahrt**: Avda Maritima, dann ***Intercambiador***. **Von Süden**: noch vorm Auditorium in die linke Spur (**blaues P**) und dort links abbiegen (➢Seite 588).

Anfahrt von Osten

Von San Andrés kommend: immer am Meer entlang fahren bis vor die Plaza España, wo es am blauen **P**-Schild rechts in obige Tiefgarage geht.

Anreise per Bus

Aus Nord oder Süd steigt man an der *Estación de Guaguas* (ZOB)/*Intercambiador* aus und gelangt – als Seiteneinsteiger für die Altstadtschleife (➢ Seite 126) – über die José Hernandéz Afonso zum *Mercado* (13) oder am Hafen zur Plaza España (1), wo die »kleine Runde« (Stadtrundgang) startet.

Edificio Cabildo an der Plaza España

Information/Touristenbüros

➢ Seite 55

1) Pl. España & Kiosk Calle Castillo, wie 2); Jul-Sept. nur bis 17/12 Uhr
2) Calle Nifú Nifá nahe der Kirche (10), am Bco. Santos (Noria): © 922-299749; Mo-Fr 9-18 Uhr, Sa 9-13 Uhr, So geschlossen
3) Im ZOB, Mo-Fr 8.30-18.30 Uhr, Sa bis13 Uhr

Stadtgeschichte

Einige Straßen und Plätze in Santa Cruz wurden nach Tagen wichtiger Ereignisse benannt, dem 3. Mai, dem 18. Juli und 25. Juli. Der folgende historische Abriss orientiert sich an diesen drei historischen Daten (➢ auch Geschichte Teneriffas ab Seite 478).

Santa Cruz de Tenerife.TENERIFE

Die untertunnelte Allee Tres de Mayo (neben ZOB und Kaufhaus Corte Inglés) erinnert an den **3. Mai 1494**, an dem *Alonso Fernández de Lugo* in der Bucht des heutigen Santa Cruz landete, um zwei Jahre nach Eroberung von La Palma auch noch die letzte kanarische Insel für die spanische Krone zu unterwerfen.

Nach zwei Niederlagen rang *Fernández de Lugo* 1496 den erbitterten Widerstand der originären Inselbewohner, der Guanchen, nieder und rammte dort, wo er die Insel betreten hatte, ein hölzernes Kreuz – das »***Santa Cruz de Tenerife***« – in die Erde. Dort wurde ab 1500 die Kirche *Iglesia de Nuestra Señora de la Concepción* errichtet, in der *Lugos* Kreuz heute in einem Seitenschiff zu sehen ist.

Da der Handel über die Nordküsten-Häfen Garachico (und Puerto) abgewickelt wurde, führte Santa Cruz als Hafen der damaligen Hauptstadt La Laguna zunächst ein Schattendasein. Doch die günstige Lage des Archipels zwischen drei Kontinenten verschafft der Stadt später einen kontinuierlichen Aufstieg als Drehscheibe zwischen der Alten und Neuen Welt.

Den Durchbruch zur Inselmetropole verdankt Santa Cruz einer Katastrophe. Zwei Ausbrüche des Vulkans *Arenas Negras* verschütteten 1706 den Hafen von Garachico an der Nordküste der Insel. Santa Cruz arrivierte dadurch zum konkurrenzlosen Umschlagplatz für Importe und Exporte Teneriffas.

1723 machte es sich mit eigenen Stadtrechten von La Laguna unabhängig und erhielt 1778 als einziger Hafen Spaniens das Plazet, mit Amerika selbständig Handel zu treiben. 1823 löste Santa Cruz auch offiziell La Laguna als Inselkapitale ab und wurde noch im gleichen Jahr Provinzhauptstadt des gesamten Archipels, der 30 Jahre später zur Freihandelszone erklärt wurde.

1927 wurden die sieben Inseln in zwei Provinzen geteilt. Santa Cruz tratt die Hauptstadtrechte über die drei östlichen Inseln (Lanzarote, Fuerteventura, Gran Canaria) an Las Palmas ab, blieb aber noch Provinzhauptstadt der westlichen Kanaren (Teneriffa, Gomera, El Hierro, La Palma). Dafür behielt Santa Cruz das Kanarische Parlament als ständige Einrichtung, während der Sitz des Präsidenten alle vier Jahre zwischen Teneriffa und Gran Canaria alterniert.

Das gelbe Oval in der Mitte des Wappens von Santa Cruz (➢ oben) fasst weitere wichtige Meilensteine der Stadtgeschichte zusammen. Die drei Löwenköpfe unter *Lugos* heiligem Kreuz stehen für die drei erfolglosen englischen Versuche, Santa Cruz zu erobern: 1667 durch *Robert Blake*, 1706 durch *John*

Unterzeichnung des Kapitulationsdokumentes durch die Briten im Juli 1797

Jennings und schließlich durch *Horacio Nelson* am **25. Juli 1797**. Dieser Tag gab einem der schönsten Plätze der Stadt (im Volksmund: *Plaza de Los Patos,* ➢ Seite 133) und der Avenida 25 de Julio an der nordöstlichen Ecke des *Parque García Sanabria* ihre Namen. Nelsons Angriff ging in die Schulbücher ein, weil er dabei durch einen Schuss aus der Kanone *El Tigre* seinen rechten Arm verlor. Sie steht heute im städtischen Militärmuseum.

An diesen bedeutungsvollen Sieg erinnert auch das Denkmal ***Monumento a los Héroes del 25 de Julio***, eine den Himmel um Erbarmen anflehende Mutter. Wer von der Plaza de España zum Hafen schaut, sieht die Skulptur auf der anderen Seite der Meeresavenida. Bei dieser Schlacht zollten sich *Nelson* und sein kanarischer Gegen-Admiral *Gutiérrez* gegenseitig Respekt, denn anschliessend versorgten die Spanier *Nelson* medizinisch und tauschten englisches Bier gegen kanarischen Wein.

Büste des Nelson-Bezwingers Admiral Gutiérrez in Santa Cruz

Die Calle del Dieciocho de Julio, die **Straße des 18. Juli**, wurde mit militärhistorischem Bedacht plaziert. Sie bildet die Verbindung zwischen *Gobierno Militár, Capitanía Generál* nördlich der Plaza del General Weyler und der Rambla de Santa Cruz. Letzterer startete an diesem **18. Juli 1936** auf Teneriffa seinen zum Bürgerkrieg führenden und am Ende erfolgreichen Putsch gegen die republikanische Regierung.

Erst seit Ende 2008 werden frankistische Straßennamen umbenannt.

2.1.3 Sightseeing

Ausgangspunkte und Bummelstrecken

Rundgang Die Plaza de España (1) ist der günstigste Ausgangspunkt für eine Stadtbesichtigung. Alle drei folgenden **Rundwege** (die historische Altstadt-Schleife, ein kleiner und ein großer Rundweg) werden deswegen von der Plaza España aus beschrieben

Wer mit dem Bus am ZOB (*Estación de Guaguas/Intercambiador* (25) ankam oder sein Auto dort bzw. am *Mercado* (13) parkte, muss zunächst den *Barranco de Santos* überqueren. Am Ende der Barrancobrücke hat er zwei Möglichkeiten: entweder geht er weiter geradeaus und steigt bei der Calle de Castillo (3) in die kleine bzw. große Runde ein, oder er geht am Brückenende gleich rechts die Treppe hinab und besucht zunächst die Punkte 11, 12 und 10 der Altstadtschleife, um danach zur Plaza de España, dem Ausgangspunkt der kleinen und großen Runde, zu gelangen.

Zentralgebiet Wer eine Stadtbesichtigung auf eigene Faust gestalten möchte, kann sich auf das Gebiet zwischen Plaza España (1), Mercado (13), Plaza de Toros (18) und den *Parque García Sanabria* (21) beschränken. Innerhalb dieses ca. 600 m x 1000 m großen Rechtecks befinden sich fast alle Sehenswürdig- und Annehmlichkeiten.

Shopping-Bummel Für eine reine Shopping-Stippvisite findet man die meisten Geschäfte entlang der Calle de Castillo (3) mit ihrer Verlängerung, der Rambla Pulido. Die meisten kleinen Spezialgeschäfte und Cafés liegen in der Fußgängerzone zwischen der Plaza del Príncipe und dem *Parque García Sanabria*. Warenhäuser und Supermärkte ➢ Seite 138.

Abendbummel Vor der abendlichen »Heimfahrt« reizt vielleicht ein Bummel entlang der Avda Marítima (auch Avenida Anaga genannt).

Plaza de España (1)

350 Jahre lang stand hier die Festung *San Cristóbal* (1575), das älteste Kastell der Stadt. Es war Glied einer fast 10 km langen Festungskette vom *Castillo de San Juan* (heute Teil des *Parque Marítimo*, 23) nach Nordosten, um die Küste bis San Andrés zu schützen. 1929 wurde sie abgetragen und 1944 das obeliskartige Kreuz »***Monumento de los Caídos***« errichtet, ein Mahnmal für die im spanischen Bürgerkrieg 1936-39 gefallenen Frankisten.

Neu-gestaltung Die erste Bauphase, um Santa Cruz mehr zum Atlantik zu öffnen, schlossen *Herzog* & *De Meuron* 2008 mit der Neugestaltung der Plaza España ab: Ein kreisrunder »***Lago***« mit Meerwasser-Fontäne (➢ Foto, Seite 121) weitet den Blick über das Becken auf den Hafen und das Anaga-Gebirge. Rundherum entstanden Pavillons (Infobüro, Kunsthandwerk, rekonstruiertes Stadttor) mit baumbeschatteten Parkbänken und Spielplatz auf sandigem Grund. Dem gegenüber begrenzen Bauten der 1930er-Jahre (*Cabildo*/ Uhrenturm und die Post (*Correos*) das neue Herz- und Prunkstück der Hauptstadt sowie – hin zur ansteigenden ***Plaza Candelaria*** – einige Cafes (schön das *Atlántico* im Jugendstil). Abends wird die Plaza zum Traum, denn die vielen tropfenförmigen Lampen wirken wie ein Firmament.

Altstadtschleife

Rundgang mit Kartenpunkten 1-10-11-12-13-14-3-1

Plaza de la Iglesia (10)

Verlässt man die Plaza España (***1***) zwischen *Correos* und *Cabildo* nach Süden, erweitert sich die Avda Bravo Murillo nach rechts zur Plaza de la Iglesia. Dieser Platz mit umzäuntem Grün gehört zum ältesten Teil der Stadt. Rechts oben an einer Fassade kündet eine Inschrift von der Vergangenheit als Tabakfabrik. Jetzt sind darin Bingo-Spielsäle untergebracht.

Iglesia Nuestra Señora de Concepción (10)

Die Kirche *Iglesia Nuestra Señora de la Concepción* ist weithin an ihrem markanten Turm, dem Wahrzeichen von Santa Cruz zu erkennen. Manchen Urlaubern aus Las Américas/Costas Adeje wird er bekannt vorkommen, denn eine Replik krönt das Edel-Hotel *Bahía del Duque*. Vom achteckigen Turmaufsatz wurden früher Brände und Piraten ausgespäht. Die Kirche ist das einzige in Santa Cruz erhaltene Beispiel für die kanarische Ausformung des barocken Baustils (hölzerne Balkone, Walmdächer mit Mönch-Nonne-Dachpfannen, ➢ Architektur, Seite 504).

1502 stand an dieser Stelle eine kleine Pfarrkirche, die 150 Jahre darauf ausbrannte. Die neue *Concepción* von 1653 wurde erst nach und nach auf fünf Kirchenschiffe erweitert, die wie Bauklötze etwas versetzt aneinander stehen.

Innenraum

Die unbemalte Kassettendecke aus dunklem Holz, der braunrote Stein der Säulen und Mauerecken und das gedämpfte Licht, das durch die bunten Glasfenster einfällt, geben dem Hauptschiff eine warme Atmosphäre. In einigen Kapellen sind die Decken kunstvoll bearbeitet und bunt bemalt. Neben kleineren Silber- oder Gold-Altären sind die Silberarbeiten des barocken Hochaltars bemerkenswert. In einer Seitenkapelle steht das mit Silber beschlagene Kreuz des Teneriffa-Eroberers ***Alonso de Lugo***.

Messen 9, 13, 19.30 Uhr, So 9, 11, 12, 13, 18, 20 Uhr

Altkanarisches Viertel (11)

Dem Hauptportal der Kirche gegenüber liegt das altkanarische ***Carree Noria***. Die **Calle Antonio D. Alfonso** (keiner kennt sie beim Namen, alle sagen »*Noria*«) hat sich zu einem attraktiven Treffpunkt entwickelt. Immer schon waren dort in den kleinen Häuschen die **Karnevals-Musikgruppen** (*Murgas*) ansässig. Jetzt ist das Viertel bunter geworden. Nicht nur die Häuser haben kräftige Farben. Die Menschen, die sich in den immer zahlreicher werdenden Tapa-Restaurants und Bars mit Discotouch amüsieren, kommen aus allen Altersgruppen und Schichten.

Modernes Design zeigt das ***Los Reunidos***, das ***Mojos y Mojitos*** und das ***Dräkkar***. ***Sáffron y Porron*** gibt sich urspanisch, das ***Bulan*** ist gemütlich, beliebt ist seine Bar auf dem Dach. Hip ist

Playa de las Teresitas
Hospital Rambla
Museo Militar Regional
Hotel Mencey
N
0 250 m
Rambla Santa Cruz
Parque García Sanabria
Calle de Méndez Núñez
Calle de la Rosa
Avenida de Anaga
Muelle de Ribera
Fährhafen
Calle San Francisco Javier
Centro Médico
Clínica Capote
Plaza de Toros
María
Plaza Los Platos/ Veinticinco de Julio
Clínica Parque
Calle de Pilar
Internetcafé
Círculo de Amistad 12. de Enero
Estación Marítima (Fährterminal)
Caja Canaria
C. Emilio Calzadilla
Calle de Robayna
verkehrsberuhigt
Museo Bellas Artes
Muelle Sur
Iglesia San Francisco
Plaza de la Paz
C. Dieciocho de Julio
C. Jesús
Calle de Benavides
Plaza del Príncipe de Asturias
Rambla de Pulido
Plaza del General Weyler
Parlamento de Canaria
Calle Castillo
Plaza de España
Yacht-Hafen
La Laguna / Trinidad
Calle Ramón y Cajal
Plaza Pedro Swartz
Galerie la Revoca Teatro Guimerá
Plaza / Iglesia Concepción
LA NORIA
Parque Cultural Viera y Clavijo (Veranstaltungszentrum)
Barranco de Santos
Tiefgarage
Museo de la Naturaleza y el Hombre
Calle San Sebastián
Fußball-Stadion
Mercado Nuestra Señora de Africa
José Manuel Guimerá
Avenida Marítima
Container-Hafen
Parque de la Granja mit der Casa de Cultura
Avenida de la Salle
Avenida de Buenos Aires
Parque Don Quijote
Amb. Seguridad Social
Policía Lokal
Intercambiador (ZOB+Tranvía)
Avenida del Tres de Mayo
Kaufhaus "El Corte Ingles"
Fuente de Santa Cruz
Autopista del Norte
EKZ Meridiano mit Supermarkt "Carrefour"
Auditorium
Raffinerie C. E. P. S. A.
Recinto Ferial de Tenerife (Messehalle)
Avda. de la Constitución
Castillo de San Juan
Barranco del Hierro
Parque Marítimo
zukünftiges Palmetum
Autopista del Sur
Info
Klinik
Internetcafe
Postamt (Correos mit @)
Tranvía (Straßenbahn) mit Haltestellen
Rundgang
Santa Cruz

die Bar ***Arcos de Noria*** (mit dem Italiener Tucco). Liebhaber irischer Kneipen kommen im ***Murphy*** (Plaza de la Constitución) an ihr Guiness. Alle Lokale sind bis spät in die Nacht geöffnet, mittags aber nur einige; Do/Fr/Sa die meisten schon ab 13 Uhr.

Um die Ecke (Calle Ismeldo Seris/ Calle Candelaria) liegt das Restaurant ***Noria*** mit guter kanarischer Küche; € 20; ✆ 922-292042, täglich 12-16 Uhr und ab 20 Uhr. Am oberen Ende der Häuserzeile geht es treppauf zur Brücke ***Puente Serrador*** und oben entweder links über den *Barranco de Santos* zum *Mercado* (13) oder rechts zum *Centro Recova/ Teatro Guimerá* (14, ➢ rechts).

Alternativ dazu wartet das ***Museo de Naturaleza y de Hombre*** (für Natur und Anthropologie). Es liegt unten auf Höhe der Kirche *Concepción* (andere *Barranco*-Seite in der Calle Fuente Morales).

Iglesia de la Concepción im altkanarischen Viertel Noria

Museo de la Naturaleza y el Hombre (12)

Das klassizistische, frühere Militärhospital informiert vorbildlich über **Teneriffas Ureinwohner** (Guanchen), aber auch über Flora, Fauna und Geologie der Kanaren. Zu archäologischen Themen wurden Exponate aus aller Welt zusammengetragen.

Neben Guanchen-**Mumien** und ihren primitiven Werkzeugen wird auch der 30 cm große sog. ***Zanata***-Stein/Lanzarote (2. Stock, Area 2) gezeigt. Umstritten ist, ob er vom Berberstamm *Zanata* graviert wurde, von denen die Guanchen abstammen.

Jede Abteilung führt ein Info-Blatt (Deutsch). Guter Museums-Shop mit Buchladen; € 3, Di-So 9-19 Uhr.

TEA-Kulturzentrum (12a)

Oberhalb des Museums erstreckt sich bis zum ***Mercado*** das Zentrum für zeitgenössische Kunst, ***TEA (Tenerife Espacio de las Artes***, auch: *Instituto Cultural Óscar Domínguez*, ➢ Seite 509) von *Herzog* & *De Meuron*. Außen eher dunkel und abweisend, innen aber lichtdurchflutet, sind die Säle auf mehreren Ebenen durch trapezförmige Rampen und freitragende Treppen verbunden - ein erhebendes Raumgefühl stellt sich ein.

Werke des Surrealisten ***Óscar Domínguez*** und namhafter kanarischer Künstler sind vertreten; auch das ***Centro de Fotografía*** und die *Biblioteca Municipal* (mit freiem Internet) fanden hier ihren Platz; Di-So 10-20 Uhr Sa/So zu; Eintritt € 5. ✆ 922-849057; www.teatenerife.es.

Mercado de Nuestra Señora de Africa (13)

Nicht nur von außen wirkt das terracottafarbene maurische Gebäude des ***Mercado de Nuestra Señora de Africa*** wie aus 1001 Nacht. Auch das Treiben an den bunten Marktständen – schattig hinter umlaufenden Arkaden – erinnert an einen Basar und offenbart einmal mehr, wie sehr die Kanaren mit einem Bein in tropischen Breiten stehen; auch sonntags, wenn ringsum Flohmarkt ist. Exotische Früchte, mediterrane Pflanzen und seltene Gewürze ferner Länder liegen liebevoll sortiert neben Birnen, Bohnen und Speck. **Käsefans** sollten die kanarischen Schafs- und Ziegensorten beachten. Der herzhaftere Geschmack der lokalen (= *del pais*) gelb-grünen Orangen, Papas und Bananen wurde schon im Kapitel »Essen und Trinken« erwähnt (➢ Seite 62f).

Fischstände und Supermarkt befinden sich im Souterrain. Die *Tinerfeños* kaufen uns »spanisch« anmutende Meerestiere: Muränen, meterlange silbrige Plattaale und Dornhai (*Tollos*), Kraken (*Pulpos*), unbekannte Krebs- und Langustenarten. An unkundigen Touristen verdienen die Händler gern und gut.

Churros

In Kakao getunkte ***Churro*-Spritzkuchenstangen** gibt's in der ***Bar Presidente*** in der linken Frontfassaden-Ecke des Gebäudes oder schräg gegenüber des Portals neben der *Ferreteria*. Am Sonntag Morgen stehen *Canarios* dort Schlange.

Marktöffnung: täglich 6-15 Uhr (Mo weniger Stände).

Sonntäglicher Flohmarkt (13)

An der Südseite des *Mercado*, am Lava-Betonklotz der *Presidencia Gobierno Canarias*, bauen die Tinerfeños **sonntags bis 13 Uhr** Stände auf. Holzschnitzwerke, Billigklamotten und viel Nippes. Erlesenes sucht man vergeblich, aber Trödlerfans kommen hier auf ihre Kosten

La Recova (14)

Wer dem *Mercado*-Portal (wieder) den Rücken kehrt, gelangt hinter der Brücke (*Puente Serrador*) rechts (Calle Miraflores) zum ***Centro de Arte la Recova*** und zum dahinterliegenden ***Teatro Guimerá*** – beide mit klassizistischer Fassade. Die *Recova*, früher Markthalle, hat wechselnde Ausstellungen; © 922-290735; Di-Sa 10-13 und 17-20, So 11-13 Uhr; aber auch ausstellungsbedingt.

Eingangsportal zum Mercado de Nuestra Señora de Africa

Teatro Guimerá (14)

Die sieben Musen oberhalb der Portale weisen auf die Bedeutung des Gebäudes für Teneriffa hin. Benannt nach dem in Santa Cruz geborenen Schriftsteller und Poeten ***Angel Guimerá*** (1845-1924) war es lange kultureller Insel-Mittelpunkt für Theater und Konzerte, die heute aber mehr im kühnen Auditorium stattfinden, ➢ Seite 136.

Nach der Umrundung von *Recova* und Theater erreicht man die links vom *Mercado* kommende Calle Valentin Sans, die rechts bei EL GLOBO auf die Calle del Castillo trifft. Folgt man der Castillo bergan, findet man Anschluss an die im Folgenden beschriebene kleine oder große Runde (bergab führt sie wieder auf die Plaza España), folgt man der Calle Valentin Sans geradeaus, gelangt man zur Plaza Príncipe (**6**) mit ihren Cafés.

Kleine Runde

Rundgang mit Kartenpunkten 1-2-3-4-5-6-7-8-9-1

Plaza de Candelaria (2)

Oberhalb der Plaza España (➢ Seite 125f) steigt die Plaza de Candelaria sanft an. Sie ist der ehemalige Exerzierplatz der Festung San Cristóbal und wird heute begrenzt vom klotzigen Hochhaus der *Banco de Santander*. Die Statue »***Triunfo de la Candelaria***« in der unteren Platzmitte symbolisiert die Bekehrung der Guanchen zum Christentum: *Candelaria*, die Schutzpatronin der Kanaren (Carrara-Marmor, 1778) steht lichtbringend mit Kerze und Kind auf einer Wolke und blickt auf ihr huldigende Guanchen.

Casino

Das rechte vordere Eckgebäude des Candelaria-Platzes ist das ***Casino de Tenerife***, heute der älteste Privatclub der Insel. Früher haben hier reiche Santa Cruzeros ihr Geld nicht verspielt, sondern für wohltätige Zwecke gespendet und über Kunst und Kultur philosophiert. Im gleichen Gebäude um die Ecke ist der Jugendstil-Innenraum der ***Bar Atlántico*** einen Blick wert.

Café El Águila an der Plaza Príncipe; davor ein Drachenbaum und die Skulptur einer Chicharro (=Sardine, ➢ Seiten 132 und 546)

Palacio Carta

Es lohnt sich auch einen Blick auf den rechterhand gleich oberhalb des *Hotel Plaza* liegenden *Palacio del Rodríguez Carta* von 1752 (visa-a-vis von *McDonalds*) zu werfen. Vor allem sein Patio beeindruckt wegen der klassischen umlaufenden Holzbalkone (z. Zt. geschlossen).

Die Plaza de Candelaria ist umringt von Foto-, Uhren-, und HiFi-Geschäften. Alle sind fest in indischer Hand. Als ehemalige Freihandelszone gelten die Kanaren gerade für elektronische Geräte immer noch als billig. Wer »zuschlägt«, sollte die heimischen Preise gut kennen; nicht jedes Angebot ist ein Schnäppchen.

Calle de Castillo (3)

Dieses Fußgänger-Nadelöhr ist die touristische Haupteinkaufstraße der Stadt Neben T-Shirts und Postkarten gibt's Elektronik, Uhren, Kameras und Kleidung. Eisdielen und Straßencafés wechseln sich ab. Gute Restaurants findet man hier kaum.

Karnevalsartikel

Zu Jahresbeginn sollte man in halber Höhe auf zwei Läden mit Karnevalsartikeln und -kostümen achten sowie auf ***»El Kilo«***, dessen Stoffauswahl jeden noch so ausgefallenen Traum vom selbstgeschneiderten Kostüm erfüllt. Ballenweise werden Teddystoffe angeboten – bei Jugendlichen ein beliebtes Outfit zur Narrenzeit.

Feierabend

Nach Geschäftsschluss ist die Calle Castillo wie ausgestorben. Dann treibt es die *Chicharreros* in die »*Noria*« (➢ oben), in die schicken Lokale beim Hotel Mencey, die Terrassen an der Avenida Anaga unten am Meer und in die Bars und Restaurants im weiteren Kreuzungsbereich der Rambla Santa Cruz/Pulido, wo sie weitgehend unter sich bleiben.

Parlamento de Canarias (4)

Die Calle Teobaldo Power biegt mittig von der Castillo rechts ab und führt am ***Parlamento de Canarias*** vorbei. Dieser mit Säulen wie ein antikes Tempelchen anmutende Bau (Ende 19. Jahrhundert) ist parlamentarischer Sitz der kanarischen Region. Er wurde ursprünglich als Konservatorium entworfen. Von seinem Architekten *Manuel de Ora* stammen auch viele andere klassizistische Gebäude aus der Mitte des 19. Jahrhunderts wie z.B. die *Recova*, das Theater (**14**), das Museum(**12**) und die Plaza Príncipe (**6**). Der moderne Anbau macht das Parlament noch attraktiver.

Calle Teobaldo Power

Die Calle Teobaldo Power kreuzt dann die elegante Calle Perez Galdos; an der größeren Kreuzung (Pilar) danach lohnt ein Blick nach links zu einer riesigen ockerfarbenen (ehemaligen) Tabakfabrik. Wer noch ein paar Schritte weiter (zurück) nach links geht, entdeckt die beliebte **Kneipengasse Callejón de Combate**. Hier oberhalb der Plätze Plaza del Patriotismo und Plaza Príncipe finden sich zahlreiche Läden aller Art.

Caja Canaria (5)

Nach Überqueren der Calle Pilar sind es wenige Schritte zur Plaza del Patriotismo mit dem postmodernen Gebäude der ***Caja Canarias***, die sich wie ein spitzer Schiffsbug auf den Platz schiebt.

Bars

Entlang der Bank erstreckt sich die Calle Lunar mit einigen Terrassen-Cafés. Die ***Cerveceria Tacoa*** (➢ Seite 162) serviert Deutsches (Bier, einige Gerichte, z.B. Räucherfisch/*Ahumadas*). Auch beliebt ist dort die ***Cerveceria Central***, täglich 8-02 Uhr.

Nebenan im Einkaufszentrum befindet sich der **Supermarkt *Hiper Dino*** (mit Tiefgarage).

Plaza Príncipe (6)

Als Alternative zu all dem kommt für eine Pause der charakteristische eiserne Pavillon gleich an der Ecke der etwas erhöht liegenden Plaza Príncipe in Frage: *Tapas* und wechselnde Gerichte drinnen oder draußen. Die Kronen der gewaltigen **Lorbeerbäume** sind so dicht, dass kaum ein Sonnenstrahl den Boden erreicht. Die eingemauerte quadratische Plaza war früher der Garten des unterhalb angrenzenden ehemaligen Franziskaner- Klosters ***San Pedro Alcántara***. Im Karneval ist der Platz mit Girlanden geschmückt und dient *Murga*-Männerchören als Bühne (danach ist dann dort der Teufel los). Seit der Verkehrsberuhigung haben der Platz und beliebte ***Cafetería El Águila*** gewonnen. Beliebte Fotomotive sind zwei Skulpturen: vorm Café eine Bronze-Sardine (*Chicharro*), von der sich der Spitzname für die Bürger von Santa Cruz, »***Chicharreros***« (➢ Seite 546), ableitet sowie ein silberner Fischschwarm am anderen oberen Platzende (vor der Caja Canarias).

Círculo de Amistad XII de Enero (7)

An der südöstlichen Ecke der Plaza Príncipe befindet sich der Sitz des traditionellsten privaten Kunstvereins der Insel. Die prachtvollen Räume sind nur zu besichtigen, wenn eine Kunstausstellung läuft. Die kitschig-überladene Gebäudefassade (Anfang 20. Jahrhundert) ist ein typisches Beispiel für den hier *Modernismo* genannten eklektizistischen Baustil, der den strengen Klassizismus ablöste und ebenfalls in vielen Stadtvillen Ausdruck findet (➢ Architektur, Seite 507).

Museo de las Bellas Artes (8)

Das Museum wurde 1929 auf den Grundmauern eines Franziskaner-Klosters (➢ oben) an der Südseite der Plaza del Príncipe errichtet. Es zeigt Werke kanarischer Maler (*Fernández de la Torre, José Aguiar Garcia, Pedro de Guezala* und *Óscar Domínguez*), ferner spanischer, italienischer und holländischer Meister (*Guido Reni, Jordaens, van Loo, Brueghel, Madrazo* und *Ribera*); Calle José Murphy 4, © 244358, Di-Fr 10-20, Sa/So 10-14 Uhr, frei.

»Kachelbank« an der Plaza de los Patos

Iglesia de San Francisco (9)

An den rückwärtigen Teil des Museums schließt neben dem *Tribunal Superior de Justicia de Canarias* (Oberster Gerichtshof) sowie die Klosterkirche ***Iglesia de San Francisco*** an. Sie wurde 1620 als Kapelle erbaut. Man betritt sie durch das säuleneingefaßte Portal im spanischen Kolonialbarock vom unterhalb gelegenen gleichnamigen Platz. Blickfänge im dreischiffigen Inneren mit rötlichen Basaltsäulen und Marmorfußböden sind die in vielen Farben bemalten (polychromen) Holzaltäre und die Kanzel sowie die dunkle Mujedar-Holzdecke (➢ 506, 547), die nur noch in den Seitenschiffen kunstvoll koloriert ist (*Artesonado*-Stil).

Die ***Flamboyant*** bestandene **Calle Bethencourt** führt von der Plaza Principe zurück zur Plaza España. Im Schatten dieser im Sommer leuchtend rot blühenden Bäume lässt sich in einem der Terrassen-Cafés entspannt pausieren. Das Restaurant ***Alameda*** und die ***Tasca San José*** haben zum Lunch eine Auswahl kleiner Gerichte.

Große Runde

Rundgang mit Kartenpunkten
1-2-3-15-17-16-18-19-20-21-5-6-7-8-9-1

(2) und (3) ➢ »Kleine Runde«, Seite 130.

Plaza Weyler (15)

Am oberen Ende der autofreien Calle Castillo (3) gelangt man zur Plaza Weyler. Dieser Platz wurde Ende des 19. Jahrhunderts im Zuge der großen klassizistischen Stadterneuerung gestaltet und ist seitdem fest in militärischer Hand, wie die stattlichen Gebäude an der oberen Seite des Platzes belegen: *Gobierno Militar* (Militärverwaltung), *Capitanía Generál* (Hauptquartier) und *Parque de Artillería* (jenseits der Rambla de Pulido) stehen dort in Reih und Glied. *General Franco* residierte hier bis zum Ausbruch des spanischen Bürgerkriegs 1936. Trotz der lärmenden Autos rundum ist die Plaza Weyler mit dem Marmorbrunnen »***Fuente del Amor***« (1897) eine kleine grüne Oase – **mit Café**.

Restaurants

Wer richtig Hunger hat, geht ins ***Mesón Castellano*** in der Calle de Callao de Lima, die in nordöstliche Richtung vom Plaza Weyler abzweigt. **Tipp**: Sonntags um 13 Uhr, also nach dem Flohmarkt, wenn viele Lokale geschlossen sind, öffnet das *Castellano*. Prima sind dort die Linsen (*lentejas*) und die Lammkeule (*cordero*) .

Plaza de los Patos/ Plaza del 25 de Julio (17)

Man verlässt die Plaza Weyler an der oberen Ecke über die breite Avenida del Vienticinco de Julio und gelangt zum gleichnamigen Platz. Das Datum erinnert an die Nelson-Niederlage 1797; aber alle *Tinerfeños* nennen ihn *Plaza de los Patos*, **Entenplatz**, weil in der Mitte des Brunnens aus Sevilla-Kacheln eine Ente hockt, die von ringsum sitzenden Fröschen mit Wasser besprüht wird.

Der andalusisch anmutende Platz verzaubert mit seinen Sitzbänken. Bunte Kacheln verleihen den robusten Bankformen Leichtigkeit. Die reich ornamentierten Werbekacheln mit Firmennamen und -emblemen der Spender Anfang des 20. Jahrhunderts geben einen nostalgischen Touch dazu.

Grand Hotel Mencey: Nostalgisch, eindrucksvoll und teuer (mit Casino)

Die urbane Idylle wird eingerahmt von prächtigen Stadtvillen. Wer die abzweigende Calle Viera y Clavijo hochschaut, erkennt das ehemalige ***Hotel Quisisana***, (jetzt eine Privatschule), auch ein Beispiel des *Modernismo* (➢ Seite 507).

Villenviertel (16), (18)

Wer noch Zeit, Lust und Kraft in den Beinen hat, sollte von der Plaza de los Patos einen Abstecher durch Santa Cruz' Villenviertel machen. Es liegt zwischen der Plaza de Toros (18) und dem *Hotel Mencey* (20) links und rechts der Rambla Santa Cruz (19).

In der Calle de Robayna und im oberen Teil der **Calle Jesus y Maria** (16) stehen kleine, aber **prächtige Stadtvillen** – viele im **Bauhausstil** – in blühenden Gärten (➢ Seite 508 *Racionalismo*).

Plaza de Toros (18)

Die Plaza de Toros (18), ein kreisrunder Bau, fasst 6000 Personen. Seit Stierkampf (*Corrida*) auf den Kanaren verboten ist, wartet die Arena auf ihre neue Bestimmung als »*Plaza de Todos*« (für alle).

Nobelviertel

Hinter den Häuserfronten der **Calle de Enrique Wolfson** (parallel/oberhalb der Rambla) verbergen sich großbürgerliche Wohnungen mit üppig begrünten Patios. Oberhalb liegen die steil ansteigenden Wohlstandsviertel ***Finca Salamanca*** und **La Mimosa**. An grünen Hängen stehen dort hochherrschaftliche Villen, von deren Terrassen man Panoramablicke über die ganze Stadt aufs Meer genießt.

Rambla Santa Cruz (19)

Man verlässt die Plaza de los Patos wieder über die Avda del Veinticinco de Julio Richtung Rambla Santa Cruz, die zum ***Hotel Mencey*** (20) führt. Diese 2 km (mit ihrer Verlängerung bis zur Autobahn fast 3 km) lange Prachtallee ist die Visitenkarte der Stadt. Der von alten Lorbeerbäumen und Blumenbeeten gesäumte Mittelstreifen vermittelt nach den engen Straßen im Stadtzentrum wohltuende Weite. Seit einem internationalen Bildhauerwettbewerb Anfang der 1970er-Jahre wurden dort zahlreiche Skulpturen aufgestellt. Zwei Blocks unterhalb des *Mencey*, auf der Plaza del Arquitecto, erfreut sich die ***Rote Lady Teneriffa*** von *Martín Chirino* aus Gran Canaria besonderer Popularität.

Hotel/Casino Mencey (20)

Das *Mencey* ist Teneriffas *Ritz*. Erbaut wurde es 1953 in dezent kanarischem Stil, um *General Franco* gebührend Logis zu bieten. Abgeschirmt vom Rambla-Lärm kann man sich im Hotelgarten mit Pool und Tennisplatz einen *Café con Leche* oder abends an der Bar einen Cognac *Carlos I* genehmigen. Wenn das Bare dafür nicht reichen sollte: Das Kasino ist integriert.

In der Nähe des *Mencey* hat sich ein Reihe feinerer, modern gestylter **Restaurants** etabliert. Direkt gegenüber an den Ramblas ist die ***Tasca Cova de Mencey*** sehr beliebt (von morgens bis spät in die Nacht), gleich um die Ecke in der Calle Doktor Guigou das ***Gom*** (nur abends) und das ***El Portón*** (➢ Seiten 80ff).

Parque Municipal García Sanabría (21)

Diese grüne Lunge der Stadt atmet seit 1920 und ist fast ein botanischer Garten. Die Artenvielfalt von 200 Pflanzen aus aller Welt ist überwältigend. Endemiten aus den (Sub-)tropen säumen die sternförmig auf einen Brunnen zulaufenden Wege. Die wasserumspülte **Frauenskulptur *Fecundidad*** (Fruchtbarkeit) des Expressionisten *Francisco Borges Sale* (1926) ist ein bekanntes Fotomotiv, wenn auch nicht jedermanns Geschmack.

Skulpturen

Viele Skulpturen (u.a. *Óscar Domínguez*) stehen unter den Bäumen. Eine Attraktion ist am unteren Parkrand die **Blumenuhr**. Im **Gartencafé** nebenan – mit Kinderspiel- und Minigolfplatz – werden auch *Tapas* serviert.

Von der Blumenuhr führt die Calle Pilar bergab und man findet bei der *Caja Canarias* (5) oder bei der Plaza del Príncipe (6) wieder **Anschluss an die kleine Runde**, ➢ Seite 130.

Blumenuhr im Park García Sanabría

Sehenswürdigkeiten außerhalb der Rundgänge

Llanos

Im Stadtteil **Llanos**, dem westlichsten Teil der Stadt (jenseits der Avenida Tres de Mayo) entwickelt sich eine neue *Downtown* mit Geschäften, Wohnblocks und Freizeitanlagen. Dazu gehören:

Auditorium und **Messehalle** (**24**/**22**) am ***Parque Marítimo*** (**23**); die beiden ***Torres***, Zwillings-Wolkenkratzer, sowie das gläserne ***Hotel Silken Atlantida***, das Kaufhaus ***El Corte Inglés*** (**26**), das ***EKZ Meridiano*** (mit Supermarkt ***Carrefour)*** oberhalb des Busbahnhofes (25) mit der ***Tranvia***-Endstation (***Intercambiador)***, zugleich Verkehrsknotenpunkt der Insel. Ferner stehen zwischen ZOB und *Mercado* (**13**) u.a. der spitz zulaufende Justizpalast und der Sitz des Regierungspräsidenten, ein festungsähnlicher Klotz mit grauer Fassade aus Lavaplatten.

Das Auditorium aus anderer Perspektive als auf dem Foto Seiten 114/5

Messehalle und Auditorium (22, 24)

Die auffälligsten Gebäude am unteren Rand der neuen *Downtown* sind die **Messehalle** (genannt »***Cucaracha***«) und das schneeweiße ***Auditorium*** – getrennt durch die breite Avenida de la Constitución. Auf ihrem meerseitigen Bürgersteig wurden **alle bisherigen Karnevalsplakate der Stadt eingefliest**..

Beide **Prestigeobjekte**, die Messehalle wie das **wellenartige *Auditorium***, dessen Statik allen physikalischen Gesetzen zu widersprechen scheint, wurden vom bekannten spanischen Architekten *Santiago Calatrava* konzipiert. Das *Auditorium* dient als Opern- und Konzerthaus. Tickets für Veranstaltungen dort ➢ rechts.

Parque Marítimo (23)

Die **Badelandschaft** des *Parque Marítimo* unterhalb der Messehalle wurde nach Plänen von ***César Manrique*** gestaltet, von dem auch das 15 m hohe rombenartige Monument ***Hommage à Santa Cruz*** mit im Wind rotierenden Ringen stammt. Das weitläufige Schwimmbad am Meer erinnert an den ebenfalls von Manrique konzipierten *Lago Martiánez* in Puerto de la Cruz.

Tägl. 10-19 Uhr (Winter bis 18 Uhr); € 3, bis 10 Jahre € 1,50.

Castillo/Palmetum Zu dem gelungenen Ensemble von Alt und Neu an der Küste gehört auch das *Castillo de San Juan*, ein Pulverhaus von 1641, und daneben das alte **Lazarett** (1765). Das ***Palmetum*** auf dem angrenzenden Hügel – geplant ist eine Bepflanzung mit Palmen aus aller Welt – wird und wird nicht fertig.

Militärmuseum (27) Bei Interesse an Militaria lohnt ein Besuch des ***Museo Militar Regional***. Auf zwei Etagen sind Waffen, Fahnen, Uniformen und Dokumente der letzten Jahrhunderte ausgestellt. Prunkstück ist die **Kanone *El Tigre***, die Admiral *Nelson* 1797 den rechten Arm wegschoß. Modelle der Küste zeigen anschaulich Santa Cruz' Entwicklung seit der Gründung vor über 500 Jahren; C/San Isidro (Ende der Rambla Santa Cruz), Mo-So 10-14 Uhr, frei.

2.1.4 Praktisches

Allgemein

Post/Postbank ***Correos y Telégrafos*** (1), Plaza de España (Calle General Gutiérrez; Mo-Fr 9-20.30, Sa nur bis 14 Uhr).

Polizei **Notruf 112**, (auch Deutsch/Englisch), ➢ Seite 549.

Kliniken

- ***Clinica Parque***, Calle Méndez Núñez 40 (am unteren Ende des Parks *Garcia Sanabria*), © 922-274458.
- ***Hospital Rambla***, Rambla Santa Cruz 115, © 922-291600 (dt)

Auditorium Tickets an der Kasse (*Taquilla)* unter dem Portal; Mo-Fr 10-15 Uhr; Sa 10-14 Uhr; © 902-317327 von 10-19 Uhr oder online (Kreditkarte & Ausdruck).

Schlangestehen spart, wer bis 48 Stunden vorher an speziellen **Automaten** einiger **Caja Canarias-Filialen** oder bis kurz vor Beginn in der *Taquilla* per Kreditkarte sein Ticket zieht.

Programm: www.auditoriodetenerife.com; Online-Tickets und Automatenliste: www.generaltickets.com >*recogida entradas*

ZOB Busbahnhof ***Estación de Guaguas/Intercambiador*** (25), Telefonauskunft 7-21 Uhr: © 922-531300, unterhalb Kaufhaus ***Corte Inglés*** (26) gegenüber *Parque Marítimo* an der Via de Penetración.

Taxis © 922-210059, -621313, -500190, -641112 und -310000.

Badeanlage »Parque Marítimo« neben dem Auditorium

Fähren **(Auto-)fährhafen-Terminal** für Cadiz/Spanien, Portimao/Portugal (via Madeira), Gan Canaria, Lanzarote, Fuerteventura, La Palma und El Hierro ist die ***Estación Marítima*** (30). Fußgängerbrücke an der Plaza España. Per Auto dorthin geht's am besten von der westlichen Zufahrt am *Auditorium*.

Kasino Im ***Hotel Mencey***, Rambla Santa Cruz an der nordöstlichen Ecke des *Parque Sanabría*. Täglich geöffnet 21-05 Uhr, Automaten nur 18-03 Uhr. Eintritt frei; Personalausweis nötig; © 922-290740.

Einkaufen

Haupt-Einkaufstraßen: Castillo, Rambla Pulido, Calle Pilar

Supermärkte

- ***Mercadona***, sehr gut, frischer Fisch, freie Tiefgarage (Zufahrt vom Meer über Rambla Pulido vorm malvengrauen Eckhaus rechts in die Calle Benavides); Mo-Sa durchgehend bis 21 Uhr.
- ***Hiper Dino*** (mit Tiefgarage); Plaza del Patriotismo unterhalb des *Parque García Sanabría*; von der Calle Mendez Núñez rechts in die Calle Pilar, dann die erste links der Ausschilderung folgen. Mo-Sa 10-22 Uhr durchgehend geöffnet
- ***Carrefour*** im ***Centro Comercial Meredìano***; ➢ unten
- Kleiner Supermarkt ***Bazar Marina*** (kaum Frisches!) in der Calle Marina gegenüber Brücke zur *Estación Marítima*, ➢ oben.

Kaufhäuser

- ***Maya***, klein und teuer, Calle Candelaria, nahe Plaza Candelaria
- ***Wehbe***, klein, modern, elegant, Calle Castillo auf halber Höhe
- ***El Corte Inglés***, Avda Tres de Mayo (oberhalb Busbahnhof); Tiefgarage, Supermarkt. Panoramarestaurant; Mo-Sa 10-22 Uhr.
- ***Carrefour*** (in *Centro Comercial* ***Meridiano***); Avda La Salle (oberhalb *Corte Inglés*), Garage, 120 Shops, Kinos; Mo-Sa 10-22 Uhr.

Märkte ➢ Seiten 128f und 536.

Buchhandlungen

- ***Librería Isla***, Calle Robayna, 2 (oberes Drittel Calle Castillo), © 922-28548, und Calle Imeldo Serís 79, © 922-285615
- Viele Bücher über die kanarischen Inseln haben die ***Libreria de Cabildo***, Avda. Islas Canarias 4, und die ***Libreria El Atril***, Calle Suárez Guerra 23. Die ***Librerias Paso*** und ***Foro Literaria*** in der Calle San Clemente, kleine gut sortierte Buchhandlungen.

Internet

- **Offenes Wifi** für Laptop/Smartphone an der Hafenmauer (Segler) gegenüber der Plaza España (beim blauen Kiosk).
- **Internet-Café** oberhalb der Plaza España links bei MacDonald um die Ecke, dort auch ein Locotorio (billiges Telefon/Fax).
- ***Biblioteca Municipal*** im ***TEA***-Kulturzentrum (12a), gratis

Naturkost

- Das Angebot ist gering. Die Kette ***Natura*** (grünes Schild) verkauft vor allem Kleidung, ***Nature House*** Kosmetisches. Obst und Gemüse bekommt man an zwei kleinen Ständen im unteren Geschoß des ***Mercado Nuestra Señora*** (➢ Seite 124), im Supermarkt des Kaufhauses ***El Corte Inglés*** (➢ oben) und z. B. Ecke Calle Robayna/Callao de Lima, oberhalb Plaza Príncipe.

Puros – Blauer Dunst

Politiker haben aufgehört -oder machen's nur noch heimlich, jedoch auf den Kanaren gehört sich das Rauchen (eigentlich immer) noch. Zigaretten (*cigarros*) sind billig, kanarische spottbillig, und Kippen liegen überall. Seit den bereits 2006 in ganz Spanien eingeführten Rauchrestriktionen in der Öffentlichkeit trat nur ein leichter Wandel ein. Kneipen sind nun *clean* oder Qualmbuden; haben letztere mehr als 100 qm, kann es eine rauchfreie Zone geben. Doch nur jede dritte Pinte hält sich dran.

Im Automaten kosten US-Marken nur +/- € 2. Günstiger sind sie stangenweise im Supermarkt, und spottbillig spanische Sorten, wie *Coronas* und *Fortuna*: ab € 0,80 die Packung. Bei der Marke *Krüger* (sprich: krucher) geht die Ersparnis gleich wieder für Streichhölzer drauf, weil die groben Dinger kaum glimmen.

Eine Zigarette heißt *Cigarro*, aber eine Zigarre *Puro*, was für *puro tabacco* steht, reinen Tabak. Der kanarische Tobak – überwiegend von der Nachbarinsel La Palma (*El Paso*) – ist eine Spezies für sich; nicht unbedingt zu vergleichen mit einer *Sumatra*, *Virginia* oder gar einer *Cohiba Torpedo* aus Havanna, sondern milder und heller – eher wie eine *Brasil*. Aber sie hat die gleichen Formate: *Corona*, *Lonsdale*, *Panetela* und *Flor de Punto*. Die dickste heißt *Churchill*, denn der Dauerpaffer bevorzugte *Puros* aus La Palma.

Auf dem Archipel gibt es noch eine Handvoll Zigarrenwickler (*torcedores*), einsame Männer, die *puro* für *puro* mit den Händen rollen. Bis zu 100 Stück am Tag. Dabei ist das wichtige erste Blatt (*tripo*) quasi die Seele des Stengels. Es sorgt dafür, dass sich beim Rauchen die Asche lange hält. Deswegen wird es kunstvoll gebrochen und gelegt, so dass sich feine Luftkanäle gleichmäßig über die volle Länge und den ganzen Querschnitt der *puro* verteilen können.

Dieser Rohling wird dann Lage für Lage, Blatt für Blatt weiter umwickelt, indem man ihn zwischen Oberschenkel und Handfläche ausrollt. Halbfertig kommt das gesamte Tageswerk über Nacht in eine hölzerne Presse. Krönender Abschluß ist das Deckblatt (*capo*), das nur geschickte Finger mit meisterhaftem Schwung hinkriegen. Es bestimmt Design und den Geschmack. Geschmacksneutral dagegen ist der natürliche Gummileim des Tragacántha-Baums, der das präzis zugeschnittene Blatt für das Mundstück (*perilla*) hält.

La Palma-Bewohner gehörten zu den ersten Tabakpflanzern in dem spanischen Kuba. Doch als die Antilleninsel im Krieg 1898 an die USA fiel, kamen sie mit viel Know-how in ihre Heimat zurück. Das traf sich gut, denn dort war gerade wieder einmal ein anderer Wirt-

Zigarrenwickler bei der Arbeit Anfang des 20. Jahrhunderts

schaftszweig zusammengebrochen: die Zucht der *Cochenille*-Laus (➢ Seite 544) war von den künstlichen Anilin-Farben verdrängt worden.

Die kleinen Setzlinge wachsen in drei Monaten mannshoch und werden von den *Vegueros* (Pflanzern) nach sechs verschiedenen Etagen eingeteilt. Die oberen aromatischen Blätter werden von den unteren geschmacklich leichteren Blättern getrennt, von Hand geerntet und wochenlang an Stangen getrocknet; danach für einen Monat in Holzfässern gelagert oder zu Bündeln verpackt. Wieder an der Luft verlieren sie durch selbst erzeugte Hitze Nikotin, verändern ihre Farbe und erhalten ihren milderen Geschmack. Dieser Prozess der Fermentierung – um dem Blatt die grüne Farbe (das Chlorophyll) zu entziehen – kann bis zu drei Jahre dauern.

Als Kolumbus 1492 in der Karibik landete, sandte er Botschafter aus, das Land zu erkunden. Einer von ihnen, *Rodrigo de Jérez*, berichtete anschließend, die Eingeborenen würden glimmende Kohlen in ihren Händen halten; Taino-Indianer rauchten die Blätter einer Pflanze namens *cohiba* und die Medizinmänner inhalierten den Rauch gar durch die Nase, um mit den Göttern Kontakt zu bekommen. Die katholische Kirche verteufelte daher den Tabakgenuß. Deswegen schickte die Inquisition den inzwischen nikotinsüchtigen *Rodrigo* als teufelsbesessen in den Kerker – seine Frau hatte ihn denunziert.

Imposanter Zeuge der damals mächtigen Rauchwarenindustrie ist in Santa Cruz das rötliche *La Lucha*-Gebäude, auf das man (von der Plaza Príncipe bergauf) in der Calle Adelantado stößt.

Heute findet man handgefertigte *Puros* noch in der ***Galeria del Tabaco*** in Puerto de la Cruz (Columbus Plaza) und in Santa Cruz im Laden ***Condal y Peñanil*** (Callejón del Combate, ab der Calle Pilar; ✆ 902-103410).

Der Rauch-Adel ordert seine persönliche Mischung mit eigener Banderole. Feine Restaurants kredenzen dem Gast ihre Kollektion mit *Cubanitos, Candela, Vargas* oder *Marques* aus dem Zedernholz-Kasten oder aus einer eleganten Schatulle (*Humidor*), die für ideale Luftfeuche sorgt.

Der gemeine *Canario* kauft *Señoritas, Armas* und *Palmeros* um die Ecke oder – *Petit Cetros* aus Las Palmas – in der nächsten Bar stückweise aus Papiertüten.

Eindrucksvoller Bau der ehemaligen Tabakfabrik La Lucha

Zigarren *Galeria Tabaco*, C/Bethencourt ➢Seite 133; ➢ Seite 139, ***Puros***

Wein

- ***Bodega San Sebastián***, Avenida San Sebastián 55 einige Schritte oberhalb des Haupteingangs zum *Mercado Africa* (13).

Nachtleben

Das Hauptstadt-Nachtleben hält sich in Grenzen, denn Teens und Twens zieht es mehr in La Laguna's Uni-Kneipen (➢ dort). In Santa Cruz ist das Karree ***Noria*** »in« (➢ Seite 128), aber mehr für *Copas & Tapas* (Gläschen & Häppchen) im Sitzen oder Stehen ab 20 Uhr und selten mit Live-Musik; nur Fr/Sa brummt es hier ab 23 Uhr. Die ***Avenida Anaga*** (am Meer entlang) mit Bars und Disco-Ecken ist eher out.

Diskos

- ***Discoteca Son***, Tres de Mayo gegenüber vom Centro Comercial Meridiano in der Calle Álvaro Rodrigo López, Eingang auch von der Tres de Mayo, ✆ 922-882208
- ***Disco Dreams*** im *Cascade*/Parque Maritimo; ✆ 922-236240
- ***El Desvan***, in der kleinen Passage Sitia Nr.7, bei der Plaza de la Paz, gute Musik, Drinks; ✆ 607-137766

Bars, Chill Out

- ***Primi***, beim Parque Marítimo/Auditorium; moderne Bar/Restaurant, auch Live Musik, ✆ 922-209425; Di-Sa, open end.
- ***Bulan*** in der *Noria* (➢ Seite 128) mit gemütlicher Dachterrasse zum Chill-Out.

Unterkunft ➢ Hotels, Seite 552.

Restaurants, Cafés, Cafeterías, Bars und Tapabars

Im Zentrum finden sich Restaurants, Tascas, Cafés und Bars allerorten, meist geöffnet von 13-16 Uhr und 20.30-23 Uhr. Wer im Lokal nicht allein sitzen möchte, sollte erst gegen 21.30 Uhr kommen. Viele Lokale sind So geschlossen.

Im Bereich der Plaza España

- ***La Taberna del Puerto***, einfache kanarische Küche; im 1. Stock des ockerfarbenen Hauses (*Dorada*-Bier), unten in der Calle La Marina (Eingang), die spitz auf die Plaza España zuläuft (Höhe *Estación Marítima*); Hafenblick, ✆ 922-276965, So zu, €.
- ***Mesón Los Monjes***, gemütliches traditionelles Lokal mit solider spanischer Küche, viele Schmor- und Bacalao-Gerichte, Rebhuhn *a la Toledana*. Plaza España, vis-a-vis Info-Pavillon beim *Edificio Hamilton*, ✆ 922- 246576, täglich 13-16 Uhr, 20-24Uhr, So geschlossen; €/€€€
- In der ***Taberna de la Alameda*** gibt es kleine Gerichte; in der Fußgängerallee Calle Bethancourt (San José genannt), 11.30-16 Uhr und 19.30-24 Uhr, ✆ 922 287220, So Abend + Mo zu, €-€€.
- ***El Corvacho de Pedro***, Calle Emilio Calzadilla 5; klein aber sehr fein, So geschlossen, ✆ 922-277110; €€/€€€

Zentraler Bereich unterhalb des *Parque Sanabria*

- ***Café Roma***, gute Cappuccinos, Kuchen und Panini, angenehmes Ambiente, in der Calle Pilar auf halber Höhe.

- ***El Puntero,*** in einem alten kanarischen Haus; einfaches, traditionelles, vor allem mittags viel besuchtes Restaurant. Tellergerichte (*Garbanzas, Cherne!*); Calle San Clemente 13, östlich Calle Castillo, tägl. 12-16, 20-23 Uhr, So zu; © 922-282214, €
- ***El Águila,*** das große Straßencafé bei der Plaza Príncipe am oberen Ende der autofreien Calle Bethencourt Alfonso (meist Calle San José genannt), ist ein beliebter Treffpunkt der *Chicharreros*. Vom Eisbecher über Torten zu Fleischgerichten und Tintenfischen gibt es fast alles; täglich 9-24 Uhr.
- ***Cafe del Príncipe***, stilvoller gusseiserner Pavillon auf der schattigen Plaza Príncipe; draußen Cafeteria, täglich außer So Abend, von morgens bis spät geöffnet. Zwei Mittagsmenüs für € 10, © 922-247440, €-€€.
- ***Mesón Castellano***; *Tapas*, sonntags prima Lammkeulen (*cordero*); berühmt für Stierschwanz (*rabo de toro*); an der unteren Ecke der Plaza Weyler: Calle Lima 4, © 922-271074, täglich 13-16 Uhr und 20-24 Uhr, So abends zu, €€.
- ***Don Pelayo***, gediegene Einrichtung, gute *Tapas*, asturische Küche; Calle Benavides 30, © 922-271159, täglich, €€/€€€
- ***La Hierbeta,*** volkstümliches Lokal mit einfacher kanarischer Küche, Haus mit mehreren Stockwerken; viel los an Wochenenden; preiswert. Weiter westlich nahe den Kneipen in *La Noria* in Calle Clavel 19, 12-16, 20-24 Uhr, So zu; © 922-244617; €.

Rambla Santa Cruz zwischen Mencey und Plaza La Paz

- ***Cava del Mencey***, moderne ***Tasca*** gegenüber *Hotel Mencey*; kleine feine (kanarische) Gerichte, gute Weinkarte, 13-24 Uhr, So mittags zu; Rambla Santa Cruz 114, © 922-293801; €/€€.
- ***Mesón El Portón & GOM*** ➤ Seite 80ff
- ***El Líbano***, Libanese, freundliches Ambiente; C/Santiago Quadrado 36 (Nähe Plaza de la Paz), © 922-285914, tägl. ab 20.30, €€.

Open-air McDonald's in Santa Cruz, unmittelbar westlich des Auditoriums

- ***Ramon***, hier brummt es jeden Abend bei gutem bodenständigem Essen; Rambla Santa Cruz 56 (Plaza Toro); © 922-241367, Mo-Sa mittags und abends, €/€€
- ***Los Troncos***; prima Küche; lockere Atmosphäre zwischen Tasca und Restaurant, vielseitiges Angebot; Calle Perdon 17, © 922-284152,13-16 Uhr und 20-24Uhr, Mi + So Abend zu; €€,
- ***El Coto de Antonio***, baskisch/kanarisches Restaurant, klein aber fein. Calle Perdon 13 (in der Nähe der Plaza La Paz), © 922-272105; So am Abend geschlossen; €€/€€

2.1.5 Abstecher von Santa Cruz

Zum Pico de la Meseta

Picknick

Auf dem *Pico de la Meseta* gibt es in der ***Zona Recreativa*** einen Picknickplatz mit Tischbänken, Grillrosten und einem grandiosen Blick über Santa Cruz bis nach La Laguna.

Zufahrt

Von der Rambla Santa Cruz biegt man am *Hotel Mencey* bergauf in die Calle José Naveira, dann rechts in die Calle Francisco Guerrero, und fährt viele Serpentinen durch den Stadtteil Ifara immer weiter bergauf. Oben folgt man der Ausschilderung »*La Cuesta*«, dann links zur »*Zona Recreativa La Meseta*«.

Von Santa Cruz nach San Andrés

Anfahrt

Nur 7 km sind es auf der Schnellstraße von Santa Cruz nach San Andrés. Sie führt am Hafen entlang durch Gewerbegebiete. Am Ende des Fischereihafen *Darsena Pesquera* öffnet sich hinter einer Felsnase der Blick auf San Andrés und einen der schönsten Inselstrände, die ***Playa las Teresitas***.

Wer zügig ins Anaga-Gebirge weiterfahren will, biegt unmittelbar vor dem Ort Richtung Taganana links ab, durchquert San Andrés und nimmt auf der kurvenreichen TF 12 nach 8 km entweder den Rechtsabbieger Richtung Taganana/Benijo oder fährt weiter und erreicht kurz danach die La Laguna und Teneriffas östlichstes Dorf, Chamorga, verbindende Kammstraße TF 123 des Anagagebirges, ➢ Seite 172ff.

San Andrés

San Andrés war bis zum 2. Weltkrieg nur auf einem hoch in den Fels gehauenen **Treppenpfad** zu erreichen. Durch den Bau der Schnellstraße wurde das Dorf zwar zum Vorort, doch die Bewohner fühlen sich bis heute von Santa Cruz vernachlässigt. Nur die Restaurants am Meer profitieren von den *Las Teresitas*-Strandbesuchern. Denn ein Blick hinter die Kulissen zeigt, dass San Andrés ein armes Fischerdorf von 4.000 Seelen geblieben ist. Enge Gassen, einfache Läden, schlichte Häuschen – eine immer noch typische kanarische »Idylle«.

Auf dem Weg zum Strand auf der Straße am Meer entlang passiert man links einen durch Unwetter 1740, 1769 und 1896 zerborstenen Festungsturm (*Castillo, 1706*). An einer Ampel gabelt sich die Straße: bergauf geht es nach Igueste und rechts zum Strand.

Einen Hafen hat San Andrés nicht. Fischerboote machen in einer Ecke der Bucht an Bojen fest.

Playa de las Teresitas

Die *Playa de las Teresitas* ist der **Hausstrand** der Santa Cruzeros. Bis vor 35 Jahren war hier nur eine einsame Bucht mit schwarzem Sand. Vier Millionen Sack Saharasand verwandelten 1973 diesen 1,6 km langen Küstenstrich in Teneriffas Vorzeigestrand. Hier stimmt das Panorama: blaues Meer, gelber Strand und grüne Palmen vor steil aufsteigenden rotbraunen Felsen.

Das ganze Jahr über kommen die *Santa Cruzeros* schon frühmorgens; sie joggen, schwimmen oder pitschen barfuß – gern in kleinen Gruppen heftig kommunizierend – am Ufer auf und ab. Im Hochsommer sind die kostenlosen Parkplätze, Imbissbuden und der Strand proppenvoll. Die Liegen sind billig (€ 2) und statt Mietschirmen spenden die Palmen den Schatten. Eine vorgelagerte künstliche Barriere fängt die Brandung ab und macht die Bucht dadurch kinderfreundlich, ein perfektes Naherholungsgebiet für den Normal-*Chicharrero* im Ballungsgebiet.

Seit 35 Jahren sind Strand und Hinterland das Objekt spekulierender Begierden mächtiger Baulöwen und ehrgeiziger Politiker, die das Insel-Kleinod vermarkten wollen. Bisher gottlob vergeblich, denn 2006 stoppte das höchste kanarische Gericht Umbaupläne am und hinter dem Strand. Der Staatsanwalt ermittelt wegen Korruption unter anderem gegen den Bürgermeister von Santa Cruz und 15 Mittelsmänner. Die sozialdemokratische Opposition vermutet einen der größten spanischen Skandale.

Restaurants

- ***Bar Churritos/Casa Fernando*** serviert nur Fisch-*Churros* und *Pulpos* – die besten weit und breit; die drei Tische reichen nie. Man isst am Tresen; vier Originale schmeißen den Laden; gleich am Ortseingang das erste Haus, Sa+So geschlossen.
- ***Cofradía***, einfaches Restaurant der Fischerei-Genossenschaft auf der ersten Mole; *Tapas* gibt's am Tresen. Fangbedingte Fischqualität, Meerblick, täglich 12-23.30 Uhr, ✆ 922-549024; €/€€
- ***Café Lof-Berg*** an der Ortseinfahrt; Eis & Kuchen bei Meerblick.

- ***Rubi,*** großes Lokal an der Meeres Avenida; frischer Fisch; Sa/So mittags voll, täglich durchgehend geöffnet; ✆ 922-549673.
- ***Pinchito;*** Dorfmitte, beliebt, mittags/abends; ✆ 922-549283.
- ***Rincón de Pescadores***; klein, Calle Benigno Ramos (beim Bus-Stopp/Bäcker ***anaga horno*** im Dorf); die freundliche Besitzerin hilft; nur 13-18 Uhr, im Winter Mi zu; ✆ 922-591044
- Von den Strandkiosken ist ***Lucas*** (grünes Gebäude) am besten.

Unterkunft

In San Andrés gibt es kein Hotel und keine Pension, nur einige wenige privat vermietete Apartments, ➢ Seiten 575 und 552

Erweiterung des Abstechers von San Andrés nach Igueste

Auf dem Weg von San Andrés nach Igueste liegt auf dem höchsten Punkt rechts ein Aussichtspunkt mit sagenhaftem Blick über den Palmenstrand *Las Teresitas*, San Andrés, Santa Cruz und – bei guter Sicht – den obersten Teidegipfel. Oft ankern vor der Küste Frachter, da die Schiffe hier Ankergrund (200 m) haben. Geht man ein paar Schritte weiter nach Nordosten, sieht man unter sich den schwarzen **Strand *Las Gaviotas***.

Playa de las Gaviotas

Auf dem Weg nach Igueste passiert man bei Kilometerstein 3,3 in einer Rechtskurve den Abzweig zu diesem Strand. Vorsicht! Die Abfahrt ist zwar asphaltiert, aber eng, steil, kurvig und ohne Leitplanke. Unten am Meer findet man aber viel Parkraum.

Santa Cruzeros lieben diesen 200 m langen schwarzen Strand. Bei Flut ist er recht schmal und an Wochenenden oft sehr voll, selbst bei Ebbe. Die mittlere Generation badet und sonnt hier vielfach nackt, die jüngeren kommen zum Surfen. Zwar fehlen Toiletten und Duschen, aber das Wasser ist spritziger als am *Teresitas*-Strand. ***Sunnyboy Charley***, der Kioskbesitzer, bereitet köstliche

Aufgespülter Hausstrand der Cruzeños: »Las Teresitas«

Salatportionen und Sardinen, langt aber bei Ausländern gerne zu. Die Frage vorweg: »*Cuánto cuesta*?« ist angebracht.

Von der Las Gaviotas-Zufahrt schlängelt sich die Panoramastraße noch weiter bis Igueste, immer hoch über dem Meer und vorbei an besonders intensiv rot-braun-gelblichen Felsen.

Igueste de San Andrés

Das vom Tourismus unberührte Dorf ist einer der schönsten Teneriffas. Es liegt fast am Ende der Insel langgestreckt an einem *Barranco*. Am besten verlässt man den Wagen bzw. Bus (Linie 245 aus Santa Cruz) gleich am ersten Haus des Ortes, dem winzigen (einzigen) Restaurant ***Rincón de Anaga*** (✆ 922-599000, Di zu, Mo bis 17 Uhr, sonst 11-24 Uhr, warme Küche erst ab 13 Uhr mit frischem Fisch und typischen Desserts zum Meerblick, aber keine Terrasse). Von dort schlendert man bequem über Dorfpfade zum Meer. Das Tal ist immer grün, denn der *Barranco* trocknet selbst im Sommer selten aus; im Winter rauscht es nach Regenfällen.

Von der Bus-Endstation auf der anderen Seite der Schlucht führen schmale Wege über den Kirchplatz – erst umsäumt von Häuschen, später von Bananen, Papayas, Avocados und Mangos – bis an den grobsteinigen (Surf-) **Strand**. Baden ist hier praktisch unmöglich. Die kleine bunte Strandkneipe (Sardinen!) ist leider oft geschlossen. Iguestes Bewohner verzichten offensichtlich gerne auf Tourismus. Wanderer sind willkommen.

Wandern

In Igueste beginnen anstrengende Wanderwege. Vom Kirchplatz geht es sehr steil – erst hinauf, dann hinab – zum **Strand von Antequera** (➢ Seite 97, keine Rundwanderung) und nach **Lomo Bermejo**, ➢ Wanderwegbeschreibung auf Seite 187.

Igueste de San Andrés am Fuße des Anagagebirges

2.2 (San Cristóbal de) La Laguna

2.2.1 Koloniale Kapitale und Universitätsstadt

Kennzeichnung

Eine Lagune ist für gewöhnlich ein Gewässer, das durch seine Verbindung zum Meer salzhaltig ist (Brackwasser). Im Spanischen versteht man unter *la laguna* auch ein stehendes Süßwasser. An so einem 900 m breiten See gründete Teneriffas Eroberer *Lugo* 1496 die erste spanische Kolonialstadt **La Laguna**. Ihr Wahrzeichen, die *Iglesia de la Concepción*, stand damals nur einen Steinwurf vom südlichen Schilfufer der Lagune entfernt in der bukolischen Landschaft.

Der Ort war mit Bedacht gewählt. Weitab vom Meer lag die Stadt in 600 m Höhe geschützt vor Angriffen von See her und mitten in einer landwirtschaftlichen Schatzkammer, der fruchtbaren Hochebene von Aguere. Die Lagune ist längst ausgetrocknet und bebaut, doch günstig liegt die Stadt immer noch. Die Autobahn Santa Cruz-Orotavatal verläuft hier als nahe Stadttangente, an der auch der internationale Flughafen ***Tenerife Norte*** liegt. Die frische Bergluft tut vor allem im Sommer gut. Im Winter sind die häufigen Passat-Nebelschwaden nicht jedermanns Sache.

Infobüro

➢ Seite 55

Universitäts- und Bischofsstadt

Steht Santa Cruz, das La Laguna 1823 den Rang als Hauptstadt ablief, mehr für das handeltreibende Bürgertum, so ist La Laguna mit 145.000 Einwohnern das altehrwürdige **intellektuelle und religiöse Zentrum der Insel** geblieben mit einer großen Universität (25.000 Studenten) und dem einzigen Bischofssitz des Archipels. Die Stadt wetteifert nicht mit den Santa Cruzer Ambitionen, durch städtebauliche Kraftakte Touristen anzulocken, sondern die Stadtväter konzentrieren sich geschichtsbewusst auf die sorgfältige Restaurierung ihres Zentrums, das 1999 zum Weltkulturerbe ernannt wurde. Die UNESCO würdigt damit das Siedlungskonzept als Anknüpfung an den platonischen Polis-Gedanken, wonach die Bewohner ohne Stadtmauern in einem harmonischen Raum friedlich zusammenleben. Der schachbrettartige Stadtkern von La Laguna wurde Vorbild für alle spanischen Kolonialstädte in Südamerika.

Ballungsraum

Alte und neue Hauptstadt sind mittlerweile zu einem Ballungszentrum mit 365.000 Einwohnern verwachsen, das in seinen Übergangszonen mit häßlichen Slums und Gewerbegebieten die »Bronx Teneriffas« bildet. EU-Gelder sollen hier nun helfen, die dringende Sanierung voranzutreiben.

Villenviertel

Doch gibt es in La Lagunas Norden auch angenehme, einfache wie reiche Vororte mit herrlichen Alleen, in denen kleine Stadthäuser und große Villen in blühenden Gärten auf ein gutes Leben der hier wohnenden Tinerfeños schließen lassen.

Karwoche

Wie überall in Spanien wird die ***Semana Santa***, die Vor-Osterwoche, auch in Teneriffa mit großen Prozessionen begangen. Christus und die jeweiligen Heiligen werden unter düsterem Trommelwirbel und schneidenden Klängen der Kornette durch die Stadt getragen. Sogenannte »Bruderschaften« (*Hermandades*, auch *Cofradías*), deren Herkunft man an den Farben der langen Pilgerkutten erkennt, begleiten den Zug. Sie bedecken ihr Gesicht mit unheimlich wirkenden spitzen, schwarzen Kapuzen.

Die berühmteste *Semana Santa* der Insel wird in La Laguna begangen. Ein Höhepunkt ist Gründonnerstag die Zurschaustellung der Heiligen, der Grabmäler und Retabeln aus feinstem Silber, die vom Reichtum der Stadt zeugen. Eindrucksvoller Höhepunkt ist am (Kar-) Freitagabend die – die Bezeichnung sagt es – schweigende ***Procesión de Silencio***.

Anfahrt per Auto

Zufahrt nach La Laguna von Süden

Parken

Von Süden/Santa Cruz kommend die **Ausfahrt #8a** »La Laguna/Tegueste« (auch beste Anfahrt für den Mercedeswald/Anagagebirge, ➢ Seite 170) wählen und im ersten Kreisel die erste Ausfahrt nach Tegueste nehmen (TF 13). Nach 2,5 km (Piktogramm »Zentrum«) geht's neben die **Plaza del Adelantado**, wo ein großer Parkplatz wartet.

Über die gleiche **Ausfahrt** erreicht man auch die Tiefgarage unter der Avenida Calvo Sotelo an der Plaza San Cristobal: nach der Autobahn im ersten Kreisel nun die **zweite Ausfahrt** nach *»La Laguna Centro«*, dann gleich die erste rechts (Lora Tamayo), weiter zum Zentrum bzw. *Ayuntamiento*. Garageneinfahrt am unteren Ende des Platzes mit den großen Kandelabern. Zu Fuß von dort rechts über die Calle Santo Domingo (vorbei an der Kirche *Santo Domingo*, ➢ weiter unten) zur Plaza del Adelantado.

Park & Ride

In Santa Cruz im ***Intercambiador*** parken (➢ Seite 57ff) **und mit der *Tranvia* ins Herz von La Laguna** (Endstation TRINIDAD).

Von Norden

Von Norden bzw. Puerto kommend nimmt man **nicht die Ausfahrt #9** (*»La Laguna Centro«*), sondern **besser die Ausfahrt 8b »*Guajara, Tegueste*«**, unterquert die Autobahn, folgt der obigen 8a-Ausfahrtbeschreibung und erreicht so ebenfalls die beiden genannten Parkplätze.

Anfahrt per Bus

Der ZOB (***Estación de Guaguas***) liegt unweit der Autobahn, 500 m von der *Iglesia de la Concepción*, die man über die Calle San Antonio in nordöstlicher Richtung erreicht; damit findet man Anschluß an den Stadtrundgang, der auf den folgenden Seiten beschrieben wird.

Ermita de San Miguel, eine alte Kapelle im Kolonialstil. Sie wird heute nur noch für Ausstellungen genutzt

2.2.2 Stadtbesichtigung

Zeitplanung und Orientierung

Siesta Die Mittagspause (*Siesta* 13-17 Uhr) ist werktags die beste Zeit für einen historischen Stadtbummel. Dann sind Geschäfte und Markt zwar geschlossen, aber der Verkehr flaut ab, und man kann die alten Kolonialbauten in Ruhe betrachten.

Information/ Führungen Am **Infobüro** (➢ Seite 55) starten Stadtführungen (auch Deutsch); Mo-Fr 11.30 Uhr; auf Spanisch um 10.30, 12 und 16 Uhr

Osterwoche Eine **optimale Besichtigungszeit** ist die *Semana Santa*, die Osterwoche, wenn nachmittags große Prozessionen anstehen. Dann bleibt die ganze Stadt völlig autofrei, und man kann den kolonialen Charme der Stadt ohne Autos, Lärm und Gestank genießen.

Shopping Die Geschäftszeiten (vor 13 Uhr und nach 17 Uhr) bieten mehr trubeliges Stadtleben und natürlich Möglichkeiten zum Shoppen. Die schönsten autofreien Straßen zum Bummeln in der Altstadt sind die **Calle Herradores** und **Obispo Rey Redondo** mit Straßencafés. Weitere Fußgängerstraßen sind die **Calle Dean Palahi** und die **Calle de Viana**. In der Calle Bencomo bzw. Capitán Brotón und besonders in der Calle Augustin, alle mit schönen alten Häusern, stört noch der Verkehr. In den Calles Heraklión Sánchez und Trinidad gibt es zwar recht viele Geschäfte, diese Strassen sind aber unattraktiv.

Abends Für junge Leute lohnt ein spätabendlicher Besuch an Wochenenden. Die Studenten amüsieren sich gern in der Nähe der alten Uni (➢ unten). Rund um die Calle Heraclio Sánchez herrscht ein reges Nachtleben in Musikkneipen, Cafés, Restaurants und Discos. Spät heißt bei der spanischen Jugend sehr spät – keinesfalls vor Mitternacht (➢ Seite 160). Auf den meisten verteilten Stadtplänen für Touristen ist dieser Bereich nicht mehr verzeichnet; er beginnt gleich westlich der Calle Herradores.

Straßen und Plätze La Lagunas traditionelle **Hauptschlagader** ist die **Calle Obispo Rey Redondo**. Sie verbindet die drei wichtigsten Plätze miteinander: die fast quadratische **Plaza del Adelantado** im Osten, die zentrale **Plaza de la Catedral** und die dreieckige **Plaza de la Concepción** im Westen. Nur die drei nördlich zur Obispo Rey verlaufenden Parallelstraßen (Calle Brontón/Becomo, Calle San Augustín und Calle Anchieta) zählen noch zum eigentlichen Altstadtkern; in diesem etwa 500 m x 200 m großen Rechteck liegen alle historischen Gebäude.

Blick auf das Tal von Aguerre mit La Laguna vom Anagagebirge aus gesehen. Im Hintergrund der Teide und eine im Süden liegende Wolkenbank

Die tote Madonna

Am 15. August 1994 wurde in La Laguna erstmalig nach zwei Jahrzehnten das 5-Jahres-Fest der »toten Madonna« wieder gefeiert. Die im Sarg aufgebahrte **Marienfigur** wird aus der Klosterkirche *Santa Catalina de Siena* getragen. Sie trägt ein goldbesticktes Kleid, das von einem jungen Mädchen aus bester Familie stammt. Auf der Flucht vor einem ungeliebten Bräutigam fand es im Kloster Zuflucht und spendete zum Dank das Hochzeitskleid nebst einer Edelsteinkette. Die flehenden Rufe des verlassenen Ehemanns glauben manche noch heute des Nachts in La Laguna zu hören.

Rundgang

Plaza de Adelantado

Dieser nach dem Stadtgründer *Adelantado* (Pionier) *Alonso Fernández de Lugo* benannte Platz ist La Lagunas gute Stube. Ein *Drago*, Palmen, Laub- und viele Lorbeerbäume stehen so dicht, dass kaum ein Sonnenstrahl auf Beete und die charakteristischen steinernen Bänke mit ihren geschwungenen Armlehnen fällt.

Mercado de San Miguel

Täglich (auch So) bis 13 Uhr ist viel los auf dem *Mercado Municipal*. Hoch aufgetürmte Stände mit knackigem Obst und Gemüse lokaler Bauern. Fisch, Fleisch, Käse, Schnittblumen, Pflanzen – alles unter einem Dach. Z. Zt. ist das Marktgebäude wegen Renovierung geschlossen, Datum der Wiedereröffnung unklar.

»Ersatz markt«

Aber auch solange dieser Zustand anhält, lohnt ein Besuch der ausquartierten Stände, wiewohl der erste Eindruck der »Ersatzhalle« zunächst ernüchtert; täglich (auch So) bis 13 Uhr. Eine **Bimmelbahn** startet an der Plaza Adelantado bei den Regierungsgebäuden und bringt Besucher, wie Kunden kostenlos zur riesigen Plaza de San Francisco, auch Plaza del Cristo genannt. Besonders am Sonntagmorgen geht's hoch her (montags nur wenige Stände).

Auch **zu Fuß** ist es dorthin nicht weit: über die autofreie Calle Viana oder die Calle Nava de Grimón erreicht man das Provisorium in 10 Minuten. Die Grimón ist zugleich die Zufahrt für die Tiefgarage unter der Plaza del Cristo.

Start Rundgang

Gegenüber dem alten Marktgebäude befindet sich der gelbe Bau des ***Convento Santa Catalina***. Von dort werden die Gebäude im folgenden rund um den Platz im Uhrzeigersinn beschrieben. Dazu wird die Plaza nach Nordosten über die Calle Obispo Rey Redondo verlassen.

Convento Santa Catalina

Schwere dunkle Holzportale und ein hölzerner Turmaufsatz (*Ajimez*, ➢ Seite 506), wie man ihn des öfteren in der Stadt sieht, schmücken das *Convento* aus dem 17. Jahrhundert. Sein Gitterwerk gewährte den Nonnen freie Sicht von oben, ohne sich selbst den weltlichen Blicken von unten aussetzen zu müssen; eine Einrichtung, die auf den starken arabischen Einfluss in Spanien zurückgeht. Das *Convento* ist heute stillgelegt. Nur sein Patio ist vom engen Durchgang der Calle Dean Palahi aus zugänglich.

Palacio de Nava Dieser Palast aus schwerem grauen Stein (1585) rechts neben dem *Convento* soll zu einem Hotel umgebaut werden. Die ursprüngliche Renaissance-Fassade ist im Laufe der Jahrhunderte durch etliche manieristische, barocke und klassizistische Stilelemente verändert worden. Eine Besichtigung ist zur Zeit nicht möglich.

Ermita San Miguel Gleich links neben dem alten *Mercado* steht die kleine *Ermita San Miguel* (1506). Sie bietet als *Sala de Exposiciones* wechselnde Ausstellungen. Der benachbarte neue ***Palacio de Justicia*** fügt sich harmonisch in die alte Gebäudereihe ein. Er bildet den Abschluss der unteren Platzseite.

Casa de Padre Anchieta Die Hausnummer 10 neben dem *Hotel Nivaria* trägt den Namen des Jesuitenpaters *Anchieta*, dem Gründer Sao Paulos, der durch die Christianisierung Brasiliens in die Kirchengeschichte einging (➢ »Persönlichkeiten«, Seite 498).

Hotel Nivaria La Lagunas bestes Hotel bezieht seinen Namen aus der früheren kirchlichen Bezeichnung des Archipels, ***Obispado Nivariense*** (Bistum Nivaria). Erste Seefahrer hatten Teneriffa die »Schneebedeckte« genannt (Schnee heißt auf Spanisch *nieve*).

Das graue Gebäude nebenan gehört der spanischen *Telefónica*.

Iglesia de Santo Domingo Wer neben dem *Hotel Nivaria* in die Calle Santo Domingo einbiegt, sieht bald die *Iglesia Santo Domingo*. Die Anbauten der ursprünglichen Kapelle wurden im 17. Jahrhundert durchbrochen und erweiterten als Seitenschiffe diese einfache Kreuzkirche.

Die Prozessionsmonstranz ***Custodia*** aus dem 18. Jahrhundert (*Ildefonso de Sosa*) gilt als die kunstvollste der Kanaren. Die expressionistischen Fresken in Hauptschiff und Presbyterium stammen vom Kastilianer *Mariano de Cossio*.

Die hohen Mauern an der Kirche gehören zum Dominikanerkloster, dessen Lehrstuhl für Grammatik, Logik und Philosophie (seit 1532) die erste höhere Bildungsanstalt in La Laguna war. Heute finden hier Ausstellungen statt; es lohnt ein Blick vom laufenden Holzbalkon.

Ayuntamiento und Casas Consistoriales

Das graue klassizistische Eckgebäude in der Calle Consistorio, Ecke Calle Obispo Rey Redondo an der Plaza Adelantado ist La Lagunas **Rathaus** (*Ayuntamiento*) und gehört zum Gebäudekomplex der *Casas Consistoriales* (Stadtverwaltung) der sich in der Calle Obispo Rey Redondo bis zur nächsten Querstraße zieht.

Das rosafarbene Haus mit neogotischen Fensterornamenten links vom *Ayuntamiento* (Anfang 20. Jahrhundert) war das *Antiguo Colegio de Las Domenicas* und beherbergt heute das **Stadtarchiv**.

Casa del Corregidor

In der sienafarbenen *Casa del Corregidor* (Haus des Vogts, Calle Obispo Rey Redondo) residiert heute der Bürgermeister (*Alcalde*). Das Portal der *Casa Corregidor* (1545) wirkt durch seinen kunstvoll-plataresken Steinaufsatz besonders prächtig (➢ »Architektur«, Seite 505).

Casa del Alhóndiga

Alhóndiga bedeutet Kornmarkt. Dieses blaue Gebäude aus dem 18. Jahrhundert war früher einmal der Speicher des Rathauses für Weizen und Wein.

Casa del los Capitanes Generales

Der klassische Palast aus der ersten Hälfte des 17. Jahrhunderts (auch *Casa Alvarado Bracamonte* genannt) war offizielle Residenz des Feldmarschalls von Teneriffa bis zum Jahre 1723. Besonders schön ist der Patio mit Säulen aus rötlichem Stein.

Calle Obispo Rey Redondo

An dieser engen Einkaufstraße befinden sich viele gute Bekleidungs- und Schuhgeschäfte. Typisch kanarisch ist die bedenkenlose Mischung von alten und neuen Gebäuden.

Amaro Pargos Schatz

Der aus La Laguna stammende *Amaro Rodriguez Felipe Tejera Machado* ging als ***Amaro Pargo*** in die Inselgeschichte ein. Nach einem Streit mit seinem Vater heuerte er als Pirat an. Er beraubte nur reiche Leute und kaufte viele Grundstücke bei Punta del Hidalgo. Seine Freundin, die Nonne *Sor Maria de Jesús* aus dem Kloster *Santa Catalina*, beschenkte er regelmäßig.

Drei Jahre nach *Sors* Tod wollte er sie exhumieren und in einem Sarg beerdigen. Unverwest fand er ihren Leichnam vor, der seither alljährlich am 15. Februar in der Klosterkirche besichtigt werden kann.

Amaro Pargo starb am 4. Oktober 1747 und liegt im rechten Teil des Kirchenschiffs der ***Santo Domingo*** Sein Haus, das wegen eines angeblichen Schatzes einst von Besuchermassen heimgesuchte *Casa Pirata*, ist zerfallen.

Frontansicht der Kathedrale

Plaza de la Catedral

Schier endlose schlanke Palmen, große ***Araucarias*** (Schirmtannen) und urige Drachenbäume prägen die Plaza de la Catedral, die begrenzt wird von einem kleinen Ententümpel. Schon 1511 stand hier eine kleine Ordenskapelle. 1820 erhielt die ***Santa Iglesia Catedral*** ihre heutige klassizistische Fassade.

Die massiven Innensäulen sind aus grauem Basalt. Rechts in der Seitenkapelle findet man ein barockes *Retablo* mit flämischen Gemälden, das der im Zentrum stehenden *Virgin de los Remedios* geweiht ist, etwas abseits den Grabstein des Eroberers von Teneriffa, *Lugo*.

Von außerordentlichem Reichtum zeugt auch die **Marmorkanzel**. Nur die Treppe ist aus dem hier sonst üblichen Baustoff Holz. Die vielen feinen Silberschmiede-Arbeiten stammen aus Córdoba und Südamerika.

Teatro Leal

Der Jugendstil-Bau (1915, *Modernismo*, ➢ Seite 507) bietet seit seiner Wiedereröffnung (2008) wechselnde Veranstaltungen, u. a. des Symphonie-Orchesters Tenerife (OST); schönes altes Café *Parisino*. Calle Obispo Rey Redondo 50; Kasse (*Taquilla*) Mo-Fr 10-14 Uhr und 17-20 Uhr, bei Veranstaltungen auch bis 21 Uhr; ✆ 922-255141, www.teatroleal.com.

Hotel Aguere

Gegenüber das ***Hotel Aguere*** mit lichtem, verglastem Patio und schönem Mamorboden (mit Café). Hier traf sich Anfang des 18. Jahrhunderts eine der inselweiten ***Tertulias***, Diskutierzirkel (➢ Seite 497), die für die aufklärerischen Ideen offen waren. Man reichte indizierte Bücher weiter, verfaßte politisch-satirische Flugschriften und förderte Schulwesen und Handwerk.

Plaza de la Concepción

Im spitzen Winkel trifft hier die Calle Obispo Rey Redondo auf die Calle Capitán Brotón und gibt der kleinen Plaza de la Concepción ihre dreieckige Form. Der Platz wird beherrscht von einer großen Schirmtanne, die alljährlich zur Weihnachtszeit über und über mit bunten Paketen geschmückt wird (➢ Foto Seite 461).

Gourmets kommen im Bereich dieser Plaza gleich dreimal auf ihre Kosten: ***Campos de Fresa*** (✆ 922-261602), eine reichsortierte Vinothek mit Delikatessen, gegenüber die ***Pasteleria La Princesa*** (✆ 922-251396) mit leckerem Gebäck und ***La Casa de Dario*** mit exquisiten *Take-off*-Gerichten (»*para llevar*«).

Iglesia de la Concepción

Schon von der Plaza sieht man das Wahrzeichen von La Laguna, den fast freistehenden Turm der ***Iglesia de la Concepción***, der ältesten Kirche La Lagunas (1496). Sie wurde fortwährend baulich verändert. So finden sich neben Merkmalen der Renaissance auch gotische und barocke Stilelemente. Der Glockenturm wurde 1697 aus *piedras molinos* hochgezogen, besonders hartem Basalt, der an sich für Mühlsteine verwendet wurde. Seine Kanten bestehen aus dem üblichen dunkelgrauen Basalt. Mo-Fr 9-17 Uhr kann man hinaufsteigen und den Blick über La Laguna genießen.

Das Hauptschiff ist durch Torbögen mit gelblichen und rosafarbenen Tuffstein-Säulen von den beiden Seitenschiffen getrennt. In den zum Turm aufschließenden Seitenkapellen sind kunstvoll geschnitzte Holzaltäre zu sehen. 1972 brach ein großer Teil des *Mudejar*-Daches ein und wurde durch eine unbemalte Kassettendecke ersetzt.

Besonders fein gearbeitet ist die barocke **Kanzel** aus Kiefernholz. Beeindruckend sind auch die **Silberarbeiten**, vor allem an dem wunderbaren Altar für die *Señora de la Concepción*. Und Keramik aus Sevilla schmückt das Becken, über dem auch schon Guanchen getauft wurden.

Seit 1947 hat die *Concepción* den Status eines nationalen Kulturdenkmals. Besuchszeit Mo-Fr 9-13 Uhr und 18-19.30 Uhr

Plaza Junta Suprema

Dem Kirchturm gegenüber zweigt die Calle Belén vom Ende der Calle Obispo Rey Redondo ab. Sie führt auf die Plaza Junta Suprema, einen mit herrlichen ***Araucarias*** bestandenen Platz.

Turm der Iglesia de la Concepción

Paseo Camino Largo

Von der Plaza Suprema ist es nicht weit zu einem schönen **Wohnviertel** La Lagunas. Über die Calle Belén trifft man geradeaus auf die Avenida Silverio Alonso, die einen über den ***Parque de la Constitución*** zum Paseo Camino Largo bringt. Diese autofreie, dicht mit Palmen bepflanzte Allee führt vorbei an alten Villen in üppigen Gärten: Wohnen in einer stillen Oase mitten in der Stadt.

Anschluss an den Stadtrundgang findet man über die Calle Rodríguez Moure, die auf die Calle San Augustín stößt.

Convento de San Augustín, heute Ausstellungsräume Cabrero Pinto

Convento de San Augustín oder Cabrero Pinto

Der spitze Winkel der Plaza Junta Suprema zeigt in die Calle San Augustín, über die man an der Ecke Calle Rodríguez Moure zum *Convento de San Augustín* gelangt. Dieser weitläufige Gebäudekomplex mit baumbestandenem Eingangsbereich war bis zur Säkularisierung im 19. Jahrhundert Augustinerkloster und 1742-1747 Sitz der ersten kanarischen Universität. Bis ins 20. Jahrhundert hinein wurde hier ganz weltlich studiert. Im Hauptteil des Konvents (schöner Patio) finden wechselnde Ausstellungen statt.

Links um die Ecke, in der Calle Juan de Vera schließt sich das (geschlossene) *Hospital Dolores* an.

Casa Salazar

Auf der gleichen Straßenseite der Calle San Augustín folgt die *Casa Salazar*, ein Palast reicher Kaufleute aus dem 17. Jahrhundert, mit einer imposanten grauen, verschlossen wirkenden Fassade aus der Übergangszeit von der Renaissance zum Barock (1664-81). Lange Zeit war der Bau als Kasino ein gesellschaftlicher Treffpunkt, wo auch kulturelle Veranstaltungen stattfanden. *Teobaldo Power*, bekannter kanarischer Musiker, komponierte hier Teile der *Cantos Canarios*, ➢«Personen«, Seite 498.

Dann beherbergte das Gebäude das Bistum Nivaria (➢Seite 153). Nach einem Brand im 2006 wird es zur Zeit renoviert.

Geschichtsmuseum

In der Calle San Augustín 22 (Ecke Calle Tabares de Cala) liegt die herrlich restaurierte *Casa Lercaro* (1593) der gleichnamigen genuesischen Kaufmannsfamilie. Es ist – weil es das ***Museo de***

Historia de Tenerife beherbergt – das einzige zu besichtigende Patrizierhaus in La Laguna. Allein deswegen lohnt ein Besuch.

Die Museumsabteilungen wurden mit viel Liebe informativ gestaltet. Thematisiert sind die Geologie der Insel, die *Conquista* (Eroberung), die Christianisierung, Sozialgeschichte als spanische Kolonie, Kartographie, Entwicklung von Handwerk wie Landwirtschaft, Emigrationswellen und ökonomische Umbrüche.

Zwar erfolgen alle Erklärungen auf Spanisch, aber an der Kasse gibt es leihweise eine deutsche Übersetzung.

Di-So 9-19 Uhr, Mo geschlossen; Eintritt €3; ✆ 922-825949.

Zurück zum Ausgangspunkt

An der Ecke Calle Augustin/Calle Nava de Grimón erreicht man das Kasino von La Laguna. Hier handelt es sich wie beim (alten) *Casino de Santa Cruz* (➢ Seiten 130 und 545) um einen Privatclub, der Anfang des 20. Jahrhunderts im damals modernen Sammelsurium von Stilen erbaut wurde.

Über die Calle de Grimón erreicht man wieder den Ausgangspunkt Plaza del Adelantado.

Zwei Abstecher

Santuario de La Laguna

Die auf den Kanaren meistverehrte Darstellung der Kreuzigung Jesu, das ***Santuario del Santísimo Cristo de la Laguna***, befindet sich in der Kapelle des Franziskanerklosters an der Plaza San Francisco. In der Klosterkapelle wird alljährlich am 14. September La Lagunas höchstes Fest gefeiert. Dann wird der ***Cristo de La Laguna*** verehrt, eine kunstvoll geschnitzte Holzskulptur Jesu in einem silbernen Retabel. Das Kruzifix ist ein Geschenk von *Lugo*, der es 1520 auf die Insel brachte. Die Herkunft ist nicht erwiesen. Manche Experten halten es für das Werk eines Brabanter Künstlers, andere ordnen es der Sevillaner Gotik zu (Mo-Do und Sa 8-13 sowie 16-20.45 Uhr; Fr+So 8-21 Uhr).

Fußgängerzone in La Laguna

Man erreicht den Platz (mit Tiefgarage) über die Calle de Nava y Grimón (vom *Casino* nach links) nach ca. 300 Metern und passiert dabei das Nonnenkloster *Convento de Santa Clara*.

Radioteleskop auf dem Gelände des Wissenschaftsmuseums

Marktersatz

Die Halle auf dem Platz dient z. Zt. als Marktersatz, ➢ Seite 151

Museo de la Ciencia y del Cosmos

Eine gewaltige Parabolantenne macht das Gebäude unübersehbar. Nach amerikanischem *hands-on*-Vorbild werden jung und alt physikalische Gesetze nahegebracht. Kinderleicht erkennt man auf Knopfdruck natur-wissenschaftliche Phänomene und Zusammenhänge. Ein Ziel für Eltern mit Kindern.

Via Láctea, Di-So 9-19, € 3 (Ermäßigung mit Bono-Bus/Via-Karte), © 922-315265. Die Auto-**Zufahrt** ist kompliziert; am besten erreicht man das Museum mit der Tranvia ab Santa Cruz (*Intercambiador*) oder ab La Laguna/*Trinidad*. Die Bahn hält direkt vor dem Eingang (gleichnamige Haltestelle). Oder ab La Laguna/Trinidad zu Fuß bergab in 15 min. (➢ Stadtplan); den Schienen folgen - allerdings eine unschöne Strecke.

2.2.3 Praktisches

Unterkunft

Je mehr La Laguna seine Restaurationsarbeiten als UNESCO-Weltkulturstätte vollendet, desto attraktiver wird die (demnächst autofreie) Innenstadt als Standort für individuell Reisende. Bisher gibt es **nur 2 Hotels** (*Nivaria, Aguere*, ➢ Seite 552).

Allgemein

Information — **Infobüro** ➢ Seite 55.

Post — Postamt bei der Kirche *Santo Domingo* in gleichnamiger Calle.

Polizei — Polizeiwachen neben dem *Ayuntamiento* in den Calles Consistorio und de Nava y Grimón (kurz vor der Plaza San Francisco)

Kliniken mit *Tranvia*-Stopp (➢ Seite 586) — ***Hospital Universitario de Canarias***, direkt an der Autobahn; von La Laguna kommend, *Salida* 5A, ***Urgencias*** (**Notaufnahme**), © 922-641011. Eine Ausfahrt später (4B) geht es zum ***Hospital Candelaria***, © 922-602000, ebenfalls ***Urgencia***.

ZOB Neben der Autobahn; ca. 15 min zu Fuß über die Calle Antonio zur *Iglesia de la Concepción*, dort beginnt der Stadtrundgang.

Einkaufen

Markt Täglich bis 13 Uhr Lebensmittel, Fisch, Obst und Gemüse im ***Mercado*** an der Plaza Plaza de Cristo (➢ Seite 151).

Am besten bummelt es sich in der Fußgängerstraße Calle Herradores, in der es – zumindest im Sommer – Straßencafés gibt.

Wein & Deli La Laguna hat gute Delikatess-und Weinläden (*Vinotecas*) an der Plaza de Concepción (➢ Seite 155).

El Lagar (großes Sortiment) hinter der *Iglesia de Concepción* links in die Calle San Antonio Richtung ZOB.

Buchläden ***Librería Lemus***, größte (Uni-) Inselbuchhandlung, Calle Heraclio Sánchez 64, ✆ 922-251145 und Calle Catedral 29, ✆ 922-251461.

- ***El Águila***, Calle Obispo Rey Redondo 43, ✆ 922-259732.
- ***Atlantida Artesanía,*** viele Bücher über die *Islas Canarias* und landestypische Produkte, Calle Augustín 55
- Das umfangreichste Angebot an spanischer Literatur über die kanarischen Inseln findet man in der ***Librería Identidad***, verbunden mit der ***Casa Cultura de Canarias*** in Sichtweite des Busbahnhofs; Calle Daute/Cruz de Candelaria, ✆ 922-827800.

Einkaufs-center ***Shopping Mall*** an der Nordautobahn, Ausfahrt #7a, als ***Parque Comercial*** ausgeschildert. Komplex mit ***Al Campo*** (Kaufhaus+ Lebensmittel), ***C&A***, ***IKEA***, ***Leroy Merlin*** (Baumarkt), Spielwaren ***Toys-R-Us*** und ***Decathlon*** sowie ***Multicine*** mit 20 Kleinkinos.

Restaurants

Nur in den Touristenzentren im Süden gibt es mehr Restaurants als in La Lagunas Umgebung (➢ Kasten »Restaurantstraßen«, Seite 161 und Kasten »*Guachinches*«, Seite 375 . In Lagunas Zentrum liegen die guten Lokale zuweilen etwas versteckt.

Im Bereich des Stadtrundgangs zu empfehlen sind:

- ***El Maestro***, freundliche *Tasca*, Calle Viana, 45 Querstraße zur Obispo Rey zwischen Kathedrale und Plaza Adelantado).13-16 Uhr und ab 20.30 Uhr; So, Mo und Di abends zu, ✆ 922-265360
- ***Bodega Viana***, Calle Viana 35, typisches Kanaren-Lokal, studentisch, beliebt; ✆ 922-264213 13-0.30; So zu, €/€€
- ***Patio Canario***, netter einfacher Patio, abends oft Folklore, Calle Manuel de Ossuna, 8 nahe der Kathedrale. Täglich 12.30-16.30 Uhr und 20-01 Uhr, Do geschlossen, ✆ 922-264557; €/€€
- ***La Casa de Oscar,*** *Taberna,* Calle Heradores 66; gemüliche Tasca; Mo-Sa 8-24 Uhr; ✆ 922-265214
- ***La Casa Encantada***, Calle Manuel de Ossuna 3; altkanarisches Haus, klein, täglich 13-24 Uhr, So zu; ✆ 922-614957, €€

- ***El Figón de la Concepción,*** Plaza del Doctor Olivera 8, neben der Kirche Concepción, Rest. und Tasca, Gerichte aus dem Lehmofen Di-Sa 13-16 Uhr und 19-24 Uhr, So 13-16 Uhr, © 922-254433, €/€€
- ***Alwadi***, guter Libanese, Calle Manuel de Ossuna/Nuñez de la Peña, mittags und abends, So abend und montags geschlossen; © 922-633363
- ***Da Stefano***, Studenten-Pizzeria, große Portionen; Calle Marqués de Celada, 10 min zu Fuß vom Zentrum, mittags/abends, Mo geschlossen; © 922-632387
- ***Kikere***, gleiche Straße (Nr. 124) wie *Da Stefano*, aber nochmals 10 min weiter. Gemütliches Lokal mit argentinischen Steaks, 12.30-16.30 und 20-23.30 Uhr, So abends und Mo-Mittag zu, © 922-255882

Cafés in der Altstadt

Nach dem Stadtrundgang für einen Tee, Café oder Drink gibt es vor allem für jüngeres Publikum attraktive Adressen:

- ***La Folie***, Café mit Sesseln und Sofas. Man trinkt Tee, aber auch Cocktails. Calle Santo Domingo bei der gleichnamigen Kirche, ab 10 (Sa/So ab 15) Uhr bis in den späten Abend
- ***Pan Paris Café***, sympathisch, Frühstück und gesunde Snacks; Calle Ascanio y Nieves/San Augustín, Mo-Fr 13-21 Uhr, Sa/So 9-21 Uhr, © 922-257600
- ***Libreria Faro***, Calle Dean Palahi 22, Buchladen & Café, © 922-266846
- ***Aromas de Dakar***, Kuchen, Cafés und Sandwiches; raucherfreundlich (!); Calle San Juan zwischen Ossuna und Herradores.

Universitätsviertel

Studenten-Nightlife-

Das (studentische) Nachtleben pulsiert oberhalb der alten Uni innerhalb des Straßendreiecks **Heráclio Sánchez, Sierra Rafols** und **Dr. Zamenhoff** (*Esperanto*-Erfinder) mit den zentralen Kneipen/Disco-Straßen **Antonio Gonzales, Catedrál** und der **Plaza Juan Regulo**. Nicht nur Sa/So ist es dort (ab 23 Uhr oder gar noch später!) voll, denn die *Tranvia* verkehrt Fr/Sa nachts im 30 min-Takt bis ins Morgengrauen nach Santa Cruz zum *Intercambiador*, ➢ Seite 586

- ***Club Buho***, *Jazz-Bar* an der Stirnseite Plaza Dr. Juan Regulo
- ***Blues Bar***, Calle Dr. Zamenhoff
- ***Kapitel***, beliebter Treff, Cocktails, Kaffees und Tees, bisweilen Live-Musik, täglich ab 18 Uhr; Calle Gonzales/Ecke Catedrál
- ***Strasse,*** sehr beliebte, große Studentenkneipe, auch Tanz, ab 18 Uhr, Calle Antonio Gonzales, © 922-256813
- ***Barock***, sehr »in«; Av. Trinidad 51, Do-Sa, nur spät abends.
- ***El Monkey***, düster-schummrig, Calle Rafols

Restaurantstraßen um La Laguna

Der familiäre Exodus aus den Städten am Samstag- und Sonntagmittag gilt nicht nur den *Guanchinches* (➢ Kasten Seite 375), sondern auch den unglaublich vielen feinen oder rustikalen und einfachen Restaurants, wie man sie insbesondere nordöstlich der Linie La Laguna–La Esperanza an den Hängen findet. Im Sommer entfliehen viele *Tinerfeños* gern der sommerlichen Küstenhitze. Aber auch in den Wintermonaten wundert sich der Fremde über Autobahnstaus sonntags 17-19 Uhr. Dann fahren die *Canarios* mit Kind und Kegel wieder nach Hause zurück – gut gelaunt und genährt.

Einladendes Kachelbild vorm Restaurant Tablón de la Canela

Inselweit gilt die **Faustregel**: **am Meer Fisch, am Berg Fleisch**. Und da man eher in Küstennähe wohnt, müssen Meeresfrüche nicht auch noch am Wochenende sein. Kurz, beim Bergausflug sind Kaninchen, Huhn, Schwein und Ziege die Favoriten. Auch das *Solomillo de tenera* (Rinderfilet) steht auf den Karten und kommt oft von der »achten Insel« des Archipels (sprich: Südamerika), also ein qualitativ besonderer Leckerbissen.

Die Bestellung ist nicht selten kurz und bündig. In Kenntnis der durchschnittlichen Vertilgungsmenge seiner vielköpfigen Lieben ordert der Familienvater beispielsweise »***tres***« und prompt kommt eine 3 kg-*Parillada* (gemischte Grillplatte) auf den Tisch und dazu das kanarische Beiwerk Wasser, Wein, ein gemischter Salatberg, *papas arrugadas con mojo, postres* und *café*. Für den autofahrenden Papa gibt's zum Schluss noch eine Zigarre (*puro*) und einen doppelten Brandy, damit er auf der Heimfahrt die Kurven besser nehmen kann. Neuerdings trüben strengere Alkoholkontrollen und Raucherregeln das Vergnügen.

Beispiele für Restaurantstraßen

Von Guamasa nach Tacoronte (alle an der TF 152)

Die küstenseitige Parallelstraße zur Autobahn (***Carretera General del Norte***, TF 152) zwischen den Ausfahrten #14 und #21 hat viele beliebte Restaurants.

Da in der Region die betuchtere Klientel wohnt, denen weniger der Sinn nach Landarbeiterportionen an Plankentischen mit Holzhockern steht, haben sich zwischen Guamasa und Tacoronte an der alten Landstraße die vornehmeren Restaurants angesiedelt. Sie bieten verfeinerte kanarische Küche, aber auch kontinentale Gastronomie. Da darf der italienische Einschlag nicht fehlen.

Empfehlungen (von La Laguna aus beschrieben):

• ***Asador El Tablón de la Canela***, km 15,5; gute spanische Küche, viele Braten, täglich 13-16.30 Uhr und 20-23.30 Uhr, ✆ 922-637889; €€

- ***Churrasquería Rodeo***, #441, brasilianisch: in einer riesigen Halle gibt es perfekt gegrilltes Fleisch jeder Art und Salatberge bis zum Abwinken (*all you can eat*); täglich 13-16 Uhr und 20-24 Uhr. So Abend und Mo geschlossen; Kinderspielplatz; © 922-719236 und -637020; €€
- ***Peccati di Gola***, #342, spanisch-italienisch, nette junge Leute, 13-16.30 Uhr und 20-23.30 Uhr, Mi geschlossen, © 922-570954, €/€€
- ***El Ricón de Tenerio***, etwas abseits der TF 152, gegenüber Restaurant *Taurina*, Ecke Calle Waque, links. Prima *Tasca*-Restaurant mit etwas anderer preiswerter kanarischer Küche in einem modern-gemütlichen Ambiente (Empfehlung *Escaldón* auf *Batata*, Salat aus *Bacalao* mit *Pimentos*, saftige *Tortillas*). Mittags und abends, So Abend und Montag zu; © 922-571618; €€

Zwischen Tacoronte und El Sauzal (alle an der TF 152)

- ***Bodega Tagador***, gleich hinter dem Schild »Ortsende Tacoronte«, bergab in den ***Camino El Salto del Gato***, dort braunes Hinweisschild (km 9,9); großes Weingut mit Restaurant, Bar, Tasca. Variationsreiche kanarische Küche. Täglich 13-17 Uhr und 20-24 Uhr, So nur -17Uhr, © 922-573450, €/€€
- ***Restaurante Odón***, kanarische Küche, vom hinteren hellen Gastraum schöner Blick, mittags und abends, So Abend und Mo zu, © 922-561124, €€.
- Gegenüber ***Restaurante Martinez,*** beste bodenständige kanarische Gerichte, gemütliche Atmosphäre; super *Puchero* (Gemüse-Fleisch-Eintopf); generell mittags, Fr auch abends, Sa 12-18 Uhr; Mi geschlossen, © 922-564044; €/€€
- ***Tacoa***, Minibrauerei mit 4 Biersorten, große Auswahl kanarischer und deutscher Gerichte; Terrasse, Di-So 12.30-23, Fr/Sa -0.30, Mo zu, © 922-564173.

Vom Nordflughafen nach Agua García (TF 237)

Man nimmt die Autobahn-Ausfahrt #11 zum Nord-Flughafen und folgt den Schildern »Agua García«. Von dieser bergseitigen Autobahn-Parallelstraße Richtung Puerto zweigt links (bergauf) die **TF 237 nach Agua García** (6 km) ab.

An dieser Straße liegen volkstümliche Restaurants, wie das ***Mi Merced/Los Junquitos*** und ***Mi Abuela II***, beide zwischen Kilometer 4 und 5.

- ***Mi Abuela II*** ; gute Fleischgerichte, Würste und argentinische Steaks; 13-16.30 Uhr und 20-24 Uhr, Mi und So Abend zu, © 922-567359, €€
- Für leckere Desserts fahren Canarios an den östlichen Ortsausgang von Agua García (TF 237, km 4,1); dort gibt's in ***El Gato Goloso*** (Naschkatze) Torten und Eis, aber auch Pizzas und Tapa-Gerichte.

Von El Portezuelo über El Soccorro nach Tegueste

Zufahrt über die *Autopista del Norte*, Ausfahrt #11 (➢ oben). Dann folgt man der meerseitig parallel zur Autobahn verlaufenden Straße Richtung Westen, von der nach wenigen hundert Metern rechts die TF 154 nach El Portezuelo/ Tegueste abzweigt; ➢ dazu die Empfehlungen unter Tegueste auf Seite 387.

Von La Laguna nach Esperanza

Zufahrt über die Autobahn, Ausfahrt »*Parque Nacional del Teide*«. In etwa 900 m Höhe beginnt Kiefernwald. Auf dem Weg dorthin liegen mehrere rustikale Restaurants, ➢ Teide-Auffahrten von Osten bzw. ab La Laguna Seite 397f.

2.3
Bereich
Anagagebirge

2.3 Bereich Anagagebirge

2.3.1 Das »andere« Teneriffa

Landschaftsbild

»Besuchen Sie das andere Teneriffa!« – so werben Bus-Unternehmen für ihre Tagesausflüge ins Anagagebirge. Der Slogan stimmt, denn der Nordosten der Insel ist der Kontrapunkt zu den Urlaubszentren im Süden: abgeschieden und untouristisch in wildromantischer, spektakulärer Natur. Die Berge sind kantiger und grüner, die Gipfel schroffer und zackiger, die Schluchten tief und schmal, die Küsten zerklüftet und die wenigen Strände klein und unzugänglich. Ein Anaga-Ausflug an einem schönen Tag mit klarer Sicht bleibt ein unvergessliches Erlebnis.

Der Grund für diesen abrupten Landschaftswechsel ist geologischer Natur. Die beiden äußeren Inselzipfel im Norden, das Teno- und das Anagagebirge, sind die ältesten Teile Teneriffas und waren zwei separate Eilande, bevor sich Millionen Jahre später das Teidemassiv aus dem Atlantik erhob und alles überragend dazwischen schob (➢ »Entstehung Teneriffas«, Seite 14).

Enge Straßen, viele Kurven

Die geologischen Bedingungen haben die Menschen jahrhundertelang extrem gefordert – und tun es auch heute noch: Zwar gibt es schon seit 50 Jahren eine asphaltierte Kammstraße, aber so mancher abgeschiedene Weiler wurde erst in den 1960er-Jahren für Pkw erschlossen. Das Fahren auf den engen Straßen erfordert volle Konzentration, denn in den unzähligen Serpentinen kommt das Lenkrad – und oft auch der Magen – nicht zur Ruhe. Ein Bus von vorn heißt zuweilen: zurücksetzen zur Ausweichstelle.

Wichtig!

Im Anaga gibt es **keine Tankstellen**, kaum **Handy-Deckung**, keine Abend-Gastronomie und fast alle **Lokale** bleiben **montags zu**.

Beste Ausblicke

Auf den Aussichtspunkten, den ***Miradores*** an der Kammstraße, wird man für alle Anstrengung reich belohnt. Wie aus dem Flugzeug schaut man aus 1.000 m Höhe über Berge und Täler, mal zur einen, mal zur anderen Inselseite, auf kleine weiße Dörfer, die Hafenanlagen von Santa Cruz oder Puerto de la Cruz, mal auf den Teide-Kegel, mal übers Meer bis Gran Canaria. Mit einer einzigen Körperdrehung sieht man alles zugleich.

Monteverde

Wie ein Wall stellen sich diese Berge dem feuchten **Nordostpassat** in den Weg und zwingen ihn aufzusteigen. Dabei kühlt er ab und kondensiert zu **Wolken**, die die Nordhänge einhüllen oder fetzenweise in Schwaden über den Kamm jagen. Dies ist die Welt der *Monteverde*, der immergrünen Berge, mit feucht-kühlem Klima, wo im Schutze des dichten Lorbeerwaldes viele Farnarten und Moose gedeihen. Auch auf die südlichen Berghänge schwappen die Wolken noch ein wenig über. Diese Nebel erwärmen sich auf der südlichen Anagaseite schnell wieder und erreichen die Küste als warmer Fallwind. Entsprechend karg sind die Südhänge, die nur nach den ersten Winterregen von sprießenden *Tabaibas* (Wolfsmilch) mit einem grünen Schimmer überzogen werden.

Infrastruktur

Ein Dutzend kleiner Weiler liegt im Anagagebirge. Es sind keine Fischer- sondern **Bergdörfer**, alle auf der grünen Nordseite, eingebettet in fruchtbare, aber winzige **terrassierte Felder**, die durch mühsames Aufschichten von Lavageröll entstanden sind. Viele ihrer Mauern sind zerfallen und die Felder liegen brach, denn die Jugend von Anaga hackt lieber am Computer als in der Scholle. Man sieht hier überwiegend ältere Menschen, die dem gewohnten Leben treu geblieben sind. Davon profitieren die relativ wenigen Touristen. Sie finden in jeder Ortschaft zumindest einen Laden, ein einfaches Restaurant oder eine *Tapa*-Kneipe. Dagegen haben **Handys** kaum Deckung und sogar Telefonzellen sind rar. Aber zwei, drei Busse pro Tag verbinden selbst noch das kleinste Kaff mit dem Rest der Welt.

Terrassierte Felder an Steilhängen, typisch fürs Anaga

Frisch und kühl

Selbst im Sommer sollte man besser eine wärmende **Windjacke** oder einen **Pullover** dabei haben. Auch wenn die Sonne scheint, kann es hier oben merklich kälter sein (bis ca 10°C), als unten an der Küste. Abends im Frühjahr und Herbst wissen die Bergbewohner ein wärmendes Kaminfeuer zu schätzen – im Winter sowieso.

Für einen Anaga-Ausflug sollte man früh aufstehen, denn meist setzt die Passat-Wolkenbildung schon mittags ein.

Wandern

Unter Wanderern ist das Anagamassiv populär. Doch muss gut zu Fuß sein, wer sich die landschaftlichen Schönheiten erwandern will. Die Wege sind schmal und steil, die Höhenunterschiede enorm. Die nur sporadische Beschilderung ist mäßig bis schlecht. Neben einer angemessenen Ausrüstung sollte man die Wetteraussichten im Kopf und die Bus-Fahrpläne in der Tasche haben, wenn man keinen Rundweg, sondern von A nach B gehen will.

Wer auf eigene Faust aufbricht, muss sich also schon etwas vorbereiten und mit An- und Rückfahrt einen ganzen Tag einplanen, denn außer in Benijo und Roques de Bodega (➢ Rundreise-Unterkünfte, Seite 573, und Wanderhotel *Albergue* ➢ Seite 553) gibt es keine Übernachtungsmöglichkeiten. Wer sicher gehen möchte, schließt sich einer geführten Wanderung an, wie sie in den Touristenhotels angeboten werden.

Einige **leichte Wanderungen** werden im Folgenden empfohlen. **Zwei längere Wanderungen** sind am Kapitel-Ende beschrieben. Weitere finden sich im beiliegenden Wanderführer.

Geologie

Entstehung des Anagagebirges

Die bizarren Felsformationen im Anagagebirge wecken spontane Assoziationen an Urgestein und Dinosaurier, aber mit den ersten Ausbrüchen oberhalb des Meeresspiegels vor 7 Mio Jahren sind sie – erdgeschichtlich gesehen – jung. Dieses Gebirge ist geradezu ein geologisches Küken, wenn man bedenkt, dass es erst vor 3-4 Mio Jahren seine heutige Form ausbildete. Das Zentrum der Lava-Emissionen lag entlang des Bergrückens, auf dem heute wie auf einem Spitzdach die Kammstraße entlangläuft.

Die Eruptionen ergossen sich nach beiden Kammseiten, phasenweise mal als leichtflüssiger, mal als zähflüssiger Lavastrom. Die auffällig hellgelbliche Farbe vieler Bergkuppen geht auf die letztgenannten Laven zurück. Dazu kamen immer wieder explosionsartige Ausbrüche vor allem im Gebiet zwischen Taganana und dem verlasssenen Dorf Las Palmas, bei denen große Mengen Gestein und Gas herausgeschleudert wurden. Den Rest erledigten über die Jahrmillionen Wind, (Regen-) Wasser und wechselnde klimatische Bedingungen. Denn die vielen skurrilen Zacken, Felsfinger und Höhlen sind das Ergebnis zäher aber beständiger Verwitterung.

Roques

Charakteristisch sind die *Roques* (»Turm« beim Schachspiel, ➢ »Lexikon Geologie«, Seite 439), mächtige Felsen, die bei späteren Ausbrüchen wie Raketen aus der Tiefe in die oberen weicheren Basaltschichten geschossen wurden und dort wie Pfropfen steckenblieben. Freigelegt wurden sie erst, als der Basalt erodierte, während sie als jüngeres und härteres Gestein Wind und Wetter widerstanden. Jetzt ragen sie wie Monolithe aus den Abhängen der Schluchten heraus. Manchmal erinnern sie an Zuckerhüte, z. B. der ***Roque de Taborno*** (das Matterhorn Teneriffas) und der ***Roque de Animas*** bei Taganana. Einige *Roques* stehen im Meer, und im Fall *Roques de las Bodegas* gegenüber großer Fischrestaurants.

Roques de las Bodega an Teneriffas Nordküste

Gänge

Ein sogenannter **Gang** (span: *dique*, engl: *dike*) ist ähnlich wie die *Roques* entstanden, hat aber nicht die Form eines hochgeschossenen Felsklotzes, sondern erscheint als langgestreckte, **aufrechtstehende Schicht**: junges, hartes **Tiefengestein**, das bei späteren Ausbrüchen in den Spalten weicherer Erdschichten hochstieg, blieb wie eine Wand stehen, während das umgebende Gestein langsam verwitterte. Im Anagagebirge lassen sich solche Gänge gut ausmachen. Sie erinnern an eine mal mehr, mal weniger freigelegte chinesische Mauer.(➢ Seite 281)

Barrancos (Schluchten)

Ein weiteres Charakteristikum im (Teno- und) Anagagebirge sind die vielen steilen ***Barrancos***, weil es auf kleinem Raum viele Bruchspalten gab, durch welche Magma aufstieg. Wie tiefe Scharten liegen sie eng nebeneinander. Der Wechsel von Trocken- und Nassperioden führt bei tropischen Platzregen zu gewaltiger Abtragung. Gesteinsmassen, die durch die Schluchten hinuntergespült werden, schneiden sie immer tiefer ein. Am Ausgang der Schluchten lagern sich die Gesteinsmassen ab.

Auch die **Eiszeiten** wirkten sich aus. Durch das Sinken des Wasserspiegels in den Kälteperioden verlagerten sich die Mündungen der *Barrancos* deltaartig nach außen und wurden beim späteren Wiederanstieg des Wasserspiegels überschwemmt – Steilküsten waren die Folge.

Bevölkerung und Wirtschaft

Zuckerrohr und Kohle

Bereits Anfang des 16. Jahrhunderts errichteten die Spanier auf Teneriffa große Zuckerrohrplantagen – so auch im äußersten Nordosten der Insel. Das kleine abgelegene Bergdorf **Taganana** erlebte damals eine Blütezeit. Dort gab es Wälder und sprudelnde Bergbäche und damit die entscheidenden Rohstoffe für die Zuckerrohrverarbeitung: Holz und Wasser.

Mit **Wasser** wurden die Zuckermühlen betrieben und mit **Holz** der Zuckersirup (Melasse) verkocht. Zudem eigneten sich die

Zeitgenössische Darstellung der Sklavenarbeit in den sog. Zuckermühlen

harzhaltigen Baumstämme zum Bau und Abdichten von Wasserleitungen. Darüberhinaus gab es billige Arbeitskräfte ganz in der Nähe: alte Stiche zeigen, wie Negersklaven (aus Westafrika) die harte Arbeit in den Plantagen verrichten, ➢ Abbildung links.

Holzkohle

Doch schon nach wenigen Jahren intensiver Zuckerproduktion waren Anagas Holzreichtümer erschöpft und die Wälder kahlgeschlagen, zumal man sie obendrein nutzte, um Holzkohle für die Küchenherde der Insel herzustellen. Die Köhler-Wirtschaft gab Tagananas Nachbardorf **Las Carboneras** (»Die Kohlenmeiler«) seinen Namen.

Weinbau/ Malvasia

Die Konkurrenz aus Amerika beschleunigte Teneriffas Niedergang als Zuckerproduzent. Tagananas Plantagenbesitzer sattelten um auf Rebstöcke. Ihr roter, schwerer **Malvasier** – eine aus Kreta eingeführte Rebensorte – war bald vor allem an den europäischen Höfen und in England begehrt. Ein kanarisches Fass Wein kommt in Shakespeares »Fallstaff« vor, und Sir Walter Scott erwähnt den Tropfen in »Ivanhoe«.

Doch Geschmäcker ändern sich, und als die adligen Kehlen jählings andere Sorten bevorzugten, war Tagananas ökonomisches Schicksal besiegelt. Es fiel in einen 300-jährigen Dornröschenschlaf, als die Anbindung an den Rest der Insel und die internationalen Märkte nicht mehr von Bedeutung war.

300 Jahre Stillstand

Die Bauern ackerten nur noch für den Eigenbedarf auf den fruchtbaren, aber schweißtreibenden Terrassenfeldern (Mais, Weizen, Gerste, Kartoffeln). Viele wanderten ab, teils bis Südamerika. Die alte, einfache Infrastruktur verfiel, aber für die wenigen, die in der Abgeschiedenheit blieben, reichte es zum Überleben. Erst nach dem II. Weltkrieg wurden Anagas Bergdörfer mit Bulldozern und Asphalt aus ihrem Schlaf geweckt. Heute pendeln die Enkel der Berg- und Ziegenbauern zu ihren Arbeitsplätzen in den Städten und betreiben in ihren Gemüsegärten Weekend-Landwirtschaft.

Nur wenige Menschen verharren in ihren alten Traditionen. Man erkennt sie an hellen, schweren Filzumhängen (*mantas*). Ärmellos und knöchellang schützen sie vor kühlen Winden und kriechender Kälte. Ein Blick unter das Cape lüftet das Geheimnis: ihr wärmender Erfolg beruht auf der Doppellage des Stoffs.

Parque Rural de Anaga

Die Verlockung, auch das Anagagebiet für den Tourismus zu öffnen, war groß. Doch der Bau von Ferienhäusern und Hotels hätte die Schönheiten der Gebirgswelt zerstört. 1987 wurde Anaga zur geschützten Zone erklärt, und 7 Jahre später der *Parque Rural de Anaga* ins Leben gerufen.

Entwicklungsprogramme unterstützen die Wiederansiedlung von Landwirtschaft und die Erneuerung der Terrassenfelder. Eine bessere Infrastruktur soll die Agrarprodukte bequemer und schneller zum Markt gelangen lassen. Auch Aufforstung und Fischfang werden gefördert. Der **Tourismus** beschränkt sich hier weitgehend auf Ausflügler, die mit Bussen und Leihwagen kommen.

Flora und Fauna im Mercedeswald

Monteverde, die grünen Berge verdanken ihren Namen der sehr speziellen Vegetation in den Höhenlagen des Anagagebirges. Besonders auf Wanderungen vom Kamm die Nordseite hinunter erlebt man herrlich intakte Gebiete dieser immergrünen Pflanzenwelt (vor allem um Vueltas de Taganana und um die kleine Enklave Pijaral herum).

Laurisilva

Die Flora des *Monteverde* besteht hauptsächlich aus dem ***Fayal-Brezal*** und der ***Laurisilva***, von der nur noch 15% der einstigen Bestände erhalten sind. Zum *Laurisilva* zählen 15-20 Lorbeer-Baumarten, die durchschnittlich 8-10 m hoch sind, vereinzelt aber auch bis zu 20 m hoch werden können. Ihre Blätter sehen aus wie die von Gewürzlorbeer, sind aber für Wildbraten ungeeignet. Sein entfernter Verwandter, der *Fikus Benjamin*, steht bei uns in jedem größeren Hotel- und Bankfoyer. Dort muß man ihn im Winter hegen und pflegen, denn die trockene Zentralheizungswärme bekommt ihm nicht.

Konden-sation

Die *Laurisilva*-Blätter brauchen viel Feuchtigkeit, die sie auf den Kanaren aus den Passatwolken ziehen. Da ihre elliptische Blattform einer flachen Sauciere ähnelt und ihre Oberfläche lederartig-wasserabweisend ist, kann das Kondenswasser gut über die kleine Tülle in der Blattspitze in den Boden abtropfen. Dort versickert es, bis es ein natürliches Reservoir erreicht hat. Folglich hat der Lorbeerwald für die Insel eine ähnliche Funktion wie die kanarische Kiefer (➢ Seite 414). Früher war dieses Hartlaubgewächs im ganzen Mittelmeerraum heimisch, bis es in der Eiszeit in wärmere Gefilde, nämlich auf die makaronesischen Inseln im Atlantik (Azoren, Madeira, Kanaren, Kapverden) vertrieben wurde – und in so manche deutsche Wohnstube.

Riesenfarne

Der **Lorbeerwald** wirkt auf den ersten Blick monoton, die verschiedenen Arten ähneln einander sehr und sind für den Laien oft nur an den Blüten oder Früchten zu unterscheiden.

Frucht des Lorbeerbaums (Laurus azorica)

Beim Durchwandern richtet sich der Blick in erster Linie auf die ungeheure Pflanzenvielfalt, die unter dem Blätter-Baldachin der Lorbeerbäume in Schatten und Feuchtigkeit prächtig gedeihen: **Farne**, **Moose**, **Flechten**, **Sträucher**, **Kletter-** bzw. **Rankpflanzen** und **Pilze**. Besonders eindrucksvoll ist ein Riesenfarn (***Pijara***), dessen Wedel 2,50 m lang und 50 cm breit werden Die durch Verwesung der Pflanzen entstehende Biomasse führt zu stärkerem Wachstum der vielfältigen Flora, bremst die Erosion und reguliert den Wasserhaushalt der gesamten Region perfekt.

Blütenpracht

Die meisten der *Laurisilva*-Bäume blühen zwischen Januar und März weiß. Besonders schön sind die weißen, traubenförmig angeordneten, duftenden Blüten der ***Hija*** (rote Beeren) und des ***Tejio*** (rosarot); beliebt ist die ***Reina del Monte***, ein Strauch mit intensiv-gelben Blüten, ebenso die **Kanarenglockenblume**, ein leuchtend rotes Kriechgewächs. Besonders giftig ist der im Frühjahr orange-rot blühende **Kanarenfingerhut**.

Fayal-Brezal

Oberhalb des Nebelwolkenfeldes oder auch unterhalb, auf der nicht so stark eingenebelten Südseite, schließt die ***Fayal-Brezal***, auch (Gagelbaum-) Baumheide genannte **Vegetationszone** an. Sie ist weniger artenreich als die *Laurisilva*. Dafür ist sie nicht so empfindlich kann größere Temperaturschwankungen, mehr Sonne und Trockenheit ertragen. In weiten Teilen des Monteverde ist sie zur bestimmenden Vegetation geworden. Weil die edleren zur *Laurisilva* gehörenden Hölzer (z.B. *Naranjero Salvaje, Hija, Vinatigo, Tejo, Palo Blanco*) abgeholzt wurden oder der Landwirtschaft wichen, haben die robusten **Gagel-** und **Heidebäume** als Pionierspezies das Bergterrain erobert.

Riesen-Löwenzahn

Am Wegrand des Monteverde sieht man viele Arten von rosettenförmigen **Dickblatt-Gewächsen** (*Aeonium*) und Pflanzen, die zwar viel Feuchtigkeit brauchen, aber nicht unbedingt typisch für Teneriffa sind. Beispielsweise die leuchtend gelbblühende ***Gänsedistel***, die wie ein Riesen-Löwenzahn aussieht. Sie ist zwar auch ein Korbblütler, hat aber mit dem uns vertrauten (und auch auf den Kanaren in 250 Arten vertretenen) Löwenzahn,

Gänsedistel

Taraxacum officiale) wenig gemein. Bei den überdimensionierten gelben Gänseblümchen (bis zu 2 m) handelt es sich um eine der 27 endemischen **Gänsedistel-Arten**, deren Ahnen sich vor allem auf den Nachbarinseln El Hierro und La Gomera wohlfühlen.

Fauna

Da die Tierwelt auf den kanarischen Inseln bei weitem nicht so artenreich ist wie die Flora, findet sie weniger Erwähnung.

Neben einer Vielzahl von Schmetterlingen und Käfern auf den weichen Waldböden fühlen sich in der *Laurisilva* vor allem zwei grau-grün-rötlich gefärbte endemische **Taubenarten** wohl, die ***Paloma Turque*** und die ***Paloma Rabiche***. Bei den Raubvögeln ist es der ***Gavilán***, ein kleiner Falke. Selbst **Reiher** kann man bisweilen sehen; sie schnappen sich ihr Futter gerne an offenen Zisternen (*embalses*) an den unteren Hängen.

Einen guten Überblick über Flora und Fauna geben auch die Abbildungen im ***Centro Visitantes*** beim *Mirador Cruz del Carmen*, ➢ Seite 174.

2.3.2 Routen durchs Anagagebirge

Bei Las Mercedes, 5 km nördlich von La Laguna, beginnt die Auffahrt durch den Mercedeswald auf den Kamm des Anaga-Massivs. Diese atemberaubende Kammstraße, die TF 12 (ab Bailadero TF 123), windet sich knapp unter 1.000 m Höhe bis nach Chamorga, dem letzten Dorf am äußersten Inselzipfel. Von der Kammstraße zweigen vier Stichstraßen nach Norden ab, aber nur eine (nach Taganana/Almáciga/Benijo) führt bis hinunter ans Meer. Für den Heimweg gibt es also nur zwei Möglichkeiten: entweder man fährt den gleichen Weg über Las Mercedes wieder zurück oder nimmt ab dem Abzweigpunkt *El Bailadero* die Fortsetzung der TF 12 nach San Andrés/Las Teresitas hinunter zur Südküste und gelangt über Santa Cruz wieder auf die Autobahn.

Empfehlung:

Rundfahrt im Uhrzeigersinn

Eine solche Anaga-Rundfahrt im Uhrzeigersinn ist aus zwei Gründen empfehlenswert. Erstens bilden sich in diesem Gebirge – wie erwähnt – oft schon mittags Passatwolken und behindern die herrlichen Aussichten. Man sollte also die schnellere Zufahrt über La Laguna wählen. Zweitens ist der schöne *Las Teresitas*-Strand im Anschluss an die Bergtour ideal fürs nachmittägliche (Sonnen-) Bad. Danach ist noch Zeit – da die Geschäfte erst um 20 Uhr schließen – zum Bummeln in Santa Cruz oder Essengehen.

Die Strecke La Laguna–Cruz del Carmen–(kurz vorm) *El Bailadero*–San Andrés–Santa Cruz mißt 40 km auf zwar guten, aber engen und kurvenreichen Straßen. Wer im Anagagebirge dann noch eine der Stichstraßen (nach Las Carboneras, Afur, Taganana oder Chamorga) einplant, um einzukehren, zu baden (bei Taganana) oder einen Spaziergang zu machen, muss sich sputen, denn spätestens um 17 Uhr (im Sommer 19 Uhr) ist die Sonne am Strand von *Las Teresitas* hinter den ersten Bergen verschwunden.

Anagagebirge bei Afur

Von La Laguna in den Mercedeswald

Anfahrt (Karte Seite 148)

Von Puerto kommend verläßt man die Autobahn am besten erst bei **Ausfahrt 8b, »Tegueste«**, und folgt den Schildern der TF 13 nach Tegueste (später: Mercedes).

Vom Inselsüden kommend führt die **Ausfahrt 8a** (Tegueste, TF 13) über die **Stadttangente** (Abstecher nach La Laguna ➢ Seiten 149 und 151) zur Landstraße nach Las Canteras (Mercedeswald).

Las Canteras

Dort teilt sich die Straße: links geht es über Tegueste und Tejina nach Bajamar und Punta del Hidalgo, rechts durch den Mercedeswald, *Monteverde*,(➢ vorstehenden Kasten) ins Anagagebirge bis Chamorga. Kurz bevor man den Wald erreicht, liegt rechts das **Restaurant *Casa Domingo*** (kanarische Küche). Vom Gastraum genießt man einen schönen Blick auf die Hochebene Valle de Aguere, ➢ Foto Seite 150.

1. Mirador: Valle de Aguere

Die Straße (TF 12) verläuft zunächst in relativ weiten Kurven durch dichten Wald bergauf. Rechterhand, in einer Linkskurve mit Parkfläche, erlaubt der *Mirador Jardines* einen ersten Blick über die sanft hügelige, intensiv kultivierte Landschaft um La Laguna. Wenn sie im Frühjahr mit frischen Pflanzentrieben bedeckt ist, erinnert diese Hochebene von Aguere mehr an Irland als an ein südliches Archipel. Der Augenschmaus ist perfekt, wenn sich der Teide auch noch schneebedeckt gegen das leuchtende Frühlingsgrün und das himmlische Blau abhebt.

Wandern

Der Lorbeerwald entlang der Straße geht nun langsam in dichter werdende Baumheide über. Kurz darauf liegt links ein Picknickplatz, die ***Zona Recreativa Llano de los Viejos***. Von hier starten zwei kurze **Spaziergänge**, einer davon zum *Mirador Cruz del Carmen* (30 min).

Stichstraße A: Batán de Abajo

Wer plant, nicht über San Andrés/Santa Cruz, sondern über dieselbe Kammstraße zurückzufahren, sollte sich diese Stelle merken: von hier windet sich – vorbei an Höhlenwohnungen – eine untouristische Stichstraße (TF 143) durch den Wald hinunter nach Batan de Abajo, einem abgelegenen Weiler (600 m) mit nur einer Bar. Noch vor dem Ort zweigt nach links eine Nebenstrecke ab; sie führt – vorbei am lauschigen **Picknickplatz** ***»Zona Recreativa Pedro Alvarez«*** über Pedro Alvarez nach Tegueste .

2. Mirador: Cruz del Carmen, Centro Visitantes und Markt

Von der kurparkartigen Aussichtsplattform Cruz del Carmen (920 m) hat man einen wunderbaren Blick auf Teide und Meer beiderseits der Insel. Vorn am Parkplatz befindet sich die ***Ermita Cruz del Carmen***, gegenüber das gut gemachte **Informationszentrum** über den *Parque Rural de Anaga;* täglich 9.30-16 Uhr, im Sommer bis 15 Uhr, © 922-633576).

Die klimatischen, geologischen und biologischen Besonderheiten des Parks werden dort recht anschaulich erläutert (Infomaterial gibt's auch auf Englisch). Am Eingang kennzeichnen kleine Schilder die wichtigsten Bäume der *Laurisilva*. Nebenan finden sich am Sa und So, 10-14 Uhr, kleine Verkaufsstände (*Mercadillo de Anaga*) mit frischen Agrarprodukten der Region (gute Ware; Sa mehr Stände als So).

Im auch von *Tinerfeños* gern besuchten rustikalen ***Ausflugsrestaurant Cruz del Carmen*** auf der anderen Straßenseite gibt's am Wochenende kanarische Eintöpfe (z.B. *Garbanzas, Puchero*).

Wandern

Links am Lokal beginnen Wanderwege steil bergab nach **El Batán** (70 min), nach **Punta del Hidalgo** (135 min) und nach **Tegueste** (100 min). Rechts hinter dem Lokal geht es nach **Las Carboneras** (45 min) und **Taborno** (90 min). Nur wenige Busse/Tag zurück zum *Cruz Carmen*. Der Weg *»Llano de los Loros«* lohnt nicht.

Mirador Cruz del Carmen. Bei guter Sicht scheint der Teide ganz nah zu sein

3. Mirador: **Pico del Inglés**

Zwei Kilometer weiter, vom berühmt-spektakulären ***Mirador Pico del Inglés*** (1 km südlich der Straße) hat man eine atemberaubende Sicht aus 992 m Höhe auf die tief eingeschnittenen Anagatäler und das Meer. Lediglich der höchste Anagaberg, der 1.024 m hohe ***Taborno***, verstellt einen 360°-Panoramablick: Bei klarer Sicht erkennt man hinter La Laguna den aufsteigenden Wald von La Esperanza und den *Teide*, das Afur-Tal, die Anagaspitze *Roque de Taborno* (707 m) im Norden und über dem Hafen von Santa Cruz am Horizont sogar Gran Canaria.

Stichstraße B: Las Carboneras (4 km)

Die zweite Stichstraße führt links ins hübsche Las Carboneras (=Köhlerei; zwei Restaurants), ein Dorf umringt von terrassierten Feldern. Der *Parque-Rural*-Plan reaktivierte hier die Landwirtschaft erfolgreich.

Ganz hübsch ist der Kirchplatz, von dem aus ein 5-min-Rundweg durchs Dorf führt. Das Restaurant ***Valentin*** serviert rustikale Gerichte bei schönem Blick auf den *Roque Taborno*.

Höhlendorf Chinamada

Von Las Carboneras führt eine kaum befahrene Straße zum Höhlendorf Chinamada (2,5 km, gut zum Füße vertreten). Auf einem Bergsattel in toller Landschaft wohnen immer noch einige Bauern in den Felsen wie einst ihre Guanchen-Vorfahren – inzwischen allerdings mit gemauerten Fassaden, Alufenstern und Strom aus der Steckdose.

Auf einem 15-min-Spaziergang gelangt man von der Kirche in Chinamada zum ***Mirador de Aguaide***. Das **Restaurant *La Cueva*** sorgt für Stärkung und Erfrischung. Mi, Do+So 11-21 Uhr, Fr+Sa 11-23 Uhr, Mo–Di geschlossen, © 922-690076).

Chinamada-Hidalgo

Abstieg nach Punta del Hidalgo

Von Chinamada führt ein beliebter, steiler **Wanderpfad** an die Küste nach **Punta del Hidalgo**. Der Abstieg ist aber nur für Wanderer sinnvoll, die mit dem Bus kommen (Linie 75 um ca. 13 Uhr ab La Laguna), da sonst der in Las Carboneras abgestellte eigene Wagen am gleichen Tag unerreichbar bleibt.

Restaurant

Wieder an der Kammstraße (TF 12), kurz hinter der Abfahrt nach Las Carboneras, liegt links das einfache **Restaurant *Casa Carlos***. Dort hat man schmackhaft zubereitetes *Conejo* und andere einfache kanarische Gerichte. Bei gutem Wetter stehen auch Tische und Stühle draußen; Mo zu, sonst bis 19 Uhr; © 629-828365.

Wanderwege

Hinter dem Restaurant beginnen **Wanderwege**: nach **Taborno** (45 min), nach **Afur** (60 min) und nach **Taganana** (2 Std 30 min). Alle Orte werden von Bussen bedient (Linien 75, 76, 246).

Wanderung von Casa Carlos nach Taborno

Von der *Casa Carlos* geht es 45 min abwärts auf dem immer klar erkennbaren Weg mit Ausblicken über die *Barrancos*. Taborno sollte man dann noch durchqueren und ab dem Kirchplatz im Uhrzeigersinn den Felsen umrunden (weitere 20 min). Nach ein paar hundert Metern teilt sich der Weg: Vor einigen Häusern geht es hoch zum ***Roque de Taborno*** (nur für Schwindelfreie!), sonst nach rechts und kurz darauf links zu einem ***Mirador***. Nach wenigen Metern ist man wieder im Dorf. Rückmarsch auf dem gleichen Weg (45 min). Hungrige kehren ein im Lokal ***Historias para non Dormir*** (Alpträume); frz. Koch und Küche; 9.30-21 Uhr, Di zu; © 922-690227 und © 610-466989.

Stichstraße C: Afur (6 km)

Die nächste Abzweigung von der Kammstraße endet in Afur, klein und verträumt, wie alle Ortschaften im Anagagebirge. Ein winziges Kirchlein, eine Zwergschule und ein Dutzend Häuser bilden den Ortskern. Wer Kontakt zu seinem Dorfnachbarn im Vorort will, kann ihm zwar winken und zurufen, braucht aber wegen der tiefen Schlucht dazwischen zu Fuß eine halbe Stunde, um ihm die Hand zu schütteln.

Restaurant Nene

Der weite Weg zum herb-romantischen Afur lohnt fast schon allein wegen eines verstaubten Krämerladens, hinter dessen Verkaufsraum José täglich Käse und Wein reicht © 922-690141. Wem der Magen knurrt, kehrt kurz vor Afur an der Stichstrasse in einer steilen Rechtskurve beim einfachen Lokal »***Nene***« ein, und bekommt Bäuerlich-Kanarisches; nur Fr-So 10-22 Uhr, © 922-690048. Jugendliche *Canarios* gehen von Afur gern hinab zum steinigen Strand ***Playa de Tamadiste*** (45 min) und campen dort im Sommer wild.

Wandern

Die Dörfer Afur und Taganana sind durch 2 Wanderwege – einer unten an der Küste, der andere weit oberhalb – miteinander verbunden. Beide Wege (eine Richtung 2 bzw. 3 Stunden) bieten herrliche Ausblicke entlang der Nordküste Teneriffas, ➢ Seite 187f.

Casas de la Cumbre

Weg nach Taganana

Die Kammstraße führt weiter vorbei an den verstreut liegenden Häusern von Casas de la Cumbre und passiert nach 1.000 m links ein rotes Haus mit grünem Zaun, das ehemalige Forsthaus *Casa Forestal*. Hinter dem Haus beginnt der reizvollste **Abstieg nach Taganana**, der wegen seiner vielfältigen Vegetation (Farne, Moose) vor allem Biologen begeistert. Statt der angegebenen Stunde sollte man eher gut 90 min veranschlagen. Bei der Weggabelung den kleineren rechten Pfad nehmen, denn links geht es nach Afur. Vorsicht, bei Nässe ist der Pfad rutschig!

Weggabelung

Schließlich gelangt man auf der Kammstraße nach vielen Kurven an eine Gabelung: **links** geht es auf dem Kamm weiter über El Bailadero **nach Chamorga** (12 km, TF 123), **geradeaus** verläuft die Straße TF 12 nach **San Andrés**/Las Teresitas an die Ostküste; von der TF 12 biegt nach 1,5 km **links** die TF 134 **nach Taganana** (ca. 4 km) ab, die anschließend noch 3,5 km an der Nordküste entlang nach Benijo führt (➢ unten). Über einen ungesicherten Feldweg kommt man von Benijo zwar mit dem Auto zur Not noch bis El Draguillo, doch danach geht es nur noch per pedes weiter (zum Kap und Chamorga, ggf. sogar bis Igueste), ➢ Seite 189f.

Blick aufs Meer vom Wanderweg Afur-Taganana

Vom Bailadero nach Chamorga (12 km)

4. Mirador:

El Bailadero

Die Kammstraße Richtung Chamorga erreicht kurz vor einem malvengrünen Haus den ***Mirador El Bailadero***. Von dort schaut man aus 735 m Höhe auf beiden Seiten übers Meer. Kein Wunder, daß die Guanchen hier ihre Rituale pflegten. Sie trennten die Lämmer von ihren Müttern, fasteten drei Tage zusammen mit den blökenden Tieren, um dann tanzend (***bailar***) die Götter anzuflehen. Daher die Bezeichnung dieser Stelle.

Restaurants

Von der kleinen ***Casa de Domingo*** (gegenüber dem grünen Haus) kann man an klaren Tagen Gran Canaria sehen; vor allem am Wochenende kehren hier häufig junge *Canarios* ein, um sich nach einer Wanderung zu stärken. Dort serviert man *Gofio, Puchero, Garbanzas, Conejo* (Kaninchen) oder *Cabra* (Ziege). Wer nach Chamorga weiter fährt, trifft nach ca. 2 km auf eine moderne Wanderherberge(➢ Seite 553).

Tolle Wanderung

Bailadero-Almáciga

Nur wenige Meter hinter (östlich) den grünen *Bailadero*-Restaurants kreuzt ein Wanderweg die Straße nach Chamorga (TF 123), der schon beim Picknickplatz unmittelbar vor dem Tagananatunnel durch den Anagakamm (TF 134) mit einem 30 min steilen Aufstieg begonnen hat (➢ Strecke nach Taganana, Seite 180). Die Wanderung bereits dort zu beginnen, macht entschieden mehr Sinn, weil die Busse nach Taganana acht mal, nach Chamorga nur dreimal am Tag verkehren.

Abstieg nach Almáciga

Der **Wander(wieder)einstieg beim *Bailadero* liegt versteckt** und zugewachsen am linken Straßenrand. Ein dicker Holzpfahl und Pflaster auf den ersten Metern markieren den 90 min-Abstieg nach Almáciga. Man geht durch Lorbeerwald und stößt nach 30 Minuten auf die kurvenreiche Strasse nach Taganana (TF 134), geht ca. 250 m zur nächsten Parkausbuchtung, von der der Wanderweg weiter nach Almáciga verläuft. Links unten erkennt man die verstreut liegenden Häuser von Taganana. Rechts halten! Wer eine Finca mit hoch aufgestapelten Felsbrocken sieht, ist auf dem richtigen, breiter werdenden Weg.

Baden, Einkehr, Rückfahrt

Wer vor der Busrückfahrt von Almáciga noch Zeit hat, findet ein wenig links unterhalb in **Roque de las Bodegas** (➢ Seite 181) einen kleinen **Strand** (Unterströmung) und mehrere Lokale, die von Buslinie 246 passiert werden (Achtung: Bus 246 verläßt Almáciga ca. 10 min vor Abfahrt aus Taganana).

Blick auf den Benijo-Strand und Taganana

Nach Chamorga

Es ist empfehlenswert, gerade diesen viel weniger frequentierten Kammstraßen-Abschnitt bis Chamorga zu fahren, auch wenn die Straße noch enger wird und es keine weiteren Ausblicke auf den Atlantik gibt. Am Ende der Straße wartet das **verschlafene Dorf Chamorga**. Auf den 12 km dorthin wird die *Laurisilva*-Vegetation niedriger, buschartiger und dichter, durchwachsen mit Wurzeln, Riesenlöwenzahn und vielen Farnen.

Wanderungen

Zum Cabezo del Tejo

Zwischen Kilometerstein 4 und 5 befindet sich links ein Parkplatz, von dem mehrere Wanderwege starten. Empfehlenswert ist der bergseitige Weg (zunächst parallel zur Straße, beim Abzweig nach rechts geradeaus halten) zum ***Cabezo del Tejo*** (45 min), einem der schönsten Panoramapunkte des Anaga. Von dort überblickt man einen langen Küstenstrich mit bizarren Felsformationen und erkennt tief unten Almáciga. Der Weg ist dank dichter Vegetation sehr schattig (und Teilstück einer größeren Anaga-Wanderung, ➢ Seite 189).

Vom *Cabezo del Tejo* geht man entweder den gleichen Weg zurück oder einen breiten, ebenen Forstweg zur Kammstraße (40 min, ➢ unten den anschließenden Spazierweg), auf der man dann noch 30 min weiter zum parkenden Auto am Picknickplat laufen muss. **Diese Rundwanderung dauert 2 Stunden**. Sie ist 30 min kürzer, wenn man den gleichen Weg zurückgeht.

Spazierweg

Kurz nach **Kilometerstein 6** zweigt in einer Rechtskurve nach links an einer eisernen Schranke ein bequemer, breiter und schattiger Feldweg ab, der u.a. in 45 min zum ***Mirador Cabezo del Tejo*** (764 m) führt. Am Wegesrand sieht man im Februar zahlreiche Bestände der prachtvollen roten **Kanaren-Glockenblume**, der *canarina canariensis*.

Nach Igueste

Kurz nach **Kilometerstein 9** startet rechts ein anderer schöner Wanderweg am asphaltierten Abzweig zum 1 km entfernten Friedhof (***Cementerio de las Bodegas***). Der Abstieg führt in 90 min hinab nach Igueste de San Andrés (an der Gabelung rechts halten). Von dort verkehrt Bus 245 über San Andrés nach Santa Cruz. Wer auf dem Weg nach Santa Cruz am *Las Teresitas*-Strand pausieren möchte, kommt dann von dort alle 15 min mit der Linie 910 ebenfalls zurück nach Santa Cruz.

Den Wander-Startpunkt an der TF 123 erreicht man ab Santa Cruz mit Bus 247 (tägl 15 Uhr, Dauer 70 min). Der Fahrer hält auf Wunsch 3 km vor Chamorga am Kilometerstein 9 (*Cementerio*).

Chamorga

Chamorga

Hat man den Abzweig zum kleinen Weiler **Lomo de Las Bodegas** passiert, erreicht man – nach einem kurzen Tunnel – **Chamorga, das Ende dieser Inselwelt** mit schönen Palmen und Drachenbäumen. Der Ort ist ein beliebter Ausgangs- bzw. Endpunkt für mehrere **Wanderwege** nördlich von Chamorga. Die ***Casa Alvero*** hat keine Speisekarte; man muss nach dem Tagesgericht fragen (täglich 10-18 Uhr). Ansonsten befindet sich neben der Kneipe ein kleiner uriger Dorfladen mit dem Nötigsten.

An die Küste nach Roque Bermejo

Wer zum Meer hinuntergeht, braucht 90 Minuten und findet unten ein paar Fischerhäuschen auf den Klippen (Roque Bermejo). Im Winter sind sie unbewohnt. Wenn die Wellen nicht zu hoch schlagen, kann man am schwarzen Strandstückchen ins Wasser springen. Geschützter schwimmt man hinter der Mole. An der Bude erfrischt – nur im Sommer – ein kühles Bier den Wanderer. Für den Rückweg sollte man mindestens 120 min rechnen. Wanderung von Chamorga, ➢ Seite 179 und 187 und Wanderbeileger.

Nur zu Fuß erreichbar: Roque Bermejo an der äußersten Nordostecke Teneriffas

Von der Kammstraße nach Taganana (4 km)

Nach einer Tunneldurchfahrt unterhalb des *El Bailadero* erkennt man die kurvenreiche, erst Ende der 1960er-Jahre in die Berge gefräste Abfahrt nach Taganana. Das Dorf liegt hoch über dem Meer. Seine Häuser muten aus der Ferne an wie ausgestreute weiße Bauklötze, ➢ Fotos Seite 163 und 178.

Nach Almáciga

Wandern

Gegenüber vom Picknickplatz (Bus 246 hält auf Wunsch) unmittelbar vor dem Tagananatunnel durch den Anagakamm beginnt eine schöne 2-stündige Wanderung nach Almáciga. Nach 30 Minuten steilem, aber schattigem Aufstieg zum *Bailadero* geht es 700 m bergab zur Nordküste (➢ oben Abstieg vom Bailadero nach Almáciga, Seite 177f)

Taganana

Ein Bergrücken, der wie ein Schiffsbug in Richtung Meer weist, trägt die Siedlung Taganana. Beim ***Ausflugsrestaurant Xiomara*** gehts nach links, man parkt aber besser noch auf der TF 134, bevor es eng wird. Nach einigen Schritten steht man am Marktplatz mit der dreischiffigen **Kirche *Nuestra Señora de las Nieves*** mit charakteristischer *Mujedar*-Decke aus dem 17. Jahrhundert. Sehenswert ist dort ein flämisches Triptychon.

Zucker und Malvasia

Die auch sonst reiche Ausstattung geht auf den früheren Wohlstand Tagananas zurück. Sie begann im 16. Jahrhundert, als portugiesische Investoren Zuckerrohr-Mühlen einführten (➢ oben, »Bevölkerung und Wirtschaft«). Als dann Rebstöcke den Zucker ablösten, fielen sie in diesem abgeschiedenen Winkel nicht – wie sonst auf der Insel – dem Mehltau zum Opfer. So überlebte hier der berühmte hochprozentige **Malvasia-Wein**.

Tagananas Bewohner sind das Treppensteigen gewohnt, denn die Häuser sind durch tiefe, grüne ***Barrancos*** getrennt: hier wachsen auf kleinen, fruchtbaren Terrassenfeldern nicht nur Rebstöcke, sondern auch Avocados, Apfelsinen, Nisperos und Bananen.

Wanderweg Taganana-Afur

Das Ende des Afur-Pfades via Playa Tamadiste, der ab Seite 184 detailliert beschrieben ist, kann man ab Taganana auch in Gegenrichtung (ab Friedhof) machen oder ihm ein Stück folgen und zurückgehen. Dies ist ein schöner, leichter Spaziergang (nach 30 min schwieriger) mit weiten Meerblicken (aber schattenlos).

Roque de las Bodegas

Läßt man bei der Fahrt hinunter nach Taganana den Ort links liegen, erreicht man nach 3 km Roque de las Bodegas mit einem ersten schwarzer **Sandstrand** und vorgelagerten Felsen. Meist surfen jugendliche *Canarios* in der Bucht. **Beim Baden** ist wegen der starken Unterströmung **äußerste Vorsicht** geboten, wie auch an den noch folgenden Stränden.

Große und kleine **Fischrestaurants** (mit Blick aufs Wasser und einen wellenumspülten Felsbrocken mit Aussichtsplattform) säumen die andere Straßenseite. Beliebt sind die ***Bar Playa*** (© 922-590100, ➢ Foto) – Sonntagmittag spielt eine lokale Musikgruppe kanarische Lieder – und die ***Casa Olga*** (➢ Seite 80ff).

Am Ortsausgang von Roque de las Bodegas kann man im ***La Mecha*** bei schäumender Gischt vor dem Fenster übernachten, ➢ Seite 553. *Emilia* sorgt für **kanarische Hausmannskost**, Freitag geschlossen, © 922-590154.

Almáciga

Die Buslinie 246 von Santa Cruz endet kurz hinter Roque de las Bodegas etwas oberhalb der Küstenstraße. Bei einem 10 Minuten-Rundweg durch Almáciga erhält man einen Eindruck von diesem schlichten Ort fast am Ende der Stichstraße in die Nordostrecke.

In der Bar Playa in Roque de las Bodegas

Am Meer liegt ein weiterer schwarzer Surf- und Bade-Strand mit Imbissbude aus Holz und Bambus. Im Sommer campen hier viele *Canarios* wild. In **Benijo**, dem nächsten Dorf, endet die Straße.

Benijo

Unterhalb von Benijo liegt ein wildromantisches Stückchen Strand, das man über eine steile Treppe ab dem **Restaurant *El Mirador*** (© 922-590217, 11.30-19 Uhr, Fr. geschlossen) gleich am Ortsanfang erreicht. Im Wasser stehen kleine Felsen und hinter dem schwarzen Strand steile Kliffs. Bei Flut findet man nur wenige trockene Fleckchen. Für potenzielle Schwimmer gilt: wegen der Unterströmung ist äußerste Vorsicht geboten.

Hoch über dem Strand befindet sich das Restaurant ***Bar El Frontón***. Die verglaste Terrasse bietet einen der schönsten Küstenblicke im Nordosten Teneriffas. Vor allem, wenn die Abendsonne hinter den bizarren Felsen steht (© 922-590238, Mo geschlossen. Alle hier erwähnten Restaurants haben einfache, aber schmackhafte Fischgerichte: Pulposalat, *Abadejo*, *Sama* – immer mit *papas arrugadas* und *mojos* (*verde/rojo*) (➢ Seite 80ff).

Übernachten

Wer den Sonnenuntergang bis zu Ende genießen möchte und die kurvenreiche Rückfahrt scheut, kann hier auch übernachten, ➢ Seiten 553 und 575f.

Teneriffas Nordküste nordöstlich von Taganana bei El Draguillo

Wanderung

Benijo ist einer der Ausgangs- bzw. Endpunkte für Wanderwege in Teneriffas äußerstem Nordosten. Sie verbinden Benijo, El Draguillo, den *Cabezo del Tejo* und den *Faro de Anaga* mit dem nordöstlichsten Dorf Chamorga, ➢ auch Seite 189.

Wer nur einen **Spaziergang** machen möchte, geht vom Restaurant *El Frontón* auf dem Feldweg (30 min) bis zum kleinen Weiler El Draguillo, und wieder zurück – immer hoch über dem Wasser und mit unverstelltem Meerblick.

Roque Benijo beim gleichnamigen Weiler, ➢ Geologie des Anagagebirges auf Seite 167

Die letzte Ortschaft vor dem ***Faro de Anaga*** ist Las Palmas, ein – bis auf ein Haus – verlassenes Nest. Die abermals ca. 30 min-Strecke ist etwas anstrengend. Sie führt durch einen *Barranco* und über Geröll-Felder.

Vom Bailadero nach San Andrés (12 km)

Über unzählige enge Kurven schraubt sich die Straße aus 1.000 m Höhe hinab zum Meer. Ab 300 m hört die Laurisilva-Vegetation auf, denn die feucht-kühlen Nordostpassat-Nebelwolken verwandeln sich hinter dem Gebirgskamm in warme Fallwinde. Dadurch halten sich auf dieser Seite zunehmend nur noch **Kandelaber-Kakteen** und andere Sukkulenten auf dem braun-schwarzen Lavagestein, das die Sonne an diesen Südhängen enorm aufhitzt. Die zahlreichen ***Tabaibas*** (Wolfsmilchgewächse) sehen im Sommer und Herbst staubig-grau und vertrocknet aus; aber nach den ersten Regenfällen ab Oktober erwachen sie wieder aus ihrem Sommerschlaf und bekommen grüne Blätter. Dann überzieht ein saftig-grüner Schleier die südlichen Anagaberge.

Für die Abfahrt nach San Andrés/*Playa de Las Teresitas* benötigt man ca. 20 min (➢ auch »Abstecher von Santa Cruz«, Seite 146f).

Straße vom El Bailadero hinunter nach San Andrés durch wilde Landschaft

Rundwanderung Taganana-Afur-Playa Tamadiste-Taganana

Route	Taganana (200 m) – Pass (607 m) – Afur (250 m) – *Playa del Tamadiste* – Taganana (200 m); der gesamte kumulierte Höhenunterschied beträgt 1.207 m.
Gehzeit	5 Stunden (davon 2 Stunden Taganana–Afur)
Anfahrt per Auto	Hinfahrt auf der TF 12 (San Andrés–La Laguna). Für Taganana in die TF 134, für Afur in die TF 136 einbiegen. Parken: Taganana am Friedhof, in Afur Parkplatz am Straßenende.
Anfahrt per Bus	**Bus 246** (Santa Cruz–Taganana), **Bus 076** (La Laguna–Afur). Aktuelle Buspläne (separaten Anaga-Fahrplan) vorab prüfen!
Einkehr	**Afur:** der Bar-Laden (Mo zu) führt Wein, Käse etc. In **Taganana** *Casa Picar* im Zentrum; 3 km unterhalb von Taganana am Meer in **Bodega de los Roques** gibt es Fischrestaurants.
Unterkunft	Beide Orte haben keine Quartiere, aber in **Benijo** und **Roques de Bodega** am Meer, ➢ Seite 553
Charakteristik	Abwechslungsreiche Wanderung durch mehrere Vegetationszonen des Anagagebirges: beim Aufstieg geht es über Terrassenfelder und durch typische Baumheide-Lorbeerlandschaft. Beim Abstieg nach Afur passiert man eine wilde Kakteenlandschaft und überquert einen fast ganzjährig wasserführenden *Barranco*. Weite Blicke aufs Meer hat man immer wieder; und am Ende geht's durch Malvasia-Weingärten.
Schwierigkeit	Die Wanderung ist insgesamt nicht schwierig, hat aber einige längere Anstiege; speziell bei Nässe benötigt man Trittsicherheit; schwindelfrei muss man hier nicht sein.

Verlauf der Wanderung

Schon auf der Hinfahrt sind nach der Tunneldurchfahrt von der Landstraße (TF 134) aus im Nordwesten drei wichtige **Orientierungspunkte** für diese Wanderung deutlich zu erkennen:

- Tagananas Friedhof im oberen Ortsteil mit Zypressen und einer hohen weißen Mauer (Anfangs- und ggf. auch Endpunkt der Wanderung).
- Zwei Strom-Masten, welche die Passhöhe markieren.
- Der Küstenstreifen unterhalb von Taganana (Rückweg)

Für Wanderer, die mit dem **Bus** ankommen, beginnt der Weg bei der Haltestelle vor dem Ausflugslokal ***Xiomara*** an der TF 134 unterhalb des Ortskerns von Taganana. Gegenüber zweigt die schmale Dorfzufahrt nach links oben ab (Asphalt). Sie passiert das Restaurant *Casa Picar*. Von dort geht es in enger Durchfahrt im Links-Rechts-Schwenk bergab (Autofahrer brauchen etwas Mut). Rechts liegt dann der Kirchplatz, während unser Weg nach links über eine kleine Brücke führt. Nach steilem Anstieg hält man sich bei der nächsten Möglichkeit links (geradeaus Schild »Sackgasse«). Nach maximal 15 Gehminuten ist der Friedhof erreicht (Autofahrer parken spätestens hier). Drei nach rechts abzweigende Straßen läßt man unbeachtet.

Zum eigentlichen Wanderweg gelangt man wenige Minuten später. Auf der rechten Seite weist ein Schild mit Bus- und Restaurant-Symbol auf die Gehzeit bis Afur hin (1 Stunde 30 min). Der Weg (*Los Naranjos*) ist zunächst gepflastert. Mäßig steil läuft er in Kehren aufwärts. Wie oben erwähnt, sieht man Leitungsmasten, von denen die beiden höchststehenden eine zu überquerende Passhöhe markieren. Bis dorthin muss man ab Bushaltestelle ungefähr 50-60 min kalkulieren. Ab Friedhof 10-15 min weniger.

Dem ersten Abzweig folgt man nach rechts; kleinere Pfade, die erst nach links, dann nach rechts führen, bleiben unberücksichtigt. Des weiteren hält man sich links in Richtung Pass. Kurz darauf mündet der Wanderweg auf eine gepflasterte Fahrstraße. Nach weiteren ca. 300 m geht es rechts ab über eine fünfstufige Treppe auf die Passhöhe zu.

Man läuft nun durch terrassierte Felder, später durch Farne und Brombeersträucher, danach durch Baumheide und Lorbeerbäumchen. Beim Aufstieg sieht man hinter sich den mächtigen Höhenzug des Anagagebirges mit dem ***Roque de Anambro***, der wie ein Finger aufragt.

Vom Pass führt der Weg nach rechts abwärts durch eine Allee aus Baumheide. Nach weiteren 20 Minuten, unmittelbar nach Überquerung eines Gehöfts, geht der bisher zum Laufen angenehme Weg in eine steil abwärts führende Betonstraße über. Dabei erweitert sich der Blick ins Afurtal.

Rechts ist der ***Roque de Taborno*** zu sehen, eine Miniaturausgabe des Matterhorns, links davon bereits die weißen Häuser von Taborno, noch weiter links die Kammstraße. Die Betonstraße mündet auf die TF 136 und es geht rechts bergab in Richtung Afur.

Ca. 15 min später, 200 m hinter dem Straßenschild TF 136 (Kilometerstein 6), zweigt auf der linken Seite nach rechts eine Treppe ab und führt auf einen zur Straße parallel verlaufenden Weg. Bis Afur läuft man jetzt nur noch ein paar Minuten. Nach insgesamt etwa 2 Stunden Gehzeit schmecken Wein und Käse in der Bar/Laden ***Casa José Cañón*** auf der Terrasse vorzüglich (Mo zu).

Für die **Fortsetzung des Wanderung bzw. einen Beginn in Afur** folgen wir der Straße TF 136 bis zum Ende (Wendekreis/Parkplatz und Bushaltestelle).

Unübersehbar steht dort ein Schild mit den Hinweisen »***Playa de Tamadiste***« 45 min, Taganana 1 hora 30 min (faktisch braucht man leicht 2,5 Stunden!). Der Wegweisung folgend wandert man nach links auf einem breiten Weg (der Verlängerung der Straße) weiter. Rechts vor uns ist talwärts ein markanter dunkler Felsen zu sehen, der das nächste Teilziel markiert. Man erreicht ihn, wenn man nach 200 m auf einen Trampelpfad scharf nach rechts abbiegt. Nach nur 10 m geht es wieder nach links direkt in Richtung Felsen, an dem man dann rechts vorbeigeht, ihn also links liegen lässt.

Nur 5 min später gilt es aufzupassen: Der Weg läuft auf einen weiteren (nun hellen) Felsblock zu. Jetzt nicht geradeaus weiter laufen, sondern kurz vor dem Felsen einige Meter nach rechts bergauf gehen, und schon ist die dann wieder abwärts verlaufende Fortsetzung des steinigen Pfades gefunden! Ein Schild »***Playa Tamadiste***« erleichtert bei diesem Richtungswechsel die Orientierung.

2.3

Mehrere Felsrücken sind noch zu überqueren: auf dem ersten Grat hält man sich rechts, den zweiten und dritten erreicht man danach jeweils innerhalb einer Viertelstunde. Bald ist zum ersten Mal die *Playa Tamadiste* zu sehen; auf den Berghängen davor stehen mehrere kleine Bauern- und Fischerhäuschen. Auf der rechten Seite des *Barranco Afur* ist am Meer eine alte Scheune zu erkennen, vor ihr eine Steinmauer. Der wasserführende Teil der Schlucht kommt beim Abstieg immer näher; nach ca. 20 min gelangt man an einen kleinen Wasserfall. Ein paar Meter weiter überquert man den *Barranco* und geht weiter bergab. Kurz vor der *Playa Tamadiste* (Strand mit groben Kieseln, an dem *Canarios* an Sommer-Wochenenden gern zelten), stößt man auf eine Steinhütte.

Unmittelbar davor führt auf der östlichen Seite des *Barrrancos* ein Pfad steil nach oben in Richtung auf einen Bergsattel, der nach kurzem Anstieg bereits zu sehen ist und den man binnen 15 min erreicht. Oben angekommen, liegt vor einem das eindrucksvolle Anaga-Gebirgspanorama. Nach unten erkennt man steile Felsformationen, die dieser Küste einen besonderen Charakter verleihen. Es folgt ein 45-minütiges, unvergeßliches Wandererlebnis.

Der Wanderweg verläuft nun mehrere 100 m oberhalb der Küste, ist mindestens einen Meter breit und gut ausgebaut. Wellenförmig führt der Pfad um einige *Barran*cos herum und bietet dabei immer wieder spektakuläre Ausblicke. Nach einer guten Viertelstunde ist in der Ferne bereits wieder der Friedhof von Taganana zu sehen.

Das Ende dieses langen Teilstückes bildet links ein großer Felsen.

Der Weg geht nun über in eine breite, zunächst nicht asphaltierte Straße, die durch viele Weingärten führt, in denen Tagananas früher berühmter Malvasia-Wein angebaut wird. Nach weiteren 45 min erreicht man den asphaltierten Teil des Weges, dem man geradeaus folgt und Abzweigungen nicht beachtet. Bald sind der Friedhof und 15 min später die Bushaltestelle der Linie 246 an der TF 134 erreicht.

Wandern im Anagagebirge

Rundwanderung Igueste-Lomo Bermejo-Cumbre de Anaga-Igueste

Route	Igueste de San Andrés (50 m) – Lomo Bermejo (150 m) – Las Casillas (600 m) – *La Cumbrilla* (640 m) – möglicher Abstecher nach Chamorga mit Bar bzw. Busstation (550 m) – *Cabezo del Tejo* (798 m) – *Chinobre* (910 m) – *Pijaral* (854 m) – *El Bailadero* (735 m) – Igueste (50 m). Gesamter kumulierter Höhenunterschied 1.900 m. Bei Teilwanderung Chamorga–El Bailadero, eine auch für sich sehr schöne Route, nur 533 m.
Gehzeit	7,5 Stunden (Teilwanderung Chamorga–Bailadero 3 Stunden)
Anfahrt per Auto	**Von Santa Cuz**: über San Andrés nach Igueste (TF 11, TF 121). Im Ort in der scharfen Rechtkurve links in den Barranco. Nach 1,5 km (ab Igueste) erreicht man rechts einen winzigen Parkplatz (beim Wanderschild »*La Casillas*«). **Von La Laguna**: auf der TF 12 über Bailadero; weiter auf der schmalen TF 123 nach Chamorga.
Anfahrt per Bus	• **Bus 245** verkehrt etwa alle 2 Stunden **von Santa Cruz nach Igueste**. Man steigt an der zweiten Haltestelle mitten in Igueste an einer scharfen Rechtskurve über eine Brücke aus und geht von dort auf schmaler Straße am *Barranco* entlang nach Lomo Bermejo hinauf. Letzter Bus 245 Igueste-Santa Cruz täglich 21.30 Uhr. • **Bus 247 von Santa Cruz über El Bailadero nach Chamorga**, ➤ Seite 589. Die kleinen Busse halten zwar auf Zuwinken und stoppen nach Fahrgastwunsch, fahren aber sehr selten; sonn- und feiertags gar nicht! Wer per Auto nach Chamorga fährt, erreicht für die Rückfahrt die letzten von Santa Cruz kommenden Busse der Linie 247 am *Bailadero* um 15.40 Uhr bzw. 18.40 Uhr, um das Auto in Chamorga wieder abzuholen. Wer die Strecke umgekehrt als hier beschrieben (also vom *Bailadero* nach Chamorga) wandern will, muss die letzten beiden Busse ab Chamorga um 16.30 bzw. 19.30 Uhr erreichen, um zum am *Bailadero* geparkten Wagen zurückzukehren.
Einkehr	**Igueste** an der Dorfeinfahrt: Fischlokal mit Meerblick (*Rincón de Anaga,* Mo abends und Di zu), **Chamorga** (einfaches Lokal mit Tellergerichten) und beim **El Bailadero** *Casa de Domingo*. Letztere beiden Lokale sind montags geschlossen.
Unterkunft	Keine Quartiere in den hier genannten Orten.
Charakteristik	Die Wanderung erfaßt die ganze Vielseitigkeit des Anagagebirges. Schmale Maultierpfade über abschüssige Felsen kennzeichnen den Auf- und Abstieg, mittelschwere und waldreiche Wege den eigentlichen Kammweg.
Schwierigkeit	Die Wanderung ist mittelschwer; sie hat in der langen Version ab Igueste erhebliche Anstiege; dafür benötigt man Kondition, vor allem bei Nässe außerdem Trittsicherheit.

Verlauf der Wanderung

Rechts und links türmen sich die Kandelaber-Kakteen an den Anaga-Hängen. Im Tal wachsen Avocados, Apfelsinen und Bananen; fast ganzjährig plätschert sogar ein Bach.

Wer im Ort Igueste losläuft, erreicht nach ca. 30 min (1,5 km) den Parkplatz in **Lomo Bermejo** und damit eine Felsmauer (Treppe), wo der eigentliche Wanderweg beginnt (Schild »*Las Casillas*«). Für das erste Teilstück von Lomo Bermejo bis zur Kammstraße TF 123 sollte man ca. 2,5 Stunden Zeit veranschlagen.

Nach dem Einstieg weist nach 15 min steilen Aufstiegs durch riesige Agaven und Kakteen in einer Linkskurve ein weiteres Schild wieder auf die kleinen Häuser des verlassenen Las Casillas hin. In vielen Kehren schraubt sich der Maultierpfad aufwärts bis zu einem kleinen Höhenrücken.

Rechts unten liegt das Tal, durch das der Aufstieg gerade begonnen wurde; links oben auf dem Berggipfel ist auf dem Kamm ein Leitungsmast zu sehen, rechts neben ihm ein verfallenes Häuschen, das schon zu Las Casillas gehört. Der Weg führt auf der linken Seite des Rückens geradeaus weiter.

Nach ungefähr 25-minütigem Aufstieg heißt es aufgepasst. Hier gabelt sich der Weg. Rechts (➢ Hinweisschild) geht es nach Antequera am Meer, links weiter nach Las Casillas. 10 min später erreicht man die nächst höher gelegene Plattform mit Panoramablick aufs Anagagebirge.

Ein Schild zeigt nach rechts einen weiteren Weg zum Antequera-Strand. Wir gehen nach links weiter bei mäßigem Anstieg. Nach abermals 10 min ist die andere Seite des Felsrückens und 5 min später der Weiler Las Casillas erreicht. Nur im Sommer trifft man hier am Wochenende auf Bewohner.

Der Wanderweg bleibt zunächst weiter auf dem Grat, führt dann leicht abwärts und verläuft anschließend in ständigem Auf und Ab auf der rechten Seite des Grats. Er führt zunächst durch Baumheide, steigt aber später in steilen Kehren an. Von Las Casillas bis zur **Anaga-Kammstraße** (TF 123) geht man bei guter Kondition ca. 40 min.

Nächstes Teilziel ist der **Straßentunnel** bei Las Bodegas, den man auf zwei Routen erreicht: Wer 1.100 m Asphalt nicht scheut, folgt der TF 123 Richtung Osten (Chamorga), um sie unmittelbar vor dem Tunnel links über eine Treppe wieder zu verlassen (der Straßen-Abzweig nach rechts führt ins Dorf Las Bodegas etwas tiefer auf einer Felsnase, keine Gastronomie). Alternativ erreicht man den Tunnel über eine kleine Schlucht auf einem Pfad, der 15 m hinter einer Straßenabzweigung zum Friedhof (dort befindet sich eine Schutzhütte ca. 400 m von der Straße entfernt) rechts an der TF 123 beginnt: steil bergab, dann bergauf, wieder zurück zur TF 123, auf der es dann noch 600 m zur erwähnten Treppe links am Straßentunnel sind.

Dieser Treppenaufstieg (Schild »*Camino Cumbrilla*«), vorbei am **Dorf Cumbrilla**, setzt den Weg nach ***Cabezo del Tejo*** fort (➢ nächste Absätze). Nur wer zum Bus 247 bzw. in eine Chamorga-Kneipe will, geht durch den Tunnel in Richtung **Chamorga** (200 Höhenmeter unterhalb) oder folgt noch ein Stück der Hauptwanderung bis zum ausgeschilderten Abstieg nach Chamorga.

Teilwanderung Chamorga-Bailadero; Einstieg:

Direkt gegenüber dem kleinen Kirchlein am Ortseingang Chamorga steht an einer gepflasterten Rampe (Parkplatz links) das Schild ***»Cabezo del Tejo 0 h 35 min«*** (45 min sind realistischer). Man folgt dieser Richtung und an einer Gabelung (nach ca. 50 m) dem unteren Pfad, dann geradeaus weiter auf ein verfallenes Haus zu, das man links liegen lässt. Der Weg führt nun in steilen Kehren durch Baumheide und Lorbeerbäume aufwärts. Beim Abzweig nach *La Cumbrilla* wandern wir weiter geradeaus und erreichen damit den hier beschriebenen Rundwanderweg:

Fortsetzung der Rundwanderung

Die Haupt- (und Teil-) Wanderung folgt nun weiter dem Schild ***»Cabezo del Tejo«*** vorbei am Abzweig rechts nach Chamorga. Etwa 20 min später ist an einem Pass der Grat erreicht. Ab dieser Stelle beginnt **die eigentliche Kammwanderung *Cumbre de Anaga*.** Auf dem Pass kreuzen sich zwei Wanderwege; wir folgen nach wie vor der Richtung ***»Cabezo del Tejo«***.

Alternativ könnte man hier auch den Weg nach *»El Draguillo«* (Schild) nehmen und zur Nordküste über El Draguillo und Benijo nach Almáciga laufen. Von dort fährt die Buslinie 246 nach Santa Cruz. Ein weiterer **unmarkierter Pfad** läuft hinüber nach **Roque de Bermejo**/Faro de Anaga (mehrere Stunden).

Auf der Höhe des Passes ist es auch im Sommer feucht und kühl, an manchen Stellen windig, ein idealer Lebensraum für Lorbeerbäume, Blumen, Baumheide und Farne. Nach etwa 10 min bietet sich erstmals auf der rechten Seite ein herrlicher Blick auf das Anagagebirge um Taganana, 5 min später ist das **Zwischenziel *Cabezo del Tejo*** erreicht. Von dieser Stelle ist der Blick auf das gesamte Gebirge noch traumhafter: rechts unten die Küste bei Taganana, im Hintergrund der *Roque de Taborno* und die Höhenzüge von *Las Batanes*.

Bei klarer Sicht sieht man in der Ferne sogar den Teide über dem Anagagebirge.

Von der am Aussichtspunkt endenden breiten Forststraße geht es nach ein paar Metern steil nach rechts aufwärts. Erdstufen kennzeichnen die Fortsetzung des Pfades (Schild ***»Chinobre«***). In wenigen Minuten erreicht man wieder den Kamm, an dessen linker Seite der Weg weiter – nun leicht ansteigend und abfallend – weiterläuft.

Nach 15 min taucht auf der rechten Seite der ***Roque de Anambro*** auf, ein altes Guanchen-Heiligtum, das von fern einem Finger ähnelt. Noch 20 min später erreicht man einen Sattel, von dem man in gerader Richtung auf den *El Bailadero* weiterläuft.

Das Schild »Chinobre« kennzeichnet einen weiteren Aussichtspunkt. Von oben kann man beide Küsten überblicken. Für den kurzen Abstecher dorthin benötigt man 10 min:

Es geht nach rechts nur leicht aufwärts, und innerhalb von 5 min ist man auf dem Gipfel des *Chinobre*. Ein Rundblick über das gesamte Gebirgsmassiv belohnt bei klarer Sicht die kleine Mühe. Links unten liegt der Strand von San Andrés, in der Ferne dahinter sieht man die Umrisse von Gran Canaria. Auf der anderen Seite liegt tief unten die Steilküste bei Taganana. Zurück zum Hauptweg geht es auf identischer Strecke.

Nach rechts abwärts auf dem Kammweg wird die Wanderung fortgesetzt. 10 min später – bei einem Parkplatz – trifft der Weg wieder auf die Straße TF 123. Man folgt ihr 600 m in Richtung Westen (*El Bailadero*) und verlässt sie wieder bei einem eingerammten Kiefernstamm (ca. 1 m hoch). Dort beginnt ein Pfad, der nach 100 m links einen grauen Vermessungspunkt passiert. Wer den Kilometerstein 4 auf der Straße erreicht, hat den Einstieg verfehlt und muss ca. 200 m zurücklaufen.

Das nun folgende 40-min-Wegstück um den Gipfel des ***Pijaral*** herum ist botanisch besonders interessant vor allem wegen seiner üppigen Laurisilva-Vegetation. Bemooste Baumstämme und Bäche sind leichte Hindernisse. Man orientiert sich am breiten Pfad und lässt sich nicht von kleineren Abzweigungen links und rechts irritieren. Nach einem kurzen Anstieg läuft der Wanderweg zunächst mäßig steil ab- und dann aufwärts.

Nach 30 min stößt der Weg an einem kleinen Platz – von dem links ein später sehr steil ansteigender Pfad zum Gipfel des *Pijaral* führt (nicht sonderlich empfehlenswert!) – auf einen kreuzenden Wanderweg, dem man nach rechts (!) folgt. Nach etwa 15 min steht man bei einem Metall-/Holzgeländer wieder auf der TF 123. Noch 1.500 m sind es nun auf der Landstraße in Richtung Westen bis ***El Bailadero***, dem Ende der Teilwanderung von Chamorga.

Zum Abstieg zurück nach Lomo Bermejo/Igueste de San Andrés geht man beim erwähnten Holz-/Metallgeländer auf der TF 123 links (nach Osten). Den Einstieg in den Pfad nach unten findet man ungefähr 10 Minuten später (ca. 700 m) auf der rechten Straßenseite. Dort trifft man auf ein Wanderschild hinunter nach Igueste.

Hier beginnt ein ehemaliger Maultierpfad, dem man nach links unten folgt. Dieser Weg führt durch einen besonders schönen, abgelegenen Teil des Anagagebirges. Ein schmaler Steig nach rechts (10 m nach dem Einstieg) bleibt ebenso unberücksichtigt wie ein kurzes Stück später ein nach links führender Abzweig. Steil abwärts geht es nun durch Lorbeerwald und Baumheide, und nach ungefähr 15 min bietet sich ein freier Blick auf die Bergwelt voller Kakteen und Agaven. Der Weg bleibt weiter steil und ist oft rutschig.

Bald erkennt man deutlich die Strommasten um Las Casillas.

Etwa 25 min später erreicht man eine Gabelung. Der Weg geht weiter geradeaus und führt nun in weniger steilen Kehren hinab. Nach einer weiteren halben Stunde ist das Tal erreicht. Dort stößt man auf einen Pfad, dem man nach rechts folgt.

Der Rest des Abstiegs in Stichworten:

- 15 min später: ein schattenspendender Lorbeerbaum
- weitere 15 min bis zur Straße nach Igueste
- weitere 15 min bis zum Parkplatz
- weitere 20 min bis Igueste de San Andrés

2.4 Bereich Ostküste

2.4 Bereich Ostküste

2.4.1 Kennzeichnung des Bereichs

Ziele und Routen

Highlights

Die Ostküste ist nicht die Schokoladenseite der Insel und weist nur wenige *Highlights* auf. **Von Süd nach Nord** zählen dazu oberhalb der Autobahn der verschlafene Weiler **Las Vegas** (nordöstlich von Granadilla), die **Arico-Gemeinde**, die Stufenpyramiden bei **Güiímar** und das schmucke Städtchen **Arafo**, Ausgangspunkt für eine schöne Auffahrt zur Kammstraße, die in die Cañadas führt (➢ Seite 402). An der Küste sind zu nennen der **Windpark *Eólico*** (➢ rechts), *Thor Heyerdahls* ***Parque Etnográfico*** in Güímar und die Pilgerstadt **Candelaria.** Als geologische Attraktion gebührt dem gewaltigen Güímartal besondere Aufmerksamkeit.

Tabaiba

Nördlich Candelaria beginnen bei Tinerfeñios beliebte, aber touristisch uninteressante Vororte von Santa Cruz. Erwähnt seien die Ortsteile **Radazul** (großer Sporthafen) und **Tabaiba** (hoch oben liegt die **Deutsche Schule/DST, *das Colegio Alemán*).**

Anfahrten

Die erwähnten Sehenswürdigkeiten werden der Reihe nach – von Süd nach Nord – beschrieben. Dazu sind die jeweiligen **Autobahnausfahrten** genannt; von dort führt eine Ausschilderung meist leicht zum Ziel. Die gesamte – parallel zur Autobahn verlaufende – kurvenreiche **Höhenstraße TF 28** abzufahren, ist sehr zeitaufwendig (ca. 3 Stunden). **Attraktiv** ist ihr landschaftlich reizvollster Abschnitt zwischen **Granadilla und Fasnia,** der auf den folgenden Seiten beschrieben wird.

Baden

Wer auf der Fahrt von Los Cristianos/Las Américas nach Santa Cruz mal eben ins Meer springen will, hat nur wenige attraktive Punkte zur Auswahl, obwohl viele Landkarten jede zweite Bucht als *Playa* kennzeichnen. Neben El Médano mit seinen langen Stränden (➢ Seite 245) bieten sich an:

Puertito de Güímar,
➢ rechts oben

Strände

- **Los Abades**, *Salida 18*, neue Siedlung mit geschütztem Strand.
- **Poris de Abona** (Salida17 & 18), karger Ort mit dem oft brandungsbewegten Sandstrand *Playa Grande*. Am kleinen Hafen (mit Promenade) geht's über Leitern ins glasklare Wasser.

Schiff in der »Wüste« an der Autobahnausfahrt Poris de Abona

- **Puertito**, Leitern ins Meer, hölzerne Liegeflächen; etwas südlich davon ein geschützter schwarzer Strand (➢ Seite 198).
- **Candelaria**: schwarzer **Sandstrand** am Basilika-Platz (im Winter bei Flut schmal und wellenausgesetzt), ferner – Richtung Las Caletillas (Calle Piscina) – ein modernes, sehr ansprechend gestaltetes **Meerwasser-Schwimmbad**

Parque Eólico/ITER (Instituto Tecnológico de Energías Renovables)

Besucherzentrum

Die Rotoren der **Windkraftwerke** unterhalb der Autobahn an der *Montaña Pelada*, etwas nördlich von El Médano (Ausfahrt 51a oder b), sind unübersehbar. Unter den schlanken Türmen liegt der ***Parque Eólico***. Er verfügt über ein Besucherzentrum (10-16 Uhr), einen »Ökopfad«, den *Paseo Ecológico* zu den Themen »Erneuerbare Energien« und »Bioklimatische Häuser«.

Wer sich für die Thematik intensiver interessiert, sollte eine Führung mit *José Ignacio Fernandez* buchen (auch auf Deutsch; Voranmeldung, ✆ 922-391000 oder online: www.iter.es.

Paseo Ecológico

Modelle und Tafeln vermitteln Grundwissen (mehr nicht) zur sanften Energiegewinnung. Der Weg führt durch einen kleinen *Barranco*, in dem die Flora Südteneriffas erläutert wird.

Bioklimatische Häuser

Im Informationszentrum sind u.a. die Bauzeichnungen für 25 bioklimatische Häuser zu sehen, die in Rahmen eines Wettbewerbs entworfen wurden. Die Häuser wurden z.T. bereits gebaut, sind aber noch nicht zu besichtigen.

Strombedarf

Der steigende Bedarf (2004 +9%, 2005 +6%, Tendenz steigend) überfordert mehr und mehr die Kapazität der insularen Stromerzeugung. Die Bevölkerung wehrt sich obendrein heftig gegen neue Überlandleitungen und fordert unterirdische Löungen und eine staatliche Förderung von Alternativenergie, was in Anbetracht des Sonnenklimas und günstiger Windverhältnisse auch sinnvoll ist.

2.4

2.4.2 Von Granadilla nach Arico

(Ortsbeschreibung von Granadilla ➢ Seite 409f)

Landschaft

Die 21 km von Granadilla nach Arico Viejo führen durch eine fremd anmutende Landschaft. Am schönsten ist die Fahrt im Frühjahr (Februar/März), wenn in dieser sonst kargen Gegend viele Margeriten blühen und dichtstehende *Tabaibas* (Wolfsmilchgewächse) wie lichte Laubwälder im Zwergenland wirken.

Toscagestein

Auffällig sind die vielen Stützmauern aus lehmfarbenem Tosca-Stein (➢ Seiten 20 und 407f), die die terrassierten Felder von Stufe zu Stufe begrenzen. Dieses poröse Gestein bestimmt hier mehr als anderswo auf der Insel das Bild. Auch in der Architektur wird er zunehmend verwendet, bei repräsentativen Bauten, Bushaltestellen und sogar Hundehütten. Auffällig sind auch die zahlreichen in das weiche Gestein geschnittenen Höhlen. Tosca verleiht der Gegend einen afrikanischen Touch und avancierte zum tinerfeñischen Exportartikel.

Höhlenwohnungen bei Chimiche

Las Vegas (Salida 20 Richtung Chimiche)

Vegetation

In Chimiche, 7 km östlich von Granadilla, lohnt ein kleiner Abstecher von der TF 28 nach Las Vegas (keine 3 km bergauf am Ende der Straße TF 555). In dieser winzigen Ortschaft mit fantastischem Blick über das Meer mischen sich **mehrere Vegetationszonen** der Insel: Orangen-, Mandel-, Apfel- und Laubbäume stehen neben Kakteen, Palmen und mächtigen Kiefern. Etliche verfallene Fincas stehen in verwunschenen Gärten. Ansonsten kein Lärm, kein Laden, keine Bar. Die Kirchenglocke wurde mangels Turm kurzerhand in die große Kiefer am Dorfplatz gehängt. Als Filmkulisse könnte Las Vegas glatt mit dem großen Namensvetter in Nevada konkurrieren – allerdings nur für einen mittelalterlichen Heimatfilm.

Barranco El Rio/Galeria

Am Barranco El Rio

Galeria

Kurz hinter El Rio führt vor einer kleinen Brücke ein Feldweg links ab und den schroffen *Barranco El Rio* hoch. Nach etlichen Kilometern schlechter Strecke liegt eine stillgelegte ***Galería*** (Wasserstollen, ➢ Essay Seite 447) in einsamer Umgebung. Der Eingang ist vergittert, doch man sieht noch die Gleise und Loren der Schmalspurbahn, die die herausgesprengten Felsbrocken einst nach draußen befördert hat.

Kraftwerk

Neben dem Stollen erkennt man in einer besonders imposanten, vielfarbigen Felswand die ehemaligen Maschinenräume eines Wasserkraftwerks, das bis vor 70 Jahren das Güímartal mit Elektrizität versorgte. Rodungen im Valle Güímar ließen den Wasserlauf im Sommer aber völlig versiegen.

Arico (Salida 17)

Die 3 Aricos

Die Gemeinde Arico besteht aus drei Ortschaften: **Lomo de Arico**, dem auch Villa de Arico genannten Hauptort, sowie ein paar Kilometer weiter **Arico Nuevo** und **Arico Viejo**, die sich als ein kleines Zentrum für den *Turismo Rural* (➢ Seite 578) einen Namen machten.

Pfarrkirche

In Lomo de Arico, lohnt ein Blick in die ***Iglesia San Juan Bautista*** mit einer sehenswerten Holzdecke im Mujedarstil. Der Hauptkapelle (1747) wurden mehrfach neue Elemente hinzugefügt, wie die Renaissance-Fassade und der Ende des 18. Jahrhundert erbaute Barockturm. Im 19. Jahrhundert bekam der Turm noch einen kleinen modischen Tempel aufgesetzt. Der Seiteneingang zur Kirche ist meist geöffnet.

Wein, Oliven und Käse

Zwischen Lomo de Arico und Arico Nuevo befindet sich eine der größten und traditionsreichsten Bodegas der Insel, die ***Cooperativa Arico Cumbres de Abona***, eine moderne Weinkellerei ohne Romantik. Ein kurzer Stopp zur Weinprobe ist trotzdem eine gute Idee, man verkauft dort auch an Einzelkunden.

Blick auf Arico Nuevo

2.4

Naiv bemalte grüne Plaza in Arico Nuevo

Der **Weißwein *Flor de Chasna*** ist preiswert und schmeckt. Auch ökologische Weine werden dort produziert; ausgezeichnet ist z.B. ***Viña Peraza***. Die Kooperative versucht sich außerdem als erste auf der Insel im Anbau von Olivenbäumen und der Herstellung von Olivenöl, Mo-Fr 9-15 Uhr; Sa 8-13 Uhr, © 922-768604.

Die ***Cooperativa de Queso*** in Arico wurde mehrfach ausgezeichnet. Geschäftszeiten 8-14 und 15.30-18.30 Uhr. Anfahrt über *Salida* 17 der Autobahn, dann ca 2 km Richtung Arico rechts.

Arico Nuevo

Der schönste Ort an der TF 28 ist Arico Nuevo, das sich entlang eines *Barrancos* Richtung Meer erstreckt. Das 150-Seelen-Dorf steht unter Denkmalschutz und lohnt eine Pause. Die weißgetünchten altkanarischen Häuser mit grünen Fenster- und Türrahmen sind wie aus einem Guss. Nur zur Messe wird´s lebendig.

Restaurants/ Unterkunft

Kein Wunder, dass sich hier sanfter Tourismus (*Turismo Rural*) etablierte. Eine traumhafte Unterkunft ist ***El Sitio de La Casa*** (➢ Seite 578) und die ***Tascita El Pimentón*** (13-23, Mo/Di zu, © 922-768486) ein ein Gaumen-Tipp, ➢ Seite 80ff.

Restaurants am Wege

An der TF 28 findet man in diesem Abschnitt nur ein paar – mit Ausnahme des ***Frontos*** überwiegend einfache – Restaurants:

- ***Tierra de Frontos*** bei km 70,2, ➢ Seite 80ff und 236
- ***Casa Fito***, Chimiche, etwas abseits der TF 28, ➢ auch Seite 236
- ***Mencey Yumar***, Cisnera, einfache Bar mit Fisch, Käse, Fleisch, Blick auf die Südküste; geöffnet 6-21 Uhr, Mo zu, © 630 561253
- ***Casa Lala*** an der Straße in Arico Viejo, Garagenlokal, einfach, am Wochenende von Einheimischen besucht, © 922-768402.
- ***Las Cuevas de Ramón***, km 45,9, gemütliche Höhle, einfache Gerichte, 12.30-16 und 20.30-23 Uhr, Mo zu, © 922-161056.
- Einfache Fischgerichte gibt es im kleinen Fischerdorf ***San Miguel de Tajao***, unterhalb der *Salida* 19 der *Autopista Sur*.

2.4.3 Valle de Güímar

Kennzeichnung

Wer auf der Autobahn aus Süden kommt, erreicht das *Valle de Güímar* hinter einem kurzen Tunnel. Um den Blick von oben in das 18 km lange und 8 km breite Güímartal zu erleben, fährt am besten zum ***Mirador de Don Martín***. Er befindet sich neben dem großen weißen Gebäudekomplex (einem ehemaligen Hotel), das in der südlichen Steilwand (*ladera*) des Tals weithin sichtbar ist. Anfahrt: TF 28 über Granadilla/Arico oder kurz unterhalb von Güímar (*Salida* 11) nach links in Richtung Medida/Fasnia.

Geologie

Das Tal ist das erdgeschichtliche Pendant des jenseits liegenden Orotavatals – also ebenfalls durch Erdrutsch (➢ Seiten 321 und 418) entstanden –, nur weniger bekannt. Beide haben »das gleiche Rückgrat«, die *Cordillera Dorsal*, auf der die Kammstraße zum Teide verläuft und werden im Osten wie im Westen von steilen *Laderas* begrenzt. In beiden finden sich klassisch geformte Vulkankegel, wie der 276 m hohe ***Montaña Grande*** (***Malpaís***), der direkt aus der Ebene am Meer wuchs.

Wandern

Wanderung im ***Malpais***: Ein für Biologen höchst interessanter Küstenpfad führt von den letzten östlichen Häusern von Puertito de Güímar zur ***Punta de los Altillos*** (ca. 45 min) Von dort geht's wieder am Wasser zurück oder landeinwärts über den *Morros del Corsco* (175 m) zurück nach Puertito (2,5 Stunden Rundweg).

Geschichte

In der vorkolonialen Zeit waren die »Tal-Geschwister« – Orotava und Güímar – in Macht und Ansehen gleichberechtigt, nur dass *Añaterve*, der *Mencey* von Güímar, zu den *»reinos de paz«* gehörte, den Friedenskönigen, die zusammen mit den spanischen Eroberern gegen *Bencomo*, den Herrscher über das Orotavatal, zu Felde zogen, der sich mit den *»reinos de guerra«*, den Kriegsfürsten, der Unterwerfung widersetzte (➢ Seite 437).

Vegetation

Die Vegetation unterscheidet sich wegen der regenarmen Südlage erheblich vom Norden. Soweit das Land nicht landwirtschaftlich genutzt wird, überwiegen Wolfsmilchgewächse. Die *Barrancos* oberhalb der bewirtschafteten Gebiete und das *Malpais* am Fuß des Vulkans von Güímar sind eine Fundgrube **endemischer Pflanzen**. Die Wassermengen, die für die starke landwirtschaftliche Nutzung des Gebietes gebraucht werden, liefern die Kiefernwälder (➢ Seiten 415+457) der Höhenlagen, von denen aus ein weitverzweigtes Bewässerungssystem die tieferen Lagen versorgt.

Wirtschaft

Nicht der Tourismus, sondern Handel und Landwirtschaft stehen im Valle de Güímar im Mittelpunkt. Unterhalb der Stadt werden Bananen geerntet. Wegen der oft starken Fallwinde sind die Felder in graue Plastikplanen verpackt, was nicht gerade einen idyllischen Anblick bietet. Große Mango-, Avocado- und Papayaplantagen verstecken sich hinter Zementmauern. In den höheren Lagen werden von Kleinbauern auf immer schmaler werdenden terrassierten Feldern Wein, Kartoffeln und Zwiebeln angebaut.

Wandern

Auch wenn es kein eigentliches Wanderweg-System gibt, führen doch viele Forst- und Versorgungswege zu einsamen *Barrancos*

Auf der Promenade in Puertito de Güímar

mit abwechslungsreicher Vegetation. Bei der ***Zona Recreativa Los Frailes*** oberhalb von Arafo (➢ Seite 404) findet man – in weitgehend ebenem Verlauf – schöne Waldwege mit Meerblick.

Industrie

Man hat auch dieser herben Tal-Schönheit heftige Bausünden zugefügt. Bis oberhalb der Ortschaften ist das Tal planlos zersiedelt und entlang der Autobahn entstanden Gewerbesiedlungen. Die Gemeinde Güímar versucht neuerdings, vom großen Kuchen »Tourismus« etwas mehr ab zu bekommen und betont die schönen höheren Tallagen weitab vom Meer.

Fincas/Hotels

Die saubere, klare Luft der höheren Lagen wurde um 1900 von Lungenkranken geschätzt. Heute gibt es dort einige Häuser des ***Turismo Rural*** und drei **Landhotels** (*Finca Salamanca, Casona Santo Domingo* und *Finca Raya,* ➢ Seite 580). An der Küste existieren nur noch zwei ältere größere Hotels (*Punta del Rey* und *Hotel Tenerife Tour*) in dem inzwischen von hohen Apartmenthäusern beherrschten Las Caletillas (➢ Seiten 553).

Güímar

Kennzeichnung

Die Stadt zählt zu den ältesten Teneriffas, hat aber kaum Ausstrahlung. Längst sollten die alten Wohnhäuser von 1900 wieder aufgemöbelt werden. Aber an der zentralen und der Plaza San Pedro wurde das koloniale Erbe bewahrt.

Zentrum

Neben der ***Iglesia del Convento de Santo Domingo*** (17. Jh.) ist – in einem Dominikanerkloster – das **Rathaus** untergebracht. Ein Herrenhaus aus dem 16. Jh. wurde zum ***Hotel Domingo*** mit **Restaurant** umgewandelt (➢ Seite 580). Sonntagvormittag findet ein kleiner, aber feiner Bauernmarkt vor der Klosterkirche statt. In der ***Tasca La Zapatería*** gibt es guten Kaffee. Etwas unterhalb steht die ***Iglesia de San Pedro*** aus dem 18. Jahrhundert. Touristen sieht man kaum im Städtchen. Wenn doch, kommen sie meist zu den nahen »Pyramiden«, ➢ rechts.

Puertito de Güímar

Nach beschaulichem Winter erwacht der Ort rund ums Hafenbekken (Autobahn, Salida 11). Über Leitern gelangt man ins Wasser oder sonnt sich auf Holzplanken. Einheimische bestellen hier sonntags in den **Terrassenlokalen** (ok: ***La Charcada***) einfache Fischgerichte. Die Meerespromenade entlang des geschützten Strandes (bis zum *Club Nautico*) verliert durch hässliche Neubauten.

Pyramiden und Museum von Güímar

Heyerdahl

Wichtigstes touristisches Ziel im Valle de Güímar sind die erst 1990 entdeckten Stufenpyramiden (weitere stehen in Santa Barbara bei Icod). Um sie herum gestaltete der norwegische Forscher ***Thor Heyerdahl*** den ***Parque Etnográfico Pirámides de Güímar***, einen Themenpark zu seiner Theorie, nach der vorgeschichtliche Kulturen weltweit Kontakt miteinander hatten (➢ Seite 201). Vermutungen, nach denen hier der phönizische Königssohn *Exekias* bestattet ist (oder war) sind bisher nicht belegt.

Entdeckung

1993 wurde *Heyerdahl* auf die Form von sechs Hügeln in Güímar aufmerksam gemacht, unter deren Erdreich bis zu 50 m x 16 m große Stufenpyramiden zu Tage traten. Sie haben einen rechteckigen Grundriß, der sich in 4-7 Stufen verjüngt.

Interpretation

Kanarische Bauern – so glaubte man früher – hätten diese Steinhaufen von ihren Feldern aufgesammelt, um den kargen Boden besser bearbeiten zu können; auch das Stapeln der Steine zu Stützmauern für Terrassenfelder ist inselweit an den Hängen seit Jahrhunderten Usus.

Erkenntnis

Erst Heyerdahls Vermessungen ergaben, dass die Steinhaufen mit großer Präzision errichtet worden waren. Der unebene Felsgrund war abgeflacht, um die beschlagenen Lavasteine besser schichten zu können, und die Pyramidenkanten konnten nur mit Hilfe von Bändern so schnurgerade entstanden sein. Die Eck- und Basissteine sind besonders sorgfältig bearbeitet, wie man an der Universität La Laguna herausfand.

Darstellung eines Menschenopfers im Museum von Güímar

Stufenpyramide auf dem Gelände des Parque Etnográfico

Religiöse Stätten?

Für Heyerdahl ist der Standort der Stufenpyramiden im Güímartal ein Beleg für ihre religiöse Bestimmung, gilt es doch seit jeher als ***Valle Sagrado***, als heiliges Tal, nicht erst seit dem Fund der Schwarzen Madonna (1390, ➢ Seite 205).

Wer von hier Richtung Teide schaut, erkennt eine klaffende Lücke im Kraterrand der *Cañadas*, durch die die widerstreitenden »roten Elemente« sichtbar werden. Nicht nur die lebensspendende gute Abendsonne vom Himmel, sondern auch das »zerstörende Böse« des Feuergottes ***Guayota*** aus dem Höllenschlund des Vulkans.

Bauweise

Ferner hat jede Pyramide oben eine Plattform mit Kieseln und eine Außentreppe in der westlichen Stufenwand, so dass man beim Besteigen der aufgehenden Sonne entgegenschreitet.

Auch die abgestuften Tempelanlagen der Inkas und Mayas repräsentieren den stufenförmig gedachten Aufbau des Kosmos. Sie dienten nicht wie bei den Ägyptern als Gräber, sondern kultischen Handlungen, bei denen man dem Himmel näher sein wollte.

Ausstellung

Auf dem Parkgelände befindet sich – neben dem Besucherzentrum mit Cafetería und Shop – in einer altkanarischen Finca ein **ethnologisches Museum** und ein Auditorium, in dem ein 15-Minuten-Film über Heyerdahls Ozeanfahrten und seine Theorien gezeigt wird. Ferner gibt es eine Replika der legendären ***RA II***, dem Papyrus-Segelschiff, mit dem Thor Heyerdahl 1970 den Atlantik überquerte. Vier Aymara-Indianer von der kleinen bolivianischen Insel Suriki, hatten eigens für dessen Bau Totora-Schilf vom Titicacasee hierhergebracht und 1999 dieses riesige Segel-Kanu nach Art der Tiahuanaco-Inkas rekonstruiert.

Parque Etnográfico Pirámides de Güímar, Calle Chacona; täglich 9.30-18 Uhr (nur nicht 25.12 & 01.01.), letztes Video 17.30 Uhr; ✆ 922-514510; Eintritt € 10,40, Kinder € 5,20. Audio-Führungen (+ € 1,70, 8 Sprachen) vermitteln *Heyerdahls* Theorie.

Internet

www.piramidesdeguimar.net

Thor Heyerdahl

Thor Heyerdahl, geb. 1914 in Narvik/Norwegen, wurde bekannt durch seine Migrationstheorie, nach der die Kulturähnlichkeiten in der Alten und Neuen Welt (Keramik, Sonnengottverehrung, Stufenpyramiden) kein Zufall sind, und nahm die Pyramiden von Güímar als ein weiteres Glied in die weltumspannende Pyramidenkette auf, die von Babylonien über Ägypten, Altamerika und Java bis Hinterindien reicht. Diese Kulturen hatten nach *Heyerdahl* dank ihrer Schiffbau-und Navigationskunst schon damals untereinander Kontakt.

Um seine Hypothese der Kulturverkettung zu stützen, unternahm *Heyerdahl* mehrere Expeditionen mit selbst gebauten einfachen Schiffen. Mit dem Floß ***Kon Tiki*** segelte er 1947 vom Lima-Hafen Callao in Peru in 101 Tagen 7000 km zum Tuamotu-Archipel in Polynesien.

Um zu belegen, dass auch die Ägypter vor 4000 Jahren die Azteken- und Inka-Kultur beeinflußt haben können, überquerte er mit 7 Mann 1970 – nach einem ersten erfolglosen Versuch – mit der ***RA II***, einem 12-m-Segelschiff **aus Schilf**, in 57 Tagen den Atlantik von Safi/Marokko nach Bridgetown/Barbados. Als er noch im gleichen Jahr mit dem **Binsenboot *Tigris*** die 10.000 km **vom Irak** über den Indischen Ozean zurücklegen wollte, weil er auch eine 5000-jährige Wanderungsroute **nach Sumatra** vermutete, wurde ihm wegen des Bürgerkriegs in Äthiopien die Weiterfahrt bei Massawa im südlichen Roten Meer untersagt.

Thor Heyerdahl lebte bis kurz vor seinem Tod im April 2002 auf Teneriffa.

Anfahrt

- Von der Autobahn *Salida* 11, Güímar, dann ausgeschildert
- Von der Autobahn *Salida* 10, Arafo, dann an der großen Kreuzung in La Hidalga links in die Straße nach Güímar biegen oder bei Einfahrt in Arafo unterhalb des modernen Marktes links in die TF 525 nach Güímar, dann ausgeschildert.

Arafo

Anfahrt

Man verlässt die *Autopista del Sur* über Ausfahrt 10 »Arafo« und folgt der Ausschilderung zum 5 km entfernten Ort (5000 Einw.).

Kennzeichnung

Arafo ist ein schmuckes, kaum touristisches Dorf. Es liegt in einer landwirtschaftlich intensiv genutzten Senke mit einem imposanten **Bergpanorama**. Am unteren Ortsrand gruppieren sich ums Karree postmoderne Markt- und Ausstellungshallen für Kunsthandwerksmessen. Die Rinne auf hohen Stelzen soll daran erinnern, dass die einst üppig bewaldete Umgebung von der Holzwirtschaft mit *Aserraderos* (Wassersägewerken) lebte. Der Dorfplatz von Arafo heißt bis heute noch ***El Aserradero***.

Das »musikalischte« Dorf Teneriffas

Auf dem Weg zur Dorfmitte passiert man in der Calle Conde Belascoain das Konservatorium mit viel Platz für klassische Konzerte und Volksmusik-Festivals im großen ***Auditorium Juan Carlos I***, das der königliche Namensgeber 1994 persönlich eingeweiht hat (➢ auch Essay Seite 502). Den Kirchplatz (voller Lorbeerbäume) schmückt im »musikalischsten« Dorf Teneriffas eine Grazie, die von einem Notenband umschlungen wird. Dort darf natürlich auch die typische Pavillonbar nicht fehlen.

In Arafo ist die tinerfeñische Welt noch in Ordnung. Man pflegt alte kanarische Traditionen (➢ z.B. *die Lucha Canaria*, Seite 386); und wer am letzten Samstag im August nach Arafo kommt, erlebt eine der attraktivsten ***Romerías*** der Insel (➢ zum Thema »*Romerías*«, Seite 399).

Arafo hat nur einfache Lokale; aber unterhalb im Gewerbegebiet am Meer das prima Fischrestaurant ***Casa Tato***, ➢ Seite 80ff.

Außer einigen ***Casas Rurales*** keine Unterkünfte (➢ Seite 578).

2.4.4 Candelaria

»Mekka« Teneriffas

Candelaria ist das **Mekka Teneriffas**. Jedes Jahr zu Mariä Lichtmess (14/15. August) pilgern Tausende Tinerfeños – viele immer noch zu Fuß – zur Schwarzen Madonna (➢ Seite 205) in der Basilika von Candelaria.

Anfahrt/ Parken

Salida 9 Richtung Meer, Schilder *Basilica/ Ayuntamiento*. Bester Parkplatz unten am Meer (nördlich schließt sich der Fischerhafen an). Vom Parkplatz geht man über eine **Fußgängerpassage** (***Calle Obispo Pérez Caceres***) südlich zur Basilika.

Fußgängerstraße

An Wochenenden und feiertags bummeln Canarios zur Basilika, vorbei an Konditoreien, Eisdielen, dem einfachen Fischrestaurant ***Charquito*** (mit Meerblick), Läden mit Devotionalien und Kunsthandwerk (auch Sa/So geöffnet). Der Basilika-Platz hat mehrere Terrassen-Cafés mit Tapas oder einfachen Gerichten. Auch bei regem Betrieb herrscht eine ruhige, entspannte Atmosphäre.

Blick über die Basilika auf Candelaria und dahinter Las Caletillas; unten rechts zwischen Strand und Kirchplatz steht die Reihe der Mencey-Statuen

Die Mencey-Statuen

Vom tinerfeñischen Bildhauer ***José Abad*** stammen die neun eindrucksvollen Bronze-Statuen neben der Basilika in Candelaria, die die Guanchenfürsten (*Menceys*) idealisieren

Sie zeigen *Añaterve* vom *menceyato* (Gebiet) Güímar, *Beneharo* (Anaga), *Tegueste*, *Acaymo* (Tacoronte), *Bencomo* vom mächtigsten Menceyat Taoro, *Pelicar* (Icod), *Romen* (Daute), *Pelinor* (Adeje) und *Adjona*, den *Mencey* (König) von Abona.

Herrschaftsinsignien oder Symbole würdigen ihre überlieferten Charaktere. So gesellte *Abad* zum kampflos unterwürfigen *Añaterve* von Güímar zwei Friedenstauben.

Nach der Unterwerfung wurden die ***Menceys*** **zur Gemeinschaftstaufe gezwungen** und erhielten christliche Namen, wie *Juan*, *Pedro* und *Antonio* oder *Gonzalo*. Mit diesem Akt vom **29. September 1496** wurde die Eroberung Teneriffas durch die Spanier endgültig abgeschlossen (➢ Seite 480f und 487ff).

Die **ursprünglichen Guanchen-Statuen**, klein und gedrungen, wurden versetzt und stehen heute entlang der Mencey-Allee, die oberhalb von Caletillas zwischen Autobahn und Küste parallel zum Meer läuft.

Kirchplatz

Der Blick vom Kirchplatz auf die hohe See wird gebrochen von neun überlebensgroßen Bronze-Statuen der *Guanchen-Menceys*

Sie stehen mit dem Rücken zum schmalen schwarzen Candelaria-Sandstrand und blicken auf den baumlosen Platz vor der Basilika, von dem breite Treppen hinauf zum alten Ortskern führen. Von oben schaut man wie von Theaterrängen und -logen über das gelungene Ensemble von Kirche, Plaza, Statuen und Meer.

Basílica de Nuestra Señora de Candelaria

Die Wallfahrtskirche birgt die Schutzheilige des Archipels, die ***Morenita*** (kleine Schwarze), wie die *Canarios* »ihre« Madonna nennen. Meergeboren wurde sie 1826 samt der ehemaligen Kirche in einer Sturmflut fortgerissen. Ein Jahr später schuf der Bildhauer *Fernando Estévez* aus Orotava die heutige ***Virgen de Candelaria***, die jetzt in einer Nische über dem Hauptaltar der neuen, im kanarischen Stil gebauten Basilika (1958) steht. Unter dem Holzbalkon rechts vor der Kirche befindet sich eine heilige Quelle, mit deren geweihtem Wasser sich die Pilger zu Mariä Lichtmeß benetzen. Die Basilika ist geöffnet Mo-Fr 7.30-13 und 15-19.30 Uhr, Sa und So durchgehend bis 20 Uhr.

Kapelle Cueva de San Blas

Bei der letzten *Mencey*-Statute führt hinter der Basilika eine Promenade zu einer Höhle am Wasser,wo die Guanchen ihren Fund aufgestellt hatten. Nachdem die Christen die Figur adaptiert und heiliggesprochen hatten, wurde der Höhleneingang zur heutigen Kapelle San Blas, dem Schutzheiligen der Hirten, umgebaut, bevor die Madonna in der Basilika ihren endgültigen Platz fand.

214/15. Aug. Mariä Empfängnis

Am 14./15. August findet man in Candelaria keinen Parkplatz. Schon am Vortag strömen die *Tinerfeños* zum ***Wallfahrtsfest der Morenita***, einer kanarischen Mischung aus religiösem und Volksfest. Tagsüber findet eine der größten ***Romerías*** statt (➢ Seite 399). Spiele werden aufgeführt und die Begegnung der beiden Hirten mit der Schwarzen Madonna nachgestellt. Am Abend folgt eine Prozession mit der Schutzheiligen. Viele Pilger nächtigen anschließend am Strand.

Keramik-Museum

Im winzigen, aber liebevoll gestalteten ***Centro Alfarero*** wird nach Guanchenart ohne Scheibe getöpfert. 2 Vitrinen, 2 Öfen, 15 min-Video; am Basilikabrunnen treppauf, dann 100 m geradeaus; Di-So 10-13 Uhr, 16-20 Uhr, © 922-505216; www.candelaria.es

Unterkünfte, Lokale und mehr (➢ auch Seiten 553, 554 + 578)

Land-Hotels und **-Fincas** liegen in **Arico Nuevo** und im **Valle de Güímar**. In **Caletillas** gibt es zwei ältere Hotelanlagen mit Meerzugang. Die ***Finca La Paz*** in ***Cuevecitas*** hoch über Candelaria, hat Apartments und das Top-Restaurant ***Auténtico***.➢ unten.

Vom Parkplatz gen Osten (nach Caletillas) ist es nicht weit zur ***Casa Olegario*** ein paar Schritte von der Hafenmole entfernt. Das Lokal ist populär wegen seiner guten Fischküche, © 922-500557; 12-24 Uhr; Di geschlossen, ➢ Seite 80ff.

Die erste von neun Mencey Statuen an der großen Plaza vor der Basilika

Die schwarze Madonna von Candelaria

»Als einst (ca. 1390) zwey Hirten ihre Heerden nach einer Höhle an der anderen Seite des Steinthals treiben wollten, um sie zu melken, sahen sie, daß die Ziegen auf einmal still standen, und erschrocke zurückkehrten. Die Hirten fiengen gleich an zu rufen und zu pfeifen. Einer der Hirten gieng hierauf hin und sah voller Erstaunen das heilige Bildniß, welches auf einem großen Steine stand. Endlich legte er seine Furcht ab, weil er es für eine Frauensperson hielt, und gab ihm Zeichen, daß es aus dem Wege gehen sollte, damit seine Heerde vorbeigehen könnte; und dies that er, weil es Gebrauch in Teneriffa war, daß eine Mannsperson, wenn sie einer Frauensperson allein begegnete, sie nicht anreden durfte, sondern ihr aus dem Wege gehen mußte. Da sie sich aber gar nicht rührte, nahm er einen Stein auf, um sie damit zu werfen, aber sein Arm, den er dazu schon aufgehoben hatte, erstarrte, und bliebunbeweglich und mit großen Schmerzen in dieser Stellung.

Als der andere Hirt dies sah, gieng er dreist auf das Bild zu und wollte ihm mit einem scharfen Kiesel die Hand abhauen; aber stattdessen versezte er sich selbst einen solchen Hieb in die Hand, daß ein Strom von Blut herausstürzte. Die Hirten schlossen endlich, das Bildniß sey wohl vom Himmel gekommen, giengn zu dem König von Güimar, und erzählten ihm, was vorgegangen sey.

Endlich gab der König diesen beiden Leuten Befehl, sich dem Bildniß mit Ehrfurcht zu nähern. Sie thaten dies, und kaum hatten sie es angerührt, als sie zum Erstaunen der Zuschauer plötzlich vollkommen geheilt wurden.« *)

Wegen ihrer Kerze (*candela*) in der Hand nannte man die nur 1 m große Figur »Unsere liebe Frau Candelaria« und brachte sie in eine Höhle, wo sie weitere Wunder vollbringen sollte.

Von dort wurde sie auf Veranlassung von *Diego de Herrera*, dem König von Lanzarote, geraubt und auf dessen Insel verschleppt. Doch die Madonna drehte sich jedesmal über Nacht mit ihrem schwarzen Gesicht zur Wand, sooft man sie auch wieder geradestellte. Also brachte man sie aus Furcht vor ihrem dadurch zum Ausdruck gebrachten Zorn nach Teneriffa zurück, wo sie fortan als wundertätig verehrt wurde.

*) Quelle: George Glas, Geschichte der Entdeckung und Eroberung der Kanarischen Inseln, Leipzig 1777, in *Bibliotheca Canaria* – Nachdrucke alter Texte über die Kanarischen Inseln, Santa Cruz de La Palma 1976.

Weiter östlich, an der Meeresavenida von Caletillas mit ihrer ansprechend gestalteten Promenade (Avenida Generalísimo, zu Fuß etwa 15 min) gibt es auch viele Terrassen-Restaurants.

- Biertrinker lieben die ***Cervecería del Gourmet*** (Nr. 33) mit Biersorten aus aller Welt und belgisch-französischer Bistroküche (alles *para picar* oder *compartir*, ➢ Seite 65), ab 18.30 Uhr, So ab 13.30 Uhr, So Abend und Mo zu, ✆ 922-501362.
- ***Piscina Municipal***; etwas östlich des Hafens von Candelaria befindet sich ein moderner Meerwasserpool. Dez/Jan. zu.
- **Bauernmarkt** (*Mercado del Agricultor*, ➢ Seite 536), Mi 17-21 Uhr, Sa/So 8-21 Uhr, einige Gemüse- und Kleiderstände. Beide Märkte befinden sich am Parkplatz neben dem *Ayuntamiento*.

3+4
Teneriffas Süden und die Westküste

3. TENERIFFAS SÜDEN

3.1 Boom und kein Ende ...?

3.1.1 Der karge Süden

Landschaft

Anflug auf den Inselsüden: Beim Blick aus dem Kabinenfenster sind Erstbesucher geschockt. Grün ist nur das Green der Golfanlagen, der Rest wirkt überwiegend grau-braun schmuddelig wie ein Schuttplatz.

Tosca

Diese **Tuffstein-Landschaft** geht auf die zweite vulkanische Entstehungsphase der Insel vor 2-3 Millionen Jahren zurück, als helle, saure Laven aus dem Südhang quollen (➢ Entstehung Teneriffas, Seite 14). Das geschah in der Gegend von Fasnia/Arona und war begleitet von heftigen Explosionen. Herausgeschleuderte glühende beige-graue Asche und Felsbrocken verkitteten beim Abkühlen unter Einschluss von Luftblasen. Es entstand Tuff (***tosca***), poröses Gestein, das auch wegen der fehlenden Vegetation in dieser regenarmen Gegend sehr erosionsanfällig ist. Auf dem locker verstreuten Material entwickeln sich nur kleine kriechende Sträucher wie Dornlattich-Gewächse und süße Wolfsmilch (*Tabaiba Dulce*) und – weiter oben – Kandelaber-Kakteen. Das bißchen Krume, das die Pflanzen bilden, verweht der Wind im Nu, so dass sich keine nutzbare Erde bilden kann.

Guanchen und Besiedelung

Die Guanchen siedelten zunächst trotzdem im kargen Süden, da das flache Ufer für den Fischfang eine bessere Anlandung bot, als die Steilküsten im wasserreichen, fruchtbaren Norden. Sie betrieben neben der Fischerei Viehwirtschaft mit Ziegen, Schafen, aber auch Schweinen in Höhenlagen von 400 m bis 600 m, wo sie in nicht allzu steilem Gelände eher kultivierbaren Boden und Terrain für Staubecken fanden. Jedenfalls reichte es für eine Subsistenzwirtschaft (Gerste, Weizen) und später auch für Kartoffeln. So erklärt sich die Lage der Inselsiedlungen, die wie aufgereiht weit oberhalb der Küste liegen.

Tuffsteinküste

Wasser

Nur im tiefer gelegenen Adeje gab es ganzjährig natürliche Oberflächengewässer (z.B. den *Barranco del Infierno*, , Seite 239) – kein Zufall also, dass sich hier der erste Guanchen-*Mencey*, der *Gran Tinerfe* ansiedelte, bevor er die Insel unter seinen neun Söhnen in gleichberechtigte Fürstentümer aufteilte. Sein zehnter, unehelicher Sohn musste sich mit dem kleinen, abgelegenen Punta del Hidalgo in der nordöstlichen Inselspitze am Anagagebirge begnügen (➢ Seite 383).

Armer Süden – reicher Norden

Dank der zugänglicheren Ufer hatten die ärmeren Süd-Menceys schon vor der spanischen Eroberung mehr Kontakt mit europäischen Seglern, als ihre naturverwöhnten und deswegen beneideten Verwandten im Inselnorden. Ohne Argwohn reichten sie den Fremden die Hand. *Reinos de Paces* – Königreiche des Friedens – nannten die Spanier deswegen die Süd-*Menceys* von Adeje, Arona, Güímar und Anaga, um sie von den mächtigeren, feindlich gesinnten *Reinos de Guerra* – den Königreichen der Krieger im Norden abzugrenzen. Nach der Eroberung blieb der versöhnliche Süden trotzdem arm, denn für ihre koloniale Ausbeutung der Insel mit Zuckerrohr- und Weinanbau war für die neuen Herren der fruchtbare Norden die bessere Wahl.

Wassertunnel/ Galerias

Hundehütte aus Tosca/Tuffstein, vielfältig verwendetes Baumaterial

Da die Tuff- und noch poröseren Bimssteine (*pomez*) kein Wasser halten, war die Anlage von Staubecken oder Oberflächenbrunnen schwierig. Die Idee, die reichen unterirdischen Wasserreserven nicht durch Brunnen von oben, sondern durch kilometerlange **Tunnel** (*galerías*) von der Seite zu erschließen, d.h. den Berg horizontal anzubohren, ermöglichte es ab 1860, auch küstennahe Regionen im Süden urbar zu machen (➢ Essay Seite 448). Durch den Bau des ***Canal del Sur*** (1952/53), einer **Wasser-Pipeline** von der nördlichen Inselseite, konnte der weitläufige Plantagenanbau im Süden die terrassierte Orotavatal-Landwirtschaft zeitweise sogar überflügeln.

Mono-kulturen

Denn endlich war es möglich, ausreichend Wasser zu den flacheren Küstenstreifen unterhalb der ursprünglichen Siedlungslinie zu leiten. Sie sind weit bequemer zu bestellen als die höheren, steilen Lagen. Die Investitionen für die weitverzweigten Rohrleitungen und Kanäle lohnten aber nur bei hohen Gewinnaussichten mit einem neuen Exportartikel. Die Wahl fiel auf die Tomate. Und mit ihr schlidderte die Insel Mitte der1950er-Jahre – nach Zucker, Wein und Cochenille, aber noch vor Banane und Tourismus – zum vierten Mal in die Risiken einer Monokultur.

Tomaten- und Bananenanbau

Obwohl die kleine kanarische Tomate der europäischen Festlandstomate geschmacklich überlegen ist, wurde sie von der Konkurrenz aus Holland und Italien ausgebootet, eine Entwicklung, die sich mit dem Bananenanbau zu wiederholen drohte (➢ Seite 466). Schlimmer noch, denn die neue Frucht brachte wieder neue Probleme. Bananen brauchen immens viel Wasser: bis zu 400 l pro Kilo Ernte. Da sie zudem sehr windempfindlich sind, wurden die Plantagen (neuerdings auch Schnittblumen-Anpflanzungen) hoch eingemauert oder mit Plastikplanen abgedeckt – wahrhaftig kein Lichtblick in der Gesteinswüste.

3.1.2 Wirtschaftsfaktor Tourismus

Entwicklung

Zu Wohlstand kam der Süden erst durch den **Massentourismus** in den 1970er-Jahren. Wie alle Kanarischen Inseln profitierte auch Teneriffa von den Konflikten im östlichen Mittelmeer (Balkan, Ägypten, Türkei). Seit 1968, als nur eine halbe Mio. Feriengäste auf die Inseln kamen, stiegen die Zahlen – abgesehen von kurzen Krisen 1973, 1980, 1990 und 2002 – stetig. Zum Jahrtausendwechsel kamen erstmals in einem Jahr mehr als 10 Mio Urlauber auf die Kanaren, davon rund die Hälfte nach Teneriffa.

Nach dem 11. September 2001 und bis 2005 (Krieg/Terror/Rezession/Tsunami) stagnierten Teneriffas Besucherzahlen, sanken in einigen Orten sogar leicht. Im Prinzip war das kein »Unglück«, denn es passte durchaus zur Erkenntnis, dass – in Anbetracht der immensen Umweltschäden – die Besucherzahlen in Zukunft nur noch um maximal 1%/Jahr steigen dürften. Trotz Baustopps (Moratorien, betrieben von Reiseunternehmen und Hoteliers, deren Gäste die enge Bebauung beklagten) werden aber immer noch bereits früher genehmigte Hotelbauten ausgeführt.

Wegen der Weltwirtschaftskrise 2008/09 geht auch der kanarische Tourismus durch schwierige Zeiten, man spricht von bis zu 20% weniger Besuchern bis Juli 2009 im Vergleich zu 1-7/2007.

Sonniger Süden, grüner Norden

1965 kamen nach Teneriffa 134.000 Touristen (die Hälfte aller Kanarenbesucher), 2007 waren es über 5 Mio. 75 Prozent waren Ausländer (allen voran Briten, Deutsche und Skandinavier) und 25% Festlands-Spanier. Diesen Höhenflug verdankt die Insel vor allem der touristischen Erschließung seiner Südküste. Erst Mitte

Komplett nur für den Tourismus an einst karge Küsten gestellte Urbanisation großstädtischen Ausmaßes: Der Verbund Los Cristianos, Las Americas und Costa Adeje

Heller Strand der Playa Camisón, einer der Strände von Las Américas

der 1980er-Jahre zog der Süden mit dem Norden gleich und war dann nicht mehr zu bremsen. Binnen 20 Jahren drehte er die Touristenverteilung komplett um: wählten 1975 noch 67% den grünen Norden als Urlaubsort, so buchten ab 1984 immer mehr den sonnigen Süden, der nun 80% aller Urlauber beherbergt. Am schnellsten wuchsen die Gemeinden Arona und Adeje, in denen heute rund 140 000 Gästebetten stehen. Baulandpreise am Meer kletterten zeitweilig auf € 2300 pro Quadratmeter.

Mit dem Boom und Tausenden neu entstandener Arbeitsplätze an der *Costa Adeje* mussten weitere Wohnungen gebaut und die Infrastruktur angepasst werden. Die Einwohnerzahl in den Südgemeinden verdoppelte sich in 10 Jahren auf 150.000, in Adeje/Arona sogar von 40.000 (1994) auf über 110.000 (2008).

360 Sonnentage im Jahr

Der Grund ist eitel Sonnenschein. Der Süden hat 3.200 Sonnenstunden im Jahr, und die mittlere Jahrestemperatur beträgt 23°C. Puerto im Norden ist im Schnitt mindestens 3°C kälter, denn dort zählt man nur halb soviel wärmende Sonnenstrahlen.

Umbruch seit den 1970er-Jahren

Der Sonnenhunger der Nord- und Mitteleuropäer zwischen Oktober und März münzte die Nachteile des Südens in Pluspunkte um: Aus ***Malpaís***, unbrauchbarem Land, **wurde bares Gold**. Viele Landbesitzer verkauften ihr brachliegendes Land. Und die Kleinbauern und Landarbeiter tauschten die Plackerei auf der Scholle gegen einträglichere und leichtere Jobs als Kellner, Koch oder Kioskverkäufer. Da es keiner Abrissbirne oder Enteignungsverfahren bedurfte, war die Infrastruktur für den Gästeansturm in der Wüste relativ schnell erstellt: Versorgungszentren, Süd-Autobahn (seit 1971), Südflughafen (Bau 1973-78). Ganze 12 Peseten/m^2 (ca. 7 Eurocents) kostete damals das Baugelände.

Künstliche Strände und Trinkwasser

Die zwei größten Probleme – fehlender Strand und Wasserknappheit – wurden mit viel Geld und zwei fest zugedrückten Öko-Augen gelöst: **Sand und Gestein wurden vom Meeresboden hochgepumpt und feinkörnig zermahlen**. Damit der künstliche Strand nicht wieder weggespült wird, schützen ihn massive Dämme vor der Atlantik-Brandung.

Poolanlage des Hotels Plantación Sur, Costa Adeje

Selbst unkritische Verfechter der hemmungslos-touristischen Entwicklung kommen über den Trinkwasserbedarf für Duschen, Pools, Gartenanlagen und Golfplätze – fünf der acht Plätze Teneriffas liegen im Süden – ins Grübeln.

Zwar hat Teneriffa – anders als die östlichen Nachbarinseln – bisher noch ausreichende Frischwasser-Reserven, aber neue Luxushotels brauchen nun eigene Entsalzungsanlagen (➢ Seite 447).

Besitzverhältnisse

Ursprünglich gehörte das Gebiet um Los Cristianos/Las Américas samt höher gelegenen Arealen im Hinterland der Küste dem Noblen *Don Pedro de Ponte Ivergara*. Er erhielt es Mitte des 16. Jahrhunderts von der spanischen Krone als Dank für treue Kriegsdienste bei Spaniens Feldzügen in Europa. Dieses *Malpaís*, der schlechte Boden, blieb über Jahrhunderte Brachland.

Noch im 20. Jahrhundert war Landnahme in diesem abgelegenen Winkel Europas noch gang und gäbe, zumal im spanischen Bürgerkrieg und nach 1945 Dokumente einfach verschwanden. Der Massentourismus gebar so über Nacht manchen Großgrundbesitzer wie *Antonio Dominguez* mit über 600 ha Land. Eigentlich war er Bauer, doch mutierte er rasch zum Autokraten, zum sog. **Cacique** (Dorftyrann, Bonze, Kazike).

Erster Tourismus

Als die Idee der Tourismus-Erschließung des Südens 1956 erstmals aufkam, war die Region neben den *Dominguez* im Besitz von nur vier weiteren Familien. Auf deren Betreiben teilte die Gemeinde die Küste zwischen Los Gigantes und El Médano in 14 Projektzonen. Hier war das unfruchtbare Ufergebiet flach und man konnte ggf. kleine Strände mit wenig Aufwand vergrößern. Obwohl die Arbeitskräfte damals noch unglaublich billig waren, gerieten die Pläne aber ins Stocken.

Das große Geld

Die großen Deals kamen ab 1966 mit katalanischen Geschäftsgenies wie dem Seifen- und Deo-Fabrikanten *Rafael Puig* ins Rollen, dessen Familie heute u.a. Eigentümer des Hotels *JardinTropical* und der Kette *Santiago* ist. Als dann auch galizische, deutsche, französische und britische Unternehmer loslegten, ging es schon fast legal zu. Auch tinerfeñische Geld-Clans mischten mit.

Staatliche Eingriffe

Positiv zu vermerken ist, dass zunächst nicht geklotzt wurde; es ging eher kanarisch zu. So wurden in der Anfangsphase weniger als 30% der Pläne realisiert, obwohl der Staat infrastrukturell zuarbeitete: 1971 Baubeginn der Süd-Autobahn, 1975 der Hafen von Los Cristianos und 1978 forcierte Fertigstellung des sicheren Süd-Flughafens nach dem katastrophalen Jumbo-Crash Ende März 1977 auf dem Nordflughafen *Los Rodeos* mit 583 Toten.

Erste Krise 1973

Kaum waren die Las Américas-Pläne fertig, bremste ab 1973 die **Ölkrise** zunächst alle Privatinitiativen in anderen Projektzonen. Da nahm der Staat die weitere Planung ganz unter seine Fittiche und stellte Urbanisationspläne (*Normas Subsidiarias*) auf.

Expansion

Er hatte leichtes Spiel mit dem freien Bauland, denn gewachsene Strukturen wie in Puerto de la Cruz oder polit ö(kolog)ische Proteste gab es nicht. Dazu war die *Franco*-Diktatur (bis 1975) noch zu nah und Bürgerinitiativen zu fern. Ende der 1970er-Jahre gab es bereits 26.000 Betten im Süden – fast so viele wie im Norden.

Bürger-proteste

Langsam wächst in der Bevölkerung der Widerstand gegen die »Zementierung der Insel«. Nicht nur Prestige-Großprojekte (Hafen in Granadilla, Autobahnerweiterungen, Kongresshallen ect.) sind davon betroffen, sondern auch der allgemeine Bauwahn und die damit verbundene Korruption. Die Zeit der Selbstherrlichkeit politischer Entscheidungen scheint zumindest abgelaufen zu sein: **»*Ya está bien*!! Jetzt ist aber Schluss!«**

Teneriffas Tourismus in Zahlen (Stand 2009)

Die Faustregel lautet: Jedes (neue) Gästebett kann man übers Jahr mit 30 Urlaubern belegen, weil die Auslastung bei ganzjährig 65-80% liegt und die ca. 5 (2003-2007 kanarenweit konstant 10) Mio Touristen im Schnitt 8 Tage bleiben (Apartment-Mieter länger). 9 Mio, statt der angestrebten 12 Mio Archipel-Besucher sind derzeit real (Rückgang 2008 um 6%, 2009 weitere 10%); Gründe dafür neben der globalen Krise 2008/09 sind die Gästekritik an alten und zu dicht bebauten Betonburgen, unfreundlicher Service, schlechte Internetpräsenz und preiswertere Urlaubsziele wie Ägypten, Marokko und die Türkei.

Seit einer Dekade logieren 1/4 im Inselnorden und 3/4 im Süden; dazu kommen 300.000 Kurzbesucher von alljährlich 200 Kreuzfahrern in Santa Cruz.

Rund ein Drittel aller Besucher stellen die Festlandspanier, die vor allem im Juli/August kommen; in den übrigen Monaten dominieren Mittel- und Nordeuropäer, allen voran Engländer (35%), gefolgt von Deutschen (20%), Skandinaviern, Benelux-Bürgern, Italienern und Franzosen.

Der Durchschnittstourist ist 42 Jahre, hat ein Jahreseinkommen über € 48.000, braucht 400 Liter Wasser/Tag (zu Hause 130), zahlt für Flug, Übernachtung plus ggf. Mahlzeiten € 1.200 pro Urlaubswoche und gibt vor Ort € 104/Tag aus. Im Trend liegen Aktivitäten wie Freizeitparkbesuch, Wandern, Walbeobachtung und Inselerkundung (Kolonialstädte, Masca, Anaga und Teide).

Spanier bevorzugen 4/5-Stern-Hotels (25% der Insel-Betten), die ausländischen Gäste eher Apartments (45% der Betten). Die restlichen 30% der Betten stellen 1-3 Sterne-Hotels, Pensionen/*Hostales* und *Turismo-Rural*-Häuser.

Bei 850.000 Tinerfeños kommen alljährlich etwa 6 Touristen auf jeden Einheimischen. Zum Vergleich: Deutschland müßte – übertrüge man diese Zahlen – jedes Jahr über 480 Mio zahlende Gäste verkraften, was der Einwohnerzahl von Nordamerika plus Mexiko entspräche. 2008 befanden sich im Jahresmittel ca. 110.000 (mit Spitzen von 180.000 im Winter) Touristen auf der Insel, was ca. 13% der Gesamtbevölkerung Teneriffas entspricht. Auf sie warten über 50.000 Mietwagen; damit ist jedes zehnte Fahrzeug ein *coche de alquiler*.

Der Tourismus erwirtschaftet fast ein Drittel des kanarischen Bruttoinlandsprodukts (Festland 12%), beschäftigt 38% der Erwerbstätigen und ließ die Arbeitslosenquote binnen 13 Jahren von 28% (1993) auf unter 10% (2008) fallen; der kanarische Durchschnitts-Nettolohn beträgt 2009 um € 1.500 pro Monat.

Teneriffas Touristenzahlen

Jahr	Anzahl Touristen	Betten	Ø Aufenthalt	Auslastung %
1965	190.000			
1975	1.003.000	51.300	10	54%
1985	1.630.000	69.000	11	72%
1990	2.713.000	115.000	10	65%
1999	4.641.000	162.000	9,0	72%
2006	5.400.000	185.000	7,8	63%
2007	5.500.000	190.000	8,0	65%
2008	Rückgang Touristenzahl 6%		Trend 2009:	ca. 10%negativ

Touristenzahlen Nord/Süd

Jahr	nur Norden	nur Süden
1960	27.000	-
1970	290.000	-
1978	818.000	372.000
1990	828.000	1.783.000
1994	919.000	2.856.000
2001	1.000.000	3.600.000
2006	1.100.000	4.300.000

2007+08: 2007 kam es noch zu einem leichten Plus des Teneriffa-Tourismus, der erstmals 2008 und - wie gesagt – 2009 weiter abbaute. Nur dadurch, dass die Festlandspanier die Kanaren (im Sommer) als ihr Urlaubsziel favorisieren und 2007 noch massenhaft anreisten, wirkte sich die bereits sinkende Nachfrage ausländischer Touristen – vor allem aus Deutschland – zunächst nicht stark aus. Aber schon 2008 gingen als Folge der Immobilien-/Hypothekenkrise in Spanien und steigender Arbeitslosigkeit die Besucherzahlen aus dem eigenen Land zurück; es ergab sich ein Minus von insgesamt 6% gegenüber 2007. Für 2009 spricht man von einem weiteren Rückgang um 10% und mehr, da alle drei großen Besuchernationen »abbauten«.

3.2 Touristische Stadtlandschaft Los Christianos/Las Américas/Costa Adeje

3.2.1 Überblick

Verwaltung

Das größte Touristenzentrum der Insel liegt auf einer Landnase im Süden der Westküste. Es erstreckt sich über einen 10 km langen Küstenstreifen und wird von den beiden oberhalb liegenden Gemeindestädtchen Arona und Adeje verwaltet.

Entstehung

Diese Touristen-Großstadt (bei voller Auslastung über 200.000 Menschen) beidseitig der Autobahn entstand nicht durch ganzheitliche Planung, sondern durch ständiges Hinzufügen von Neubaugebieten. Eine Orientierungshilfe tut deswegen Not.

10 km Küstenpromenade

Von **Los Cristianos**, Aronas ehemaligem Fischerhafen, wuchsen die Hotels Richtung Osten bis zum Vulkanberg *Guaza*. Er bildet mit seinen 428 m Höhe den Schlusspunkt der touristischen Ausdehnung. Richtung Nord(westen) schloss die Bebauung beim *Barranco del Rey* längst an die Bettenburgen der Gemeinde Adeje an, wo die Retortenstadt **Las Américas** entstand. Und in 30 Jahren unentwegter Bautätigkeit entstand nördlich von Las Américas schließlich noch die **Costa Adeje** genannte Region. Sie erstreckt sich 4 km nach Norden bis zum Fischerdorf La Caleta. Nach und nach wurde eine heute **10 km lange Uferpromenade** vom Berg *Guaza* bis La Caleta angelegt, die – von Süden nach Norden – die folgenden Stadtteile übergangslos miteinander verbindet:

3.2.2 Die Bereiche

Los Cristianos

Los Cristianos besitzt einen modernen kleinstädtischen Stadtkern. 2-4stöckige Wohnhäuser stehen entlang von ***Paseos***, Straßen, die zu Fußgängerpassagen umgestaltet wurden. Trotz des quirligen Touristentreibens hat man dort noch einen schwach urbanen Eindruck. Im Küstenabschnitt südöstlich des alten Kerns verläuft die Bebauung wenig strukturiert bis zum Berg *Guaza*.

Los Morritos

Auf der anderen Seite, westlich des Hafens und der *Playa Las Vistas*, liegt **das »neuere« Las Américas** auf einer Landzunge: ***Los Morritos***. Man hört diesen Namen kaum, sondern benennt seine Fokusse: Die Hotels ***Santiago I-IV***, Kongresszentrum und das EKZ ***Safari***. Aufwendige Hotelanlagen stehen auf einer breiten Palmenallee mit Durchgangsverkehr. Nur Stichstraßen führen zur Promenade am Meer. Dieses Konzept orientiert sich an Florida und der Karibik: Die Hotelanlage als zentraler Urlaubsort.

Las Americas

Das **»alte« Las Américas** aus der ersten Bauphase zu beiden Seiten des erwähnten *Barranco del Rey* (der Gemeindegrenze zwischen Arona und Adeje) wird beherrscht von einfallslosen Hochhausklötzen mit Wabenbalkonen und wenig Grünflächen. Das eher schäbige Vergnügungsviertel (*Veronicas*) und die ehemalige Hauptverkehrsader Avenida Rafael Puig sind Relikte des Massentourismus der 1970er-Jahre. Letztere wurde zu einer breiten begrünten Promenade mit nur einer Einbahnspur umgestaltet.

San Eugenio/ Torviscas Die nördlich angrenzenden **Stadtteile *San Eugenio*** und ***Torviscas*** sind nur wenig später entstanden und kranken an den gleichen Syndromen einer ungeheuer dichten und konzeptlosen Bebauung mit nur knappen Grünflächen als Feigenblättchen. Vor allem in dieser Region schwappt die Bebauung weit über die Autobahn hinaus und zieht sich mit Würfel-Apartments die Hänge hinauf (Ortsteil *Colina Blanca*).

Fañabé Nördlich von Torviscas, im **Stadtteil Fañabé**, wandelt sich die Szenerie und wird großzüger. Zwischen 1985 und 1995 wurden kleinere, flachere Hotel- und Apartmentanlagen mit mehr Grünflächen errichtet. Durch Rundbauten um den Gemeinschaftspool entstanden in sich geschlossene Gebäudekomplexe, zwischen denen nur Stichstraßen oder Fußgängerpassagen zum Meer führen – meist mit Ladenzeilen und Straßencafés.

Costa Adeje Im letzten Küstenabschnitt bis zum früheren Fischerdorf **La Caleta** schließen sich Luxushotels der neueren Architektur an. Allen voran das ***Gran Hotel Bahía del Duque***, ein Ferien-Mikrokosmos im Disneystil. Weitere Edelquartiere mit weitläufigen Garten- und Poolanlagen sowie luxuriösen Shoppingcenters in durchgestyltem Outfit dokumentieren Teneriffas noch junges Streben, vom Massentourismus alten Typs wegzukommen.

Verbindende Promenade Der Charakter der Stadtteile spiegelt sich wieder in der Gestaltung der Strandpromenade, die hier alle Bereiche verbindet. Die alten Regionen sind bunt, eng und dicht bebaut mit Kneipen, Discos, Läden und T-Shirt Shops. Aufgelockerte und gün gestaltete ruhige Abschnitte bestimmen dagegen in den neueren Ortsteilen wie Los Morritos und Fañabe bis nach La Caleta das Bild.

Strände Die Strände im Süden gehören nicht zur Natur, sondern zur Architektur und Stadtplanung nach dem Motto: **neue Viertel brauchen neue Strände!** Diese aufgeschütteten oder erweiterten und durch Molen gesicherten *Playas* reichen für die Touristenmengen bei hoher Belegung nur aus, weil viele den Hotelpool vorziehen. Generell gilt: je feiner und neuer der Stadtteil, desto großzügiger und begrünter ist der künstliche Strand.

Restaurants Die **Speisekarten** sind in diesem Bereich durchweg mehrsprachig und bebildert, aber uniform. Nicht nur die Küchen der Besucher-Heimatländer, sondern alles ist vertreten, was es bei uns in den Großstädten auch gibt. Los Cristianos und Las Américas verfügen über gute und Spitzenrestaurants auch außerhalb teurer Hotels. Sie liegen oft versteckt; man findet sie nicht im Vorübergehen.

Es lohnt die ***Lektüre von Restaurantführern***, wie »***Que Bueno***« oder »***La Ruta del Buen Yantar***«, beide im Buchhandel erhältlich, etwa €12, ersteres auch in Englisch. Als Geheimtipps gelten vor allem Lokale, die außerhalb der reinen Touristengebiete liegen und hauptsächlich von Einheimischen besucht werden (➢ Liste »Gute Restaurants im Süden abseits der Touristenzentren« auf Seite 236f). Um diese Empfehlungen wahrzunehmen, muss man in fast allen Fällen ein Taxi nehmen oder einen Mietwagen haben.

3.2.3 Orientierung, Transport und Information

Infobüros Seite 55

Lernt man den kleinen Stadtkern von **Los Cristianos** am besten zu Fuß kennen, so erfährt man **Las Américas** und insbesondere die weitläufige ***Costa Adeje*** – ganz im Wortsinn – besser per Auto. Wer zum Bummeln, Shopping oder Essengehen nach Las Américas kommt, sollte »seinen« Stadtteil gezielt vorab auswählen.

Bus #488 ab Airport, **➢ Seiten 54 + 590**

Einmal dort, fragt man nicht nach Straßen, sondern orientiert sich an den Hotelnamen. Das vereinfacht die Verständigung z.B. im Taxi: »*Palm Beach*«, »*Eldorado*« oder »*Orlando, por favor*« – Straßennamen und Hausnummer sind überflüssig.

Tipp

Im ebenen Bereich Los Cristianos/Las Americas/Costa Adeje/La Caleta sind **Leihfahrräder** eine gute Transportidee (➢ Seite 520).

Anfahrten

Von der **Autobahn** erreicht man die verschiedenen Stadtteile über folgende **Ausfahrten** (vom Südflughafen Reina Sofia):

- Von der ***Salida 27*** (bzw. km 72, Los Cristianos/Arona) geht es nicht nur zum Strand und **Fährhafen von Los Cristianos** (nach der Autobahnunterquerung rechts), sondern auch weiter zum **Strand *Las Vistas*** und ***Playa Las Américas*** mit der ***Playa Camisón*** sowie zu Hotels, Restaurants und Einkaufsmöglichkeiten.
- Die ***Salida 28*** (Playa Las Américas) führt zu den alten Teilen von **Las Américas** beidseitig des *Barranco del Rey* (Vergnügungsviertel *Veronicas*, den Stränden *Playa Las Américas, Troya, Cuevitas* und *Bobo*).
- ***Salida 29***: Yachthafen ***Puerto Colón, Siam Park*** und ***Aqualand***.

- ***Salida 30*** (Torviscas/Fañabé) führt außerdem zum zentralen Abschnitt der Costa Adeje um das ***Hotel Bahía del Duque***, ***Playa del Duque***, ***CC Plaza del Duque*** mit **Touristen-Infobüro**.
- ***Salida 78*** (Costa Adeje/La Caleta) führt zu den neuesten *Grand Hotels* (z. B. ***Plantación del Sur***, ***Sheraton***, ***Costa Adeje Palace***) und nach La Caleta mit seinen beliebten Restaurants. Über die ***Salida 78 B*** geht es zum Golf Costa Adeje und La Caleta, über *Salida 79* in die Stadt Adeje.

Parken

Wenig Parkprobleme hat, wer sein Auto an einem der beiden **Häfen** abstellt (Ausfahrt 27 oder 29) oder an der ***Playa Bahía del Duque*** mit Tiefgarage (Ausfahrt 30). In Los Cristianos parkt man auch günstig in der **Tiefgarage** »***Valle Menendez***« direkt vor der Touristen-Information (***Centro Cultural***). Im Stadtteil Los Morritos ist meist Platz entlang der breiten Boulevards.

Bus/Taxi

Zwischen Los Cristianos und Las Américas verkehren mehrere Buslinien mit unterschiedlichen Haltestellen. Die **Linie 416** hat die meisten Stops in diesem Bereich. Auch die **Linie 488** mit Ziel *Aeropuerto Reina Sofia (Sur)*, die **342** mit Ziel Arona, die **473** nach Callao Salvaje, die **470** nach El Médano/Golf Sur eignen sich sich gut als Transportmittel im Großraum Cristianos/Costa Adeje . In allen Infobüros gibt es TITSA- Faltpläne, die sich auf die Stationen in diesem Bereich konzentrieren (➢ Seite 589).

Taxiruf: © 922-747511

Touristenbahn

Eine »Bimmelbahn«, der ***Tren Turistico*** durch Las Américas und Los Cristianos (40 min) startet vor den ***Apartamentos Colón II***, Ecke Avda Rafael Puig/Avda Santiago Puig je zur vollen Stunde zu einer Besichtigungstour (10-22 Uhr), € 10/Person.

3.3 Los Cristianos

3.3.1 Besichtigung

Hafen

Touristischer Brennpunkt ist der Hafenbereich von Los Cristianos mit Strand, Meerespromenade, der zentralen **Fußgängerpassage *Pablo Abil***, und regem Schiffsverkehr. Die Fährreederei *Fred Olsen* bedient insbesondere die greifbar nahe Nachbarinsel

Blick auf Los Cristianos (östlich des Hafenbereichs)

Infobüro
➢ Seite 55

La Gomera (aber auch El Hierro und La Palma), hinter der sich allabendlich die untergehende Sonne versteckt. Bei einem Bummel auf der Hafenmauer oder dem Fähranleger schaut man über die Segel- und letzten Fischerboote, eine kleine Werft, eine *Cofradía* (Fischereigenossenschaft) und Stände mit fangfrischem Fisch. Kioske werben für allerhand Touren auf dem Wasser: Segeltörns, Piraten- und Glasbodenbootsfahrten, Hochseesegeln, Riesen-Bananenritt, *Paragliding* im Schlauchboot-Schlepp oder Fahrten mit attraktiven Katamaranen.

Der Hafenstrand

Der zentrale helle Sandstrand im Anschluss ans Hafenbecken ist 500 m lang, durch die Kaimauer gut wellengeschützt und verläuft flach ins Wasser. Nur eine Stufe trennt ihn von der Promenade. Das (Sonnen-) Baden findet inmitten der Betriebsamkeiten zwischen Hafen und bummelnden Touristen statt. Als dieser Strand aus allen Nähten platzte, wurde »um die Ecke« zur Entlastung die *Playa de Las Vistas* hergerichtet.

Plaza Galdos und Promenade

Von der zentralen, weitläufigen Plaza Galdos am Hafen zieht sich die palmenbestandene Strandpromenade (*Paseo Marítimo*) nach Norden bis zum vorläufigen Ende der Wohnanlagen, vorbei an Hotels und Apartmenthäusern der Mittelklasse – meist aus Zeiten des frühen Tourismus.

Der Küstenstreifen zwischen dem *Grand Hotel Arona* und dem Berg *Guaza* sollte ebenfalls »erschlossen« werden. Zum Glück wurde er jetzt unter Naturschutz gestellt.

Plaza del Carmen

Von der Plaza Galdos führen Sträßchen – gesäumt von Läden und Lokalen in 4-6 stöckigen Apartmenthäusern – sanft bergan bis zum Herzen der Stadt, der **Plaza del Carmen**. Sie wird dominiert von der ***Iglesia del Carmen*** und dem feinen **Stadthotel *Reverón***. Der von oberhalb der Plaza kommende Autoverkehr wird tangential abgeleitet, so dass fast alle Straßen unterhalb den Fußgängern gehören. Hier kann man inmitten von Terrassenrestaurants und dem üblichen Angebot an gemischten Touristenläden bummeln. Es ist bunt, voll und laut (etliche Spielhöllen). Die bei Einheimischen beliebten **Tapa**-Kneipen finden sich kaum noch. Gehalten haben sich aber einfache Pensionen, die gern von Wanderern und Rucksacktouristen auf dem Weg nach La Gomera gebucht werden (➢ »Unterkünfte Rundreise«, Seite 571f).

Plaza und Iglesia Nuestra Señora del Carmen

Playa de las Vistas und Promenade

Wer vom Hafen Richtung Las Américas/Costa Adeje gelangen will, muss durch einen kurzen Tunnel, über den der Verkehr zum und vom Fährhafen rollt. Jenseits des Tunnels beginnt einer der bestgelungenen Küstenabschnitte im Süden, der gut 1 km lange *Las Vistas*-Strand mit dem Hügel *Montaña Chayofita* dahinter.

An der breiten, flach bebauten ***Vistas*-Strandpromenade** liegt auch die von Schweden geleitete *Klinik Wintersol*, die schon seit 1963 Körperbehinderte (vor allem MS-Kranke) hervorragend betreut. Der Einfluss der schwedischen Pioniere ist in Los Cristianos vielfach sichtbar: die Avenida hinter dem Vistas-Strand heißt *Suecia* (Schweden), die *Casa Suecia* liegt am Hafenstrand und ***Svenska Kyrka***, eine Tagesstätte mit Kulturzentrum, findet sich direkt an der Promenade östlich des Hafens.

Ruhe gibt es hier indessen nicht mehr. Immer mehr Restaurants, Night-Clubs und Bars haben den Bereich zum dicht konzentrierten **»Strip« für junge Nachtschwärmer** gemacht.

Poollandschaft und Gebäudekomplex der Anlage Santiago IV an der Küstenpromenade, aber ohne unmittelbaren Strandzugang

Der *Vistas*-Strand endet an der kleinen Landzunge *Punta de Camisón*. Der daran anschliessende ***Playa Camisón*** zählt zu den schönsten von *Las Américas* (➢ Seite 26/27).

Wanderung Eine schöne Wanderung startet im Zentrum von Los Cristianos zum Vulkan *Guaza* (➢ Wanderbeilage).

3.3.2 Praktisches

Allgemein

ZOB ***Busbahnhof*** (*Estación Guagas*) amAutobahnzubringer *(Salida 27/km 72)* Avenida Juan Carlos I, bergseitig des ***Centro Cultural***.

Post Gegenüber dem *Centro Cultural*, hinter der Tankstelle in die kleine Straße, zwischen den Edificios El Arenal und El Verodal.

Polizei Notruf 112; ***Policia Local*** im *Centro Cultural*, Calle General Franco, Notruf: 092.

Kliniken
- ***Centro Médico Los Christianos***, *Edificio Valdés Center*, Local B-13, unterhalb des ZOB, © 922-790486 (8-22h).
- Das nächste Krankenhaus ist das ***Hospiten Sur*** (➢ Seite 230).

Weitere medizinische Dienste (deutschsprachig) ➢ Seite 230/531.

Playa de las Vistas zwischen Las Americas und Los Cristianos

Behinderte

Das behindertengerechte ***Hotel Mar y Sol*** ist die beste Kontaktstelle, ➢ Seite 555.

Rollstühle, Ausflüge, Beratung ➢ Seite 531ff.

Notrufnummer ***Cruz Roja***, © 922-753939 und ➢ Seite 549.

Internet

Casa Cultural, Calle General Franco, ➢ Seite 219 (i)

Shopping

Märkte

Sonntag Vormittag neben dem *Grand Hotel Arona* am Meer: Billig-Kleidung, Taschen etc. (keine Lebensmittel).

Einkaufszentren

- ***Centro Comercial San Telmo*** am *Las Vistas*-Strand
- ***CC Valdés Center***, ***CC Multicenter***, beide beim ***Centro Cultural***, mit Reformhaus, **CC Apolo** nahe dem Busbahnhof.

Die EKZ in Los Cristianos können mit denen in Los Morritos (z.B. ***Safari***, gegenüber Hotel Santiago IV) und an der Costa Adeje (➢ Seite 230) nicht mithalten.

Buchladen

Libros Barbara im Zentrum, Calle Maria Amalia Fria 3; führt dt./engl. Literatur sowie Kanaren-Material; © 922-775136 und eine Filiale in Adeje, Calle Grande 39.

Ausflüge/ Fähre

Schiffsausflüge ➢ Seite 234

Fähre nach La Gomera ➢ Seite 259

Shopping Center Plaza Duque in Costa Adeje

Restaurants

Terrassen-Restaurants gibt es im Hafenbereich und auf der Calle General Franco. Beliebter (auch besser) sind die neueren Lokale an der *Playa Las Vistas*-Promenade im oberen Bereich.

- ***Bar/Restaurante El Cine (1)***, volkstümliche Küche, viel Fisch und Kanarisches zu korrekten Preisen; mit Fischerdorf-Flair; etwas versteckt: wo der Cristianos-Strand auf den Hafen stößt, führt neben der Apotheke ein Durchgang aufwärts; täglich 12-24 Uhr, Mo geschlossen; © 609-107758; €/€€

Restaurantwerbung an der Strandpromenade in Los Cristianos. Kulinarische Genüsse sind in solchen Lokalen eher selten

- ***La Piccola (2)***, Pizzeria/Restaurant mit Meeresterrasse, hausgemachte Pasta- und andere traditionelle Gericht; im CC San Telmo, am Strand von Las Vistas; täglich 13-23.30 Uhr, Di zu, © 922-796788; €/€€
- ***La Cava (3)***, gediegenes Restaurant mit tschechisch/internationaler Küche, ca. 100 m vom Tunnel zur *Playa Vistas* in der kleinen Calle El Cabezo 22, ab 18.30, So zu, © 922-790493; €€/€
- ***La Taberna Vasca (4)***, kleines, sehr gutes baskisches Restaurant, moderner Gastraum, ➢ Seite 80ff, €€/€€€
- ***La Tasca de mi Abuelo (5)***, authentische *Tasca* in unattraktiver Gegend. Düster, aber Tische draußen. Viel Fleisch, gute Qualität/Preise. Nahe *Centro Cultural*, Avda Amsterdam im *CC San Marino*, © 922-794466; tägl. 12.00-23.30 Uhr, So zu; €/€€.
- ***El Rincón del Arróz (6)***, Sa/So (nach)mittags sehr spanisch; diverse Reisgerichte, ➢ Seite 80ff; €€€
- ***Le Bistro d'Alain (7)***, klein und adrett, kreativ-moderne französische Küche; eine Kollektion von 120 kleinen Porzellan-Köchen kontrollieren, was auf den Tisch kommt; Calle Valle Menendez 23 (unterhalb und parallel der General Franco); © 922-752336, ab 19 Uhr; Mo geschlossen, €€€
- ***Indian Restaurant (8)***, sympathisch klein, *Punjabi*-Küche, alles frisch zubereitet; Avda Suecia 48 (die grosse Straße zum Hafen); täglich 18-1.30 Uhr, So abend zu; © 653-180792; €/€€
- ***La Reserva (9)***, am oberen östlichen Ortsrand; mit gemütlicher überdachter Terrasse, katalanische Küche (gute Reisgerichte, 40 min); Richtung *Urbanisación Oasis*, dann beim Kreisel am knallgelben Haus entlang und bergauf Richtung Guaza (TF 655) fahren; nach 2 km rechts; täglich mittags und abends, Mo geschlossen; © 922-709665; €€€

Nachtleben **Discos, Bars, Jazz und Shows** ➢ Seite 233f

3.3

Hotels:
Los Cristianos:
1 Arona Gran Hotel
2 Paradise Park mit öffentl. Schwinmmlandschaft
3 (Oasis) Moreque
4 Reverón Plaza
5 Mar y Sol
6 La Paloma (P)
Venezuela (P)
Lela (P)
Andreás (P)
Las Américas (Los Morritos):
7 Mare Nostrum Resort
8 Parque Santiago III
9 Parque Santiago II
10 Parque Santiago I
11 Parque Santiago IV
12 Parque Santiago V
13 Europa Villa Cortés
14 Park Club Europa (Aparthotel)
15 Vulcano
16 Tenerife Princess
17 RIU Park Cristobál
18 Vistasur (A)
19 Paraíso del Sol (A)
20 Bungamérica
San Eugenio:
21 Jardín Tropicál
Fañabé:
22 Sol Sun Beach
23 Parque del Sol (Aparthotel)
24 Colón Guanahani
Costa Adeje:
25 RIU Adeje
26 Bahía del Duque
27 Anthelia Park
28 Jardines de Nivaria
29 RIU Palace Tenerife/Arecas
30 Dreamplace Gran Jacanda
31 Costa Adeje Palace
32 Sheraton Caleta
33 Plantación del Sur
La Caleta:
34 Jardin Caleta
Restaurants:
Los Cristianos
1 El Cine
2 La Piccola
3 La Cava
4 Taberna Vasca
5 Tasca Abuela
6 Rincón Arróz
7 Bistro Alain
8 Indian Restaurant
9 La Reserva
Las Américas/ Costa Adeje:
10 El Gomero & Las Rosas
11 Castellano
12 Mama Rosa
13 El Faro, El Arrozál
14 La Rana
15 Kong Tsha
16 Tappanyaki
17 La Fresquera
spezielles Ambient
18 Sugar and Spice
Infobüro
Klinik
Internetcafe
Postamt (Correros mit @)
CC Centro Comercia
Colina Blanca
Torviscas Alto
San Eugenio Alto
Siam Park
Los Gigantes/ Puerto Santiago
Costa Adeje
29 Puerto Colón/ San Eugenio
31 La Caleta
Aqualand
Autopista del Sur
30 Torviscas / Fañabe
San Eugenio
Parque San Eugenio
San Eugenio
CC
Fañabe
Torviscas
CC
Plaza Duque
Playas America
Playa del Duque
Playas de Fañabé
Playa Torviscas
Markt
Puerto Colón
Playa Torviscas

Santa Cruz
Aeropuerto
Oasis del Sur
Berg
Guaza
428 m
Los Cristianos
27 Los Cristianos
Avenida Juan Carlos I
Markt
Polizei
Playa de Los Cristianos
Puerto de
Los Cristianos
Plaza
Galcos
Autopista del Sur
Golf Las Americas
28 Las Americas
Montaña
Chayofita
San Telma
Discos
Playa de
Las Américas
Klinik
Las Americas
Playa de
las Vistas
Los Morritos
Americas Plaza
CC
CC Safari
Playa
Camison
Rafael Puig
Vergnügungs-
viertel
"Las Veronicas"
Klinik
CC City
Center
CC
Europa
Pyramide Arona
Casino + Show
Paseo de las Palmeras
Playa
Honda
N
0
200 m
Atlantischer Ozean
Los Cristianos/
Las Américas/
Costa Adeje

3.2

3.4 Las Américas/Costa Adeje (Anfahrt ➢ Seite 221)

3.4.1 Besichtigung (www.costa-adeje.net)

Los Morritos

Infobüro

➢ Seite 55

Los Morritos, die an ***Playa Las Vistas*** angrenzende Spitze der Landzunge, ist – angesichts aller Betonberge drumrum – die schönste, weil »urbanste« Region im Süden. Die begrünte Strandpromenade führt ohne viel Ramba-Zamba hinter der breiten ***Playa del Camisón*** entlang; zwar nur ein heller Kunststrand, aber er kann sich sehen lassen. Ein schönes Ziel für einen Spaziergang vor Sonnenuntergang ist das kleine ***Cap Camisón*** (beim *Hotel Santiago IV*) mit freiem Blick bis nach La Gomera.

Einschätzung

Auch wenn die neuen Hotelpaläste an der *Costa Adeje* (weiter westlich) die Hotels dieses Küstenabschnitts an Exklusivität und Stil inzwischen überholt haben, das Angebot an Restaurants, Bars, Cafés, schicken Geschäften (vor allem in den *Centro Comerciales Safari* und *Américas Plaza*) und besten Supermärkten lädt hier Touristen und *Canarios* gleichermaßen zum Bummeln ein. Die die Hotels verbindende Straße wird zu Recht inoffiziell Gran Via (Avenida de las Américas) genannt (➢ Seite 231-234).

Mare Nostrum Resort

Das *Mare Nostrum Resort* gibt sich wie **Klein Las Vegas**. Zu ihm gehören mehrere Komplexe: der halbmondförmige *Mediterranean Palace, Sir Anthony* und die *Pirámide de Arona*, ein Kongresszentrum für 2.200 Menschen mit Spielkasino und Showtheater.

Hotel Mediterranean Palace/ Sir Anthony

Sie wird eingerahmt von **drei Hotels**, die sich ***Palace*** nennen: Cleopatra am Meer, und – welch historischer Feinsinn – flankiert von *Marc Anton* und *Julius Caesar*. Vor der funkelnden Stufenpyramide plätschern Brunnen und sexy Dianas auf antiken Kapitellen halten die Wacht in Reih und Glied mit Pfeil und Bogen.

Römische Statuen zieren auch das Interieur des *Mediterranéan* – ganz in bleu – in lieblichen Posen. Vom eleganten Foyer gelangt der Gast übergangslos in eine ebenfalls blaue Badelandschaft, Ton in Ton mit dem Belag der hoteleigenen Tennisplätze. Der Blick zum Atlantik irritiert: die himmelblaue Farbe ist nicht das Meer, sondern das sich in der verspiegelten Rückwand des *Sir Anthony* reflektierende *Mediterranéan*. Das Schwesterhotel – zur Abwechslung ganz in rosé – ist etwas kleiner, dafür teurer.

Los Morritos bei Nacht

Hotel Europa Villa Cortés, Las Américas

5 x Hotel Santiago

Fünf Erben hatte der Besitzer der Santiago-Hotels, also wurde 5 x gebaut. Die Aparthotel-Anlagen liegen in Blickweite, sind unterschiedlich alt, groß und schön – wie sich das für Geschwister ziemt. Das größte mit weitläufiger Pool-Landschaft ist das ***Santiago III***. Das jüngste, ***Santiago V***, ist mexikanisch gestylt und hat zwei Dutzend Apartments, dazu einen exklusiven Supermarkt, ein luftiges Terrassencafé, zwei superbe Restaurants und eine kunterbunte **Minigolfanlage** umgeben von einem spektakulären **Kaktusgarten** (freier Eintritt). Das Hotel ***Villa Cortés*** ist ebenfalls im mexikanischen Stil angelegt, ein Märchenpalast der jüngsten Generation, der seine 5 Sterne verdient. Auch das beliebte Hotel ***Parque Europa*** vis-a-vis hat einen fabenfrohen Erweiterungsbau – das ***CC Arcade Europa*** mit der ***Bar B.U.D.A.***

Küste

Der **Küstenabschnitt** vom ***Hotel Villa Cortés*** bis zum Vergnügungsviertel ***Las Verónicas*** hat keine Sandstrände und Wellenbrecher und ist den Surfern überlassen, die dort oft eine gute Brandung finden. Den Spaziergängern auf der mit **Skulpturen** aufgelockerten Promenade wird dann eine prima Show geboten. Die Sonnenuntergänge locken abends immer viel Publikum dorthin.

Verónicas/ Vergnügungsviertel

Der ***Barranco del Rey*** bildet die Grenze zwischen den Gemeinden Arona und Adeje. Hier schwenkt die breite, fußgänger-dominierte begrünte Avenida de Rafael Puig (auch Avda Litoral genannt) für einige hundert Meter an den Strand *Playas de Troya*. Eingeklemmt zwischen Atlantik und Autobahn finden sich abrissverdächtige **Hotelsilos** (z.B. *Tenerife Sol*, *Park Hotel Troya*, *Palm Beach*) und der billige **Vergnügungs-Strip *Las Verónicas*** mit *Fastfood*, Bars, Bowling, diversen Spielhallen und Discos.

Playas de Troya/ Playa Bobo

Dieser Uferabschnitt hatte ursprünglich – neben der Hafenbucht von Los Cristianos – den einzigen natürlichen (hellgrauen) Strand weit und breit, der zudem nur bei Ebbe zugänglich war. Heute sind die Buchten aufgeschüttet, und massive Wellenbrecher verhindern, dass das Meer den Sand wieder mit sich reißt.

Hotel Jardín Tropicál

Etwas weiter nördlich, noch vor dem monströsen *Hotel Gran Tinerfe*, schwenkt die Küstenstraße vom Meer nach San Eugenio ab, einem älterer Stadtteil, in dem nur das arabisch anmutende ***Hotel Jardín Tropicál*** Beachtung verdient. Es liegt direkt an der Promenade mit einer öffentlichen Meerwasser-Badelandschaft (Eintritt) sowie einem **Terrassen-Restaurant** (***Las Rocas***) mit herrlichem Küstenblick.

Die etwas höher verlaufende **Promenade** vor dem *Jardín Tropicál* wirkt – dank hier fehlender Buden und Kioske – deutliche attraktiver als der Abschnitt vor den *Veronicas*.

Puerto Colón

Eine Weltkugel, ein nach Westen ausgestreckter Arm – klar, die Skulptur auf der Hafenmole erinnert an Kolumbus, der auf der Suche nach Indien 1492 hier vorbeisegelte. Ansonsten bietet der **Yachthafen *Puerto Colón*** wenig. Viel Beton säumt das Wasser, dahinter eine enge Apartment-Bebauung, die sich die Hänge bis jenseits der Autobahn in den Stadtteil Colina Blanca hochzieht. Die oft knackvolle Promenade geht von den dichtbebauten Stränden *Puerto Colón* und *Torviscas* in den Strand von *Fañabé* über.

Fañabé

Dieser Stadtteil ist eine gute Wahl für den Pauschalurlaub im Süden, aber weniger extravagant als Süd-Las Américas und Costa Adeje. Er ist ohne Durchgangsverkehr, was die zentrale Calle de Lourdes entlastet und attraktiver macht. Links und rechts von ihr stehen Apartmentanlagen mit einem begrünten Pool im Patiobereich. Dazwischen verlaufen Shopping-Durchgänge zum Meer. Die enge Bauweise hat Vorort- oder fast schon intimen Dorf-Charakter und kommt dadurch ohne spektakuläre Architektur aus.

Playa de Fañabé

Die ***Playa de Fañabé*** ist ein hervorragend angelegter hellgrau bis beigefarbener Strand von ca. 600 m Länge. Drei vorgelagerte Wälle brechen die Brandung, so können auch Kinder gefahrlos baden. Eine unverzeihliche Bausünde ist die 2-stöckige **Strandpromenade**, ein **Beton-Moloch**, überladen mit Läden und Lokalen, der sich dick und breit wie ein Ozeandampfer zwischen den Strand und die erste Aparthotel-Reihe schiebt.

Costa Adeje

Die Küste zwischen Fañabé und dem alten Fischerdorf La Caleta war bis Mitte der 1990er-Jahre unerschlossene Felswüste. Seitdem entstand hier **ein Superhotel nach dem anderen**. Den Anfang machte 1995 das **5-Sterne *Hotel Bahía del Duque*** mit der *Dependance* ***Mirador del Duque*** (➢ Seite 206/7), eine der ersten Adressen der Insel. Inzwischen ist es umgeben von dicht an dicht gebauten, dennoch luxuriösen Villen und Apartmenthäusern und neuen Großhotels: das ***Anthelia Park*** z.B. erinnert mit seinen klaren geometrischen Formen an den italienischen Renaissance-Stil; die RIU-Hotels ***Riu Palace*** und ***Arecas*** setzen mit bunten Stilelementen leicht arabische Akzente. Das Hotel ***Dreamplace Gran Tacanda*** hat alle Elemente klassischer kanarischer Architektur in sich vereint. Das ***Sheraton La Caleta*** nimmt die marokkanische Bauweise des *Abama* (➢ Seite 274) vorweg, und das ***Costa Adeje Palace*** bildet vorerst den Schluss der Grand-Hotel-

Kultur in der ersten Reihe. Nur 200 m vom Meer entfernt steht auf einem Hügel das Hotel ***La Plantación del Sur*** (5 Sterne, ➢ Foto Seite 212) mit Busservice zum Golfplatz Adeje. Von den meisten Zimmern und den Restaurantterrassen .

Mit breiteren Straßen und chicen Shoppingzentren – allen voran ***Plaza del Duque*** mit **Edel-Bistros**, *Label-Shops* und einem **Infocenter** – mausert sich dieser Abschnitt zur **Vorzeige-Küste** für den anspruchsvollen Pauschaltourismus. Das erhebliche Durcheinander der Architektur in nur 15 Jahren seit Beginn der Bebauung dieses Bereichs scheint dort kaum jemanden zu stören.

10 km Strandpromenade

Die kioskfreie Küstenpromenade von Las Américas führt nun (fast) bis La Caleta. Die geschlossene Grand-Hotel-Front zeigt sich dort von ihrer besten Seite, vor allem bei Sonnenuntergang über La Gomera. Ein Spaziergang vom ***Plaza del Duque*** – vorbei am 800 m langen Sandstrand ***Enramada*** – nach La Caleta dauert 30 min. In La Caleta warten beliebte **Restaurants am Meer** (➢ unten).

Das Hotel Bahía del Duque

1995 war es wie eine Fata Morgana. Aus den Geröllfeldern erhob sich die Nachbildung einer spanischen Stadt: ineinander verschachtelte Herrenhäuser in perfekt abgestimmten Farbtönen von Weiß über Sienagelb bis Ockerrot, die sich um eine Turm-Replik der *Iglesia de la Concepción* (➢ Foto Seite 128) in Santa Cruz drängen. Eine spanische Stadt im Disney-Stil, ➢ Foto Seite 206/7.

Nach einem **Dinner in einem der feinen Restaurants des Hotels** empfiehlt sich ein Bummel durch die romantisch illuminierte Park- und Poolanlage an den Strand hinunter. Zu viele Neugierige wollten die gigantische Lobby besichtigen, und so kommt man nun ohne Tischreservierung erst ab 17 Uhr am Pförtner vorbei.

Der Strand Playa del Duque

Den künstlichen hellen **Tuffkörner-Strand** unterhalb des *Bahía del Duque* erreicht man über die Promenade oder per Auto über Salida 30, Fañabé, dann Schildern *Playa del Duque* folgen (Tiefgarage am Strand, Calle Londres). Er ist öffentlich, seine Besucher profitieren von der stilvollen Gestaltung der Promenade für die hier betuchtere Klientel: schöne Restaurants (***La Hacienda*** mit Bar, ***La Torre de Mirador***), zwei Cafeterías, das auf alt-kanarisch gemachte Einkaufszentrum ***Mirador*** (dort die ***Bar Acanto***), viele Palmen und Bambus-Sonnenschirme warten. Die Bucht wird nach Süden begrenzt durch einen Felsvorsprung, auf dem die hervorragend restaurierte ***Casa del Duque*** steht, ein alter Adelssitz aus schwarzem Lavagestein.

Die populäre Playa de Fanabe ist immer voll

3.4

La Caleta

Die Bewohner des winzigen Fischerdorfes La Caleta hätten sich kaum träumen lassen, dass die Bauwut von Costa Adeje so rasch so nahe kommen würde. Heute bestimmt ***Adeje Golf*** – gleich oberhalb – das Ambiente. Die bis in die 1990er-Jahre hier in Zelten und Hütten am Meer lebenden Hippies sind fast alle verdrängt; am oberen Dorfrand entstehen immer mehr luxuriöse Wohnanlagen. Auch die **Fisch-Restaurants** an der angenehm aufgeschickten Promenade haben sich auf die höheren Ansprüche der Klientel aus diesem Umfeld eingestellt (➢ Seite 232f).

La Caleta hat unterhalb der Restaurants über flache Felsen gute Einstiege (Leitern) ins Meer. Nur zu Fuß zu erreichen (30 min) ist die abgelegene, wunderbare ***Playa Hernandez*** (➢ Seite 107).

3.4.2 Praktisches

Infobüro **➢ Seite 55**

ZOB/Busse ***Estación de Guaguas*** (Busbahnhof/ZOB) beim *Palacio de Congresos* ***MAGMA***; Südautobahn, Salida 28, Las Americas

Buslinien **➢ Seite 218**

Post ***Pueblo Canario***, hinter dem ***Hotel Gran Tenerife*** in San Eugenio

Polizei **Notruf** © 112, ***Policia Nacional*** © 091, beim *Palacio de Congresos* nahe ZOB; ***Guardia Civil*** © 062, bei der Kirche ***Iglesia Nuestra Señora de Guadelupe*** nahe ***Hotel Coral Beach***

Kliniken

- ***Hospiten Sur*** zwischen Los Cristianos und Las Americas, Salida 27, Los Cristianos, dann Richtung Playas de las Américas, beim *Parque Central* und dem *Edificio Camisón* im Kreisel rechts in die Avda Arquitecto Gómez Cuesta, © 922-750022
- ***Hospital Costa Adeje*** in San Eugenio, Salida 29, mit mehreren deutschen Fachärzten (Orthopädie/Traumatologie u. a.), © 922-752626, für Deutsch »3« wählen

Shopping Jeder Stadtteil hat zumindest ein EKZ/*Centro Comercial* (CC). Je teurer das Hotelumfeld, desto feiner das Sortiment; in Los Morritos (Hotels *Santiago IV, V* und *Villa Cortes*) das ***America Plaza*** und das ***Safari***, in Fañabé das ***CC Fañabé*** (Filiale des Supermarkts 2000 mit vielen deutschen Produkten) und – sehr edel – beim *Hotel Bahía del Duque* das runde supermoderne ***Plaza Duque***. Ältere CCs (*San Eugenio, City Center*) fallen dagegen ab.

Internet im ***City Center***

Von den flachen Felsen geht's in La Caleta per Badeleiter ins glasklare Wasser

Märkte — ***Costa Adeje Market*** (Touristenmarkt, fast nur Kleidung) gegenüber dem *Centro Comercial El Duque* (nicht zu verwechseln mit der *Plaza del Duque*), Do und Sa 9-14 Uhr, ➢ Seite 538

Bücher — ***Libreria Barbara***, nur in Los Cristianos: ➢ Seite 222 und im Stadtzentrum von Adeje

Kunsthandwerk — ***Artenerife*** neben dem Infocentrum beim *Hotel Park Troja*

Fahrrad-/ Scooter-/ Motomiete — ***Tene-Bici***, Residential El Camisón, 31, © 922-752009.

Hobby Motor, vom Fahrrad über Enduros bis zur Rennmaschine, im CC (*Centro Comercial)* ***Las Flores***, © 922-794467.
Rent-a-Moto, beim Hotel Palm Beach, © 922-752605

Restaurants

Essengehen im Süden (➢ Seiten 216, 233, 236)

Einfache Restaurants — Einfach, preiswert und gut sind Lokale, in denen kanarische Arbeiter Mittagspause machen und abends Residenten sitzen; z.B. in Las Américas das ***El Gomero* (10)**, So geschlossen, und nebenan das ***Las Rosas***: Beide unterhalb des Golfplatzes gegenüber *Palacio de Congresos* im *Edificio Las Terrazas*; Preise und gute Stimmung lassen das bauliche Umfeld und die Lokalenge fast vergessen.

Empfehlungen

- ***Mesón Castellano (11)***, klassisches kastilisches Ambiente mit abwechslungsreicher Karte und guter Qualität; großes *Tapabuffet*; zwischen Los Cristianos und Las Américas, Avenida Antonio Dominguez, im Gebäudekomplex ***El Camisón***, *Local 40*, täglich 13-01 Uhr, Di geschlossen, © 922-796305; €€/€€€
- Im ***La Fresquera (17)*** nebenan, geht es ebenfalls traditionell spanisch zu mit Schwerpunkt auf baskischer Küche (B*acalao al pilpil, Pulpo Gallego, Caldosos*). Das Restaurant ist auch *Vinoteca* und Delikatessgeschäft; auch im ***El Camisón*** *Local* 35-36; 13-16.30 Uhr und 19.30-24 Uhr, So zu; © 922-793008, €€/€€€
- ***Sugar and Spices (18)***, leichte mediterrane Küche, großes Angebot an Pastas, Terrasse, Ambiente in edlem Weiß, Avenida Rafael Puig, *Village Club Los Cardones* neben der Touristeninformation *CC City Center*; tägl. 12-24 Uhr, Tel: 922-792271; €€.
- ***Mama Rosa (12)*** im *Apartamentos Colón II*, Kreuzung Avenida Santiago Puig und Rafael Puig, gepflegt-persönliches Ambiente, italienische und internationale Küche, täglich 13-24 Uhr, © 922-794819 (Reservierung empfohlen), €€/€€€

Alle folgenden Restaurants befinden sich im Stadtteil **Los Morritos** (➢ Karte Seite 225), der sich in den letzten Jahren zum **lukullischen Anlaufpunkt** von Las Américas entwickelte. Vor allem die Restaurants und Bars auf der **Dachterrasse des *CC Safari*** (weniger im *CC Americas Plaza*) sind wegen ihres großstädtischen modernen Flairs bei jüngeren *Canarios* und Touristen gleichermaßen beliebt:

CC Safari — Speziell rund um ***Harry's Bar*** herum finden sich unterschiedlich gestylte Restaurants: sehr beliebt ist das japanisch-chinesisch-thai-Restaurant ***Slow Boat Teppanyaki***, gefolgt von **Bianco** mit guter Pasta, Pizza und anderen italienischen Leckereien. Ganz spanisch geht es (auch designmäßig) im ***Sangre Toro*** zu, ähnlich, wiewohl mexikanisch, im ***Hacienda***. ***Maria Bonita*** (kanarisch) und ***Domus Aurea*** (italienisch) geben sich eher traditionell.

Für **indische Küche** und weitere asiatische Eindrücke - inklusive **mongolischem BBQ** - geht es nebenan in das ***CC Américas Plaza***.

Alle bieten gleichbleibende Qualität und sind relativ preiswert. Geöffnet sind alle Lokale durchgehend ca. 13-23 Uhr; €€

Weitere gute Restaurants in Bummel- Entfernung um und in den ***Hotels Santiago III*** und ***V*** sind:

- ***La Rana (14)***, Spitzenrestaurant, im *Santiago IV*-Rundling mit Terrasse; u.a. galizische Küche, Grillgerichte; manchmal Live-Musik; täglich 12-23.30 Uhr, © 922-752522, €€--€€€
- ***El Faro (13)*** auf einer schönen Terrasse am ***Santiago V***, leider nur mit Blick auf *Santiago III* und *IV*; phantasievolle internationale Küche, oft gastronomische Wochen; täglich 18-24 Uhr, © 922-753827, €€/€€€
- ***El Arrozál (13)*** im *Parque Santiago V*, Terrassenlokal; grosse Auswahl, Reisgerichte; tägl 9-23.30 Uhr, © 922-790277, €€/€€€
- ***Kong Tsha (15)*** im *Parque Santiago III*, gehobenes chinesisches Restaurant mit guter Qualität, schöne Terrasse, modernes Ambiente, täglich 13-16 Uhr und 18.30-23 Uhr, © 922-753796, €€.
- Im ***CC Plaza del Duque*** (beim Hotel *Bahía del Duque*) gibt es in modernem Ambiente neue leichte Küche; sehr gut der *Imbiss Catavinos* mit großer Theke; 12-23 Uhr, kein Ruhetag.

Fischlokale in La Caleta

Die **Restaurants in La Caleta** (➢ auch Seite 229) liegen alle an der schön gestalteten Promenade um die Hafenbucht. Die drei alteingesessenen sind sich (fast) treu geblieben:

- ***Masia del Mar*** mit riesiger Terrasse; immer frischen Fisch, professionell. **Tipp**: *Pescado Salado* (Fisch im Salzmantel, ab 2 Personen, mindestens 20 min Zubereitung); auch Fleischgerichte und Pizza; täglich 12-23 Uhr, © 922-710895, €€.

La Caleta, Heimat einiger beliebter Fischrestaurants direkt am Meer

Restaurants in führenden Hotels

Besonders die neuen Luxusherbergen an der Costa Adeje offerieren dem Gast nicht nur die üblichen – wenn auch vielseitigen – Buffetts, sondern eine ganze Reihe stilvoller Restaurants mit feiner, leichter Küche aus Fernost, Italien, Frankreich, Mexico usw. Man geht mit der Mode, kreative Bistroküche ist angesagt. Die führenden Häuser sind ***Bahia del Duque***, ***Gran Tacorande***, ***Jardines de Nivera***, ***Hotel Villa Cortés***, ***Grand Hotel Costa Adeje***, ***Costa Adeje Palace***. Je neuer das Hotel (***Sheraton***, ***Abama/San Juan de Playa/Plantación del Sur***) umso anspruchsvoller die Gastronomie.

Gegenüber vielen durchaus empfehlenswerten und auch in diesem Buch empfohlenen Lokalen bieten Restaurants dieser Kategorie nicht nur das hochwertigere Ambiente, sondern meist einen besseren Service zu oft genug nur geringfügig höheren Preisen als die gastronomische Mittelklasse des Umfeldes. Wenn dann die Terrasse in lauer Nacht auch noch einen Weitblick übers Meer im Mondschein und die Lichter der »Großstadt« liefert, ist das anderswo schwer zu überbieten, so z.B. im nicht einmal sehr teuren ***Canary Gourmet*** der *Plantación del Sur*. Aber auch ein paar Euro mehr lohnen sich fürs perfekte Dinner.

Ebenfalls auf hohem Niveau halten die Restaurants der Golfplätze mit (***La Casa Club*** im Clubhaus von *Adeje Golf* und ***Atlantis*** beim *Golf del Sur*).

Eine gute Hilfe bei der Auswahl derartiger Lokale ist der spanisch-englisch verfasste Restaurantführer ***Que Bueno*** (jährlich neu), ➢ Seite 216.

- ***Restaurant La Caleta***, Terrasse über der Bucht, große Theke voller *Tapas* mit Fleisch und Fisch. Bei schlechtem Wetter auch drinnen angenehm, täglich geöffnet. Beste Lage, aber nicht das beste Essen, täglich 10-22 Uhr, © 922-780675 €/€€.
- Bodenständig ist das ***Celso*** am anderen Ende der Bucht; es wird von vielen *Canarios* besucht; frischer Fisch und schlichtes Ambiente. 13-23 Uhr, Mo geschlossen, © 922-710189, €/€€.

Eine abwechslungsreiche Küche bieten folgende beiden:

- ***La Vieja***, nach dem kanarenweit beliebten *Vieja* (Papageifisch) benannt, bietet verfeinerte Fischküche, **Reis- und Nudelgerichte *a la marinar*** (mit Meeresfrüchten), sowie fangfrische *Capaccios*. Große Terrasse mit Blick auf Sonnenuntergang; täglich 13-23 Uhr, © 922-711548, €€ €€€
- ***Rosso sul Mare***, vom Frühstück über den *Sundowner*, aber auch Dinner am späten Abend: Bar, Restaurant, Café und Restaurant mit Pizza- Pasta- und Fischküche; © 922-782374 und © 661-339390, 11-24 Uhr, €-€€

Nachtleben

Discos

Es gibt eine Unmenge »billiger« Vergnügungen in Las Américas; hier sind nur anspruchsvollere Lokale genannt:

- ***Devine Soul***, Avda Rafael Puig, am Hotel ***Sol Tenerife;*** 2 Soul-Gruppen bringen die Gäste in Stimmung; dann wird getanzt; modernes Ambiente; tägl. ab 9.30 Uhr open end; © 646-380255.

- ***B.U.D.A.***, ***Chill out***, Cocktails, Cafes, ruhige *Live Music* in entspannter Atmosphäre beim Hotel *Tenerife Princess* im *Centro Commercial Arcade Europa, Avenida Antonio Dominguez,* täglich von 10 bis 04 Uhr morgens; © 922-796454.
- ***Vai Moana***, ***Chill out*** in Las Galletas, sehr eigen und populär bei einheimischer Jugend (➢ Seite 243).
- ***Piano and Sax*** im *Centro Comercial Galaxia*; **Jazz** täglich 22-4.00 Uhr morgens, © 922-795701.
- ***El Faro Chill Art,*** ein großzügiger, hypermoderner Komplex mit mehreren Terrassen und Räumen am Puerto Colón (CC Costa Torviscas, Lokal 79; verschiedene Musikrichtungen, live und Disco; die mondänste Bar/Disco weit und breit; © 922-712841.
- ***HBN (Habana) Social Club***, populäre **Latinobar/Disco** im Hotel *Columbus*, nahe *Estadio Olímpico,* Fr/Sa, © 922-793250

Disco-Bars An der *Playa de las Vistas,* besonders in und um das *CC San Telmo,* liegen zahlreiche Pubs, Bars und Discos mit Musik von Samba bis Techno. Besonders beliebt beim meist sehr jungen Publikum (am Wochenende viele *Canarios*) sind die Disco-Pubs ***Casablanca***, ***Caribe*** und ***Zona 21*** sowie die Cocktailbar ***Ukulele***.

Shows

- ***Píramide de Arona***, *Mare Nostrum Resort,* **Shows** auf hohem Niveau. Informationen liegen in den Hotels aus.

Kasino

- ***Casino Playa Las América***s im *Hotel Gran Tinerfe*; täglich Automaten 15-02 Uhr, Spieltische 20-04 Uhr, © 922-793712

Ausflüge

Information Mit »*Information*« gekennzeichnete Büros geben Auskunft über Bus-, Schiffs- und sonstige Ausflüge; sie finden sich in Hotels und in jedem *Centro Comercial.* Auf Handzetteln sind die Zeiten und Stopps der Buszubringer für große Hotels angegeben.

Bootstouren Das Angebot ist groß und ändert sich ständig; in Hotels und Infobüros liegen aktuelle Programme aus.

Einige Empfehlungen:

Fast alle Schiffe von Los Cristianos und Puerto Colón fahren an die **Steilküste von Los Gigantes** und offerieren **Walbeobachtung** (➢ auch Seite 255). Meist überwiegt der Fun-Aspekt, Baden vor der Steilküste, Lunch, Wasserrutschen. Die vor der Westküste Teneriffas beheimateten **Pilotwale** sieht man (fast) immer, **Delfine** nicht ganz so oft.

Der Reiz von **Glasbodenbooten** ist begrenzt; in den tiefen Gewässern an Teneriffas Küsten ist nicht viel zu sehen (keine Riffs etc); per U-Boot kommt man da den Fischen schon näher.

- ***Submarine Safaris***, ab Yachthafen San Miguel geht's hinunter in glasklare Tiefen; man fühlt sich dort unter Fischschwärmen wie in einem Aquarium; *Urbanisación Golf del Sur*, San Miguel, *Galeria Comercial Agua Marina*; Abfahrten 10, 11, 12 Uhr; ca 40 min. €48/28, © 922-736629: www.submarinesafaris.com

- ***Lady Shelley***, ein blau-weißer Katamaran des *Mare Nostrum Resort*, ist der Star unter den Ausflugsbooten; 225 Plätze, Glasboden, Bars und Restaurant. Das Schiff bietet Trips zur **Walbeobachtung** und ***Sun-and-Fun-Trips*** (2- und 3- oder 5-stündig, € 22-€ 40-€ 53, inklusive Snack oder Lunch), Walbeobachtung inbegriffen. Von Los Cristianos bis Masca, mit Badestopps in La Caleta, ✆ 922-757549, www.ladyshelley.com
- ***Royal Delfin*** und ***Tropical Delfin***, große **Glasbodenkatamarane** mit mehreren Trips, auch an die Gigantes-Steilküste; *Fun* und *Whalewatching* gekoppelt, ab Puerto Colón, 2 und 4,5 Stunden; Las Américas ✆ 922-750085; ab Puerto de la Cruz ✆ 922-385116, Transfer zum Hafen; www.tenerifedolphin.com
- ***Mar de Ons*** ist Platzhirsch am Los Cristianos-Hafen mit einem klassischen **Segelschiff**, einem Piratenboot, der *Monte Carlo* zum *Whalewatching* und *Teide II* zum Sport- und Tiefseefischen; ✆ 922-751576; www.mardeons-tenerife.com
- **Tipp:** Auf dem Katamaran ***Bonadea II*** (mit Gütesiegel »*Barco Azul*« speziell fürs *Whalewatching*) geht es beschaulicher zu (nur maximal 22 Personen), ✆ 922-714500, Puerto Colón, San Eugenio; www.bonadea2catamaran.com
- Die ***Travelling Lady*** (auch »*Barco Azul*« für Walbeobachtungen; geschützte Schraube) macht 2-stündige Touren für € 22 ab Los Cristianos, Reservierung unter ✆ 609-429387.
- Die ***Neptuno Sea Company*** fährt mit den Seglern ***Peter Pan*** (ab Los Cristianos) und ***Shogun*** zum Wale- und Delphine Beobachten, € 38/€ 47. Mit dem kleinen Motorboot ***Neptuno*** geht's zum Tiefseefischen; beide ab Puerto Colón, ✆ 922-798044, www.neptunosctenerife.com.

Hochsee-fischen/ Charter

- **Tipp:** ***Yate Sofia***, das klassische Boot fürs *Big Game Fishing*, täglich 10 Uhr ab Los Cristianos. Thun- und Schwertfisch, mit Glück sogar Barracuda, ✆ 922-791459 und ✆ 607-699998; www.yatesofia.com
- ***Sailfisher*** hat es auf den legendären *Blue Marlin* abgesehen. Ab Puerto Colón; halber Tag €85, ganzer Tag €125, ✆ 600-562141, ab 20 Uhr 922-780192; www.sailfisher-tenerife.com.
- ***Escuela de Vela***, Segelschule am Strand von Los Cristianos, Paseo Marítimo 6; ✆ 922-792916 & 610-801200 (nur 10-18 Uhr).

Sport

Wandern/ Mountain Biking

Ausgangspunkte für Wanderungen und Radtouren erreicht man mit Leihwagen oder den TITSA-Bussen. Wer allein laufen/radeln möchte, sollte sich gute Karten und Wegbeschreibungen besorgen (➢ Seiten 29 und 514ff). Geführte Touren bieten:

- ***Diga Sports***; mittelschwere bis schwierige Wanderungen und Bike-Touren von verschiedenen Inselpunkten unter deutscher Leitung; Info: *Hotel Park Club Europa*, vis-a-vis *Santiago III* und Santiago *IV*; Bike-Touren € 41-€ 47, Wanderungen ca. € 40 in Abhängigkeit vom jeweiligen Ausgangspunkt, © 922-793009; www.diga-sports.de

- Auch ***Trekking*** (Büro in El Palmar) bietet Tagestouren im Teno, Anaga und auf demTeide an, © 922-732488 und 639-120301; www.hauser-exkursionen.de
- *Diga* und *Trekking* haben **kombinierte Bus-Wander-Schiffstouren nach Masca**. Per Abholbus nach Masca, dann 3 Stunden Abstieg und per Boot/Bus zurück: €56 inkl. Picknick.

Paragliding (*Parapente*), ➢ Sport auf Seite 527

Tennis,Golf, ➢ Seite 525, ➢ Seite 528f, ➢ Seite 526

Reiten, Biken **Fahrräder/Scooter/Motorräder ➢ Seite 230**

Wellness

In folgenden Häusern kann man Spa-Service/Thalasso buchen:

- ***Mare Nostrum Resort*** (© 922-757540)
- ***Thalasso Conquistador*** im Hotel ***Conquistador*** (© 922-795781)
- ***Spa Villa Cortés*** (© 922-794383)
- ***Natural Thalasso und Wellness Spa*** im Hotel ***La Siesta*** (© 922-792300)
- ***Aqua Club Termal***, alles rund um kaltes und heißes Wasser: diverse Saunen-Arten, Thermalbäder, warmer Meerwasserpool, Wellness- und Fitness-Bereich. Täglich 9-22 Uhr, Eintritt € 27, Behandlungen wie Physiotherapie, Massagen und Kosmetik kosten extra; © 922-716555; www.aqua clubtermal.com.
- ***Torviscas Alta*** im *CC Cosmos*, *Salida* 30, ca. 1 km bergauf

Restaurants im Süden und Westen abseits der Touristenzentren

Noch vor zehn Jahren galt die Gastronomie im Süden und Westen der Insel als uninteressant. Einzige Alternative zu den Touristenmenus oder Bufetts nach dem Geschmack der Engländer, Deutschen oder Skandinavier waren die oft schwer zu findenden urkanarischen Restaurants im Hinterland.

Die gehobenen Ansprüche der Gäste in den neuen Luxushotels an der Costa Adeje sowie der massive Zuzug vieler *Canarios* in die Nähe ihres Arbeitsplatzes hat das Gastronomieangebot in der Zwischenzeit nicht nur erweitert, sondern auch stark verändert.

Tipps abseits der Touristenzentren

Die meisten der hier genannten Lokale werden auch bei den besonderen Empfehlungen auf den Seiten 81-87 bzw. in den Ortsbeschreibungen im Reiseteil erwähnt und genauer gekennzeichnet. Für sie finden sich hier deshalb nur Verweise. Restaurants, die nicht bereits explizit im Reiseteil vorkommen, sind etwas ausführlicher beschrieben. Sie sind grob von Ost nach West geordnet. Nicht alle glänzen durch eine umwerfende Küchenqualität, lohnen aber wegen der Aussicht oder ihres Ambientes.

Bereich San Isidro/Granadilla (Gebiet El Médano)

- ***Tierra de Frontos***, TF 28, östlich von Granadilla, ➢ Seiten 81 und 249.
- ***Casa Fito***, in Chimiche, Ctra. General TF 28, gemütliche Kneipe, Holzofen, Grill. 13-16 und 20-23 Uhr, So Abend & Mo geschlossen, © 922-777179.
- ***Casa Tagoro*** in Granadilla, ➢ Seiten 83 und 410.
- ***Mirador de Fogón***, Ctra. Granadilla/San Isidro, km 1; modern-rustikale Einrichtung, Südlandschaft-Ausblicke; traditionelle Küche, wie Lehmofen-Braten, auch moderne Kreationen; 13-16 und 20-23 Uhr, Di zu; © 922-774343.
- ***Rias Baixas***, gegenüber der erwähnten Texaco Tankstelle in die TF 647 einbiegen, nach ca 1 km auf der linken Seite unterhalb des Ortskernes von Charco del Pino beim Fußballplatz. Geöffnet mittags und abends, Mo zu.
- ***El Jable***, San Isodro, ➢ Seiten 83 und 249.

Bereich San Miguel/San Lorenzo/Arona

(Touristengebiet Los Cristianos/Las Américas, Teide-Auffahrten über Arona/Vilaflor)

- ***La Tasquita de Niño***, San Miguel de Abona, Calle Estanco 5, ➢ Seite 410.
- ***Mirador Centinela***, TF 28 zwischen San Miguel und Lorenzo ➢ Seite 410.
- ***Las Gangarras***, kanarisches Museums-Lokal, Öko-Küche; Salida 26; TF 657 bergauf nach Buzanada; tägl. 12-24Uhr, © 922-766423.
- ***La Brasa***, oberhalb der Autobahn, Salida 26, TF 66 Richtung San Lorenzo/ Buzanada, mittags und abends, Sa Abend & So geschlossen © 922-720622.
- ***Era Las Mozas***, im Zentrum von San Lorenzo, ➢ Seite 410
- ***Mesón de Rejas***, TF 28, La Camella unterhalb von Arona, im Stadtzentrum an der Straße, ➢ Seite 405
- ***El Cerro de la Luna***, TF 51 unterhalb von Arona und La Camella beim *Camello Center*, Di geschlossen, ➢ Seite 405.

Zwei beliebte Ausflugsrestaurants (daher Sa und So Nachmittag meist voll) oberhalb von Arona am Ortseingang von Escalona an der TF 51 sind:

- ***El Chamo***, gute kanarische Fleischküche; zu empfehlen *Cabrito al Horno* (im Ofen gebratenes Zicklein) und *Puchero*, tägl. 10-24 Uhr, © 922-726116.
- ***La Barrica***, etwas oberhalb des *El Chamo*, netter Tascabereich, großer Gastraum, sehr gemütlich, täglich 12-23 Uhr, Mo Abend zu; © 922-725057.
- ***Bar Dornaje***, oberhalb von Escalona am Ende der TF 567, ➢ Seite 409.

Bereich Adeje/ Guia de Isora/San Juan

(Touristengebiet Las Américas/Costa Adeje/Puerto de Santiago)

- ***Cafe Antonia***, Adeje im Zentrum, ➢ Seite 240.
- ***Bodegon Irache Gara***, TF 82 zwischen Tijoco de Abajo und Guia de Isora auf der TF 465 Richtung Vera de Erque, ➢ Seite 277.
- ***Bodega Vargas***, auch Ende TF 465 in Vera de Erques, ➢ Seite 277.
- ***Tasca El Granero***, Tijoco bajo westlich von Adeje, Calle el Granero 16, © 922-163034, 19.30-23 Uhr, So geschlossen.
- ***Las Goteras***, TF 82 in Tejina, ➢ Seite 277.
- ***MarSalá*** am Strand von San Juan, TF 47 und TF 463, ➢ Seiten 84 und 275.
- ***Casa Juana***, Alcalá, TF 47 Richtung Puerto de Santiago, etwas abseits der Hauptstraße, ➢ Seite 80ff.

3.5 Adeje

3.5.1 Kennzeichnung

Anfahrt

Nördlich von Fañabé geht es ab *Salida* 32 von der Autobahn hinauf nach Adeje (1,5 km), das in 350 m Höhe vor einem imposanten Bergpanorama liegt.

Von den *Municipios* (Gemeinden) Adeje und Arona wird mit dem Gebiet um Los Cristianos, Las Américas und der *Costa Adeje* eine der größten Tourismus-Zonen Spaniens verwaltet. Dabei liegt die Zukunft vor allem in Adeje (40.000 Einwohner in der Gemeinde). Es hat der größeren Nachbargemeinde Arona (72.000 Einwohner) voraus, dass an seinen Küsten noch Terrain zur weiteren touristischen Expansion vorhanden ist.

Geschichte

Von Adeje aus hatte einst der mächtige *Mencey* (Fürst) *Tinerfe* die ganze Insel beherrscht, bevor er sie unter seinen Söhnen aufteilte. Während der *Conquista* (Eroberung) kollaborierte er mit den Spaniern (*menceys de paz*). Trotz ihres Wasserreichtums gehörte die Gegend nicht zu den begehrten Regionen, um die sich die Guanchen-Bezwinger rissen; sie suchten sich ihre Latifundien im kühleren grünen Norden, bei La Laguna und La Orotava.

Casa Fuerte de Adeje

Eine der reichsten Familien des Nordens, die *Pontes* aus Genua, konnte hier noch lange nach den ersten Landverteilungen große Besitzungen von der Krone erwerben. Madrid erlaubte ihnen, sich ihr Adejer Herrenhaus als Fort zu bauen, da ihnen die königlichen Befestigungsanlagen im Norden und Osten keinen Schutz vor Überfällen boten, beispielsweise die des Briten *Francis Drake*, der Ende des 16. Jahrhunderts die Meere unsicher machte. So entstand 1655 ein besonderes **Fürstentum von Adeje** mit eigener Rechtssprechung und anderen Privilegien. Die ***Casa Fuerte*** des *Pedro Ponte* etwas oberhalb des Stadtkerns diente nicht nur als Festung, sondern war zeitweilig auch Standort einer Zuckerrohrproduktion und Zwischenstation für den Sklaventransport nach Amerika. Gleichzeitig etablierte sich der Adelssitz als gesellschaftlicher Mittelpunkt des Inselsüdens.

Landwirtschaft und Tourismus

Der lange erhaltene Großgrundbesitz machte in den 1950er- Jahren den Tomaten- und danach den Bananenanbau lukrativ. Die großen Ländereien erleichterten später auch die touristische Expansion (➢ Seite 212). Adejes Landwirtschaft wurde in der Wirtschaftsleistung vom Tourismus auf den zweiten Platz verdrängt. Nirgendwo auf Teneriffa wird so großflächig und protzig geklotzt wie an der *Costa Adeje*. Um die Stadt selbst entstanden Neubauviertel für die nötigen Arbeitskräfte.

Für *Canarios* wurde die wachsende Stadt dank ihrer guten Infrastruktur (Einkaufszentrum, Restaurants, Schwimmbad, Kulturzentrum, etc.) zur beliebtesten Wohnregion Teneriffas.

Blick auf Adeje

3.5.2 Besichtigung

Ortscharakter

Die breite Hauptstraße Adejes mit Bars und Lokalen unter Lorbeerbäumen ist bei Touristen und Einwohnern beliebt. Sie ist die Ader dieses adretten Städtchens im Zentrum der Insel.

Sehenswert ist die ***Iglesia Santa Ursula*** aus dem 16./17. Jahrhundert, die nichts von der Üppigkeit der sonst damals üblichen Kirchen aufweist. Prachtvoll aber sind die alten Fliesen und die Mudejardecken. Die Verwaltungsgebäude (*Casas Consistoriales*) und das Rathaus (*Ayuntamiento*) von Adeje sind in angrenzenden Gebäuden untergebracht.

Mirador Casa Fuerte

Unterhalb der *Casas Consistoriales* führt rechts eine schmale Straße zu einem **Aussichtspunkt** über einen engen, von Wasserleitungen durchzogenen *Barranco* mit schönem Blick auf Adejes charakteristisches Bergmassiv.

Die oben erwähnte *Casa Fuerte*, der Wehrhof der Familie *Ponte*, ist nicht mehr zu besichtigen. Sie fiel 1902 einem Brand zum Opfer. Auf dem (ausgeschilderten) Weg zum ***Barranco del Infierno*** sieht man die Ruine links hinter einer grünen Holztür.

Wanderung zum Barranco del Infierno

www.barrancodelinfierno.es

Adejes **touristische Hauptattraktion** ist der *Barranco del Infierno*, in dem sich der einzige ganzjährige Wasserlauf der Insel befindet. Noch vor hundert Jahren sprudelten solche Flüsse und Quellen überall auf der Insel. Das zerklüftete Bergmassiv zu dem der tief eingeschnittene *Barranco* gehört, errinnert mit seinen *Roques* und *Mesas* an die Formationen des Anaga- und Tenogebirges (➢ Thema »Entstehung Teneriffas«, Seite 14).

Heute wandern täglich Hunderte die 3 km zum 80 m hohen **Wasserfall** am Ende der Klamm (und zurück). Dieser *Barranco* trägt seinen Namen (Höllenschlucht) zu Unrecht; nur einige moderate Steigungen, aber steile Abhänge am Wegesrand begleiten den Wanderer (350 m Höhendifferenz; 2,5 Std. retour reine Laufzeit).

Vegetation

Der Weg führt zunächst durch die typische Südlandschaft mit Kandelaberkakteen, Wolfsmilch und Margeriten. Erst wenn er in die Schlucht (teilweise Stufen) hinabführt und man den Wasserlauf mehrere Male kreuzt, ändert sich die Vegetation. In einem »Tunnel« aus Kastanienästen, Maulbeerbäumen (*Mora*), Weiden und Brombeeren muss man sich immer wieder bücken.

Wasserfall

Der Wasserfall selbst kann im Sommer enttäuschen, und auch der Winter ist kein Garant für rauschendes Wasser. Und doch: der schmale Wasserstrahl, die Kühle und die steilen Wände des *Barranco* sind für eine Vulkaninsel ein Naturerlebnis. Es lohnt sich, früh aufzustehen oder erst am Nachmittag aufzubrechen, dann sind nicht so viele Wanderer unterwegs.

Zugang zum Barranco

Wegbeginn am Ende der Calle Molinos (*Restaurant Otelo*); Weg geöffnet Mo-So 8.30-17.30 Uhr (aber nicht nach 14.30 Uhr starten!). Eintritt € 3, So und generell Kinder bis zu 12 Jahren frei. Man geht in Gruppen bis zu 20 Leuten, **Besucherlimit 200 Personen/Tag**; Anmeldung daher empfehlenswert (auch online: www.barrancodelinfierno.es); © 922-782885.

Unterkunft

In Adeje gibt es nur das kleine ***Hotel Fonda Central***, ➢ Seite 581.

Restaurants

- Das ***Otelo*** hat eine Terrasse mit tollem Blick auf die Schlucht. Calle de Molino (beim Eingang zum *Barranco*), Di zu, 11-23 Uhr
- ***Antonias Café*** hat frische, kreativ-französische Gerichte, €-€€€ Calle Tinerfe Grande bei der Einfahrt links oberhalb der Post; täglich 19-24 Uhr; © 922-710040 (➢ auch Seite 237)
- ***.Tasca La Guitarra***, sympathische *Tasca* am oberen Ende der Hauptstraße, prima Kuchen und *Tapas*, Tische draußen, täglich 8-24 Uhr, So geschlossen; © 922-782757.

Restaurants in der Umgebung ➢ Seite 236

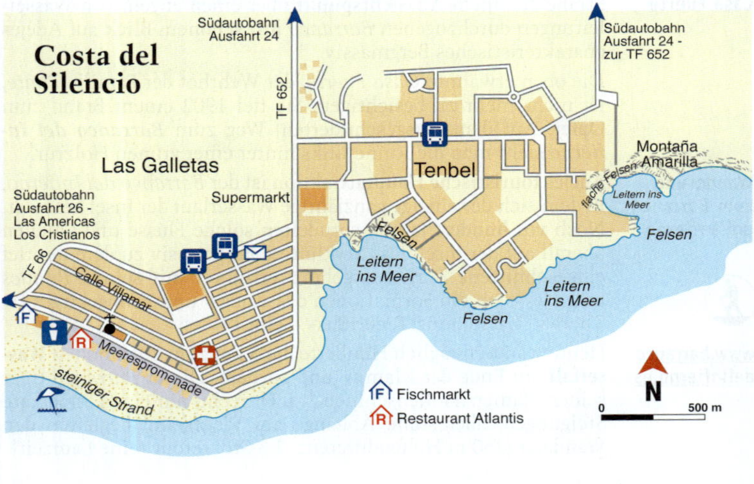

3.6 Costa del Silencio (mit Ten Bel und Urban. Golf del Sur)

3.6.1 Geographie und Charakteristik

Kennzeichnung

Das 20 km lange, von Lagerhallen gesäumte Autobahnstück zwischen Los Cristianos und El Médano schneidet Teneriffas Südspitze ab. **Ihre Bezeichnung – Küste der Ruhe – spottet der Realität.** Die »*Costa del Silencio*« liegt direkt in der Einflugschneise des *Aeropuerto Sur* mit (in Stoßzeiten) bis zu 350 Fliegern täglich.

Landschaftliche Romantik sucht man hier vergebens. Die unattraktive Wüstenregion hat viel Platz, aber auch viel Wind und keine natürlichen Strände. Es ist ***mal país*** (»unfruchtbares Land«) voller Lavageröll und – abgesehen von einzelnen kleinen Vulkankegeln – flach und kahl. Die beiden Fischerorte **Las Galletas** und **Los Abrigos** liegen an schroffen schwarzen Lavabuchten. Sie begrenzen die *Costa del Silencio*; dazwischen liegen ***Ten Bel*** und die ***Urbanisación Golf del Sur*** mit dem Yachthafen ***San Miguel***.

Entwicklung der Costa Silencio/ Golf del Sur

Wie ein Paukenschlag traf 1964 der Bau der Feriensiedlung ***Ten Bel*** (➢ unten) direkt neben Las Galletas die *Costa del Silencio*. Doch als man sich zehn Jahre später für den Bau des Südflughafens entschied, wandten sich auch die landfressenden Begehrlichkeiten für einen Tourismus großen Stils weiter nach Westen. Dort gab es windgeschütztere Küstenregionen und – zumindest kleine – natürliche Strände. Damit war das Schicksal der Südspitze Teneriffas als verkehrsgünstiges Hinterland der (noch zu schaffenden) Touristenzentren besiegelt. Die ganze Region wurde mit Versorgungseinrichtungen und Schlafsiedlungen fürs einheimische Servicepersonal wie Köche, Kellner, Barmixer etc. völlig zersiedelt.

Umstrukturierung

Dennoch gelang es in den 1990er-Jahren, die *Costa del Silencio* touristisch aufzuwerten. Es entstand eine grüne Oase. Die beiden Golfplätze *Golf del Sur* und *Amarilla Golf* setzten den Akzent. Drum herum wuchsen Hotels und Apartments im Stil amerikanischer Vorstädte. Herzstück ist die große ***Urbanisación Golf del Sur*** an der Punta El Guincho.

Die triste Ausfahrt (Salida 24/km 62 Las Chafiras, Las Galletas, Los Abrigos San Miguel) durch chaotisches Gewerbegebiet lässt man mit dem Auto am besten rasch hinter sich. Richtung Las Galletas/Ten Bel geht es vom Kreisel auf die TF 655, dann über Guargacho auf die TF 652 und nach Los Abrigos/Golf del Sur vom Kreisel auf die TF 65.

Unerwartet in der zersiedelten Gegend liegt eine grosse ***Bio-Finca*** kurz vor dem Ortsschild »Guargacho« (rechts an der TF 652).

Deren spezielle Bewirtschaftung (www.Biobuzype.com) kann besichtigt werden. Das rustikale ***Restaurante del Cordero*** offeriert neben eigenem Obst und Gemüse auch feines Lammfleisch vom ***Pelibuey***, einer Nachzüchtung des Kanaren-Urlamms (vorm Lokal steht es überdimensional als gestutzter Lorbeerbaum). All das kann man auch kaufen; (Di-So 10-23 Uhr, Küche ab 13 Uhr; ✆ 922-733333).

3.6

Die felsige Silencio-Küste gilt als gutes Tauchrevier, aber Sandstrände fehlen ganz. An der *Punta El Guincho* gibt es einen prima Meerespool (➢ Foto rechts) und (schwerer zugängliche) Felsbuchten. Bei der *Urbanisación Amarilla Golf* ist ein Yachthafen, die *Marina San Miguel*, von der aus man mit dem **U-Boot *Sub Fun Cinco*** in die Tiefe tauchen kann; ➢ Seite 234.

Fischerorte Die oben erwähnten Küstenorte **Las Galletas** und **Los Abrigos** profitieren – obschon **ohne eigene Unterkünfte** – vom neuen Tourismus ringsum. Die Besucher kommen tagsüber zum Essen, Bummeln, Gucken und sind abends wieder fort. Die tinerfeñischen Bewohner behielten so weitgehend ihren eigenständigen Lebensrhythmus.

3.6.2 Las Galletas

Hafen Blickfang ist der attraktive Fischerei- und Yachthafen vor dem die Fischer ihren frischen Fang anbieten (werktag vormittags). Südöstlich davon gibt es eine **Promenade** am Wasser entlang mit Lokalen Backe an Backe. Parallel dazu verlaufen eine Palmenallee und einige Straßen mit mehrstöckigen nüchternen Wohnhäusern und Geschäften. Das ehemals urige Flair des Ortes ist weitgehend verschwunden.

Von dicken Felsbrocken befreit laden beidseitig des Hafens zwei schwarze **Sandstrände** zum (Sonnen-)Bad ein. Überall sieht man dort Schlauchboote mit schwarzen »Neopren-Menschen«, Sauerstoff-Flaschen und Schwimmflossen. Denn die *Costa del Silencio* gilt als ideales Tauchrevier, ➢ »Tauchen« auf Seite 521.

Richtung Osten vermischen sich neuere Villen- und Apartment-Siedlungen der *Costa del Silencio* mit dem *TenBel*-Gelände.

TenBel (ein Pionierprojekt der 1960er-Jahre)

Seine Tagestouristen verdankt Las Galletas überwiegend dem Ferienkomplex TenBel. »TenBel« steht für Teneriffa-Belgien und war die Idee des belgischen Industriellen *Goeders*, der einen Urlaubsort für seine Angestellten und ihre Familien suchte. Eine für die frühen 1960er-Jahre bravouröse Tat, obwohl die Beton-Frontfassade aus heutiger Sicht schaurig ist. Auf dem weiten Gelände dahinter stehen aufgelockert sieben 4-6stöckige Apartmenthäuser mit 5000 Betten. Für Aktivitäten gibt`s Parks, Fahrrad-, Spazier- und Trimmwege sowie Gemeinschaftsanlagen (Restaurants, Sport- und Tennisplätze).

Die am Meer gelegenen Wohnbereiche (Bungalows *Bellavista* und das gestreckt massive *Maravilla*) sind durchaus beliebte Quartiere. Großzügig wirkt der optisch in den Atlantik übergehende **Pool** mit einem vorgelagerten schwarzen Strand. Vom Pfad über der Steilküste geht's hinab zu **Badefelsen** am Meer.

Die TenBel-Konzeption galt zu Zeiten, als man Massentouristen noch vorzugsweise in enge Waben stopfte, als sozialutopische Tat. Auf Dauer wird es aber ohne kräftige Renovierung schwer sein, gegen die neuen Glitzerhotels hinter dem *Guaza*-Berg zu bestehen. Dafür ist es hier preiswert.

Wanderung

Um die südlichste Spitze von Teneriffa führt durch das ***Malpaís de la Rasca*** ein Pfad an felsiger Küste. Wer nicht die ganzen 8 km bis zur wenig attraktiven ***Urbanisación Palm-Mar*** gehen möchte, kehrt am Leuchtturm ***Faro de Rasca*** (4 km) um. Die Wanderung startet beim Roten Kreuz am westlichen Ende von Las Galletas und führt zunächst hinunter an einen kleinen steinigen Strand. Der Weg hat keine Steigungen und keinen Schatten.

Geschützter natürlicher Felspool an der Costa del Silencio

3.6.3 Praktisches

Touristinfo

Am östlichen Ende der Palmenallee beim Restaurant *Atlantida*, Mo-Fr 9-21, Sa bis 15.30 Uhr, © 922-730133.

Unterkunft

Neben der Großanlage *TenBel* mit den sich anschließenden Apartments der *Costa de Silencio* (➢ Unterkünfte, Seite 559) gibt es hier nur eine einfache Pension: ***Los Vinitos***, Calle Venezuela 4, © 922-785803.

Restaurants

- ***La Marina*** am westlichen Ende der Promenade bei den Fischverkaufsständen. Freundlich, hell in blau-weiß eingerichtet, je nach Tagesfang gut oder auch mal nicht so gut; auch bei Einheimischen recht beliebt. Von der Terrasse im ersten Stock schöner Blick auf den Hafen, © 922-170013

Musikbar

- ***Vai Moana*** (auf den Osterinseln: »Insel des blauen Meeres«), Bar und Restaurant; gute Küche, oft mit Live-Musik und Ausstellungen. Im rustikalen Steinhaus am westlichen Ortsrand von Las Galletas auf einer Lavazunge am Meer; © 922-732540; Restaurant 13-23.30 Uhr, Bar y Copas ab 19 Uhr, Mo zu.

Sport/Tauchen ➢ Seite 521

3.7 Los Abrigos

Anfahrt *Salida* 24, dann die TF 65; zum angrenzenden Retortenort **Golf del Sur** (mit **Infobüro**) gehts zuvor rechts ab (Sport ➢ Seite 528).

Außen pfui, innen hui! Das Fischerdorf Los Abrigos versteckt seine felsige Hafenbucht hinter vielen Neubauten. Zwischen 12 und 17 Uhr sind die zwölf dicht an dicht stehenden Restaurants voller Touristen; danach dominieren wieder die Fischerfamilien. Einheimische schauen hier am Wochenende gern vorbei, denn alle Lokale haben Tische mit Meerblick. Besonders schön sitzt es sich im ***Perlas del Mar*** (✆ 922-170014, Mo zu) auf der Felsspitze. Angenehm das ***El Picoteo***, 12-23 Uhr, ✆ 922-170302. Fein, edel und teuer: ***Los Roques*** (nicht nur Fisch), täglich 12-16 Uhr und 19-23 Uhr, ✆ 922-749401

Tipp Der Kenner geht an die Vitrine, zeigt auf den Fisch seiner Wahl und fragt: *pescado fresco* (fangfrisch), tiefgefroren (*congelado*) oder *aguacultura* (Fischzucht)? Schau mir in die (hellroten!) Kiemen und in die Augen, empfiehlt der Meeresbewohner. Denn nur ein klares Fischauge ist auch ein frisches (Details, ➢ Seite 67/68).

Unterkunft Das nahe Luxushotel ***San Blas***; ➢ Seite 561.

Markt Jeden Dienstagabend wird der Restaurantbetrieb durch den »**Nachtmarkt**« (18-22 Uhr) angekurbelt, doch die Stände enttäuschen mit gängigen Billig-Klamotten und Schnickschnack.

Transport **Bus 470** verbindet Las Américas und El Médano über Los Abrigos.

TIPPS: Im grausamen Industriegebiet Chafiras, meerseitig der Salida 24, findet man den »***Dinkelbäcker***«: im Kreisel Richtung Los Abrigos 3. Ausfahrt links, dann 1. rechts (Avda Ten-Bel 32). Dort gibt es deutsches Brot und Backwaren, die inselweit in Naturkostläden zu haben sind, Mo-Fr 8-14 Uhr, Sa bis13 Uhr, ✆ 922-735626. Ebenfalls dort (neben dem ITV = TÜV) gibt es Obst und Gemüse auf dem ***Mercadillo de Agricultor*** (Bauernmarkt), Sa und So 8-13 Uhr.

Hafenzeile Los Abrigos

Die höhlenartigen Felsüberhänge am Strand von El Médano werden gerne als Wind- und Sonnenschutz genutzt

3.8 El Médano (*medano* = Düne, Windwelle im Sand)

Anfahrt Ab Los Abrigos 7 km östlich (TF 643) oder Autobahnausfahrt 22, dann 5 km auf der TF 64 zum Meer (Parkhinweise ➢ Seite 248)

3.8.1 Ort und Strände

Anfänge 1519 setzte ***Fernando de Magallanes*** in dieser Bucht die Segel zur ersten Weltumrundung. 450 Jahre später, in den 1960er-Jahre war El Médano auf dem Sprung zum touristischen *Shooting Star* im Süden: Flache Küsten, weite Buchten, unbebautes Hinterland, Teideblick und ein 3 km langer grauer Sandstrand. Damals standen ein paar Wohnwürfel am Fischerhafen und auf dem Weg nach Gomera machten Rucksacktouristen bei Doña Pila Station. Aus ihrem Häuschen wurde ein *Hostal*, das aber nicht überlebte.

Fehlstart 1963 – 10 Jahre vor den ersten Bauten in Las Américas – fiel mit dem damals modernen ***Hotel El Médano*** - es steht auf Betonpfeilern im Wasser – der Startschuss zum Fehlstart: die Großinvestoren entschieden sich für Las Américas. Und mit dem Bau des Süd-Flughafens 1973-78 verflogen dann El Médanos Ambitionen endgültig. Der Wind war zu lästig, der Jetlärm zu laut.

Surferparadies Für **Surfer** indessen waren die steifen Brisen (290 Windtage/Jahr) das A und O. Vor allem im Winter gibt es in puncto »*Spots*« europaweit kaum Alternativen für internationale Meisterschaften. So entstand **das neue El Médano**: sportlich, jung, unkonventionell mit besonderem Flair: Beinharte Surfer nahmen das Neopren gleich als Isomatte mit offener VW-Bustür zum Strand.

Neues Image Während Las Américas dann in den 1990er-Jahren boomte, bekam das Städtchen wieder ein anderes Gesicht: Statt Hotels wurden Apartmenthäuser gebaut; einfache für Kellner, Köche und Konditoren, die eine Wohnung bei Las Américas brauchten; aber auch schmucke für das mittlere Hotelmanagement, Selbstständige und Künstler. Zwar entwickelte sich El Médano nicht

zur architektonischen Perle, aber der jetzt fast 6000 Einwohner-Mix, aus dienstleistenden Canarios und leistungsportlichen Urlaubern ergibt einen spannenden Cocktail: Neben der traditionell einfachen Kanaren-Tasca gibt's urban-hippe und vegetarische Bistros. Zum alten Tante-Emma-Laden gesellt sich der gut sortierte Supermarkt und Naturkost-Shop. Rund um die ***Plaza Roja*** hat dieses Kaleidoskop vor allem zur späten Stunde seinen Reiz.

Tagsüber ist der elegant geschwungene Boardwalk (Holzbohlen-Promenade) mit seinen Cafés Treffpunkt für (Kite-)Surfer und Sonnenbadende an der Playa del Médano. Mit kleinen, windschützenden Fels-Separées (die Frisur bleibt unzerzaust, die geölte Haut unpaniert) verläuft er von der zentralen Plaza (mit Infobüro) bis zum ***Hotel Playa Sur Tenerife***, um sich dann bis zum Fuß der ***Montaña Roja*** zur kleinen Wüste aus 1000 kuscheligen Sandkuhlen zu erweitern.

Noch einsamer wird es dann in den Buchten jenseits der *Montaña Roja* (➢ ***Playa de la Tejita***, Seite 101 und unten).

Surfstrand

Den echten Wind-Surfer zieht es zur steinigen ***Playa Cabeza*** (auch *La Jaquita* genannt) ein gutes Stück nordöstlich des Stadtkerns hinter einem Neubaugebiet. Wer noch weiter fährt, findet einen trostlosen Parkplatz mit Pfad hinab zur sandigen Badebucht am Fuße der ***Montaña Pelada***.

Montaña Roja

Wie viele kleine Vulkane im Süden ist der 170 m Aschekegel ***Montaña Roja***, der die *Playa del Médano* südlich begrenzt, erst in den letzten Jahrtausenden entstanden. Ein Krater ist nicht mehr zu erkennen. Fazinierend ist vor allem die Westseite des Berges bei Sonnenuntergang, wenn seine besonderen Mineralien wie eine Palette von gelblich über viele Rottöne bis violett schillern.

Vegetation

Hier entdeckt man seltene Pflanzen, die der Trockenheit und dem salzhaltigen Wind trotzen. Neben der typischen Süd-Flora (➢ Wanderbeilage, *Montaña Guaza*) fällt die flach am Boden wachsende, zart-orange bis grau-grün blühende **Guanchentraube** auf, vor allem wenn sie Beeren trägt. Gelbe Blüten hat der ebenfalls kriechende **Sitzblatt-Hornklee**, während dickblättrige Pflanzen wie **Meer-/Strand-Knöterich** und die **Vielfrucht** weiß blühen.

Naturschutzgebiet

Diese sensible Pflanzenwelt wurde unter Naturschutz gestellt (*Espacio Natural Protegido*). Auch die strapazierten **Buckeldünen** sind neu angelegt, und hinter Steinhaufen lagerte sich wieder Flugsand ab. Seither rasten hier Zugvögel.

Zur Playa de la Tejita

Lavasteine markieren einen leichten Fußweg (20 min) über den landseitigen Berghang vom Hotel Hotel Playa Sur Tenerife zur *Playa de la Tejita*. Beliebt sind die FKK-Felsbuchten am Berg.

Parken

Drei Tejita-nahe Parkplätze liegen westlich des Ortes vor der *Montaña Roja* (von der TF 643 Los Abrigos-El Médano nach Süden abbiegen):

1) Der Parkplatz des ***Hotel Playa Sur Tenerife*** ist ein prima Startpunkt für den 30 min-Weg zum Tejitas-Strand. Vom Hotel kann man auch gut auf der Promenade ins Ortzentrum laufen (10 min) oder nur kurz ins Meer tauchen (3 min Weg).

2) Am Fuß des Berges führt ein Pfad vom **Parkplatz *Montaña Roja*** in 10 min in die Nähe der erwähnten FKK-Felsbuchten.

3) Der kürzeste Weg an den Strand beginnt am ***Estacionamiento Playa Tejita*** (letzter Parkplatz Richtung Los Abrigos).

Aufstieg

Von diesem Parkplatz führt ein Weg auf die Bergspitze ***Montaña Roja***. Er ist nur an besonders windigen oder heißen Tagen anstrengend. Als Belohnung winkt ein wunderbarer Teide-Blick.

Die Playa Tejita mit Montaña Roja im Hintergrund

Ebenfalls von der TF 643 zweigt 500 m westlich des Hotels *Playa Sur* eine kleine Straße landeinwärts zur Höhle ***Cueva Hermano Pedro*** ab, in der Bruder *Pedro* (➢ Seite 413) bis zu seiner Abreise nach Südamerika lebte (So 17 Uhr Messe).

3.8.2 Praktisches

Infobüro Info-Büro auf der Plaza, © 922-176002; Mo-Fr 9-14 (im Sommer bis 15 Uhr), Sa 9-13 Uhr; hilfreich bei der Zimmervermittlung; www.elmedano.com.

Bauernmarkt Direkt unterhalb der Autobahn Ausfahrt El Médano (22) an der TF 64 findet Sa und So 8-14 Uhr ein Bauernmarkt statt.

Markt Ein Touristenmarkt läuft So 9-14 Uhr auf der zentralen Plaza

Unterkunft

Außer 3 mittelgroßen Hotels, ➢ Seite 559, gibt es eine bescheidene Pension und einige gute Apartmentanlagen. Preiswerte Quartiere existieren auch in **San Isidro** oberhalb der Autobahn, ➢ Seite 560. Ein neuer **Campingplatz** liegt an der TF 643, unterhalb des Südflughafens am Fuß des Montaña Roja, ➢ Seite 583.

Sport

Surfen/Biken ➢ Seiten 523/520

Restaurants

Neben den Promenaden-Lokalen (***Zumería M***, Frühstück, kleine Gerichte) und an der zentralen Plaza (gut das ***Mario***) finden sich:

- ***Siete Mesas*** oberhalb der Plaza neben ***Mario***, Bistro mit asiatischem Touch, 18.30-23 Uhr, Mo zu, © 922-176734, €-€€
- ***Jungle Bar***, vegetarisch, tropisches Dekor; Calle José 38; © 922-179895, Di zu; €-€€
- ***Jin Shi Jie,*** Sushi und andere leichte Kost; Calle José 28, © 922-178678, €€
- ***Playa Chica*** am Hafenbecken; zünftige Fischerkneipe, unten Trinken, oben Essen; draußen/drinnen; Fisch-/Fleischgerichte.
- ***El Pescador***, nüchtern, preiswert: Calle Evaristo Goméz Gonzales; Mi geschlossen, © 922-176725.
- ***Restaurante El Astillero*** (vormals *Avencio*); Paseo Marcial Garcia 2 (am *Médano*-Hotel); Meerblick; abends/mittags, © 609-011704

Lokale in der Umgebung ➢ Seite 236/7.

Bars, die »in« sind: ***Goiter, Jeipp, Manfred' Soul Café, Que Pasa***; alle Avda Maritima beim *Playa de Cabeza*; ***Brasil Tropicál, Chachasna und Timón***.

3.9 Touristenattraktionen im Süden

Fast alle Touristenattaktionen liegen nur wenige Kilometer von Los Cristianos/Las Américas/Costa Adeje entfernt oberhalb der Autobahn (Ausfahrten/*Salidas* 24, 26, 27, und 29). Kostenlose Zubringer-Busse pendeln zwischen den großen Hotels und den einzelnen Parks. Auf Handzetteln in Hotels und Info-Büros erfährt man die aktuellen Zeiten und Haltestationen.

Übersicht über die aktuell aktiven Parks

- ***La Bananera***: (sub)tropische Nutzpflanzen, speziell Bananen
- ***Monkey Zoo Park:*** gemischte Kleintierwelt, speziell Affen
- ***Parque las Águilas/Jungle Park:*** Vergnügungs- und Tierpark
- ***Camel Park***: Kamelausritte
- ***Siam Park***: grandioser Hightech-Wasserspaß
- ***Aqualand***, normaler Planschpark für Groß und Klein
- ***Castillo San Miguel***: Eventessen zu Ritterspielen
- ***Avestruces Tenerife***: Straußenfarm mit Restaurant
- ***Centro de las Orquídeas***, Orchideen-Garten (2009 geschlossen)

Surf Wave Palace im Siam Park

Kurzkritik

Gut angelegt, aber teuer sind ***Parque Ecológico/Águilas de Teide*** und ***Siam Park***. Der ***Camel Park*** (Gelände und Ausritte) und ***der Monkey Zoo Park*** sind etwas für Kinder. ***Aqualand*** entspricht nicht mehr den heutigen Erwartungen an einen Wasser-Erlebnispark. ***Castillo San Miguel*** bietet eine recht originelle, zirkusähnliche Show. Die Führungen in der ***Bananera*** müssten informativer sein. Die Küche im ***Avestruces*** bezieht alles auf den Vogel Strauß, und ***Orquídeas*** lohnt zur Blütezeit im Sommer.

La Bananera (Jardínes del Atlántico)

Auf einer Hazienda wird man über den Anbau von Tomaten, Bananen, Orangen, Avocados und Papayas, gleichzeitig über Teneriffa und die Nachbarinseln informiert. Ein **Inselmodell** erklärt die komplizierte **Wasserversorgung**. Viel altes Bauerngerät.

Eintritt € 10, Kinder € 5, nur geführte Besichtigungen: 10, 11.30, 13, 15.30, 16.15 Uhr, Sa/So geschlossen; © 922-720403/720360;

Anfahrt: ab *Salida* 26 Richtung San Lorenzo (TF 66), dann nach 1,5 km rechts; www.bananeratenerife.com.

Monkey Park

Der Zoo mit meist kleineren Tieren und dem **Schwerpunkt Affen** ist etwas für Familien mit Kindern. Das Ambiente für die Tiere wurde verbessert. **Eintritt** € 10, Kinder € 5; täglich 10-17 Uhr; **Anfahrt** wie ***Bananera***; © 922-790720; www.monkeypark.com.

Orang im Jungle Park

Parque Las Águilas-Jungle Park

Die Stars dieses aufwendig gestalteten Freizeitparks sind **Raubvögel** (*Aves Rapaces*) und viele **exotische Vogelarten** sowie mit ihnen durchgeführte **Shows**. Besonders die frei fliegenden Adler, Falken und Habichte beeindrucken das Publikum (12 Uhr und 16 Uhr). Die anderen bunten Exoten sind wegen ihrer Zutraulichkeit bei Kindern beliebt (11-14-17 Uhr); www.aguilasjunglepark.com.

Wie in einer Wüstengegend mit ein bisschen Wasser und Pflege üppige Landschaften entstehen können, zeigt der ***Jungle Raid***. Nicht nur Kinder und Jugendliche haben ihren Spaß auf dem ca. 300 m langen **Dschungelpfad** über Hängebrücken, an Seilen und durch Netz-Tunnel.

Adlervorführung im Parque Las Aguilas

Tigergehege im Jungle Park

In zwar optisch hübschen, aber zu kleinen Gehegen sind Löwen, Tiger, Orang Utans und andere Tiere zu sehen.

Allerlei Kindervergnügen wie eine **Alupisten-Rodelbahn** und **Bump-Motorboote** ergänzen das Angebot. Viele Restaurants.

Anfahrt: *Salida* 27, TF 28 Richtung Arona – ausgeschildert

Eintritt: € 24, Kinder € 16; täglich 10-17.30 Uhr; ✆ 922-729010

Camel Park

Der Kamelpark ist eine gepflegte Anlage auf weitläufigem Farmgelände; für Kinder gehören natürlich auch Ziegen, Schafe, Hühner und Kaninchen hierher. Auf Sattelbänken wie auf einem Skilift kann man sich zu beiden Seiten des Kamelhöckers 20-50 Minuten lang durch die Gegend schaukeln lassen – auch mit Beduinenkopfschmuck. Zünftiges Essen und Trinken wird an langen Holztischen serviert – draußen und drinnen.

Kosten: 50 min-Ritt € 20, 30 min € 15, 20 min € 10, Kinder die Hälfte. ✆ 922 721080; täglich 10-17 Uhr, im Winter So geschlossen. Am Eingang des Parks wartet das **Restaurant *El Cerro de la Luna,*** ➢ Seiten 405 und 237; www.camelparktenerife.com.

Anfahrt: *Salida* 27 der Südautobahn Richtung Arona; kurz hinter Chayofa rechts ab nach La Camella (ausgeschildert).

Kamele bereit zum Ritt mit Touristen im Camel Park

Spontan könnte ans Lübecker Holstentor mit seinen gedrungenen Doppeltürmen denken, wer vor dem mächtigen ***SIAM Park***-Portal im *Thai-Look* steht. Wie eine Burg trotzt es allem Realtouristischen. Den Besucher erwartet eine Art Klein-Thailand auf 185.000 m^2, das sind fast zwei Quadratkilometer: Ein öko-entsalzter See mit dem absolut weißesten Kanaren-Strand (Sand von der Algarve in Portugal), 24°C öko-beheizte Karibik-Gewässer,tief im Dschungel versteckte Miethütten aus Schilf und jede Art Wasser-Achterbahnen, ein Labyrinth von Röhren und Steilrutschen, Tempolimit 75 km/h.

Der Siam Park, nach dem ***Loro Park*** der zweite Coup des Besitzers *Wolfgang Kiessling* (➢ Seite 306f), setzt auf Teneriffa neue Maßtäbe für die Kultur der Unterhaltungs- und Familienparks: Alles ist noch größer, grüner und gepflegter; steiler, schneller und schöner; vieles auch innovativer, nur nicht noch nasser.

Sensationen

Echte »**Kicks**« sind ***Tower of Power***, eine fast vertikale 28 m hohe Rutsche, quasi eine Sprungschanze, und ***El Dragon***: im Gummiboot rotiert man zu Viert an einer Riesentrichter-Wand bis man im »Schwarzen Loch« verschwindet. »Body-gebildete« *Lifeguards* stehen rettungsbereit an den Rutschenenden. Für Surfer werden **3 m hohe Wellen** nach 40 Mustern maßgeschneidert.

Wasser-rutschen

Neben adrenalinhaltigen Wasserrutschenrohrsystemen gibt es auch Beschauliches: Seehunde, Alligatoren und Piranjas aalen, dösen oder tummeln sich in ihrem Element. Im ***Mai Thai River*** floatet man gemächlich im längsten Kunstfluss durch den Thai-Dschungel und am türkis-karibischen See mit

Lost City mit kubikmeterweisem Wasserausguss

einer schneeweißen ***Playa Siam*** erfrischen und sonnen sich Dad und Mom, während sich ihre Kids in ***Lost City*** mit Wasserkanonen befeuern oder kreischend auf den nächsten donnernden Guss von oben aus dem riesigen Monkey-Bottich warten.

Shopping, Restaurants und mehr

Wieder Angetrocknete bummeln zum ***Mercado Flotante***, ein schwimmendes Einkaufszentrum mit Shirts, Souvenirs und Sonnenmilch. Milchshakes und was zu Beißen bieten 5 Bars und Restaurants. Wer es sich leisten kann, zieht sich zurück in eine der tropischen deluxe Schilf-***Cabañas*** mit WiFi und TV über dem Strandsee. Superreiche feiern dort ihren runden Geburtstag mit Bühnenstars im Amphitheater, und Megareiche buchen gleich das komplette ***Water Kingdom*** – *online* und *all inclusive*.

Tower of Power

Am Ausgang steht auf jeden Fall fest: Diese Reise nach Thailand – ohne jedweden Thai – war ein sauberes Schnäppchen.

Anfahrt über Südautobahn, *Salida* 28, Avda Siam Park im Bereich Costa Adeje – unverfehlbar ausgeschildert. Gratisbus alle 30 min ab ***CC Duque***, ***Pasarela*** und ***Fañabe Plaza*** sowie von den Hotels ***Dorado, Princess, Troya*** und ***Dacil***). Vom **ZOB Las Americas** geht man nur 5 min zu Fuß.

Zeiten:
Täglich 10-18 Uhr,
im Winter bis 17 Uhr

Eintritt:
€ 28, Kinder (6-11 Jahre) € 18; (*Twinticket* Loro/Siam Park € 49/€ 33); Parken € 3; *Cabaña* für 4 Personen € 400 inkl. *all you can eat*. Schließfach € 3/€ 5 (klein/groß), Badetuch € 3; Surfschule in Planung; © 922-070000, www.siampark.net.

Aqualand

Das Aqualand bietet zwar auch viel **Wasserspaß** (Rutschen, Strömungskanal, Kamikazes, Trampolin, Kinderschloss und Wasserfälle), ist aber bei weitem nicht so grandios gestaltet wie der Siam Park. Auch die Delfin-Show gleicht das kaum aus.

Eintritt: € 24,50; Kinder € 17, ab 16 Uhr reduziert. Delfin-Show Mo-Do 13 und 15.30 Uhr, Fr-So 15 Uhr; außer Rutschen kostet jeder Spaß extra; ✆ 922-715266, www.aqualand.es.

Zeiten: Täglich 10-17 Uhr

Anfahrt: *Salida* 29, San Eugenio Alto, Avda Austria

Dinner und mittelalterliche Reiterspiele sind die Attraktion im Castillo San Miguel

Castillo San Miguel

Aus gelblich-grauen Tosca-Quadern entstand eine mittelalterliche Burg wie im Märchenbuch mit Wassergraben, Zugbrücke und Schießscharten. Den Gästen werden zum mittelalterlichen Dinner Ritterspiele mit Lanze, Schwert und Schild vorgeführt; beachtliche reiterische Leistungen. Zuweilen gibt es zum Ende noch eine musikalische und/oder Ballett-Show.

Eintritt: € 43 inkl. Dinner und Getränk; **Kinder** € 21,50; ✆ 922-374811 und -700276; www.castillosanmiguel.com

Zeiten: Di, Mi, Do, Sa (Fr nur im Sommer) ab 20 Uhr

Anfahrt: *Salida 24*, TF 65, dann links in die TF 657 (Buzanada).

Avestruces Tenerife

Nach der Besichtigung des Parks *Avestruces* kann man aufsatteln und mit Straußen-Souvenirs in die Heimat zurück fliegen. Im rustikalen Restaurant gibt's diverse einschlägige Fleisch- und Eiergerichte: Straußenfleisch wird als fett- und cholesterinarm hoch gepriesen; wer im Restaurant speist, darf gratis gucken. Mo-Sa 11-19 Uhr; ✆ 922-772752, www.avestrucestenerife.net.

Anfahrt: Ab *Salida 23* (*Aeropuerto Sur*) etwa 3 km in Richtung Atogo, ausgeschildert.

Wale und Delfine bei Teneriffa und »sanftes« Whale Watching

Die Walherden im Süden Teneriffas sind nicht so berühmt wie die im kanadischen St. Lorenz Strom oder vor der mexikanischen Baja California, aber die größten Europas. Dazu zeigen die Wale (und Delfine) eine hohe Artendichte. Von den weltweit noch existierenden 79 Wal- und Delfinarten, wurden 24 in kanarischen Gewässern gesichtet, aber keine Stars wie die Orcas, weiße Belugas oder gar Blauwale, mit bis zu 30 m Länge die weltgrößten Säugetiere.

Viele Walarten passieren die Inseln nur auf ihrer Wanderung; resident sind 200 artverwandte Delfine und 500 Kurzflossen-Grindwale (6 m lange Pilotwale), die in 30 Kerngruppen leben. Zur Nahrungssuche tauchen sie bis 600 m tief und fressen am liebsten Tintenfisch. Der sich vorm Anagagebirge teilende kalte Kanarenstom verwirbelt sich zwischen Teneriffas Westküste und Gomera mit warmem Wasser. Dort bildet sich besonders viel Plankton und Krill, Grundnahrungsmittel der Riesensäuger. Alle 4 Jahre kommt nach 15 Monaten zwischen September und Dezember ein Jungwal zur (Unterwasser-)Welt.

Wale haben keinen Geruchssinn, vergleichsweise schwache Augen und verständigen sich – vor allem zur Paarungszeit – mittels ihrer ausgezeichneten (inneren) Ohren durch trompetenartige Gesänge (speziell Blauwale).

Größter Feind der Wale waren jahrzehntelang die Walfänger, die die Buckel-, Grönland- und Blauwale fast ausrotteten. Nach schrittweisen Fangrestriktionen wurde 1973 und 1985 (CITES, IWC) der kommerzielle Walfang verboten. Trotzdem besteht Norwegen auf Ausnahmen, um Minkwale für »wissenschaftliche« Zwecke zu fangen. Japaner schlachten massenweise Delfine für lukullische Genüsse und aphrodisierende wie potenztreibende Mittel.

Heute sind es die lauten Motoren von Powerfähren und Tragflächenbooten (*Jet Foil*) im Dreieck Gran Canaria-Teneriffa-La Gomera, vor denen die gestressten Tiere nicht schnell genug abtauchen können. Der unter Wasser weit tragende Lärm dieser Schiffe schädigt ihren sensiblen Gehörsinn, was immer wieder zu Kollisionen, Orientierungsverlust und Anstrandungen führt. Inzwischen behaupten die Reeder, ein Walortungssystem an Bord zu haben, das frühzeitiges Ausweichen ermöglicht – es wäre ein technisches Wunder.

Greenpeace will beim nächsten toten Tier seinen bekannten *Rainbow Warrior* auf Patrouille in kanarische Gewässer schicken, denn nirgends auf der Welt leben so viele Wale zwischen einer Vielzahl von High-Speed-Booten.

In den 1990er-Jahren boomte Teneriffas *Whale-Watching*-Geschäft. Täglich stürzten sich bis 3.000 Touristen in 60 Booten auf die 500 Säuger. Inzwischen werden Verstöße gegen die gesetzlichen Regelungen mit hohen Geldstrafen geahndet und die 45 Lizenzen jedes Jahr neu vergeben. Ein Walbeobachtungsschiff muß mindestens 60 m Distanz auf die Tiere halten und im Umkreis von 500 m den Motor abschalten; höchstens 3 Boote dürfen sich gleichzeitig bei einer Walgruppe aufhalten. Gedrosselte Geschwindigkeit in Schwimmrichtung der Tiere ist Pflicht, Wassergänge und Anfüttern sind verboten.

Dennoch sind jahraus, jahrein immer noch bis über 40 Boote mit Touristen unterwegs, von denen manche trotz aller Vorschriften zu nah an Wale und Delfine heran- oder sogar mitten in Tiergruppen hineinfahren. Durch ein derartiges aggressives *Whale-Watching* wird der Tagesablauf der Meeressäuger massiv gestört. Sie geraten unter Stress und werden anfälliger für Krankheiten. Langfristig führt das zu einem Rückgang der Population durch geringere Reproduktionsraten und Abwanderung.

Was viele Kanarenurlauber nicht wissen: Bei den Anbietern des *Whale Watching* gibt es deutliche Unterschiede. Eine Reihe von Bootseignern hat sich ausdrücklich zu artgerechten Beobachtungstouren, zum sog. »sanften« *Whale Watching* verpflichtet, auf denen die Begegnungen zwischen Menschen und Walen rücksichtsvoll ablaufen.

Das Projekt M.E.E.R. La Gomera, das 2001 mit dem internationalen Preis »Umwelt und Tourismus« des Deutschen Reisebüro- und Veranstalterverbandes ausgezeichnet wurde, vergibt dazu als Gütesiegel das **»Blaue Boot«**.

Bei allen Veranstaltern, die dieses Siegel führen, hat das Wohl der Wale und Delfine einen hohen Stellenwert: Die Beobachtungstouren finden mit relativ kleinen Booten statt, die sich den Tieren nur langsam und respektvoll nähern. Biologen oder andere Experten begleiten jede Exkursion mit sachkundigen Erläuterungen und stehen für Fragen zur Verfügung.

Wer also während seines Teneriffaurlaubs Wale und Delfine tierfreundlich erleben möchte, sollte auf das »Blaue Boot« achten.

»Sanfte« Waltouren bietet u.a. der ***Must Cat***, ein Segel-Catamaran für maximal 75 Passagiere. Die etwa 3-stündigen Exkursionen inklusive Schwimm- und Schnorchelpause in einer geschützten Bucht starten täglich 2x im Winter und 3x im Sommer in Puerto Colón, Pier 8; © 922-719815 und -719603 (nur in englischer Sprache).

www.1travel.de/meer/wwkanaren.html und www.tenerifedolphin.es

Mehr Infos im Internet dazu unter: www.m-e-e-r.de und www.ngo-online.de

Die besten Whale Watching-Monate sind März-Mai und Sept-Oktober.

Playa Santiago auf La Gomera

3.10 Ausflug zur Nachbarinsel La Gomera

3.10.1 Das Wichtigste in Kürze

Zum Urlaub am Meer gehört auch eine Schiffspartie - was liegt da näher als ein Ausflug zur Nachbarinsel? Von Teneriffas Südwesten ist sie an klaren Tagen zum Greifen nahe und die täglichen Turbo-(Auto-)Fähren schaffen die 45 km in einer knappen Stunde (eigentlich in nur 30 min, müßten sie nicht, der Wale und Delfine wegen, das Tempo drosseln). »Wüstenbewohner« aus dem Inselsüden erreichen Gomeras ***Parque Nacional Garajonay*** mit Europas größtem bestehenden *Laurisilva*-Wald in ca. 1.000-1.400 m Höhe genau so schnell wie Teneriffas Anagagebirge mit der gleichen zum Spazieren und Wandern idealen Landschaft und Vegetation (➢ Seite 170). Von Gomeras Südostküste sieht man den Teide in voller Pracht, und während der Hin-/Rückfahrt zeigen sich mit Glück Delfine oder gar Wale (➢ Essay links).

Gomeras Besonderheiten

Neben den bemoosten, nebelverhangenen Wäldern wurde der Nationalpark auch wegen seiner engstehenden Vulkanschlote zum **UNESCO-Weltnaturerbe** bestimmt.

Das ***Valle Gran Rey***, ein besonders tief eingeschnittenes, palmenreiches Tal kennt jeder Alt-68er. Gomera-Kurzbesuchern reicht vielleicht der herrliche Blick ins Tal vom hoch oben gelegenen ***Mirador César Manrique***-Terrassen-Restaurant (s.u.).

Hermigua, **Agulo** und **Vallehermoso** im Inselnorden haben ihren ländlichen Charme bewahrt und werden nur am Rande vom überwiegend alternativen Gomera-Tourismus berührt. Die über die Insel hinaus berühmten ***Órganos***, riesige Basaltsäulen an der Nordküste (➢ Lexikon Geologie, Seite 437), sind jedoch nur vom Meer aus zu sehen; Gomera »fehlt« eine Rundum-Küstenstraße.

Wer vergass, seine Badehose einzupacken, muss sich nicht grämen; Teneriffa hat bessere (künstliche) **Strände** als Gomeras San Sebastián, Valle Gran Rey und Playa Santiago.

Blick ins Valle Gran Rey

Individuell oder organisiert?

Die folgenden Ausführungen ersetzen keinen Gomera-Reiseführer, reichen aber für eine Stippvisite. Es werden eine Tages- und eine 2-Tage-Tour für alle beschrieben, die eine individuelle Gestaltung einem programmierten Gruppenausflug vorziehen.

Gomera ist nicht Teneriffa, d.h. nicht so durchorganisiert wie die Teide-Insel. Die Hauptstadt ist ein größeres Dorf (7.000 Einwohner), die Bevölkerungsdichte beträgt 45 Menschen/km² (Teneriffa 335/km²). 122 Buslinien verkehren auf Teneriffa (ohne innerstädtische Verbindungen), auf Gomera ganze sechs.

Auf La Gomera selbst gibt es keine kommerziellen Besichtigungtouren. In Teneriffas Touristenzentren werden aber Gomera-Tagesausflüge angeboten: per Bus mit oder ohne Wanderung, ganz oder halb um die Insel oder als Fotosafari. **Tipp:** www.kanaren-virtuell.de/teneriffa_2/touren/tour10.htm

Wer individuell fährt, sollte vorher **drei Entscheidungen** treffen:

1) Mache ich nur einen **Tagesausflug** nach Gomera **oder** bleibe ich **über Nacht?** Wer eines der preiswerten Apartments in San Sebastián bucht, hat mehr von seiner Gomera-Exkursion.
2) Verlasse ich mich in Gomera auf Taxis und Busse oder erkunde ich die Insel per Mietwagen? **Besser ist ein Mietauto**!
3) Leihe ich meinen Wagen erst am Ankunftshafen San Sebastián oder nehme ich den **Teneriffa-Mietwagen mit nach Gomera?** Letzteres ist ab 3 Personen günstiger, selbst beim Tagesausflug!

La Gomera ist auch bei Bikern beliebt. Bikes vermietet u.a. ***Alofi*** in Valle Gran Rey, © 922-805353; www.bikecenter-gomera.com

3.10.2 Gomera-Programme für 1 Tag oder 2 Tage

Eine 1- oder 2-tägige Gomera-Erkundung ist nur per Mietwgen zu empfehlen, denn die Abfahrtszeiten der Busse ab San Sebastián liegen bezüglich der Fährzeiten ungünstig. Ferner sollte man sich bei zweitägigem Aufenthalt zur Übernachtung für einen Ort an

Praktisches

La Gomera im Internet:

www.lagomera.de, www.gomera-island.com, www.mygomera.de

Touristeninfo

San Sebastián: Calle Real 4 (läuft auf die hafennahe Plaza de las Américas zu), Mo-Sa 9-13.30 und 15.30-18, So bis 13 Uhr; © 922-141512, Fax 922-140151. **Valle Gran Rey**: © 922 805458; **Playa Santiago**, Avda Marítima, © 922-895650.

Die Touristenbüros (deutsch/englisch) halten Listen der Zimmer- und Autovermieter und die aktuellen Fahrpläne der Buslinien auf La Gomera bereit.

Gomera-Fähren

(www.canarias.arkus.net)

30 min könnte die Überfahrt dauern, aber die Katamarane fahren wegen der Wale mit reduziertem Tempo

Fred Olsen Auto-Schnellfähren
(Dauer 40-45 min)

Los Cristianos–San Sebastián
Mo-Sa 8.30, **–Los Cristianos**
Mo-Sa 7.30, 9.30, 14.30, 16.30, 18.30**
(* Sa 20 Uhr bzw. ** Sa 19.15

So/feiertags: hin: 9.30, 15, 18, 20 Uhr; Rück: 7.30, 13, 16.30, 19.15 Uhr

Tarife (jeweils einfach):
Erwachsene € 30; Pkw € 40

Pkw inkl. 2 Pers. € 95; inkl. 4 Pers. € 132; © 922-628200; www.fredolsen.es

Naviera Armas Autofähre:
(Dauer ca. 60 min)

Los Cristianos–San Sebastián
Mo*-Do 8.45, 11.30, 17.00; **Fr+So** 8.45, 14.45; **Sa** 8.45

San Sebastián–Los Cristianos
Mo-Do 7.00, 14.00, 18.30; **Fr** 8.45, 11.30, 16.30; **Sa** 16.30; **So** 11.30, 16.30
(Mo* auch 5.40 Uhr)

Tarife (einfach): € 30; Pkw inkl. Fahrer € 55, unter 26/über 60 nur € 48
Motorrad € 35 bzw. € 28; © 922-456500; www.naviera-armas.com.es

Ein Tragflächenboot wird ab März 2009 (wieder) Los Cristianos-San Sebastián-Santiago-Valle Gran Rey (täglich 3x, Gesamtstrecke retour ca. € 30) verbinden. Reederei: USTICAlines (www.usticalines.it). Dort Aktuelles recherchieren.

Transport auf der Insel

Von den 6 **Buslinien** (www.lagomera.de/busplan.htm) sind für 1-2-Tagesausflügler nur die Linien 1 und 3 wichtig, mit denen man man die *Highlights* an der Südküste (**Valle Gran Rey** und den **Nationalpark**) und/oder den hippen *»Newcomer«* **Playa Santiago** erreicht. Ins Dorf **Agulo** (Norden) geht's besser per Mietauto.

- **Buslinie 1**: San Sebastián-Hermigua-Valle Gran Rey (durch Nationalpark; 2 Stunden) Hinfahrt: 11, 14, 18.30, 21.30 Uhr (So/feiertags nur 11+18 Uhr); Rückfahrt: 5, 8, 14, 16 Uhr (So/feiertags nur 8 und 16 Uhr)
- **Buslinie 3**: San Sebastián-Playa Santiago (70 min; fährt weiter bis Alajeró) Hinfahrt: 11.30, 14*, 18.30, 21.30 Uhr (So/feiertags: 11.30 und 18.30 Uhr) Rückfahrt: 5.50, 7.20, 14.50*, 17.20*, 20.20 Uhr (So/feiertags 7.20, 15.20*, 17.10* Uhr (* mit Verbindung zum Flughafen)

Autovermieter in La Gomera:

OASIS, Avenida Marítima, © 922-872898, www.oasisgomera.com

La Rueda, Calle Real 19, © 922-870709, www.cargomera.com

Unterkünfte

San Sebastián

- Das ***Parador Nacional de La Gomera*** ist eines der schönsten *Paradores* ganz Spaniens. Das altkanarische Haus mit großen Innenhöfen und Gärten, Meer- und Teideblick, Pool und stilvollem Speisesaal liegt auf den steilen Klippen über der Stadt. DZ/F ab € 120, © 922-871100, www.parador.es
- ***Hotel Garajonay***, einfach; C/Ruiz de Padrón 17; DZ € 45, © 922-870550

Hermigua

- ***Ibo Alfaro***, Landhotel im Dorf; © 922-880168, € 75; www.hotel-gomera.com.

Valle Gran Rey

- ***Gomera Lounge,*** in La Playa: Apartments. € 60/2 Pers. In La Calera: Studios € 40-€ 70; © 922-805195; www.gomera-lounge.de
- ***El Guro;*** 3 kleine Häuschen; © 922-805945 & 679-994573 www.elguro.de
- ***Studios Casa Policarpo***, La Calera, mit Meerblick € 31-35; © 922-805878 & 676-832869; www.la-gomera-urlaub.de
- ***Pension Oliver***, La Calera, 2 Studios für 4-6 Pers., € 55-63; 4 Zimmer ohne Bad € 22/25, € 15; © 922-805700, © 680-634840; www.gomera-mal-anders.de

Restaurants (weitere ➢ Text)

San Sebastián

- ***Marqués de Oristano***, Calle Real 24, feine-kan. Küche, © 922-872909, So zu
- ***Parador de la Gomera***, feine Küche in einem noblen Ambiente (➢ oben)
- ***El Charcón***, Passeo Maritimo hinter dem Felsen an der Hafenmole; prima Lage am Wasser und Teideblick, © 922-141898, Mo zu

Hermigua

- ***Casa Creativa***, Cafeteria/Bar/Tapas; © 922-881023
- **Kiosk** am **La Caleta**-Strand unter Bäumen (15 min Auto); gute Italo-Küche

Valle Gran Rey

- ***La Islita,*** in **La Playa**, gehobenes italienisches Niveau, prima Pasta
- ***Yaya,*** in ***La Playa***, galizische Küche
- ***El Puerto*** in ***Vueltas***, super Fisch

der Südküste entscheiden: Valle Gran Rey oder San Sebastián (bzw. -wegen der netteren Hotels für Hermigua).

Wer nur einen Tag bleibt und wandern/spazierengehen möchte, sollte sich auf die ***Laurisilva*-Wälder** beschränken oder mit seinem Wagen in das Tal des großen Königs, das berühmte ***Valle Gran Rey*** fahren.

Ein Tag auf La Gomera

Zur Stadtbesichtigung lässt man sein Auto am besten gleich im Hafenbereich stehen und geht zu Fuß in die Stadt. San Sebastiáns **Hauptstraße** ist die Fußgängerstraße Calle Real, die auf die zentrale (ans Hafenbecken grenzende) Plaza de las Américas zuläuft. Gleich am Anfang (Real Nr. 4, Ecke Plaza de la Constitución) ist im alten Zollhaus die **Touristeninformation** untergebracht, die Insel- und Wanderkarten und weiteres Material bereithält. Bessere Wanderkarten (von Goldstadt im Maßstab 1:50.000 oder Kompass 1:30.000) gibt es in den Zeitungsläden vor Ort.

Columbus

Im Infobüro lohnt ein Blick in den Zollhaus-Patiobereich mit kleinem ***Columbus*-Museum** (➢ »Personen«, Seite 497). Aus dem Brunnen entnahm er das Wasser für seine Reise.

Wieder auf der Calle Real passiert man die **Kirche *Nuestra Señora de Asunción***, in der einst *Columbus* um Gottes Segen für seine Reise betete, und biegt zweimal links ab, um in einer der Parallelstraßen zum Hafen zurückzugehen.

Kurz vorher öffnet sich nach rechts ein Blick auf den quadratischen ***Torre del Conde***, der schon im Jahr 1447 den Spaniern bei der Eroberung der Insel als Festung diente.

Wer sich nach einem Stadtrundgang und vor einer Wanderung noch kräftigen will, geht am besten ins angesagte ***Marqués de Cristano***; in einem alten Bürgerhaus gibt es drei Bereiche: Café/ Bar, einfaches kanarisches Lokal und – im 1. Stock – eine etwas feinere Gastronomie.

Wanderung 1 Eine Fahrt auf der TF 713 zum Valle Gran Rey führt zunächst durch karge Kakteen-Landschaft und taucht dann bei 1.000 m Höhe meist in die Wolken ein. Nachdem man die mächtigen ***Roques de Agando*** (links, 1.250 m) und den ***Roque de la Zarzita*** (rechts, 1.212 m) passiert hat, erreicht man einige Kilometer hinter dem Abzweig nach ***Alajeró*** auf der Höhenstraße rechts den Parkplatz ***Alto de Contadero***.

Hier beginnen **zwei Wege**:

- In einer guten Stunde (leicht) steht man auf dem höchsten Gipfel Gomeras, dem ***Alto de Garajonay*** (1.487 m, benannt nach dem gomerischen Romeo & Julia-Liebespaar »Gara & Jonay«) mit herrlichem Weitblick auf Teneriffa, La Palma und El Hierro.
- Der Parkplatz ist zugleich Startpunkt für einen der schönsten (und bequemen) Wanderwege Gomeras durch den bemoosten ***Laurisilva*-Märchenwald** (zum Thema *Laurisilva* ➢ Seite 170). 2 Stunden läuft man zum Weiler El Cedro mit urigem Restaurant ***La Vista*** (mit Gomeraspezialität Brunnenkresse!) und Camping. Laufzeit 2,5 Stunden (500 Höhenmeter retour).

Stramme Wanderer laufen von El Cedro nach zunächst steilem Abstieg **nach Hermigua**. Dort ein Taxi für zurück nehmen.

Besucherzentrum Nationalpark

Ein paar Kilometer weiter zweigt eine schmale Straße rechts von der TF 713 ab zum Besucherzentrum des Nationalparks (9 km Richtung Las Rosas). Ausstellung und ein botanischer Garten informieren über Gomeras Flora. Ein kleiner kostenloser Führer beschreibt drei weitere Wanderungen. Besser als das Video (auch in Deutsch) ist die **Tapa-Kneipe** mit Terrasse nebenan.

Wanderung 2

Eine weitere leichte Wanderung (ca. 2 Stunden) beginnt in **Las Hayas**, einer Siedlung 1 km links unterhalb der TF 713. Man parkt unterhalb des Restaurants ***Amparo*** (gut für Snack/Drink) und geht in der nächsten Linkskurve rechts bergauf (ausgeschildert: ***Jardín de las Creces***), passiert alsbald eine Kapelle oberhalb der Dorfeinfahrt und wendet sich nach links Richtung Wald, einem dichten *Laurisilva*. Bei einer Weggabelung kann man beide Richtungen einschlagen. Sie führen zu einer ***Zona Recreativa*** mit Tischbänken und Feuerstellen. Von dort nimmt man den parallel verlaufenden Weg (je nach Einstieg an der Gabelung vorhin) ober- oder unterhalb zurück zum Dorf Las Hayas. Der obere Weg ist bequemer, der untere schmaler und voller Farne.

Aussichtspunkt

Wer weitere ca. 5 km westwärts den Ort **Arure** passiert und Richtung Valle Gran Rey fährt, hat vom ***Mirador El Palmarejo*** (nach dem ersten Tunnel) einen wunderbaren Blick auf eines der schönsten Täler der kanarischen Inseln: weiße Häuser unter schlanken Palmen und unzählige terrassierte Felder. An dem Aussichtspunkt liegt das gleichnamige ***Restaurant*** mit ***Cafetería***; 13-21 Uhr, Sa/So zu, © 922-805868. Die Anlage wurde von *César Manrique*, dem Lanzaroter Künstler und Landschaftsgestalter, der Umgebung eingepasst (➢ Seite 498).

San Sebastián de Gomera

Valle Gran Rey

Die Fahrt hinab ins ***Valle Gran Rey*** zur ***Playa de Vueltas*** führt durch kanarische Terrassenlandschaft und Vegetation *at its best*. Unten liegen Quartiere und in den **Ortsteilen Playa** und **Vueltas** Lokale mit guter internationaler Kost.

Tipp

Für die Rückfahrt nach San Sebastián sollte man ab *Mirador El Palmarejo* eine gute Stunde Fahrtzeit kalkulieren, wenn man die gebuchte **Teneriffa-Fähre** rechtzeitig erreichen möchte.

Zwei Tage auf La Gomera

Am 2. Tag sollte man neben dem Wandern eine Inselrundfahrt unternehmen und Städtchen an der Nordküste besuchen.

Wanderung 3

Die Straße nach Hermigua (TF 711) tangiert den Nationalpark nur. Um in den Park zu kommen, fährt man nach einer Tunneldurchfahrt scharf links Richtung El Cedro. Hat man nach etlichen Serpentinen bergauf den *Laurisilva*-Wald erreicht, geht es rechts ab in einen Feldweg mit dem **Hinweis *El Cedro***. Danach folgt man *»Ermita de Nuestra Señora de Lourdes«*. Am Parkplatz oberhalb der Kapelle beginnt die Rundwanderung (200 m Höhenunterschied). Erst Richtung Los Aceviños, dann nach El Cedro mit dem Lokal ***La Vista*** und einfachem Campingplatz. Von dort geht's wieder zurück zur *Ermita*; Dauer ca. 4,5 Std.

Kurzwanderer fahren bis El Cedro und gehen nach Los Aceviños. (als Runde zurück bis El Cedro 2,5 Stunden).

Restaurants

In Hermigua stärkt man sich in zwei guten Restaurants. Die sympathische ***Casa Creativa*** serviert auf der Café-Terrasse ***Tapas*** und abends vegetarische/kanarische Gerichte (Sa geschlossen).

Angenehm ist das außerhalb liegende ***El Silbo*** (= Gomeras Pfeifsprache; Hörprobe: www.silbogomero.es) mit Teide- und Meerblick sowie kanarischem Essen (das monströse Gerüst am Ufer ist ein alter Schiffs-Ladekran). Die in den Fels gebaute Terrasse unter exotischen Obstbäumen öffnet nur bei günstiger Windlage. Beide Lokale liegen an der Hauptstraße (Nr. 56 in Hermigua bzw. Nr. 249 bereits in Agulo).

Hafenbucht von Puerto de Santiago an Teneriffas Westküste in Nachbarschaft zu Los Gigantes

4. BEREICH WESTKÜSTE

4.1 Kennzeichnung des Bereichs

Geographie

Die über 40 km (Luftlinie) lange Westküste ist im nördlichen Bereich kaum besiedelt. Hier versperrt das unwegsame Tenogebirge mit seinen massiven 15 km langen und 500 m hohen Steilklippen ***(Acantilados de los Gigantes)*** fast ganz den meerseitigen Zugang. Abgeschieden und schwer zugänglich liegt mittendrin **Masca**, das schönste Bergdorf Teneriffas.

Am abrupten südlichen Ende jener Klippen hat sich das dritte und – unter den drei großen nach Las Américas und Puerto – kleinste Tourismuszentrum der Insel entwickelt.

Die weiten Hänge sind bis zum Tenogebirge nur wenige hunderttausend Jahre alt; helle und dunkle Lavaschichten unterschiedlicher Ausbruchphasen (d. h. bis vor 500.000 Jahren während der Formung des *Pico del Teide* und *Pico Viejo*) sind übereinander geschichtet. Wie an der Südküste liegen die alten Siedlungen Tijoco de Abajo, Guía de Isora und Chio auf 500-600 m Höhe.

Landwirtschaft

Dort ermöglichten erst kilometerlange Wassertunnel ab Ende des 19. Jahrhunderts eine intensivere Landwirtschaft (➢ Kapitel »Süden«, Seite 209). Auf großflächig angelegten Terrassen werden in den unteren Lagen hauptsächlich **Tomaten und Bananen** angepflanzt. Auch Teneriffas größte Anbaugebiete für den Export von **Blumen und Zierpflanzen** (➢ Seite 266) haben sich dort entwickelt – ein expandierender Wirtschaftszweig. Die arbeitsaufwendige Floristik braucht zwar mehr Beschäftigte, aber weniger Raum bzw. Wasser und bringt daher mehr Gewinn.

Tenogebirge

Das Tenogebirge gehört – neben dem Anagagebirge und einigen Bergen um Adeje – zu den drei ältesten Gebirgsformationen der Insel. Da es noch zerklüfteter und wasserärmer ist als das dem Nordostpassat direkt ausgesetzte Anagagebirge, war die nordwestliche Inselecke lange von der wirtschaftlichen Entwicklung abgeschnitten. Bis in die 1970er-Jahre gab es keine asphaltierte Straße, und immer noch führen (bis auf *Punta de Teno*) nur Trampelpfade ans Wasser. Die wenigen Bewohner zogen auf steilen Terrassen Gemüse für den täglichen Bedarf und hielten ein paar Ziegen. Die meisten solcher Höfe sind jetzt verlassen. Nur im nordwestlichsten Teil gibt es auf einer Hochebene (*Teno Alto*) verstreut liegende Fincas mit Viehwirtschaft.

Geologie

Eine Reihe von neueren Vulkanen bildet westlich des *Pico Viejo* (neben dem *Teide)* eine Verbindung zum Tenogebirge. Zu ihnen gehören der zuletzt 1706 ausgebrochene ***Montaña Negra***, der damals Garachico verschüttete, und der erst 1906 aktiv gewordene ***Chinyero*** westlich von Santiago del Teide, dessen für geologische Verhältnisse noch »frisches« schwarzes Geröll die Hänge oberhalb von Guía de Isora, Chio und Arguayo bestimmt.

4

Die Westküste

Die Strelitzie

Die **Strelitzia regina** kommt ursprünglich aus Südafrika. Sie ist benannt nach Königin *Charlotte Sophia* (1744-1818), der Gemahlin König Georg III von England und gebürtige Tochter des Herzogs von Mecklenburg-Strelitz. Das wissen aber nur die wenigsten Berliner aus Strelitz, die heute diesen – auch Paradiesvogel- oder Papageienblume genannten – Exportschlager Teneriffas in Kartons oder alufolienverpackt aus ihrem Urlaub mit nach Hause nehmen.

Dass diese bis zu 1,50 m hohe ausdauernde Pflanze eine Verwandte der Banane ist, erkennt man an ihren ovalen, bis zu 1,20 m langen Blättern. Aus diesem Blätterwerk ragen viele Blüten tatsächlich wie die Köpfe eines Vogels hervor. Drei orangefarbene Kelchblätter und drei dunkelblaue Blütenblätter werden von einem über 20 cm langen purpurroten kahnförmigen Hochblatt eingefaßt. Wer ihren Pflanzenschaft hin und wieder kürzt, kann sich zu Hause immerhin 4-6 Wochen lang an diesem Blickfang in der Vase freuen.

Touristische Historie

Lange war die (nord-)westliche Inselecke noch touristisches Entwicklungsgebiet. Grund dafür war ihre geographische Lage weitab von den historischen Städten und die unwegsame Landschaft im Dreick zwischen Teno, Garachico und Los Gigantes. Die Standortentscheidung für den Südflughafen gab den Ausschlag für den Ausbau der Region um Las Américas.

Touristische Perspektiven

Jetzt, da die Costa Adeje bis La Caleta/El Paraíso bebaut, die Autobahn bis Adeje fertiggestellt und ihre Verlängerung bis Santiago del Teide schon in Bau ist, wird auch dieser westlichste Teil der Insel immer stärker urbanisiert. Die Sonnenstunden sind hier kaum weniger als im Süden und die Fallwinde vom Teide nicht stärker als dort. Das Fehlen natürlicher Strände bzw. natürlicher Vegetation wird eh seit Jahren und überall durch aufwendige landschaftsarchitektonische Eingriffe wettgemacht.

Die attraktiven Fischerstädtchen **Alcalá** und **San Juan** ereilte bisher nicht das gleiche Schicksal wie andere zuvor. Vorerst gibt es nur jeweils ein Luxushotel am Ortsrand (***Abama*** und ***Palacio de Isora***), was zugleich zur gelungenen Auffrischung der kleinen Strände und des Restaurant-Angebots führte (➢ Seite 275f).

4.2 Westküste und Hinterland

4.2.1 Touristenzentrum Los Gigantes/Puerto de Santiago

Anfahrt von Norden

Von Garachico/Icod führt die TF 82 serpentinenreich hinauf Richtung Santiago del Teide und dann in überaus kurviger Abfahrt (etwa 600 Höhenmeter auf wenigen Kilometern) über Tamaimo (ab dort TF 454) bis Los Gigantes hinunter.

Küsten- und Höhenstraße von Süden

Der Westküstenbereich zwischen Adeje und Tamaimo/Santiago ist durch zwei teilweise parallel verlaufende Straßen erschlossen.

- die Küstenstraße TF 47 über San Juan, Playa Arena/Puerto de Santiago nach Los Gigantes und
- die attraktivere Straße TF 82, die auf 500 m Höhe von Adeje nach Tamaimo führt, wo sie auf die TF 454 trifft (➢ Adeje–Santiago, Seite 276ff).

Mirador

An der oberen Ortsgrenze von Los Gigantes, kurz unterhalb der Kreuzung TF 47/454, bietet der ***Mirador Archipenque*** (mit Cafeteria) einen Stadtüberblick und vor allem einen schönen Ausblick auf die Steilküste ***Acantilados***

Die Küste

Der Tourismus verteilt sich weitgehend auf drei Brennpunkte:

- das schon vor 30 Jahren im Stil eines mediterranen Hafens angelegte **Los Gigantes**
- das erst in den 1990er-Jahren voll zum Touristenort ausgebaute ehemalige Fischerdorf **Puerto de Santiago** und
- die Retortensiedlung ***Playa de la Arena*** mit viel zu massiver touristischer Bebauung. Sie erstreckt sich halbmondförmig um einen sehr schönen schwarzen, etwa 200 m langen Sandstrand.

Alle drei Zentren liegen auf mehreren Lavazungen und gehen ineinander über. Stichstraßen führen als ruhigere Schleifen von der Durchgangsstraße Richtung Meer. Gute Orientierungspunkte sind dabei die **Hotels *Los Gigantes*** und ***Barceló Santiago***. Während die Lavazungen längst restlos vollgebaut sind, drehen sich oberhalb immer neue Baukräne, die dabei sind, z. T. sehr luxuriöse Apartments in die Hänge zu fräsen.

Briten stellen die Mehrheit der Besucher in dieser Ecke der Insel, u.a. deutlich zu erkennen an den Speisekarten mit *Fish & Chips* und *Shepherds Pie*. Auch Ausflugs- und Sportprogramme werden meist mit englischsprachiger Betreuung und Anleitung angeboten – vor allem in Los Gigantes.

Los Gigantes

Charakteristik

Infobüro Seite 55

Das Städtchen und sein winziger dunkler Strand liegen unterhalb der namensgebenden ***Acantilados de los Gigantes*** (*Acantilado* = Steilküste). Nur am Hafen und auf einer zweiten Stufe um den zentralen Kirchplatz, der Plaza Bougainvillea, ist das Terrain eben, ansonsten brauchen Fußgänger viel Puste, denn insbesondere der obere, neuere Teil von Los Gigantes liegt an steilen Hängen. Besucherautos werden in einer Schleife weitläufig um den Kirchplatz wieder zur Ortseinfahrt zurückgeleitet.

Ortskern und Hafen

Trotz seiner Retortengeburt hat Los Gigantes im unteren Bereich einigen Charme. Kleine Apartmentanlagen, Hotels – allen voran das *Los Gigantes* (3) mit großem Pool in gepflegtem Grün – und Villen liegen in blühenden Gärten. Touristen-Shops und Restaurants vermitteln eine fast dörfliche Atmosphäre. Am erwähnten Kirchplatz sitzt man z.B. in den Restaurants ***Sinatra*** oder ***Asturias*** unter schattigen Bäumen angenehm ruhig. Mittelpunkt des touristischen Treibens ist der **Yachthafen** mit Blick auf die gewaltige Steilküste und – leider auch – eine erdrückende Hafenmauer. Die Calle Poblado Marinero grenzt mit vielen Lokalen an die Hafenmole. Der gleichnamige 2-stöckige **Apartment-Komplex** setzt sich in der 2. Reihe um einen langen, begrünten Platz fort.

Villen und Hotel »Los Gigantes« vor den Felswänden Acantilados de los Gigantes

Baden

Der kleine Sandstrand ***Playa de Acantilados*** (rechts hinter dem Hafen, ➢ Foto Seite 109) reicht in der Saison für die vielen Gäste schon lange nicht mehr aus. So sind auch die folgenden Anlagen ein wichtiger Bestandteil des touristischen Angebots:

Gleich hinter der Kaimauer liegt das Meerwasser-Schwimmbad ***El Laguillo*** mit großem Pool (Eintritt) und – durch eine Mauer geschützt – einer Felsecke zum Baden im Meer. Die Anlage gehört zu den schon erwähnten ***Apartamentos Poblado Marinero***, ist aber öffentlich (Eintritt). Die zweite öffentliche Poolanlage, der ***Club Oasis***, ebenfalls mit Treppeneinstieg ins Meer, hat Liegewiesen, Tennis- und Crocketplatz, eine Café-Bar und Massageservice. Man erreicht den Club über die Sackgasse Avenida Marítima, die zum Hintereingang des Hotels *Los Gigantes* führt (Eintritt).

Zwischen den Hotels *Barceló Santiago* und *Los Gigantes* liegt *Crab Island* (*Isla Cangrejo*), ein nobles Villenviertel mit einem recht beliebten, geschützten Meerwasser-Schwimmbecken (frei).

Die Zufahrt ist versteckt. Am besten fährt man in die Schleife (im Ort Richtung *Hotel Los Gigantes*) um den zentralen Kirchplatz, biegt am oberen

Meerwasserbecken an der Küste von Crab Island

Plastisches Wandbild am Museo del Pescador in Puerto de Santiago vom französischen Künstler Bernard Romain (mit wechselnden Ausstellungen)

Ende rechts ab und direkt hinter dem Sportcenter (Tennis) wieder rechts in die Calle Hibisco ein, dann links. Parkplatz ist rar. Auch vom Zubringer zum *Hotel Barceló Santiago* führt ein Pfad in 5 min zu diesem Pool (Hinweisschild »*Paseo Peatonal*«).

Schiffs-Exkursionen

Los Gigantes ist Teneriffas bester Ausgangspunkt für Schiffsausflüge, sei es mit antiken oder neueren schnittigen Seglern, Powerbooten, Motoryachten mit oder ohne Wal-/Delfin-Beobachtung. Alle Törns bieten meist Badepausen vor eindrucksvollem Panorama. Taucher finden im Bereich Los Gigantes beste Reviere. Ausflüge/Aktivitäten sind vor Ort am Hafen zu buchen.

Beurteilung

Leider hat dieser einst kleine Ferienort viel vom einstigen Reiz verloren. Die sich an den Berghängen hochfressenden, z.T. pompösen Apartmentanlagen wie *Royal Sun* und *Club II* hängen massiv als Fremdkörper über der früheren Idylle.

Und trotzdem ist das kompakte **Los Gigantes** eine gute, ebenso sonnenreiche, aber ruhigere **Alternative zum großstädtischen Las Américas** mit nahen Wandermöglichkeiten im Tenogebirge und in den Kiefernwäldern westlich von Santiago del Teide.

Puerto de Santiago

Kennzeichnung

Nur der kleine Fischerhafen hat noch ein wenig Charme von damals. Ansonsten ist die Überfremdung total. Zentrum des Tourismus ist die zwischen der ***Piscina Natural*** (*Crab Island*) und dem ***Puerto Pesquero*** (Puerto de Santiago) gelegene schwarze Landzunge mit der großzügigen Anlage des Hotels ***Barceló Santiago*** unmittelbar über dem Meer. Im Umfeld stehen, hübsch und flach, aber – wie so oft – viel zu eng, viele Apartmentkomplexe und drumherum die übliche Infrastruktur.

Infobüro Seite 55

Ein schöner ***Paseo Maritimo*** führt vom Fischerhafen auf der Landzunge um das *Barceló Santiago* herum. Im kleinen ***Centro Comercial Marblanco*** (neben dem Hotel) hat man von der Terrasse des Restaurants ***El Barco de Nino*** wundervolle Ausblicke aufs Meer und die bizarre schwarze Felsküste. Dort führt auch eine Treppe hinunter zu diversen ***Charcas***, kleinen Badebuchten.

Playa de la Arena

Auch der einzige größere, feine Lava-Sandstrand der Westküste, ***Playa de la Arena*** (250 m), wurde massiv zugebaut. Die *Apartamentos Seguro de Sol* und *Hotel Playa La Arena* erschlagen förmlich die Umgebung. Hinzu kommt die laute Durchgangsstraße unmittelbar über dem an sich schönen Strand. Lichtblicke sind eine begrünte Promenade und das traditionelle **Terrassen-Restaurant *Pancho*** unter Bäumen. Die *Apartamentos Neptuno* (direkt am Strand; nur von Privat zu mieten) und die auf der – den Strand südlich begrenzenden – Lavazunge *Punta Negra* gelegenen Apartments hätten allemal für diesen schönen Küstenstrich gereicht.

4.2.2 Praktisches

Busse

Busse fahren nicht in das Zentrum von Los Gigantes. Sie halten oberhalb an der Carretera General (TF 47/454).

Touristen-information etc.

- **Puerto de Santiago**, (ggü. Playa Arena im *Centro Comercial Seguro Sol*), © 922-860348; Mo-Fr 9.30-15.30, Sa bis 12.30 Uhr.
- **Los Gigantes**: Am Hafen (*Poblado Marinero*) Information über Schiffsausflüge und Tauchen.
- ***Policía Local***, Los Gigantes, nahe dem *Cruce de Caldera*, der Kreuzung nach Tamaimo (TF 454) und der Straße nach Alcalá/Costa Adeje (TF 47); © 922-867033.

Post und CC

- **CC *Vigilia Park*,** an der Straße zwischen Gigantes und Puerto de Santiago, dort gegenüber auch die Post.

Arzt

- **Medizinischer Notruf**: © 922-791000, Hospital Costa Adeje.
- ***Medical Center:*** Playa Arena im ***CC Seguro Sol***, neben der Apotheke, 9-13, 16-18 Uhr; © 922-862081 und © 609-245024.
- ***Centro Médico*** (CMS – *Centros Médicos del Sur*), Puerto de Santiago, zwischen Puerto de Santiago und Playa de la Arena gegenüber der Plaza beim Hotel *Dragos*, © 922-867492.

Auf der Playa de la Arena, dem besten Strand der Westküste, steht bei Wind starke Brandung

4

Ausflugsboot Flipper Uno

Bootstrips ab Los Gigantes

- Delfine und Schildkröten, manchmal auch Wale sieht man vom gemütlichen – einstmals Büsumer – ***Krabbenkutter Katrin***; kein *Fun Boat* mit Essen, Drinks und Musik, keine sensationellen Versprechungen, sondern sanftes *Whale Watching*. Badepause, 2-stündig € 25, einstündig € 12 (Kinder jeweils 50%) © 922-860332, © 667-663837/8.
- Der ***Katamaran Nashira Uno*** fährt auf **Wal- und Delfinsafari**; 3-Stunden-Trip € 35 (11 Uhr) und 2-Stunden-Trip (nur Delfine, 14 Uhr) mit Badepause in der Masca-Bucht € 25. Eine Stunde Küstenfahrt (16 Uhr) kostet € 15 www.losgigantes.com/nashira.htm

Walbeobachtungs-Exkursionen mit den Powerbooten *Gladiator U* und dem *Ocean Explorer* sind weniger umwelt- und tierfreundlich.

Abholung der Masca-Wanderer

Wer nach dem Abstieg durch die **Mascaschlucht** (➢ Seite 284) mit der ***Nashira Uno*** nach Los Gigantes will, muss sich vorher anmelden: © **922-861918** und 922-860726 (€ 10). Tickets sind auch in Masca verfügbar (➢ Seite 284). Abfahrten 3x täglich: 13.30, 15.30, 16.30 Uhr, aber wetterabhängig. Ein Taxi zurück nach Masca kostet € 25. Am sinnvollsten ist es, das Auto in Los Gigantes zu parken und per Taxi nach Masca zu fahren.

Das Transportproblem löst einfach, wer sich einer geführten Masca-Wanderung anschließt. Kosten inklusive Bootstrip € 35-€ 47; © 609-166850; www.sunholidays24.com

Sport

Tauchen ➢ Seite 521, **Surfen** ➢ Seite 523.

Unterkunft

Die ***Hotels Los Gigantes*** und ***Santiago Barceló*** sind wegen ihrer Lage und Ausstattung empfehlenswert; das gilt ebenso für die ***Apartamentos Poblado Marinero*** (➢ Seite 560f).

Restaurants

Los Gigantes

Die Gastronomie ist mäßig. Die Hafenlokale sind aber o.k. für einen Drink/Snack. Das ***Harbour Lights*** hat Atmosphäre.

- ***Rincón de Juan Carlos*** im Zentrum (Pasaje Jacaranda 2) gilt als Feinschmeckerrestaurant. Die Besitzer kochen fantasievoll nicht nur verfeinerte kanarische Küche, sondern auch Mitteleuropäisches wie Ochsenschwanz mit Selleriepüree. Der *Comedor* ist gemütlich-elegant, aber besonders schön sitzt man draußen im Garten. 19-23 Uhr, So zu, © 922-868040, €€-€€
- ***Mirandas*** hat ein schlicht spanisches Ambiente und britischen Küchenchef, gute Lammkeule; Calle Flor de Pasqua 25, (Nähe Kirchplatz), täglich 18.30-22.30 Uhr, © 922-860207
- Briten lieben es indisch: ***Krishna Tandoori*** an der Ringstraße im Zentrum nach Hotel Los Gigantes links, ab18 Uhr

Puerto de Santiago

Am Fischerhafen gibt es noch ein letztes einfaches Fischlokal von wechselnder Qualität (***Casa Pedro***, © 922-860164, So zu).

- ***El Barco de Nino*** am Paseo Maritimo um das Hotel Barceló herum, ein gutes Fischlokal mit prima Terrasse über dem Meer, Reisgerichte, © 922-868339, täglich ab 13 Uhr, €€-€€

Playa de la Arena

An der ***Avenida Marítima*** gegenüber dem Strand und Richtung Alcalá gibt es viele Touristenlokale; erwähnenswert sind:

- ***Sala Thai***, ordentliche Thaiküche; © 922-860780, 12-24 Uhr
- ***Pancho***, in punkto Ambiente und Qualität das beste am Platz; man sitzt unter Bäumen am Strand; auch bei Einheimischen beliebt, 13-16, 19.30-23 Uhr; © 922-861323; Mo zu, €€€€

Von der Küste ist es nicht weit zu Alternativen, ➢ Seiten 236f.

Meerwasser-naturpool bei der Freizeit- und Badeanlage El Laguillo

4.2.3 Küstenstraße von Adeje nach Los Gigantes

Die Hauptroute durch Teneriffas Westen ist die weit hinter der Küste verlaufende TF 82. Die Küstenstraße TF 47, die nördlich von Adeje von der TF 82 abzweigt, führt überwiegend durch Bananenpflanzungen, bietet aber nur wenige Ausblicke aufs Meer. Die aufstrebenden Städtchen **Playa San Juan** und **Alcalá** sind einen Stopp wert, außerdem zum Baden, Schnorcheln das kanarisch-urige Fischerdorf **El Puertito** (Zufahrt unter Paraíso).

Playa Paraíso/El Puertito/Callao Salvaje

Mit biblischen Vorstellungen hat **Playa Paraíso** (Stichstraße von der TF 47) wenig gemein. Das Terrain gliedert sich in zwei Bereiche: die 15-stöckigen Klötze mit winzigen Balkonen (aus den 1970er-Jahren) und eine veraltete, öffentliche Poolanlage (€8 für 2 Personen) mit kleinem schwarzen Strand. Südlich angrenzend entstand in den letzten Jahren Ansehnlicheres: der legobunte Hotelkomplex ***Bahía Principe***, quasi das *Bahía del Duque* (*Costa Adeje*, ➢ Seite 206/7) des kleinen Mannes mit Einkaufszentrum und weitläufiger Poolanlage am Meer (aber ohne Strand). Anfahrt: Von der TF 47 beim Ortseingang von Armenime dem Schild *Bahia Principe* zum Meer folgen.

Wer den Hotelkomplex *Bahía Principe* rechts liegen läßt, kommt zum oben erwähnten **El Puertito** mit einem kleinen grauen Sandstrand hinter einer ausgedienten Bananenpackanlage und Kneipe. Im Winter ist es dort wochentags sehr ruhig, im Sommer entsteht in El Puertito eine »wilde« Zeltstadt.

Callao Salvaje nördlich von Playa Paraíso ist eine immer noch wachsende Hotel-, Bungalow- bzw. Villen-Siedlung mit Restaurants und Shops, aber kaum Bademöglichkeit im Meer. Die Apartmentanlage ***Marazúl***, ein separater Hochhauskomplex an der TF 47, befindet sich fest in französisch/belgischer Hand.

Das massive pinkfarbene, einer marokkanischen Kasbah nachempfundene **Hotel *Abama*** ist eines der neueren Luxusresorts Teneriffas (bei Playa San Juan, ➢ Seite 561 »Unterkünfte«).

Hotel Abama, Luxusanlage in pink hinter Bananenfeldern

Playa San Juan hat sich gemausert: Hafenidylle und lange Promenade mit vielen Lokalen, z.B. dem MarSala (➢ Seite 80ff)

(Playa) San Juan

Der vielleicht attraktivste Ort in diesem Küstenabschnitt ist das vom Tourismus nur am Rande berührte Playa San Juan (TF 47, auch von Guía de Isora über TF 82 und TF 463 zu erreichen).

Kennzeichnung

Die in den letzten Jahren entstandenen Apartments wurden nicht nur von wintermüden Nordeuropäern erworben, sondern zum größeren Teil von Tinerfeños, die im und um den Südtourismus arbeiten. Dadurch wirkt das Städtchen weiterhin recht spanisch. An der Meeresavenida findet man Straßencafés. Der anschließende (aufgeschüttete) relativ helle Strandabschnitt wird begrenzt vom intakten Fischer- bzw. Werfthafen und einer autofreien Promenade mit drei Terrassenlokalen, eine gelungene Neugestaltung mit Charme. Von dort führt ein **15-min-Küstenspaziergang** den Hang hinauf Richtung Golfhotel ***Abama***, ➢ Foto links.

Unterkunft

Im Ort gibt es keine Hotels/Pensionen

- ***Apartments Carlomar,*** © 922-138800
- ***Apartaments Carla*** an der Meeresavenida, © 922-865967

Restaurants

- ***El Aljibe***, an der Meeres-Avenida, junges Publikum, moderne Tasca, spanische Küche, auch Bar/Café; Mo zu; © 922-138675
- Modern gestaltet ist das ***Marlin*** (ebenfalls an der Promenade) mit erlesener Karte; täglich 13-23 Uhr, © 922-832365; €€.
- ***La Marina*** an der Zufahrtstraße nach San Juan serviert Fisch, recht populär; täglich mittags und abends; © 922-865062
- ***Raul*** hat bei Einheimischen ebenfalls einen guten Ruf; kanarische Küche, frischer Fisch und Fleisch, Avenida Emigrante 13, täglich mittags und abends geöffnet, © 922-866206.
- ***MarSalá***, super an der Strandpromenade, ➢ Seite 80ff

Markt

Mittwochs 10-14 Uhr kommen Besucher in den sonst ruhigen Ort zum **Touristenmarkt**; auch einige Stände mit Gemüse, Obst, Wein und Käse (➢ Seite 537f).

Tauchen

In San Juan gibt es gleich zwei gute **Tauchschulen**, ➢ Seite 522.

Alcalá

Charakter

Auch dieses Fischerstädtchen ist in den letzten Jahren stark gewachsen, was es nicht nur positiv verändert hat. Den Ortskern erreicht, wer – von San Juan kommend – Richtung Meer zur ***Plaza Llanos*** abzweigt, einem angenehm schattigen Platz mit einigen Cafés und Bars. Nur ein paar Schritte sind es von dort zum kleinen **Hafen**. Schwimmer können dort über Leitern ins Meer klettern oder am winzigen Lavastrand baden.

Unterkunft

- Das ***Gran Melía Palacio de Isora*** überrascht am nördlichen Ortsausgang allein schon durch seine Größe. Von der lichtdurchfluteten Lobby blickt man über die Garten-/Poollandschaft und die Promenade (*Paseo Marítimo*) bis zum Meer und La Gomera.

Restaurants

- ***La Escondida***, über dem Hafen mit großer Fensterfront, Bar und Chill-out-Bereich; im hinteren Teil gemütliche Sofas für Kaffee oder Cocktail; 13-15.30 Uhr und 19-2 Uhr; Küche bis 23 Uhr, Di geschlossen; © 922-865080
- ***Casa Juana***, das beste Lokal am Platze, frischer Fisch, einfach und gut, Calle Candelaria 13, ➢ Seite 80ff; © 922-866112; Di zu
- Weitere Restaurants in der Umgebung ➢ Seite 237

Markt Touristenmarkt, Mo 9-14 Uhr

Tauchschule ***Diving Center/Escuela de Bucear*** im Ortskern, © 922-866817

4.2.4 Die Höhenstraße von Adeje bis Santiago del Teide

Landschaft/ Vegetation

Attraktiver als die Küstenroute verläuft die parallele Hauptstraße nach Norden (TF 82). Aus 500 m Höhe sieht man fast immer das Meer und in der Ferne La Gomera. Nördlich von Chio durchfährt man die **schwarze Lava** des 1909 ausgebrochenen Chinyero.

Die Vegetation in diesem Bereich ist schütter. Hier unterhalb der Grenze des Kiefernwaldes stehen die kanarischen Pinos nur noch vereinzelt. Zwischen Guía de Isora und Chio blühen im März die hier zahlreichen **Mandelbäume**. Ihre Früchte bieten die Bauern hoch oben in den abgelegenen Bergdörfern wie Taucho und Vera de Erque an der Straße an.

Pool des Hotels Gran Melía Palacio de Isora in Alcala mit Weitblick übers Meer nach La Gomera

Nur nach ausreichenden Regenfällen bildet sich streckenweise ein dichter Teppich aus dunkelroten, fleischblättrigen **Eiskrautgewächsen** (verschiedene Arten der Mittagsblume). Ab Frühjahr wird die Vegetation dann beherrscht von den hier buschartig wachsenden **Margeriten**, besonders vielen **Feigenkakteen** und der allgegenwärtigen **Tabaiba** in ihren bäumchenförmigen Arten.

Orte

Tijoco de Abajo, **Guía de Isora** und **Chio** (von dort geht's auf der TF 38 in die Cañadas) besitzen keine Sehenswürdigkeiten. Eine Fahrt auf der kleinen Straße TF 465 über Vera de Erque bis an die Waldgrenze lohnt aber wegen der Aussicht und einiger populärer Restaurants:

Restaurants

- ***Bodegón Irache Gara***. Aus einer Garage entwickelte sich dieser typische Treffpunkt für Tinerfeños mit Kind und Kegel. Lange Tischbänke, deftige Fleischgerichte, gute Desserts, So ab 13 Uhr Folklore; von der TF 82 (Adeje-Guía de Isora) rechts Richtung Vera de Erque (TF 465); montags geschlossen; © 922-857025.
- B***odega Vargas***, noch oberhalb der *Bodega Irache Gara* in Vera de Erque liegt in 700 m Höhe dieses Natursteinhaus mit Terrasse und tollem Blick bis Gomera. Fleischgerichte; Ambiente und Qualität bestens! Geöffnet 12-16 Uhr und 19-23 Uhr, Di geschlossen, © 922-857573
- ***Tasca El Granero*** in Tijoco Bajo westlich von Adeje, Calle el Granero 16 vorm gleichnamigen Museum; gemütlich mit spanisch-französischer Küche; © 922-163034; 19.30-23 Uhr, So geschlossen.
- ***Las Goteras*** in Tejina an der TF 82 Guia de Isora-Adeje; prima Fleischrestaurant (*Solomillo*!); gemischtes Publikum. Am westlichen Ortseingang weist das Schild bergauf, dort nach 90 m; 12-16 Uhr, 19-23Uhr, Mo zu, © 922-857056 (➢ Seite 236f).

Guía de Isora

Isora kann man – wie viele kanarische Orte – getrost durchfahren bis auf die verschlafen-heimelige Plaza mit Pfarrkirche (19. Jahrhundert). Vom neuen Reichtum aus den Einnahmen des auch an dieser Küste aufblühenden Tourismus (*Hotel Abama* in Playa San Juan; *Gran Melía Palacio de Isora* in Alcalá) merkt man in dieser kleinen Stadt kaum etwas.

Chio

Chio unterhalb TF 82 hat vom Kirchplatz weite Meerblicke. Beim Abzweig zur TF 38 lockt ***Delicias del Sol*** (*Chutneys* etc.); Mo-Sa 10-18 Uhr, So bis15 Uhr, © 922-851385.

Routen-überlegung

Gleich hinter (nördlich von) Chio teilt sich die Straße: Wer zum Teide will, nimmt hier rechts in einer Haarnadelkurve die TF 38 und erreicht nach 28 km den Eingang zum Teide Nationalpark (➢ Teideauffahrten, Seite 415).

Wer sich links hält und auf der großen TF 82 bleibt, entscheidet sich für die untere Strecke über **Tamaimo**. Von dort geht es dann in weiten Serpentinen bis **Santiago del Teide**.

Tipp TF 375

Alternativ zur TF 82 bietet sich in Chio die landschaftlich attraktivere **TF 375** an. Nicht nur Keramikliebhaber sollten sich für diese schmalere, aber ruhigere und kaum längere Route nach Santiago entscheiden.

Auf den tiefschwarzen scharfkantigen Geröllfeldern wächst kaum eine Pflanze. Nur dem **Dachwurz** bekommt die frugale Kost; er hat sich hier in großen Kolonien angesiedelt. Auch die Margerite hält sich und sorgt mit zarten weißen Blüten für einen unerwarteten Kontrast auf dem pechschwarzem Steingrund. Nur vereinzelt stehen in diesem Bereich Kakteen, Mandelbäume und Kiefern.

Traditionelle kanarische Töpferbeispiele in einer Ausstellung des Museums in Arguayo

Guanchen-Töpferei in Arguayo

Die TF 375 führt über das Dorf Arguayo, das auf 900 m Höhe vor sich hin dämmert. Hier ist das verwunschene ***Centro Alfafero-Museo Etnográfico*** einen Besuch wert. Es liegt etwas versteckt (von Chio kommend) an der engen Straße durchs Dorf auf der linken Seite. In zwei winzigen geduckten Häusern bewahren Frauen aus einer Familie das Töpferhandwerk in seiner ursprünglichen Guanchen-Art. Töpfe, Krüge und Schalen werden **ohne Töpferscheibe** geformt und im Lavaofen gebrannt. Auch die Arbeitstracht ist überliefert, wird aber nur an Feiertagen getragen: blau-weiß karierte Kittel über dunkelbraunen langen Röcken und breitkrempige Strohhüte. Eine kleine Ausstellung zeigt Haushaltsgefäße. Die klassisch-einfachen, meist dunkelbraunen Töpferwaren kann man hier günstig kaufen.

Wer Glück hat, kann einer Töpferin bei der Arbeit zuschauen, Carretera General 35, 10-13 Uhr und 16-18 Uhr; So 10-14 Uhr; Eintritt frei; © 922-863465, Mo geschlossen.

Tamaimo

Für den Durchfahrenden ist Tamaimo ein langes Straßendorf am Hang ohne Reiz.

Santiago del Teide

Lage Umgeben von Feldern und Weinstöcken liegt das Städtchen 8 km nördlich von Tamaimo geschützt in der Senke einer 900 m hohen Ebene, die im Osten in sanft ansteigende Kiefernwälder übergeht. Der Krater des *Pico Viejo* und der Teidekegel darüber bilden den Abschluss. Richtung Westen macht das Tenogebirge mit seinen tief eingeschnittenen Tälern und steil aufragenden kahlen Felsformationen einen abweisenden Eindruck.

Landschaft Der Verlauf der TF 82 markiert die Trennlinie zwischen zwei unterschiedlichen Landschaften, der vom jungen Vulkanismus geprägten Region des nordwestlichen Teideabhangs und dem viel älteren Tenogebirge. Beim **Ausbruch des *Chinyero*** 1909 wäre die Stadt fast verschüttet worden, denn der Lavastrom hielt genau auf sie zu, wurde aber von der 1.366 m hohen *Montaña Bilma* zum Stehen gebracht. Der Volksglaube überliefert indessen, dass der glühende Strom erstarrte, als Gläubige ihm die Statue des Heiligen Santiago entgegenhielten.

Ortsbild Santiago del Teide macht einen beschaulichen Eindruck. Von der TF 82 – hier eine weitläufige Orangenallee – kann man das klassische *Ayuntamiento* (Rathaus) und die Dorfkirche mit ihrer arabisch wirkenden Kuppel sehen (am Ortsausgang).

Puerto de Santiago und Los Gigantes gehören zwar zu Santiagos Gemeinde, aber von deren Trubel ist hier nichts zu spüren. Die meisten Touristen fahren ohne Stopp durch. An der unteren Ortseinfahrt lohnt ein Halt am **Restaurant »*Chinyero*«** mit angeschlossener *Bodega*, in der die Weine dieses Anbaugebietes und andere lokale Nahrungsmittel zu kosten und kaufen sind. Wer am Wochenende kommt, sollte nebenan auch den kleinen Bauernmarkt (***Mercadillo de Agricultor***) besuchen, nur vormittags.

(Weiterfahrt nach Garachico ➢ Seite 362).

Lavafeld bei Santiago del Teide, Zeugnis des letzten Ausbruch des Vulkans Chinyero im Jahr 1909

4.3 Tenogebirge und Masca

4.3.1 Nach Masca

Anfahrten

Von Süden

Die Anfahrt von Süden bis Santiago del Teide auf der TF 82 wurde vorstehend beschrieben. Von den Westküstenorten geht es auf den Straßen TF 47, dann TF 454 nach Norden.

Von Norden

Von der Nordküste kann man Masca auf drei verschiedenen Routen erreichen. Die Strecken 2) und 3) sind die schöneren:

1) Die Strecke zwischen **Garachico** und Santiago del Teide hat nur im ersten Abschnitt bis zum Erreichen der TF 82 (8 km) viele Serpentinen. Sie ist zwar auch im weiteren Verlauf kurvig, aber gut ausgebaut.

2) Die Nebenstrecke von **Icod** über **San José de los Llano**s auf der TF 373 ist relativ wenig befahren, gut ausgebaut und sehr schön; sie verläuft in einer Höhe von ca 1.000 m ohne viele Kurven bis Puerta de Erjos, dann TF 82 bis Santiago.

Von Santiago nach Masca auf der TF 436 sind es 6 km auf schmaler, aber qualitativ untadeliger Strecke mit engen Serpentinen.

3) Die TF 436 von **Buenavista** nach Santiago del Teide ist eine atemberaubend schöne Strecke, vor allem im oberen Bereich ab Las Portelas; die 22 km verlangen vom Autofahrer jedoch ein Faible für enge Serpentinen.

Tenogebirge

Vergleich Teno- und Anagagebirge

Das Teno- und das Anagagebirge im Westen bzw. Osten sind zur gleichen Zeit – vor etwa 7 Mio Jahren – als älteste Teile Teneriffas zusammen mit einigen Gebirgsformationen bei Adeje entstanden. Sie weisen viele Ähnlichkeiten auf (➢ »Entstehung Teneriffas«, Seite 14). Das gilt auch für die erosionsbedingten Merkmale, insbesondere in der Region um Masca. Beide Gebirge sind mit 1.000 m zwar etwa gleich hoch, Teno hat aber weniger Niederschläge und folglich teilweise eine ganz andere Vegetation; es fehlen der Lorbeerwald und die Baumheide.

Besonderheiten

Die kilometerlange, bis zu 500 m hohe Steilküste *Acantilados de los Gigantes*, die *Caldera* bei der Ortschaft El Palmar und die Hochebene *Teno Alto* besitzen wiederum andere Strukturen. Zudem erlebte das Tenogebirge nie blühende wirtschaftliche Entwicklungsphasen wie das wasserreiche Anagagebirge im 17. Jahrhundert mit der Zuckerrohrverarbeitung.

Barrancos, Roques und Diques

Ab Santiago steigt die TF 436 Richtung Masca erst nur mäßig an. Bei einem ersten *Mirador* (nach 2 km) öffnet das Tenogebirge seinen Vorhang mit einem Paukenschlag: Eng beieinander liegende, tief eingeschnittene, fast senkrecht abfallende ***Barrancos*** und bizarr geformte Felsnasen bilden eine atemberauben Naturkulisse. Die Zerfurchung ist hier noch stärker ausgeprägt als im Nordosten. Dazu beflügelt die Ruhe der Bergwelt die Phantasien über den Entstehungsprozess dieser Szenerie. Trotzdem sollte man nicht vergessen, noch einmal auf die sanft ansteigenden Hänge und den Teide hinter Santiago zurückzublicken.

Geologie Tenogebirge

Von mehreren ***Miradores*** aus kann man von der Straße an den fast unbewachsenen Berghängen Erdgeschichte studieren. Charakteristisch sind die vielen Gänge (*diques*), die die ursprünglich horizontal übereinander abgelagerten Schichten aufeinanderfolgender Ausbrüche vertikal durchschneiden. Sie liegen noch enger nebeneinander als im Anagagebirge. Durch den Druck einer in der Tiefe liegenden Magmakammer bricht das darüber liegende Gestein auseinander. Das Magma steigt in diesen Bruchstellen auf und erstarrt bei abfallendem Druck, ohne die Oberfläche erreicht zu haben. Steigt der Druck wieder, wird ein neuer Gang aufgebrochen. Wenn das umgebende Gestein am Ende verwittert ist, wirken die »Gänge« wie Mauern in der Landschaft. Dieses Phänomen ist vom ***Mirador »El Baracán«*** auf dem Tabaiba Pass nördlich von Masca besonders gut zu sehen: ein Gang, der sich eine fast horizontale Bruchstelle gesucht hat, ➢ Seite 168.

Flora

Im Frühjahr (ab Ende Februar) stehen einige der für diese Region typischen Büsche in Blüte. Wenn es dann noch viel geregnet hat, sind die Farben besonders kräftig und an manchen Stellen stürzen sich kleine Wasserfälle in die *Barrancos*. Die schönste Wolfsmilch der Insel ist die wie ein Baum gewachsene ***Tabaiba Mojorera*** (Euphoria atropurpurea), in deren blaugrünen Blättern sich oft ein roter Steifen findet. Die unauffälligen gelblichen Blüten sind geschützt von pupurroten Hochblättern. Ein Prachtexemplar der Pflanzenwelt! Schön anzusehen sind auch der weißblühende einsamige **Ginster** (Retama reatam oder Retama monosperma), der ebenfalls weißblühende **Stechende Natternkopf** (Echium aculeatum) und der rosa-violett blühende **Grünliche Natternkopf** (Echium virescens).

Tabaiba Mojorera - Euphoria atropurpurea

Flora im Tenogebirge

Dazu kommen etliche kleinere Pflanzen, wie das weiß-rosa blühende **Kanaren Knabenkraut** (Orchis canariensis), der **Kanaren-Salbei** (Salvia canariensis) mit weiß bis rosa gefärbten Blüten und natürlich die allgegenwärtigen Hauswurze, deren fleischige Rosetten direkt aus dem Gestein wachsen. Der Fels ist mit diversen Sukkulenten wie dem **Vielblättrigen Felswurz** (Monanthes polyphylla) übersät, die den Biologen-Ehrgeiz nicht ruhen lassen. Ein umfangreicheres Bestimmungsbuch für kanarische Pflanzen ist hier für biologisch Interessierte ein Muss (➢ Seite 600).

In Masca

Tipp zur Ankunft

Wie der Teideausflug gehört ein Besuch des aus mehreren Ortsteilchen bestehenden Bergdorfes Masca (600-800 m) zum Standardprogramm für Teneriffa-Urlauber. Wegen des Andrangs sollte man die Mittagszeit meiden, also möglichst früh oder erst nachmittags ankommen. Nur dann kann man genießen, was sonst nur hartgesottene Wanderer erleben: die wirklich überwältigende Landschaft und Vegetation des Tenogebirges, zudem die Vorzüge des für den Tagestourismus herausgeputzten, aber noch nicht/nicht mehr so stark frequentierten Dorfes. Vorsicht: Ab Abenddämmerung ist alles geschlossen.

Mascas Umfeld

Der Absturz einer Muligruppe vor 60 Jahren führte zunächst zur Anlage eines befestigten Weges in den abgelegenen Weiler. Erst 1970 entstand die Asphaltstraße. Die vielen verlassenen Terrassenfelder unterstreichen, dass die wenigen Bewohner heute fast alle überwiegend oder ganz vom Ausflugstourismus leben.

Mascas unmittelbare Umgebung wirkt durch die vielen schlanken kanarischen Palmen und Agaven fast schon lieblich-südlich, nicht so rauh wie das übrige Tenogebirge. Auf den terrassierten, mit Lavasteinen aufgeschütteten Hängen wachsen Orangen-, Zitronen- und Obstbäume, je nach Jahreszeit auch viele Blumen und Gartenpflanzen wie Geranien und Bougainvilleas.

Von Masca führt ein populärer Wanderweg durch den Barranco von Masca hinunter zum Meer

El Catán/ Schlucht

Typisches Masca-Häuschen

Der Hauptteil des Dorfes (*Lomo del Medio*) schmiegt sich an einen Bergrücken, der auf einen schornsteinähnlichen Felsen, den 618 m hohen ***El Catán***, zuläuft. Noch bevor die beiden äußeren Inselteile – Anaga und Teno – durch die *Cañadas* und den Teide zusammenwuchsen, gab es im heutigen Gebirgskessel von Masca einen großen **Kratersee** mit dem Vulkanschlot *El Catán* in der Mitte. Als die Kesselwand meerseitig durchbrach, lief der See aus und hinterließ die **Masca-Schlucht**, durch die früher immer wieder Piraten zum Plündern heraufkamen. Touristen bevorzugen heute die andere Richtung, in der man nach 2-3 anstrengenden Stunden das Meer erreicht (➢ umseitig).

Besichtigung

Dem Besucher stehen zwei für den täglichen Ansturm nur recht kleine Parkplätze entlang der TF 436 zur Verfügung.

Zwischen den beiden Hauptweilern Lomo und Lomo del Media unterhalb der Straße schlängelt sich ein mit Lavasteinen gepflasterter, ebener **Fußweg** (15 min), den man nicht auslassen sollte.

Der von Santiago aus anreisende Besucher passiert zunächst das ursprünglichere **Lomo**, in dem die Häuschen noch geduckter und kleiner sind als im Hauptteil. In einigen werden Honig oder Kräuter angeboten. Ein herrliches Fleckchen ist die Terrasse der ***Casa Riquelme*** mit Landwein und Tapas. Im **Oberhaus** kann man sich auch betten (© 922-863576).

Der Hauptteil (**Lomo del Medio**) hat sich stärker herausgeputzt. Auf dem schattigen Platz bei der *Ermita*, ein wenig unterhalb der Straße, verkauft man Kunsthandwerk, Keramik und Honig. In der kleinen Bar nebenan löschen Wanderer ihren Durst.

Shop+Info

Im **Souvenirgeschäft** mit Restaurant (Fr geschlossen) unterhalb der *Ermita* findet man örtliche Produkte, Postkarten, Bildbände und auch Informationen über geführte **Wanderungen** in die berühmte Masca-Schlucht (und wieder hinauf?! oder bequemer: mit dem Boot-Service nach Los Gigantes, ➢ Seite 284).

Restaurants

- Schön sitzt man im ***Chez Arlette*** *etwas weiter unten* auf mehreren übereinandergelegenen, berankten Terrassen mit internationalen Snacks (Sa geschlossen); © 922-863459
- ***Casa Fidel*** am Ende des Bergkammweges in Richtung El Catán ist ein einfaches Restaurant mit verglaster Terrasse und einem atemberaubendem Blick in die Schluchten; die Wirtsleute sind sehr hilfsbereit (z. B. bei der Zimmersuche etc.); © 922-863457.

Unterkunft

- Schön wohnt man in den ***Casas Rurales Morro Catana*** (➢ Seite 561) gleich unterhalb des Kirchplatzes.

Alle Unterkünfte für Masca ➢ auch Seite 561 und 579.

Alle Restaurants schließen abends zwischen 18 und 19 Uhr.

Wanderung Barranco de Masca

Berühmt ist die (anstrengende) **Wanderung im *Barranco*** hinunter zum Mascastrand (ca. 3 Stunden, zurück bergauf 4 Stunden). Wanderschuhe und Trittsicherheit sind unbedingt erforderlich.

Den Aufstieg vermeidet, wer vom Mascastrand das Boot nach Los Gigantes nimmt. Dreimal täglich (13.30, 15.30 und 16.30 Uhr) legt die ***Nashira Uno, Gladiator U*** und ***Punta Umbria V*** von der Mascabucht ab (€ 10, Info und Tickets © 922-861918 und in den Masca-Lokalen. Vorbestellen ist sicherer, ➢ Seite 272).

4.3.2 Von Masca nach Buenavista

Auf der Strecke von Masca nach Buenavista (TF 436, 17 km) geht es zunächst noch einmal über viele Serpentinen bergauf. Die Vegetation wird weiterhin beherrscht von dicht stehenden Ginsterbüschen. Vom ***Mirador Cruz de Hilda*** bei km 14,7 (dort **Cafeteria** mit traumhafter Terrasse; Sa-Do von Sonnenauf- bis -untergang geöffnet; © 620-215459) hat man noch einmal einen Blick zurück auf Masca.

Mirador El Baracán

Vom *Mirador El Baracán* auf dem Tabaiba Pass (kurz nach der Abzweigung links nach Los Carrizales) sind beide Gesichter des Tenogebirges zu sehen: hinten die schroffen Formationen und »Gänge« Richtung Masca (➢ Seite 281), vorn die flacher abfallenden Täler Richtung Buenavista.

Wanderungen

Ein leichter Weg führt vom ***Mirador Baracán*** zurück nach Masca, 4 km etwas oberhalb der TF 436; nur abwärts. Man hält sich erst ein Stück auf dem Kammweg Richtung Santiago del Teide, dann immer rechts. **Ein zweiter Weg** erreicht in 2,5 Stunden Teno Alto auf einem alten Kammweg, der auch für ungeübte Wanderer wegen seiner nur mäßigen Steigungen gut zu schaffen ist.

»Angeknabberter« Berg bei El Palmar, dessen vulkanisches Gestein als Baumaterial genutzt wird

Unmittelbar unterhalb des beliebten Restaurantes ***Mesón El Norte*** (➢ Seite 360) zweigt rechts die Zufahrt zur Wanderherberge ***Albergue El Bolíco*** (2 km) ab, ➢ Seite 561.

Las Lagunetas/ El Palmar

Weiter unterhalb an der TF 436 öffnet sich bei Las Lagunetas ein weites Tal. Die schroffen Schluchten werden abgelöst von leicht geschwungenen Hängen, die nach winterlichen Regenfällen in ihrem sehr intensiven Grün fast irisch anmuten. In sanfteren Kurven geht es die TF 436 weiter hinab. Der kleine Weiler **El Palmar** (hier auch ***El Bodegón Patanero***, ➢ Seite 360) liegt in einer fruchtbaren Senke umgeben von Höhenzügen, der kleineren Ausgabe einer *Caldera*, eines Vulkankessels. In der Mulde entstand nach dem Einsturz der Magmakammer ein Aschekegel, dessen bröseliges Gestein als Baumaterial genutzt wird.

Unten am Meer erkennt man auf einem großen, flach auslaufenden Lava-Delta die Orte Los Silos und Buenavista, umgeben von großen Bananenplantagen, aus denen sich die 320 m hohe ***Montaña del Taco*** erhebt. Ihr Krater ist heute ein Zisterne (*Embalse*).

Teno Alto

Kurz unterhalb von Las Lagunetas zweigt von der TF 436 links eine Straße ab zum 7 km entfernten Teno Alto. Nur ein paar Meter hinter dieser Abzweigung findet neben der ***Finca Los Pedregales*** jeden Sonntag der ***Mercadillo Agricultor*** (Bauernmarkt, 10-14 Uhr) statt. In den alten Gebäuden der *Finca* ist die Parkverwaltung für den ***Parque Rural Teno*** untergebracht, die gute **Wanderkarten** bereit hält (nur wochentags geöffnet, ✆ 922-128032).

Picknick/ Camping

Oberhalb des Ortes liegt der **Picknickplatz *Los Pedregales*** (Grillroste/Holz), auch Camping erlaubt (nur Zelte, keine Voranmeldung erforderlich), sanitäre Anlagen und wunderbare Aussicht auf das weite Tal. Augustin, der Platzwärter (✆ 922-128032) ist Do-Mo vor Ort, ➢ Seite 584f.

Die **Vegetation** an der Strecke ist ähnlich wie im Anagagebirge bestimmt von Indischem Lorbeer und Baumheide. Sie wurde an vielen Stellen verdrängt von der Landwirtschaft, die aber heute meist brachliegt. Vom winzigen, hauptsächlich von der Viehzucht lebenden Teno Alto kann man auf Wegen durch grüne Weiden gut kurze Spaziergänge, aber auch längere Wanderungen machen:

Wanderungen

- Auf leicht zu bewältigender Route geht es zum ***Mirador Baracán***; gut zwei Stunden (➢ auch Beschreibung links)
- Mittelschwer ist die Wanderung hinunter (von 800 m Höhe) nach ***Teno Bajo*** bzw. zum ***Faro de Teno*** (4,2 km, ca. 2 Stunden).

Auf der Hochebene bietet die ***Venta*** (kleiner Laden) frischen Ziegenkäse und bei gutem Wetter Tisch und Stuhl draußen. Gegenüber in der ***Bar Los Bailaderos*** gibt es auch mal *Conejo* (Kaninchen) oder *Potaje* (Suppe).

Unterkunft

Ein echtes Refugium in dieser abgelegenen Gegend ist die uralte ***Casa Antonio*** (➢ *Casas Rurales*, Seite 577).

Weiterfahrt zur Nordküste nach Buenavista ➢ Seite 358.

5 Zentrale Nordküste: Puerto de la Cruz, La Orotava, Los Realejos

5.1 Puerto de la Cruz (www.puertodelacruz.org)

5.1.1 Touristisches Zentrum des Nordens

Infobüro ➢ Seite 55

Ziemlich genau in der Mitte der Nordküstenlinie liegt Teneriffas drittgrößte Stadt **Puerto de la Cruz**. Im Großraum von Puerto (mit La Orotava und Los Realejos) leben heute etwa 100 000 Menschen, davon 25.000 in Puerto. In Hotels und Apartmentanlagen in und um Puerto warten fast 30.000 Betten auf Gäste. Trotz wiederholter Krisen (Verkehrschaos, schlechte Winter,veraltete Hotels und Rentnerimage) erkannte man erst spät die strukturellen Probleme der Stadt. Nun hat man Mühe, mit den anderen Touristenzentren (im Inselsüden und -westen) zu konkurrieren.

Lage

Dabei ist die Lage Puertos am Fuße des sanft auslaufenden Orotavatals schwer zu überbieten. Die Stadz hat vor sich das Meer und hinter sich den von Dezember bis April (mit Glück) schneebedeckten Teide, der sich aus immergrünen Waldhängen erhebt.

Hafen von Orotava

Der Name gibt Aufschluss über die Geburt und Kindheit der Stadt: Puerto war ursprünglich Hafen des 300 m höher gelegenen La Orotava, denn wie bei La Laguna und dessen Hafen Santa Cruz siedelten die europäischen Export-Kaufleute zunächst lieber in der Höhe in kühlerer Luft und geschützt vor (Piraten-) Angriffen von See. Und so finden sich die prächtigeren Patrizierhäuser naturgemäß nicht im heute reichen Puerto, sondern in La Orotava. Richtig abgenabelt von der Mutterstadt hat sich Puerto de la Cruz aber erst dank des Tourismus seit Mitte der 1950er-Jahre.

Trotz seines Namens hat Puerto nur einen sehr kleinen Naturhafen. Aber die Nähe der landwirtschaftlichen Anbaugebiete im Orotavatal machte ihn einst – neben dem Hafen von Garachico – zu einem regen Umschlagplatz. Als Garachicos Hafen 1706 bei

Autobahn-Ausfahrten

19 Tacoronte: Bauernmarkt
21 El Sauzal: Weinmuseum
23 La Matanza
27 La Victoria
28 Santa Ursula
29 Santa Ursula/La Quinta
31 Cuesta de la Villa: Humboldtblick
32 Puerto Ost: Martiánez, La Paz, Botánico
33 Orotava: Cañadas/Teide
34 Orotava, Mayorazgo
35 & 36: Puerto-West: Loro Parque, Playa Jardín, Taoro, Plaza de Charco, Hafenparkplatz
nur 36: Los Realejos, Centro Comercial La Villa
38 La Higueritas
39 Puerto/Los Realejos

einem Vulkanausbruch verschüttet wurde, übernahm Puerto die führende Hafenrolle an Teneriffas Nordküste. Erst als befestigte Straßen von der Ostküste nach La Laguna gebaut wurden, gewann die Verschiffung aus Santa Cruz Bedeutung.

Erste Blütezeit

Der kanarische Exporthandel wurde zu Beginn wesentlich von ausländischem Kapital getragen. Außer den Spaniern waren es zunächst Flamen, Genueser, Florentiner und schließlich Engländer, die Zucker dann Wein und später Bananen ins Mutterland schifften, denn abgesehen vom guten Geschäft gefiel den Kaufleuten das Leben auf der Insel. Die Kunde vom gesunden Klima, etwa für Lungenkranke, und der herrlichen Vegetation verbreitete sich in Großbritannien, und so brachten die Bananendampfer der *Yeoward Line* Ende des 19. Jahrhunderts die ersten Pauschaltouristen auf 2-wöchige Trips von London nach Puerto de La Cruz

Tertulias

Schon ein Jahrhundert zuvor waren Reisende auf das Archipel gekommen. Wissenschaftler wie *Sabine Berthelot* und *Alexander von Humboldt* oder Künstler, meist Maler wie *Marianne North* und *Elizabeth Murray*, die sich nicht zuletzt vom spanischen

Zentrale Nordküste

Großbürgertum in Puerto Cruz angezogen fühlten. In Diskussions-Zirkeln (*tertulias*), z.B. im Haus der *Iriartes* (➢Seite 300), erörterten Wissenschaftler, Ingenieure, Historiker und Schriftsteller fernab von reaktionären Königs- und Kaiserhäusern das neue, aufgeklärte Gedankengut (➢ Persönlichkeiten, Seite 499).

Erster Tourismus

Für die völlig neue Art von Reisenden, die nicht zum Missionieren, Erobern, Ausbeuten oder Forschen kamen, wurde mit dem ***Taoro*** **1892 das damals größte Hotel Spaniens** erbaut, überwiegend mit englischem Know-How und Kapital. Es war die Geburtsstunde Puertos als Touristenhochburg. Aber es sollte noch ein paar Jahrzehnte dauern, bis dieser neue Wirtschaftszweig die Stadt völlig in seiner Hand und grundlegend verändert hatte. Richtig Fuß fassen konnte der Fremdenverkehr auf der abgelegenen Insel erst durch die Flugtouristik ab Ende der 1950er-Jahre. Und auch das nur zögernd, denn fehlende Strände und die Passatwolke als Sonnenfilter waren ein klares Handicap, seit es nicht mehr so *en vogue* war, in luftigen Gewändern durch Hotelgärten zu wandeln, sondern Sonnenbraten in Bikins das Schönste am Urlaub wurde. Von Ozonlöchern und Melanomen sprach damals noch keiner.

Bauboom

In den 1960er-Jahren wurden mit Francos Förderung hemmungslos Billig-Hochhäuser gebaut. Die Planung von 1958 für Puerto sah die Urbanisation der Stadt zum touristischen Nutzen vor. Die Euphorie einer armen Insel im Hoffnungstaumel auf das große Geld ließen eine landwirtschaftliche Fläche nach der anderen verschwinden. Den alten Stadtkern prägte plötzlich das ***Bel-Air,*** bis heute das höchste und häßlichste Hochhaus weit und breit.

Umbruch

Als immer mehr Menschen immer mehr Sonne wollten, die Land(wirt)schaft aber dem Hotellerie-Boom Grenzen zog, entdeckte man den wüstenhaften, praktisch unbewohnten Süden der Insel und begann ihn zu betonieren. Puerto hielt in den 1970er-Jahren zunächst mit grandiosen Projekten mit. An einem strandlosen Küstenstrich wurde ein facettenreiches Badeparadies aus dem Ufer gestampft: Der schwarze, durch eine Mole geschützte Sandstrand *Martiánez* neben einer tropischen Meerwasserlandschaft, die Felsküste von San Telmo und der Gartenstrand *Playa de Jardín* – all das sind gelungene Kraftakte.

Planlosigkeit

Aber statt nun den alten Stadtkern herauszuputzen, baute man Hotelklötze und zerstörte durch eine chaotische Verkehrsführung die Romantik der kleinen Gassen. Zwar gab es Ende der 1990er-Jahre neue Impulse: Die Promenade entlang der *Costa Martianez* wurde autofrei, und es entstanden klimatisierte Einkaufszentren und unterirdische Parkgaragen. Aber die Konzeptionslosigkeit der weiteren Stadtentwicklung und der veraltete Standard vieler Hotels macht Puerto schwer zu schaffen. Nun soll es eine gigantische neue Marina richten.

Struktur

In Puerto trifft man im Winter überwiegend auf ältere Urlauber aus Nord- und Mitteleuropa und Residenten, denen die Stadt dann eine zweite Heimat bietet. Im Sommer jedoch bilden Spanier meist die Mehrheit. Die bei den Sonne suchenden Nordeuropäern gar nicht populäre, aber in den Sommermonaten oft besonders dicke Passatwolke schreckt sie nicht.

Der Lebensrhythmus von Puerto ändert sich bei spanischer Dominanz komplett. Nach Feierabend und an Wochenenden zieht es spanische Teenies in die Discos, Familien zum Schaufensterbummel und spanische Senioren zum »Touristengucken«. So hat Puerto im Sommer – im Gegensatz zu den Touristenorten im Süden und Westen – immerhin noch spanisches Flair.

Bunte Vielfalt

Neben wenig Hotellerie der Spitzenklasse finden sich in Purerto viele gesichtslose Apartmenthäuser, aber auch traditionelle Hotels (*Monopol, Marquesa*) und einfachste Pensionen (*Hostales*). Die **Gastronomie** hat dank der starken Konkurrenz ein nur **mittleres Preisniveau**. Neben den üblichen kanarischen Gerichten gibt es *Smörgasbrod und Shepherds Pie*, irische Pubs, thailändische, griechische, italienische und ungarische Restaurants. In den Supermärkten erhält man Rezeptzutaten aus aller Welt und an den Zeitungskiosken die Presse aus den Ländern der Besucher.

Vorort La Paz, ein beliebter Wohnort deutscher Residenten

Mit dem modernen Luxus des »neuen Südens« speziell der Costa Adeje, kann Puerto nicht mehr mithalten – weder beim Hotelstandard, noch was die verfeinerte Gastronomie betrifft. Dort wird heute jüngeres zahlungsPublikum angesprochen.

Johannisnacht (Noche de San Juan, 23.6.)

In letzter Zeit wurden die Sonnenwenden- bzw. Johannisnachtfeste wieder ins Leben gerufen. ***La Mágica Noche de San Juan*** wird hauptsächlich in der Umgebung von Icod gefeiert. Am Strand von San Marcos werden große Johannisfeuer (*hogueras*) und Fackeln (*hachitos*) entzündet. Auch in anderen Orten begeht man diese Nacht mit Illuminationen.

Im **Hafen von Puerto de la Cruz** werden in den frühen Morgenstunden Ziegen ins Wasser getrieben, ein Symbol für Reinigung und Fruchtbarkeit. Einige der Bauern treiben ihre Herden nach alter Sitte durch Puertos Hauptstraßen, andere bringen sie auf Lastwagen zum Meer. Die Stadtväter versuchen aus dieser rituellen Reinigung der Ziegen eine touristische Attraktion zu machen, schicken Folkloregruppen und bieten allerlei Rambazamba.

Advents- und Weihnachtszeit/Silvester

Obwohl die Blumen blühen, bemühen sich die Geschäfte mit Lichterketten um Advents-Stimmung. In größeren Orten stehen aufwendig gestaltete **Weihnachtskrippen** (sehenswert im Cabildogebäude in Santa Cruz), wo das Jesulein oft in kanarischem Ambiente liegt.

Alles ist ein bisschen anders: Statt Lebkuchen gibt es ***Polverones*** (*polvo* = Staub), ein bröseliges Nuss-, Anis- oder Mandel-Schweineschmalzgebäck mit Puderzucker. Statt Nougat knabbert man an ***Turrón***, Tafeln aus Mandel-Nuss-Honig-Schokolade in 1000 Varianten; statt Marzipan munden ***Truchas*** (Forellen), halbmondförmiges mit Mandel- oder Apfelcreme gefülltes Blätterteiggebäck. Überall sprießen knallrote **Adventssterne** – nicht nur in Töpfen, sondern an den Straßenrändern. Sie überziehen die Nordküste wochenlang mit einem leuchtenden Purpurteppich.

Das ganze Jahr über ziehen Blinde durch Spaniens Straßen und verkaufen die **Lose** der ***Primitiva*** und der ***Once***. Der *Jackpot* (*Gordo)* kommt zu Weihnachten ins Spiel, und die gezogenen Losnummern werden von Kinderchören ausgesungen.

Das Silvester-Feuerwerk in Santa Cruz ist gigantisch. Zu Mitternacht verdrückt jeder Tinerfeño pro Gongschlag eine Weintraube – und die Frauen tragen rote Dessous – beides bringt Glück.

Krippenspiele mit Betonung der Ankunft der heiligen 3 Könige (06.01.) locken viele Zuschauer. In **El Sauzal** ist das ganze Dorf auf den Beinen, Straßen und Plaza dienen als Bühne. Die Geschäfte bleiben am 5. Januar bis Mitternacht geöffnet; die *Canarios* verfallen in den *Reyes*-Kaufrausch. Anschließend klagen sie über die ***Cuesta de Enero***, den kostspieligen Januar, bis Monatsende, wenn es endlich wieder Gehalt gibt.

Spanische Kinder müssen länger auf ihre **Geschenke** warten als deutsche, denn beschert wird **erst am 6. Januar**. Am Abend zuvor erscheinen die **drei Heiligen Könige** aus dem Morgenland. Oft kommen sie tatsächlich **hoch zu Kamel** geritten. Wo es keine Höckertiere gibt, muss ein Laster herhalten. In Santa Cruz schweben die Heiligen per **Helikopter** ein. Erst nach der Landung steigen sie auf die Trampeltiere um und werden im kindervollbesetzten Fußballstadion mit Riesenkrakeel empfangen. Auch Arme in Kranken- und Waisenhäusern werden (meist aus Spendenaktionen) bedacht.

Kleine Weihnachtsmänner in Santa Cruz

5.1.2 Orientierung

Die Ortsbereiche

Puerto de la Cruz lässt sich in **fünf Bereiche** aufteilen:

Neues Zentrum

Das **neue Zentrum** erstreckt sich entlang der autofreien Promenade am Meer, der Avenida Colón, von der schwarzen *Playa Martiánez* über die Schwimmbecken der *Costa Martiánez*. Gut zum Bummeln, Baden und Shoppen.

Wer dorthin möchte, parkt am besten in der Tiefgarage des *EKZ Martiánez*. Anfahrt ➢ umseitig.

Altes Zentrum

Zum alten Zentrum zählen die beiden **Plazas del Charco** und **de la Iglesia**, der kleine **Fischerhafen**, die **Plaza Europa** und das daran anschließende alte Fischerviertel ***»Ramilla«*** mit vielen Restaurants. Diesen Bereich, das Herz von Puerto, sollte man als Erstbesucher auf keinen Fall auslassen; er eignet sich zum Schaufensterbummel und Essengehen. Die beste Parkmöglichkeit bietet das Landgewinnungsgelände am Hafen, ➢ umseitig.

Altes und neues Zentrum sind durch eine Promenade am Meer (Avenida Colón-San Telmo) und Calle Quintana verbunden.

Taoro Park

Vom hochgelegenen Ortsteil ***Parque Taoro*** mit Kongresszentrum neben dem ehemaligen Casino und Hotels kann man gut zu Fuß durch den Park hinunter in die genannten Stadtteile gehen. Die Parkplätze dort oben sind (noch) kostenlos.

Playa Jardín/ Punta Brava/ Loro Park

Der Bereich *Playa Jardín* beginnt am gleichnamigen Strand (dunkelgrauer Sand) und erstreckt sich bis zum *Loro Parque* (Papageien, Tiere, Unterhaltungsshows) und der vorgelagerten Halbinsel Punta Brava. Durch Aufschüttung wurde zwischen der *Playa Jardín* und dem Hafen viel Land gewonnen, dessen Gestaltung seit Jahren umstritten ist; z. Zt. dient es als Parkplatz und als unschöne »Verbindungspromenade« am Meer.

Wer an der *Playa Jardín* keinen Parkplatz findet, fährt von dort nach Osten zum Aufschüttungsgebiet, ➢ Karte Seite 298.

La Paz/ Jardín Botánico

Der höhergelegene Vorort La Paz ist - fest in deutscher Hand - gut zum Einkaufen. Schöne Spaziergänge bietet der Botanische Garten und der Weg am Steilufer und durch Bananenplantagen zur ***Playa Bollullo***. Über Treppen gelangt man von La Paz in zehn Minuten hinab zur *Costa Martiánez*.

Parken

Kostenlos parkt man am *Jardín Botánico (CC Copula)* oder in den dortigen Nebenstraßen. Anfahrt ➢ umseitig.

Anfahrten

Verkehrssituation

Autofahren in Puerto ist ein Thema für sich. Der jahrzehntelange Hotelwildwuchs rächt sich nun mit Dauerstaus in viel zu engen Straßen. Der Ausbau von Fußgängerzonen läuft zwar seit Jahren, kommt aber nur schleppend voran. So kann man fast noch jeden Punkt der Stadt per Auto erreichen, oft aber nur über schwer durchschaubare kuriose Einbahnstraßenführungen.

4 Autobahn-Ausfahrten

Der Verkehr wird von der Autobahn über drei Ausfahrten (Nummern 32, 35/36 und 39) in die Stadt geleitet. Von Santa Cruz kommend nimmt man:

Salida 32 »Puerto de la Cruz, Martiánez, El Rincón«. Diese Ausfahrt teilt sich später in Richtung

- ***Zona Martiánez*** (Strand und **Badelandschaft**/Av de Colón)
- ***El Botánico/La Paz***
  (Botanischer Garten im Vorort La Paz).

Man kann über die *Salida 32* auch jeden anderen zentralen Punkt in Puerto erreichen, hat aber oft sehr dichten Verkehr.

Auf der Avenida Marqués Villanueva del Prado (auch Carretera del Botánico genannt) gelangt man

- über einen Rechtsabbieger zum ***Centro Comercial Martiánez*** (mit Parkhaus) und auch zur ***Costa Martiánez***
- geradeaus zum alten ***Centro Ciudad*** (Plaza de Europa), **Taoro**, ***Playa de Jardín*** und den ***Loro Parque***.

Die ***Salidas* 35** und **36** sind die **wichtigsten Ausfahrten** für einen Besuch in Puerto de la Cruz. Von Osten kommend (Santa Cruz, El Sauzal) erreicht man die gleichen Ziele über die Ausfahrt 35 wie von Westen (Icod de Los Vinos) kommend über die Salida 36: den **Taoro-Hügel**, ***Playa Jardin***, ***Loro Parque*** und das alte **Zentrum**.

Salida 39 ist die westlichste Ausfahrt für Puerto und führt auch zum ***Loro Parque*** und zur ***Playa Jardín*** (dort eigene Parkbereiche). Zunächst »*Puerto/Centro*«, dann »*Punta Brava*« folgen.

- Wer **aus Richtung Icod** kommt, nimmt diese Ausfahrt auch für eine Weiterfahrt in die Altstadt. Der Weg ergibt sich dann automatisch wie unter »Parken« (*Salida 36)* beschrieben. Wer indessen zur *Costa Martiánez* möchte, sollte besser bei #32 abfahren.

Parken

- Als Ausgangspunkt für den hier beschriebenen Stadtrundgang empfiehlt sich die **Tiefgarage** im **CC Martiánez** (über ***Salida 32***, dann Richtung Martiánez/Av de Colón und auf Höhe des Strandes nach links auf die Avenida Águilar und Quesada.
- Gratis parkt man auf dem **Aufschüttungsgelände am Meer**: Man nimmt ***Salida 35/36***, folgt dann den Schildern »***Playa Jardín/ Loro Parque***« bis zum Strand und fährt dort nach rechts; nach ca. 250 m biegt man hinter dem weißen, erhöht liegenden Tempelchen links ab in Richtung Parkplatz.
- Zur ***Playa Jardín/Loro Parque/Punta Brava*** geht's ebenso wie vorstehend beschrieben, aber unten am Meer nach links. Für den Strand und am Papageienpark gibt es **eigene Parkplätze**.

Information

- ***Casa de la Aduana*** (altes Zollhaus) beim Fischerhafen im alten Zentrum, Calle Las Lonjas, © 922-386000, Mo-Fr 9-20 (Juli-September bis 19 Uhr), Sa 9-17 Uhr, ➢ auch Seite 55.
- ***Centro Comercial Martiánez*** mit kleinem Infobüro.

Folgende **Buslinien sind für Touristen interessant**:

Buslinien

#381 Avda Betancourt y Molina bis La Longuera (Stadtteil von Los Realejos). Der Bus quert die Stadt von Ost nach West. Erreichbar sind: Paseo San Telmo, Plaza Charco, Busbahnhof, *Mercado* (nur vormittags), *Playa Jardín, Loro Parque, Punta Brava*. Die Linie verkehrt etwas unregelmäßig.

#382 Avda Betancourt zum Stadtteil San Antonio (= Taoro)

#103 ZOB Puerto direkt nach Santa Cruz,

#348 ZOB Puerto–*El Botánico*/La Paz–Orotava–*Las Cañadas del Teide/Portillo–Parador* (nur 1 mal täglich um 9.15 Uhr vom ZOB, 16 Uhr vom Parador zurück nach Puerto)

#345 (Wandererbus) ZOB-Botánico-Orotava-Aguamansa-Caldera

#350 ZOB-Orotava. **Fahrpläne sind am ZOB erhältlich.**

Innerhalb Puertos kann man gut ein Taxi nehmen und so viel Warterei vermeiden. Die kurzen Entfernungen sind vergleichsweise billig; um die €5 bringen einen durch die halbe Stadt.

5.1.3 Besichtigung

Die Beschreibung erfolgt ab *Centro Comercial Martiánez*. Wer bis zum *Loro Parque*/nach Punta Brava zu Fuß geht, kann gut per Bus oder Taxi zurückfahren.

Neues Zentrum

Zufahrt von *Salida* 32

Im *Centro Comercial Martiánez* befindet sich der Supermarkt *Mercadona* und eine kleine Touristeninformation.

Playa Martiánez

Bergab gelangt man entlang des ***Barranco Martiánez*** über die palmenbestandene Calle Águilar y Quesada an die ***Playa Martiánez***. Dieser Strand war vordem der einzige und wurde bei jedem Sturm weggespült. Zurück blieben kartoffelgroße Steine. Auch beim jüngsten Strandausbau fand man keine befriedigende Lösung.

Costa Martiánez

Mit einem architektonischen Geniestreich hatte ***César Manrique*** mit der Costa *Martiánez* schon Anfang der 1970er-Jahre für Puerto ein brandungs- und strömungsgeschütztes Meerwasserbad geschaffen. Diese großzügige, weit ins Meer ragende Badelandschaft verbindet auf 18.000 m^2 mehrere Becken mit begrünten Inseln. Angesichts des schäumenden Meeres und des Teide liegt man unter Palmen, Agaven und *Dragos* und schwimmt in zartblauem Wasser zwischen weißen Ufern und schwarzer Lava.

César Manrique Mobile

Diese für *Manrique* tyische Farbkombination grün-blau-weiß-schwarz weckt Südseefantasien und rettete nach umfassender Renovierung und Erweiterung (2005) unter dem Namen ***Costa Martiánez*** Puertos Ruf als Seebad. Im Winter stehen jetzt auch ein geheiztes Becken und ein Jacuzzi zur Verfügung.

Mehrere *Manrique*-Plastiken unterstreichen den exotischen Eindruck; sein Mobile etwa, eine Baum-Skulptur mit Zweigen wie Wurzeln – eine Hommage an *Wilhelm Reich* – und, in der äußersten Spitze der Anlage, im Wasser das riesige ***Monumento del Mar***. Tolle Anlage!

Im Winter 10-18 Uhr, €3,30, Kinder bis 10 Jahre € 0,50, Schirm, Liegestuhl jeweils € 1,50.

Auf einer Insel im größten Pool befindet sich das ***Casino Puerto de la Cruz*** mit *Pub* und Restaurant. Ab 19 Uhr kann man die Anlage zum Spazieren ohne Eintritt besuchen. Eine ausgeklügelte Beleuchtung sorgt für Atmosphäre.

Casino: täglich 20-04 Uhr, Eintritt €3, Mindestalter 18 Jahre, Dresscode, in der Pub/Bar Do-So Live-Musik; © 922-380550-

Restaurant: 11.00-00.30 Uhr, © 922-373288. Zum *Casino* gehört auch die ***Sala de Maquinas*** mit Bar (Spielautomaten, 11-02 Uhr) am westlichen Ende der Badelandschaft, Avenida de Colón/Plaza Reyes Católicos.

Avenida Colón

Von der *Playa Martiánez* zieht sich die zur autofreien Promenade umgestaltete Avenida Colón entlang der Costa *Martiánez* mit diversen Hotels (*Tenerife Playa*, *Valle Mar* und *Las Vegas*) und großen Terrassenrestaurants (nicht nur zum Tanztee beliebt sind das ***Café de Paris*** im *Valle Mar* und das ***Restaurant Cazuela***).

Plaza Reyes Católicos

Westlich der Plaza Reyes Católicos wurde die steinig-zerklüftete Lavaküste durch Wellenbrecher, Plattformen und Molen in eine Reihe kleiner strudelnder Pools gegliedert, die bei ruhiger See über Treppen zugänglich sind.

Ermita San Telmo

Gleich am Anfang dieser Promenade steht die *Ermita San Telmo* (jetziges Gebäude von 1780, 1968 restauriert) auf einem sehr kanarisch anmutenden begrünten Platz. Sie ist dem Dominikanerpater und Schutzpatron der Seefahrer, ***San Pedro de Telmo***, gewidmet. Die kleinen Wachttürmchen und Holzpalisaden-Mauern sind Reste einer frühen Befestigung. In der *Ermita* hält die deutsche katholische Gemeinde ihre Gottesdienste ab (Sa 18.30, So 10 und 11.30, Mi 18.30 Uhr).

Paseo San Telmo

Am autofreien *Paseo* gibt es jede Menge Souvenirs, Juweliere, Fast-Food-Lokale und Spielhallen. Das große ***Rancho Grande*** führt Schwarzbrot, Marzipan, Torten und den ganzen Tag über deftige Teller-Gerichte. Das Klingeln und Rattern von Spielautomaten sowie alte »Ohrwürmer« begleiten jeden Paseo-Bummel bis an sein Ende unterhalb der Plaza del Vento.

Vom ***Restaurant/ Pizzeria Pomodoro*** hat man einen schönen Blick auf die Lavaküste. Im ***Hotel San Telmo*** kann die »mittlere« Generation im ***Caballo Blanco*** das Tanzbein zur Musik der 1960/70er- und 1980er-Jahre schwingen (täglich ab 21 Uhr).

Altes Zentrum (Anfahrt über Salida 35/36)

Punta del Viento

Die windige *Punta del Viento* trägt ihren Namen zu Recht. Ausgerichtet auf den Nordostpassat schmückt den Platz eine mannshohe Eisen-Plastik mit wehenden Locken: *Spectador*, ➢ Seite 317.

Calle Quintana

Mit der *Punta* erreicht man den alten Teil von Puerto de la Cruz. Der direkte Weg zum zentralen Platz der Stadt, der Plaza del Charco, führt von der *Punta* über die schräg links einbiegende Calle Quintana.

An dieser autofreien Straße liegen rechterhand zwei **klassische Hotels** von Puerto: das ***Marquesa*** und das ***Monopol***. Letzeres ist das Geburtshaus von *Agustín de Betancourt y Molina* (1758), einem bedeutenden tinerfeñischen Ingenieur der Aufklärung (➢ Essay Personen, Seite 499). Altkanarisch wirkt es nur noch durch seine Holzbalkone und den üppig begrünten Patio. Aber die Gäste blicken von den Terrassen dieses Hotels auf Berge und Meer. Stilvoller und authentischer ist das *Marquesa*, 1712 mit viel dunklem Holz erbaut. Es dient erst seit 1887 als Hotel. Besonders schön ist die umlaufende Balkongalerie über dem gefliesten Patio. Im Restaurant gibt es gelegentlich kanarische Live-Musik zum Dinner (➢ Seite 562/3).

Plaza de la Iglesia

Gegenüber dem *Hotel Monopol* erweitert sich die Calle Quintana zur Plaza de la Iglesia, einer Ruheoase unter Bäumen mit der Kirche ***Nuestra Señora de la Peña de Francia*** (Unsere Madonna der Gemeinde Frankreichs). Sie wurde Ende des 17. Jh. an der Stelle einer vorherigen *Ermita* errichtet. Erst 1898 kam der Turm dazu. Im Inneren lohnt sich ein Blick auf das prunkvolle Inselbarock mit drei marmoriert-goldenen, traubenberankten Holzaltären.

Plaza de la Iglesia de la Peña de Francia

N
0
200 m
1 Hotel Marquesa
2 Hotel Monopol
3 Kirche San Francisco
Atlantischer Ozean
zukünftiger Yachthafen
Puerto Pesquero
Landgewinnung
Plaza Europa
Casa Aduana
Ayuntami
Policía Locál
Museo Arqueológico
Sportplatz
Calle de Mequínez
C. Carrillo
FISCHERVIERTEL "LA RAMILLA"
Plaza del Charco
Calle de Quintana
Instituto Hispanico
Casa Iriarte
C/Colgan
Calle de San Felipe
Calle Puerto Viejo
C. Pérez Zamora
C. Blanco
Plaza Concejil
Hospital Tamaragua
Calle Valois
Policía Nacional
Guirres
Calle Los
Paseo de Luis Lavaggi
Castillo de San Felipe
Manuel B.
Busbahnhof
Calle del Pozo
Ambulatorio
Cementerio San Carlos
Playa Jardin
Avenida de Melchor Luz
Autobahn-Ausfahrt 39, Loro Parque, Punta Brava, Hotel Maritim, Los Realejos
Barranco San Felipe
Avenida de Blas Perez Gonzáles
María Rosario Sotomayor
Plaza San Felipe
Sportplätze
Sportplatz
Guardia Civil
Mercado
Cabezas
Las
Camino de Coches
Jardines Taoro
Altes Hotel Taoro
Sportplätze
Centro de Congresos
Carretera Taoro
Parque T
Anglikanische Kirche
Carretera de las Dehesas
Carretera
General de las Arenas
SAN ANTONIO
Autobahn-Ausfahrt 3
La Orota

Puerto de la Cruz
Rundgang mit Abstechern
Abstecher zum Taoro Park
Camino de la Costa -
Spaziergang zum Playa Bollullo
verkehrsberuhigt
Infoburo
Klinik
Internetcafe
Postamt
(Correros mit @)
Costa Martiánez
Casino Taoro
+ Restaurant
Lago Martiánez
Playa Martiánez
Avenida de Colón
Ermita San Telmo
Reyes Católicos
Avenida Betancourt y Molina
C. Aguilar y Quesada
Centro Comercial Martiánez
Plaza Viera y Clavijo
Valois
Camino de Cabras
Calle Martiánez
Plaza Mirador de La Paz
Camino de San Amaro
Leopoldo
Cologan
Calle de Aceviño
Capilla San Amaro
LA PAZ
Acantilados Martiánez
Laja de la Sal
Playa Bollulo
Autobahn-Ausfahrt 32
Prado
Canary Centre
Deutsches Ärztehaus
Jardín de Orquídeas
Barranco
Avenida Marqués Villanueva
C. Luis Rodríguez Figueroa
C. de Bélgica
C. Rector Benito
Av. Marqués Villanueva
Jardín Botánico
Centro Comercial La Cúpula
Martiánez
Plaza Negrín
SAN FERNANDO
Club de Tenis
Barranco Tafuriaste
Clínica Bellevue
DURAZNO
Abaco
Autobahn-Ausfahrt 32, Santa Cruz

5.1

Auf der Nordseite der Plaza de la Iglesia erinnert eine Büste an den oben erwähnten Gelehrten ***Agustín de Betancourt y Molina*** (➢ Seite 498). Auf dem Kirchplatz sitzt man auch gut bei Kuchen im ***Café Ébano***. Abends wird der Hinterraum des schönen Hauses zur viel besuchten **Kneipe mit Tapas**. Gleich um die Ecke bietet das ***El Limón*** einen **vegetarischen Mittagstisch**.

Das ***Instituto de Estudios Hispánicos de Canaria*** (Ecke Calle Quintana und Calle Agustín Betancourt) bietet neben Sprachkursen Vorträge, Workshops und Ausstellungen zu lateinamerikanischen Themen; ✆ 922-388607.

Kloster San Francisco

Das gelbe Gebäude des ***Parque San Francisco***, gleich das erste Gebäude links in der Calle Agustín Betancourt, gehörte ursprünglich zum Komplex des Franziskanerklosters und ist heute ein Veranstaltungszentrum. Vis-a-vis steht ein klassisches altkanarisches Bürgerhaus aus dem 18. Jahrhundert mit einem schönen Patio. Es beherbergt jetzt das Rote Kreuz.

Iglesia San Francisco

An der nächsten Straßenecke rechts (Calle San Juan Damas) trifft man auf die Kirche *San Francisco*; zusammen mit der angrenzenden *Ermita San Bautista* ist sie das älteste erhaltene Bauwerk (1599-1608) der Stadt. Die ***Iglesia San Francisco*** war zunächst eine Johannis dem Täufer gewidmete Einsiedelei, bis sie Kirche des angrenzenden Franziskanerklosters wurde. Sie besteht, ganz im Stile der früheren *Ermitas*, aus einem ganzen und einem halben Kirchenschiff. Neben der Kassettendecke aus Holz und dem zweiteiligen Michaelsaltar fällt ein sitzender, nachdenklicher Jesus auf, der Christus der Demut und Geduld. Die geschnitzten Kunstwerke sind in warmen gold-blau-grünen Tönen gehalten.

Abstecher

Viele Straßen, die von der Calle de Quintana beidseitig abzweigen, sind verkehrsberuhigt. Einige **Paläste** von Puertos Bourgeoisie sind dort noch erhalten oder restauriert. Neben der lauschigschattigen **Plaza Concejil** und Geschäften gibt es auch dort zahlreiche Restaurants. Ein guter Tipp ist (um die Ecke in der zur Plaza de Charco führenden Calle Blanco) das ***Bistro de Yve*s**, mit seinem multilingualen, freundlichen Besitzer; vor allem das Mittagsmenu ist dort sein Geld wert (➢ Seite 80ff). In der stilvoll renovierten ***Casa Farol*** (Calle San Juan) gibt es neben einem Restaurant die **Bäckerei *El Millo*** u.a. mit deutschem Brot. In den kleineren **Hotels** dieser Gegend (z.B. *Nopal*, *Chimisey*) übernachtet man einfach, preiswert und ruhig (➢ Seite 563).

Casa Iriarte

Wer sich für kanarische Stickerei oder auch Schiffsmodelle interessiert, sollte auf seinem Weg zur Plaza Charco die ***Casa Iriarte*** nicht auslassen. Sie liegt an der Ecke Calle San Juan/Iriarte. Dieses alte Wohnhaus mit einem schönen Holzbalkon-Patio aus dem frühen 18. Jahrhundert trägt den Namen einer angesehenen kanarischen Politikerfamilie (➢ Seite 290). Heute werden dort vor allem Stoffe und Stickereien verkauft. Dem Haus steht eine – dringend notwendige – -Renovierung bevor; der Erhalt des Schiffs-Museums ist fraglich (€ 5!).

Palacio Ventoso

Schräg gegenüber der Casa Iriarte fällt der wuchtige Turm des *Palacio Ventoso* aus der wirtschaftlichen Blütezeit Puertos im 18. Jahrhundert auf; ansässige Kaufleute hielten von hier Ausschau nach einlaufenden Schiffen.

Plaza de Charco

Dieser Platz ist lebendiger Stadtmittelpunkt und nicht nur bei Touristen beliebt. Hohe Palmen und prächtige, 1852 aus Kuba eingeschiffte Lorbeerbäume, spenden reichlich Schatten.

Nach vielem Hin und Her heißt der Platz heute offiziell wieder ***Charco de los Camarones***, weil sich früher dort, wo jetzt der Brunnen steht, nach Hochwasser kleine Tümpel mit Garnelen (= *Camarones*) hielten. Der zentrale Kiosk ist immer gut besucht. Restaurants liegen ringsum in altkanarischen Häusern mit großen Holzbalkonen und geräumigen Patios. Den schönsten Innenhof hat das ***Rincón del Puerto*** (vis-a-vis der Calle Quintana) mit vielen Pflanzen, Restaurants und einer Riesenpalme. Im ersten Stock residiert dort die deutsche Inselzeitung *»Wochenblatt«*.

Das ***Centro Comercial Columbus*** an der Ecke zur Calle Quintana ist eine gelungene Verschmelzung von alt und neu.

Fischerhafen/ Casa Aduana

mit Infobüro **➢ Seite 55**

In dem von zwei Molen geschützten Becken liegen meist nur ein paar Fischerboote im Wasser oder am Kieselstrand. An Puertos Blütezeit als Exporthafen erinnert nur noch die imposante ***Casa de la Real Aduana*** mit Naturstein-Ecken, klassischen Fenstern und Balkonen. Sie ist das älteste weltliche Gebäude der Stadt, war das Wohnhaus einer reichen Familie und dient heute in erster Linie als **Touristenbüro**.

Nebenan *Artenerife*-Verkaufsräume mit kanarischem Kunsthandwerk, Lebensmitteln und Weinen (gleiche Öffnungszeiten wie das Infobüro). Im ersten Stock befinden sich Galerieräume mit wechselnden Ausstellungen, in die man über den herrlichen Patio gelangt.

Herbststurm am Hafen von Puerto de la Cruz

Abstecher

Das alte Fischerviertel La Ramilla

In dem sich westlich an die Plaza del Charco anschließenden alten Fischerviertel ***La Ramilla*** sind die Straßen enger, die Häuser kleiner. Vor allem abends wird es hier lebendig, denn *Ramilla* ist heute das **Restaurantviertel** von Puerto. Meist isst man im typisch kanarischen Ambiente in lichten, pflanzenüberrankten Patios. Dank Konkurrenz sind Essen und Preise im allgemeinen korrekt. Viele attraktive Restaurants findet man in der **Fußgängerstraße Calle del Lomo** und in der engen Durchgangsstraße **San Felipe** im Bereich der Querstraßen Cruz Verde und Perez Zamora; so das ***Regulo*** und das italienische Lokal ***Mamma Rosa*** sowie das ***La Papaya*** mit dem ***El Patio*** nebenan und dem modern-schicken ***Kafka*** (➢ Seite 316).

Unterkunft

Wer in Ramilla wohnen möchte, findet mehrere preiswerte **Unterkünfte**. Gut aufgehoben ist man im ***Puerto Azul*** und ***Los Geranios***, beide in der ruhigen Calle Lomo, ➢ Seite 563.

Museo Arqueológico

Auch mit einem kleinen Museum kann das Viertel *La Ramilla* aufwarten. Das **Archäologische Museum** in einem Haus aus dem 19. Jahrhundert präsentiert u.a. eine liebevoll gemachte Ausstellung von Landkarten aus dem 17. Jahrhundert, Keramik und mumifizierte Körperteile der Guanchen, Holzarten aus kanarischen Wäldern und Schmetterlinge. Calle El Lomo 4; Di-Sa 10-13 und 17-21, So 10-13 Uhr, kleiner Eintritt; © 922-371465.

Projekt Sporthafen

Die Zukunft des Viertels hängt von den Details der Anlage des Sporthafens ab, an dem nach jahrelangen Verzögerungen wohl bald erste Bauarbeiten beginnen.

Das Aufschüttungsgelände (z.Zt. Parkplatz) zwischen Fischerhafen und dem *Castillo*, einer kleinen Burg, das La Ramilla vorgelagert ist, soll demnächst ganz neu gestaltet werden.

Restaurantgasse in Puerto de la Cruz

Calle de las Lonjas Rechts neben dem alten Zollhaus führt die enge Kopfstein-Calle de las Lonjas zur Plaza Europa. Das ockerfarbene Haus, die ***Cofradia de Pescadores***, früher die *Lonja* (Zentrum des Fischumschlags) wurde 2009 zu Verkaufsräumen mit Gastronomie im alten Stil restauriert.

Casa Miranda Im spitzen Winkel der beiden Straßen Calle Las Lonjas und Calle Santo Domingo steht die 1730 erbaute stattliche *Casa (Francisco) Miranda* eines aufgeklärten Sohnes der Stadt (1758-1806), der sich besonders für Venezuelas Befreiung von der spanischen Kolonialherrschaft einsetzte.

Plaza Europa Wo früher die Festung *Batería Santa Barbara* stand, mündet die Calle Lonjas heute in die weitläufige Plaza Europa. Ihre exerzierplatzmäßige Gestaltung mit mächtigen Natursteinmauern, Betonplatten und nur wenig Grün hat also Tradition. Zwischen den beiden Wachhäuschen kann man auf der Stadtmauer schlendern und den Blick aufs Meer genießen.

Das Rathaus (*Ayuntamiento* oder *Casas Consistoriales*) wurde zwar erst 1973 erbaut, fügt sich aber gut in die altkanarische Umgebung ein. An seinem Eingang prangt das mit historischen und mythologischen Symbolen geschmückte Stadtwappen Puertos.

Puertos Stadtwappen

Puertos bedeutungsvolles Wappen hat viel zu erzählen: auf gelbem Grund faucht ein grüner Drache mit flammend-roter Zunge, allegorischer Wächter der goldenen Äpfel des paradiesischen Hesperiden-Gartens jenseits der Säulen des Herkules (damit gemeint sind Gibraltar und das Atlasgebirge). Über ihm sieht man das rote Passionskreuz. Es steht zugleich für den Namen (*cruz*) und die Tradition der Stadt.

Unter den Drachenkrallen erkennt man im blauen Schildfuß silberne, geschwungene Streifen und das Blau des Meeres. Sie symbolisieren die Wurzel der Stadt: Seefahrt und Handel, die den Aufstieg von Puerto erst ermöglichten.

Auch ein schwarzer Schlüssel liegt im Meer, Symbol des Seeweges nach (West-) Indien; er öffnete von hier den Weg über den Ozean nach Amerika. Über allem wacht eine Krone, Sinnbild für die Monarchie der Katholischen Könige.

Rückweg Über die Calle Santo Domingo trifft man wieder auf die *Punta del Viento*, die man stadteinwärts über die Fußgängerstraße Calle de la Hoya, einer nicht besonders schönen Fußgängerstaße mit vielen Geschäften und dem ***Tapa-Lokal La Muralla*** (Ecke Calle Enrique Taig), verlässt. Auf ihr gelangt man zurück zum Ausgangspunkt des Rundweges, zum *Centro Comercial Martiánez*, oder über die Treppen hinauf in den Ortsteil La Paz.

Taoro Park

Weg dorthin

Wer die vielen Stufen nicht scheut, erreicht die Hotels und das ehemalige Casino auf dem Taoro-Hügel über steile Treppen durch den Taoro Park. Die ersten Stufen findet man in der Verlängerung der Calle Cologán hinter dem Hochhaus *Bel Air*. Per Auto gelangt man am einfachsten über die Ausfahrten 35 und 36 Richtung *Playa Jardín* auf den Hügel (➢ auch Seite 294).

Grand Hotel/ Casino

Hier oben begann vor über hundert Jahren Teneriffas internationaler Tourimus. 1892 wurde das ***Grand Hotel Taoro*** als seinerzeit größte Hotelanlage Spaniens mit attraktiven Parkanlagen eröffnet. Für die englisch-kanarischen Betreiber war das *Taoro* eine lukrative Investition, denn das erste Gebäude der Insel mit fließendem kalten und warmen Wasser sowie elektrischem Strom lockte die damalige *High Society*, vornehmlich europäischen Adel. 1929 ging das *Taoro* in Flammen auf und erreichte seitdem nie wieder seinen alten Glanz. Nachdem das hier viele Jahre betriebene Spielkasino in die zentraler gelegene Costa Martiánez verlegt wurde, soll der klotzige Bau wieder zum Hotel umgestaltet werden.

Café-Restaurant

Der ehemalige **Hotelgarten** ist heute ein Park mit subtropischen Pflanzen, Brunnen, Wasserfällen und Ruhebänken. Kachelbilder erzählen vom Guanchenleben; das **Café-Restaurant *Taoro*** (Zufahrt über Ctra. Taoro) bietet Stadt-/Meerblick; im Winter tägl. bis 18, sonst bis 24 Uhr; © 922-368330/-380550.

Hotelhügel im Grünen

Der grüne Hügel hat sein frühes Flair bewahrt. Einige der noch heute beliebtesten Hotels liegen in großen Gärten: Allen voran das hochgeschätzte ***Tigaiga,*** das *Miramar*, *Atalaya*, *Chiripa Garden* und *last not least* dessen elegante Dependance *Villa Chiripa*. Ein schöner Park mit dem palmenbestandenen *Camino de la Sortija* hinter dem Casino bringt Fußgänger zu den etwas weiter landeinwärts liegenden Hotels; ➢ Seite 564.

Taoro Park beim ehemaligen Casino mit Café/ Restaurant

Anglikanische Kirche

Das englische Publikum hatte sich schon vor Zeiten sein eigenes Umfeld geschaffen: die anglikanische Kirche aus Naturstein (hinter dem *Casino)* an der Carretera Taoro wurde bereits 1905 vom *Foreign Office* gesponsert. Heute finden hier die Gottesdienste der Evangelischen Gemeinde statt (➢ Seite 564).

Risco Bello

Im **Gartencafé** des ***Risco Bello*** saß man früher wie in einem kleinen Park zwischen Pflanzen auf grünem Rasen. Der angeschlossene ***Jardín Acuático***, ein Wasserpflanzengarten mit diversen Wasservögeln braucht mehr Pflege.

In den an Taoro grenzenden Stadtteilen San Antonio und San Fernando wird heute viel gebaut: neue große Apartmentanlagen in San Antonio sowie kleine und größere Villen in San Fernando und Guacimara. Dort gibt es auch einige kleinere Hotels, wie ***Don Candido***, ***Casa del Sol*** und ***Perla Tenerife*** (➢ Seite 565).

Schwarzer Buddha an der Playa Jardin

Playa Jardín, Loro Parque und Punta Brava

Anfahrt über Salida 35/36

Der ***Loro Parque*** und die ***Playa Jardín*** sind zwar Touristenmagneten, aber durch die weniger attraktive Region rund um die Hauptpost und den Busbahnhof (*Correos/Estación de Guaguas*, Calle del Pozo) und den aufgeschütteten Küstenstreifen von den bis hierher beschriebenen Touristenzonen getrennt. *César Manrique*, künstlerischer Gestalter der *Playa Jardín*, würde sich beim Anblick der Hochhäuser entlang des *Barranco San Felipe* vermutlich im Grabe umdrehen.

Dafür ist der Blick vom ***Castillo San Felipe*** dank der wunderbar begrünten Strandpromenade und dank des großen subtropischen Geländes des dahinter bzw. des darüber gelegenen *Loro Parque* sehr viel anregender; dadurch trägt die *Playa Jardín* (»Gartenstrand«) ihre Bezeichnung zu Recht.

Castillo de San Felipe

Das massive *Castillo de San Felipe*, ein kleines Kastell des 17. Jahrhunderts aus Naturstein, ist der älteste erhaltene Teil der Hafenbefestigung. In ihm finden heute Konzerte und Ausstellungen statt. Da es immer wieder anders genutzt wurde – als Lazarett, Lagerhaus, Restaurant – waren langwierige Restaurierungsarbeiten notwendig, um die ursprüngliche Gestalt wiederherzustellen.

Playa Jardín

Dieser rund 1 km lange Küstenstrich wurde mit enormem finanziellen Aufwand gestaltet, um aus der steinigen Bucht mit ihren vorgelagerten Felsen einen Strand zu zaubern. Der feine schwarze Sand wurde aus dem Meer hochgepumpt, aber nach jedem Sturm müssen angespülte Steine immer wieder mit Hilfe von Spezialmaschinen zu Sand zermahlen werden. Eine Unterwasser-Mole bricht die Brandung und sorgt für Badeabschnitte mit unterschiedlich hohen Wellen. Beliebt bei Surfern ist der westliche Bereich nahe den Punta Brava-Felsen.

Zwei abwechslungsreich gestaltete Promenaden führen durch terrassierte Grünanlagen (17.000 m^2) mit Snackbars, Cafés und Restaurants (den schönsten Blick beim Essen hat man vom ***Restaurant Charcón***, 11-24 Uhr, Di zu) inmitten von Palmen, Bananen, Blumen, Skulpturen und Wasserfällen. Am westlichen Ende geht die Promenade in den **Vorort Punta Brava** über.

Loro Parque

© 922-373841

Egal, wieviele Insel-Kilometer einen von Puerto trennen, der ***Loro Parque*** ist ein prima Ziel für jung und alt. Wer alle Attraktionen erleben will, sollte mindestens 4 Stunden einplanen.

Jährlich 1,5 Mio Besucher (32 Mio seit der Eröffnung 1972) können nicht irren und machen den teuren Park zum »Muss«. Zu den ursprünglich 300 Papageienarten kam ein ganzer Zoo, von Flamingos über Schimpansen bis hin zu einigen Jaguaren, die hier in einem großen botanischen Garten mit 7000 Palmen leben.

Shows

Vier absolut **perfekte Shows** (**Delfine**, **Seelöwen**, **Papageien** und ***Orcas***) finden bis zu 6 mal täglich statt. Höhepunkte sind ferner der schnee- und eisreiche ***Planet Pinguin*** und ein gläserner **Tunnel durch das (Hai-) Aquarium** (➢ Seite 308).

Blick auf die Playa Jardín, dahinter das ehemalige Fischerdorf Punta Brava

Delphinshow im Loro Parque

Attraktionen

Beliebt bei den Kleinen ist ***Kinderlandia***, bei den Großen das Porzellan-Papageienmuseum, der **Orchideengarten** und das **Thaidorf**, sowie das **Naturvision-Kino** mit ferner Natur hautnah.

Preis-/Leistung

Der Familien-Ausflug kostet ein kleines Vermögen. Aber wer – trotz des Gedränges – an allem Freude hat, bekommt viel geboten. Dafür sollte man 4-5 Stunden Zeit haben und gut planen, um alle zeitlich versetzten Shows zu erleben. An Tierpflege Interessierten erlaubt man einen Blick hinter die Kulissen (*»Discovery Tour«*, € 9, Kinder € 6). Anmeldung am Eingang, unter © 922-376901 und www.loro parque.com

Für den kleinen und grossen Hunger sorgen acht Restaurants.

Anfahrt

Der Park liegt oberhalb Punta Brava/*Playa Jardín* (Autobahnausfahrten 35 und 36), durch das blau-rot-schwarze (Delfin-Ara-Wal) Loro-Logo ausgeschildert.

Eine gelbe **Gratis-Bimmelbahn** pendelt alle 20 min von der Plaza Reyes Católicos (westliches Ende der Avda Colón bei der *Ermita San Telmo*, letzte Rückfahrt 18.45 Uhr). Täglich 8.30-18.45 Uhr, letzter Eintritt 16 Uhr, € 31, Kinder bis 11 Jahre € 20, bis 6 Jahre gratis. Kombiticket mit dem ***Siam-Park***, ➢ Seite 250f (€ 28/€ 18): www.twinticket.com.

Punta Brava

Unterhalb des *Loro Parque* grenzt an den *Jardín*-Strand das Fischerdorf Punta Brava. Hier sind die Einheimischen weitgehend unter sich. Touristen sieht man nur im Restaurant ***Tambo*** (unteres Ende des Platzes mit kleiner Meerterrasse), ➢ Seite 316.

Punta Brava ist der westlichste Teil von Puerto. Von dort führt eine nervige Straße zum ***Hotel Maritím***, das schon zu Los Realejos gehört. Am Hotel beginnt ein schöner Küstenweg, der zum ***Mirador San Pedro*** führt (ca. 90 min, ➢ Seite 337).

Loro Parque (www.loroparque.com)

»Eisberg vor Teneriffa gesichtet«, meldeten die Inselzeitungen zur Eröffnung des ***Planet Pinguin*** 1999. Der Aufmacher zog, denn die befrackten Vögel wurden zur kontrastreichen Sensation an der subtropisch grünen Inselküste.

Der Coup war von langer Hand geplant: vom Washingtoner Artenschutzabkommen abgesegnet, wurden 174 Pinguin-Eier von Falkland nach Teneriffa geflogen – das erste Küken war eine Frühgeburt, *Santi* schlüpfte bereits unterwegs. Voraussetzung für das Plazet der Umweltschützer war der Bau einer gigantischen Tiefkühltruhe auf der Insel des ewigen Frühlings.

Riesige Filter-Maschinen für die 450 m³ Wasser und schneidend kalte Luft aus Eis- und Schneemaschinen, die täglich 12 t weißes Pulver produzieren, sorgen fürs Wohl der Tiere – selbst bei 30° Celsius im Sommer. Sogar der Mensch kann dort gesund durchatmen. Raffiniert ist auch die Illumination, die (über ein Spiegelsystem für natürliches und künstliches Licht) antarktische Verhältnisse simuliert und den Tag/Nachtrhythmus der Pinguine nachvollzieht.

Für Wirbel sorgten auch die 4 Schwertwale (***Orcas***), die 2006 aus *Sea World*/ Florida geholt wurden (für angeblich »wissenschaftliche Zwecke«, da die EU kommerzielle Wal-Importe verbietet). Flug und Trennung von ihren Familien bekamen den Tieren zunächst gar nicht gut, so dass der Showbeginn drei Monate verschoben werden musste. Umweltschützer kritisieren die Dressur.

Der Besitzer des Loro Parque, ***Wolfgang Kiessling*** aus Deutschland, tut indessen einiges für den Erhalt der Aras. In einer Volière, größer als eine Tennishalle, züchtet er bedrohte Arten, um sie im brasilianische Regenwald auszuwildern. So wurden der fast ausgestorbene *Spixara* und 20 der vom Aussterben bedrohten Rotrückenaras gerettet.

Wer Kiesslings Arbeit unterstützen möchte, kann mit Jahresbeiträgen ab € 90 Mitglied seiner ***Fundación Loro Parque*** werden (Formulare an den Kiosken im Park). Man kann aber auch mit ein paar Münzen helfen, wenn man damit am Eingang im japanischen Koi-Karpfenteich eine bronzene Fischskulptur füttert. Wer in ihr offenes Maul trifft, hat einen Wunsch frei, der auf der Stelle in Erfüllung geht. Der ***SIAM-Park***, ein riesiger Hightech-Wasser-Planschpark des gleichen Besitzers, eröffnete 2008 oberhalb von Las Américas, ➢ Seite 250ff.

La Paz/Jardín Botánico

Vom Vorort La Paz (Anfahrt über *Salida* 32) kann man sich einen guten Überblick über die Stadt verschaffen. Der dort hoch über dem Meer gelegene ***Mirador La Paz*** bietet eine herrliche Aussicht über die Stadt und das grüne Orotavatal.

Deutscher Vorort

La Paz vermittelt den Eindruck eines gepflegten Kurortes. Gute und feinste Hotels (➢ Seite 565), Apartmentanlagen und private Villen stehen an sanften Hängen inmitten üppiger subtropischer Vegetation. Die Haupteinkaufsstraßen haben breite begrünte Bürgersteige, so dass der Stadtteil trotz oft sehr dichten Verkehrs zum Bummeln einlädt. Ein großer Teil des vornehmlich deutschen Publikums sind keine Urlauber, sondern Residenten mit eigenen oder gemieteten Häusern bzw. Apartments. Man kennt sich aus, hat sein Lieblingslokal, seinen Friseur, seinen Kiosk und trifft beim Einkaufen lauter Bekannte – ganz wie daheim.

Gastronomie

Wer lange von zu Hause fort ist, bekommt Appetit auf Heimisches. Und so lesen sich viele der vor den Restaurants ausgehängten Speisekarten wie ein Streifzug durch die bürgerlich deutsch-österreichisch-schweizerische Küche. Typisch dafür ist auch das nachmittägliche Stündchen in Terrassencafés bei einem Kännchen Tchibo mit Sahnetorte – was übrigens auch Spanier nicht verachten. Die recht feinen Läden haben sich auf ein Publikum eingestellt, das genügend Geld mitbringt. Etliche Treppenstufen über dem Atlantik haben La Pazer auch eine gehobene Einstellung zum (Sonnen-) Baden: man blickt aufs, taucht aber selten ins Meer (der Pool tut´s ja auch). Und man weiß hier wer monatelang in der Sonne lebt, muss nicht in ihr liegen.

Camino de las Cabras

Vom zentralen Puerto nach La Paz gelangt man zu Fuß in 20 min: vom ***Centro Comercial Martiánez*** geht es treppauf über den *Camino de las Cabras*. Dieser etwas heruntergekommene »Ziegenpfad« geht in den breiteren, nicht so steilen ***Camino San Amaro*** über. Als Promenade führt er dann an Villen und am Panorama-***Hotel Meliía*** vorbei. Wer beim Treppensteigen pausieren möchte, findet schattige Bänke.

Jardín Botánico

La Paz' Hauptattraktion ist der *Jardín Botánico* (***Jardín de Acclimatización***), wo auf nur 150x100 m tropische Flora dicht an dicht wächst. 1788 ließ der aufgeklärte Herrscher *Carlos* III dieses Versuchsfeld gründen, um (ab 1856 unter Leitung des Schweizer Botanikers Hermann ***Wildpret***, nach dem auch der Teide-Natternkopf – ***Tajinaste*** – *Echium wildpretii* benannt wurde, ➢ Seite 424, 458f) exotische Nutzpflanzen wie Kaffee an das spanische Festlandsklima zu akklimatisieren und dort zu vermarkten. Die Erweiterungsarbeiten des Gartens sind in vollem Gange.

Da die Gewöhnung an andere Verhältnisse in der Jugend am leichtesten ist, musste man mit den Samen beginnen. Aber erst der wissenschaftliche Eifer eines ***Marqués Villanueva del Prado*** führte das Projekt in Teneriffa zum Erfolg: Er setzte die Samen der

Würgefeigenbaum im Jardín Botánico

fremden Pflanzen in herbeigeschiffte Heimatböden ein. Die Umgewöhnung gelang auch dank des milden Inselklimas. Die nächste Akklimatisierungsstufe auf dem Kontinent schlug aber fehl, denn die wärmeverwöhnten Gewächse verkrafteten keine großen Temperaturschwankungen.

Geblieben ist ein wunderbarer Garten – randvoll mit teilweise sehr alt gewordenen Exoten. Allen voran die Würgefeige (Ficus dealbata), ein Baum wie aus dem Märchenwald: seine Luftwurzeln wirken gruselig wie Fallstricke. Mystisch auch der in hundert Stücke geteilte Stamm der zweihäusigen Kermesbeere (Pytolacca dioica) aus Südamerika. Und vom sog. **Wurstbaum** (*Arbol de las Salchichas*) hängen Früchte wie Würste herunter. Die Wissenschaft nennt ihn Kigelia afrikana.

Es gibt aber auch Vertrautes wie Farne, Palmen, ein paar Brotbäume und eine klassische **kanarische Kiefer**.

Täglich im Winter 9-18, im Sommer bis 19 Uhr. Deutschsprachige Broschüre verfügbar; € 3; © 922-383572.

Shopping

Vom *Jardín Botánico* verläuft die grüne Durchgangsstraße **Marqués Villanueva del Prado**, gesäumt von Geschäften, Terrassenrestaurants und dem ***Canary Center***, einem kanarisch gehaltenen Einkaufszentrum (mit deutschem **Reformhaus und Buchladen**). Dort sitzt es sich gut in der brasilianischen ***Zumería***, einer Saftbar. Gleich daneben befinden sich eine **Minigolfanlage** mit **Kaffeegarten** und **das Deutsche Ärztehaus** (➢ Seite 313).

Von der Marqués Villanueva del Prado geht es rechts in die Calle de Aceviño mit dem bestens und international sortierten ***Supermarkt 2000***.

Der »Wurstbaum« Arbol de las Salchichas. Seine Frucht sieht wie eine Leberwurst aus.

Auf dem Weg zum ***Mirador La Paz*** (beim Supermarkt 2000 bergab) passiert man die kleine, einfache *Ermita San Amaro* aus dem frühen 17. Jahrhundert. Sie zählt zu Puertos ältesten Gebäuden.

Spaziergang zur Playa Bollullo/ El Rincón

Beim ***Mirador La Paz*** beginnt der knapp 1-stündige ***Camino de la Costa***, eine Promenade Richtung Osten mit einem großartigen Blick auf die Steilküste, vorbei an den Apartment-Anlagen *Ikarus* und *Bellavista* bis zum 5-Sterne-Hotel *Semiramis*.

Von dort führt der Weg weiter durch ruhige Wohnstraßen bis zur *Playa-Martiánez*-Anfahrtstraße, die man per Tunnel unterquert. Mit einem Schlenker um eine kleine *Schlucht* geht es weiter durch Bananenplantagen zum **Café-Restaurant *Bollullo*** in Klifflage und dann treppab zur beliebten schwarzen ***Playa Bullolo***.

Der Bereich **El Rincón** (Ecke) ist die letzte fast unbebaute Küstenregion im Orotavatal. Jahrelang kämpften Initiativen (bisher) erfolgreich gegen Bebauung. An die östlich anschließenden Buchten ***Playa Patos*** und ***El Alcón*** (mit schönen Strandstreifen und gefährlicher Unterströmung!) gelangt man über einen Klippenpfad, vom oberen Ende der *Bollullo*-Treppen. Der Weg zu diesen beiden einsamen Stränden ist nur etwas für Trittsichere.

Playa Bollullo

Von der Autobahn kommend erreicht man den Strand über die ***Salida 32*** (Puerto/Martiánez) und folgt den Schildern *»Rincón«*. Wer von Puerto/La Paz per Auto kommt, fährt über einen versteckten Abzweig vom Autobahnauffahrt-Kreisel nach Santa Cruz, der zu einem zweiten Kreisel mit dem Schild *»El Rincón/ TF 172«* führt. Auf halbem Weg zum Meer wird es eng und steil; der Parkraum am *Restaurant Bollullo* ist für Nicht-Gäste (€ 2) begrenzt; wer 200 m weiter fährt, findet 5-7 wilde Parkplätze.

Steilküste und schwarzer Strand: Playa Bollullo

El Durazno

Im Stadtteil ***El Durazno* oberhalb von La Paz** machten Bananenplantagen neuen Villen Platz. Einige alte Herrenhäuser werden inzwischen kommerziell genutzt. Besonders schön ist die ***Casa Abaco*** mit großem Garten. In den stilvollen Räumen befindet sich eine ***Cocktailbar*** mit Pianomusik. Äußerst beliebt sind die abendlichen Kammerkonzerte. Vormittags kann man es besichtigen. Für Gruppen gibt es Folklore-Shows (➢ Seite 319).

Casa Abaco, Camino Casa Grande, Ecke Calle El Durazno, täglich 10.30-13.30 Uhr Besichtigung des Hauses € 8, abends ab 21 Uhr Bar, bei Konzerten unterschiedlich hoher Eintritt, © 922-370107; www.abacotenerife.com

Auch die **Restaurants *Rubio*** und ***Casa Lala*** (➢ Seite 317) in Durazno werden von *Canarios* und Residenten gut besucht.

Anfahrt El Durazno

- Von der Autobahn nach Durazno gelangt man über die Ausfahrt 32 *»Puerto Cruz/Martiánez«*, dann nach dem Gartencenter *El Draguito* die erste Straße links abbiegen (Schild).
- Vom Stadtzentrum fährt man über La Paz Richtung Autobahn und biegt am Ende der Mauer des Botanischen Gartens halbrechts bergan ab.

Weitere Sehenswürdigkeiten:

Orchideengarten/ Sitio Litre

Hinter dem Herrenhaus (1730) einer englischen Kaufmannsfamilie wurde schon 1774 ein wunderbarer privater botanischer Garten angelegt. Dort verweilten *Alexander von Humboldt* (1799) und *Agatha Christie* (1929). Ein seinerzeit berühmter Gast war 1875 auch die Landschafts- und Pflanzenmalerin *Marianne North*. Der ***Sitio Litre*** genannte Garten wurde später um eine Orchideen- und eine Bonsaisammlung erweitert. Am Eingang erhält man eine Pflanzenliste für den Rundgang.

Camino Sitio Litre 7; täglich 9.30-14.30 Uhr, € 5.; Anfahrt von La Paz über die Carretera del Botánico, schräg gegenüber der Texaco-Tankstelle. **Fußgänger** erreichen den Garten in 10 min von der *Costa Martiánez* bzw. der *Ermita San Telmo* – zur Sicherheit mit Stadtplan in der Tasche.

Der Garten beherbergt außerdem eine kleine **Spezialbuchhandlung** und ein **Café**; © 922-382417.

Hornos de Cal

Früher wurde in dieser Gegend in Vulkanstein-Öfen Kalk gebrannt. Das Holz lieferten die Wälder des oberen Orotavatals. Unterhalb des *Casino Taoro* fährt man an den restaurierten *Hornos de Cal* vorbei (bergseitig linkerhand auf der Verlängerung der Carretera. Botánico/Ecke Calle Blanco) und erkennt sie an ihren kleinen weißen Spitzkegel-Dächern.

Oasis del Valle

Unterhalb der Autobahnausfahrt 33 (*El Ramal)*, dann ausgeschildert) liegt die ***Oasis del Valle***, eine Mischung aus Zoo und botanischem Garten mit Restauration. In die kanarische Flora eingebettet sind Käfige und Ställe für allerlei Zwei- und Vierbeiner wie Papageien, Affen, Zebras sowie Kamele und Ponies für kurze

Umritte. Eher etwas für Kinder, während die Eltern bei Kaffee und Kuchen zuschauen.

Eintritt € 10, geöffnet täglich 10-17 Uhr, © 922-333509.

5.1.4 Praktisches

Allgemein

Polizei

- **Notruf © 112** ➢ auch Notfall, Seite 531, 549
- ***Policía Nacional***: Avenida Jose M. del Campo Llarena, nahe dem *Castillo San Felipe*, © **091**.
- ***Policía Municipal***: Plaza de Europa, © **378451** – © **092**.
- **ZOB** (*Estación de Guaguas*) Calle del Pozo, nicht weit von der zentralen Plaza de Charco.

Bono-Via Karten

- Dort, wie auch im Zollhaus/Artenerife-Laden gibt's Bono-Via-Karten, ➢Seite 586

Post

- Calle del Pozo gegenüber dem Busbahnhof/ZOB
- La Paz, Carretera Botánico, vis-a-vis dem *Canary Center*.

Kliniken

- ***Hospiten Bellevue***, topmodern; *Urbanisación San Fernando* (oberhalb Taoro), Calle Alemania 6, © 922-383551
- ***Centro Médico Plaza Charco***, Internist/Allgemeinmed., Plaza Charco 8, Mo-Fr 10.30-12.30, 17-19.30 Uhr, 24 Stunden Bereitschaft; © 922-381111
- Schräg gegenüber eine weitere deutschsprachige Praxis für Allgemeinmedizin, Orthopädie und Unfall-Traumatologie, © 922-388738.

Arzt

- ***Deutsches Ärztehaus***, La Paz (*Canary Center*) Plaza Laurell 3, Mo-Fr 9-15, Sa 10-12 Uhr, 24 Std. Bereitschaft, © 922-385159

Deutschsprachige Inselärzte im 14-tägigen »Wochenblatt«

Die gelbe Bimmelbahn befördert Besucher von der Plaza Reyes Católicos zum Loro-Park

5.1

Shopping

Mercado Municipal

Lebensmittelmarkt im *Mercado* an der Anfahrt zur *Playa Jardín*, Avenida de Blas Perez Gonzales, Mo-Sa 7-20, Parken gratis.

Märkte

Der **Bus 381** von der Avenida Colón nach La Languera hält Mo-Sa bei Abfahrten zwischen 9.30-12.55 Uhr im Stundentakt am *Mercado*. Sonntags dort Flohmarkt (***Rastro***), 9-14 Uhr.

Ladenhüter mit Rabatt: La Paz, **Supermarkt 2000** (ums.), So 9-14

Zwei kleine, feine *Shopping Center* sind *das* ***Centro Comercial Columbus Plaza***, Plaza Charco, und das ***Canary Center*** in La Paz.

In La Paz befindet sich auch der gutsortierte ***Supermercado 2000*** mit vielen deutschen Waren (Calle Aceviño, Ecke Carretera Botánico), ➢ Seite 310.

CC Las Pirámides Martiánez (mit Tiefgarage) zwischen La Paz und der *Playa Martiánez* mit ***Mercadona***-Supermarkt. Noch zentraler liegt ***HiperDino***, Calle Hoya, Ecke Av Betancourt y Molina.

Oberhalb der Autobahn, *Salida 36*, liegt das gigantische ***La Villa***. Hinter altkanarischen Fassaden warten Geschäfte (Kleidung, Schuhe) und der Supermarktriese ***Al Campo***, Mo-Sa 10-22 Uhr.

Deutsche Backwaren

Rancho Grande am Paseo San Telmo (am Meer), ***El Millo*** in der *Casa El Farol* (Calle San Juan 14, bei der Plaza Charco) und im *Canary Center*/La Paz (➢ Seite 316).

Fleisch/Wurst

Deutscher Schlachter ***Sprungmann***/***Wurstquelle*** (➢ Seite 376).

Naturkost, -Heilmittel -Diät

Reformhaus Botánico im *Canary Center* in La Paz.

In der Calle Betancourt (nahe Plaza de la Iglesia) ist ***El Almud*** ein gut sortierter Laden, auch mit einigen frischen Produkten.

Sehr vielseitig ist das Angebot bei **Soluciones** (Calle Ravelo, oberhalb Plaza Charco): Mineralien, Bücher, Reformhaus, New Age-Musik und mehr.

Bestsortierter Laden dieser Art: Kräuterhaus ***Sankt Bernhard***, Calle La Hoya 60; Mo-Fr 9.30-13.30 17-20; Sa 10-14 Uhr

Buchladen

Bücherkiste (deutsch) in ***La Paz***, *Canary Center #48;* viel zu den Kanaren. © 922-381796, Mo-Fr 10-13 und 17-19, Sa 10-13 Uhr.

Buchhandlung Andrés, Calle Iriarte 17, © 922-368514 und 636-743715; Mo-Sa 9.30-13 & Mo, Mi, Do, Fr 16.30-20 Uhr;

Schmuck

Hochkarätige handgefertigte Unikate von *Inge Grassinger* & *Peter Heiser*; Los Realejos, Calle La Longera 12 (neben *Betten Hammerer*); © 922-575015; 10-13 & 17-20 Uhr, Sa bis 13 Uhr, Mi geschlossen; www.orofino24.net

Internet-cafés

Wi-Fi-Zonen

- ***Cafe Roma,*** im ***Centro Comercial LA VILLA***, oberhalb der Autobahn von Puerto de la Cruz und im ***Hotel Gema***, in der Calle Blanco (links oberhalb vom Plaza Charco); beides sind freie WiFi-Zonen für Laptops oder Smartphones mit WLan. Ferner die Bibliothek, Calle Betancourt 11; (nur für @-**Abruf!!!**) und neben der Bibliothek: Internetcafé und ***Locutorio,*** ➢ Seite 541

- ***Ciber esp@cio*** im alten Zentrum, Calle Cologán bei der Plaza de la Iglesia, Internet, Billig-Telefone (***Locutorio***), Fax, 10-22 Uhr, Do geschlossen.

Sprachschule

- ***Multicentro Sothis*** in La Paz, nahe ***Botánico***, Avda Villa Nueva Prado (Ctra Botanico), bei den Apartments ***Molino Blanco*** rechts und noch einmal rechts; © 922-386726; ➢ Seite 541

Sport

Golf, Tennis, Wandern,Tauchen, Paragliding in den entsprechenden Kapiteln unter »Sport-und Aktivurlaub« auf Seiten 514-530.

Restaurants

Puertos Restaurant-Angebot ist riesig und das Preisniveau dank der großen Konkurrenz moderat. Für € 22 bekommt man ein komplettes Menü mit Wein und Café solo. Klassisch spanische Lokale machen Siesta (ca. 16-20 Uhr), ganz auf Touristen eingestellte haben z.T. auch durchgehend geöffnet (ca. 12-23 Uhr).

Nicht alle Küchen der Welt sind vertreten, doch man findet viele internationale Lokale und neben den Touristenländern auch die asiatische Küche. Dennoch dominiert die kanarische Küche, mal klassisch-einfach, mal verfeinert.

Viele Restaurants verfügen über sehr schöne Räumlichkeiten, überwiegend auch über Terrassen oder Patios. Nepp ist eher selten. Es folgt eine Quer-Beet-Auswahl mit Akzent auf »attraktiv, kanarisch, etwas teurer« und für den besonderen Abend, denn über einfache Lokale stolpert man allerorten. Die Liste ist nach Stadtteilen geordnet. Einige Adressen wurden im Rundgang schon erwähnt; hier nun die komplette Beschreibung:

Rincón del Puerto mit Restaurant El Balcón

Zentrum

- ***Arcón,*** nach altkanarischen Rezepten zubereitete Tapas auf der schattig-ruhigen Plaza Concejil, links oberhalb des Platzes; täglich 13-23 Uhr, So zu, ✆ 650-161025, € ➢ Seite 80ff
- ***Bistro de Yves*** (➢ Seiten 80ff und 300), €/€€
- ***Bar Tapas Luis & Restaurante El Balcón***, mittelprächtige *Tapas* & kanarische Küche **in Puertos schönstem Patio** (➢ Foto); Plaza Charco im ***Rincón del Puerto***; 19-23.30 Uhr, ✆ 922-384207.
- ***El Calabacín***, leichte vegetarische und internationale Küche mit saisonbedingten Zutaten, einfach und preiswert. Avda Venezuela/Calle Uruguay 7, ✆ 922 370 938, Mi-So 13-23 Uhr, Mo und Di zu; www.calabacin-teneriffa.com
- ***Casa El Farol*** im altkanarischen Patio, Bistro und Bar; kreative Küche und Backwarenladen; Calle San Juan 14; Bistro täglich 13-15 Uhr, Restaurant 18.30-22.30 Uhr, ✆ 922-368812, €€
- ***Kafka,*** in einem perfekt renovierten Haus mit moderner eleganter Einrichtung wird leichte Küche offeriert; Calle Cruz Verde 4 (Ramilla); 13-15.30 und 18-23.30 Uhr, Mo zu; ✆ 922-381283
- ***La Papaya***, traditionelles kanarisches Restaurant, Meeresfrüchte; eher einfaches Ambiente, sehr hübscher Innenhof, Calle del Lomo im (im Fischerviertel *Ramilla)*; 12.30-23.30 Uhr, Mi geschlossen; ✆ 922-382811; das gemütliche ***El Patio*** daneben gehört zum *Papaya,* €/€€;
- ***La Rosa di Bari***, italienische Küche, hausgemachte Pasta; auch Fleisch- und Fischgerichte; gemütlich elegante Einrichtung in einem alten kanarischen Haus, im oberen Stockwerk (hier darf geraucht werden!) kleine Räume, große Fenster zur ruhigen Straße; Calle de Lomo 23 (in *Ramilla*), Di-Sa 12.30-15 und 18.30-23 Uhr, So abends und Mo zu; ✆ 922-368523, €€/€€€;
- ***Mamma Rosa*** macht in gemütlichem Ambiente ihrer Namensschwester Konkurrenz mit leckerer selbstgemachter Pasta Calle/Perez Xamora/Calle del Lomo (ebenfalls im Fischerviertel *Ramilla*); 12-15 und 19-23 Uhr; ✆ 922-380451; €€.
- ***El Maná,*** kreativ und variationsreich mit frischen Produkten; modernes junges Ambiente; auch nicht-vegetarische Gerichte; Calle Mequinez, (in *Ramilla*), ✆ 922 372474, täglich 13-16 und 19-23 Uhr, So abends und Mo zu, €/€€;
- ***Régulo***, kanarische Küche in einem alten Haus mit Patio; auch bei Einheimischen beliebt; Spezialität: ***Merluza en Rioja***; Ecke Calle Pérez Zamora 16/Calle San Felipe (in *Ramilla*), 12-15 Uhr und 18-23 Uhr, So und Mo mittags zu; ✆ 922-384506, €/€€;
- **Vegetarisch** isst man gut im ***El Limón/Zumería*** in der Calle Esquivel/Ecke Benjamin J. Miranda; täglich 13-16 und 19-23 Uhr (So mittag geschlossen, ✆ 922-381619, €/€€,). Den anschließen-

den Café oder *Cortado* trinkt man am besten gleich um die Ecke (unterhalb) im ***Ébano*** (auf der Plaza Iglesia de la Nuestra Señora de Peña), Calle Luis Cruz B. Miranda); täglich 9.30-0.30 Uhr); spätabends wird das ***Ebano*** zu einer beliebten Kneipe ➢ auch Seite 319.

Punta Brava

- Das Restaurant ***Tambo*** hat eine kleine Terrasse über dem Meer mit Blick auf die *Playa Jardín*; gute Fischgerichte und Paellas; Das Lokal liegt in der Calle Añatervel, versteckt neben dem (geschlossenen) Restaurant *El Caletón* 12-23 Uhr, Mo zu, © 922-376262, €/€€.

La Paz

- ***La Magnolia***, feine, oft prämierte katalanische Küche in lichtdurchflutetem Raum; an der Hauptgeschäftsstraße von La Paz (Carretera Botánico neben den Apartments *Molino Blanco*); täglich 13-16 und 19-24 Uhr, Di zu; © 922-385614, €/€

Tipp

- ***The Oriental***, Thai-Restaurant im *Hotel Botánico*; internationalisierte Thai-Küche, elegantes Ambiente (Jackett-Zwang), teuer: Avenida Yeoward 1 (nähe Botanischer Garten/La Paz), täglich ab 18.30 Uhr; © 922-381400, €€/€€€

Durazno

Zufahrt zu beiden Restaurants *Salida* 32, dann hinter der Gärtnerei *El Draguito* links abbiegen, Schildern folgen. Wer schon in La Paz ist, fährt Richtung *Salida* 32 und biegt oberhalb der Mauer des Botanischen Gartens beim Schild »Durazno« rechts ab.

- ***Casa Lala*** hat kanarische Küche nach Originalrezepten mit individuellem Touch des Koches. Jeden Tag gutes Mittagsmenu; Camino El Durazno (Nähe *Abaco*); So und Mo mittag zu, sonst 12-15.30 und 18-22.30 Uhr, © 922-381794.

Costa Martiánez

- ***El Rubio*** ist das urigere der beiden und besonders mittags gut besucht. Preiwert, Calle La Escuela 3, vom Camino El Durazno rechts dem Schild folgen, Mo zu, 12-23 Uhr; © 922 380701
- ***La Gañania,*** klein und fein im Grünen mit Blick; ➢ Seite 80ff.

Taoro Zone (Salida 35 und 36)

- ***Hay lo que Hay***, ein prima ökologisches **Restaurant** nahe Ausfahrt 35/36, nicht gerade romantisch gelegen (dennoch mit Tischen draußen) in der Calle Las Arenas auf der linken Seite hinter Shell Tankstelle gegenüber KUBO-TV hinter einem Autohändler. Durchgehend geöffnet, © 922-383293; Di-Fr 12.30-20.30, Sa bis 16.30 Uhr So+Mo zu; €/€€.

- ***Ruen Thai***, ansprechendes Lokal des Ex-Kochs im *Hotel Botánico* (➢ oben) mit authentischer Thaiküche, auf Wunsch »richtig« scharf. Ctra. Las Arenas 30, *Salida* 35 oder 36, Richtung *Loro Parque* (nach dem Kreisverkehr links); täglich 12-16 und 19-23 Uhr, Mo zu, © 922-376946, €/€€,

Lohnend - örtlich nicht leicht einzuordnen und schwer zu finden

- ***Lucas Maes,*** vielfach prämiertes Feinschmecker-Lokal (hervorragende Desserts) in einem alten Herrenhaus. Modern gestalteter Gastraum, Terrasse. Hat man **von La Paz** kommend den *Botánico* passiert, biegt man rechts ab Richtung »Icod de los Vinos« sofort (!) danach wieder rechts liegt das auberginefarbene Haus mit der dezenten Aufschrift »Lucas« am Portal.

  Von Santa Cruz kommend sollte man die *Salida* 32 nehmen und Richtung Puerto fahren, auch hier sieht man sofort(!) das beschriebene Haus links. Man muss aber am Restaurant vorbeifahren – linksabbiegen ist nicht möglich – und die nächste Wendemöglichkeit nutzen und zum erwähnten Schild »Icod de los Vinos« zurückzufahren. Geöffnet 13.00-15.30 und 19-23 Uhr, So+Mo geschlossen; © 922-321159, € 30.
- ***El Duende***, in einem altkanarischen Haus, ist bekannt für moderne, kreativ-feine Küche, die sich nach dem saisonalen Angebot richtet; elegant-ländliches Ambiente in **La Higuerita** (an der alten Landstraße Puerto-Los Realejos), Calle La Higuerita 41, Autobahnabfahrt 38/La Higuerita; Mi-So 13-16 und 18.30-23, So 13.30-23 Uhr, © 922-374517, €/€€,

Discos (Discotecas) und abendliche Unterhaltung

Puerto de la Cruz ist nicht gerade für ein tobendes Nachtleben bekannt. Das meist ältere Publikum zieht es mehr zu Kaffee und Kuchen oder in Tanzcafés. In den wenigen *In-Spots* findet man im Winter nur am Wochenende junge Einheimische. Im Sommer dagegen kommen auch viele jüngere spanische Touristen. An der Avda Betancourt y Molina, um das ***Avenida Center*** herum liegen

Für die Jugend

- ***Disco Vampis***, etwas für Liebhaber von *House Music*
- ***Disco FM***, für *Rock, Grunge* und *Heavy Metal*

Um die Plaza Charco herum befinden sich

- ***Azúcar***; in tollem Ambiente wird ab 01 Uhr bis zum Morgen zu kubanischen Salsa-Rhythmen getanzt; dazu schmecken ***Mojitos*** & ***Tamalis***; Di-Do 20.30; Calle Iriarte 1; © 922-387014
- ***Color Café***, Plaza Charco
- ***Elements, Lounge & Cocktail Bar***; Calle Mequines 9
- ***Ebano,*** toll, spätabends Musik und Copas; Plaza Iglesia ➢ S 316
- ***Limbo,*** eher Popcharakter, Calle Blanco, und das
- ***TFM,*** in der Calle Iriarte 10
- ***Disco Joy***, alle Musikrichtungen. Bei bis zu 30-Jährigen »in«; Calle Obispo Pérez Cáceres

Ältere Generation

- ***Caballo Blanco***, Musik 1960-80er-Jahre, Paseo San Telmo 18, im *Hotel San Telmo*, © 922-385656.

Live Music

- Einige **Pianobars** (***Café de Paris***). Einige Hotels (z.B. *Marquesa*).

Cocktailbar

- Etwas Besonderes ist die Cocktailbar im **Abaco**, (➢ Seite 311f) (21-02.30, Sa 15.30-03 Uhr, Mo zu). © 922-374811; www.abaco-tenerife.com.

5.1

Bencomo Lance,
➢ Seite 342

5.2 Das Orotavatal

5.2.1 Kennzeichnung

Das Landschaftsbild

Zu den schönsten Landschaftsbildern in Europa zählen irische Kliffs, norwegische Fjorde und finnische Schären, das Alpen-Panorama, die Provence, Toscana und die griechischen Kykladen – aber Teneriffas Orotavatal? *Humboldts* Euphorie vor 200 Jahren über Teneriffas grünen Teppich kann heute nur nachvollziehen, wer über die heftige Bebauung der letzten Jahrzehnte hinwegsieht. Dennoch ist nicht nur das riesige Tal (10 km breit) nach wie vor atemberaubend, sondern auch sein landschaftlicher Rahmen: weit unten der blaue Atlantik, an den Seiten die *Ladera*-Steilwände und darüber der (schneebedeckte) Teide, den eine täglich mehrfach wechselnde Wolken Show umgibt. Es ist wohl dieses Zusammenspiel des weißen Vulkans vor mediterraner Flora hoch über dem Meer in südlichen Gefilden, das uns hier trotz der Bausünden allerorten immer noch fasziniert.

Bevölkerungsdichte

Flächenmäßig ist die Gemeinde Orotava die größte Teneriffas, denn zu ihr gehören das Touristenzentrum Puerto de la Cruz, die Stadt Los Realejos und der ***Parque Nacional del Teide***. Mit 110.000 Einwohnern hat der Bereich Arona/Adeje inzwischen aber die Gemeinde Orotava (nach Santa Cruz/La Laguna) auf Platz 3 verdrängt. Wenn man den unbewohnten Nationalpark herausrechnet, leben in der Orotava-Gemeinde 460 Menschen/km^2; in Puerto de la Cruz sogar 3.600/km^2.

Vom Humboldtblick zur Baugrube

Vom berühmten »**Humboldtblick**« an der östlichen Schulter des Orotavatals schaut man heute auf ein ständig wachsendes Häusermeer, das die landwirtschaftliche Fläche dieser fruchtbarsten Inselregion stetig schrumpfen lässt. Noch in der Nachkriegszeit kam jede zweite kanarische Banane aus dem Orotavatal. 20 Jahre später erkoren die Stadtväter ihr Tal im Taumel der Tourismuswellen zum Spekulationsobjekt und machten es damit zur gigantischen Baugrube: 8 km^2 Plantagen wurden allein 1995-2000 von Urbanisationen, Service-Einrichtungen und Straßenbau gefressen, darunter die Verlängerung der Autobahn.

Blick vom Mirador Humboldt über das Orotavatal

Touristische Schwerpunkte

Zu den touristischen Zielen zählen neben Puerto auch die **Altstadt von Orotava**, die **Auffahrt** von dort **zum Teide** und das **Wandergebiet** oberhalb von Aguamansa. Ferner einzelne Punkte, wie die Aussichtspunkte ***El Lance*** und ***Corona***, Küstenspaziergänge (z.B. bei Rambla de Castro), aber auch herrliche **Höhenstraßen**, wie die TF 326 von Palo Blanco (oberhalb von Realejos) über Benijos Richtung Aguamansa.

Besonders beliebt ist der ***Mirador Humboldt***, der den erwähnten »Humboldtblick« über das Tal bietet. Zufahrt ab ***Salida* 31** der Autobahn (Orotava/La Questa), dann Richtung Orotava (TF 21). Der massive Lavastein-Bau mit Glasfront-Café ist unübersehbar. Hundert Meter weiter kann man den gleichen Blick vom kleinen **Picknickplatz *Del Pinito*** genauso gut genießen.

Eselsbauch und Orgelpfeifen

Orgelpfeifen (***Los Organos***, ➢ Seite 395), eine Wand aus Basaltsäulen in 1.000 m Höhe, begrenzen oberhalb von Aguamansa das Orotavatal nach Süden. In dieser Höhe kondensiert die Luftfeuchtigkeit des Nordost-Passats und bildet eine geschlossenene Wolkendecke, die oft den Blick auf den Teide-Pico versperrt. ***Panza de burro***, Eselsbauch, sagen die Spanier treffend dazu, denn grau und dickbäuchig hängt sie in den Bergen. Es gehört zu den schönsten Erlebnissen einer Fahrt in den Teide-Nationalpark, diese Nebelzone zu durchstoßen und dann wie im Flugzeug bei strahlender Sonne über dem – von oben betrachtet – weißen Wolkenmeer »zu schweben«. Der Eindruck eines durchhängenden grauen Bauches wird im Orotavatal durch seine seitlichen »Schultern« (*laderas*=Seiten) verstärkt. Sie schützen Orotavas ausgeprägtes Mikroklima vor fremden Wettereinflüssen.

Geologie

Die Geologen rätselten lange über die Entstehung dieses enorm weiten Tales ohne größere Wasserläufe. Früher glaubten sie an eine tektonische Störung, einen gewaltigen Einbruch zwischen den *Laderas*. Lange hielt sich auch die Theorie, dass das Orotavatal nicht durch Landabsackung zwischen den *Laderas* entstand, sondern dass seine Schultern durch punktuelle Lava-Eruptionen und -flüsse aus den Zentren des Inselrückgrats aufgebaut wurden.

Die jetzt weitgehend anerkannte Theorie besagt, dass das Tal durch einen gewaltigen Erdrutsch beim Zusammensturz des riesigen Urvulkans im Zentrum Teneriffas entstand (➢ »*Caldera*«, Seite 417). Gewaltige Geröllmassen gingen zu Tal, unter deren Druck sich die heutigen »Täler« von Orotava, Icod und Güímar bildeten. Die Gesteinsmassen rutschten bis weit ins Meer hinein (➢ Grafik, Seite 15).

Alte Haziendas

Die prächtigen Herrschaftshäuser im alten **Stadtkern von Orotava** zeugen vom Reichtum seiner Großgrundbesitzer seit der *Conquista*. Für die spanischen Eroberer war das **Reich Taoro** des *Mencey Bencomo* damals erstes Objekt der Begierde. Der Guanchen-Bezwinger *Adelantado de Lugo* hatte sich selbst das größte Terrain gegönnt und den Rest generös an Freunde, Verwandte und zukünftige Investoren verteilt.

Auf riesigen Haziendas wurden in fruchtbaren unteren und mittleren Hanglagen je nach Nachfrage und Preisentwicklung Zuckerrohr, Bananen und darüber Wein angebaut (➢ Seite 490, Monokulturen). Nur die obersten Grundstücke waren für den Bedarf der Inselbevölkerung reserviert. Der Großgrundbesitz blieb durch das Erbfolgerecht, das dem Erstgeborenen alles zusicherte (*Mayorazgo*), lange erhalten.

Land und Wasser

Die Exportkulturen brauchten viel Wasser, das es aber meist nur oben in den Bergen gab. Und so nahmen sich die Reichen auch noch die Wasserrechte. Durch ein Kanal- und Staubecken-System wurde es talwärts geleitet und mehr nach Laune als Bedarf verteilt an kleine Bauern und Müller, die die täglichen Nahrungsmittel produzierten. (➢ Essay Seite 447f).

5.2.2 La Orotava

Geschichte

Der **Stadtgründung** von ***La Villa de la Orotava*** im Jahr 1506 ging ein Akt des Ungehorsams voraus. Ein gewisser *Ortiz de Zárate* hatte das Terrain, rund 400 m über dem Meer, an 23 Personen verteilt, obwohl die Hazienda-Eigner die Parzellierung ablehnten. Jedoch kam dem Rebellen Madrids Wunsch nach stärkerer Besiedlung der Region entgegen.

Doce Casas

Wer auf sich hielt, wohnte Mitte des 16. Jahrhunderts in La Orotava. Und so zog es auch spanische, italienische und französische Kaufleute und Finanziers der Zuckerproduktion in jene Region, wo das nur sanft ansteigende Tal in steileres Bergland übergeht. Die Edelsten unter ihnen gründeten 1560 die ***Hermandad Doce Casas*** (»Bruderschaft der 12 Häuser«), über die Humboldt krittelnd bemerkte: » ... die Häuser, solid gebaut, aber trübselig anzusehen, gehören fast durchaus einem Adel, der für sehr stolz gilt und sich selbst anspruchsvoll als *Doce Casas* bezeichnet«. Einheimische nennen bis heute den **Stadtkern *Doce Casas***.

Über den Dächern von La Orotava

Unter dem Patronat der ersten Stadthäuser wurden auch Klöster gegründet, und 1648 konnte sich Villa de la Orotava, die »edle und treue« Stadt, *noble y leal*, wie es im Stadtwappen heißt, als erste Inselgemeinde von der Hauptstadt La Laguna emanzipieren und selbständig werden. Einige der alten Herrenhäuser stehen heute für Touristen offen. Bei einem Blick aus deren Fenstern ins Tal sieht man, wie die Fincabesitzer ihr Land in den letzten 30 Jahren abermals durch Parzellierung vergolden konnten.

Anfahrt und Information

Anfahrt

Drei Autobahn-Ausfahrten führen nach Orotava:

- ***Salida* 31**, Orotava/Cuesta TF 211, danach TF 21/Teide (auf dieser Anfahrt passiert man den *Mirador Humboldt*)
- ***Salida* 33** »La Orotava/El Ramal/PN Teide/TF 211/TF 21«
- ***Salida 34*** »La Orotava/Mayorazgo«

Parken

Von den beiden ersten Anfahrten stößt man auf die **Plaza de la Paz** in der Neustadt. Mit Glück findet man dort in der Mittagspause (13-16 Uhr) einen **Parkuhren-Platz** und geht dann die 500 m über die Calle Calvario zu Fuß zum Altstadtkern. Glücklose fahren weiter auf der Calle Calvario und folgen den Schildern »**P-San Augustin**« in die Tiefgarage unter der *Plaza Constitución.*

Die dritte Autobahnausfahrt (Mayorazgo, ***Salida* 34**) führt weiter westlich durch ein Villenviertel in Richtung Innenstadt (*Centro Orotava*). Am Rande des Stadtkerns, nahe der ***Cafetería Dulcería Jardines*** gibt's freien Parkraum. Dort geht man rechts davon auf der Calle Cologán bergauf zur ***Casa de los Balcones*** (ausgeschildert) und steigt oben in den beschriebenen Rundgang ein.

Oder man fährt weiter bergauf, lässt die *Iglesia de Concepción* rechts liegen, passiert den Eingang zu einer für die Stadtbesichtung ebenfalls günstigen Tiefgarage und stoppt beim **Touristenkomplex *Casa de los Balcones/Turista/Lercaro*.** Dort gibt es einen kleineren, günstig gelegenen **Besucherparkplatz** hinter der *Casa Turista* (9-18 Uhr, Sa bis 17, So bis13 Uhr, kostenlos).

Anreise per Bus

Der **Busbahnhof** (*Estación Guaguas*, Calle San Juan Bosco, oberhalb der Plaza de la Paz) liegt keine 10 min entfernt von der *Iglesia San Augustín*, die man Richtung Westen über die Avenida Obispo Benitez und die Avenida José Antonio erreicht.

Infobüro ➢ **Seite 55**

Calle Calvario 4, unterhalb des Sala Auditorio Teobaldo Power bei der Plaza Constitución, nahe der Tiefgarage San Agustín an der TF 21; © 922-323041; Mo-Fr 8.30-18 Uhr.

Rundgang

Orotavas Altstadtkern ist klein, aber unübersichtlich. Manche Straßen sind sehr steil. Unsere Stadtbesichtigung beginnt an der erwähnten *Iglesia San Agustín*. Sie weicht ab vom offiziell ausgewiesenen/markierten Rundgang, auf dem alle historischen Bauten auf Tafeln in Spanisch und Englisch erklärt werden.

Iglesia San Augustin

Diese Kirche und das rechtwinklig anschließende ehemalige Kloster San Agustín begrenzen die **Plaza Constitución** zur Neustadt hin. Das zentrale steinerne Kirchenportal hebt sich mit frühbarocken Elementen (durchbrochene Giebel) von der sonst klassisch-schlichten Fassade ab. Neben den auf den Kanaren verbreiteten schwarzen Ecksteinen verläuft ein arabisches Ornamentband. Im dreischiffigen Innenraum fällt der Blick vor allem auf die in den Seitenschiffen bemalten Mujedardecken und den mächtigen, reich beschnitzten Holzaltar.

Das bescheidene Klosterportal führt durch die aus dunklen Mühlsteinen errichtete Glockenturm-Fassade (Ende 17. Jahrhundert). Nach der Säkularisierung 1835 verfielen Kirche und Kloster, das jetzt u.a. das ***Auditorio Teobaldo Power*** (➢ Seite 498), die ***Casa Cultura*** und zeitweise das **Symphonie-Orchester Teneriffa** (***OST***) beherbergt.

Plaza Constitución

Die lange schattige **Plaza Constitución** ist Orotavas abendlicher Treffpunkt und Open-air-Konzertplatz für gelegentliche Musikveranstaltungen. Wegen des Blickes über die Dächer der Stadt wird er auch **Orotavas Balkon** genannt. Im arabisch anmutenden Pavillon in der Platzmitte befindet sich ein kleines Garten-Café.

Unübersehbar ist der zur Plaza in Terrassenbeeten abfallende Ziergarten mit dem eigenwillig gestalteten ehemaligen Palast der Familie *Ascanio-Monteverde* (1928). Der jetzige Name ***Liceo Taoro*** weist auf seine vorübergehende Nutzung als Schule hin. Heute ist das *Liceo* Sitz einer privaten Kulturgesellschaft, die Gemeindefeste (Karneval, Silvester) und sonstige Veranstaltungen vorbereitet. Es lohnt der Blick ins Foyer, an dessen Tresen man sich wie in einem alten Ballhaus fühlt (mit Restaurant, ➢ Seite 333).

Auf der Plaza de la Constitución von La Orotava

Calle Escultor Estevéz

Von der Hauptgeschäftsstraße Calle Escultor Estevez, führt die Calle Tomás Zerolo steil bergab zur ***Iglesia Santo Domingo*** und zum angrenzenden ***Museo de Artesania Iberoamericana***. Auf dem Weg dorthin liegen Gebäude verschiedener Epochen und Stile aus drei Jahrhunderten. Außer den typisch kanarischen Häusern (repräsentatives Steinportal, Familienwappen, sorgfältig geschnitzte Balkone) fällt ein graues, kleines Steinhaus wegen seiner mächtigen Eingangstür aus dem 17. Jahrhundert auf (gegenüber der einfachen *Pension*** *Silene*, sowie einige ca. 100jährige Bauten im eklektizistischen Stil mit gotischen Spitzbögen, viktorianischen Türmchen und arabischen Verzierungen.

5.2

Kloster Santo Domingo & Museum

Das aus der Mitte des 17. Jahrhundert stammende Dominikanerkloster diente nach der Säkularisierung (1835) vielen Zwecken – bis Mitte des vorigen Jahrhunderts unter anderem als Obdachlosenasyl. Heute beherbergen diese wohl schönsten Klosterhöfe Teneriffas das ***Museo de Artesanía Iberoamericana***. In den großen Sälen des Museums findet man spanische und südamerikanische Musikinstrumente, Keramik, Textilien und Flechtarbeiten, u.a. das Schilfboot *Cattail* aus Bolivien (➢ Thor Heyerdahl, Seite 199ff). Calle San Francisco 5; Mo-Fr 8-15, Sa bis14 Uhr, ✆ 922-321746, € 2,50.

Iglesia Santo Domingo

Je nach Finanzkraft der Spender wurden ab 1620 neben dem Kloster nach und nach einzelne Kapellen gebaut, die sich heute um das einfache Kreuzschiff gruppieren. Fackel, Hund und Globus, die Symbole der Dominikaner, sind an der Kirchenfassade zu sehen. Ihren Turm umgibt ein kleiner Aussichtsbalkon. Im Kirchenraum ist die »*Virgin de la Concepción*« erwähnenswert, ein wertvolles flämisches Gemälde aus den 16. Jahrhundert.

Artenerife/ Kunsthandwerk

Gegenüber dem Museum wird in der *Casa Torrehermosa* (16. Jahrhundert) tinerfeñisches Kunsthandwerk verkauft. Für gute Qualität garantiert dabei ***Artenerife***, eine von der Inselregierung ins Leben gerufene Vereinigung zum Schutze der heimischen *Artesanía*. Mo-Fr 11-17, Sa bis 14 Uhr. Calle Tomás Zerolo 27, ✆ 922-334013. Weitere Läden ➢ Seite 531.

Casa Mesa

Ein schlichtes klassisches Haus aus dem 16. Jahrhundert ist die bisher nur von außen restaurierte ***Casa Mesa*** an der Ecke Calle Zerolo/Calle Viera. Einziger äußerer Gebäudeschmuck ist das beeindruckende Steinportal.

Iglesia de la Concepción

Die Calle Viera stößt auf die Calle Cólogan, über die man bergauf zum palmenbestandenen **Kirchplatz Plaza Casanas** mit der *Iglesia de la Concepción* gelangt. Nach Orotavas Gründung stand hier zunächst nur eine bescheidene Kirche, deren Ausbau die wohlhabende Familie *Franchy* 1546 finanzierte. Zwei Vulkanausbrüche (1704/1705) im Güímar-Tal, dem geologischen Pendant zum Orotavatal im Südosten, lösten diesseits der Berge Erdbebenstöße aus, welche die *Concepción* zerstörten. Von 1768 bis 1788 entstand die Kirche neu in ihrer heutigen Gestalt. Trotz klassizistischer Elemente zählt sie zu den reinsten und schönsten Barockbauten der Insel.

Die dreigeteilte Fassade wirkt wie ein nach hinten aufgeschlagenes Triptychon, dessen Mittelteil mit dem Portal bis zur geschwungenen Dachlinie hervorgehoben wird. Zwei 25 m hohe Türme krönen die Front. Die Dreiteilung setzt sich innen fort und findet ihren Abschluss in einer Kuppel über dem zentralen Kreuz. Viele in Kuba reich gewordene *Tinerfeños* spendeten wertvolle Gemälde und Skupturen, ein Marmor-Tabernakel sowie die Kanzel des Genuesers *Gaggini* (1823).

Rathaus

Die Calle Tomás Pérez führt vom Kirchplatz weiter zum ***Ayuntamiento***, dem Rathaus. Das klassizistische Gebäude entstand

1895 und trägt die unverkennbare Handschrift des Architekten *Manuel de Ora*, der damals auch Santa Cruz ein neues Gesicht gab (➢ Seite 507). Den Giebel der klassisch gehaltenen Fassade schmückt das Stadtwappen: ein unter der Krone von zwei Drachen flankierter Drago-Baum. Der königliche und feuerspeiende Schutz nützte dem lebenden Wahrzeichen Orotavas wenig. Ein Unwetter entwurzelte Mitte des 19. Jahrhunderts den mächtigen, 25 m hohen Baum, dessen Umfang 24 m betrug.

Blumen- und Sandteppiche

Zu **Fronleichnam** bietet Orotava eine der berühmtesten Attraktionen Teneriffas. Alljährlich werden auf dem palmenbestandenen Rathausplatz religiöse **Bilder aus farbigem Vulkansand** gestreut, und die Prozession schreitet über kunstvoll gestaltete Blütenteppiche (➢ auch Seite 329 & 389)

Botanischer Garten mit Drachenbaum in La Orotava

Hijuela del Botánico

Vor 100 Jahren musste ein Nonnenkloster dem *Ayuntamiento* Platz machen, aber der Klostergarten blieb hinter dem Rathaus erhalten und trägt heute den klangvollen Namen *Hijuela del Botánico* (Töchterchen des botanischen Gartens). Nach dem Vorbild des *Jardín de la Acclimatización* in Puerto (➢ Seite 309) wächst hier eine Vielzahl exotischer und einheimischer Pflanzen, darunter ein stattlicher Drachenbaum und ein prächtiges Exemplar der *Araucaria Heteropylla* (Schirmtanne). **Eintritt frei**, 9-14 Uhr.

Jardínes Quinta Roja

Vis-a-vis des Botanischen Gartens liegt der Eingang zum ***Jardín del Marquesado de la Quinta Roja***, einem nach viktorianischem Vorbild streng gegliederten Park, der über Terrassen zum Mausoleum (1885) ansteigt. Es entstand für den *Marqués de Quinta Roja*, der als Freimaurer kein kirchliches Begräbnis bekam. Von dort hat man einen weiten Blick über die Dächer; 9-18 Uhr.

Hotel Rural Orotava

Zurück zum Rathaus: Die Straße vor dem *Ayuntamiento* trägt den Namen eines berühmten Sohnes von Orotava, *Escultor Estevéz* (1788-1854), dessen Skulpturen in vielen Kirchen zu sehen sind. Sie führt vorbei an einem Stadthaus von 1580, das heute das ***Hotel Rural Orotava*** beherbergt. Hier wohnt man stilvoll kanarisch. In seinem begrünten Patio, dem prämierten **Restaurant *Sabor Canario***, werden gut bereitete traditionelle und kreative Inselgerichte serviert (➢ Seiten 332 und 579).

Casa Monteverde

Am Ende der Escultor Estevéz führt rechts die Calle Colegio abwärts wieder zurück zur *Iglesia Concepción*. Die paar Schritte weiter zur ***Casa Monteverde*** und zur ***Casa Lercaro (Ponte-Fonte)*** lohnen. Gegenüber der *Casa Monteverde* mit dem Renaissanceportal erinnert eine Tafel daran, dass hier die Schöpferin von Orotavas erstem Blumenteppich (1847) lebte. Zum 150. Jubiläum setzte die Stadt ihr ein Denkmal und stellt in einer Glasvitrine unterhalb der Casa die Nachbildung des ersten Teppichs aus.

Casa Lercaro

Die *Casa* ist ein prächtiger Barock-Palast (1672) der Genueser Familie ***Lercaro*** mit kunstvollen Holzbalkonen. In den holzgetäfelten Räumen und im gepflegten Garten gibt es allerhand Federvieh und Bauerngerät zu sehen. In den stilvollen Räumen und im Patio bietet der **Restaurantkomplex *Zona Kiu*** ein Restaurant/Café. Mittags und abends (So abend und Mo zu; © 922-323738) Im 1. Stock befindet sich ein exklusives Dekorationsgeschäft mit alten und neuen Stoffen, Möbeln, Lampen (kein touristischer Nippes), täglich 10-20 Uhr; gratis.

In der Casa Lercaro

Gemäldekomposition aus originalfarbenem Lavasand in La Orotava

Göttliche Teppiche und »Sandgemälde«

Auch auf der Insel des ewigen Frühlings ist der Mai ein Blütenmonat. Vielerorts werden die Kreuze und Kirchenportale am *Dia de la Cruz* (3. Mai, Tag der Landung der Spanier auf Teneriffa) verschwenderisch mit Blumen geschmückt.

In der **Fronleichnams-Woche** (wechselnd, 2. Hälfte Juni) ziehen die **Blumenteppiche** auf den Straßen auch die Touristen in Scharen an. Religiöse Motive werden zunächst vorgezeichnet, dann von jung und alt sorgfältig mit verschieden farbigen Blumen ausgesteckt. In einigen Orten werden auch andere eingefärbte Materialien wie Salz, Getreide, Reis oder Sand verwendet. In der Nacht vor dem Ereignis wird fieberhaft gearbeitet, da Wind und Wetter die Arbeit im Nu vernichten können.

Diese ***Alfombras*** wurden erstmals Mitte des 19. Jahrhunderts von *Leonor de Castillo* und *Maria Teresa Monteverde,* Bewohnerinnen der *Casa Monteverde,* gelegt. Heute ist eine Mosaiknachbildung des Urteppichs vor ihrem restaurierten Haus zu sehen (➢ links *Casa Monteverde*).

Eine kanarische Besonderheit ist das jährliche **Lavasandbild vor dem Rathaus** in La Orotava. Wochenlange Arbeiten gehen diesem farbenprächtigen Ereignis voraus. Schon die Regenabdeckung des fast 1000 m^2 großen Rathausplatzes kostet viel Zeit. Mit Kreide werden die religiösen Motive vorgezeichnet. Stundenlang hocken dann die Künstler auf dem Boden und lassen bis zu 3000 kg feinsten Lavasand durch ihre Hände rieseln. Ihre Palette bilden Sandsäcke in 18 originalen Farben. Während der Arbeit darf man den Künstlern zuschauen.

Auch in Icod und La Laguna werden zum ***Corpus Christi-Fest*** (Blumen-)Teppiche ausgelegt. Ein ***Teppich-Museum*** (*Museo de Alfombras*) befindet sich diekt neben der *Casa los Balcones*; ➢Seite 330.

Gofiomühle La Máquina

Unterhalb des Gebäudes gelangt man durch einen Gang zur Gofiomühle ***La Máquina***. Nicht Wasser, sondern Strom treibt die alte Technik heute an. Mit *Gofio*-Laden. (➢ *Gofio*, Seite 69).

Casa de los Balcones

Zurück in der Calle Colegio geht die Straße bergauf weiter als Calle San Francisco zu zwei nebeneinander stehenden **Prachtpalästen** des Orotaver Finanzadels des 17. Jahrhunderts. Nur bei genauem Hinschauen entdeckt man die Unterschiede in den Balkon-Ornamenten beider Häuser – sowohl im zweiten Stock (Holz), als auch im ersten (Schmiedeeisen). Neben der *Casa de los Balcones* (1632) verdient die Fassade der etwas jüngeren ***Casa Franchy*** mit den Raubvögeln in ihren durchbrochenen Fenstergiebeln Aufmerksamkeit. Täglich 8.30-18.30 Uhr; © 922-330629

Museum 1

Museo de Alfombras (Sand- und Blumenteppiche); alles über Geschichte und Herstellung; in der *Casa de los Balcones*, Nebengebäude, *Casa* 5, Mo-Sa 10-18 Uhr, € 1.

Museum 2

In der ***Casa de los Balcones*** bietet sich außerdem Gelegenheit, ein herrschaftliches Haus aus dem 17. Jahrhundert von innen zu sehen. Die Räume um die obere Balkongalerie wurden hergerichtet und als **Museum** (9-18 Uhr) zugänglich gemacht. Eine Weinpresse im Patio und landwirtschaftliches Gerät geben Einblick in das frühere bäuerliche Leben. Stickerinnen und Korbflechtern kann man bei der Arbeit zusehen und die Produkte kaufen; € 1,50.

Kanarisches Kunsthandwerk

Auch in der ***Casa del Turista (Casa Molina,*** 1590) gegenüber, einem früheren Konvent, wird Kunsthandwerk verkauft: Stickerei und Hohlsaumdecken aus dem dafür berühmten Dorf Vilaflor (➢ Seite 410ff), auch tinerfeñischer Honig, Wein etc. Man kann auch einem Zigarrendreher auf die Finger schauen, ➢ Seite 139.

Wie aus buntem Lavasand ein Bild entsteht, wird nebenan auf der Terrasse (schöner Blick) gezeigt. Als Türumrandung im Innenraum beeindrucken **Bilder aus unterschiedlichen Getreidekörnern**; sie schmücken auf *Romerías* die Ochsenkarren (➢ Seite 399).

Drehwiege

Weiter bergan führt die Straße zur Plaza San Francisco und zum ***Hospital de la Santísima Trinidad***. Als dieses ehemalige Franziskanerkloster 1801 abgebrannte, übernahm die Gemeinde 1835 den Wiederaufbau als Krankenhaus. Im rechten Portalflügel (seitlich über die Plattform die Treppe hinauf) ist ein hölzerner Zylinder, in den Mütter ihre Babies legen und mit einer Drehung unbemerkt ins Klosterinnere, in Nonnen-Obhut, geben konnten. Die heute blockierte Trommel – mit Kissen und Bettdeckchen – ist nur vom Innenhof aus zu sehen. Einige deutsche Großstädte führten solche »Babyklappen« für verzweifelte junge Mütter (wegen Protesten nur vorübergehend) wieder ein.

Aquädukt einer Gofiomühle

Abstecher: Ruta de Molinos – Gofiomühlen

Von der *Iglesia San Francisco* lohnt es, die steile Calle San Francisco über die Calle Doctor Domingo González hinaufzugehen. Dort in der Oberstadt, dem ***Barrio Farrobo***, wohnten einfache Bürger, wie die schlichten Häuser ohne Balkone, Wappen und große Portale bezeugen.

Auf den ersten Blick nur schwer zu erkennen sind die Reste der alten wasserbetriebenen **Getreidemühlen**, die in gerader Linie bis zur Calle Colegio von den Quellwassern des höherliegenden Aguamansa (= stilles Wasser) angetrieben wurden. Entlang einer ausgeschilderten ***Ruta de Molinas*** sind heute nur noch die Rundbögen der Aquädukte zu sehen. Daran schließt ein kreuzgekrönter Turm an, von dem das Aquäduktwasser auf die Mühlräder stürzte. Nach vollbrachter Mahlarbeit wurde das Wasser zunächst in Tiertränken und dann auf die Felder geleitet.

Iglesia de San Juan de Farrobo

Wer auf dem Weg bergab links in die Calle Calvo Sotelo einbiegt, erreicht die Kirche des Viertels. Schon 1608 wurde hier eine *Ermita* gegründet, die von den armen Landarbeitern und Tagelöhnern der Oberstadt in eine Schule umgewandelt wurde, wo ihre Kinder lesen und schreiben lernen konnten. Mit dem Bau der *Iglesia de San Juan de Farrobo* in ihrer heutigen Gestalt als dreischiffige Kreuzkirche wurde 1720 begonnen.

Romulo Betancourt

Auf dem Platz neben der Kirche steht die Büste von *Romulo Betancourt*, dessen Familie – wie so viele andere auch – nach **Venezuela** ausgewandert war, und der dort 1945 Präsident wurde (➢ Seite 498). Der Name *Betancourt* hat sich auf den Kanarischen Inseln seit dem Beginn der *Conquista* weit verbreitet. Denn der Normanne *Juan de Betancourt* war der erste Europäer, der zunächst auf den von ihm eroberten Inseln Lanzarote und Fuerteventura reichlich Landbesitz angehäuft hatte.

Rückweg

Die Calle de León führt bergab, vorbei am Botanischen Garten und den *Jardínes Quinta Roja*, zu unserem **Ausgangspunkt**.

Pueblo Chico

Im liebevoll gestalteten **Themenpark *Pueblo Chico*** sind die perfekten Miniaturen von über 50 historischen (einschließlich Guanchenhöhlen) und modernen Bauten aller kanarischen Inseln rekonstruiert und in eine Art botanischen Garten eingebettet. Auch der ***Teide*** wurde rekonstruiert (4,50m hoch). Als Modell lässt sich hier seine abwechslungsreiche Geologie gut studieren. Mit *Zumería* (Saft-Bar), Restaurant und Souvenir-Shop.

Der Park liegt gleich oberhalb der Autobahnausfahrt 36 (ausgeschildert), Shuttlebus ab Puerto; € 12,50 Kinder € 6,50; © 922-334060; täglich 9-19 Uhr; www.pueblochico.com

Plaza von La Laguna en miniature, nachgebaut im Pueblo Chico

5.2.3 Praktisches (Infobüro ➢ Seite 55)

Busbahnhof
Ecke Avenida de Jose Antonio/Calle Miguel de Cervantes (oberhalb der Plaza de la Paz in der Neustadt)

Post
Plaza Patricio García gegenüber der *Iglesia de Concepción*

Polizei
Notruf 112

Unterkünfte
Neben der erwähnten ***Pension Silene*** und dem ***Hotel Rural Orotava*** gibt es das empfehlenswert ***Alhambra***, oberhalb des Klosters *Santo Domingo* in der Calle Nicandro Gonzáles Borges 19.

Hotel Victoria, ein stilvolles Herrenhaus nahe Botanischem Garten (Calle Hermano), ist auch eine Option (➢ Hotels, Seite 568).

Bauernmarkt
Mercadillo, oberhalb Jardín Victoria (im Instituto); Sa/So 8-15Uhr

Restaurants
- ***Sabor Canario*** im Hotel *Rural Orotava* (➢ Seite 328), traditionelles Restaurant mit einem attraktiven Patio, täglich 12-16 und 19.30-21.30 Uhr, So geschlossen; © 922-322793.
- ***Restaurante Taoro***, Calle León 5 am *Hijuela del Botánico*, einfache Räume, verwinkelter Patio, aber gute kanarische Hausmannskost, Mo zu, © 922-330087.
- ***Los Tostones***, lokale Küche, zentral gelegen in der Calle Leon 23, © 922-333930

- ***La Duquesa,*** Straßencafe neben der Kathedrale, © 922-334949
- Im ***Liceo Taoro*** (➢ Seite 324) gibt es neben Bar und Café im Restaurant preiswerten Mittagstisch in gepflegter Umgebung.
- ***Bodegon Matias***, traditionelle kanarische Küche, sehr beliebt; oberhalb Orotava an der TF21 in **Los Pinos** (Abzweig nach La Florida); Di-Sa 12.30-23 Uhr, © 922-320259.

Mercadillo de Agricultor

Bauernmarkt oberhalb Jardin Victoria, Sa 9-14, Mo ab 16 Uhr

5.2.4 Von La Orotava nach Los Realejos

Alternative Routen

Oberhalb der Autobahn verbinden drei parallel verlaufende Straßen Orotava mit Los Realejos (von unten nach oben: **TF 322, 324 und 326**). Beidseitig der unteren Straßen wird hauptsächlich Wein angebaut. Es gibt zwar keine romantischen Weingüter zu besichtigen, aber viele kleine Weinproduzenten bieten ihren Wein (mit einfachen Gerichten) in eigenen Bodegas an.

TF 322

Man erreicht die TF 322 (Carretera La Luz) über die Ausfahrt 34/ Mayorazgo, dann geht's ab Kreisverkehr Richtung Zentrum Orotava und den Schildern »*Clinica Vida*« und »*Pueblo Chico*« nach. Die Straße endet am *Monasterio*, ➢ unten und Seite 80ff.

Mesón Valle la Bellota

4 km westlich La Orotava an der Straße im Ortsteil Tafuriaste liegt das große kanarische Landhaus ***Mesón Valle de Bellota*** (13-23 Uhr, Mo geschlossen) mit umlaufendem Holzbalkon; mit Tasca-Bodega (*Bellota*-Schinken!) und Restaurant; © 922-325183.

Auf der Rückseite des Gebäudes befindet sich das urige ***Restaurant El Engazo*** in einem alten Ziegenstall (täglich 12-16 & 19-23 Uhr, So Abend und Di geschlossen, © 922-333556. Dort werden Kaninchen in *Salmorejo,* frischer *Queso Blanco* und Tomaten-Avocado-Salat aus eigenem Anbau serviert. Zum Nachtisch schneidet man sich selbst eine Banane von der Staude.

Mesón El Monasterio

Das beliebte ***Mesón de Monasterio*** ist ein neu erbauter Restaurantkomplex im Stile eines Klosters auf altem Klostergrund, ➢ mehr dazu ➢ Seite 80ff und Foto Seite 334.

*Gemütliches Restaurant **La Bellota**, ca. 4 km westlich des Zentrums an der TF 322*

»Mesón El Monasterio«, aus einem Kloster entstandener Restaurantkomplex unterhalb von Los Realejos

TF 324

Die gut ausgebaute **mittlere Straße TF 324** zweigt gleich oberhalb von Orotava von der Teideauffahrt TF 21 ab und läuft durch zwei größere Ortschaften. An ihr liegen einige einfache *Bodegas*, wo man losen Wein kaufen und einfach essen kann. Beliebt bei den Einheimischen sind die ***Casa Antonio***, ***Bodega Chico***, ***Guachinche El Valle*** und ***Guachinche El Viña*** (alle bei Kilometer 2,5 hinter der *Repsol*-Tankstelle). Letztere *Guachinche* liegt 200 m oberhalb der Straße und ist ganz gemütlich mit Weitblick über das Land (✆ 922-308528, Mo zu). Die TF 324 endet in Los Realejos Alto. Dort hat man einen guten Übergang zur reizvoll geführten TF 342 über Icod Alto/Guancha nach Icod de los Vinos.

TF 326

Die **oberste Verbindungsstraße** zweigt nach ca. 8 km bei Chasna von der Teideanfahrt (TF 21) ab und führt durch ein landwirtschaftlich genutztes Gebiet über Palo Blanco nach Los Realejos Alto. Wer genügend Zeit mitbringt, lernt auf dieser Route – besonders bei gutem Wetter – einen letzten in seiner Ursprünglichkeit erhaltenen Zipfel des Orotavatals kennen.

Käse

In **Benijos** lohnt ein Stop bei ***Granja Teisol***, um frischen Käse zu kaufen (*Fresco, Semicurado, Ahumado)*. Etwa bei Kilometer 7,5 geht es hinter dem Kirchplatz links hoch, ➢ Seite 75.

Zona Recreativa Chanajiga

Zu bedenken wäre auf dieser Route ggf. ein Abstecher zur ***Zona Recreativa Chanajiga*** (1.500 m). Sie liegt an der oberen Grenze der immergrünen ***Laurisilva*-Wälder**. Sie sind heute selten geworden und hauptsächlich als Vegetation des Anagagebirges bekannt.

Anfahrt zur *Zona*: zwischen Benijos und Vinatico Brezal verlässt man die TF 326 und fährt links hoch nach **Las Llanadas** und noch etwa 5 km weiter. An Wochentagen ist dort garantiert nichts los.

Alternative Teideanfaht

Wer von Garachico oder Icod in den Teide-Nationalpark will, findet in der **Landstraße TF 326** ab Realejos über Cruz Santa eine empfehlenswerte Alternative zu der oft vollen und anfangs zersiedelten Auffahrt über Orotava (**Anfahrt von Westen**: Autobahnausfahrt 36, dann nach Cruz Santa und Palo Blanco, Schildern »Teide« folgen, bei Chasna trifft man dann auf die TF 21).

5.2.5 Los Realejos und Umgebung

Kennzeichnung

Charakteristik

Diese neben Orotava zweite alte Stadt im Orotavatal (37.500 Einwohner, 420 m über dem Meer) ist wegen ihrer unattraktiven Neubauten, unübersichtlichernVerkehrsführung und die weit verstreuten Sehenswürdigkeiten besucherabweisend. Zudem sind die unübersichtlich engen und steilen Straßen beiderseits eines tiefen Barranco eine Herausforderung für Fahrkunst, Kupplung und Bremsen. Nur die *Iglesia Santiago* lohnt einen Stopp (. Sie liegt im Stadtteil Realejos Alto. Dorthin geht es über die Autobahnausfahrt 39, von dort einfach bergauf ➢ nächste Seite.

Stadtgeschichte

Für den Guanchen-*Mencey Taoro* war Los Realejos' unwegsames Gelände ein günstiges Rückzugsgebiet. Als die Conquistadoren nach ihren ersten siegreichen Schlachten gegen die Guanchen im Bereich der heutigen Oberstadt ein Feldlager errichten wollten, sahen sie sich unterhalb davon (heute *Realejos Bajo*) abermals mit Guanchenkriegern konfrontiert und besiegten sie dort endgültig (1496). Der **Name der Stadt** resultiert aus der Zusammensetzung von *real* für »königlich« und *lejos* für »fern der Heimat«.

Hacienda Los Príncipes

Zum Dank für den Sieg begann der neue Herrscher ***Lugo*** sogleich mit dem Bau der ***Iglesia del Apostel Santiago*** und der Landaufteilung an seine höheren Offiziere. Dabei sicherte er sich selber ein großes Stück vom Kuchen, die ***Hacienda Los Príncipes***. 2007 wurden sie und ihre Ländereien als *Bien Interes Cultural* (BIC) geschützt, so dass Spekulanten leer ausgingen.

Barranco de Godinez

Die Stadt wird vom tiefen *Barranco de Godinez* in zwei Teile, die Unter- und die Oberstadt geteilt. Im Westen zieht sich die Bebauung bis an die Steilfelsen der ***Ladera Tigaiga***. Weitere Siedlungen gibt es oberhalb des *Barranco*. Dort sind die Felder eben, fruchtbar und vor Überschwemmungen geschützt. Früher führten diese Schluchten im Winter soviel Wasser, dass die Menschen sich von ihren Rändern lieber fernhielten. 1827 kam es dennoch zu einer ähnlich heftigen Flutkatastrophe wie 2002 in Santa Cruz.

Blick von den Serpentinen über der Stadt auf Los Realejos

Realejos Umgebung

Oberhalb des Stadtgebietes von Los Realejos bieten zwei ***Miradores*** herrliche Ausblicke, und ausgedehnte Waldgebiete laden zum Wandern ein. Spazierwege finden sich auch an der – zum Baden jedoch ungeeigneten – Steilküste, wo man versucht, die letzten Fleckchen Natur zu retten: den *Barranco Ruiz, Rambla del Castro* und die *Ladera Tigaiga*. In höheren Lagen wurden alte Fincas für den *Turismo Rural* hergerichtet.

Einschätzung

Eine ausführliche Stadtbesichtigung von Los Realejos muss nicht sein. Aber der Blick von den beiden ***Miradores*** (*del Lance* und *Corona,* ➢ Seite 342) an der Höhenstraße TF 342, der westlichen Begrenzung des Orotavatales, der ***Ladera Tigaiga***, sind lohnenswert, ebenso die Küstenwege vom *Mirador Pedro,* ➢ nebenstehenden Kasten.

La Romántica I und II

Die touristische Entwicklung im Orotavatal hat die Stadt kaum berührt, denn die Viertel ausländischer Residenten (*La Romántica* I und II) und das große Aparthotel (*Maritim*) liegen unterhalb der Autobahn an der Küste und haben ihr eigenes Zentrum: In der Geschäftsstraße in **Toscal-Longuera** finden Deutsche und Engländer alles, was sie brauchen. Gut sortiert ist der **Supermarkt *Ruben-Cabrera***, eine Zweigstelle der **Bäckerei *El Millo*** (Nr.13), das **Reformhaus *Mi Salud*** und Schmuck bei ***Orofino,*** ➢ Seite 314

Besichtigung

Iglesia de Santiago Apostól

Wer von der Autobahn-Ausfahrt 39 kommt, wird automatisch zur sehenswerten *Iglesia de Santiago Apostól* geleitet, der ersten Kirche Teneriffas mit einem spitzen gekachelten Kirchturm. Hier stand zunächst nur eine kleine Kapelle, in der die ersten adligen Guanchen getauft wurden. Bis auf das Renaissance-Hauptportal (Ende 16. Jahrhundert) stammt das heutige Gebäude aus dem 17. und 18. Jahrhundert. Das Holz für die teilweise reich verzierte Kasettendecke kommt aus der nahegelegenen *Ladera Tigaiga*. Im Inneren sticht besonders der vergoldete Hauptaltar mit *San Isidro* und dem Apostel *Santiago* hervor. Links davon (neben dem *Retablo de Nuestra Señora de los Remedios*) steht ein flämisches Triptychon (*Tríptico de Santiago*) aus dem 16. Jahrhundert.

Viera y Clavijo

Oberhalb des Kirchplatzes steht die Büste des berühmtesten Sohnes der Stadt, des Historikers, Biologen und Dichters der Aufklärung *Viera y Clavijo* (1731-1813). Seine wichtigsten Werke beschreiben Natur und Geschichte der Kanaren (➢ Seite 497).

Auf der anderen Straßenseite liegt das **neue Rathaus** (kanarischer Stil). Beim blau-rötlich klassischen Haus handelt es sich um das alte Rathaus. Vom Aussichtsplatz vor dem *Ayuntamiento* blickt man auf einen der schönsten Drachenbäume der Insel.

Weiter geht's auf der tollen Route TF 342 nach Icod (oberhalb des Kirchplatzes rechts ab nach **Icod Alto** und **Guancha,** beschildert).

Drago

Den erwähnten **Drachenbaum** am Friedhof (*Cementerio San Francisco de Assisi*) erreicht man über die Calle Cruz Verde: nach Überquerung der Brücke über den Barranco geht es steil abwärts.

Iglesia

Die Straße führt zum drachenbaum- und kiefernbestandenen Kirchplatz der ***Iglesia Nuestra Señora de la Concepción*** (Ende des 17. Jahrhundert). Die Kirche ist Mittelpunkt des hier noch relativ gut erhaltenen alten Kerns von Realejos Bajo. Ihre außergewöhnlich schönen Portale aus verschiedenen Jahrhunderten (Gotik, Renaissance) überstanden 1978 einen Brand, während die Holzdecken in den Flammen aufgingen.

Ermita de San Sebastian

Etwas oberhalb der Kirch führt eine Straße Richtung Westen in den **Ortsteil Tigaiga**. Zu Fuß erreicht man in zehn Minuten die anmutige *Ermita de San Sebastián* (17. Jahrhundert), die zur oben erwähnten *Hacienda del Príncipe* gehörte. Daran grenzen die Reste eines alten Herrenhauses.

Wer die Straße neben der *Ermita* (Camino Icod el Alto) mit dem Auto weiterfährt, kommt am Ende der kleinen Ansiedlung an eine weitere Kapelle, die *Ermita de la Concepción* (Ursprünge aus dem 16. Jahrhundert), von deren Vorplatz man ein weiteres Mal einen schönen Blick über das Land hat.

Küstenwege bei Los Realejos

Vom *Mirador San Pedro* zum *Hotel Maritím*/Los Realejos

Ein wunderbarer leichter Küstenweg zum Hotel *Maritím* (das weithin sichtbare blaue Hochhaus) in der Nähe des Loro Parque/Puerto de la Cruz. Selbst bei langsamem Spaziergang braucht man maximal 90 min für die Strecke. Wer am *Mirador San Pedro* sein Auto parkt (unterhalb von Los Realejos, bei *San Vicente* gleich hinter dem westlichen Tunnelausgang am kleinen *Bypass* der Küstenstraße) und Richtung *Maritím* loswandert, findet vor dem Hotel Taxis, die ihn zum Wagen zurückbringen (Tarif ca. € 9).

Ruine eines alten Pumpenhauses direkt am Meer, ➢ nächste Seite

Vom ***Mirador San Pedro*** (mit Restaurant/Bar) blickt man über schlanke Palmen, Bananenplantagen und einige Fincas aufs Meer. Das Land wurde schon zu Beginn des 16. Jahrhunderts verteilt. So manch illustrer Reisende hat dieses Fleckchen Erde, die *Rambla de Castro*, mit dem Garten Eden verglichen. Nur eine kleine Villensiedlung liegt an der lavasteinigen Steilküste hat die Landschaft seither verändert. Hier herrscht seit einigen Jahren Baustopp.

Ab dem *Mirador* folgt man dem ausgeschilderten ***Sendero Turístico*** (Touristenpfad) Richtung Puerto und gelangt in ein naturbelassenes Paradies aus uralten Palmen und Hibiskusbäumen. Ein kurzer Abzweig endet an den Resten einer alten Kanonenstellung.

Der kleine Strand links unten ist über einen steilen Treppenweg zu erreichen. Brandung und Strömung machen das Baden – zumindest in den Wintermonaten – meist unmöglich.

Der schön angelegte Hauptweg führt weiter durch kultivierte Terrassenfelder und einen *Barranco* voller Wolfsmilch und Kakteen. Hinter einer Finca führt der Weg bergab nach Puerto zum nächsten *Barranco* (aufwärts gelangt man zur Küstenstraße). Wer steile Treppen nicht scheut, kann zu einer mehrstöckigen Ruine und zum ***Playa Fañabé*** (kein Baden im Winter) hinuntersteigen.

Die schlanke Ruine war ein **Pumpenhaus**, über das die reichen Quellwasser aus dem *Barranco* in die höhergelegenen Felder geleitet wurden. Unter dem Dach wohnten die Maschinisten mit Familien. Auch das verfallene Maschinenhäuschen weiter oben gehört zu diesem kurios gelegenen Kraftwerk.

Der Pfad führt weiter durch eine abwechslungsreiche Vegetation und unten an teils pompösen Villen der vornehmlich von Deutschen bewohnten Siedlung Romántica I und II vorbei. Ein letzter Wegabschnitt verläuft oberhalb des ***Playa Los Roques*** zum blauen Apartment-und Hotelklotz ***Maritím***.

Vom *Mirador San Pedro* zum Meer (Rundweg 30-40 min)

Dieser Spaziergang führt von der gleich unterhalb des *Mirador San Pedro* gelegenen *Ermita* bergab zur Feriensiedlung Ramblas del Mar, einer kleinen Felsbucht, drei Fischerbuden (gefährlicher Badeeinstieg für Mutige), der Villen-Siedlung *El Goindastes* (Tunnel-Zugang) und durch Bananenplantagen zurück zum *Mirador San Pedro.*

Küstenpfad nach Las Aguas (30 min)

Westlich des ***Mirador San Pedro***, einige Kilometer nach der Ausfahrt zur *Playa Socorro,* direkt am Ortschild von **Juan de la Rambla**, zweigt rechts eine Straße (Calle Rosario) zu einer Häusergruppe hoch über dem Meer ab. Man kann sein Auto ein paar hundert Meter weiter bei einer Straßenverbreiterung abstellen und zu Fuß durch die Bananenplantagen hinabgehen. Vorbei an kleinen kanarischen Häusern und einem Kirchplatz führt ein von Blumen gesäumter Pfad in Richtung Westen bis in das Dorf Las Aguas (mit Pool und Restaurants, ➢ Seite 341). Richtung Osten gelangt man von der Häusergruppe in 10 min zum ***Barranco de Ruiz***, wo sich der Pfad weiter unten verläuft.

Blick auf Las Aguas; im Vordergrund der Meerwasserpool

6 Nordküste westlich und östlich von Puerto

6.1 Nordküstenbereich westlich von Puerto

6.1.1 Von Los Realejos nach Icod

Routenübersicht

Zwei Landstraßen verbinden Los Realejos mit Icod. Die vielbefahrene **Küstenstraße** über San Juan de la Rambla (TF 5) und eine **Höhenstraße** über La Guancha (TF 342). Die Wahl fällt nicht leicht. Beide Strecken haben ihren speziellen Reiz: die Küstenroute bietet oberhalb der Steilküste verlaufende Kliffpfade zum Spazierengehen. An der attraktiven Höhenstraße passiert man mehrere schöne Aussichtspunkte.

Wer Zeit hat, sollte beide Routen einplanen: erst am Meer entlangfahren und ggf. auch -laufen, vielleicht in Las Aguas baden, danach in einem der Restaurants in Las Aguas essen und schließlich oben zurück am Berg über die *Miradores* »autobummeln«.

Die Küstenstraße

Straße TF 5

Die TF 5 endet als Autobahn bei Los Realejos (*Salida* 39), läuft aber als Küstenroute – teilweise hoch über dem Meer – unter gleicher Nummer weiter. Die Felsen fallen dort steil ab und werden von etlichen *Barrancos* durchschnitten. Ihre Tiefe zeugt von den Wassermassen, die hier früher hinabstürzten.

Die Region ist relativ wenig bebaut. Unabgedeckte Bananenkulturen, durchsetzt von hohen Palmen mit einzeln stehenden alten Fincas, sorgen für das Grün in der Landschaft. Auch vorhandene kleinere Urbanisationen stören das hier wieder ursprünglichere Inselbild wenig. Am Straßenrand passiert man zuweilen kleine Lokale sowie Obst- und Gemüsestände. Um Icod de los Vinos herum nimmt die Besiedelungsdichte wieder zu.

Teideblicke

In **Icod** und Umgebung präsentiert sich der Teide besonders reizvoll, weil sich das Vulkanmassiv hier mit seiner ganzen Breite relativ nah über der Stadt aufbaut (➢ Foto Seite 345). Das ist vor allem im Winter eindrucksvoll, wenn der Schnee weit nach unten bis an die Baumgrenzen reicht. Um das zu erleben, muss man beim Icod-Besuch Wetterglück mitbringen, denn oft umhüllt die Passatwolke den Berg derart, dass dessen Spitze aus diesem steilen Blickwinkel nicht – wie etwa oft vom Orotavatal aus – über den Wolkenring hinausragt.

Baden

Eine Gelegenheit zum Bad im Meer ergibt sich kaum. Die ***Playa de Socorro*** – westlich des Straßentunnels – ist der einzige längere (schwarze) Sandstrand an diesem Küstenabschnitt. Er ist als Surfstrand beliebt, aber gefährlich, weil die Brandung von keinem Riff gebrochen wird. Obwohl Parkplätze und die schmucklose Promenade keine Strandträume erfüllen, drängen sich hier im **Sommer** (nur) die Tinerfeños. Im **Winter** ist wenig los.

Hohe Wellen spülen an diesem Strand immer wieder *Callaos* (faustgroße ovale Steine) an. Die ***Cafeteria*** dort ist (zumindest bei gutem Wetter) ganzjährig geöffnet.

Barranco de Ruiz

Der *Barranco de Ruiz* wurde wegen seiner typischen Vegetation unter **Naturschutz** gestellt. Die ***Zona Recreativa*** mit Kinderspielplatz, Grillöfen, Tischen und Bänken ist wenig attraktiv und liegt obendrein direkt an der belebten Hauptstraße.

Las Aguas - Zufahrt über San Juán!

San Juáns östlicher Vorort, **Las Aguas**, hat kaum Tourismus. Am Meerwasser-Pool (Eintritt; ➢ Foto Seite 338) liegt das **Restaurant *Las Aguas*** mit gemütlichem Gastraum und Terrasse (➢ Seite 80ff). Es ist bekannt für seine Reisgerichte (ab 2 Pers.). Mehr Platz hat oberhalb das ***La Escuela*** (edle Meerterrasse, ✆ 922-360438, Di zu) und das schlichte ***El Sotero*** mit frischem Fisch (beim Parkplatz am Meer,12.30-22 Uhr, Mo zu, ✆ 922-360244). Vor oder nach dem Essen tut Bewegung gut (➢ Seite 338 unten).

San Juán de la Rambla

Unterhalb des Straßentunnels liegt San Juán de la Rambla an der Küste. Sichtbarer Ausdruck einstigen Wohlstands sind die ungewöhnlich großen kanarischen Häuser, ein ansehnlicher Dorfplatz und der insgesamt gepflegte Eindruck.

Fisch in urkanarischem Ambiente ohne Blick gibt's im nächsten Dorf **Santo Domingo** beim freundlichen Wirt im Restaurant ***Los Pescaditos***; 13-19 Uhr, Mo zu, ✆ 922-360464.

Im nagelneuen ***Mercadillo***-Gebäude am Straßenrand verkaufen lokale Bauern frisches Obst und Gemüse.

Baden

Zum Baden laden drei kleine ***Charcas*** am westlichen Ortsausgang von **Juán de la Rambla** ein: *Charca del Viento, Charca de la Arena* und die *Charca Verde*; alle drei sind ausgeschildert, vor allem aber die beiden letzten schwer zu finden

Küste und Finca bei San Juán de la Rambla

6.1

Mirador El Lance mit der Skulptur des letzten Guanchen Mencey von Taoro, ➢ *Text unten*

Höhenstraße über La Guancha

Straße TF 342

Die TF 342 verbindet auf 500 m Höhe Los Realejos Alto und Icod de los Vinos. Sie führt durch kleine Orte – wie Icod el Alto und La Guancha sowie üppige Vegetation am Rande steil abfallender Hänge. **Sie gehört zu den attraktivsten Routen im Bereich der zentralen Nordküste**. Vor allem bei **La Guancha** öffnen sich Panoramablicke: unten das Meer, oben der Teidekegel (*Salida* 39, nach Realejos Alta/*Iglesia Santiago* und oberhalb des Kirchplatzes rechts ab nach Icod Alto und Guancha (➢ Seite 336).

Mirador El Lance

Vom ***Mirador El Lance*** hoch oben auf der *Ladera Tigaiga* zwischen Realejo Alto und Icod el Alto überblickt man das ganze Orotavatal mit seinen zwei Vulkankegeln ***Montaña del Fraile***, der von einer winzigen Wallfahrtskapelle (1480) gekrönt wird, und ***Montaña de la Horca***, auf dessen Kuppe eine riesige Apartmentanlage steht.

Die überlebensgroße, wahrhaft zum Himmel schreiende Skulptur stellt *Bentor*, den Sohn des gefallenen *Bencomo* und letzten *Taoro-Mencey* dar. Nach seiner endgültigen Niederlage gegen die spanischen Eroberer zog er sich 1496 hierher zurück und stürzte sich aus Furcht vor Versklavung vom Felsen.

Abstecher TF 344

Sozusagen eine Etage höher (750 m) liegt auf der Tigaiga-Hochebene der ***Mirador La Corona*** (Anfahrt: weiter durch den Ort Icod Alto, dann links – ausgeschildert – auf der engen TF 344 bergauf). Zwischen den Terrassenfeldern wachsen hier Farne, Baumheide und Stachelginster. Gleitschirmflieger (*Parapentes*) schätzen diesen Ort als Start- und Landeplatz (➢ Sport/Paragliding, Seite 527). Antennenmasten stören aber das Panorama. Auch Wanderwege starten bzw. enden hier.

La Guancha

Icod de Alto und La Guancha sind schmuck, bieten aber nichts Besonderes. In La Guancha wird in der ***Artesanía*** (östliche Ortseinfahrt) alte Handwerkskunst gepflegt, vor allem traditionelle **Stickerei**. Man kann bei der Arbeit zuschauen, aber nichts kaufen.

Das ***Restaurante León*** in La Guanchas Ortsmitte gewann im Jahr 2008 den Preis für die beste volkstümliche Küche der Insel; ✆ 922-828006, Mo geschlossen.

Die zwischen Kiefern und Baumheide angelegten ***Zonas Recreativas La Tahona*** und ***El Lagar*** sind von La Guancha auf Forstwegen erreichbar. Schön verläuft auch die einsame **TF 344** vom ***Mirador La Corona*** nach La Guancha. Alte hölzerne Schilder weisen den Weg.

Picknickplatz in den Zonas Recreativas La Tahona

Mirador Mazatlan

Vom *Mirador Mazatlán* hat man einen wunderbaren Blick über die Nordküste. Einfache, gute Gastronomie. ✆ 922-105269; Mo geschlossen. Zufahrt: von der TF5 in Juán de la Rambla Richtung La Guancha, immer bergauf - ausgeschildert

6.1.2 Icod de los Vinos

Anfahrt Icod

Von der Höhen- oder der Küstenstraße erreicht man Icod (235 m) bequem. Touristen besuchen die verbaute Stadt vor allem wegen des ältesten Drachenbaumes der Insel, des ***Drago Milenario***, im kleinen, aber schönen Stadtzentrum. Keinen Fehler macht, wer von der TF 5 auf die TF 82 in Richtung El Tanque/Guía de Isora abbiegt und dann den Schildern *Drago Milenario* folgt. Der Hinweis zum Parkplatz ist leicht zu übersehen: besser nach der Shell Tankstelle rechts, dann wieder ausgeschildert.

Die 25.000-Einwohner-Stadt liegt in einer kleineren, durch Erdrutsch entstandenen Senke, die aber nicht von einem perfekten Halbrund wie das Orotavatal begrenzt wird. Dafür thront der nahe Teide beeindruckender als sonst auf Teneriffa über dem Ort.

6.1

Das Weinfest des Heiligen San Andrés in Icod und Puerto

29./30. November Selbst auf der Insel des ewigen Frühlings wird es im November irgendwie Herbst. Schon gegen 19 Uhr wird es dunkel und am letzten Novembertag, dem Tag des Heiligen San Andrés, mischt sich der Geruch von gerösteten Kastanien mit dem Duft des frischen Rebensafts. Anders als bei uns kommt in den Weindörfern aber keine beschauliche Herbststimmung auf.

Tablas Statt ruhigem Genuß ist in Icod de los Vinos traditionell volkstümliche Gaudi angesagt. Die Dorfjugend düst auf Brettern, den *tablas*, oder auf – zu kufenlosen Gleitschlitten umgebauten – Planken immer wieder die steilsten Dorfstraßen hinunter. Mit über 50km/h schießen sie allein oder zu zweit in einen Prellbock aus alten Autoreifen. Dort werden die Waghalsigsten reichlich mit Zuschauerbeifall empfangen.

Ernteschlitten Die Sitte geht auf Portugiesen zurück, die zum Erntetransport in steilem Gelände eine Art hölzernen Schlitten benutzten.

Für andere knüpfen die ***Tabla*-Rennen** an die alte Tradition des Flößens an. Wenn die *Barrancos* (Schluchten) viel Wasser führten, ließ man Bauholz aus den Hochlagen in die Dörfer hinabdonnern. Um die Rivalen auf den Asphaltstraßen zu übertrumpfen, denken sich Teens und Twens heute einiges aus. Ihre genialen Gefährte werden eingefettet oder mit Nägeln beschlagen.

Cancharros In **Puerto de la Cruz** wird die Stimmung mangels steiler Straßen durch Höllenlärm angeheizt. ***Cancharros***, Blechbüchsen oder anderer Schrott, werden an Schnüren aufgezogen und übers Pflaster geschleift – Hauptsache, es macht viel Krach. Zur Lärmmaximierung müssen auch schon mal alte Badewannen oder große Wellbleche herhalten.

Es gibt aber auch Orte, in denen der neue Wein in aller Ruhe genossen wird.

Wer die Feiern zu *San Andrés* erleben möchte, sollte auf die Hinweise der deutschen Inselzeitungen (Wochenbatt, Teneriffa-Magazin) achten oder in den Touristenbüros nachfragen, denn die Festhöhepunkte wechseln von Jahr zu Jahr.

Geschichte Schon zu *Mencey*-Zeiten war das wasserreiche Icod de los Vinos eine begehrte Region. Wie im Orotavatal liefern die wasserspendenden Kiefernwälder oberhalb die Grundlage für eine florierende Landwirtschaft (➢ Seite 414). Icod hat alle Monokulturen, welche die Insel in ihrer wirtschaftlichen Entwicklung durchlief, maßgeblich mitgetragen. Der Weinanbau spielt bis heute die entscheidende Rolle (seit einigen Jahren mit Qualitätssiegel »***Vinos de Ycoden-Daute-Isora***«). Kartoffeln und Bananen werden in den Uferzonen angebaut.

Infobüro Calle San Sebastián 6, beim Drago-Kirchplatz; Mo-Fr 10-13 Uhr

Icods Stadtwappen

Besichtigung Tipp: Vom höherliegenden Kirchplatz ***Plaza Lorenzo Caceres*** ist der ***Milleniums Drago*** besser zu fotografieren als innerhalb des ***Parque de Drago*** (Eintritt).

Kirchplatz Dieser Kirchplatz ist wegen seiner alten, teilweise exotischen Bäume sehenswert: Indischer Lorbeer, blaublühende Jacarandas, ein imposanter Würgefeigenbaum voller Luftwurzeln, eine ***Washingtonia*** (➢ Seite 464), stattliche Palmen und eine hochgewachsene Schirmtanne (*Araucia*).

Iglesia de San Marco Bemerkenswert auch das **Renaissance-Portal** der Kirche *San Marco* (Ende des 16. Jh.). Innen beeindruckt der Barockaltar mit reichen Silberarbeiten. Das San-Marco-Silberkreuz aus Kuba (1665) steht im **Kirchenmuseum** (€ 1) und gilt als eines der wertvollsten Kunstwerke Teneriffas, gestiftet von einer nach Kuba ausgewanderten Familie (➢ »Briefe aus Kuba« Seite 492).

Mariposario Unterhalb des Kirchplatzes, im ***Mariposario,*** rasten Schmetterlinge gern auf einer Besucherschulter und zeigen, wie leicht-beschwingt das Leben in den Tropen zwischen Tümpeln und Blüten sein kann – jedenfalls für drei Wochen, das Leben eines Butterfly. Lehrreiches über die 200.000 Arten, z.B. den *Monarch*, der in Sachen Sex zwischen Mexiko und Kanada pendelt, mit 18 km/h und – wie Aal und Lachs – mit genetisch eingebautem Kompass. ➢ Seite 473; im Winter täglich 10-18, sonst 10-19 Uhr, ✆ 922-815167; € 7,50; wwwmariposario.com

Plaza Constitución Vom Kirchplatz erreicht man über die enge Straße entlang der Drago-Parkmauer oder über Treppen nach ein paar Schritten die *Plaza Constitución*, die von imposanten Bürgerhäusern aus dem 18. Jahrhundert umrahmt wird. Als ***Museo los Caceres*** wird das neoklassizistische Gebäude der wohlhabenden Familie *Caceres* bezeichnet. Es beherbergt heute die Stadtbibliothek, Archive und eine Werkstatt für Mosaiken.

Icod de los Vinos mit Teide im Winter

In den ***Bodegas*** an der Plaza werden u.a Proben des örtlichen Weins angeboten. ***Viño Zañata*** gilt als guter Weißwein aus Icod.

Parque del Drago

Der **Drachenbaum** (*Drago Milenario*) steht in einem kleinen Extra-Park mit Eingang am oberen Ende der Plaza Constitución.

Im Vergleich etwa zu den riesigen Sequoia-Bäumen in Kalifornien nimmt der *Drago* sich mit 16 m Höhe und 10 m Stamm-Umfang eher bescheiden aus. Auch das früher auf 3000 und mehr Jahre geschätzte Alter des ***Drago Milenario*** (=1.000 jährig) wurde nach Analysen auf 600 Jahre revidiert. Aber ihn umgibt Urtümlichkeit und sagenumwobene Mystik (➢ Kasten).

Botanik

Ein **Lehrpfad** führt im Park durch die Insel-Vegetation: Palmen jeder Größe, Lorbeer, Baumheide, Wolfsmilch, Dachwurze, Tajinaste, Teideginster, die Kriechgewächse der wüstenartigen Küsten, wie auch die empfindliche Bergflora. Sommer 9.30-19.30, Winter bis 18.30 Uhr, € 5; ***Casa de Drago***: Café mit Dragoblick.

Restaurants

Lokale sind rar; gut das ***Agustín y Rosa***, aus den 50igern mit prämierter Kanaren-Küche, Calle San Sebastián, ein Steinwurf vom *Drago* Richtung Zentrum; tägl. 9-23 Uhr; Di zu; © 922-810792.

Auch das **Restaurant *Carmen*** hält die Tradition hoch: *Puchero, Conejo Salmorejo* und mehr; unterhalb des Kirchplatzes. 12-20 Uhr, So Abend und Mo geschlossen; © 922-810631; €€. .

Cueva del Viento (Windhöhle)

Danach lohnt ein Abstecher zum längsten Höhlenlabyrinth Europas (17 km; 180 m freigegeben). Es entstand durch erkaltenden Lavafluss (➢ Seite 438) beim Ausbruch des Pico Viejo vor 27.000 Jahren. Mit Nebenhöhlen, Terrassen, Stalaktiten und erstarrten Lava-Wasserfällen auf vielen Etagen. Bestechend schön ist die *Cueva Sobrado*.

Treffpunkt für 90 min-Gruppenführungen ist das Besucherzentrum an der TF 366 (zunächst in Icod den Drago-Schildern folgen; ab Zentrum separat ausgeschildert, Di-Sa 9-16 Uhr). Anmeldung: © 922-815339 oder online: www.cuevadelviento.net. Start: Di-Sa 10 Uhr &12.30 Uhr, € 6, Kinder € 3. Pass bzw. Personalausweis sind Pflicht, festes Schuhwerk und Kleidung für eine Temperatur von 10-12°C bei 80% Luftfeuchtigkeit wichtig.

Der Drachenbaum – El Drago

Der Drachenbaum (*Dracaena draco*), das Wahrzeichen Teneriffas, ist neben dem Teide der unbestrittene Inselstar. Von weitem gleicht er einem gigantischen Rasierpinsel. Wenn man vor ihm steht, wirkt er wie eine lebendes Fossil, urzeitlich wie ein Dinosaurier der Pflanzenwelt. Den größten, den ***Drago de Franchy*** im Orotavatal, notierte einst Humboldt mit 25 m Höhe und 4.000 Jahren - überschätzte aber sein prähistorisches Alter weit. Orkane rissen ihn vor 150 Jahren nieder. Der ***Drago milenario*** von Icod, das heute prächtigste Inselexemplar, löst immer wieder Bewunderung und Schnappschüsse aus. Dabei sind es weniger die Ausmaße, die faszinieren. Es sind seine märchenhafte Form und die Legenden, die sich um ihn ranken.

Der berühmteste aller Drachenbäume: Drago de Icod

Seine entfernten Verwandten aus dem Tertiär wachsen in Südamerika und Südostasien, doch zum engeren Familienkreis zählen nur seine Geschwister aus Makaronesien (Azoren, Kanaren, Madeira und Kapverden), entlang der südlichen Küsten des Roten Meeres und im Anti-Atlas (Marokko, 90 km südlich von Agadir).

Die ***Drago*-Mystik** beginnt mit dem Geburtsdatum, denn weil er sich mit dem Wachstum viel Zeit läßt und erst nach ein paar Generationen so urig wirkt, wurde ihm immer wieder ein biblisches Alter angedichtet. Und da er als Lilienverwandter keine Jahresringe hat, taxierte man den **Icod-Drago** auf 3.000 statt auf die inzwischen wissenschaftlich nachgewiesenen 300-400 Jahre.

In jungen Jahren erinnert seine Gestalt an eine **Palmlilie** (Yucca) mit schwertförmigen Blättern von 50-60 cm Länge, aber Biologen bestimmen ihn weder als Baum noch als Palme, sondern als eine Familie der Agavengewächse und lehren uns, daß seine unzähligen knorrigen und miteinander verwachsenen Zweige keine Äste sind, sondern Gabelungen des runzeligen Stammes. Innen sind sie hohl und wachsen an Bruchstellen nach – wie die Köpfe der Hydra. In ihm – so dichtete man dem Drachenbaum nicht nur an – fließt blutroter Saft! So scheint es zumindest - doch er färbt sich erst an der Luft granatapfel-rot.

Wie orangenfarbene kleine Oliven sehen seine Früchte aus, deren Kern nach 40-50 Tagen auch zu Hause im Blumentopf unter der Pflanzenlampe keimt. Dann muß man nur noch 10 Jahre warten, und schon bilden sich erste Stamm-Verzweigungen. Vorher stecken die harten langen Blätter wie Igelstacheln auf der Spitze.

Die Guanchen verehrten ihn als Heiligtum und balsamierten ihre Mumien mit seinem Blut. Später mischten Alchimisten aus Dragoharz obskure Zaubertropfen, Wundermittel gegen Geschwüre und Ruhr. Seefahrer nutzten es gegen Zahnweh und Skorbut. Die Färber mixten Dragoblut in ihre Paletten ein, und italienische Geigenbauer kolorierten im 18. Jahrhundert ihre Violinen mit seinem Saft. Der Sage nach zahlt den Frevel noch heute unweigerlich mit dem Tod, wer einen Drago fällt.

6.1.3 Routen ab Icod

Abstecher nach San Marcos

Badeort von Icod

An einer tiefen Bucht mit feinem schwarzen Sand 3 km unterhalb von Icod (Achtung: steile Abfahrt/TF 414) liegt San Marcos, früher ein reines Fischerdorf. Leider wurde San Marcos schon während des frühen Tourismus' mit hohen Apartmenthäusern zugebaut, die der Dorfatmosphäre den Garaus machten. Die Fischerboote sind lange vom Strand verdrängt. Trotzdem ist San Marcos Icods »Badeort«. Man kann dort auch im Winter gut schwimmen.

Bei *Canarios* wie Ausländern beliebt sind die einfachen **Restaurants** in der originalen alten Fischerzeile am Strand. An der etwas oberhalb gelegenen Promenade spielen die Kinder auf dem winzigen Platz des ebenso winzigen Kirchleins. Wenn, dann ist der Besuch vor allem mittags – zum Baden und/oder Fischessen – sinnvoll. Dann liegen Ort und Strand noch nicht im Schatten der steilen Felsen und Hochhäuser. Abends ist San Marcos bis auf ein bißchen Anliegerverkehr sehr ruhig.

Routenüberlegung

- Wer weiter zur **Nordwestspitze** der Insel fahren möchte, folgt bis Garachico der TF 42 (Weiterführung der TF 5), die von dort nach Punta de Teno führt.
- Wer über Santiago del Teide und Chio **in die *Cañadas*** fahren möchte (➢ westliche Teideauffahrt, Seite 415), nimmt entweder die große TF 82 oder – parallel dazu bis Puerto de Erjos, kurz vor Santiago – die kleine reizvoll geführte und verkehrsärmere TF 373 über La Vega und San José de los Llanos (➢ Seite 363).
- Als dritte Route bietet sich (hauptsächlich für Touristen mit Standort im Norden) folgende **Rundstrecke als Tagesausflug** an. Von Icod zunächst nach Santiago; von Santiago nach Masca (➢ Seite 282) und Buenavista (➢ Seite 359) und über Garachico zurück nach Icod. **Hinweis**: Diese Rundfahrt (ca. 60 km) ist im beschriebenen Uhrzeigersinn reizvoller als anders herum.

Nach Garachico

El Guincho

Auf einer Lavazunge vor Garachico wurden Landhäuser zu Hotels (***El Patio***, ***Finca Malpaís Trece***) und den Apartments ***Las Terrazas***. Hier wohnt man ruhig und komfortabel in Bananenplantagen. Nach Garachico ist es ein Autosprung (➢ Seiten 568, 579f).

Baden

Eine geschützte Bucht mit mehr Steinen als schwarzem Sand ist von beiden Hotels zu Fuß in 15 min erreicht (*Terrazas* 30 min). Mit dem Wagen ist man ebenso schnell an der ***Playa San Marcos*** oder beim Lavabecken ***El Caletón*** in Garachico.

Frischer Fisch

Das ***Restaurant El Drago*** liegt meerseitig an der TF 42 (km 2,8 kurz vor Garachico, winziges grünes »*7up*«-Schild). Tipp: *Vieja* mit *Papas*, Weißwein (*Viñatigo-Marmajulo*) und Tiramisu, © 922-830058, €€

6.1.4 Garachico

Kennzeichnung

Garachico zählt zu den schönsten Städten Teneriffas. Die Hektik der Nachbarstädte Orotava, Realejos und Icod fehlt im Zentrum ebenso wie die bunten Bermudashorts in den Touristenzentren. Ob es aber so ruhig und beschaulich bleibt? Die Stadtväter planen eine Seilbahn zur TF 82 in 1000 m Höhe und einen neues Hafenbecken. Tagestouristen kommen wegen der historischen Bauten, zum Fischessen und Baden zwischen meerumschäumten Lavafelsen - deswegen die vielen Souvenir- und *Artesanía*-Shops.

Infobüro
➢ **Seite 55**

Anfahrt

Die Küstenstraße TF 42 Icod–Buenavista läuft durch Garachico direkt am Ufer. Der Autolärm dämpft zwar die Freude am Baden und Meeresrauschen, aber der verkehrsarme Altstadtkern gewinnt dadurch an Ruhe.

Tipp

Spektakulärer ist die Anfahrt von hochoben über eine 9 km lange Serpentinenroute (TF 421), die von der Straße Icod–Santiago del Teide (TF 82) steil nach Garachico hinab führt.

Garachico, ein heute nur noch 6000-Einwohner-Städtchen, von oben mit vorgelagertem El Roque

Mirador de Garachico

An der TF 82 (Richtung Icod) liegt in 600 m Höhe der *Mirador de Garachico* mit herrlichem Blick auf Stadt und Atlantik. Wie eine Festung ragen aus der flachen Landzunge im Halbkreis schwarze Lavafelsen ins Meer. Die Knappheit der Fläche, auf der sich die Häuser an den schroffen Berg schmiegen, und die Bananenplantagen zu beiden Seiten bewahrten den Ort vor der Zersiedlung.

Gara Chico

Das vorgelagerte, wellenumspülte Eiland ***El Roque de Garachico*** ist mit seinen 78 m Höhe für kanarische Begriffe zwar nur ein ***gara chico*** (= kleiner Felsen), der als Rest eines alten Lavastroms der Brandung widerstand, aber er wurde nichtsdestoweniger zum Namensgeber und Wahrzeichen der Stadt.

Teneriffas Pompeji

Vom ***Mirador de Garachico*** sieht man deutlich die tödliche Spur, die 1706 der **Ausbruch der Montaña Negra** (***Vulcan Negro*** genannt) zog. Sein Lavafluss ist bis heute eine nur dürftig bewachsene schwarze Geröllbahn. Bei San Juan de Reparo teilte er sich damals in zwei Ströme. Nur den östlichen sieht man von hier oben. Größeren Schaden richtete der westliche Lavafluss an, der sich etwa entlang der heutigen Serpentinenstrasse bewegte, die Orte El Tanque und San Pedro de Daute weitgehend zerstörte und dann den einzigen natürlichen Hafen der Nordküste unter sich begrub. Dieses Naturereignis machte die zu jener Zeit reichste Stadt der Kanaren zum »Pompeji« Teneriffas.

Lava-Deltas

Dass zähe basische Laven des öfteren in schmalen Rinnen aus seitlichen Spalten des Teidemassivs geflossen sind, wird an der Nordküste immer wieder an sog. Lava-Deltas sichtbar. Das sind flache Halbinseln aus Lava, die im Meer schnell zu bröseligem, spitzen Gestein erkalten. Allerdings hat auf Teneriffa keiner der wenigen, seit der Passage von Kolumbus bekannten Ausbrüche nennenswerten Schaden angerichtet. Es war schon ein außergewöhnlicher Schicksalsschlag, dass der 1 km breite Lavastrom 1706 genau den Hafen von Garachico verschüttete.

Parken, Info

In Garachico parkt man günstig am westlichen Stadtrand (TF 42 Richtung Los Silos) bei der Bananenpackerei, einem unschönen Fabrikgebäude mit hölzerner Info-Box. Wer vor dem Parken noch eine kleine Schleife Richtung Los Silos fährt, erreicht nach 300 m den *Mirador del Emigrante* auf einem Felsvorsprung mit Café und Blick hinauf auf die erwähnten Lavaströme.

Mirador del Emigrante

(➢ Essay Seite 494)

Statue El Emigrante mit Koffern

Die alte Hafeneinfahrt heißt auch ***Risco Partido*** (Abschiedsfelsen). Sie ist ein stimmungsvoller Platz für die vieldeutige Statue ***El Emigrante***, den Zigtausenden gewidmet, die nach jedem Monokultur-Wirtschaftskollaps auswanderten: das Herz fehlt der Plastik (blieb es in der alten Heimat Teneriffa und ein Koffer in der neuen Heimat Südamerika?). *El Emigrante* wandert nicht aus gen Südwest, sondern kehrt heim, direkt auf den Felsen *gara chico* zu !?!

Geschichte

Im Jahre 1495 wurde die Stadt von dem Genueser Bankier *Cristóbal de Ponte* gegründet, der wie seine Landsleute *Mateo Viña* und *Augustín Interián* zu den Finanziers des Eroberungsfeldzuges von *de Lugo* gehört hatten und hernach mit Land und Handelsrechten entschädigt wurden.

Wirtschaftsboom

Als für die Pflanzung und Verarbeitung von Zuckkerrohr Investitionen anstanden, wählten die Genueser mit Bedacht nicht die bis dahin bevorzugte Nordküste zwischen La Laguna und Orotava, sondern siedelten weiter westlich an einer sicheren Felsbucht, der Bahía Garachico. Zum Zuckerrohr kam dann der Wein von Icods Berghängen. So entwickelte sich Garachico zu Teneriffas größtem Umschlagplatz für den Im- und Export mit England, Holland, Flandern und sogar Nordamerika. Die Luxus gewohnten Genueser Kaufleute errichteten sich noble Herrenhäuser, wenn auch nicht wie daheim aus Marmor, sondern aus inseleigenen Materialen. So entstand ein hier typischer Baustil aus Vulkanstein und dem harten Kernholz der kanarischen Kiefer (➢ Kapitel »Architektur«, Seite 504). Die prunkvolle Innenausstattung, Stoffe und Kunstwerke ließen sie aus Europa anliefern.

Stadtwappen Garachico

Katastrophen

Etliche Schicksalschläge suchten die Stadt heim: 1601 brach eine Beulenpest-Epidemie aus, 1645 zerstörte eine große Flut an die 80 Häuser und 4 Jahre später fielen massenhaft Heuschrecken ein.

Lavadesaster Dazu kamen die damals verbreiteten Brände. Und zu allem Überfluss begruben nach heftigen Erdstößen in der Nacht zum 5. Mai 1706 gewaltige Lavamassen Häuser, Kirchen, Klöster und schütteten den Lebensnerv der Stadt, die große, tief eingeschnittene Hafenbucht, fast zu. Verschont blieb einzig ein kleines Becken, an dem heute die Bananenpackerei steht (unterhalb Ortsteil San Pedro). Früher befanden sich dort selbst für große Segler geeignete Hafenanlagen.

Garachicos Niedergang Zwar wurde die einst wohlhabende Stadt wieder aufgebaut, aber Versuche, mit vorgelagerten Molen einen neuen Handelshafen zu schaffen, scheiterten. Ferner war der Zuckerrohr-Anbau in Mittelamerika inzwischen lukrativer geworden als auf Teneriffa. Auch war die Macht der englischen Weinhändler durch Zoll-und Handelsquerelen geschwächt, was zu Absatzproblemen führte (➢ Seite 355, Stichwort »Weinparty«). Garachicos Hoffnung, an die große Vergangenheit als Handelszentrum anknüpfen zu können, schwand endgültig dahin, als Santa Cruz mit seinem Hafen 1823 La Laguna als Hauptstadt ablöste.

Rundgang

Castillo de San Miguel Von der Bananenpackerei (Parkplatz) am westlichen Ortsrand geht es vorbei an dem molengeschützten kleinen Strand und den Resten des bis 1706 stattlichen Hafens zum massiv-grauen ***Castillo de San Miguel*** am Meer mit einer aufschlussreichen historischen Ausstellung (täglich 10-14, So 10-15 Uhr, € 1, nur spanischsprachige Erläuterungen). Im ersten Stock hängen Panorama-Bilder des alten Garachico vor dem Lavadesaster, ➢ oben.

Das Kastell hat den typischen, fast quadratischen Grundriss und beeindruckt mit Zinnen, Schießscharten und einem weißgetünchten Glockenturm. Über der Eingangstür hängen die Wappen der spanischen Könige und des Stadtgründers.

Kastell am Meer, daneben ausgebaute Naturpools

Die 1575 aus mächigen schwarzen Quadersteinen am Hafen erbaute Festung sollte die Stadt vor Eroberung und staatlich genehmigten Piratenzügen (*Privateers*) schützen, denn während der Kriege der spanischen Krone im 17. Jahrhundert (Felipe III, Felipe IV, Carlos II) fielen Madrids jeweiligen Feinde – mal Frankreich, mal England, mal Holland – gern über spanische Handelsschiffe und Häfen fernab der Heimat her, um die gegnerische Flotte zu schwächen und plündernd die eigenen Kassen zu füllen.

Vom Kastell geht's zurück Richtung Berg und gegen den Uhrzeigersinn durch die Stadt.

Puerta de Tierra

Die **Plaza de Juan Gonzalez de la Torre** ist eingerahmt von alt-kanarischen Wohnhäusern und einer *Ermita*; bergseitig ist sie begrenzt vom kleinen verwunschenen *Parque de la Tierra del Antiguo Puerto*. Das schmucklose, von subtropischen Pflanzen eingerahmte Portal war bis zum **Vulkanausbruch 1706** die einzige Verbindung zwischen Hafen und Stadt.

Auch ein Obelisk erinnert an diese Eruption und eine alte Weinpresse inmitten idyllisch wuchernder Pflanzen an diesen einst lukrativen Wirtschaftszweig der Insel.

Iglesia de Santa Ana

Nach der Rückkehr zum Torre-Platz geht es Richtung Osten ins Zentrum, zur dreischiffigen *Iglesia de Santa Ana*. Die Mutter Marias ist Garachicos Schutzpatronin. Baubeginn war 1520, noch zu Lebzeiten des Stadtgründers, *Cristóbal de Ponte*, dessen Familie der Stadt auch das Franziskaner- und Dominikanerkloster stiftete. Bei der Eruption 1706 wurde diese Kirche fast völlig zerstört; nur das Portal mit dem dreieckigen Renaissance-Aufsatz konnte gerettet werden

Im Innenraum ist vor allem die ***Capilla de Nuestra Señora del Carmen*** mit Mujedardecke und einem hölzernen Barock-Retablo sehenswert (Haupteingang rechts). Es gehörte ursprünglich zum

Kloster *Santo Domingo de Guzman* (➢ unten). Der gekreuzigte Christus im Zentrum des klassizistischen Hauptaltars stammt aus dem 17. Jahrhundert. Die Farbgebung geht auf einen flämischen Meister zurück. Die Seitenflügel zeigen die Statuen *Santa Ana* und *San Joaquín*.

Casa de los Condes de la Gomera

Direkt an der Plaza de la Libertad liegt die *Casa de los Condes de la Gomera*, das prächtigste Herrenhaus der Stadt. 1666 wurde es erbaut von einem Nachfahren des Stadtgründers, *Juan Bautista de Ponte y Fonte*, dessen Familie, wie auch andere reiche Clans, im 17. Jahrhundert geadelt wurden. Die spanische Krone war damals mit Titeln großzügig, um durch Spenden die immer leere Kriegskasse aufzufüllen. So wurde *Pedro Ponte* zunächst *Señor* von Adeje und später durch Heirat auch *Conde de Gomera*.

Aus grauen Quadersteinen robust gebaut, wird die klassisch-strenge Fassade nur durch schlanke Portalsäulen aufgelockert. Der Palast wurde 1706 zerstört und bald wieder rekonstruiert.

Plaza de la Libertad

Weitläufig, mit schattenspendenden Lorbeerbäumen und luftiger Kiosk-Bar in der Mitte – das ist die *Plaza de la Libertad*. Ihren Namen verdankt sie ***Simon Bolivar***s Vorfahren, die von hier nach Südamerika auswanderten (➢ Seite 498). Seit 1970 ehrt man den Befreier Südamerikas hier mit einer Statue. Die Wappen der bolivianischen Provinzen sind in das Pflaster eingelassen. Auf einer der Parkbänke sitzend kann man die folgenden klassischen Bauten in Ruhe betrachten.

Ex-Convento de San Francisco

Ein paar Stufen führen zum Gebäudekomplex des ehemaligen Franziskanerklosters, das vom Lavafluss 1706 verschont blieb. Schon 1524 stand an dieser Stelle eine Kapelle, aber die klassische Fassade wurde erst Mitte des 17. Jahrhunderts fertiggestellt. Zwischen dem Kloster und der angebauten Klosterkirche erhebt sich der Glockenturm aus schwarzem Basalt, im oberen Bereich ziert ihn ein hölzerner Balkon. In kirchlichem Besitz ist heute nur noch das Kirchenschiff mit der ***Capilla de la Vera Cruz***. Die anderen Gebäude wurden, wie überall in Spanien, während der antiklerikalen Epoche 1836 bis1870 säkularisiert. Im westlichen Flügel ist seither das ***Ayuntamiento***, das Rathaus, untergebracht.

Casa de la Cultura

Die Räume rund um die beiden Klosterhöfe beherbergen die *Casa de la Cultura* (ç60) mit Bibliothek, Galerie und wechselnden Ausstellungen. Sehenswert sind der kunstvolle Steinfußboden in den Kreuzgängen und die dunklen Holzbalkone, beeindruckend die Mujedardecken über der Treppe zum 1. Stock und in der Hauptkapelle (10-19, Sa/So 10-15 Uhr).

Casa de los Marqueses de la Quinta Roja (jetzt Hotel)

Auch das klassisch-kanarische Herrenhaus gegenüber dem *Ayuntamiento* wurde 1706 zerstört, aber original wieder aufgebaut. Oben im überdachten Ausguck standen einst Schiffseigner, die in Erwartung auf ein gutes Geschäft Ausschau hielten nach ihren vollbeladenen Schiffen aus Europa/Übersee.

Fächerverkauf in einem Kunstgewerbeladen unweit der Plaza de Libertad

Calle Esteban de Ponte

Wer die Plaza de la Libertad Richtung Meer verlässt, trifft zunächst auf die Calle Esteban de Ponte mit alten kanarischen Häusern. Gegenüber dem Ex-Augustinerkloster (jetzt Rotes Kreuz) befindet sich das Stammhaus des Stadtgründers *Cristóbal Ponte*. Es beherbergt heute das **Nobelhotel *San Roque*** in modernem Design (Restaurant und Bar nur für Hotelgäste, ➢ Seite 568).

Auf der Atlantikseite der Calle Esteban de Ponte finden sich Restaurants, wie das ***Rocamar*** mit grünem Patio (Zugang auch von der Meeres-Avenida gegenüber den Lavabecken ***El Caletón***).

Kunsthandwerk gibt es im *Centro de Artesanía de Limonero*, wo Zigarren noch handgedreht werden (➢ »*Puros*«, Seite 139).

Wegplanung

Wem dieser Stadteindruck reicht, geht nun zum Meer hinab und findet wieder Anschluss an den Rundgang beim Freibad. Auf der Calle Esteban de Ponte weiter Richtung Osten gelangt man in 15 min zum *Ex-Convento de Santo Domingo*. Dabei passiert man die lange Fassade des Franziskanerklosters. Nur die Kapelle ist der Öffentlichkeit zugänglich. Am östlichen Ende sieht man den ***Ajiméz***, einen quadratischen Turm mit feinem Holzgitter, das die nach draußen lugenden Nonnen vor Blicken schützen sollte.

»Weinparty«

Am Ende der Calle Esteban Ponte trifft man auf eine tiefer gelegene alte Wassermühle, Rest eines weit verzweigten Gofio-Mühlensystems. Abermals weiter, schon an der Hauptstraße, erinnert eine Statue an Garachicos »**Weinausschüttung**«. Sie verlief ähnlich wie die amerikanische *Boston Teaparty*, nur folgenloser:

Mitte des 17. Jh. waren Teneriffas Weine speziell in England beliebt, und britische Residenten kontrollierten den Markt. Mit offizieller kanarischer Hilfe hatten sie die *Compañía Inglesa de las Canarias* gegründet, um Handel und Preise auch formal zu monopolisieren. Das trieb die Weinbauern 1665 dazu, sich zu maskieren, die Keltereien zu stürmen und allen Wein in die Gosse zu schütten. Diese Demonstration gipfelte zwar nicht in der Gründung der »Vereinigten Staaten von Canaria«, sie bewirkte aber immerhin, dass sich die *Companía* zwei Jahre später auflöste.

Ex-Convento de Santo Domingo

In Blickweite hinter der Statue liegt das Dominikanerkloster aus dem 17. Jahrhundert. Seine erhöhte Lage schützte es 1706 vor den Lavamassen. Von seinem schattigen Vorplatz mit Palmen und Loorbeerbäumen ist der Blick frei auf den *Gara Chico*-Felsen. Heute beherbergt das Kloster ein Altersheim mit Krankenhaus.

Besonders bemerkenswert an der Fassade sind das Portal der einschiffigen Ermita und der Glockenturm aus dunklem Lavastein. Das frühere Wohnhaus der Mönche, jetzt Seniorenheim, ist geprägt von sieben Holzbalkonen.

Ermita de San Roque

Hinter dem Klosterkomplex liegt am Meer die kleine *Ermita de San Roque*, die schon anlässlich der Beulenpest-Epidemien (1601-1606) erwähnt wird. In ihrer heutigen Gestalt stammt sie aus dem Jahr 1736. Ihrem Schutzpatron *San Roque* schreibt man das Wunder des schnellen Pest-Endes zu. In seinem Namen wird jedes Jahr am 16. August die berühmte ***Romería de San Roque*** (➢ »*Romerías*«, Seite 399) mit viel Wein und Gesang gefeiert.

Badelandschaft El Caletón

Der Rückweg auf der Meeresavenida führt an einem Meerwasser-Freibad vorbei, zu dem auch Tennisplätze gehören. Gleich daneben wurde die Lavafelsküste (ein eingestürzter Lavatunnel, ➢ rechts) mit geschickten Eingriffen zu einer attraktiven Badelandschaft umgestaltet. Schwarze Vulkanstein-Mauern schützen vor der Brandung. Liegeflächen, Verbindungspfade und Treppchen ergänzen das Bild. Weit schwimmen kann man nicht, aber es macht viel Spaß, bei nicht allzu heftigem Wellengang in den Sprudelbecken zu spaddeln (kostenlos). Gäste des **Café-Restaurant *El Caletón*** können das nasse Treiben in der Badelandschaft aus der ersten Reihe verfolgen.

Natürliche Meerwasserpools zwischen schwarzen Felsen an Garachicos Avenida Atlántica

Lavatunnel

Vulkantunnel entstehen, wenn die äußere Schicht eines dünnflüssigen Lavastromes bei Luftkontakt schneller abkühlt und verhärtet als das Innere des Stromes. So bildet sich ein fester Mantel in Röhrenform, in der die heiß und flüssig gebliebene Lava weiter talwärts strömt. Bei Versiegen des Stroms bleibt nur der hohle Gang bestehen. Läßt der Lavastrom nur langsam nach oder fließt er für eine Weile auf einer bestimmten Höhe innerhalb der Röhre, bleibt – durch den ständigen Kontakt mit der kühleren Seitenwand – die verhärtende äußere Lavaschicht dort hängen und bildet Bänke.

Solche Bänke auf verschiedenen Höhen zeigen an, daß der Lavastrom in mehreren Schüben versiegte (gut zu erkennen am künstlichen Lavatunnel im Besucherzentrum des Teide Nationalparks, ➢ Seite 422, El Portillo).

Lavatunnel enormer Länge finden sich in Kenia, Korea, auf Hawaii und im Staat Washington/USA. Mit über 6 km galt bis dato die ***Cueva de los Verdes*** auf Lanzarote als längste europäische Höhle. Nach 20jähriger Erforschung wurde 1984 die (mit Nebenhöhlen) 17 km lange ***Cueva del Viento*** bei Icod zu Europas längsten Lavatunnel erklärt; er ist bis 11 m hoch und 8 m breit. Ein kurzes Teilstück kann man mit geführten Gruppen besichtigen, ➢ Seite 346.

Unter Tage leben dort einzigartige, endemische Tiere, Tausendfüßler und Spinnen mit rudimentären Augen, überlangen Fühlern und Extremitäten, Höhlenwanzen und die großohrige Fledermaus *Plecotus teneriffae*.

Viele der Höhlen, die auf den Kanaren horizontal am Berg liegen, sind Reste solcher Lavatunnel. Ihre Erforschung auf eigene Faust ist lebensgefährlich.

Praktisches

Restaurants

- ***El Lagar de Julio***, kleines Restaurant mit guter Qualität, etwas versteckt am kleinen Park *Puerta de Tierra*, Plaza Juan Gonzales de la Torre 7, Mi-So 13-16 und 19.30-23 Uhr, © 922-830417.
- ***Aristides***, ein Bistro an der Plaza de la Libertad neben der *Casa de los Condes de Gomera*; schöner Platz zum draußen sitzen.
- ***Casa Ramón***, kanarisch einfach, gut; nette Wirtin; Calle Esteban (nahe Pension *Jardín*), täglich mittags/abends, Mi zu.
- ***Casa Gaspar***, abwechslungsreiche Küche, Fisch und Fleisch, etwas abseits der Straße gegenüber dem Fischerhafen, Avda. República de Venezuela 2, So Abend und Mo zu, © 922 830040.
- Ganz besonders schön sitzt man auf der begrünten Terrasse im 1. Stock von ***La Almaneda de San Miguel*** mit Blick auf die Lavabecken, Avenida Venezuela täglich 13-19 Uhr.
- ***Rugatino***, wegen der 1A-Pizza brummt der Laden; Calle Esteban bergseitig des Fußballplatzes. Geöffnet nur Fr/Sa/feiertags ab 19, So ab 18 Uhr, keine Reservierungen, kein ©.
- ***Tasca del Vino***, stilvoll, gute *Tapas*; Calle Beatrice, Eingang im Gebäude des Hotels ***Quinta Roja***, täglich außer Di.

Unterkunft ➢ Seiten 568, 577 und 579.

6.1.5 Von Garachico nach Punta de Teno

Über La Caleta nach Buenavista

Das kleine La Caleta ist typisch tinerfeñisch: eine Ansammlung schmuckloser Würfelhäuser und an der kleinen Hafenbucht ein paar Fischerboote auf steinigem Strand vor neuen Apartments. Ein Rundgang lohnt nicht. Es gibt aber mehrere volkstümliche, bei Einheimischen beliebte Fischlokale, so das

El Mundial 82 mit großen Fenstern zum hier immer rauhen Meer hin. Frischer Fisch und Reisgerichte (*Paellas/Caldoso*, 20 min Zubereitungszeit), Calle La Marina 14 am Ortsausgang (kleine Straße Richtung Los Silos);12-20.30, Fr/Sa -23 Uhr, Mi geschlossen; ✆ 922-840969.

Bananen

Weiter Richtung Teno (TF 42) durchfährt man zwischen Los Silos und Buenavista riesige abgedeckte **Bananenplantagen**. Diese Region hat sich wegen ihres Wasserreichtums auf flachen Lavazungen bisher immer wieder auf die jeweilige Monokultur Teneriffas eingestellt und so bescheidenen Wohlstand entwickelt.

Sanfter Tourismus

Die Lage am Fuß des Tenogebirges mit ausgehnten Lorbeer- und Kiefernwäldern zieht Wanderer an. Auf der ganzen ***Isla Baja*** von Garachico bis zum Teno setzt man auf sanften Qualitätstourismus. Der Bau des Golfplatzes ***Buenavista*** war ein Schritt in diese Richtung. Unterkünfte sind rar (neu das Sporthotel ***Luz del Mar*** in Los Silos, ➢ unten), dennoch könnte sich diese Region zu einer Alternative zum Süden entwickeln.

Los Silos

Infobüro
➢Seite 55

Seit der Durchgangsverkehr umgeleitet wurde, hat die klassisch-kanarisch Plaza de la Luz (5.500 Einwohner) mit Kiosk-Bar, *Iglesia Nuestra Señora de la Cruz* und dem *Ex-Convento San Sebastián* **(Infobüro)** gewonnen. Der Ortsname leitet sich von Getreidespeichern (Silos) ab, die sich hier einst befanden. Auch das oberhalb gelegene Dorf **La Tierra del Trigo** (»Weizenerde«) erinnert daran, ebenfalls die kreisrunden gepflasterten Dreschplätze in den Ortschaften ringsum oder vorm Landhotel ***Caserío de los Partidos*** (abseits der TF 373, ➢ Seiten 364 und 579).

Angler an der Küste westlich vor Buenavista

Meerwasser-Pool

Los Silos Freibad ***Piscina Municipal*** lohnt einen Abstecher von der Küstenstraße zum Meer (ausgeschildert, am Rande eines 08/15-Neubaugebietes); es ist tip-top und wenig besucht. Es verfügt über ein prima **Meerblick-Restaurant** (12-16, 18-23 Uhr, So 12-20 Uhr, Di geschlossen) mit **Bar** (täglich 10-23 Uhr, Sa Live-Musik) und großer Terrasse; © 922-840229.

Neben ruralen Fincas (➢ Seite 577) gibt es hier nur ein Hotel, das ***Luz del Mar***; © 922-841623; www.luzdelmar.de, ➢ Seite 568.

Buenavista

Infobüro ➢ Seite 55

Buenavista (5.500 Einwohner) liegt in Bananenplantagen auf einem Küstenplateau, das im Westen von den steilen Hängen des Tenogebirges begrenzt wird. Weit sichtbar ist der Aschekegel ***Montaña de Taco***, dessen betonierter Krater heute als Zisterne dient. Der ansonsten recht unattraktive Ort besitzt eine große Plaza mit der – nach einem Brand rekonstruierten – Kirche *Nuestra Señora de los Remedios*.

Auf der Plaza von Buenavista

Spaziergänge am Meer

Von Buenavista führt die TF 445 zur Punta (*Faro*) de Teno, der westlichsten Spitze Teneriffas. Man kann hier gut einen Abstecher nach *Buenavista Golf* machen (der Beschilderung folgen, am Clubhaus vorbei und weiter bis zum Ende der Straße – ***Restaurant Burgado***, ➢ umseitig).

Zwei schöne Spaziergänge warten:

- Ein **Küstenweg** (etwa 30 min) führt von der *Piscina Municipal* (➢ unten) Richtung Osten (Buenavista). Nach etwa 15 min erreicht man das kleine **Meerwasserschimmbad *Don Alonso***, ein Juwel der Architektur (nur im Sommer geöffnet). Dieser schöne Weg verliert erst auf den letzten Metern kurz vor Buenavista.
- Westlich des *Burgado* geht's zur beliebten ***Charca Roque***, einem Lava-Pool, und weiter zu steinigen Stränden am Fuße des ***Mirador Don Pelayo*** (ca. 1,5 km) – auch per Auto erreichbar.

Restaurants im Bereich Buenavista

- ***La Cabaña*** im Zentrum westlich der Plaza, beliebtestes Lokal des Ortes, Calle El Puerto 26, tägl. 11-24 Uhr, ✆ 922-127922
- ***Burgado*** an der *Playa de las Arenas* (unterhalb des Golfplatzes); Lavastil-Bau mit Bächlein im Gastraum und traumhafter Terrasse kurz über dem Meer; täglich 9-24.00 Uhr, ✆ 922-127831
- Das ***Bodegón Patamero*** liegt etwas abseits der TF 436 am Ortseinfahrtsschild von Las Lagunetas in der Kurve gleich links etwas oberhalb, sympathische Tasca, prima Qualität; täglich 12.30-17 und ab 19 Uhr, Mo abends und Di zu; ✆ 922-127827
- Das ***Mesón del Norte*** an der Carretera de Masca 1 (TF 436) etwa 10 km oberhalb von Buenavista ist ein großes ländliches Ausflugslokal im kanarischen Stil. Hervorragende einfache kanarische Küche; täglich 12-23 Uhr, Mo zu, ✆ 922-128049.
- ***Pastelería El Aderno***, exquisite Konditorei für klassisches kanarisches Gebäck (*Rosquetes*, *Cabello de Ángel*, *Merengues*, ➢ auch Seite 79); in der vom Kirchplatz bergauf führenden Straße La Alhóndiga (Nr. 8)

Schwimmen

- ***Piscina Municipal***, in die Landschaft eingepasstes Salzwasser-Trainingsbad mit Fitnessraum, Mitte Juni-Mitte September: Mo-Fr 10-22, Sa 11-19 Uhr, sonst Mo-Fr 11-13 und 16-18 Uhr, Sa 11-19 Uhr, € 4, ✆ 922-128080
- ***Piscina Don Alonso*** in den Lavafelsen unterhalb des Golfplatzes, nur zu Fuß zu erreichen (➢ Seite 359)

Mirador Don Pompeyo

Etwa 5 km westlich von Buenavista (an der TF 445 nach Teno) hat man vom *Mirador Don Pompeyo* einen imposanten Blick auf diesen Küstenabschnitt. Danach windet sich die enge Küstenstraße an bedrohlich überhängenden Felswänden entlang.

Um anschließend zum Leuchtturm ***Faro de Teno*** an der nordwestlichsten Spitze der Insel zu gelangen, muss man einen ca. 4 km langen steinschlaggefährdeten Abschnitt auf eigene Gefahr passieren. Unübersehbare Schilder weisen darauf hin. Aber nur nach starken Regenfällen wird die Strecke gesperrt.

Attraktiv gestaltete Terrasse direkt am Meer mit Fischernetzbeschattung: Restaurant Burgado

Acantilado-Steilküste nordwestlich vom Teno Faro

Punta de Teno

Parque Rural de Teno

Nach zwei Tunneldurchfahrten ist der Leuchtturm (*Faro*) am Teno-Kap erreicht. Ein spektakulärer Platz, der zum ***Parque Rural de Teno*** gehört. An dieser windigen Ecke halten sich nur noch Kandelaber-Kakteen und Opuntien auf bröselig-spitzer Lava. In der kleinen Bucht mit ein paar schunkelnden Fischerbooten kann man gut schwimmen und angeln.

Schwimmen

Ein guter Badeplatz über Leitern (gefährlich bei Seegang) befindet sich auch beim Leuchtturm (nicht zu besichtigen). Man muss nur den erkennbaren Pfaden folgen. Die Ausblicke sind hier grandios: nach Süden die 500 m-Steilwände von Los Gigantes, nach Südwesten die Insel La Gomera. An klaren Tagen sieht man La Palma im Westen und Sonnenuntergänge vom Feinsten.

6.1.6 Von Icod über El Tanque nach Santiago del Teide

(➢ Routenüberlegung ab Icod, Seite 348)

Anfahrt

Ab Icod führt die TF 82 an El Tanque vorbei in einem weiten Bogen Richtung Südwesten (Santiago del Teide/Los Gigantes).

Herrliche Ausblicke über Garachicos dicht gedrängt liegenden Altstadtkern auf einer Lava-Landzunge bietet der ***Mirador de Garachico*** (mit riesigem Souvenir-Shop) bei San Juan de Reparo.

Der Name des nächsten Dorfes, **El Tanque** (Tank) deutet auf den Wasserreichtum der Gegend hin.

Mirador Lomo Molino

Vom westlichem Ortsende lohnt ein Abstecher Richtung Tierra de Trigo zum ***Mirador Lomo Molino***, einem modernen Lavastein-Flachbau. Der Blick ist atemberaubend: grüne Hänge, der Teide, ins Meer reichende Lavazungen und die Küste bis Punta de Hidalgo. Wer Glück hat, kann Paraglider ganz aus der Nähe beim Abflug beobachten.

Lavadeltas

Den Kampf zwischen den Elementen, dem landfressenden Wasser und dem landschaffenden Feuer, sieht man von diesem *Mirador* besonders gut. Immer wieder sind Laven über diese Steilküsten geflossen und haben ***Islas Bajas*** (niedrige Inseln), Lavadeltas geschaffen, die ins Meer hineinragen, und die dann vom Meer wieder ausgewaschen werden. Der ganze Nordwestteil Teneriffas wird deswegen auch *Isla Baja* genannt, obwohl Lavadeltas auch im Nordosten der Insel zu finden sind, z.B. in Punta del Hidalgo.

Unterkunft

El Tanque Alto hat nur ***Casas Rurales***, ➢ Seiten 577 und 579.

Camello – Kamelranch

Die **Kamelranch** zwischen El Tanque und Erjos ist eine ansprechende Anlage **mit Ausflugsrestaurant**. Zwar fehlt die Wüste, aber man kann im Nomadenzelt Tee schlürfen und ein 4x4 auf dem Höckertier ist »grüner« als 4x4 im Jeep auf der Höckerpiste.

Anders als auf den afrikanahen, flachen Inseln Fuerteventura und Lanzarote wurde das Kamel auf Teneriffa früher nur selten als Arbeitstier eingesetzt. Im hügelig-grünen, oft nebelverhangenen Nordwesten wirkt es eher befremdlich als exotisch.

Erwachsene und Kinder besteigen die hölzernen Sitze und lassen sich im Beduinenlook durch die Gegend schaukeln. Wer möchte, kriegt danach einen Kamel-Führerschein.

Lage: 1 km oberhalb El Tanque an der TF 82, täglich 10-17 Uhr

Kosten: 25-min-Ritt € 8, Kinder € 4; kleine & große Ausflüge bis € 35 mit Lunch im ***Oasis del Valle* (Puerto Cruz)**; © 922-136191.

Touristen auf der Kamelranch bei El Tanque

Prima übernachtet man im kleinen ***Hotel Rural Finca la Hacienda*** in Tierra del Trigo (➢ Seite 579).

Wanderung nach El Palmar/ Los Silos

Kurz oberhalb von Erjos del Tanque (noch vor dem *Restaurant Fleytas*) erreicht man in einer Rechtskurve auf der linken Straßenseite eine unauffällige kleine *Casa Forestal*. Direkt gegenüber führt ein Feldweg zunächst hinab, passiert nach rechts eine kleine Brücke und verläuft danach in einem Linksschwenk ein paar hundert Meter am Hang entlang bergauf. Danach geht es in rund vier Stunden immer bequem bergab (stets links halten) auf einem – zur Not auch befahrbaren – schattigen **Waldweg durch dschungelartige Vegetation** zur Straße TF 436 (Santiago-Masca-Buenavista) mit Anschluss an die **Buslinien 355 und 366**.

Auf etwa halber Strecke dieses Weges kann man auch rechts ab nach Los Silos laufen (zu den Haltestellen der **Buslinien 107 und 363**, ➢ Seite 588.

Eine weitere gute Wanderung in diesem Bereich (Nr. 2 »Auf den kleinen Gala«) ist in der Wanderbeilage beschrieben.

Puerto de Erjos

Einen guten Kilometer oberhalb von Erjos del Tanque erreicht man Puerto de Erjos an der TF 373. Diese 1.100 m hohe Passhöhe trennt das jüngste vom ältesten Vulkangestein Teneriffas. Man verlässt an dieser Stelle die jungen, sanften Geröllhänge des nordwestlichen Teidemassivs und betritt den ältesten Inselboden, das schroff felsige Tenogebirge. Kurz vor dem Abzweig der TF 373 nach Icod liegt links der große, einfache **Gasthof *Fleytas***.

Einige Kilometer weiter auf der TF 82 Richtung Süden öffnet sich der Blick auf die fruchbare Hochebene von Santiago del Teide.

Wer weiter nach Süden will, findet den Anschluss auf Seite 279ff (Santiago–Masca) und Seite 415 (westliche Teideauffahrt).

6.1.7 Von Icod über La Vega, La Montañeta und San José de los Llanos nach Santiago del Teide

Anfahrt

Von der Küstenstraße an Icod vorbei (auch Anfahrt zum *Drago-Park*) folgt man am großen Kreisverkehr den Schildern »El Tanque-Los Gigantes-Guía de Isora« bis zur TF 82, dann biegt man links ab in die TF 373 nach La Vega/La Montañeta.

Alternativ (nach einem Besuch des *Parque del Drago)* kann man auf einer steilen, engen Straße an der Parkmauer entlang über die *Plaza de Constitución* bergauf fahren und trifft bei **El Amparo** auf die Icod-Umgehung (TF 366); dann folgt man den Schildern nach La Vega/La Montañeta.

Tipp: TF373

Diese **empfehlenswerte alternative Route** über La Montañeta und San José de los Llanos führt auf einer kleinen, aber guten Straße an der Waldgrenze entlang mit grandiosem Teideblick. Dort fehlt die übliche Zersiedlung der Gegend. Zunächst kommt man zum verschlafenen Ort **La Montañeta**. Er wird umstanden von Kiefern, riesigen Opuntien und großen dornigen Ginsterbüschen. Die Straße durchquert im ***Parque Natural de Chinyero*** dunkles Lavageröll mit vielen Flechten und Margeriten.

Picknick/ Wanderung

Über 2 km Feldweg erreicht man die ***Zona Recreativa Arenas Negras*** (Abzweig nahe »Freiluft-*Ermita*« *San Francisco* an der Straße) mit Blockhütten für Jugendgruppen und **Picknickplatz** unter vereinzelten Kiefern auf Lavakieseln – ein Mondlandschaftsbild, in dem sich die Flora nach dem Vulkanausbruch des Chinyero im Jahr 1907 erst jetzt wieder durchzusetzen beginnt.

Wer mehr Lust auf Mondlandschaft hat, wandert auf ebenen Forstwegen von La Montañeta (ab oberem Ortsrand, Nähe Busstopp) über die *Zona Recreativa* in ca. 90 min nach San José de los Llanos (an der Straße TF 373, ca. 4 km westlich La Montañeta).

Risco de la Rosa ist eine alternative ***Bar Ecológico*** mit top Bio-Küche am Waldrand (Sa und So ab 15 Uhr mit Live Musik); Mo geschlossen; Wanderer-Start/Endpunkt Los Llanos; Zufahrt von der TF 373 bei km 12,7 bergauf Richtung Los Llanos, hinter dem Ort die erste Straße links (Schild) bis zum Ende, ✆ 922-136532.

Weitere Spazierwege

Weitere leicht zu bewältigende Wege gibt es in dem ***Los Partidos de Franquis*** genannten Gebiet, einige Kilometer westlich von San José. Ein Hinweisschild fehlt. Unmittelbar vor einer riesigen Kiefer biegt links ein Feldweg in spitzem Winkel von der Straße bergauf ab. Das weitverzweigte Wegesystem führt durch ein ***Montañas Negras*** genanntes Gebiet (Lavafelder) und in die Nähe mehrerer Vulkangipfel (*Garachico*, *Negro*, *Chinyero*).

Eine leichte, **abwechslungsreiche Wanderung** führt vom Hotel *Los Partidos* (➢ unten) bergauf in Richtung Teide. Nach 30 min folgt man dem Hinweis »Carretera General«. Auf breitem Fahrweg gelangt man in gut 3 Stunden zur TF 38 (westliche Teideauffahrt: Chio-Boca de Tauce): zunächst bergauf durch Kiefernwald, dann über eine Lavaebene, ständig begleitet vom Wasserkanal *Vergara*, den man beim erneuten Schild »Carretera General« Richtung TF 38 bergauf hinter sich lässt. Auf der Straße sind es dann gut 2 km bergab zum **Terrassen-Restaurant *El Tauce***; der Kellner ruft ein Taxi für die Rückfahrt (ca. € 30 für bis zu 4 Personen ein akzeptabler Preis nach einer bequemen Wanderung).

Landhotel

Nach ein paar hundert Metern auf dem eben genannten Feldweg erreicht man das abgelegene *Hotel Rural* ***Caserío de los Partidos*** in 1.100 m Höhe. Urtümliche Bauernhäuser aus geschichteten Lavasteinen wurden für Ruhesuchende umgestaltet, ➢ Unterkünfte Seite 579.

Fiesta de la Trilla

Selbst die kreisrund gemauerten Dreschplätze sind erhalten. Hier feiert man nach alter Tradition die ***Fiesta de la Trilla***: die damals von einem Ochsengespann gezogene *trillo* (Dreschplanke) sieht man vielerorts in Teneriffa in ländlichen Bars und Restaurants als Wandschmuck. Wie ein hölzernes Surfbrett geformt, ist sie unten mit walnussgroßen Lavasteinen gespickt, um die Spreu vom Weizen zu trennen.

Abschluss

Auf der Passhöhe ***Puerto de Erjos*** trifft man auf die TF 82 (➢ Strecke Icod-Santiago mit dem Rasthaus *Fleytas* und Wanderwegen nach El Palmar oder Los Silos, ➢ Seite 363f).

Zur Weiterfahrt nach Santiago del Teide ➢ Seite 279 bzw. die westliche Teideauffahrt ab Chio ab Seite 415.

6.2 Nordküste östlich von Puerto de la Cruz

6.2 Nordküstenbereich östlich von Puerto

6.2.1 Von Puerto de la Cruz nach Tacoronte

Kennzeichnung dieser Küstenzone

Streckenverlauf Die *Autopista del Norte* (TF 5) von Puerto nach La Laguna verläuft weit oberhalb der Küste. Sie steigt bis auf über 700 m an (bei Tacoronte) und fällt dann bis La Laguna wieder leicht ab. Entlang der Autobahn liegen fünf Gemeinden mit zusammen rund 60.000 Einwohnern: rechterhand Santa Ursula (auf 290 m Höhe), La Victoria (360 m) und La Matanza (520 m); linkerhand liegen El Sauzal (300 m) und Tacoronte (510 m).

Einschätzung Bereits *Alexander v. Humboldt* wies 1799 darauf hin, dass »... die Bevölkerung der Küste ... hier sehr stark (ist); sie erscheint noch größer, weil Häuser und Gärten zerstreut liegen, was den Reiz der Landschaft noch erhöht«. Heute würde *Humboldt* die seinerzeit gepriesene Schönheit der nordöstlichen Orotavatal-Schulter vergeblich suchen. In einem Meer von Neubauten sind die alten Stadtkerne untergegangen, und die Außenbezirke der Gemeinden gehen ineinander über. Auf den parallel zur Autobahn verlaufenden alten Landstraßen (*Ctra General* = *TF152* und *217*) muss man schon strikt auf die Ortsschilder achten, um zu wissen, ob man beispielsweise noch in El Sauzal oder schon in Tacoronte ist. Leider dürfte die starke Zersiedlung fortschreiten, auch wenn das Ende der Bauwut auf Teneriffa sich nun langsam abzeichnet.

Land und Leute Die guten (vulkanischen) Böden, ausreichende Niederschläge und ein auch im Sommer angenehmes »Arbeitsklima« ermöglichen Landwirtschaft bis auf eine Höhe von fast 900 m. Immer noch werden viel Wein, Kartoffeln, Mais und Obst angebaut. Auch eine bescheidene Milchwirtschaft wird unterhalb von Santa Ursula und bei Benijos betrieben.

Agrargebiet bei La Matanza mit typischen Nebelschwaden

An den Hängen oberhalb der Autobahn sieht man neben größeren Wohnhäusern und neueren (Sozialbau-) Siedlungen viele Lagerhallen und Servicebetriebe, während unterhalb überwiegend Chalets, Bungalows und, oft sehr versteckt, Prachtvillen betuchter *Tinerfeños* und vieler wohlhabender Ausländer liegen. Fast alle haben Blick auf den Teide und/oder den Atlantik, an den man auf diesem (Steil-) Küstenabschnitt bis auf ein, zwei Stellen indessen mit dem Auto nicht herankommt.

Unterkünfte

Nur eine größere Aparthotel-Anlage gibt es an dieser Route: ***Quinta Park*** unterhalb von Santa Ursula (➢ Seiten 369 + 569). Pensionen oder kleine Hotels gibt es kaum. Wer nicht im eigenen Haus oder bei Freunden wohnt, kann um Santa Ursula und Tacoronte teils sehr schön gelegene Häuser bzw. renovierte *Fincas* mieten (➢ Seiten 569, 576 und 579).

Landschaft

Zum Baden ist der Küstenabschnitt hier nicht geeignet. Die steilen Felskliffs stürzen ohne Strand direkt ins Wasser, die Brandung ist heftig und die Strömung gefährlich. Dafür sind die weiten Blicke übers offene Meer umso berauschender. Bergseitig gehen die landwirtschaftlichen Anbauzonen ab 1.000 m in ausgedehnte Kiefernwälder mit vielen bequemen Forstwegen über, an denen eine Reihe beliebter Picknickplätze liegen.

La Victoria, La Matanza und El Sauzal

La Matanza und La Victoria waren die Schauplätze der beiden Entscheidungsschlachten gegen die Guanchen (➢ Geschichte, Seite 487). Doch außer den beiden Ortsnamen (»das Gemetzel« und »der Sieg«) sowie einem Wandgemälde an der Autobahn erinnert in beiden Städten kaum noch etwas an die spanische Eroberung Teneriffas vor über 500 Jahren. **Der Ortskern von El Sauzal ist aber einen Besuch wert,** auch wegen seiner schönen Grünanlagen (➢ Seite 371) und weil direkt an der Autobahnausfahrt die **Café-Terrasse des Weinmuseums** mit ihrer Panoramaaussicht einen überaus attraktiven Platz zum Pausieren bietet (➢ Seite 369f).

Blick vom Mirador Garañona in El Sauzal die Küste entlang in Richtung Mesa del Mar/El Pris

6.2

Alonzo de Lugo landet in Teneriffa (nach alten Texten)

Die Flotte von der Insel Palma, welche de Lugo kommandirte, kam am 3ten May 1493 in dem Hafen Anaso an. Weil die Katholiken an diesem Tage das Fest des heiligen Kreuzes feyern, so nannte Alonzo den Hafen Santa Cruz. Nachdem er seine Truppen ausgeschifft hatte, marschiert er auf den hohen und steilen Berg über dem Hafen, auf dessen die Ebene, jetzt Laguna genannt, anfängt, und wo die Stadt dieses Namens steht.

Indem er weiter rückte, kam er auf eine Ebene, wo jetzt die Einsiedeley de Garcia steht. Hier schlug er sein Lager auf, und erhielt einen Besuch von dem Akaymo, König von Guimar, von den Königen von Anaga, Adehe und Abona, mit denen er ein Bündnis schloß. Sie unterrichteten ihn von der Macht des Bentomo, König von Taora, der damals mit allen Königen der Insel Krieg führte; worauf er gegen ihn anrückte. Der König gieng ihm mit nur dreyhundert auserlesenen Leuten entgegen, und fragte ihn, was er habn wollte? Lugo gab zur Antwort, er käme bloß, um seine Freundschaft anzusuchen, und ihn zu bitten, dass er das Christenthum annehmen, und ein Vasall des Königs von Spanien werden möge, der ihn mit vielen Wohlthaten überhäufen würde.

Hierauf erwiederte der König von Taoro, was seinen Friedens- und Freundschaftsantrag beträfe, so nähm er denselben mit Vergnügen an, und wolle ihn gern mit allem, zu seinem Gebrauch und zu seiner Erfrischung versorgen, was er nur verlange, und was die Insel geben könnte; denn keiner sollte je Ursach haben von ihm zu sagen, dass er angebotene Freundschaft irgend eines Menschen verwerfe oder verachte: was aber die Annehmung des Christenthums betreffe, so wisse er nicht, was er damit sagen wollte.

Zur Antwort auf seine Bitte, ein Vasall des Königs von Spanien zu werden, sagt er, er kenne denselben nicht, würde sich auch, als ein freygeborener Mann, keinem Menschen in der Welt unterwerfen; sondern wie er sein ganzes Leben hindurch frey gewesen, so gedächt er auch zu sterben.

Nachdem er solchergestalt Alonzos Anträge beantwortet hatte, verließ er ihn, und begab sich in seinen Distrikt. Lugo, welcher Bentomos Antwort verachtete, rückte weiter, und lagerte sich an einem Orte, Namens Aguere, von wo aus er Einfälle ins Land that, indem er sich einbildete, dass, wenn er erst den König von Taoro überwunden hätte, die ganze übrige Insel sich auf einmal ihm unterwerfen müßte. Und er kam nach Orotava, wo er eine Menge Vieh erbeutete. Mit dieser Beute wollt er zurückkehren, als Bentomo seine drey hundert Mann versammelte, und das Kommando derselben sinem Bruder Pedro gab, mit dem Befehl, die Spanier auf ihrem Rückzuge in den engen und beschwerlichen Wegen zu ängstigen, um sie solange aufzuhalten, bis er seine übrigen Truppen zusammengezogen hätte und einen Hauptangriff auf sie thun könnte. Als demnach die Spanier durch einen engen hohlen Weg zogen, der von hohen steilen Felsen eingeschlossen war, erhuben die drey hundert Guanches, die im Hinterhalt lagen, ein großes Geschrei und Gepfeife, fielen sie dann mit großer Wucht an, und schlugen sie gänzlich in die Flucht; denn die Spanier konnten hier von ihrer Reiterei, auf welche sie sich am meisten verliessen, keinen Gebrauch machen, und ebensowenig half ihnen ihre überlegene Anzahl; so dass ihnen nichts als die schleunige Flucht übrig blieb. Die Guanches folgten ihnen auf dem Fuße nach, und richteten eine große Niederlage unter den Flüchtlingen an.

Des Königs Bruder hatte sich unterwegs auf einen Stein gesetzt, um sich auszuruhen, als Bentomo mit sinen Truppen daher kam. Als er seinen Bruder so allein da sitzen sah, gab er ihm einen harten Verweis; dieser aber antwortete ganz kalt: »ich habe das Meinige gethan, und die Feinde besiegt; die Metzger thun jetzt das Ihrige, und schlachten sie.« In dieser Schlacht kam der größte Theil von Alonzos Armee um; und da er nicht weit von Centejo lag, nannte man ihn la Matansa de Centejo, das heißt, die Metzelung von Centejo, welchen Namen er noch jetzt führt.

Quelle: George Glas, Geschichte der Entdeckung und Eroberung der Kanarischen Inseln, Leipzig 1777; in: Bibliothéca Canaria – Nachdrucke alter Texte über die Kanarischen Inseln, Santa Cruz de La Palma, 1976.

Eindrucksvolle Flaschensammlung im Weinmuseum

Anlaufpunkte unterhalb der Autopista bis El Sauzal

Die dichte Bebauung erstreckt sich von der ca. 300 Meter hohen Steilküste bis zur Autobahn, die teilweise bis zu fast 700 Meter ansteigt Mit dem Auto erreicht man die Küste erst wieder bei Mesa del Mar und El Pris, nahe Tacoronte (➢ Seite 380, Bademöglichkeiten ➢ Seite 112).

Unterkunft

Restaurant

Zu den Quartieren, wie den ***Jardines de la Paz***, den ***Apartamentos Villa Luz de la Luna*** und ***Faisan Azul*** (➢ Seite 569) sowie dem beliebten **Restaurant *Casa Juan*** (➢ Seiten 86 und 374) nimmt man die *Salida* 23 der Nordautobahn und folgt meerseitig der unmittelbar parallel dazu verlaufenden kleinen Straße TF 174 Richtung Puerto de la Cruz.

Weinmuseum

Direkt unterhalb der Ausfahrt 21/El Sauzal erreicht man nach einer Kehrtwende um den ersten Kreisel rechts das Weinmuseum (***Casa del Vino***, gut ausgeschildert) in einem vorbildlich renovierten Finca-Komplex aus dem 17. Jahrhundert. Die Gebäude liegen

6.2

im Rechteck um einen großen mit Natursteinen gepflasterten Innenhof mit Winzergerätschaften. Eine anschauliche Ausstellung informiert über Geschichte und Techniken des Weinanbaus, Klima- und Bodenbedingungen. Sie wird ergänzt durch einen Laden mit **Probierstube**. In stilvollem Ambiente kann man fast alle Weine der Insel kosten (gegen Gebühr, aber Eintritt frei).

Geöffnet ist das Weinmuseum Di 11.30-18.30, Mi-Sa 10.00-21.30, So 11-18, Feiertage 11.30-17.30 Uhr. Restaurant: Di-Sa 13-16 und 20-23, So und Feiertag 13-16 Uhr. ***Tasca***: Di-Sa 10-23, So und Feiertag 10-18 Uhr, © 922-572535, www.tenerife.es/casa-vino.

Restaurant im Museum

Auf der großzügigen **Terrasse** eröffnet sich ein spektakulärer Blick auf den Teide und das Meer. Hier werden nur *Tapas* und köstliches Gebäck zu den Getränken gereicht. Innen bietet das Restaurant gute kanarische Küche. Von beeindruckender Schönheit ist die bemalte Holzdecke der Bibliothek. Mehrere Räume stehen für Veranstaltungen zur Verfügung.

Casa de la Miel

Über das Weinmuseum gelangt man in die ***Casa da la Miel*** (Haus des Honigs). Sie ist Anlaufstelle für Teneriffas Imker und betreibt Qualitatsprüfung; damit ist – neben Wein und Käse – auch Honig ein tinerfeñisches Agrarprodukt, das professionell vermarktet wird. Im Besucherzentrum erfährt man alles über fleißige Bienen und süßen Honig. Aus der speziellen Inselflora werden feinste Sorten gewonnen: Walnuss, Avocado, Banane, Heide, Tajinaste u.v.a.m. (➢ Seite 424). Nur der auf den Kanaren beliebte *Miel del Palma*, wird nicht erwähnt, denn er ist gar kein Honig; er wird als Sirup aus der Palmendattel gewonnen, ganz ohne Biene Maja. Geöffnet wie Casa del Vino, © 922-562711; www.casadelamiel.com.

Café Baranda

Nur einen Steinwurf oberhalb der *Casa del Miel* liegt das riesige ***Café Baranda*** mit zwei verglasten **Panoramablick-Terrassen**. Interieur und Konditorangebot sind deutsch. Am Sonntagnachmittag genießen auch spanische Familien hier ihr Dessert.

»El Cocodrilo« ist eine Lava-Landzunge westlich unterhalb von Ela Sauzal. Die Kanaren-Häuschen darauf wurden kürzlich abgerissen

Das Ayuntamiento (Rathaus) von Sauzal erreicht man auf einer breiten Freitreppe, die von subtropisch bepflanzten Terrassen und kleinen Waserfällen eingerahmt wird

El Sauzal

Um El Sauzals tieferliegendes Zentrum zu erreichen, fährt man vom Museum zurück zum Kreisel an der Autobahnausfahrt. Auf dem Weg bergab passiert man das beliebte Fisch-Restaurant ***San Nicolás*** (12-23 Uhr, Di geschlossen).

Zentrum

Hinter dem Marktgebäude (mit Postamt) erreicht man das hübsche Zentrum um den höhergelegenen Kirchplatz – mit einer fantastischen Aussicht. Der Wasserreichtum der Gegend ließ hier einst Weiden (*El Sauce* = Weide) gedeihen und brachte die Landwirtschaft zum Blühen (Wein, Kartoffeln) und später die Bodenspekulation. Viele Äcker und Felder sind zu teurem Bauland geworden. Von Wohlstand zeugt das imposante ***Ayuntamiento*** (Rathaus) mit künstlichen Wasserfällen vor dem Gebäude. Die *Iglesia de San Pedro* (16. Jahrhundert) wirkt trotz des klassischen Turms mit ihrer weißen Kuppel etwas fremd.

Der *cortado* schmeckt in der gemütlichen ***Bar Elias*** auf dem Kirchplatz (Mo zu), und im modernen ***Jalea Menta*** mit Küstenausblick gibt es Eis, Torten und feine Gerichte (➢ Seite 80ff).

Parque Lavanderos

Unterhalb des Kirchplatzes (Eingang ca. 50 m weiter westlich) befindet sich das Eingangstor zum etwas vernachlässigten ***Parque Lavanderos***, einer Anlage am Steilhang. Zwischen vielen schwarzen Lavasteinen stehen Ruhebänke, und Wasserspiele plätschern im üppigen Grün. Treppchen führen hinunter in den Stadtteil Los Angeles, wo es neben einer kleinen ***Ermita*** (Mi, Sa abends zu) im gleichnamigen Restaurant **kanarische Küche** gibt.

Der parkartig angelegte ***Mirador Garañona*** (ausgeschildert ab Ortskern El Sauzal) voller Palmen und Sukkulenten bietet tolle Steilküstenblicke (➢ Foto Seite 367). Seine westliche Aussichtsterrasse beherbergt eine überaus beliebte **Eisdiele**. Di und Mi geschlossen, bei trockenem Wetter 11-21 Uhr geöffnet.

Kultur/ Folklore

Nicht nur am gepflegten Stadtkern und den kultivierten Grünanlagen ist der Wohlstand El Sauzals abzulesen. Im **Auditorium** (ausgeschildert) finden oft klassische Konzerte auf hohem Niveau statt. Das Dreikönigsfest am Vorabend des 6. Januar wird dort besonders aufwendig begangen (➢ Seiten 292 und 499). Auf den Straßen und Plätzen spielt die Bevölkerung das Geschehen dieser biblischen Nacht nach. Eine zu Weihnachten auf der Kirchplaza aufgebaute Krippenszenerie ist Hauptschauplatz.

Weiterfahrt nach Tacoronte

Die *Carretera General* (TF 16) führt weiter nach Tacoronte, gesäumt von einer Menge Restaurants, ➢ Kasten Seite 161, »Restaurantstraßen um La Laguna«.

Blütenpracht im alten Zentrum von Tacoronte

Von Santa Ursula nach Agua García (Bergseite der Autobahn)

Die zersiedelten Städte Santa Ursula, La Victoria und La Matanza lohnen kaum einen Bummel. Die Fahrt auf der Carretera General (TF 217) führt durch das ganz »normale« verstädterte Teneriffa, vorbei an weniger bedeutenden Sehenswürdigkeiten.

Santa Ursula

In Santa Ursula ist die schlichte einschiffige **Kirche** (17. Jahrhundert) gleichen Namens wegen der Goldschmiedearbeiten aus Südamerika aber einen Besuch wert (an der Durchgangsstraße, gegenüber dem *Ayuntamiento*). In der Neuen Welt zu Wohlstand gekommene Emigranten pflegten – Gott zum Dank – silberne oder goldene Grüße in die Heimat zu schicken. Sehenswert ist auch der Heilige *Sebastian* aus Elfenbein.

La Victora und La Matanza de Acentejo

Wie erwähnt, drücken die Namen La Victoria und La Matanza den Sieg und die Niederlage aus spanischer Sicht aus. Am 25. Dezember 1495 brachen die Spanier im heutigen **La Victoria** den Widerstand der Guanchen. ***La Matanza***, das Gemetzel, nannten sie den Ort, wo sie im Jahr zuvor am 26. Mai in einen Hinterhalt der Guanchen gerieten und vernichtend geschlagen wurden, ➢ Essay auf Seite 368. Das Guanchenwort ***Acentejo*** bedeutet »Tod« bzw. »viele Tote«. Von 1.200 Spaniern und kanarischen Verbündeten konnten nur 200 ihr Leben retten.

Uralte Kiefer

In beiden Orten erinnert wenig an die blutige Vergangenheit. Vor der großen *Iglesia de Nuestra Señora de La Victoria* steht eine riesige zersauste Pinie. Sie war Zeugin jener Schlacht und in ihrem Schatten fand damals der Dankgottesdienst statt.

Der Kirchplatz liegt oberhalb der TF 217 (hinter der großen Shell-Tankstelle scharf rechts in die Calle Perez Diaz).

Guachinches

Oberhalb von Santa Ursula, La Victoria und La Matanza hört die dichte Besiedlung auf, die Felder überwiegen und man findet jede Menge *Guachinches* (➢ Seite 375). Einige werden im Folgenden beschrieben. Die Zufahrt mag z.T. übertrieben genau erscheinen, aber selbst Ortskundige vertun sich in diesem Strassengewirr.

Gleich mehrere sehr einfache *Guachinches* liegen oberhalb von La Matanza am ***Cruz del Camino*** (Kreuzung Camino Nuevo/ Calle Real Orotava) an einem kleinen Platz aus schwarzen Lavasteinen. Bei ***Doña Candelaria***, ✆ 922-577690, Mo zu) gibt es ohne Schnickschnack alles, was die volkstümliche kanarische Küche zu bieten hat. Ebenso in dem urig-kargen ***Centro Médico*** (!) bzw. ***Cruz del Camino***.

Anfahrt

Von Puerto kommend (*Salida* 27, Victoria), durch Victoria auf der TF 217. Kurz nach dem (westlichen) Ortsschild La Matanza im Kreisel auf die TF 215 nach Ravelo (die 2. Abfahrt im Kreisel = Calle Real). Dem Straßenverlauf folgen bis zur **Ferreteria Ruiz**, (dort ein Hinweisschild Richtung Agua García und Ravelo), an der Kirche San Salvador vorbei und dahinter gleich rechts in den ***Camino Nuevo*** bis oben zur erwähnten Kreuzung. Hier geht's auch zu den *Zonas Recreativas* dieses Gebietes ➢ Seite 374.

Wandbild und Humboldt-Zitat

Eine Wandmalerei zum Gedenken an das Gemetzel von La Matanza sieht man von der Autobahn – von La Laguna kommend – an der ***Salida La Matanza***. Das Bild zeigt einen großen, halbnackten Guanchen, der siegreicht sein Muschelhorn bläst, während ein spanischer Krieger am Boden liegt.

Im Ortsteil San Antonio von La Matanza wurde im Gedenken an die Niederlage eine kleine Kapelle, ***La Ermita de San Antonio***, errichtet.

Humboldt schrieb: »Diese beiden Namen (Matanza und Victoria) findet man in allen spanischen Kolonien nebeneinander; sie machen einen widrigen Eindruck in einem Lande, wo alles Ruhe und Frieden atmet. *Matanza* bedeutet Schlachtbank/ Blutbad, und schon das Wort deutet an, um welchen Preis der Sieg erkauft worden ist. In der neuen Welt weist er gewöhnlich auf eine Niederlage der Eingeborenen hin; auf Teneriffa bezeichnet das Wort *matanza* den Ort, wo die Spanier von denselben Guanchen geschlagen wurden, die man bald auf den spanischen Märkten als Sklaven verkaufte.«

A. von Humboldt: Südamerikanische Reise (1799)

Restaurants zwischen Villa de la Questa und El Sauzal

TF 217

Wer sich nicht auf die Restaurantsuche durch kleinste Straßen machen möchte, findet an der *Carretera General* TF 217 viele – auch anspruchsvollere – Restaurants, in denen man schöner sitzt als in den einfachen *Guachinches*. So in

- den drei Schwester-Lokalen (➢ Seite 80ff):
  Donde Mario,
  El Calderito de la Abuela,
  La Bodeguita de Enfrente
- der ***Casa Pedro*** mit einfachen herzhaften kanarischen Gerichten. Jeden Tag gibt es dort ***Puchero*** (Gemüse-Fleisch-Eintopf). Das Restaurant in der Nähe von *Donde Mario* (➢ oben) ist nicht ganz leicht zu finden: Unmittelbar vor *Donde Mario* links ab, sofort wieder links, dann gleich rechts (*San Patricio*) und wieder die zweite rechts. Ausgangs einer weiten Linkskurve ist man am Ziel: Calle Magellanes 38, Mi geschlossen, © 922-300082.
- der ***Casa Vieja*** mit einem überdachten Patio mit viel Grün. Volkstümlich kanarisch, traditionelle Gerichte (z.B. ***Cazuela con Escaldón***/Fischsuppe mit *Gofio*). **Anfahrt** über *Salida* 23 von der TF 5, in La Matanza etwa bei Kilometer 25. Täglich mittags und abends geöffnet, © 922-578252.
- ***La Quadra de San Diego***, ***Jale Mental*** und ***Casa Juan*** (alle ➢ Seite 80ff), sowie ***Casa Museo del Vino la Baranda***, ➢ Seite 370

Picknickplätze

➢ auch Karte auf Seite 585

Drei Plätze liegen im Bereich zwischen dem ***Laurisilva-*** (Lorbeer/Baumheide) und dem – in höheren Regionen vorherrschendem – Kiefernwald. Über Forstwege sind sie miteinander verbunden. Mit Picknickkorb und Grill, erreicht man sie am besten, wenn man beim Nordflughafen (*Salida* 11) auf der TF 237, ***Orotava Real*** genannt, über Agua García fährt (zuletzt ein holpriger Feldweg), und zwar zur

- ***Lomo de la Jara***,

  und über Ravelo zur

- ***Calderetas de las Flores***.

  Nur die letzte,

- ***La Vica***, ist vom auf Seite 373 erwähnten Kreisel leichter zu finden, wenn man im Kreisel die **erste** Ausfahrt nach San Antonio nimmt, danach ausgeschildert.

Orotava Real

Von La Matanza aus erreicht man die ***Orotava Real*** über den Camino del Cruz (Seite 373, Stichwort *Guachinches*). Von dort ist es aber sehr viel schwieriger, die genannten ***Zonas Recreativas*** zu finden. Diese landschaftlich herrliche Region ist sehr schlecht ausgeschildert, im Zweifel fragt man sich zum Ziel durch.

Guachinches

Guachinches nennt man aus privaten Weinkellern und Probierstuben (später aus Garagen) entstandene Kneipen-Restaurants, denn Trinken macht hungrig.

Das Wort *Guachinche* heißt wörtlich etwa »Spelunke« oder »illegale Kneipe«, wo alles durcheinander geht. *Guachinches* sind heute unter den Einheimischen »in«, und jeder schwört auf »seine« ganz spezielle Samstag- oder Sonntagmittag werden viele brechend voll und quellen bis auf die Straße über. Dort steht man in Grüppchen rauchend, quatschend und laut gestikulierend neben geduldig auf frei werdende Tische wartende neue Gäste.

Ist neben solchen Menschentrauben auch noch der Parkraum knallvoll, kann man an Wochenenden sicher sein: hier handelt es sich um eine *Guachinche*, denn ohne solchen Andrang sind diese Lokale zuweilen nicht einmal durch ein Namensschild auszumachen: Aber als Canario weiß man halt genau, wo die besten sind und findet zur Not auch weinbeduselt tastend nach Hause zurück. Soviel sei an dieser Stelle schon verraten: An der Küste findet man sie kaum, eher in den in den mittleren Berglagen.

Die Räume sind nach wie vor schmucklos und eine akustische Katastrophe. Karg und kalt wie ein Wartesaal, nur selten zünftig-rustikal mit bäuerlichen Antiquitäten wie im Dorfmuseum. Dabei würde nicht selten eine Glasfront das Meer und die Berge ins Lokal holen.

Gänzlich unbefriedigt bleibt die tiefsitzende Sehnsucht der regen- und kältegeschüttelten Nordurlauber, draußen zu sitzen: die Guanchen-Nachfahren lieben's offensichtlich höhlenmäßig.

Die Qualität der offenen Hausweine kann in ein und derselben *Guanchinche* sehr unterschiedlich sein und trifft nicht immer jedermanns Geschmack. In animierter Umgebung mit einem *Conejo Salmorejo* kann er trefflich schmekken, aber am nächsten Abend im Hotelzimmer versteht man beim Leeren der vorsorglich mitgenommenen Extraflasche manchmal sein eigenes Urteil nicht mehr. Aus manchen *Guachinches* sind teilweise handfeste Restaurants geworden, die auch Weine heimischer Winzer kredenzen.

Die Speisen – ob nun Fisch oder Fleisch – sind immer durch und durch kanarisch, in ihrer Schlichtheit überzeugend und preiswert. Und hungrig kam noch nie jemand aus einer *Guachinche.*

An Wochenenden zwischen 14 Uhr und 17 Uhr geht es hoch her, wobei die Stimmung weniger durch den *vino de la isla/de la casa* (Insel-/ Hauswein) steigt, als durch die gesellige Fröhlichkeit des *Canario*, der gern zur Gitarre greift und in großer Runde singt.

Auch ohne besondere Spanischkenntnisse hilfreich fürs Aufspüren von solchen Lokalen ist das verbreitete Büchlein ***El Libro de los Guachinches*** von *M.M. Morales* mit Lageplänen, Spezialitäten und Öffnungszeiten. Man findet es überall auf der Insel.

Theke in einer Guachinche

Praktisches

Unterkünfte

➢➢ Seiten 569, ferner »Landhotels« Seite 579 und »*Casas Rurales*« Seite 576ff.

Spezialgeschäfte

- ***Ahumados Tenerife***, Fischräucherei im Zentrum von Santa Ursula, Carretera Vieja 37, Mo-Fr 9-17.30, Sa 9-14 Uhr, © 922-301161, beliefert *Casa Juan* ➢ Seite 80ff
- ***Sprungmann*** **– deutsche Fleischerei**, gute Ware; beim Humboldtblick (*Jardín Humboldt*) kurz vor Orotava an der TF 21, km 1,8; ➢ Seite 320; täglich 8.30-17, Sa 8.30-13 Uhr, © 922-336567;www.sprungmann.com > Zufahrtskizze.
- **El Mercadillo**, Bauernmarkt mit lokalen Produkten, Wein Käse und Kunsthandwerk in La Matanza an der Hauptstraße TF 217, *Carretera General*, nur Sa+So 9-15 Uhr.
- ***El Sauzals*** zentrale **Markthalle** hat einen guten Schlachter.

Tacoronte ist neben seinen Weinen bekannt für Süßigkeiten, speziell Turrones, eine Kombination aus Marzipan und Nougat

6.2.2 Tacoronte

Alhóndiga und Wein

An der Nordküste sind Garachico, Icod und vor allem Puerto de la Cruz weitaus bekannter als Tacoronte. Wie auch in El Sauzal besitzen dort betuchte Tinerfeños und ausländische Residenten »Villen in Grün« hoch über dem Meer. Touristen kommen nach Tacoronte wegen eines beliebten Bauernmarktes (➢ unten), denn es gibt in der nördlichen Umgebung der 20.000 Einwohner-Stadt viel Landwirtschaft. Die Einführung von Herkunftsbezeichnungen (*Denominación de Origen*) für Teneriffas fast in Vergessenheit geratene Weine schreibt sich Tacoronte auf die Fahnen. Dadurch können Inselweine wieder mit den Festlandweinen konkurrieren. In Tacoronte findet im Mai die nach einem alten Kornmarkt benannte ***Alhóndiga*** statt. Dann werden **die Weine** im ***Concurso Regional de Vinos Embotellados de Canarias*** prämiert und auf dem Kirchplatz zur Kostprobe gereicht, ➢ Seite 71ff.

Anfahrten

Zwischen El Sauzal und La Laguna verläuft die alte Landstraße (TF 152) unmittelbar neben der ***Autopista del Norte***, manchmal nur getrennt durch eine Leitplanke. Diese ***Carretera General*** ist über einen 500 m langen Abschnitt zugleich Tacorontes Hauptgeschäftsstraße. Man erreicht sie über die Autobahnausfahrt 19.

Tacorontes Zentrum

Infobüro ➢ Seite 55

Auf Tacorontes Hauptstraße ist zwar allerhand Betrieb, aber außer einem Infobüro bietet sie wenig (Kreuzung TF 152/TF 16 – Ortsplan besorgen!). Die guten Restaurants liegen vor der Stadt entlang der TF 152 Richtung La Laguna (➢ »Restaurantstraßen bei La Laguna«, ➢ Seite 161), die sehenswerten Kirchen (*Iglesias Santa Catalina* und *del Cristo*) ein gutes Stück unterhalb der Hauptstraße in Tacorontes altem Stadtzentrum.

Der beliebte **Bauernmarkt** wird **in San Juan** abgehalten, **5 km unterhalb von Tacoronte**, ➢ Seite 378. Zufahrt über die TF 16 nach Valle Guerra, die in Tacoronte an der Plaza Mercado von der TF 152 in Richtung Meer abzweigt.

6.2

Traditioneller kanarischer Wettkampf: welcher Bauer hüsert sein Ochsengespann mit sackbeschwertem Schlitten am schnellsten um den Parcours?

Zu den Kirchgebäuden braucht man vom Busbahnhof zu Fuß etwa 15 min; es geht steil bergab und wieder bergauf. Autofahrer nehmen von der TF 152 die TF 16 nach Valle Guerra und biegen links ab in Richtung *Ayuntamiento*. Das Rathaus an der Plaza del Cristo gegenüber der *Iglesia El Cristo* und dem *Convento San Agustín* ist ein guter Startpunkt für einen kleinen Rundgang.

Iglesia del Cristo

Der geräumige, von Platanen umstandene Kirchplatz ist sehr einladend. Die Fassade der etwas plump wirkenden Kirche des ehemaligen Augustinerklosters (Baubeginn Mitte 17. Jahrhundert) mit zwei kleinen Glockentürmen besteht aus grauem Basalt. Innen beeindrucken bemalte Mujedardecken, ein Barockretablo mit starkem iberoamerikanischen Einfluß und vor allem ein ungewöhnlicher Christus. Er ist hier nicht gekreuzigt dargestellt, sondern er scheint das Kreuz zu umarmen. Berühmt wurde diese Darstellung durch die Ode *Al Cristo de Tacoronte* von *Emeterio Gutiérrez Albelo* (1905-1969) aus Icod de los Vinos.

Auch einige beachtliche alte Gebäude wie die *Alhóndinga* (Kornmarkt) und schöne Wohnhäuser liegen in unmittelbarer Nähe, z.B. in der Gasse (*Callejón*) José Izquierdo. Über sie erreicht man auch den ruhigen *Parque Hamilton*.

Iglesia Santa Catalina

Weiter entfernt ist die *Iglesia Santa Catalina* (etwa 10 min zu Fuß). Zwei Balkone, abgestufte Dächer, Mauerecken aus Vulkangestein und schwere Holztüren setzen die unverkennbaren Akzente des kanarischen Inselbarock (Fertigstellung im 18. Jahrhundert). Nur während der Messen geöffnet.

Das Innere wirkt warm durch bemalte und vergoldete Holzaltäre und (im vorderen Bereich) getönte, hölzerne Kasettendecken. Sehr kunstvoll ist der silberne Hochaltar gestaltet.

Restaurant

Im stilvoll-eleganten ***Casucha*** bei der *Iglesia Santa Catalina* lässt es sich im begrünten Patio vorzüglich speisen (➢ Seite 80ff)

6.2.3 Von Tacoronte nach Punta del Hidalgo

Die Strecke bis Tejina

Agueretal und Küste

Das von La Laguna dominierte Agueretal weitet sich von seinem höchsten Punkt, dem Nordflughafen, nach Westen aus, um dann über hohe Steilküsten in den Atlantik zu fallen. Diese Kliffs laufen aber gen Nordosten aus, werden bei Bajamar (unten am Meer) zu flacher Felsküste, und erst hinter Punta del Hidalgo steigt das Anagagebirge wieder so schroff aus dem Meer, dass man nur noch auf Schusters Rappen weiterkommt. Zwischen dem 500 m hoch gelegenen Tacoronte und Punta del Hidalgo am Straßenende zweigen bis kurz vor Bajamar nur ein paar Stichstraßen von der TF 16 zum Atlantik ab, von denen nur wenige ans Wasser führen.

Die heute stark zersiedelte Region wurde seinerzeit vom Eroberer *Lugo* an besonders treue Mitstreiter vergeben.

Charakteristik der Region Tejina

Die Strecke von Tacoronte nach **Tejina** (TF 16) führt durch flacher werdendes Gelände, dessen fruchtbare Böden intensiv landwirtschaftlich genutzt werden. Die sanfteren Hügel und speziell die zum Meer hin flach auslaufenden Lavazungen bieten viel Raum für große Bananenplantagen, Gärtnereien (tropische Pflanzen, aber auch Schnittblumen, Luftnelken und Strelitzien für den Export) und für Wein an den mittleren Hängen. Das klingt nach idyllischer Landschaft. Die Pflanzungen sind jedoch gegen den Wind von hohen Mauern aus Zementblöcken umgeben und abgedeckt mit grauen Plastiknetzen.

San Juan

Der ***Mercadillo de Agricultores*** im Ortsteil San Juan an der TF 16 liegt ca. 5 km vom Stadtzentrum Tacoronte in Richtung Valle de Guerra. Dank der an Markttagen am Straßenrand kreuz- und quer parkenden Autos ist er nicht zu übersehen.

Markt

Die Stände stehen dicht gedrängt unter einem hohen Wellblechdach. Alle Kilopreise laufen ständig über Monitore. Die gute Qualität der Produkte wie Obst, Gemüse, Käse, hausgemachte Backwaren, Honig und lokaler Wein, Blumen und Pflanzen lassen Kunden von weit her anfahren (Sa und So bis 14 Uhr).

Elektronische Anzeige der aktuellen Preise auf dem Markt von San Juan bei Tacoronte. Preise nicht aktuell.

Danach empfiehlt sich frischer Fisch: ***pescado*** mit ***papas*** und ***mojo*** in **El Pris** an der Küste (➢ unten). Zwei Straßen dorthin zweigen im Bereich des Marktes von der TF 16 ab.

Wer ***Haute Cuisine*** in schlichter Eleganz bevorzugt, ist im ***La Milpa*** gut aufgehoben, ➢ Seite 80ff. Vom Markt kommend auf der TF 16, ein Stück zurück nach Tacoronte, linkerhand (Nr. 102).

Museum

Bevor man in das weitläufige Dorf Valle Guerra gelangt, liegt unterhalb einer Rechtskurve links im prachtvollem Herrenhaus mit großem Garten das ***MHA*** (***Museo de Historia y Antropológia de Tenerife***. (auch *La Casa de Carta* genannt). Es präsentiert eine bemerkenswerte Sammlung: Trachten, landwirtschaftliches Gerät, Keramik, Gofiomühle, Weinpresse, Seidenspinnerei, Tabakanbau und Musikinstrumente. Lohnend!

Das Haus selbst wurde beispielhaft restauriert. Valle de Guerra, Carretera Tacoronte; © 922-546 300; 9-19 Uhr, Mo geschlossen, € 3, mit Bonobus-Ticket 50% Rabatt, So frei; www.museosdetenerife.org, ➢ Seite 128.

Tejina: Fiesta de los Corazones
Herz aus Gemüsearten
➢ Romerías, Seite 400

Stichstraßen ans Meer

Abfahrten

Die von der TF 16 zum Meer abzweigenden Straßen führen durch Villenviertel über die TF 165 nach El Pris und/oder Mesa del Mar. Die Abfahrten aus luftiger Höhe sind auf ihrem letzten Stück steil und eng. Hier befindet sich ein Meerespool und ein kleiner schwarzen Sandstrand.

El Pris

Vor den Küstenhängen hat sich El Pris seine Fischerdorf-Atmosphäre erhalten. Es gibt nur eine etwas größere Apartment-Anlage am Ortseingang. Ansonsten blieb alles so wie früher: kleine Häuser drängen sich am Ufer, und auf der ins Meer ragenden Halbinsel liegen bunte Holzboote, Tauwerk und Netze. Wenn die Fischer heimkommen und die Boote mit Winden hochgezogen werden, stehen die Frauen bereit, um den Fang gleich vor Ort zu verkaufen.

Das alte Fischerdorf El Pris drängt sich auf einem vorgelagerten Felsen. Ein Fußpfad führt hinüber nach Mesa del Mar.

Auf der kurzen Promenade am Meer sitzen die *Tinerfeños* an Tischen unter Gummibäumen und spielen Karten oder essen im ***El Pescador*** gegenüber frischen Fisch, © 922-562806 (Mo geschlossen). Auf Wunsch wird draußen serviert.

Ein lohnenswerter halbstündiger Kopfstein-Pfad führt in westliche Richtung etwas oberhalb am Wasser entlang an der steilen Felsküste nach Mesa del Mar (ca. 1 km).

Mesa del Mar

Wie der Name sagt, ragt hier eine flache Landzunge wie ein Tisch (*mesa*) ins Meer. Die nutzten die Bausünder der 1960er-Jahre, um ein überdimensionales Apartment-Hochhaus zu (de-)plazieren. Das attraktive Meerwasserbecken hat auch Liegeflächen aus Holz für Sonnenbader.

Promenade mit Strand

Ein kurzer Tunnel (für Autos gesperrt) durch den Wohnklotz führt zur Promenade an einem schwarzem Sandstrand mit dikken Kieselsteinen (*Callao*). Sie endet beim Restaurant ***Playa de Arena***; tägl. 11-19.30, Sa -23, So -21 Uhr. Auf dem angrenzenden Zeltplatz werden auch Holzhütten der einfachsten Art vermietet (➢ Seite 583). Die Promenade läuft noch 500 m weiter an der Steilküste entlang.

In Lava auslaufendes Strandende in Mesa del Mar

Bei starkem Seegang überfluten Wellen die Meerwasserpools in Bajamar; im Hintergrund sieht man die Silhouette von Punta del Hidalgo

Bajamar

Mesas

Bei der Weiterfahrt von Tejina nach Punta del Hidalgo hat man das imposante Anagamassiv vor Auge. Gleich hinter Tejina zeigt sich eine für das Anagagebirge ungewöhnliche Bergformation, eine *Mesa* (Tisch). Diese zu flachen, tischartigen Plateaus erodierten Bergrücken entstehen, wenn unter weicherem Gestein eine waagerechte, härtere Schicht liegt, die eine weitere Erosion zu der sonst typischen ausgefransten Kammform verhindert. *Mesa* nennt man auch die flachen Lavahalbinseln der Nordküste.

Touristische Entwicklung

Bajamar und Punta del Hidalgo waren in den 1960er-Jahren aufstrebende Touristenziele. Durch den Boom im Süden Teneriffas wurde ihre Entwicklung gebremst und nur ein paar Alteingesessene und gealterte nordeuropäische Residenten dämmerten in den Bausünden der Vergangenheit vor sich hin und genossen das Brandungsspektakel und die Abgeschiedenheit dieser Sackgasse.

Die Mischung aus ungeschminktem Niedergang und apathischer Ruhe hat sich während der letzten Jahre im allgemeinen Entwicklungssog in eine fast geschäftige Betriebsamkeit verwandelt. Die strategische Lage nahe den Arbeitsplätzen in La Laguna, Santa Cruz und auch Puerto de la Cruz hat beide Orte vor allem für junge einheimische Familien attraktiv gemacht. Die Bauindustrie griff die Entwicklung begierig auf (bzw. umgekehrt).

Es lebt sich gut und preiswerter als in den Ballungszentren, direkt hinter dem Meer und vor schroffen Berghängen. Vor allem an Wochenenden dominieren *Canarios* wieder die Szene.

Bajamar

Neben dem kleinen, geschützten Strand sind die großen **Meeresschwimmbecken** eine echte Attraktion. Bei normaler Brandung brechen die ins Meer gebauten Betonmauern die Wellenkraft und lassen nur soviel Seewasser durch, dass sich kräftige Duschen ins Schwimmbecken ergießen (➢ auch Seite 113).

Neben den Cafés ist an der kleinen Promenade das Restaurant ***Casa Pepe*** mit prima kanarischer Küche auch wegen des Meerblicks empfehlenswert (➢ Seite 80ff, Unterkünfte Seite 569).

Punta del Hidalgo

Endpunkt auf der Nordküstenstraße ist Punta del Hidalgo auf einer flach ins Meer ragenden Landzunge. Schon aus der Ferne erkennt man es an seiner markanten weißen Leuchtturm-Nadel und der Wabenfront des hohen Aparthauses (*Edificio Altagay*).

Geschichte

Der abgeschiedenen Lage verdankt der Ort seinen Namen, denn als der alleinige Guanchen-*Mencey* von Adeje die Insel unter den neun Söhnen aufteilte, wollte keiner die *Punta* haben. So erbte sein unehelicher 10. Sohn das Gebiet, aber nur als *Achimencey*, denn er war nur ein ***Hidalgo Pobre***, ein armer Adliger.

Cafe Melita

Noch gut 3 km sind es bis zu Hidalgos Ortseinfahrt, wenn man linkerhand das ***Cafe Melita*** passiert hat, eine – nomen est omen– von Deutschen geführte Konditorei, wenn auch mit nur einem »t«. Hier bekommt man herzhaftes Vollkornbrot (Mo, Do und So), sowie auch bei Spaniern beliebte Kuchen und Torten.

Los Sabandeños

Wenig später überrascht links eine überlebensgroße kopflose Statue mit dem typischen kanarischen Hirtenumhang aus hellem Filz, dem knöchellangen Poncho der Hirten (*manta esperancera*) und Mandoline (*timple*). Sie ist den ***Sabandeños***, der bekanntesten Folkloregruppe Teneriffas gewidmet, die hier auf dem Landsitz eines Adligen ihre ersten Lieder einübte.

»Kopflose« Skulptur Los Sabandeños

Kurz hinter dem ***Restaurant Doris*** (© 922-156616, Di zu) – bekannt für eine einfache gute kanarische Küche – biegt man links ab und findet meist mühelos einen Parkplatz unten beim Apartment-Hochhaus

Charakteristik des Ortes

Der kleine Dorfkern und die Meerespromenade sind nicht ohne Reiz. Akustisch ist nur das Meeresrauschen permanent präsent, denn die Wellen brechen sich mehrfach an vorgelagerten Riffs, bevor sie am steinigen Ufer oder der tellerflachen Felsküste schäumend auslaufen. Eine Augenweide ist das hinter dem Ort steil aufsteigende Gebirgspanorama des Anagamassivs.

Promenade und Pools

Puntas Schokoladenseite, die sich Richtung Bajamar erstreckende Promenade, beginnt mit einem Bonbon, dem öffentlichen **Meerwasserschwimmbad** vor dem Hochhaus *Altagay*, mit selbst bei Brandung ruhigem Wasser (Eintritt € 4, feiertags € 6). Unterhalb der palmenbestandenen Promenade liegt die kleinere, aber ebenso feine und vor allem kostenlose ***Piscina Municipal*** (mit Liegeflächen und Bänken), die bei Brandung große Gaudi bereitet

Am Anfang der Promenade zieht die ***Marisquería La Caseta*** (© 922-156632, 10-23.30 Uhr, Mo geschlossen) Einheimische und

Sonntag Nachmittag am Pool in Punta Hidalgo

Touristen vor allem mittags zum ***Menu del Dia* für € 10** gleichermaßen an; am Mittwoch gibt es *Puchero*. Leider kann man dort nicht draußen sitzen. Oberhalb des Schwimmbeckens in der ***Bar/ Restaurante Arenisco*** mit Meeresterrasse gibt es frischen Fisch, Salat und *papas con mojo* (Di geschlossen).

Hotel

Meist ältere Gäste im Bademantel überqueren die Promenade in Richtung Schwimmbecken; sie kommen aus dem **Hotel *Oceano*** oberhalb, einem gut geführten Hotel mit tropischem Garten, Pool und einem attraktiven Angebot: Wanderungen, Exkursionen und Therapien für Körper und Seele (➢ Seite 569).

Cofradía de Pescadores

Hinter dem *Oceano* führen von der Promenade schmale Straßen hinauf ins Dorf Punta del Hidalgo. Den Abschluß bildet der Fischerhafen. Auf dessen bunte Boote schaut man von der Terrasse des Restaurants der ***Cofradía de Pescadores*** (➢ Seite 80ff), dem schönsten Platz in Punta del Hidalgo. Außerdem gibt's dort immer frisch zubereitete Fischgerichte. Ab Spätvormittag bis ca. 22.30 Uhr geöffnet. Mi geschlossen. Preiswert.

Schwimmen

Östlich des Hochhauses ***Altagay*** führt neben der Straße eine Promenade entlang natürlicher Pools (*Charcas*, zum Baden und Angeln) über den erwähnten Leuchturm hinaus als Fahrweg zum altmodischenTerrassen-Cafe/Restaurant ***Charco de la Arena*** (tägl. ***Puchero***) mit einem super Meerwasserpool davor; Eintritt € 8; ✆ 922-156834, Mo geschlossen.

Straßenende

Die Hauptstraße TF 13 (Bajamar-Hidalgo) führt noch 2 km weiter und endet in einer Schleife um ein Monument, *Sebastian Ramos*, einem als *El Puntero* bekannten Folkloristen.

Etwas unterhalb der Kehre starten die **Wanderwege** nach Chinamada (1 Stunde 45 min), Las Carboneras (2 Stunden 30 min) und nach Taganana (5 Stunden 30 min).

6.2.4 Von Tejina über Tegueste nach La Laguna

Tegueste

Benannt nach einem *Mencey* liegt Tegueste in hügelig grüner Landschaft. Das 10.000-Einwohner-Städtchen ist wegen der Nähe zu La Laguna für *Tinerfeños* ein beliebter Wohnort. Er bietet Touristen wenig – es sei denn, einer der beiden Festtage der Stadt liegt gerade an (➢ auch Seite 399) oder man besucht den Bauernmarkt an der TF 13 (Sa/So vorm). Die übrigen 363 Tage im Jahr ist nur der Kirchplatz **Plaza de San Marco** mit gut erhaltenen Wohnhäusern aus dem 18. und 19 Jh. einen Stopp wert (Anfahrt von der Hauptstraße: dem *Ayuntamiento*-Schild folgen).

Romería

Am **letzten Sonntag im April** ist in Tegueste der Teufel los. Der Umzug einer der inselweit größten *Romerías (de San Marcos)* ist besonders farbenprächtig. Zur allgemeinen Gaudi wird eine weitere altkanarische Tradition gepflegt, die ***Arrastre de Ganado***: paarweise zusammengebundene Ochsen ziehen mit Sandsäcken beschwerte Holzplanken um die Wette über eine Zielline.

Lucha Canaria/ ➢ Kasten Seite 386

Da Tegueste eine Hochburg der ***Lucha Canaria*** ist, treten dann auch die heimischen Ringkämpfer an. Mit welchen Griffen sich diese Hünen an die Shorts gehen, zeigt ein Monument im kleinen Park links an der unteren Ortseinfahrt an der TF13 (beim *Ayuntamiento*-Hinweisschild, Km 5). Wer den Kampf live erleben will, findet ihn auch sonst wöchentlich in Teguestes Arena, im ***Terreno de Lucha Canaria*** in der Calle Calvo Sotelo.

Lucha Canaria Kampfplatz

Routenüberlegung

Wer zügig **von Tegueste nach La Laguna** will, wählt die TF 13 über Las Canteras. Um die nervige Durchfahrt durch La Laguna zu umgehen und schnell auf die Autobahn zu kommen, muss man beim Kreisverkehr unterhalb von Las Canteras auf die Abzweigung Santa Cruz/Puerto de la Cruz/*Autopista* achten. Sie mündet in die südliche Umgehung von La Laguna (*Via de Ronda*), die bei der »*Conexión*« auf die Nordautobahn trifft.

6.

Lucha Canaria

König Fußball regiert abends auch in spanischen Wohnzimmern, aber die kanarische Seele baumelt woanders: kaum etwas pointiert den Unterschied zwischen ***Godos*** und ***Canarios*** besser als ihre Begeisterung für zwei unterschiedliche, im jeweiligen Naturell verwurzelte Sportarten: auf dem Festland der Stierkampf, die blutige *corrida*, auf den atlantischen Inseln die agressionsgehemmte ***lucha canaria***, kanarischer Ringkampf. *Corridas* sind seit Jahren auf den Kanaren verboten.

Schon die kanarischen Ureinwohner haben miteinander gerungen, vor allem, wenn es Streit um Ziegen oder Weideland gab. Lagen zwei Dörfer miteinander im Streit, entschieden – stellvertretend für alle – zwei *Luchadores* den Konflikt. Als Sport wird die *Lucha Canaria* seit Mitte des 19. Jahrhunderts betrieben, aber kanarische Meisterschaften gibt es erst seit dem 2. Weltkrieg. Die besten Kämpfer werden zu Inselidolen, wie der berühmte ***Barbuzano*** aus El Hierro – ein Held wie *Nadal* und *Fernando Alonso*.

Luchas canarias wurden ursprünglich mitten im Dorf, auf einer Sandarena von 9-10 m Durchmesser ausgetragen. Heute finden sie in *Terrenos de Lucha*, kleinen Ringkampf-Stadien statt, wie in der Lucha-Hochburg Tegueste an Teneriffas Nordostküste. Zwei Mannschaften aus 12 stämmigen Kerlen treten barfuß gegeneinander an, um sich nacheinander Mann gegen Mann niederzuringen: wer zuerst fällt, hat verloren. Der Trainer bestimmt, wer als nächster – auch wiederholt – antritt. Gewichtsklassen wie beim Boxen gibt es nicht. Was zählt, sind Technik, Reaktionsvermögen und Kampferfahrung.

Denkmal für die Lucha Canaria in Tegueste

Jeder *Luchador* trägt eine kurze, an den Hosenbeinen aufgekrempelte Turnhose, die zum Oberschenkel exakt 16 cm Spiel haben muss, damit der Gegner dort zupacken kann. Man begrüßt und bekreuzigt sich, die rechte Hand sucht Halt im Sand, die linke am gegnerischen Hosenwulst. Und schon wird geschoben und gedrückt, gerangelt und (mit den Beinen) gehakelt. Tritte, Schläge und der Schwitzkastengriff sind untersagt.

Jede Begegnung besteht aus **drei Runden**. Ein *Luchador* hat gewonnen, wenn er in zwei von drei Runden siegt. Bei zwei unentschiedenen Runden entscheidet die dritte; bei drei die geringere Zahl der Ermahnungen.

Es gilt das K.O.-System: wer verliert, scheidet für diesen Wettbewerb aus. Der siegreiche *Luchador* dreht am Ende eine Ehrenrunde, und die begeisterten Zuschauer stecken ihm Bargeld zu.

Bei Jugendkämpfen stehen sich sechs Kämpfer pro Mannschaft gegenüber, wobei sich jeder mit jedem misst und die Mannschaft mit der höchsten Punktzahl gewonnen hat.

Nebenstrecken

Wer Zeit und Lust auf zwei reizvolle Nebenstrecken im Tal von Tegueste hat, wählt

- kurz vor Tegueste die rechts abzweigende »Restaurantstraße« (**TF 154**) über El Socorro bergauf zur Nordautobahn oder
- die **TF 13** Richtung La Laguna bis Las Canteras und dort die nach links abzweigende Mercedeswald-Route Richtung Pedro Álvarez.

Restaurantstraße von El Socorro zur Nordautobahn

Zur TF 154 biegt man von einem Kreisverkehr am unteren Ortsanfang von Tegueste rechts Richtung El Socorro ab, hält sich dann Richtung El Portezuelo und fährt durch ein grünes, nur wenig zersiedeltes Tal zur Autobahn hinauf.

Aber nicht nur das Auge, auch der Gaumen kann auf dieser Route mitschmausen, denn links und rechts der Straße passiert man eine Reihe sehr unterschiedlicher guter Restaurants, von denen die folgenden jeder *Canario* kennt:

Solche Weinpressen sieht man im Inselnorden des öfteren

6.2

- Bar-Restaurant ***Son Gonzalo*** ist ein großes Familienlokal, in dem es am Wochenende brummt. Fleisch, Fisch und *Postres*. Große Fenster auf die hauseigenen Weinfelder. *Carretera General del Socorro* 132 (TF 154 nach Portezuelo). Die Bar hat durchgehend geöffnet, die Küche 13-16 Uhr und 20-23 Uhr, Mi zu.
- ***Casa mi Suegra***, im Tegueste-Tal, gemütliche Räume, urkanarisches Essen (einige Tische mit Blick über das grüne Tal); Zufahrt: TF 154 (vom Meer kommend): Beim Parkplatz des Restaurants *El Parralito* (rechts) weist gegenüber ein Schild den Weg: Calle Ignacio 17; Di zu, sonst 12-17 Uhr; © 922-636902.
- ***Casa Tomás***; in Portezuelo, linkerhand ausgeschildert bei km 0,7 etwas ab der TF154. Schlichte Dekoration, klassisch-kanarische Gerichte. Spezialität: Rippchen; € 14; Di-So12-23.30 Uhr, Mo zu; © 922-638007.
- Der ***El Nervioso*** liegt etwas weiter oberhalb, direkt rechts an der Straße; ein typisch kanarisches Großgaragen-Restaurant. »Der Nervöse« (Wirt) ist bekannt wie ein bunter Hund, schon allein wegen seines kuriosen Namens. An Wochenenden ist dort ab Nachmittag die Hölle los. Gute Suppen und kanarischer Eintopf; sehr preiswert. 10-23 Uhr, Mi zu, © 922-638050.
- ***Tasca Vereda,*** von Tacoronto die TF 152 Richtung Guamasa, dann meerseitig in die Carretera El Boquerón (TF 154); auf der linken Seite kurz unterhalb der ***Casa Chano*** (➢ Seite 64) weist ein kleines Schild in einen Feldweg. Hübsch eingerichtetes Haus mit Garten, kanarisch abwechslungsreiche Gerichte, sehr sympathisch. Mittags und abends, So zu, © 922-638446.

Die Mercedeswald-Route

Das Schild ***Pedro Álvarez*** in Tegueste (links der TF 154, km 5) weist in abgelegene, üppige *Laurisilva*-Vegetation. Diese Route (TF 141 und 143) führt durch dichten Anaga-Wald zum *Mirador Cruz del Carmen* an der Kammstraße (➢ Seite 174).

Wanderwege

Kurz vor dem Abzweig nach Batán de Abajo passiert man Ausgangspunkte für **Spazier- und Wanderwege**: Hinab nach Tegueste (60 min), nach Punta Hidalgo (90 min), nach Moquinal (45 min) oder – steiler – nach Batán (40 min) bzw. Las Carboneras (90 min). Spärliche Busanbindung – man geht auf gleichem Weg zurück.

Praktisches

Unterkünfte

Im Bereich **Bajamar/Hidalgo** gibt es außer des *Oceano* kaum gute Hotels (➢ Seite 569). Nur das **Landhotel *Rural Salada*** fällt aus dem Rahmen (➢ Seite 579). An der östlichen Nordküste findet man etliche Fincas (➢ Seite 576f).

Restaurants

Empfehlenswerte Restaurants für diese Region wurden schon in den Ortsbeschreibungen genannt.

Blumenteppichanfertigung in den Straßen von La Laguna, ein Brauch, der in der Fronleichnamswoche überall auf der Insel gepflegt wird, ➢ auch Essay Seite 327 + Seite 329

7 Zum Teide Nationalpark

7.1 Auffahrten in den Teide-Nationalpark

7.1.1 Überblick

4 alternative Auffahrten

Vier Auffahrten führen in den *Parque Nacional del Teide* bzw. in die *Cañadas* (➢ Seite 419), aus jeder Himmelsrichtung eine:

- Auffahrt von **Norden:** La Orotava–El Portillo (TF 21/33 km)
- Auffahrt von **Osten:** a) Esperanza–El Portillo (TF 24/43 km) b) Arafo–El Portillo (TF 523+24/38 km)
- Auffahrt von **Süden:** Vilaflor–Boca de Tauce (TF 21/16 km)
- Auffahrt von **Westen:** Chio–Boca de Tauce (TF 38/30 km)

Tagesausflügler sollten die dem eigenen Urlaubsort am nächsten liegende Strecke wählen, um möglichst früh und vor dem mittäglichen Besucherandrang den Nationalpark zu erreichen.

Von Los Cristianos/Las Américas und El Médano wäre das die **Südroute** über Vilaflor, von Los Gigantes die **Westauffahrt** über Chio. Die **Nordauffahrt** über La Orotava und Aguamansa ist für Urlauber aus Puerto de la Cruz naheliegend. Wer im Gebiet Tacoronte, Punta del Hidalgo oder im Großraum Santa Cruz logiert, sollte sich für die **Ostauffahrt** über La Esperanza entscheiden.

Ein **Ausflug in den Nationalpark** dauert – auch ohne größere Wanderung – mit Fotostopps an den *Miradores*, Essen und kurzen Erkundungen zu Fuß **auf jeden Fall einen ganzen Tag**.

Zu den Routen

Jede Route hat in puncto Landschaft, Vegetation, Felssformation und *Teide*-Panorama eigenen Reiz. **Für die Abfahrt sollte man deshalb unbedingt eine andere Strecke als für die Hinfahrt wählen**.

Die **Süd-Auffahrten (oberhalb Vilaflor die schönste Teilstrecke)** und **von der Westküste** bieten keine imposanten Blicke auf den *Teide*. **Tipp:** Fast einsam und landschaflich abwechslungsreich, aber strategisch ungünstig geht's **über Arafo** (TF 523) Südautobahn/Salida 20; ➢ Seite 402/4.

Die **längste Strecke** (von La Laguna über La Esperanza) führt lange durch Kiefernwald und bietet immer wieder Blicke auf den *Teide*, wenn auch weniger grandiose Panoramen. Der Weg über **Orotava** ist auf dem **Hin- und Rückweg gleich attraktiv**.

Tinerifeños in Tracht auf der Feria in Pinolere, ➢ rechts

Wandern
Hinweise auf kurze Spaziergänge und **Wanderweg-Startpunkte** finden sich weiter unten bei jeder Auffahrt inklusive der wichtigsten Angaben zu Ziel, Dauer und Schwierigkeitsgrad.

Die schönste Rückfahrt
Für die Rückfahrt liest man die beschriebenen Auffahrten »rückwärts«. Wegen der Meerblicke führt die **schönste Talfahrt über Chio (Westroute)**, vor allem bei Sonnenuntergang.

Wetter
Man sollte für den *Teide*-Ausflug unbedingt gute Wetterbedingungen abwarten; nur dann sind alle Details der folgenden Beschreibungen mit Gewinn nachvollziehbar.

7.1.2 Nordauffahrt über La Orotava

Zur Strecke
Die Auffahrt über Orotava (33 km) ist wegen der Nähe zu Puerto de la Cruz vielbefahren. Die Straße schlängelt sich durch anfänglich dicht besiedeltes Gebiet. Erst nach ca. 10 km dünnen die Häuserketten aus, und ab Aguamansa fährt man auf einer guten Asphaltdecke durch schöne Landschaft bis nach ***El Portillo***, dem nordöstlichen Eingangstor des Nationalparks.

Anfahrt
Von der Autobahnausfahrt 33 folgt man der **Straße TF 21** hinauf in den *Parque Nacional del Teide* bzw. in die *sog. Cañadas*.

Wer zunächst vom ***Mirador Humboldt*** ins Orotavatal schauen möchte, nimmt Ausfahrt 31 (Cuesta de la Villa, ➢ Seite 320.

Von La Orotava nach Aguamansa

Hat man die letzten Orotava-Häuser hinter sich, führt die kurvige Straße durch Terrassenfelder mit Wein- und Obst (Blüte ab März). Bisweilen passiert man dort noch Reste der ursprünglichen Bebauung: fensterlose, strohgedeckte **Häuschen aus Feldsteinen** (*chozas*), die heute nur noch als Schuppen genutzt werden.

Pinoleres Museo Etnográfico
In Pinoleres wurde einige solcher ***Chozas*** restauriert und zum Museum umgestaltet (www.pinolere.org; Mo-Sa 10-14 Uhr, € 2). Bei einer Kunsthandwerksmesse (*Feria*) am ersten Wochenende im September erwacht diese Anlage zum Leben. Zu folkloristischen Veranstaltungen gibt es Kuchen, Öle, Käse, Honig und Wein. Um die Ecke öffnen (nur dann) zünftige **Garagenlokale**. Zufahrt: 5 km oberhalb Orotava links dem Schild folgen.

Restaurant
Auf dem Weg nach Pinoleres passiert man das Restaurant ***Refugio de Maria*** (französische Küche). Von dessen Terrasse fällt der Blick über den *Barranco* aufs Meer. © 922-320638; Mi-So 13-23 Uhr.

Landschaft
Wenig später beherrschen Laubbäume das Bild. Deren Färbung setzt hier erst im November/Dezember ein, die ersten grünen Blätter kommen schon im April wieder. Die Landschaft zeigt Ähnlichkeiten mit Mitteleuropa. In den Tälern gibt es sogar Kuhweiden – eine Seltenheit auf Teneriffa.

TF 326
In **Camino de Chasna** zweigt rechts die landschaftlich reizvolle **TF 326** nach Palo Blanco ab, die bereits (Seite 334) als alternative Auffahrt beschrieben wurde.

Aguamansa An der Ortseinfahrt nach Aguamansa (»zahmes Wasser«) auf ca. 1.100 m Höhe liegen einfache Straßenrestaurants, einige mit Terrassenblick auf Tal und Meer, falls nicht Nebel herrscht. Bei *Canarios* beliebt ist das ***Restaurant Aguamansa***, in dem oft ein Kaminfeuer flackert (Mo und So abends zu, © 922-330638). Die **Forellen** kommen frisch aus den nahen Fischzuchtbecken.

Von Aguamansa nach El Portillo

Fischzucht-anstalt Keine 300 m oberhalb des Restaurants rechts kann man sich von 10-14 Uhr (Sa/So zu) in der ***Piscifactoria*** (© 922-330701) das Abendessen frisch aus den Teichen fischen lassen.

La Caldera Dort beginnt die ***Corona Forestal***, der Kiefernwald-Gürtel. Im Häuschen der Forstbehörde (*ICONA*) hat man ein **Infoblatt zu den Wander- und Spazierwegen** der Region. Zwei Kilometer weiter zweigt links eine Straße zur etwas höher liegenden ***Zona Recreativa La Caldera*** ab.

Dieser große **Picknickplatz** wurde im Trichter eines eingestürzten Vulkankegels angelegt (➢ »Entstehung Teneriffas«, Seiten 14 und 434f). An den im Oval aufsteigenden Hängen gibt es urige Grillstellen (Holz gratis) und Tischbänke, von denen man durch die Bäume »in den Krater« zum Bolz- und Spielplatz schaut.

Man kann dort wunderbar picknicken oder sich (ca. 100 m links vom Parkplatz) in der kleinen Waldhütte ***La Caldera*** (© 922-333754) mit Schinken, Käse, Forellen oder zünftigem *Conejo en Salmorejo* (Kaninchen in Soße) preiswert sattessen – bei gutem Wetter in der Sonne draußen an langen Holztischen. Das Kaminfeuer wärmt an kühlen Tagen fröstelnd einkehrende Wanderer. Mi geschlossen.

Bis zum großen Parkplatz fährt **Bus 345** (➢ Kasten rechts).

Spaziergang/ Wanderung Parkplatz und Hütte sind Startpunkt für leichte Spaziergänge und für die beliebte Rundwanderung (schwer) zu den ***Órganos*** (Orgelpfeifen-Basaltsäulen), ➢ Kasten rechts; Wanderbeilage Seite 27.

Montaña Roja Die TF 21 läuft weiter durch *Monteverde*-Vegetation (Baumheide, Lorbeer, ➢ Seite 456) und später durch riesige Kiefernwälder, unterbrochen von großartigen Blicken über das Orotavatal, das Meer und den (schneebedeckten) *Teide*, der aus diesem Blickwinkel besonders imposant erscheint. Bis zu einer Höhe um etwa 1.500 m fährt man hier allerdings oft durch Nebelschwaden oder dichte Bewölkung, die man aber spätestens bei der *Montaña Roja* (Kilometer 29) hinter bzw. unter sich lässt. Geblendet von der gleißenden Sonne fährt man dann über einer Wolkendecke wie aus Watte auf den *Teide* zu.

Basaltrosette Beliebtes Fotomotiv ist die Basaltrosette links in einer Rechts-Kurve zwischen Kilometerstein 22 und 23 (oberhalb gleich rechts ein *Mirador*-Parkplatz). Die Formation ähnelt der von *Los Órganos*, nur ragt sie nicht aufrecht in den Himmel, sondern ist kreisförmig auseinandergespreizt wie Blätter einer Rose. Wenn das

Rundwanderung/Höhenweg Los Órganos

Route La Caldera (1.200 m) – Choza El Topo (1.300 m) – Los Órgano (1.610 m) – La Caldera (1.200 m). Insgesamt 820 m Höhenunterschied, fast ausschließlich mäßig steiler Auf- und Abstieg. Reine Gehzeit: 4 bis 4,5 Stunden. Trittsicherheit und an wenigen Stellen Schwindelfreiheit sind erforderlich.

Anfahrt Auto Hinfahrt auf der TF 21 bis km 16 zum Parkplatz *La Caldera.*

Anfahrt Bus Endstation der **Linie 345** von Puerto de la Cruz . Empfehlenswert sind die Busse um 8.45, 9.30 oder 10.05 Uhr. **Rückfahrt** um 13.45, 14.20, 15.10, 16.10, 16.50, 17.40, letzter Bus 18.25 Uhr.

Charakteristik Die wohl schönste Wanderung in der Waldregion oberhalb von Aguamansa. Sie führt durch Kiefernwälder und bietet spektakuläre Ausblicke auf das Orotava-Tal und den Teide.

Hinweis **Im separaten Wanderheft** zu diesem Buch ist diese Route ebenfalls beschrieben, dort jedoch **in Gegenrichtung**.

Verlauf der Wanderung

Ausgangspunkt der Wanderung ist der Parkplatz der ***Zona Recreativa La Caldera*** mit großem Grill- und Spielplatz, der in einem eingestürzten Vulkankrater (*Caldera*) angelegt wurde. Von dort führt eine zunächst asphaltierte, aber für Autos gesperrte Straße vorbei an der Jause *La Caldera*. Die Straße umrundet die *Caldera* und wir verlassen sie beim Schild »*Los Organos*« und gehen links ab geradeaus. Nach ca. 15 min erreichen wir einen Punkt, an dem sich in ca. 4 Stunden der Kreis dieser Wanderung schließen wird. Geradeaus rechts nach oben führt der ***Camino a Candelaria***. Jeden August ist er ein Teilstück der Pilgerroute vom Orotavatal nach Candelaria (➢ Seite 205).

Unser breiter Weg wendet sich halblinks auf die *Órganos*-Felsen zu, die wir schon länger im Blickfeld haben. Es handelt sich um enorme grau-rotbraune Basalttürme, die wie Orgelpfeifen anmuten. Der Weg läuft unterhalb dieser Felsen nach Osten.

Man bleibt auf ihm insgesamt ca. 45 min. Nach ca. 30 min läßt man einen mit »Aguamansa« ausgeschilderten Weg links liegen und erreicht nach weiteren 15 min durch Kiefernwald als erstes Teilziel die überdachte Schutzhütte *Choza El Topo*.

Gegenüber der Schutzhütte zweigt rechts ein leicht aufwärts führender Forstweg ab. Das Schild »*Sin Salida*« ist für uns ohne Bedeutung. Ein Abzweig nach links bleibt kurz darauf unberücksichtigt.

Die Basaltsäulen »Los Órganos« sieht man schon bald nach dem Start

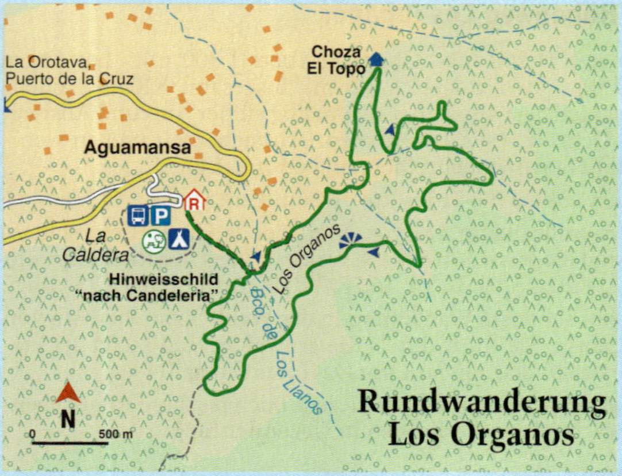

Nun heißt es zwei Mal aufgepaßt:

– Etwa 10 min später geht man nicht geradeaus (leicht abwärts) weiter, sondern folgt einer scharfen Linkskurve aufwärts. Dieser Weg wird allmählich schmaler und führt in etwa einer halben Stunde in weiten Kehren auf einen Bergrücken. Der bisher leicht ansteigende Weg verläuft nun fast eben (hier nicht nach rechts auf einen Waldweg abbiegen!), und auf der gegenüberliegenden Talseite sind wieder die Orgelpfeifen zu sehen.

– Wenn der Pfad nach weiteren 3 min kaum merklich ansteigt, zweigt auf der rechten Seite (kleinere Ausbuchtung) ein schmaler Pfad ab. Zwei kleinere Steinmännchen und eine abgebrochene 20 cm dicke Betonröhre markieren diesen Punkt. Ein früheres Hinweisschild ist zerstört, der Pfeiler ragt nur noch ein wenig aus dem Boden und trägt weiße Farbstreifen.

Der Weg führt nun steil aufwärts, und binnen 20 min erreicht man einen Aussichtspunkt mit Blick auf den Teide und das Orotava-Tal. Danach geht es weiter nach rechts bergauf, um nach wenigen Metern bei einem kleinen Steinhaufen auf den eigentlichen ***Los Órganos*-Höhenweg** zu stoßen.

Auf ihm halten wir uns wieder rechts und wandern ungefähr zwei Stunden lang auf dem Abschnitt, der diese Wanderung berühmt gemacht hat. Der schmale Pfad führt meist abwärts mitten durch einen Kiefernwald. Teilweise läuft man auf den Kiefernadeln wie auf einem Teppich. Vor allem im Frühjahr gibt es hier oben zahlreiche blühende Blumen und Sträucher. Und immer wieder bieten sich imposante Ausblicke.

Orientierungspunkt für den Rückweg sind

- nach 50 min auf dem Höhenweg ein markanter plateauförmiger Felsblock.
- nach weiteren 10 min ein ca. 20 m langer Abschnitt, wo der Weg (gut 1 m breit) rechts mehrere hundert Meter fast senkrecht abfällt. Auf der linken Seite kann man sich dort an einer Wasserleitung festhalten.
- nach weiteren 5 min ein schmaler Felsrücken auf der rechten Seite, der zum Rasten mit schöner Aussicht einlädt.
- nach nochmals 50 min Abzweig nach rechts auf den ***Camino a Candelaria*** (➢ umseitig eingangs der Wanderung). In einer knappen halben Stunde ist *La Caldera*, Ausgangspunkt der Wanderung, wieder erreicht.

Lavavolumen beim Abkühlen schrumpft, entstehen meist durch vertikale Spalten und Risse mehreckige Säulen – wie bei den *Los Organos*. Fließt der Lavastrom jedoch in einem Tunnel, kühlt er in immer kleiner werdenden Ringen von außen nach innen ab, und es bildet sich eine strahlenförmige Anordnung der Säulen (➢ Thema »Lavatunnel«, Seite 357).

Basaltrosette

Picknick

Bei Kilometerstein 24 passiert man direkt an der Straße die ***Zona Recreativa Román Caminero***, eine schattige Anlage mit Picknickhütten, Tischbänken, Wasser und Grillrosten inkl. Brennholz.

Mit ***El Portillo*** ist der Nationalpark erreicht, ➢Seite 420.

7.1.3 Ostauffahrt über La Laguna/Esperanza

Von La Laguna bis zum Abzweig Arafo

Zur Strecke

(Von Santa Cruz, Salida 8b »PN Teide«, von Norden Ausfahrt 9). Bis zur Parkgrenze *(El Portillo,* 2030 m), sind es 43 km (Dauer 60-90 min). Schon zuvor bei der Sternwarte *Izaña* erreichte man mit 2.330 m den höchsten Punkt der Auffahrt.

Die Statue über der Autobahn (im Kreisel) stellt Jesuitenpater ***Anchieta*** dar; er war Missionar in Brasilien, geb. in La Laguna.

Die Kammstraße TF 24 ist nicht kurvenreich, die Steigung kaum merklich, und man fährt weite Strecken durch Kiefernwald mit Aussichtspunkten auf Santa Cruz, das Orotavatal mit Puerto de la Cruz und auf den Teidekegel.

Sie läuft zunächst oberhalb der Lande- und Startbahn hinter dem Nord-Flughafen entlang und gibt weite Blicke auf die im Winter sehr grüne, hier fast irisch-nordisch wirkende Hochebene von Aguere frei. Zwar stehen am Straßenrand vereinzelt Palmen zwischen Kiefern und Eukalyptus, aber das gibt sich mit der Höhe. Die windschiefe Lage der Kiefern zeigt an, dass und aus welcher Richtung hier oben ein recht untropisches Lüftchen wehen kann.

Restaurants

Ganz am Anfang der Strecke finden sich einige beliebte Restaurants. Besonders hervorzuheben ist die *Tasca* ***Como decia mi Padre*** (»Wie mein Vater sagte«) mit prima kanarisch/spanischer Küche etwas abseits der TF 24 in Baldios, ➢ Seite 80ff.

Bei Kilometer 2 der TF 24 liegen zwei volkstümliche Lokale:

- ***Bodegón Guillermo*** mit Grillfleisch (*Parilla*), gleichzeitig auch Schlachterei. Täglich 10-23 Uhr, Mo zu; © 922-312407
- Ganz in der Nähe liegt das ***Rincón Gomero*** mit guter Hausmannskost, 13-16.30 Uhr und 20-23 Uhr, So und Di abends und Mo geschlossen, © 922-312327

El Rosario/ La Esperanza

La Esperanza in der Gemeinde El Rosario ist der einzige Ort auf dieser Strecke. Die Höhenlage (900 m) und das feuchtkühle Fröstelklima bieten ideale Voraussetzungen für Viehzucht, Milchwirtschaft, Getreide- und Obstanbau. In diesem großen Dorf inmitten einer fruchtbaren Region wird alljährlich eine besonders bunte ***Romería*** gefeiert, ➢ rechts.

Unübersehbar links an der TF 24 offeriert ein großer Souvenirshop ***Fragrancias de Canarias***, alles Inseltypische.

Saisonale **Bauernprodukte** kann man gut auf dem ***Mercadillo de Agricultor*** (➢ Seite 536) am Ortseingang kaufen (an der TF 24; Sa, So und feiertags 9-13 Uhr). Besonders attraktiv ist der Markt während der Pilzsaison (Pfifferlinge/Steinpilze etwa Okt. bis Dez.).

Unterkunft

Wem morgendliche Nebelschwaden nichts ausmachen, kommt gemütlich in den Bungalows im ***Parque Los Patos*** unter (➢ *Turismo Rural,* Seite 576).

Restaurants

Am Ortsausgang von Esperanza gefällt vor allem das ***Campestre*** wegen seines rustikalen Ambiente. Auf Holzbrettern gibt's dort flambiertes Grillfleisch und Würste (© 922-548057, Mo geschlossen). An Wochenenden findet man bisweilen keinen Platz mehr im Campestre; dann tun`s auch das ***Las Cañadas***, das ***Los Tres Fragoles*** oder das ***Gran Chaparral*** um die Ecke.

Cordillera Dorsal

Gleich hinter La Esperanza beginnt der **Esperanzawald** mit ausladenden Kanaren-Kiefern, die in einem Teppich aus ihren eigenen Nadeln und wenig Unterholz stehen. Über 20 km ziehen sich die Wälder bis zur Baumgrenze in knapp 2.000 m Höhe. Hier fühlt man sich wie im Schwarzwald. Wie im Anagagebirge läuft die Höhenstraße in Ost-West-Richtung entlang (***Cordillera Dorsal***) der Eruptionsspalten, aus denen vor 3-2 Mio. Jahren soviel Gesteinsmassen ausgespuckt wurden, dass das alte Anagagebirge sich mit dem später entstandenen zentralen Vulkan verbinden konnte. Die großen Täler von Orotava und Güímar entstanden durch Erdrutsche (➢ Seiten 15 und 321).

Las Raices

Bei sonnigem Wetter sitzt man gut im Schatten der Kiefern beim kleinen **Bergrestaurant *Las Raices*** im Freien; bei nass-kühler Witterung ist es drinnen am Kamin und deftiger kanarischer Küche gemütlicher (u.a. gibt es im Herbst Pilzgerichte).

Romerías

Ein »*Romero*« ist ein Wallfahrer auf dem Weg nach Rom; auf einer »*Romería*« dagegen bleibt der Pilger während der Prozession zu Ehren des örtlichen Heiligen im eigenen Dorf. Ernte und Vieh werden dann gesegnet und *ofrendas* (ursprünglich Opfergaben, heute Kartoffeln, Grillgut, Wein, Käse und Bonbons) von geschmückten *Carrozas* (»Ochsenkarren«) aus freigiebig verteilt. Nur der später reichlich fließende Alkohol (*ron de miel*=Honigrum) ist nicht gratis.

Auf dem »*paso*« durch den Ort folgen dem Standbild die Hirten mit Ziegen, Tanzgruppen (*rondallas*) sowie Musikanten mit Mandolinen, Gitarren und Zupf-Violinchen, sog. *timples*, auch *parrandas* genannt.

Arrastres und Bailes (Tänze) de los Magos

Aus Getreidesorten, Gemüsearten und Obst gefertigte Bilder und Girlanden schmücken den Ort, alte Traditionen werden gepflegt: Beim »***Arrastre***« (➢ Foto Seite 378) ziehen Ochsen schwere Schlitten um die Wette. Zuchtvieh und Jagdhunde werden präsentiert, es wird gekämpft und gerungen (Stockfechten und *lucha canaria*, ➢ Seiten 385f, 502). Höhepunkt sind Bauerntänze in farbenfrohen Trachten, *Bailes de los Magos* (➢ Trachten, Seite 503). Der Tag klingt aus mit einer ***Tenderete***, einem Dorffest mit Wein, Weib & Gesang.

Oft ist ***Isidor***, ein 1622 heiligesprochener Bauer aus Madrid (1070-1130) der **Schutzpatron**; er ist Heiliger aller spanischer Landwirte und wurde von den Eroberern auch in Orotava, Los Realejos, Portezuelo und Valle de Guerra »eingeführt«, um die blühende Land(wirt)schaft Teneriffas religiös einzubinden.

Ausgewählte Romerías (bedeutet: diese sind besonders attraktiv)

Durch die Verbindung von Erntedanksagung mit dem Namenstag des örtlichen Heiligen finden *Romerías* ganzjährig statt. Vor einer Besuchsplanung sollte man die folgenden (zuweilen wechselnden) Daten mit Hilfe eines Büros der Touristeninformation oder der Hotelrezeption überprüfen.

Januar: Buenavista

Gleich drei Orte feiern im Januar die Fiesta San Juan Abad, des Schutzheiligen des Vieh und der Bauern:

Buenavista: Mitte des Monats, Arona (!) um den 17. und La Orotava/La Florida am letzten Wochenende des Monats.

Letzter Sonntag im April: Tegueste (!)

Der kleine Ort feiert eine der inselweit größten *Romerías*. Neben der Danksagung an den Schutzheiligen und einem Umzug steht traditionell der *Lucha Canaria* (➢ Seite 387) im Mittelpunkt.

3. Mai: Santa Cruz

Auch die Hauptstadt hat seit ein paar Jahren wieder eine *Romería*, eingebunden in die Fiestas de Mayo (1.-3. Mai). Am 3. Mai (*Día de la Cruz*) findet zum Jahrestag der Landung des Guanchen-Bezwingers *Lugo* im *Barranco de Santos* ebenfalls eine große *Romería* mit Umzug auf der Avenida Anaga statt.

30. Mai: San Isidro/Los Realejos (!)

Hier werden die Karren wegen der zu steilen Straßen nicht von Ochsen gezogen, sondern auf LKWs montiert. Sie sind überladen mit Blumen, Pflanzen und dem Erntegut, sowie einem geheiligten Schweinskopf. Seit 1676 (!) bieten die Bodegas freien Wein, und im Rathaus gibt's Kartoffeln und Sardinen gratis. Auf einem **Viehmarkt** werden Zuchttiere gezeigt und prämiert.

Fronleichnam: La Orotava

Weitere kleinere *Romerías* finden im Mai im Westen der Insel in El Tanque und Santiago del Teide statt.

Um den 11. Juli: La Laguna/San Benito (!)

Durch die städtische Umgebung hat sich das Fest gewandelt. Im Mittelpunkt steht der Wettbewerb um den schönsten geschmückten Balkon, Wagen oder das originellste Bild, hergestellt aus landwirtschaftlichen Produkten.

1. Sonntag im August: La Esperanza (!)

Romería zu Ehren der *Nuestra Señora de la Esperanza*, sehr volkstümlich.

16. August: Garachico (!)

Diese *Romería* geht auf das 17. Jahrhundert zurück, als sich eine Pest vom Hafen auf andere Gemeinden ausbreitete. Die Prozession führt von der *Ermita San Roque* zur *Iglesia de Santa Ana* in der Stadtmitte; dann findet dort eine Messe statt.

Die eigentliche Romaria beginnt gegen 13 Uhr mit der Rückkehr zur *Ermita*, begleitet von Musikgruppen, Ziegenherden, Zugtieren und Fischerbooten.

15. August: Candelaria (!)

➢ unter Candelaria, Seiten 203+205

Letzter Sonntag im August: Tejina

Nicht als *Romería*, sondern als ***Fiesta de los Corazones*** (Fest der Herzen) deklariert ist der Tag zu Ehren *von San Bartholomé*, bei dem überdimensionale Herzen mit Feldfrüchten, Blumen und Backteig durch die Stadt getragen werden. Sehr volkstümlich und beliebt.

Romería La Esperanza

Zweiter Sonntag im August: Arafo (!)

Die Ochsengespanne haben es in Arafo schwer, mit ihren gewichtigen Karren die steile Dorfstraße zu bewältigen. Der Besucher wird reichlich mit Gaben von den Wagen bedacht. In Arafo wird zudem das *Palo*-Fechten gepflegt (➢ Seite 502 »Kanarische Sportarten«).

September: Bei Orotava in Pinolere

In der ersten Woche finden Kunsthandwerksmesse und eine *Romería* mit einer nächtlichen Fackelprozession zum *Barranco de Pinolere* statt.

September: Güímar

2. Woche im September *Romería* zu Ehren der *Nuestra Señora del Socorro*, die sich im Rahmen der *Fiesta San Pedro* an eine nächtliche Prozession anschließt.

Franco-Denkmal

Wenige Schritte unterhalb des Lokals, von der Straße aus nicht zu sehen, steht ein obeliskartiges Denkmal, das an General Francos geheime Waldtreffen mit anderen Putsch-Offizieren erinnern soll. Trotz wiederholter Proteste und zahlreicher Graffitti-Anschläge steht es immer noch, ➢ unten.

Picknick

Zu Füßen des Denkmals befindet sich ein großer Picknickplatz, die ***Zona Recreativa Las Raices*** mit Tischbänken und Grillplätzen samt Feuerholz. Eine Alternative zum Restaurantbesuch, auch wenn es dort an Wochenenden voll werden kann.

Picknickplatz Las Raices

Mirador Montaña Grande

Der erste *Mirador* dieser Strecke (*Montaña Grande*) mit Blick auf Santa Cruz und die Ebene von La Laguna liegt auf 1.120 m Höhe.

Auf 1.380 m Höhe geht es rechts ab zu der Siedlung ***Las Lagunetas***. Auf einer Ebene liegt etwas abseits das stilvoll renovierte **Landhotel *Don Leandro*** (➢ Seite 582). Von hier kann man einen leichten Spaziergang mit Blick auf die Nordküste einlegen.

Mirador Ortuño

Auf dieser Waldstrecke hat man vom *Mirador Ortuño* erstmals einen Blick auf den Teidekegel, der von dort bereits enorm mächtig wirkt. Unten erkennt man in der Ferne Puerto de la Cruz an der Küste, La Orotava und Los Realejos. Bei Kilometer 23 zweigt die Straße TF 523 nach Arafo ab (18 km), ➢ Seiten 392+404.

Generalísimo Franco

Eine Hitler- oder Goebbels-Allee sucht man in Deutschland zu Recht vergebens. Bei uns wurden Weltkriegsbunker bunt bemalt, umfunktioniert oder abgerissen. In Spanien dachte man da anders. Franco-Monumente aus jenen dunklen Tagen wurden nicht getilgt. Zahlreiche *Ramblas*, *Avenidas* und *Plazas* trugen bis Anfang 2009 Generalsnamen, die Gegner der 1931 proklamierten liberalen Zweiten Republik waren. In Santa Cruz gab es bis vor kurzem an der *Plaza (General) Weyler sogar* ein komplettes »Generalsviertel«. Und die *Calles General Goded* und *General Mola* liefen direkt auf die Prachtstraße *Rambla del General Franco* zu. In Puerto de la Cruz hieß eine der größten Straßen *Avenida del Generalísimo* und es war klar, wer gemeint war (jetzt Avda Betancourt y Molina); auch in Santa Cruz wurde die Rambla General Franco umbenannt, jetzt heißt sie **Rambla Santa Cruz**.

In *Las Raices* (»die Wurzeln«), einem Waldgebiet bei La Esperanza, fanden Francos geheime Treffen mit verschworenen Offizieren statt. Ein Gedenk-Obelisk steht dort immer noch unterhalb der Kammstraße. Nur *Graffitis* belegen, dass das Monument vor Jahren im Kreuzfeuer der Kritik stand. Und

Francos Siegerdenkmal »*Cruz de los Caídos*« auf der Plaza España wird in die geplante Neugestaltung des Hafenbereichs integriert.

Das ist nicht typisch kanarisch, sondern symptomatisch für Spanien, denn Teneriffa war nicht frankistischer als andere Provinzen. Und dass der Putsch der Generäle auf Teneriffa begann, ist eher ein historischer Zufall. Die Regierung der Zweiten Republik hatte *Franco* wegen seiner militanten Opposition so weit weg wie möglich verbannt. Seine Berufung zum Generalkommandeur von Teneriffa war eine Degradierung. Aber selbst von dieser abgelegenen Insel aus gelang es ihm, den Putsch zu organisieren. Nach der Wahl einer Links-Regierung 1936 begannen die Vorbereitungen zur Beseitigung der Demokratie. Am 18. Juni 1936 verkündete Franco über Rundfunk sein Manifest, und zwei Tage später waren die Kanaren in seiner Hand.

Der faschistische Repressionsapparat war auf dem Archipel schnell aufgebaut. Die kleine Opposition hatte keine Chance. Wer »nur« eingesperrt wurde, hatte noch Glück. Folterungen, Massenerschießungen und Morde waren an der Tagesordnung. Viele Widersacher wurden kurzerhand von den Antequeras-Felsen im Nordosten Teneriffas ins Meer gestoßen; ➢ Seite 491.

Abzweig Arafo bis El Portillo

Etwas weiter, bei Kilometer 24,5 hat man wieder einen wunderbaren Blick auf den *Teide* und erkennt in der Ferne – mit etwas Wetterglück – sogar die Insel La Palma.

Miradores de Cumbre

Den **Non-plus-ultra-*Mirador*** rechts an der Strecke erreicht man gleich rechts beim Schild »*Chipeque* 1850 m«. Nach 200 m auf der Stichstraße zum ***Mirador del Norte*** wird der Blick erst frei auf das Anagagebirge und Gran Canaria im Süden. 500 m weiter folgt der ***Mirador del Sur*** (1.850 m), abermals ein Kodakpunkt für Orotavatal und *Teide*. Von dort erkennt man, warum die westliche Begrenzung des Orotavatals, die *Ladera Tigaiga*, im Volksmund auch *lomo* (Schweinerücken) genannt wird. Deutlich sieht man die vom Grat ausgehenden Falten, die an Rippen erinnern.

»La Tarta«, geschichtete Vulkanasche direkt an der östlichen Teideauffahrt (TF 24)

La Tarta-Kurve

Bei der Weiterfahrt auf der Kammstraße hört der Wald langsam auf, etwa ab Schild *La Crucita* in 1.940 m Höhe. Am ***Mirador La Crucita*** wird an die Vulkanausbrüche von 1704/5 erinnert. Man erkennt leicht, dass der Südrand des Vulkankraters *Pedro Gil* weggesprengt wurde und in einem gewaltigen Erdrutsch zu Tal ging.

Mit der schwindenden Vegetation sind die Gesteinsschichten besser zu sehen und in der Kurve kurz vor Kilometerstein 32 ein geologisches *Highlight*, das erst beim Straßenbau freigelegt wurde: mehrere schräg übereinanderliegende Schichten vulkanischer Asche sind hier zu Tuffgestein zusammengepresst, das nun langsam wieder zerbröselt. ***La Tarta*** heißt diese Stelle treffend. Wie beim Schichtkuchen »Kalter Hund« liegen die Aschen in Gelb-Beige-Braun-Grau-und Schwarztönen übereinander. Nachmittags bei Sonneneinstrahlung sind sie besonders farbintensiv.

Baumgrenze/ Vegetation

An der Baumgrenze oberhalb von 2.000 m werden die Kiefern von Büschen abgelöst, die großen Temperaturschwankungen, Trockenheit und starkem Lichteinfall widerstehen. Die Königin der Teidepflanzen, die rote *Tajinaste*, steht in der 2. Maihälfte voll in Blüte (➢ Seite 459) und weiß oder hellrosa (im Juni) der Teideginster (*Retama del Teide*. Dann stellen Imker ihre Bienenkörbe für den **Teide-Honig** auf, der über die ganze Insel verkauft wird. Etwas flacher als die *Retama* wächst der *Teide-Codeso*, auch ***Codeso del Cumbre*** genannt (klebrige Drüsenhülse, Adenscarpus viscosus). Man erkennt ihn an seinen intensiv gelben Blüten und den klebrigen Ausscheidungen der Hülsenfrüchte.

Anschließend eröffnen sich fantastische Blicke über bizarre Lavafelder – der aufregendste Streckenabschnitt.

Observatorium in 2.300 m Höhe

Stern- und Sonnenwarte Izaña

Links oberhalb der Straße, beim höchsten Punkt (2330 m) glänzt weiß die Kuppel des ***Observatorio del Izaña*** des ***Instituto de Astrofisica de Canarias***. Die Teleskope gehören (mit La Palma) zu den besten Europas; untersucht wird hier die magnetische Dynamik, Struktur und Chemie der Sonnenatmosphäre. Für Einzelpersonen oder wissenschaftlich interessierte Gruppen Besichtigung nach Anmeldung möglich: www.iac.es (*Observatorio del Teide*), ✆ 922-605207 oder -605200. Der jährliche Tag der offenen Tür wird in Printmedien und im Internet angekündigt.

Darauf erreicht man den Parkeingang *El Portillo*, ➢ Seite 422.

Ostauffahrt über Arafo

Die *Teide*-Auffahrt ist auch via Südautobahn über das Städtchen Arafo möglich (*Salida* 10) und ggf. zu erwägen bei Standquartier in/bei Santa Cruz oder an der nördlichen Ostküste (Las Caletillas, Candelaria). Einzelheiten zu Arafo auf Seite 201f.

Verlauf Mäßig kurvig geht's ab Arafo auf der verkehrsarmen, landschaftlich abwechslungsreichen Straße TF 523 durch Terrassenfelder bis zur 18 km entfernten Kammstraße.

Vegetation **Im Frühling** fährt man durch ein buntes **Blumenmeer**. Im März-April blüht links und rechts leuchtend gelborange kalifornischer **Goldmohn** (➢ Foto Seite 411, 457), eine Unmenge von weißen **Margeriten** und der einfache, meist weißblühende **Natternkopf**, der hier auch blau-lila vorkommt. Die Mischvegetation zwischen den gelb-braunen Lavamauern wird von Mandel- und Feigenbäumen, Kakteen, Agaven und Palmen bereichert. In den höheren Lagen dominiert zunehmend die kanarische Kiefer, anfangs in besonders prächtigen einzeln stehenden, weit ausladenden Exemplaren.

Restaurants Die letzte Gelegenheit, noch vor den Cañadas (bei El Portillo) Hunger und Durst zu stillen, bietet bei km 4,2 (gleich oberhalb der *Bodega Comaraca de Valle Güímar*/**Weinverkauf** Mo-Fr 8.30-14.30 Uhr, ✆ 922-510437) das kanarisch-einfache, bei Canarios aber recht beliebte Restaurant ***Bodega El Borujo***; 13-16.30 und 20-22.30 Uhr; Mo, Di, Mi geschlossen; ✆ 922-511676

Picknickplatz Zu einer der schönsten ihrer Art auf Teneriffa gehört die ***Zona Recreativa Los Frailes***. Kurz nach der *Bodega* geht es bei Kilometerstein 5 in einer Rechtskurve (ausgeschildert) links von der Straße ab. Nach wenigen hundert Metern erreicht man die Picknickplätze mit Tischen, Bänken und Feuerstellen. Von einigen kann man aus dem Schatten des Waldes das tief unten liegende Meer sehen. Eine ganze Reihe guter, auch ebener Wege zum Spazierengehen oder Wandern starten/enden hier.

Die Kammstraße TF 24 erreicht man bei Kilometerstein 23. Zur Weiterfahrt bis El Portillo ➢ Seite 402.

7.1.4 Südauffahrt über Vilaflor

Anfahrten

Über vier Autobahnausfahrten (22, 24, 26, 27) gelangt man über Vilaflor zur südlichen **Parkeinfahrt *Boca de Tauce***. Unterhalb von Vilaflor bündeln sich die – zunächst – vier Strecken zweimal: Bei Granadilla zur TF 21 und bei Escalona (kurz oberhalb von Arona) zur TF 51.

Für Teidefahrer **aus Los Cristianos/Las Américas** bietet sich die Ausfahrt 27 und die Strecke über Arona/Vilaflor an, für *Teide*-fahrer **aus El Médano** ist die Ausfahrt 22 und die Strecke über Granadilla/Vilaflor am günstigsten.

7.1

Alle Routen führen bis zur **Linie Arona, San Miguel, Granadilla** durch stark zersiedelte Gebiete. Insofern ist die Wahl der Ausfahrt egal. Erst oberhalb dieser Linie beginnt landschaftlicher Reiz.

Die schönste Strecke nach Vilaflor ist die TF 21 von Granadilla.

Von Los Cristianos/Las Américas aus ist jedoch die Route über Arona andererseits die schnellere.

Im Folgenden werden die Auffahrten kurz charakterisiert. Auf jeden Fall sollte man **möglichst nicht den gleichen Weg zurückfahren**. Wer also über Arona hinaufgefahren ist, könnte für den Rückweg die TF 21 über Granadilla nehmen oder die kleine, ruhige TF 563 durch Wiesen und Felder.

Auffahrt A: Über Arona nach Vilaflor (23 km)

Autobahnausfahrt 27, dann TF 28 und TF 51 (Arona, Escalona). Kurven, aber gut ausgebaut, bequem zu fahren.

Chayofa

Nur wenig oberhalb von Los Cristianos und kurz hinter einer der Anfahrten zum *Parque Águilar* (➢ Seite 253) an der TF 28 liegt Chayofa, eine ursprünglich sympathische Siedlung aus kleinen Chalets im lockeren Reihenhausstil mit viel Grün und Bougainvilleas. Doch durch den Bau neuer Prachtvillen verlor der Ort seinen Charme und erlangte einen »halbseidenen« Ruf.

Restaurants

- ***Estancia***, elegantes, viel gepriesenes Restaurant mit elaborierter Küche und Events (täglich ab 19.30 Uhr, © 922-729236, © 607-926120), €€€
- ***Finca del Arte***: Eine alte Bananenpackerei-Halle im Dorfkern ist heute eine Galerie mit Bistro, Freilichtbühne und Skulpturen im Garten. **Sonntags Jazz-Brunch**. Ein ambitioniertes Projekt, täglich 10-24 Uhr, auch Cafeteria (*Tapas*); © 922-729181, www.fincadelarte.com.
- direkt gegenüber: ***Casa de Cantabria,*** bodenständige spanische Küche bei angemessenen Preisen; nettes Ambiente; Küche 13-16 Uhr und 19-22.30 Uhr; Di geschlossen; © 922-729827
- ***El Cerro de la Luna***, kleine *Tasca/Bar* mit einfachen Gerichten in einem kleinen alten Haus mit schönem Garten, etwas für Sommerabende oder den Imbiss im Winter. An der TF 28 zwischen Los Christianos und Arona beim *Camel Park* kurz vor La Camella; 12-16 Uhr und 19-23 Uhr, Di zu, © 922-721827
- ***Mesón Las Rejas***, gehobenes kanarisches Restaurant in La Camella an der TF 28, östlich der Abfahrt nach Arona; 13-16 Uhr und 19.30-23.30 Uhr, So zu; © 922-720394.

Arona

Kennzeichnung

Der Empfang in diesem schmucken Städtchen ist freundlich: blumengeschmückte Einfahrt und schneeweiß verputzte Mauern und Häuser. Arona ist reich. Hier wurden Milliarden budgetiert, um einen ganzen Küstenstrich völlig zu verwandeln. Denn zusammen mit der Nachbargemeinde Adeje wird von »oben« der gesamte Tourismus des Südens gemanagt. Auch Polizei und Gerichte haben hier gut zu tun. Ausgeflippte Touristen, Taschendiebe, Immobilienbetrüger und andere mehr sorgen für Problemnachschub. Dennoch strahlt die Stadt eher Ruhe aus.

Der schattige **Hauptplatz** im Zentrum mit seiner klassisch-kanarischen Kirche, daneben das mächtige, aber nicht protzige *Ayuntamiento* (Rathaus), sind sehenswert. Das Restaurant ***Bar Sindical***, Avda Constitución (im Neubaugebiet in Richtung Meer), einfach und okay, z.B. Ziegenfleisch (*cabra*), © 922-725621.

Mariposa

Fährt man die schmale Straße vom zentralen Platz 2 km Richtung Osten (Tunez/Valle Lorenzo), liegt rechts die vom Stuttgarter Galeristenpaar Müller geschaffene Begegnungsstätte für Künstler, die neue gesellschaftliche und künstlerische Konzepte in ruhiger Atmosphäre diskutieren, weiterentwickeln und in ihr Leben integrieren. Das kreative Prinzip wird in der phantasievollen Gestaltung des Geländes manifest. Der Ausbau mit Tagungsstätte und Museum für moderne Kunst ist in Planung. ***Mariposa*** ist die reduzierte Version des ursprünglich geplanten Projekts einer griechischen »*Polis Atlantis*« des Architekten *León Krier*. Führungen für Interessenten Di und Do nach Absprache, © 922-725140 und (*Toni Reich*) 639-961167; www.mariposa-projekt.de.

Roque de Conde

Auf den Tafelberg »*Roque del Conde*« führt eine beliebte **Wanderung**, für die man retour ca. 4 Stunden braucht. Bei Kilometer 4,5 der TF 51 Arona-Vilaflor/Teide folgt man links dem Schild *Roque del Conde* (ausgeschildert) bis zu den ersten Häusern von **Vento**, wo der Weg beginnt. Bis zum Gipfel (1.020 m) sind auf 3,5 km etwa 600 Höhenmeter zu überwinden. Mit etwas Glück sieht man Greifvögel, manchmal Adler.

Etwa auf halbem Wege zwischen Arona und Escolana liegt auf der linken Seite ein kleines Häuschen – das Restaurant ***La Granja*** (spezialisiert auf Hühner, geöffnet nur Fr-So 12-16 Uhr, © 922-725392); Menu € 12. Dort beginnen auch Wanderwege, u. a. der Weg nach Ifonche zur Finca El Refugio, ➢ unten.

Abstecher nach Ifonche

Beim unteren Ortseingang von Escalona biegt von der TF 51 nach links die TF 567 Richtung Ifonche ab. Die enge Höhenstraße (ca. 1000 m) endet nach 5 km auf einem Bergrücken oberhalb des *Barranco del Infierno* bei Adeje. Herrliche Ausblicke auf das tief unten liegende Meer hat man zwischen dem *Roque Imoque* und dem *Roque de los Brezos*, beides Fels aus ältesten Basalten.

Auf dem Weg dorthin kann man mehrfach einkehren. Nach ca. 3 km weist ein Schild links auf die ***Finca El Refugio*** (noch 1 km Feldweg, deursch/schweizer Leitung). Dort kommen marktfrische Produkte und selbstgemachte *Mojos*, Marmeladen und Brot auf den Tisch. Schöner Terrassenblick. Ideal für Ruhesuchende. Man kann dort nicht nur **Zimmer**, sondern auch geführte Wanderungen und Kochkurse buchen. Tipps für Kletterer und Paraglider; © 922-725894, ➢ Seite 527 und 570; www.el-refugio.com.

Landschaft und Geologie

(➢ dazu auch den Abschnitt ›Der karge Süden‹, Seite 208f)

Geologisch gesehen erhält man auf beiden südlichen Auffahrten einen guten Eindruck von den Besonderheiten des Südostens Teneriffas. Auf den ersten Blick wirkt diese Inselregion wegen ihrer Trocken- und Kargheit enttäuschend, bei genauerem Hinschauen gewinnt sie aber rasch.

Charakteristisch sind am Südhang des zentralen Massivs die ***Roques***, die **Aschekegel** und die **terrassierten Felder**:

Roques und Mesas

Auf einer Höhe von etwa 1.000 m fallen bei Arona an den sonst nicht stark reliefbildenden Tuffsteinhängen herausragende Felsformationen ins Auge, die *Roques* (Türme): ***Roque de los Brezos***, ***Roque Imoque*** (beide nördlich von Arona), der ***Roque de Jama*** (nur 783 m, südöstlich von Arona) und der Tafelberg ***Roque del Conde*** (westlich von Arona).

Wie an anderer Stelle schon erwähnt (➢ Seite 15), gehört die Region Adeje/Arona, wie Anaga- und Tenogebirge, zu den drei ursprünglichen Inseln, die erst durch spätere Eruptionen zum uns heute vertrauten Teneriffa zusammenwuchsen. Dieses südliche Eiland war vermutlich das kleinste. Die gewaltigen Felsformationen des Anaga- und Tenogebirges sind hier ansatzweise zu sehen. Nach erneuten Ausbrüchen waren sie Jahrtausende zugedeckt von porösem Material, das heute die Landschaft gestaltet. Als die Schlacke zerbröselte, traten die älteren, harten Basalte wieder zutage – entweder als turmartige *Roques* oder – erodiert mit einem ebenen Abschluß – als *Mesas* (»Tische«).

Vulkankegel

Viele kleine, maximal 300 m hohe Vulkankegel sind wie zufällig über das Land verstreut. Bis zu einer Höhenlinie von 400 m tauchen sie wie kleine Blasen aus älterem, dunklerem Gestein auf.

Man findet sie zwar auf der ganzen Insel (außer im Teno- und Anagagebirge), doch nirgends so häufig wie hier im Süden. Zwar entstanden sie vor den uns überlieferten Ausbrüchen, gehören aber zu jüngeren Phasen des Inselaufbaus. Als Magma aus großer Tiefe durch Spalten aufstieg, presste es bei kleineren Explosionen basaltische (dunkle) Lockermassen hervor.

Die Hufeisenform vieler Krater formte der ständige Nordost-Passat, der Asche und kleine Steine nach Westen mitnahm. Manche sehen »angeknabbert« aus, weil sie als Steinbrüche für Baumaterial oder Boden-Abdeckungen benutzt wurden, ➢ Foto Seite 285.

Tosca

Die dicke, aber nur locker zusammengefügte Schicht, die sog. Tuff- oder Toscakruste, ist sehr anfällig für Erosion. So entstanden vielerorts bizarr geformte Mondlandschaften (*Paisaje Lunar*, ➢ 413, Foto Seite 28?). Die besonderen Klimabedingungen der Gegend – hohe Sonneneinstrahlung, viel Wind – lassen kaum Vegetation zu. Aber wenn es trotzdem zu Bodenbildung kommt, wird er von den seltenen, aber heftigen Regenfällen sofort wieder weggeschwemmt. Es bilden sich dann breite, tiefe Furchen sowie unterspülte Abbruchkanten und machen Landwirtschaft weitgehend unmöglich.

Nur durch den Bau von Terrassenfeldern und Mauern kann die Erde gehalten werden. Man ahnt, mit welch unendlichen Mühen früher die Nutzlandschaft um Vilaflor entstanden sein muß.

Trockenfelder

Mit **Bimsstein** (*pomez*), dem porösesten aller Steine, ließ sich das Wasserproblem hervorragend lösen. Bis heute wird er zu **bohnengroßen Steinchen** zermahlen und als ***Jable*** auf die Felder gestreut. Dort absorbiert der Stein nachts die Feuchtigkeit aus den nördlichen Fallwinden, gibt sie tagsüber langsam wieder an den Boden ab und schützt zugleich Erde und Aussaat vor der Sonne.

Lapilli-Trockenfeld, das durch in den Steinchen gespeicherte Feuchtigkeit »bewässert« wird

Diese Form der Bewässerung nennt sich ***Enarenado*** (»mit Sand bestreut«). Wird der Bimsstein nicht auf die Felder gestreut, sondern untergepflügt, um das über Kanäle und Gräben zugeleitete Wasser unter der Erde zu binden, spricht man von ***zahorra***, wie Bims auf den Kanaren auch genannt wird. Andernortes arbeiten die Bauern nicht mit Bimsstein, sondern zerkleinerten schwarzen Basalten, ***Picón*** oder ***Lapilli*** genannt.

Brachland

Viele der beige-grauen Terrassenfelder werden nicht mehr bestellt. Denn mit dem Tourismus kamen neue Jobs. Die Jüngeren sahen darin ihre Chance für ein besseres Leben und wanderten ab. Zurück blieb die ältere Generation und fuhr fort mit dem Anbau von Kartoffeln, Getreide, Linsen, Kichererbsen und gelegentlich – mehr als Hobby – auch Wein. *Tabaibas* (Wolfsmilch) und *Cordón* (Kandelaberkakteen) erobern sich die brachliegenden Felder zurück.

Baumaterial

Tuffstein, der im Überfluss vorhanden und leicht zu schneiden war, diente als ideales Baumaterial. Damit stützte man die Felder und schützte die Bananenplantagen vor Wind; auch die Bewässerungskanäle wurden aus Tuff gefertigt. Die Guanchen haben ihre Höhlen in diese dicken Asche/Stein-Ablagerungen geschnitten. Nach den Zementorgien vergangener Jahrzehnte beim Bau touristischer Gebäude wird das Material heute selbst bei repräsentativen Komplexen wie dem Luxushotel *Bahía de Duque* wieder gern verwendet (Treppen, Gartengestaltung). Manchmal mischt man es mit Zement. Die daraus gefertigten *bloques* werden auch ***Tosca*** genannt (spanisch für »Tuff«, wörtlich: »ungehobelt, grob«) oder *Puzolana*. Sie sind in allen kanarischen Baumärkten zu haben und dienen auch der Wärme- und Schallisolierung.

Am Ende der TF 567 stößt man auf die ***Bar Dornajo***, ein einfaches Ausflugslokal mit zünftiger kanarischer Küche, täglich 13-23 Uhr, Do geschlossen, © 922-725000.

Unterhalb der Bar beginnt hinter dem Trafohäuschen ein Pfad, der durch eine Senke an die obere Kante des ***Barranco del Infierno*** führt (➢Seite 239). Man passiert ein verschachteltes Gehöft, hinter dem man rechts abbiegt. Unverfehlbar geht es an der Schlucht entlang zunächst durch schütteren Kiefernwald, später über freies (Lava-) Terrain bis Taucho oder Adeje.

Escalona

Wieder zurück auf der TF 51 lohnt ein Blick in das ***Hotel Rural El Nogal***, geeignet für einen Aufenthalt in ländlicher Stille und kühler Höhenlage mit **Restaurant** (Mo zu, © 922-725050). Oberhalb des Kirchplatzes von Escalona biegt man rechts in den Camino Real, dann ausgeschildert, ➢ Seite 572 und 582.

Bei der Rückfahrt kann man in Escalona zur Abwechslung die TF 565 durch intakte Natur in Richtung San Miguel nehmen.

Centro Artesana Chasna

Das große ***Centro Artesana Chasna*** (*Chasna* = vorspanischer Name für Vilaflor und Umgebung) – 1 km vor Vilaflor links an der TF 51 – zeigt neben kanarischem Kunsthandwerk ein *Teide*-Video; täglich 8.30-13 Uhr; mit **Restaurant**; © 922-709175.

Auffahrt B: Über Granadilla de Abona nach Vilaflor

Autobahn-Ausfahrt 22/San Isidro (auf der TF 64: 23 km) oder Ausfahrt 24/Las Chafiras (TF 65, dann TF 28: 30 km)

Granadilla de Abona

Flächenmäßig ist Granadilla nach Arona und La Orotava die drittgrößte Inselgemeinde. 1686 schrieb der Historiker *Nuñez de la Peña*: »Hier erntet man viel Weizen und züchtet viel Vieh, denn das Land um Granadilla und um Chasna (= Vilaflor) ist überaus fruchtbar. Die ganze Umgebung besitzt Wasser. Es gab sogar Jahre, in denen man eine *Fanegada* (alte spanische Maßeinheit) Weizen aussäte und hundert und mehr erntete«.

Granadilla hat sich zum Handels-, Industrie- und Versorgungszentrum für die Touristengebiete Las Américas/Los Cristianos/Costa Adeje entwickelt. Außer El Médano verwaltet die Gemeinde keine Ferienorte am Meer, aber den Süd-Flughafen *Reina Sofia* und die Windenergie-Anlage *Parque Eólico* (➢ Seite 193).

In Granadilla

An Granadillas Hauptverkehrsachse, der TF 28 nach Arico, liegt das ***Convent San Francisco*** neben dem modernen Rathaus. Das Klostergebäude aus dem 17. Jahrhundert brannte ab. Das jetzige Gebäude stammt aus der Mitte des 19. Jahrhunderts mit einer schönen *Mudedar*-Holzdecke.

Einen kurzen Stopp lohnt das kleine renovierte Viertel um die Kirche San Antonio (am Ortsausgang Richtung Arico).

Unterkunft/ Restaurant

An der Fußgängerzone liegt das ***Hotel Rural Senderos de Abona***, ➢ Seite 581. Üppige Vegetation rund um den Pool und das Restaurant ***El Terrero*** mit Patio; Calle Peatonal de la Iglesia 5; Café täglich 8-22 Uhr, Küche 12.30-15 und 18-22 Uhr; Mi zu; © 922-770200.

Die ***Casa Tagoro*** serviert österreichische Gerichte (zuweilen Wild) in einer alten Finca, ➢ Seiten 83 und 236).

Die TF 21 nach Vilaflor ist zwar landschaftlich attraktiv, aber kurvig und eng mit anfangs schlechtem Belag. Zunächst als Eukalyptusbaum-Allee führt sie später an beigefarbenen Terrassenfeldern und Kakteen vorbei, die ab 1.000 m Höhe von immer dichter werdenden Kiefernwäldern abgelöst werden.

Mirador

Auf der **TF 28** zwischen Valle San Lorenzo und Granadilla lohnt sich ein Stopp am ***Mirador de la Centinela*** zwischen Valle San Lorenzo und San Miguel. Er bietet von der oberen Lavastein-Plattform den besten Rundum-Blick auf die Besonderheiten der Landschaft (➢ Seite 407): die *Roques*, den Tafelberg, kleine Vulkankegel, Bananenplantagen in Plastikfolien, Embalsen (Staubecken). Restaurant mit **Panoramaverglasung**; 10-23 Uhr, So bis 16.30 Uhr, Mo geschlossen; © 922-691284.

Wer diesen Panoramablick nicht auslassen will, fährt danach auf der TF 565 nach Escalona, um Anschluss an die TF 51 für die Weiterfahrt nach Vilaflor zu finden. Oder noch schöner: man wählt die kleine ruhige TF 563 von der östlichen San Miguel-Ortsausfahrt, die kurz vor Vilaflor auf die TF 21 von Granadilla trifft.

Unterkunft

Der Ort bietet außer der weit unterhalb gelegenen »Ritterburg« (➢ Seite 254) wenig. Gut wohnt man im ***Hotel Rural San Miguel*** (➢ Seite 581). Nahe des Hotels zeugt ein ebenfalls bestens renoviertes Herrenhaus vom früheren Wohlstand der Gemeinde: die ***Casa de El Capitán*** dient jetzt als Museum und Kulturzentrum.

Einige Kilometer außerhalb liegt das kleine Hotel (6 Zimmer) ***La Vera de la Hoya*** (beide Hotels ➢ Seite 581).

Restaurants

An der TF 28 gibt es zwischen San Lorenzo und San Miguel zwei empfehlenswerte Restaurants:

- ***Tasquita de Nino*** mit vegetarischen Gerichten. Von der Hauptstraße (TF 28) biegt man auf die TF 65 zur *Autopista del Sur* ab, von dort ausgeschildert; 13-23 Uhr, Di zu, © 922-700463.
- Deftigere Kost serviert das volkstümliche Restaurant ***Era las Mozas*** am östlichen Ortsausgang von **Valle San Lorenzo**, ausgeschildert auf der TF 28, dann bergab beim Schild *Iglesia*, von der gleich unterhalb; 13-16 Uhr, 19-23 Uhr, Mo zu, © 922-767208

Vilaflor

Ortsname

Um den Namen rankt sich diese Legende: »*Vi la flor de Chasna*« (»ich sah die Blume von Chasna«), rief ein spanischer Krieger in verzweifelter Liebe, als dem angebeteten Guanchenmädchen die Flucht aus spanischer Gefangenschaft gelang. Das nur eine »**L**« geht auf diesen Ausruf zurück, denn der Ort besitzt keine Stadtrechte, wie z.B. **Villa** (sprich: víja) **de la Orotava**.

Vilaflor hat fast ebenso viele Einwohner wie Höhenmeter: mit 1466 m ist es Spaniens höchstgelegenes Dorf mit einer trockenen, reinen Luft und daher bei Asthma- und Lungenkranken beliebt.

Goldgelber kalifornischer Mohn bei Vilaflor

Mikroklima und Flora

Man sollte sich auf kühlen Wind einstellen, denn das Wetter kann hier sehr variieren und schnell umschlagen. Mit Glück erlebt man Vilaflor genau in der Wolkengrenze. Dann ziehen immer neue Nebelschwaden vorbei und bald liegt ein geschlossener Wolkenschleier unter einem. Ein aufregendes Erlebnis. Während an der Küste die Sonne scheint, kann es hier dicken Nebel oder Nieselregen geben. An klaren Sommertagen ist es angenehm kühl. Im Frühling blühen ab Februar die Mandelbäume, Margeritenbüsche und der glühend gelb-orange **kalifornische Mohn**.

Traditionen

Ausflugsbusse zum Teide stoppen hier täglich, doch der Ort hält an seinen Traditionen fest, auf die ein Wandbild an der unteren Ortseinfahrt hinweist. Neben Viehwirtschaft lebt man von Wein, Tomaten, Weizen und Kartoffeln. Viele Terrassenfelder sind zwar unbestellt, bieten dadurch aber eine exotische Ästhetik. Aus einer Quelle wird **Mineralwasser** abgefüllt: *Fuente Alta*.

Ortsunterhalb stößt die Teideauffahrt (TF 51 von Arona auf die Teideauffahrt (TF 21) von Granadilla; letztere tangiert Vilaflor westlich. In den Ort nimmt man beim erwähnten *Mural* die Calle Catalina, später Avda Hermano Pedro und Calle Dolores.

Unterkunft

Rechterhand liegt das ***Hotel Sombrerito,*** namentlich abgeleitet vom Hausberg oberhalb, dem ***Sombrero de Chasna*** (2.400 m), dessen Form an mexikanische Hüte erinnert. Sie entsteht, wenn Lava so zähflüssig ist, dass sie sich gleich um den Schlot ablagert (➢ Seite 427) Das angeschlossene ***Restaurant Casa Chico*** zieren altkanarische Geräte; zum Verkauf stehen Keramik, Deckchen, Honig und Wein.

Kunsthandwerk

Gleich oberhalb davon befindet sich ein Laden mit Teneriffa-Spitze (*rosetas*). Auf einem Kissen werden (wie beim Sternzwirn) Fäden über einen Nadelkreis gezogen, verknüpft und zusammengenäht. Mehr Kunsthandwerk im ***Centro Artesana Chasna***, 1 km unterhalb der Ortseinfahrt an der TF 51 nach Arona, ➢ Seite 409.

Kirchplatz

Weiter oberhalb liegt (auf dem leicht ansteigenden Kirchplatz mit Brunnen, Lorbeerbäumen, dem *Ayuntamiento* und der ***Iglesia San Pedro*** aus dem 16. Jahrhundert) die ruhige Bar ***La Fuente*** mit Snacks und Drinks. Die Kirche hat Mujedardecken und eine Alabasterstatue des *San Pedro*, dem Gründer des guatemaltekischen *Orden de los Hospitalarios* aus Vilaflor. An ihn erinnert auch die Statue auf dem Kirchplatz. Seit er 2003 heiliggesprochen wurde, besuchen Gläubige die Höhle am Meer, in der er vor seiner Südamerika-Reise (1640) lebte. So Nachmittag Messe (➢ Seite 248).

Restaurants

Neben dem bereits erwähnten *Restaurant Casa Chico* finden sich weitere empfehlenswerte Lokale in Vilaflor:

- ***El Sarmiento*** gleich neben dem ***Chico*** (➢ oben); gemütlich-modern, kleine feine Karte; Mi-So 14-22 Uhr, © 922-709090; €€.
- ***Casa Pana***, Calle Las Castañas 7 (am Ende der Calle Dolores, neben der *Dulceria Vilaflor*). Terrassenblick, prämierte kanarische Küche; täglich 12-19.30 Uhr, Mo zu; 922-709070; www.casapana.com > aleman: Menükarte auf deutsch; €€
- **Restaurant *El Mirador***, oberhalb der TF 21 am Hang. Von der glasgeschützten Terrasse hat man einen tollen Blick (10-20 Uhr, Fr geschlossen) wie auch von der ***Ermita*** oberhalb

Übernachtung

Im ruhigen Vilaflor kommen arm und reich prima unter:

Sehr einfach im ***Sombrerito*** und ***Hotel Germán***; gemütlich im Landhotel ***Tenerife Activo***, luxuriös im ***Hotel Spa VillAlba***; ➢ Unterkünfte, Seiten 570 und 582.

Rückfahrt-Tipp

Die TF 563 zweigt gleich unterhalb Vilaflor von der TF 21 rechts ab. Sie ist klein, kaum befahren und bietet schöne Landschaftsbilder und großartige Blicke übers Meer. Sie führt durch Terrassenfelder mit Kartoffeln, Getreide und Wein ohne nennenswerte Orte. Auf die TF 28 (Granadilla-Los Cristianos trifft die TF 563

Stickerin in Vilaflor

etwas oberhalb (östlich) vom Städtchen **San Miguel**, von dessen Zentrum es (links, verstecktes Hinweisschild) bergab auf die Autobahn geht (schneller als bei der Weiterfahrt auf der TF 28).

Von Vilaflor nach Boca de Tauce (16 km)

Pino Gordo

Gleich oberhalb von Vilaflor, rechts an der TF 21 bei einer Parkbucht steht die ***Pino Gordo***, eine fast 60 m hohe, 2.70 m dicke uralte Kiefer mit Drillings-Stamm.

Paisaje Lunar

In der nächsten Kurve zweigt rechts ein Fahrweg ab. Er erreicht nach 7,5 km das Jugendcamp ***Campamento Madre del Aguas*** und kann bei Nässe nur mit 4x4-Wagen befahren werden. Bei trockenem Untergrund sind nur die ersten 400 m problematisch, aber für jeden Pkw zu schaffen. Die 5 km bis zum Beginn des eigentlichen 2,5-stündigen Wanderpfades sind leicht, bedeuten aber zu Fuß einen zusätzlichen Zeitaufwand von über 2 Stunden Hin- und Rückweg. Bei einer Wegverbreiterung (Parkplatz) zeigt ein Schild links zur ***Paisaje Lunar***. Entlang eines *Barranco* gelangt man zu den imposanten **Tuffsteinkegeln**, ➢ Foto Seite 28. Von dort steigt man geradeaus in den *Barranco* hinab (erste Meter sind steil), überquert seinen tiefsten Punkt und folgt den grün-weißen Pfeilen, teilweise entlang einer Wasserleitung bis zum o.a. Jugendcamp. Von dort sind es noch 2 km Fahrweg zurück zum Pfadanfang. Ein Wandeheft mit anderen Wegen ist im Ort (Läden am Platz) erhältlich.

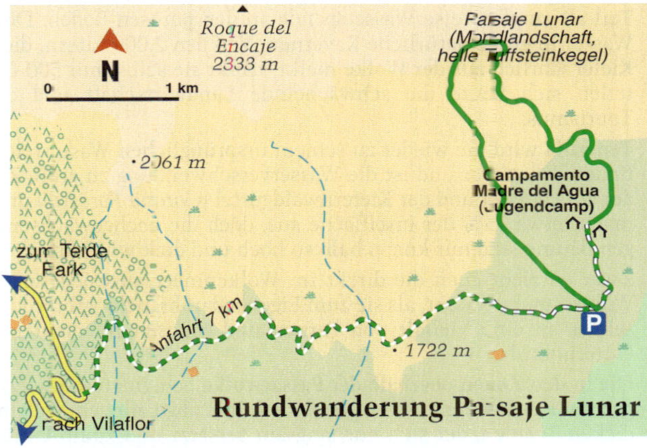

Kiefernwald/ Picknickplatz

Der Parkeingang an der TF 21 liegt nochmals 600 m höher.

Picknicken und wandern (leicht) in 2.150 m Höhe kann man auch im Bereich der großen ***Zona Recreativa »Las Lajas«*** bei Kilometer 58,2.

Südeinfahrt Nationalpark

An der Kreuzung **Boca de Tauce** steht eine Info-Tafel. Mehr Information gibt's im ***Parador*** und im Besucherzentrum ***El Portillo***, von wo die Fahrt durch den Park beschrieben wird, ➢ Seite 422f.

Die Kanarische Kiefer (Pinus canariensis)

Dichter, dunkler Lorbeer gedeiht an der Nordküste Teneriffas bis auf Höhen von 1.000 m (➢ Seite 170). Oberhalb davon ist die Kanarenkiefer bis 2.200 m unangefochtene Königin der Flora. Sie war vor den großen Eiszeiten auch am Mittelmeer heimisch. Heute finden sich ihre nächsten Verwandten erst im Himalaya. Die Äxte der spanischen Eroberer dezimierten die einst riesigen Waldbestände radikal. Viel Loorbeerwald der unteren Lagen mußte der Landwirtschaft weichen und die bis zu 60 m hohen Kiefern waren mit ihren 2 m dicken Stämmen ein »gefundenes Fressen« für die neuen Industrien des Kolonialismus. Sie wurden in den Zuckerrohr-Öfen verheizt (➢ Seite 168), gaben ihr hartes Holz für den Bau von Segelschiffen und ihr Harz für Pech. Die hölzernen Balkone, Decken und Treppen der Hacienda-Herrenhäuser sind aus der kanarischen Kolonialarchitektur nicht wegzudenken. Und der ehedem vom europäischen Adel so geschätzte Malvasier-Wein reifte in kanarischen Kiefernfässern besonders gut.

In ihrer Gier nach Holz sahen die spanischen Eroberer bis ins 20. Jahrhundert nur den Stamm der Kiefern, nicht aber die Bedeutung ihres Nadelkleides für das komplizierte Ökosystem einer trockenen Vulkaninsel. In Einklang mit dem Passatwind hatten in Jahrmillionen die Milliarden Kiefernnadeln für einen riesigen unterirdischen Wasservorrat gesorgt, ➢ Essay Seite 448.

Die Nadeln wachsen in bis zu 30 cm langen Dreierbüscheln und kämmen Feuchtigkeit aus den Passatwolken. Zum kleinen Teil für sich, zum größeren Teil als tropfenweise Wasserspende an den porösen Boden. Dort gelangt das Wasser in große natürliche Kavernen. Von den 2.000 Litern, die jede einzelne Kiefer jährlich aus der Wolke melkt, trinkt sie selbst nur 500 Liter. Den Rest teilen sich heute die schwächelnde Landwirtschaft und der strotzende Tourismus.

Teneriffa wird nie wieder zu seinem ursprünglichen Wasserreichtum zurückfinden. Dazu war und ist die Wasserverschwendung zu groß. Zwar wird wieder aufgeforstet und der Kiefernwaldgürtel (*Corona Forestal*) um die *Cañadas* macht etwa 15% der Inselfläche aus, doch die nachgewachsenen 70-80jährigen Bäume sind nur knapp halb so hoch und dick wie früher.

Zwar entzieht auch die direkt im Wolkenmeer angesiedelte *Laurisilva* den Wolken mehr Wasser, als sie zum Eigenbedarf braucht, gibt jedoch ihren Überschuss an eine Vielfalt von Farnen und Moosen im dichten und dunklen Unterholz ab.

Die in den **Zonen oberhalb der Passatwolke** beheimatete Kiefer, wächst dagegen auf kärglicherem, steinigen Boden. Ihre abgefallenen Nadeln bilden einen dicken Teppich, der sich nur langsam zersetzt und kaum Unterholz zulässt. Nur im Norden Teneriffas, wo die Kiefer ihren Platz auch in Teilen der ehemals von *Laurisilva* beherrschten Höhenzone gefunden hat, vermischt sie sich mit der niedrigeren *Fayal-Brezal*-Vegetation (➢ Anaga, Seite 170). Der Kanaren-Kiefernwald auf der Südseite Teneriffas hat sich den dort anderen geologischen und klimatischen Gegebenheiten angepaßt.

Da die Kiefern hier keine dicken Wolken anzapfen können, müssen sie sich einen Großteil des Jahres mit der Restfeuchtigkeit der Fallwinde zufrieden geben. Die Kiefernwälder sind schütterer, und im noch porös-steinigeren Untergrund gedeihen allenfalls kriechende Büschchen mit kleinen dicken, wasserspeichernden oder haarigen Blättchen. Nur an den Straßenrändern ist der gelb blühende Wald-Hornklee (Lotus campylocladus) verbreitet.

Einzelne, weit auseinander stehende Kiefer-Exemplare gibt es auf der Südseite schon ab 600 m. Auf dieser Höhe beginnt auf der Nordseite gerade erst der Lorbeerwald (➢ Vegetationszonen, Seite 452).

Dass die Kiefer nicht ganz ausgerottet wurde, verdankt sie auch ihrer Feuerresistenz. Nach dem Feuersturm eines Waldbrandes erholt sie sich schnell und auch ein fast abgebrannter Baumstumpf kann direkt aus dem Stamm neues Leben entwickeln.

Tipp: Auch ohne Bestände zu zerstören, kann die Kiefer millionenfach genutzt werden: Bei Zahnschmerzen einfach mal kleine Kiefernspäne in Wasser aufkochen und mit dem Sud den Mund ausspülen. Wirkt Wunder.

An der Chio-Auffahrt wachsen die Kiefern auf Lavafeldern; im Hintergrund der winterliche Teide

7.1.5 Westauffahrt über Chio nach Boca de Tauce

Anfahrt

Wer im **Los Gigantes-Bereich** logiert, fährt gut die TF 454 nach Tamaimo und dann auf der TF 82 nach Chio (➢ Seite 277).

Auch von Ausgangspunkten an der westlichen **Nordküste** bietet die Westroute über Chio den schnellsten Weg hinauf zum *Teide*:

- Die Route Garachico–El Tanque–Puerto de Erjos–Santiago–Chio (33 km) ist am kürzesten, sehr gut ausgebaut, aber verkehrsreich (TF 421/TF 82).
- Die höher verlaufende Straße von Icod über La Vega–San Francisco–Puerta de Erjos–Santiago–Chio (34 km) ist die landschaftlich empfehlenswertere, wiewohl zeitlich aufwendigere Anfahrt (TF 82/TF 373).

Südlich von Santiago del *Teide* empfiehlt es sich, nach Chio die TF 345 über Arguayo zu nehmen, statt weiter der TF 82 zu folgen.

Startpunkt Chio

Die Strasse **TF 38** zieht sich von Chio wie ein großes liegendes Z bergauf. Diese gut ausgebaute Auffahrt ist vielleicht die eindrucksvollste der Teideauffahrten, da die Spuren des letzten Vulkanausbruchs auf Teneriffa (*Chineyro* 1909) noch sehr gut sichtbar sind.

Gleichzeitig ist die Route über Chio die **schönste Teideabfahrt**, insbesondere am späten Nachmittag. Nach dem Besuch des *Teide* und der *Cañadas* kann man manchmal den **Sonnenuntergang zweifach erleben**: zunächst oberhalb, darauf unterhalb der Wolkendecke; und dann noch einen grandiosen Blick bis La Gomera.

Vegetation

Drollig wirken die auf schwarzem Geröll in geschlossenen Gruppen wachsenden **Dachwurze** (Aeonium urbicum), die auf unverzweigten Stämmen ihre grünen fleischigen Rosetten entfalten und wie Miniaturpalmen anmuten. Offensichtlich liebt diese Pflanze das ungeschützte, der Sonne ausgesetzte Lavagestein genauso wie die Dachziegeln in den eher feuchten Städten La Laguna und La Orotava. Die bis 1.400 m Höhe mächtigen Kiefern werden immer kleinwüchsiger bis sie den – durch Erdbildung noch nicht veränderten – Lavageröll-Feldern des *Montaña Chineyro*-Ausbruchs von 1909 weichen müssen.

Restaurant-tipp

Oberhalb von Chio gibt es keine Ortschaften mehr, sondern in ca. 1.000 m Höhe nur noch einige große Ausflugslokale mit schönen Terrassen. Wunderbar ist der ***Mirador de Chirche*** etwas abseits der TF 38 bei km 23,6. Der Blick von der grünen Terrasse über die karge Südlandschaft begeistert. Zu empfehlen sind u.a. *Conejo Salmorejo* und *Carne Cabra*. 9-22 Uhr, Di zu, © 671-202223.

Wieder auf der TF 38 passiert man die Restaurants ***Estrella*** und **Boca Tauce**, letzeres mit Terrassen und guter Küche (Mi zu).

Picknick

Auf etwa 1.500 m, oberhalb einer langen Rechtskurve nach Süden, liegt inmitten der jüngsten Lavaschlacke-Felder die ***Zona Recreativa Chio*** mit einem prima Picknickplatz zwischen vereinzelt stehenden Kiefern. Ein exponiertes Terrain in surrealistisch wirkender Landschaft mit **vier Kontrastfarben**: unter stahlblauem Himmel schwarze Lava und grüne Kiefern überm weißen Wolkenmeer.

Teide-Einfahrt

Oberhalb des Picknickplatzes durchfährt man über viele Kilometer (bis *Boca de Tauce*/Teideauffahrt über Vilaflor) riesige Felder schwarzer, wie von Gigantenhand verstreuter Lava-Felsbrocken.

Die Beschreibung der Cañada-Tour beginnt am östlichen Eingang *El Portillo*, ➢ folgendes Kapitel.

Blick auf die Wolken von der Chio Auffahrt

7.2 Parque Nacional del Teide/Las Cañadas

7.2.1 Charakteristika des Parks

Der ***Parque Nacional del Teide,*** 1954 gegründet, ist seit 2007 Weltkulturerbe der **UNESCO** und umschließt zusammen mit dem ***Parque Natural de Corona Forestal*** auf 466 km² alle Höhenlagen von 1.650 m bis 3.718 m, der Gipfelhöhe des *Teide*

Entstehung des Teide

Ur-Vulkan

Hier, am zentralen Punkt der Insel, hatte sich einst ein riesiger Ur-Vulkan gebildet, weit höher als der *Teide*. Vor 170 000 Jahren brach unter ihm die leergepustete Magmakammer ein und der Vulkan in sich zusammen. Stehengeblieben ist ein bis zu 600 m hoher Fels-Halbkreis von 17 km Durchmesser – häufig das **Amphitheater** genannt. Aus der Senke heraus entwickelte sich dann das kegelförmige Teidemassiv, zunächst der ***Pico Viejo*** mit seinem 800 m weiten Krater und später der heutige **Teidegipfel**; ➢ auch »Entstehung der Insel Teneriffa«, ➢ Seite 14.

Im Hintergrund Calderarand; vorne die weite Ebene »Llano de Ucanca«

Caldera

Krater bzw. ***Calderas*** (Schüssel, Kessel) sind oft kreisrund. Sie können durch Explosion oder Einsturz bzw. Erdrutsch entstehen: Entweder wird der Druck in einer Magmakammer nahe der Erdoberfläche so stark, dass in einer gigantischen Explosion die ganze Bergkuppe weggesprengt wird (z.B. *Mount St. Helens*/USA 1980). Oder die *Caldera* entsteht durch den Zusammensturz des Magmakammer-Dachs. Leert sich die Kammer in schnell aufeinander folgenden Ausbrüchen und landet das Eruptionsgestein "auf dem eigenen Dach", stürzt es durch das Gewicht wieder ein, füllt die jetzt leere Kammer und bildet eine Ebene wie einen **Pfannenboden**, um den ein runder Rand stehen bleibt, die *Caldera*. *Calderas* gibt es in allen vulkanischen Regionen. Auf Teneriffa stößt man vielerorts auch noch auf kleinere *Calderas* (➢ z. B. Picknickplatz oberhalb von Aguamansa, ➢ Seite 394).

Die meisten Theorien gehen davon aus, dass die *Caldera* des Nationalparks durch den Einsturz einer riesigen Magmakammer entstand, dem der Auswurf enormer Mengen von hellem Bims, Tuff und Lapilli vorausging, die heute den Südhang bedecken.

Im spannend gemachten kleinen **Film im *Centro de Visitantes de El Portillo*** wird eine andere Theorie vertreten. Der Urvulkan war so groß und außerdem durch viele Frakturen so unstabil, dass er seine eigenen Landmassen auf der schiefen Ebene nicht halten konnte und nach Norden und Süden ins Meer glitt. Danach sind das Orotava- und das Güímartal Ergebnis eines gigantischen Erdrutsches. Die Gesteine des alten Ur-Vulkans fand man bis weit im Meer vor Teneriffas Nordküste (andere Theorie ➢ Seite 321).

Teide-Massiv

Aus der riesigen Ur-*Caldera* wuchsen mehrere Vulkane, wobei der *Teide* zum alles beherrschenden Massiv wurde. Sog. Stratovulkane wie der *Teide* bauen sich Schicht um Schicht auf, wenn die Eruptionen sich auf eine Zone konzentrieren, wobei das ausfließende Material unterschiedlich sein kann. Es kann stark gashaltige Eruptionen, begleitet von Ascheregen geben (pyroklastisches Material), aber auch helle und dunkle Lavaströme der verschiedensten Zusammensetzungen, wie am *Teide* deutlich zu sehen ist. Die umliegenden Vulkane, in deren Mitte der *Teide* entstanden ist (*Pico Viejo, Montaña Blanca*), sind heute teilweise von den unterschiedlichsten Materialen mehrerer Teideausbrüche verdeckt. Das Massiv nimmt die ganze Nordseite der *Caldera* ein und hat bei seiner Entstehung viel Material den Nordhang hinuntergeschickt.

Von unten aus der *Caldera* erkennt man deutlich, dass der Teidekegel nicht bis zur Spitze aus einem Guss ist. Der eigentliche Gipfel, der rund 200 m hohe ***Piton***, wuchs wiederum aus einem älteren Krater, aus dem die dunklen Lavaströme stammen, die teilweise bis hinunter in die *Caldera* reichen.

Bis zu diesem Absatz, *der* ***Rambleta***, kann man mit der **Seilbahn** fahren. Für die **Besteigung des *Piton*** benötigt man eine Genehmigung (➢ unten). Die aus einigen Rissen austretenden schwefelhaltigen Gase erinnern daran, dass der Vulkan nur schläft und sich in munterer Nachbarschaft befindet. Der westlichere *Chineyro* ist erst 1909 ausgebrochen.

Pico Viejo von Nordwesten aus gesehen (von den Parkstraßen aus so nicht erkennbar)

»Dass auf der Spitze des Piks die Dörfchen, Weinberge und Gärten an der Küste einem so nahe gerückt scheinen, dazu trägt die erstaunliche Durchsichtigkeit der Luft viel bei. Trotz der bedeutenden Entfernung erkannten wir nicht nur die Häuser, die Baumstämme, das Takelwerk der Schiffe, wir sahen auch die reiche Pflanzenwelt der Ebenen in den lebhaftesten Farben glänzen. Umsonst verlängerten wir unseren Aufenthalt auf dem Gipfel des Piks, des Momentes harrend, wo wir den ganzen Archipel der glückseligen Inseln würden übersehen können. Wir sahen zu unseren Füßen Palma, Gomera und die große Canaria. Die Berge von Lanzarote, die bei Sonnenaufgang dunstfrei gewesen waren, hüllten sich bald wieder in dichte Wolken. Nur die gewöhnliche Refraktion (Lichtbrechung) vorausgesetzt, übersieht das Auge bei hellem Wetter vom Gipfel des Vulkanes ein Stück Erdoberfläche von 115.000 qkm, also soviel als ein Viertel der Oberfläche Spaniens.«

Alexander von Humboldt: »Südamerikanische Reise« (1799)

Las Cañadas

Das Gebiet des Parks wird auch kurz ***Cañadas*** genannt. Der Begriff steht eigentlich für »Weideland«. In den tiefer gelegenen Teilen speichert sich Regenwasser im Sedimentgestein, das von der Calderawand abbröselte. Winterniederschläge und Schneeschmelzen verwandelten die Region früher in grüne Wiesen, wohin die Guanchen ihre Herden trieben, wenn es an den Küsten zu trocken wurde.

Am inneren östlichen Rand der *Caldera* befindet sich ein **Gürtel von sieben solcher Weideflächen**. Die Hirten nutzten sie auch, um Vieh von Orotava nach Vilaflor zu bringen, denn nur auf diesem feinen Gestein konnte man die sonst unwegsame, spitzsteinige *Caldera* durchqueren. Für die Ureinwohner war die *Caldera* jedoch in erster Linie eine heilige Stätte zwischen Himmel und Erde (➢ »*Bailadero*«, Seite 177). Das Gebiet gehörte keinem der *Menceys*; die Bevölkerung aller Menceynate durfte es gemeinsam für Kult- und Weidezwecke nutzen (*Almende*).

Klima

Wenn es an den Küsten zu heiß, zu windig, zu kalt oder zu regnerisch ist, gibt es mit dem *Teide*-Nationalpark fast immer eine Alternative. Dort scheint die **Sonne bis auf wenige Tage im Jahr** aus einem tiefblauen Himmel, und man fühlt sich wie auf einem anderen Stern, zumindest jedoch wie in einer anderen Welt. Die Wolkenobergrenze liegt meist bei etwa 1.800 m. Windig und kalt kann es sein, aber selten wolkig.

Wenn die Regenwolken sich im Winter von Norden als Schnee über 2.000 m Höhe verirren, dann drängen auch die *Tinerfeños* in die Winterlandschaft. Plastiktüten dienen als Schlitten, und wer schnell genug ist, schafft es, den auf die Kühlerhaube gepappten Schneemann bis nach Las Américas zu bringen.

Nationalpark-Informationen

Hauptverwaltung - Oficina del Parque Nacional

Um den *Pico del Teide* via Schutzhütte (➢ unten) über den *Sendero* 7 zu besteigen oder nur ab der Seilbahn-Bergstation die letzten 200 m zu erlaufen, braucht man eine **Erlaubnis** (***Permiso***), die man persönlich, Fax oder Email erhält. Pro Tag gibt es für maximal 40 Personen 4 x zweistündige Zeitfenster 9-17 Uhr (= letzte Seilbahn-Talfahrt). **Büro** (***Oficina Parque Nacional Teide***): Santa Cruz, Calle Emilio Calzadilla 5, 4a Planta (beim Spielplatz der Plaza España bergauf), Mo-Fr 9-14 Uhr. ID & Kopie vorlegen (für maximal 10 Personen); E-mail: teide@oapn.mma.es; ✆ 922-290129, Fax -244788; Details im Einzelnen: www.todotenerife.es (deutsch) > ***Permiso*** zum download als pdf).

Busverbindungen

Die **Linien 342 und 348** verbinden täglich Las Américas/Los Cristianos bzw. Puerto de la Cruz mit den *Cañadas* (9.15 Uhr hin, 15.15 bzw. 16 Uhr zurück). Die Busse fahren auf der TF 21 bis zur jeweils anderen Parkseite; Stopps: Infozentrum bei *El Portillo*, Seilbahn-Stichstraße, *Parador Nacional*; ➢ Seite 586ff.

Seilbahn auf den Pico del Teide (www.telefericoteide.com)

Auskunft: ✆ 922-010440 und -010445, 9-16 Uhr bergauf, bis 17 Uhr bergab, € 25, Kinder 6-14 J € 12,50 retour (one-way € 12,50); Wanderabstieg 3 Stunden. Die Seilbahn endet unterhalb des Teidegipfels (***Rambleta***). Wer zum Kraterrand will (Umrundung verboten!), braucht ein ***Permiso*** des **Parkbüros**; ➢ oben (max. 10 Pers. in 4 x 2 Stunden). Bei Wind stellt die Seilbahn den Betrieb ein.

Refugio de Altavista (3.270 m) www.todotenerife.es > Teide (deutsch)

Wanderstart *Sendero* 7 an der TF 21, km 40, auf 2.200 m. Die Hütte hat eine Krankenstation, 60 Betten in 3 Schlafräumen, Gemeinschaftsbad und - küche zum Aufwärmen flüssiger Nahrung; Bettwäsche wird gestellt; (€ 20/Bett für nur eine Nacht). Von dort Aufstieg zur Seilbahn-Bergstation in 3.555 m Höhe; **Buchung** mit Ausweis & Kopie (!) im Büro Santa Cruz, Calle San Francisco 5, 4. Stock, Mo-Fr 8-14 Uhr; ✆ 922-533720 oder Fax 287837; Email: teleferico@telefericoteide.com. Die Buchung schließt den Gipfelaufstieg ein (max. 40 Personen/Tag; 10/Doppelstunde). **Wer ab Hütte frühmorgens (Sonnenaufgang!) aufbricht und vor 9.00 Uhr wieder absteigt, braucht kein Zugangs-*Permiso***.

Teidegipfel gratis & ohne *Permiso*: bei Vollmond nachts hoch und vor 9.00 runter

Parador Nacional ****

Das ***Parador Nacional de las Cañadas*** ist das einzige Hotel im Nationalpark. Es liegt 4 km südlich der Teide-Seilbahn bei den *Los Roques*, ➢ im Detail auf den Seiten 570 &582, ✆ 922-374841, Fax 922-382352, www.parador.es

Wetter ➢ Seite 597; Teide Webcams ➢ 595; www.snow-forecast.com > Teide

Besucherzentren

Ein Besucherzentrum liegt an der nordöstlichen Parkeinfahrt ***El Portillo***, täglich 9.30-16 Uhr, außer 25.12./1.1., ✆ 922-356000, und im ***Parador Nacional***, ✆ 922-373391, gleiche Zeit. Beide haben Info-Blätter zu Flora, Fauna, Geologie und Wanderwegen in den Cañadas (mit Karte).

Restriktionen zum Schutz der sensiblen Vegetation:

- Kfz-Verkehr ist nur auf den asphaltieren Strassen erlaubt.
- Radfahren auf Wanderwegen ist verboten.
- Wanderer dürfen nur die markierten Pfade benutzen.
- Gebiete abseits der Wanderwege werden nur auf Antrag für Forschungszwecke freigegeben, z.B. *Fortaleza*, *Pico Viejo* und der direkte Kraterrand.

2004 stellte die Inselregierung die »Vulkan-Ampel« von grün auf gelb, weil (auch in den Medien) Gerüchte über eine nahe Eruption des Teide kursierten. Ein deutsches Forscherteam installierte daraufhin in Zusammenarbeit mit (ITER, ➢Seite 193) fernsteuerbare Sensoren im Krater, um den Schwefeldioxyd-Gehalt der Fumarolen – sicherer Indikator für vulkanische Aktivität – zu kontrollieren. Ergebnis Falscher Alarm. Der SO^2-Gehalt ging zurück. »*Está tranquilo*« hieß es amtlich – er ist ruhig. Die Ampel wurde wieder grün, und Teneriffa hat seitdem einen Notfallplan.

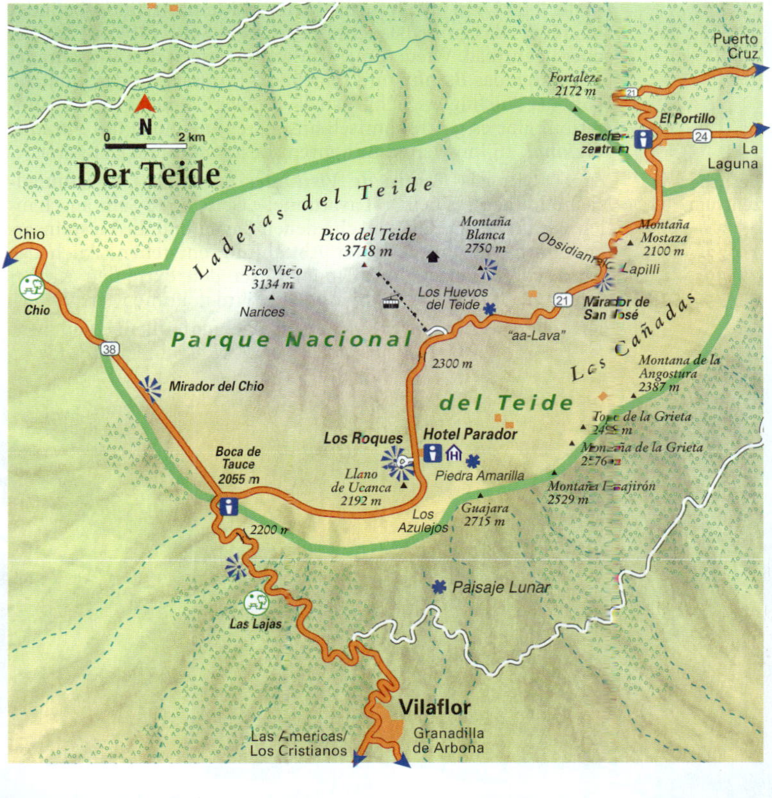

7.2.2 Parkbesuch

Kaum ein Besucher Teneriffas fährt nicht mindestens einmal während seines Aufenthaltes in die *Cañadas*, sei es, auf eigene Faust im Mietwagen oder mit einer geführten Tour im Ausflugsbus. Letztere müssen sogar offiziell einen geologisch geschulten Reiseleiter dabei haben (klappt nicht immer). Selbstfahrer genießen den unschätzbaren Vorteil der Flexibilität, nämlich nach Laune und Wetterlage das zu tun, was reizt und passt.

An den Aussichtspunkten erklären **geologische Tafeln** leider nur auf Spanisch und Englisch die Vielfalt der Vulkanlandschaft. **Aber alle deren Erläuterungen und einiges mehr stehen auch in diesem Buch ab der folgenden Seite**.

El Portillo (2.030 m)

Restaurants

Der Bereich *El Portillo* (»kleine Pforte«) am Straßendreieck TF 21/TF 24 hat sich zur »Versorgungsetappe« des Parks entwickelt. An der TF 21, ein paar hundert Meter in Richtung *Teide*, befindet sich rechts das große Besucherzentrum (➢ Seite 420) mit botanischem Lehrpfad. Wiederum 1 km weiter sorgen **drei Restaurants** (am besten das ***Bamby*** mit Teideblick-Terrasse) für das leibliche Wohl der Ausflügler. Sieht man ab von der Cafeteria in Seilbahnstation, gibt es gastronomisch ansonsten nur noch das ***Parador Nacional***, 15 km weiter, mit gutem Restaurant und Cafeteria.

Besucherzentrum

✆ 922-373391
tägl. 9-16 Uhr

Man betritt das ***Centro de Visitantes*** durch eine **Lavatunnel-Nachbildung** (➢ Thema »Lavatunnel«, Seite 357). Sehr anschaulich wird dort über die verschiedenen Laven und die Gesteinsarten informiert, die bei ihrer Abkühlung entstehen. Auch das Leben von Pflanzen und Tieren unter den extremen Klimabedingungen in dieser Gesteinswüste wird dokumentiert.

Sehr sehenswert ist der **Film »Der schlafende Vulkan«**, der die Entstehung der Insel, insbesondere der *Caldera* und des Teidemassivs, darstellt (fortlaufend, Dauer 10 min, Kopfhörer für deutsche Sprache sind verfügbar, ➢ dazu Einleitung dieses Kapitels).

Terrasse des Parador Nacional mit Teideblick

Botanischer Garten

Hinter dem Zentrum wurde ein anschaulicher botanischer Lehrpfad eingerichtet. In der Blütezeit (Mai/Juni) lohnt er noch mehr als im Winter, wenn die *Teide*-Flora grau-grün und relativ unattraktiv ist. Der Rundgang ist aber jederzeit empfehlenswert. In kompakter Form gewinnt der Besucher hier einen guten und sachkundigen Überblick über die verschiedenartigen Spezies der vulkanischen Vegetation.

Ab El Portillo durch die Cañadas

Die Lavafelder

Auf einer Fahrt durch die *Cañadas* durchquert man vielfältige Gesteinsformationen. Chemische Zusammensetzung, Flüssigkeitsgrad (Viskosität) und Abkühlungsgeschwindigkeit bestimmen Form und Dichte der Gesteine. Basaltische Laven mit wenig Silizium sind leichtflüssiger als saure Laven mit viel Silizium. Die »unordentliche« oder »ordentliche» Struktur richtet sich nach der Kühlungsdauer. Im Gestein als Blasen gefangene Gase machen es leichter.

Obsidian

Nur einige Kilometer südwestlich des Besucherzentrums glitzert bei Sonnenschein ein großes **Obsidianfeld**. Dieses tiefschwarze »**Vulkanglas**« entsteht bei rascher Lava-Abkühlung, so dass keine Zeit zur Kristallbildung bleibt. Die Guanchen nutzten *Obsidian* zum Schneiden, da beim Zerschlagen des Gesteins messerscharfe Kanten entstehen.

Ein Riesenbrocken Obsidianlava

Lapilli

Nach weiteren 2 km liegen zu beiden Seiten der Straße felsdurchsetzte, beige bis graublaue **Lapillifelder** (➢ Geologie, Seite 408, 438). Anschaulich werden hier auf einer Tafel etwas abseits vom Parkplatz unterschiedliche Magma-Zusammensetzungen erklärt. Je weniger Gase die Magma enthält, desto ruhiger ist ihr Lavafluss (*Colada*). Magma mit hohem Gasgehalt fließt nicht einfach aus, sondern wird in mehr oder weniger heftigen Explosionen hochgeschleudert. Vereinzelt wirbeln große Glutbälle durch die Luft und formen spindelförmige **Lavabomben**. Hauptsächlich regnet es aber kleine, leichte Steinchen, *Lapilli*, welche dann die hellen Bimssteinfelder bilden.

Montaña Blanca

Wiederum einige Kilometer westlich beginnt (km 40 der TF 21) rechts der **Pfad/*Sendero* 7**. Über helle Bims- und Lapillifelder der *Montaña Blanca* gelangt man zur Berghütte *Alta Vista*, nach ca. 10 km zur ***Rambleta*** und – aber nur mit Genehmigung – auch zum Teidegipfel, ➢ Seite 425 und Kasten Seite 420.

Flora und Fauna im Teide Nationalpark

Nur auf den ersten Blick sind die *Cañadas* eine tote Steinwüste. Mit Ausnahme der jüngsten tiefschwarzen Lavafelder behaupten überall Pflanzen ihren Lebensraum. Starker Wind, extreme Temperaturschwankungen, steiniger und trockener Boden sowie das intensiv-grelle Licht lassen hauptsächlich zwergwüchsige, oft halbkugelförmige Pflanzen zu.

Roter Teide Natternkopf

Nur der dominierende Teideginster (*Retama del Teide*), ein Rutenstrauch mit starkem Stamm wirkt wie ein knorriger Mini-Baum. Im Mai und Juni steht er in voller Blüte. Seine stark duftenden, weiß- bis rosafarbenen Blüten locken – trotz der Höhenlage – viele Bienen an. Imker, die ihre Kästen hier aufstellen, gewinnen mit dem **Teide-Honig** ein begehrtes Produkt.

Im Frühsommer tauschen viele Pflanzen ihr graues Winterkleid gegen leuchtende Blütenpracht. Der über zwei Meter hohe Star der Szene ist die intensiv-dunkelrot blühende ***Tajinaste*** (*Echium wildpretii*, Roter Teide-Natternkopf, *Tajinaste rojo*). Zusammen mit ihrer Verwandten, der seltenen, blau blühenden *Tajinaste picante* (Blauer Teide-Natternkopf, *Echium auberianum*) führt sie das Farbenspektrum an. Der Wintertourist sieht nur noch die Skelette der kerzenartigen Blütenstände.

Die Blüten des niederliegenden *Cordeso de cumbre*, ein Schmetterlings-Blütler (*Adenocarpus viscosus*) wie der Ginster, strahlen in leuchtendem Gelb. Ebenfalls gelb blühend und fast kugelrund ist die **Besenrauke** (*Hierba pajonera*). Beide Arten suchen gern Windschutz an größeren Steinen. **Kugelbüsche** gibt es in rosa bis violett: **Teide-Skabiose** (*Rosalito salvaje*) und **Teide-Lack** (*Alheli del Teide*). Schneeweiß ist die **Teide-Margerite**, hier oben ist sie kugeliger und kurzstieliger als ihre Verwandten 1.000 m tiefer.

Streng geschützt ist – last but not least – das **Teide-Veilchen**. Man muss indessen 3000 m hoch steigen, um es zu Gesicht zu bekommen, ➢ Foto Seite 460. Pflanzenkundige finden noch weit mehr Arten, über die der Laie leicht hinwegsieht.

Am Fuße des Vulkans kämpfen auch **Tiere** mit den harschen Lebensbedingungen. Viele der winzigen Insektenarten sind nachtaktiv und kaum auszumachen. Nur im Frühling, wenn alles in Blüte steht, sind überall Bienen unterwegs, während man Schmetterlinge in vorwiegend besucherarmen Regionen antrifft.

Ein besonders markantes Aussehen hat die ***Murciélago Orejudo*** (*Plecotus tenerifae*), eine Fledermausart mit fast durchsichtigen Jumbo-Ohren; mit Glück erspäht man sie in der Dämmerung. Auffällig sind die vielen **Echsenarten**, unter ihnen die *Lagarto tizon* (*Gallotia galloti*), deren Männchen blaugrüne Flecken an Hals und Flanken zeigen, und die bis zu 30 cm groß werden können.

Der ***Pinzón azúl del Teide*** (*Fringila teydea*), ein attraktives Finkenmännchen, ganz in blau, ist – auch wegen seiner Verbreitung in den höheren Insellagen – zum Symbol des Nationalparks geworden, wo er sich am liebsten in den Kiefernwäldern aufhält. Das schlanke Weibchen hat schlichtes spatzenfarbenes Gefieder. Zu den häufigeren Vogelarten gehören die eindrucksvollen Falken (➢ Seite 473).

Bimsstein-felder

Der erste Abschnitt des ***Sendero 7*** über die Bimsstein-Felder der *Montaña Blanca* (2.680 m) bis zu den *Huevos del Teide* ist auch bei Hobby-Wanderern beliebt und geologisch interessant. Bims ist ein sehr leichtes, poröses, schwimmfähiges Gestein, das an einen Schwamm erinnert. Es wird während explosionsartiger Ausbrüche bei relativ niedriger Temperatur ausgeworfen. Die Gase verfangen sich während der Erstarrung im Gestein. Auf diesem zu *Lapilli* zerkleinerten Bims lässt es sich schwer gehen.

Huevos del Teide

Nach einer guten halben Stunde Gehzeit auf dem *Sendero* 7 sieht man links eine geologische Besonderheit, die ***Huevos del Teide***, auf den hellen Bimsfeldern abgelagerte dunkle große Steine. Diese verstreut liegenden »Eier« sind wahrscheinlich keine herausgeschleuderten Vulkanbomben, sondern vom Lavafluss (*Colada*) auf steilem Gelände abgebrochene Lava. Als glühende Bälle rollen sie ihm dann wie eine Lawine voraus und landen wie Fremdkörper in einer ganz anderen Gesteinslandschaft. Einen noch besseren Eindruck von den Bimsfeldern und den *Huevos* vermittelt 20 min später die ***Montaña Blanca*** (10 min vom *Sendero* 7 links ab). Hin- und Rückweg von der Straße dorthin ca. 2 Stunden.

Teideaufstieg

Wer den *Sendero 7* zum *Teide* (Seilbahn-Bergstation) weiterwandern will, braucht dringend dreierlei: beste Kondition (dünne Luft), warme Kleidung und gutes Wetter. Vom Abzweig zum *Mirador Montaña Blanca* sind es noch 1.300 Höhenmeter bis zur **Schutzhütte *Altavista*** (2 Stunden, ➢ Seite 420), und von dort noch ca. 60 min (500 Höhenmeter) bis zur Seilbahn. Nach weiteren 25-30 min steht man dann ***on the top*** (3.718 m).

Nimmermüde und Hartgesottene gehen weiter über den ***Pico Viejo*** bis hinunter zur Straße TF 38 Boca de Tauce-Chio (weitere 12,5 km, *Sendero 9*, anstrengend). Eine Genehmigung (*permiso*) ist auch dafür erforderlich, ➢ Seite 420.

Huevos del Teide: hier liegt so ein typisches »Ei«

aa-Laven

Gegenüber dem Startpunkts zur *Montaña Blanca* blickt man auf ein großes schwarzes, sogenanntes **aa-Lava-Feld**.

Diese Laven mit rauer Oberfläche werden in Spanien *Malpaís* genannt (unfruchtbares Land, englisch: *badlands*); sie sind extrem unwegsam. Die *Caldera* ist seit ihrer Entstehung mit vielen Laven vollgelaufen, die in Form, Farbe und Mineraliengehalt unterschiedlich sind. Weniger zähflüssige, schneller fließende Lava bildet sanftere Oberflächen. Auf Hawaii nennt man diese Lava *pahoehoe* («Land, auf dem man barfuß laufen kann«).

Der zu »Kissenlava« erstarrte Lavastrom erinnert an Kuhfladen

Ein *Malpaís* kann aus spitzem Gestein oder großen verstreut liegenden Brocken bestehen. Letztere entstehen, wenn die Lava extrem zähflüssig ist. In den *Cañadas* trifft man oft auf aa-Lava.

Mirador el Tabanal Negro

Etwas weiter westlich vom *Mirador el Tabanal Negro* (mit anschaulicher Erklärungstafel) blickt man auf ***aa-Lava***, die kaum über den Magma-Schlot hinausgekommen ist. Gleich nach dem Austreten verhärtete sie und zerbarst in **große Brocken**. Extrem zähflüssige Lava, die am Magmaschlot erstarrt, bildet oft eine Art Haube oder Hut um den Schlot herum, wie im Fall des ***Sombrero*** genannten Bergs bei Vilaflor (➢ Seite 411).

Abendspaziergang

Circa 200 m südlich des *Parador Nacional* zweigt ein Asphaltweg von der TF 21 nach Osten ab. Er endet nach ca. 1 km an einer Schranke. Dort beginnt die weiter unten beschriebene Wanderung ***Siete Cañadas*** (➢ Seite 429). Sie läuft gleich zu Anfang durch die ***Piedras Amarillas*** (»gelbe Steine«), die bei untergehender Sonne intensiv glühen. Über ihnen erhebt sich der Gipfel der *Montaña Guajara* mit stufenförmig erodierten horizontalen Lava-Ablagerungen. Er ist mit 2.715 m der höchste der *Caldera-Wand*.

Piedras Amarillas in der Abensonne

Los Roques und Llano de Ucanca

In einer Linie stehen die markanten Felsen ***Roques de García*** gegenüber dem *Parador* jenseits der Straße. Sie sind ein Hauptanziehungspunkt für alle Ausflügler. Dort fühlt man sich wie in der Kulisse eines Wildwestfilms. Die *Roques* bestehen aus Magma, die vor ihrem Austritt in den Förderschloten erstarrte (Plutone) und von der Erosion freigelegt wurde (wie das *Fortaleza*, ➢ Seite 428). Sie bilden die Grenze zur ***Llano de Ucanca***, einer ausgedehnten **Ebene**, dem »Pfannenboden« der *Caldera* sozusagen, wie bereits auf Seite 417 erläutert.

Los Roques und Teidegipfel

Caldera oder Erdrutsch?

Eine Theorie besagt, die *Llano de Ucanca* sei eine zweite *Caldera*, entstanden durch einen anderen weggesprengten oder eingestürzten Vulkan. Die *Roques* wären Überbleibsel der westlichen Wände der Urvulkan-*Caldera*. Eine andere Theorie hält jedoch diese Plutone und das umgebende Hartgestein für so stabil, dass sie bei dem Erdrutsch, der den Urvulkan zerstörte, nicht mitgerissen wurden.

Regen- und Schmelzwasser spült Felsbrocken vom Teidekegel, aber auch viele leichtere Partikel, die weniger Wasser durchlassen und sich über dem groben Gestein absetzen. Da die Calderawand relativ undurchlässig ist, wirkt sie wie eine Staumauer. So kann sich hier mehr Wasser als anderswo ansammeln und die *Ucanca*-Ebene vorübergehend in einen flachen See verwandeln.

Die arg verwitterte »Kathedrale« in der Ebene von Ucanca weist noch Ansätze der Säulenstruktur auf, die bei der Abkühlung mächtiger (dicker) Lavaströme auftritt (➢ auch *Los Órganos* und die Basaltrosette, Fotos Seiten 395 und 397). Durch Verwitterung sind aber auch horizontale Risse entstanden.

Tipp für Fotografen

Die *Roques* bilden bestechende **Konturen im Licht des Sonnenuntergangs**. Andererseits erkennt man nur beim morgendlichen Lichteinfall die für sie typischen Strukturen

Azulejos

Südlich vom *Parador* führt die Straße TF 21 durch bläulich-grünlich schimmernde Felsen. Die Färbung entstand durch eine hydrothermische Veränderung. Wenn glühende Magma auf Grundwasser stößt, lösen sich die in ihr enthaltenen Gase im Wasser, und es kann zu agressiven Mischungen kommen, die die Mineralien angreifen und chemisch verändern. Normalerweise bleiben diese Vorgänge tief unter der Erde eingeschlossen. Hier wurden sie nach dem vermuteten Erdrutsch, der die *Caldera* schuf, freigelegt. Die Kolorierung der in diesem Fall eisenhydrathaltigen Felsen entsteht meist erst durch Oxydation an der Oberfläche.

Grün-blaue Felsformation der sog. Azulejos

Pico Viejo

Richtung Boca de Tauce ist die Ebene von Ucanca mit spitzer aa-Lava gefüllt, die es beim Ausbruch des *Pico Viejo* 1798 fast geschafft hätte, hier – an der niedrigsten Stelle der *Caldera* – über den »Schüsselrand« zu fließen, ➢ Foto Seite 417.

Rechts von dieser tiefschwarzen, jungen Lava ist ein aus dem Mittelalter stammender ebenfalls dunkler Lavastrom zu sehen, der durch Oxydation schon etwas rötlich schimmert: Je älter das Gestein, desto rötlicher wird es. Zwischen diesen beiden Strömen ist flüssigere Lava ausgeflossen (*pahoehoe*, ➢ oben), deutlich zu erkennen an den »Überschwapp-Rinnen«.

Vom ***Mirador de Chio***, dem letzten Aussichtspunkt vor Verlassen des Nationalparks in Richtung Chio, präsentieren die *Cañadas* noch einmal einen Höhepunkt, die *Narices del Teide* (Nasenlöcher des *Teide*). Sie entstanden beim letzten, 92 Tage dauernden Ausbruch des *Pico Viejo* 1798. Tiefschwarze Lava floß damals aus neu entstandenen Seitenkratern; Lockermaterialien und Asche wurden 1 km hochgeschleudert und bis nach La Gomera und El Hierro getragen. Leider ist der Krater des ***Pico Viejo*** mit 800 m Durchmesser von der Parkstraße aus nicht zu sehen.

Zu der – vor allem spätnachmittags empfehlenswerten – Abahrt in Richtung Chio ➢ Seite 415f.

Enormer Lavabrocken

7.2.3 Empfehlenswerte Wanderungen

Situation

Wie bereits erwähnt, existieren **12 offiziell markierte Wanderwege** (***senderos***) im Park. Neben drei schwereren Routen (extrem der 12,5 km-Aufstieg über den *Teide*-Gipfel zum *Pico Viejo*) gibt es auch mehrere leichte Pfade (3,5 km bis 15 km Länge) mit relativ geringen Höhenunterschieden.

Auf den Teide
(➢ Seite 420)

Geübte Bergwanderer schaffen den krönenden Auf- und Abstieg zum Teidegipfel an einem Tag (*Sendero 7, Montaña Blanca-Pico del Teide*). Kenner übernachten in der Berghütte ***Refugio de Altavista*** (3.260 m) und steigen noch vor Morgengrauen die verbleibenden 500 Höhenmeter auf, um den Sonnenaufgang auf dem Gipfel zu erleben (Wander-/Übernachtungs-Erlaubnis beachten, ➢ Info-Kasten Seite 420). Ab Mittag teilt man den Weitblick über das Meer und die anderen Inseln mit den Seilbahn-Gipfelstürmern, die bis zur *Rambleta* (3.555 m) gefahren sind.

Am Kraterrand des Teide qualmen kontinuierlich schweflige Dämpfe

Empfehlungen

Folgende **Kurzwanderungen** ab Besucherzentrum/*El Portillo* sind besonders empfehlenswert:

Wanderung zur Fortaleza

Der bequeme Weg zur sog. ***Fortaleza*** (*Sendero 1*, ca. 3 Stunden für Hin- und Rückweg - 11 km) beginnt links vom Besucherzentrum. Diese Wanderung ist im **Mai/Juni** besonders reizvoll, wenn die mächtigen **Ginsterbüsche** am Wegesrand in Blüte stehen. *Fortaleza* heißt eine rötliche Felsformation, deren Form wie eine Festung anmutet. Es handelt sich um die Reste des nördlichen Cañada-Ringes, die bei späteren Ausbrüchen des *Teide* und der *Montaña Blanca* nicht verschüttet oder zerstört wurden. Geologisch gesehen ist die *Fortaleza* ein **Pluton**, unterirdisch erstarrte Magma. Plutone werden erst nach Verwitterung ihres ursprünglichen Gesteinsmantels sichtbar.

Cañada de los Guancheros nennt man die hellgraue Sandfläche zu Füßen der *Fortaleza*. Sie ist typisch für Ebenen, welche durch Sedimentierung von Steilwänden entstehen. Das feinkörnige Material ist hygroskopisch, so dass früher durch Tau-, Regen- und Schmelzwasser Grünflächen entstanden, welche die *Guanchen* im Sommer als gemeinschaftliches Weideland nutzten. Ein kurzer, recht steiler Anstieg führt von der *Cañada de los Guancheros* rechts vor der *Fortaleza* zu einer Kieferngruppe, in deren Schatten einige **Picknicktische und Bänke** stehen (Felsmännchen weisen den Weg).

Der Weg um den *Fortaleza*-Felsen herum ist anstrengend, auch fehlen Markierungen. Die Besteigung des Felsens ist verboten. Zurück geht es auf identischem Weg.

La Fortaleza

Wanderung Siete Cañadas

Beim Parkplatz des Besucherzentrums beginnt auf der anderen Straßenseite die leichte, jedoch mit 15 km recht lange Wanderung ***Siete Cañadas*** (**Sendero 4**, ca. 3-4 Stunden). Der Weg führt entlang des südlichen *Caldera*-Randes zum *Parador Nacional* und verbindet eine Kette von sieben *Cañadas*, die früher einmal die einzige Nord-Süd-Verbindung über die Insel darstellten. Der Weg hat nach 12,8 km einen Abzweig (*Sendero* 16/17, ca. 4,5 km) zur Talstation der Seilbahn (mit Stopp der Buslinien 342/348).

Wer sein Auto am Besucherzentrum abgestellt hatte, kann um 16 Uhr mit dem Bus 348 vom *Parador* nach *El Portillo* zum Parkplatz zurückfahren. Zur gleichen Zeit fährt die Linie 342 (vom *El Portillo* kommend, Abfahrt 15.15 Uhr) mit Stopp an der Seilbahn-Stichstrasse über Vilaflor nach Las Américas/Los Cristianos.

Besonders reizvoll sind die letzten 2-3 km des *Sendero 4* kurz vorm *Parador Nacional*. Die ***Piedras Amarillas***, bizarre Felsformationen am Fuße des *Guajara* (2.715 m) bieten in der Nachmittagssonne ein besonders **reizvolles Fotomotiv**.

Wem die gesamte Strecke des *Sendero 4* zu lang ist, könnte auch unterhalb der Seilbahn-Talstation zunächst mit *Sendero* 16/17 beginnen und nach ca. 4,5 km auf den Weg zum *Parador* stoßen; das verkürzt die Distanz auf rund 7 km. Auch an der Seilbahn-Stichstraße stoppen die Busse der Linien 342 und 348.

Rundweg Arenas Negras

Ebenfalls am Parkplatz des Besucherzentrums beginnt der einfache **Rundweg *Arenas Negras*** (*Sendero 2*). Er führt ca. 7 km durch dunkle, teilweise tiefschwarze Lavafelder mit exotischen Gesteinsformationen.

Wanderung Roques de García

Eine schöne **leichte Wanderung** führt um die ***Roques de Garcia*** (*Sendero 3*; 3,5 km Länge, Start am Besucherparkplatz auf der anderen Straßenseite des *Parador*, gegen den Uhrzeigersinn, feste Schuhe!). Die erste Hälfte ist ein Spaziergang. Aber der sich anschließende Abstieg in die *Llano de Ucanca* und der Aufstieg zum Parkplatz (den Domfelsen rechts liegen lassen!) ist geröllig und steil.

Seilbahn und Gipfelsturm

Die Seilbahn (***Teleférico***) überwindet in 8 min 1.200 Höhenmeter und endet auf 3.555 m. Sie verkehrt bergauf 9-16 Uhr, bergab bis 17 Uhr, stellt aber den Betrieb bei Wind und/oder Schneefall ein. Für die letzten 200 m zum Gipfel braucht man eine Erlaubnis (➢ Seite 420).

Die Seilbahnkosten in Höhe von € 25 (Kinder € 12,50) lohnen nur bei guter Sicht. Nach einer Stunde muss man die Talfahrt antreten. Personen mit Herz- und Kreislaufbeschwerden oder hohem Blutdruck sollten besser auf die Fahrt verzichten.

Übernachtung

Auf die Möglichkeit, am *Sendero 7* in der Berghütte ***Refugio Altavista*** auf über 3.000 m Höhe zu nächtigen, wurde bereits hingewiesen, ➢ Seite 420.

Wer sich etwas Besonderes gönnen möchte, sollte eine Nacht im stilvollen ***Parador Nacional*** verbringen. Außer **Cafeteria** und **Restaurant** mit feiner kanarischer Küche bietet das staatliche Haus Pool und Sauna. Von Eckzimmer 101 und der Suite 201 genießt man die beste Aussicht auf den *Teide* **und** die *Roques*.

Bis zur Ankunft der ersten Tagesausflügler um 10 Uhr morgens haben die *Parador*-Gäste die Bergwelt fast für sich allein und gutes Licht zum Fotografieren.

Weitere Details zum *Parador* ➢ Seiten 420 und 570f.

1 Teneriffa Wissen

1. Geologie und Klima

1.1 Geologie

Bereits im Themenkasten auf Seite 15 wurde die Entstehung der Insel Teneriffa erläutert. Tatsächlich ist für ein tieferes Verständnis der Geologie und des Vulkanismus' Teneriffas die Kenntnis der geologischen Vorgänge unerläßlich, die zur Entstehung der Kanarischen Inseln insgesamt führten.

Auf den folgenden Seiten sind die wissenschaftlichen Erkenntnisse in knapper, übersichtlicher Form dargestellt.

1.1.1 Erkenntnisvermittlung in diesem Buch

Noch detailliertere Ausführungen zu den einzelnen Landschaftsformen der Insel (Oberflächengestalt, Gesteine, Böden) und ggf. zu ihrer heutigen (wirtschaftlichen) Nutzung finden sich im vorstehenden Reiseteil dieses Buches an entsprechender Stelle. Sie sind immer dann zur Hand, wenn auf den beschriebenen Routen geologisch bemerkenswerte Phänomene auftauchen.

Damit wird vieles anschaulicher als die Einstellung aller geologisch relevanten Details in nur ein einziges umfassendes Geologiekapitel, dessen trockener Stoff »am Stück« von den meisten Lesern vermutlich kaum zu verdauen wäre. Wer nichtsdestoweniger noch mehr Einzelheiten über die Ursprünge der Kanaren und ihren Vulkanismus etc. wissen möchte, kann sich an der Liste weiterführender Literatur im Anhang orientieren (➢ Seite 599), die spezifisch unter dem Aspekt der Anschaulichkeit und guten Verständnisses zusammengestellt wurde.

Die wichtigsten hier - speziell in den Abschnitten zum Teide Nationalpark - verwendeten Begriffe zum Vulkanismus sind abschließend in einem »**Geologischen Lexikon**« zusammengefaßt.

1.1.2 Entstehung der Kanarischen Inseln

Mythen

So zahlreich wie die antiken Mythen und Legenden über den Ursprung der Kanarischen Inseln sind bis heute die erdgeschichtlichen Theorien. Die Jahrhunderte alte Kunde von einem achten Kontinent Atlantis, der unterging oder auseinanderbrach und von dessen Resten der kanarische Archipel angeblich zeugt, wurde einhellig von der Wissenschaft ins Märchenland verwiesen.

Auf dem Archipel lebt die Sage von der achten Insel weiter. So mancher alte *Canario* beschwört »*San Borondón*« während ihres kurzen Auf- und Abtauchens gesehen zu haben (➢ Seite 485).

Wegeners Kontinental-Theorie

Früher rechnete man küstennahe Inseln automatisch zum jeweiligen Kontinent, zu dem eine ehemalige Landbrücke abbrach oder überflutet wurde (Schelfgebiete). Erst die moderne Geologie beschäftigte sich mit der Entstehung von Inseln. Die 1912-24 von dem deutschen Geologen ***Alfred Wegener*** entwickelte These der Kontinentalverschiebung und die daraus entwickelte Platten-Tektonik brachten einfachere Erklärungstheorien ins Wanken.

Pangea

Seit der Urkontinent Pangea vor 200 Mio. Jahren auseinanderbrach, verschieben sich die Bruchstücke – die uns heute bekannten Kontinente – mit unterschiedlicher Geschwindigkeit auf der obersten Schicht dickflüssiger Magma (= Gesteinsschmelze), der Erdkruste, westwärts. Wegener erklärte die Kanarischen Inseln als abgebrochene Teile der auseinander driftenden Landmassen.

Plattentektonik

Eine Weiterentwicklung von Wegeners Kontinental-Theorie, die Plattentektonik, brachte mehr Aufschluss. Danach driften die Kontinente nicht kontinuierlich gen Westen, sondern verschieben sich als kontinentale und ozeanische Platten in alle Himmelsrichtungen gegeneinander; sie rotieren mal nach links, mal nach rechts. Ozeanische Platten dehnen sich außerdem ständig aus, indem sie entlang von Gräben fortlaufend neues vulkanisches Material produzieren und sich – wie beispielsweise an der westafrikanischen Küste – unter die leichteren Kontinentalplatten schieben. In solchen Gebieten kommt es zu Bruch- und Störungszonen in der ozeanischen Platte, über denen neue Inseln entstehen können. Sie wachsen durch vulkanische Aktivitäten direkt aus dem Ozeanboden empor.

Diese Erkenntnisse entsprechen der sog. Blocktheorie, die in der folgenden Abbildung visualisiert ist:

Blocktheorie

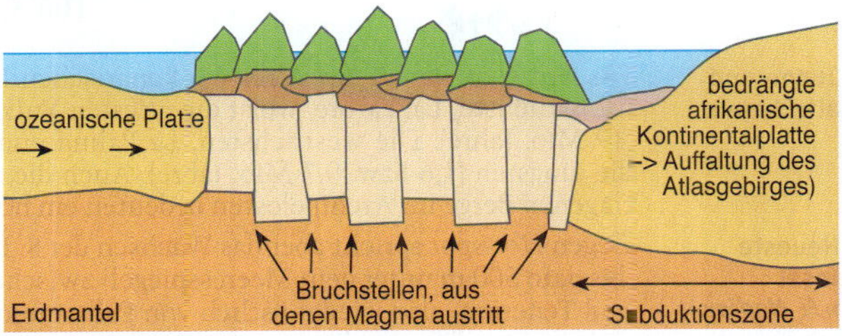

Aus dem Meer geboren

Um die Frage »meergeboren oder kontinentalverbunden?« wurde im Falle des kanarischen Archipels lange gestritten. Die geographische Nähe zu Afrika und Ähnlichkeiten in Flora und Fauna legten die Zugehörigkeit zum afrikanischen Kontinent nahe. Aber neuere Untersuchungen zeigten, dass die Gesteinszusammensetzung der nordafrikanischen Gebirge (Auffaltung von Sedimentgestein, z.B. des Atlas-Gebirges) völlig anders ist als die der rein vulkanischen kanarischen Inseln. Außerdem trennt eine 8.000 m mächtige kontinentale Sedimentschicht auf dem Meeresboden die Inseln Lanzarote und Fuerteventura von Afrika. Die Ähnlichkeit von Pflanzen und Tieren konnte als Gegenargument nicht bestehen. In den Jahrmillionen können sie ihren Weg auch ohne eine Landbrücke gefunden haben.

Heute ist weitgehend akzeptiert, dass die kanarischen Inseln aus 3.000 m Tiefe wahrhaftig aus dem Meer geboren wurden.

Hot Spot Hawaii

Als Konsens über die Geburtsart bestand, stritt man über Geburtsfolge und formende Ursachen der insularen Geschwister.

Wer ein Stück Plastik, z.B. eine PVC-Fliese, über eine sporadisch brennende Flamme zieht, beobachtet an den heißen Punkten versetzte Beulen (Brandstellen). Tritt nun (statt der Flamme) aus einem feststehenden Schlot (*hot spot*) im oberen Erdmantel glühendes Magma aus und durchbricht die (Fliesen-) Platte, wächst nach Jahrmillionen das vulkanische Gestein über die Wasseroberfläche. Wenn sich dieser Vorgang Millionen Jahre später wiederholt, ist die ozeanische Platte (die PVC-Fliese) 2-18 cm/Jahr weitergewandert. Auf diese Weise entstand die Hawaii-Inselgruppe. Lange Zeit galt dieselbe *Hot spot*-Theorie auch als Erklärung für die Entstehung der Kanaren.

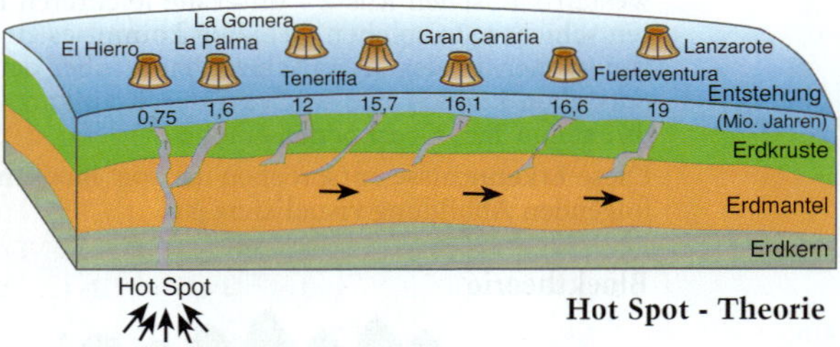

Hot Spot - Theorie

Junge und alte Inseln

Für *Hot-spot* sprach das Alter der kanarischen Inselschwestern: die östlichste, Lanzarote, weist die ältesten Vulkan-Gesteine auf (19 Mio. Jahre). Die westlichsten, La Palma und El Hierro, sind die jüngsten (1,6 bzw. 0,7 Mio. Jahre). Auch die zu Hügeln abgetragenen Berge im Archipelosten bedeuten ein höheres Inselalter.

Neueste Insel »*El Medio*«

Gegen *Hot-spot* spricht aber das Wachsen der 8. Insel »*El Medio*« (bis dato 500 m unter dem Meeresspiegel) zwischen Gran Canaria und Teneriffa, also wieder östlich von Palma und Hierro.

Plattenbrüche

Als man aber auf Fuerteventura, La Gomera und La Palma Sedimente fand, die nachweislich aus großer Tiefe vom Meeresboden angehoben worden sein mussten, gab es erste Zweifel an der Gültigkeit der *Hot-spot*-Theorie für die Kanaren.

Magmakammern bilden sich sowohl unter den kontinentalen als auch unter den ozeanischen Platten. Die Subduktionzonen, d. h. der Bereich, in dem sich die ozeanischen Platten unter die sich wehrenden Kontinentalplatten schieben, sind dabei besonders bruchgefährdet. Aus den entstehenden Spalten tritt Magma aus. Magma könnte aber auch einzelne Teile der ozeanischen Platte wie Kochtopf-Deckel angehoben haben.

Uralte Meeressedimente (200-37 Mio. Jahre) wurden derart aus 3.000 m Tiefe bis über den Meeresspiegel gehoben. Nur so lassen sich die Tiefsee-Sedimente auf Fuerteventura und der viel weiter westlichen Inseln La Palma und El Hierro erklären.

Ein Bruchsystem in der ozeanischen Platte könnte auch durch die ungeheuren tektonischen Erschütterungen entstanden sein, die zur Auffaltung der über 4.000 m hohen nordafrikanischen Gebirgsketten (Atlas) geführt haben. Dieses sich von Ost nach West fortsetzende Bruchsystem würde – wie die *Hot-spot*-Theorie – das abnehmende Alter der Inseln von Ost nach West erklären.

Fazit

Als wahrscheinlich gilt heute, dass sowohl das Untertauchen der atlantisch-ozeanischen Platte unter die afrikanische Kontinentalplatte als auch die Gebirgsauffaltung in Nordafrika zu dem Spaltensystem geführt haben, aus dem die Lava ausfloss, die sich in ihrem höchsten Punkt – dem Teidegipfel – 3.700 m über den Meeresspiegel erhebt. Im Einzelnen gibt es viele Argumente für und wider und noch viel zu erforschen. Die Kanaren geben ihr Geheimnis so schnell nicht preis. Vielleicht leben auch deswegen die Sagen und Mythen weiter – bis hin zu »*San Borondon*«, den vielen Sekten und kanarischen Wahrsagern.

Lexikon Geologie

aa-Lava heißen auf Hawaii spitzkantige (saure) Lavasteine, auf denen man nicht barfuß gehen kann; ➪ *Pahoehoe*.

Acantilado bedeutet im Spanischen eine sehr steil abfallende Küste wie Teneriffas 500 m hohe Kliffküste bei Los Gigantes.

Almag heißt die rötliche Linie im Gestein, die entsteht, wenn die frisch gebildete Erdkrume auf alter Lava nach einem erneuten Ausbruch durch glühende, neue Lava zu Ton gebacken wird.

Aschen sind feinste, zerstäubte Magmapartikel, die bei explosiven Ausbrüchen in die Luft gesprengt werden.

Basalt ist dunkles, schweres Ergussgestein; es kann feinkörnig (mit Olivin- oder Felsspat-Kristallen) oder grobkörnig (Dolorit) sein.

Basische Lava ist dünnflüssiger als saure Lava; sie bildet Decken und Ströme

Basaltsäulen sind eine typische, meist sechseckige Erstarrungsform des Gesteins; sie bilden sich senkrecht zur Abkühlungsfläche durch Kontraktion- oder bei Lavatunneln kreisförmig als Rosetten (➢ Seite 397). Eine andere Abkühlungsfigur ist zwiebelförmig. Die einzelnen Schichten werden durch Erosion abgeschält.

Barranco nennt man eine tiefe Schlucht. Heute sind die meist trockenen Wasserläufe manchmal ausgemauert. Sie können sich nach Regenfällen binnen Minuten in reißende Ströme verwandeln.

Bimsstein zählt zwar wie Obsidian zum Gesteinsglas, ist aber hell. Durch rasche Abkühlung wurden Luftblasen eingeschlossen, so dass keine Zeit zur Kristallbildung blieb. Das macht den Stein porös und schwimmfähig leicht. Bimsstein entfernt Nikotinbräune von den Fingern.

Escoria ist herausgeschleuderte Magma-Schlacke jeder Art und Form.

Pechschwarze Lava direkt an der Straße durch die Canadas

Caldera bedeutet wörtlich Kessel und entsteht durch Einsturz oder Explosion eines Vulkankegels; so bildete sich die Cañada-*Caldera* durch Einsturz eines über 5000m hohen Urvulkans.

Caletón meint ein kleines Wasserbecken im spitzen Lavagestein; Garachicos gleichnamiges Meereschwimmbecken entstand durch einen eingestürzten Lavatunnel.

Colada ist ein (erkalteter) Lavastrom bzw. Lavafluss.

Cono ist die Spitze des Vulkankegels.

Erosion Verwitterung; Wind und Wetter verändern die Erdoberfläche, Gesteine werden zerkleinert, Täler ausgewaschen.

Gang mit Magma vollgelaufene Gesteinsspalte; später meist durch Erosion freigelegt; spanisch *dique*, englische *dike*.

Höhle, Cueva Saure Laven bilden oft Höhlen. Wenn die obere Schicht des Lavaflusses erhärtet, fließen die unteren bis zur Erstarrung weiter. Dadurch bilden sich an Geländestufen oft Hohlräume.

Hot Spot ist ein heißer Punkt in der Erdkruste; dank darüberdriftender Platte steigt Magma durch Schlote empor; Theorie, nach der die Inselgruppe Hawaii entstand.

Isla Baja heißt der Nordwesten Teneriffas bei Buenavista, weil es auf einer flach (*baja*) ins Meer auslaufenden Lavazunge liegt

Jable bedeutet im Spanischen auch »Sand«; auf den Kanaren: grauer, hygroskopischer Bimsstein; zerkleinerte *jable* wird im Süden zum Trockenanbau auf die Felder gestreut.

Lapilli, Picón Die Begriffe sind Synonyme für erbsengroße »schaumig«, leichte Steinchen; *picón* schützt die Felder vor Austrocknung

Lava Wenn Magma aus ihrer unterirdischen Kammer entweicht, wird sie an der Erdoberfläche zu Lava; je nach Zusammensetzung und Form sehr unterschiedlich.

Lavatunnel entstehen nach dem gleichen Prinzip wie die Höhlen (*cuevas*). Ihre Form wird vom Gelände bestimmt.

Lomo heißt eigentlich »Schweinerücken mit Rippchen« und erinnert entfernt an einen Braten. Es ist Ergussgestein mit begrenzter Ausdehnung und findet sich an Tälern oder *Barrancos*.

Ladera Synonym für *Lomo* (wissenschaftlich für das eher volkstümliche *Lomo*), die seitliche steile Begrenzung großer Täler.

Magma glühende, dickflüssige Gesteinsschmelze unter der Erdkruste, auf der die Kontinental- und ozeanischen Platten schwimmen. Es bildet Erstarrungsgestein, wenn es schon innerhalb der Erdkruste erstarrt. Bei Austritt wird Magma zu Lava.

Malpaís wörtlich: »schlechtes Land«; meist kantige »aa-Lava«, sie ist häufig im Insel-Süden anzutreffen.

Mesa (spanisch »Tisch«) sog. Tafelberge haben keine Bergspitze oder -kuppe, sondern eine Platte, da harte, horizontal gelagerte Gesteinsschichten die weitere Erosion verhindern

Obsidian ist schwarzglänzendes Gesteinsglas ohne Kristallstruktur, das durch rasche Abkühlung an der Oberfläche der Lava entsteht.

Pahoehoe geologischer Ausdruck aus Hawaii; Lava, auf der man laufen kann. Sie hat eine relativ glatte Oberfläche, ➢ Stricklava.

Phonolyth nennt man Klingstein; hell-grau-grünes Ergussgestein, das beim Beschlagen mit anderem Stein klingt.

Pomez/Zahorra ist wie Bimsstein saures Lockergestein; es wird wie *Lapilli/Picon* in der Landwirtschaft eingesetzts; *Zahorra* nennt man auch die Methode der Verwendung von Bimsstein in der Landwirtschaft.

Pyroklastisch oder pyroklastisches Material ist das in die Luft geschleuderte Lockermaterial bei explosiven Ausbrüchen wie *Lapilli*, Bims, Aschen, bei dem nach Abkühlung keine Schichtung erkennbar wird; die Materialien werden beim Ankühlen »zusammengeschweißt«.

Roques sind Plutone, d.h. zu festem Gestein in Gängen und Förderschloten erkaltete Magma, die durch Erosion freigelegt wurde. In Deutschland meist Dom genannt.

Sediment Jede Art durch Erosion zerkleinertes Gesteinsmaterial

Saure Lava ist zähflüssige, blöckebildende Lava mit viel Silizium und über 60% Kieselsäure.

Überwachsener Lavakegel, siehe auch Stratovulkan auf der nächsten Seite

Solfatere sind schwefelhaltige Dämpfe, die auf ein Nachlassen vulkanischer Tätigkeit hinweisen.

Stratovulkan (*Estratovolcan*) ist ein in Schichten meist kegelförmig aufgebauter Vulkan, der durch ausfließende Lavaströme und eruptive Ausbrüche entstand. Dieser typische kegelförmige Aufbau ist – abhängig von den Härtegraden der Gesteinsschichten – meist nur bedingt stabil, so dass Erdrutschgefahr besteht. Stabiler sind breitflächig abgelagerte horizontale Lavaschichten wie bei der *Montaña Guajara* im Teide Nationalpark.

Stricklava entsteht durchs Zusammenschieben von sich bereits verfestigenden Außenschichten meist basischer Laven.

Spaltenvulkan Spaltenvulkanismus nennt man den Lavaaustritt entlang einer relativ geradlinigen Fraktur, so dass ein Kammgebirge entsteht; ein gutes Beispiel dafür ist die *Cordillera Dorsal* (= Rücken) zwischen La Laguna und dem *Teide*, aus der in Abständen Lava seitlich herausfloss.

Tosca, Toba und ***Tuff*** bezeichnet zusammengeschweißte Massen von Lockermaterialien wie Asche oder *Lapilli*.

Trachyt ist meist hell-rötliches oder hellgraues Ergussgestein; es zählt zu den sauren, hellen Laven und hat großporige Einsprengsel.

Vulkanbomben heißen fuß- oder medizinballgroße, rundliche Lavabrocken. Wird heiße Magma beim explosiven Ausbruch hoch in die Luft geschleudert, nimmt sie durch Drehung in der Luft die Form einer Spindel an. Fallen diese Bomben noch heiß auf die Erde, wird die Oberfläche rissig wie eine Brotkruste.

Typische Vulkanbomben

1.2 Zum Klima der Kanaren

Einleitend war bereits vom Klima Teneriffas die Rede (➢ Seite 21). Dort wurde vornehmlich erläutert, mit welchen Wetterbedingungen und Temperaturen wo zu welcher Jahreszeit zu rechnen ist, um für die **Urlaubsplanung** die »richtige« Zeit und den passenden Ort wählen zu können.

Die besondere **meteorologische Situation der Kanaren insgesamt** und speziell Teneriffas mit den unterschiedlichsten klimatischen Zonen auf einer recht kleinen Insel ist derart interessant, dass den Klimabedingungen und den ihnen zugrundeliegenden globalen Einflüssen hier ein gesondertes Kapitel gewidmet ist.

1.2.1 Globale Faktoren

1867 notierte der Naturforscher *Ernst Heckel*, er kenne weltweit keinen Ort, an dem das Klima so wohltuend für die Gesundheit sei und die Melancholie vertriebe.

Tatsächlich hat die Inselgruppe im subtropischen Gürtel ganzjährig milde Temperaturen (Winter 19°-22°C, Sommer 24°-30°C) bei recht kühlen Nächten (Winter 13°-16°C, Sommer 19°-21°C), kaum Luftdruck-Schwankungen (1010-1020 mb) und eine geringe Luftfeuchtigkeit (55%-65%). Sie kennt weder trockene Wüstenhitze wie nebenan die Sahara noch ist es feuchtheiß wie in Florida, das fast auf gleicher Breite mit den Kanaren liegt.

Nordost-passat – Vientos Alisios

Klimabestimmend für den Archipel sind die beständigen Passatwinde, die durch den kontinuierlichen Luftdruckausgleich zwischen subtropischen Hochdruckgebieten in den windschwachen Rossbreiten (20°-35° nördlicher Breite) und den äquatorialen Tiefdruckgebieten entstehen. Im Ostatlantik nennt man diesen permanent mit 20-25 km/h vom Azorenhoch über die Kanaren nach Süden wehenden trockenen Wind den **Nordost-Passat**. Die spanische Bezeichnung ***Vientos Alisios*** (von alisar = glätten) charakterisiert ihre Kontinuität und Gleichmäßigkeit.

Dass bei uns die gleichen Winde Passate heißen, liegt an ihrem lateinischen Stamm: *Pasaje* (span.), *Passagem* (port.) oder *Passagio* (italienisch) bedeutet soviel wie Überfahrt. So benannt wurden Winde, die früher die Segler nach Südwesten über den Atlantik trieben. Sie trugen Kolumbus an Teneriffa vorbei in die Neue Welt, und noch heute folgen ihm alljährlich im November Sportsegler auf dieser Route in die Karibik. Die englische Bezeichnung »***Trade Winds***« für den Passat unterstreicht nur ihre Bedeutung für den Amerika-Handel nach der Kolonialisierung.

Kanarenstrom

Dieser trocken-warme Passat wird durch das Zusammenwirken mit dem Kanaren-Meeresstrom (einem hier vor Afrika kühl wirkenden Nebenarm des an sich ja warmen Golfstroms) zur natürlichen **Klimaanlage** des Archipels. Die untere Luftschicht des Passats nimmt die kühle Feuchtigkeit der Meeresströmung auf, die parallel zur afrikanischen Küste nach Süden fließt. Durch diese Barriere aus kühler Luft und kühlem Wasser wird die heiße Saharaluft abgehalten und so die Sommertemperatur auf den Inseln gemildert.

Erdrotation

Neben warmem Wind und kühlem Wasser wird die **kanarische Klimarezeptur** durch einen Schuss Erdrotation vollendet, die die feuchtschwere untere Luftschicht etwas in westliche Richtung verdriftet, bevor sie als Nordost-Passat auf die Kanaren stößt. Auf den flachen Inseln Fuerteventura und Lanzarote macht sich die beständige leichte Brise weniger bemerkbar. Regelrecht sicht- und spürbar wird sie erst, wenn sie auf höhere Gebirgszüge trifft.

Einfluss der Höhenzüge

Auf den hohen Kanareninseln muss der mit kühler Feuchtigkeit beladene Passat die Berge hinaufkriechen. Dabei wird die Luft pro 100 m um ein Grad kälter und kondensiert zu Wolken. Der Wärmeausgleich zwischen Land und Wasser – nachts läuft der Luftstrom vom Land zum Meer, tags anders herum – lässt gegen Mittag Passatwolken aufziehen, die manchem Sonnenbad ein Ende setzen. Je nach Jahreszeit hängen sie zwischen 600 m und 1.000 m an den Nordhängen fest. ***Panza de Burro*** (Eselsbauch) nennen Einheimische die durchhängenden weiß-grauen Nebelschwaden im Orotavatal (➢ Foto Seite 366).

Mar de Nubes (= Wolkenmeer)

Für den **Teide-Ausflug** sucht sich jeder einen sonnigen Tag aus. Bei Auffahrten von der Nordküste stoßen Langschläfer aber oft mittags schon oberhalb von Orotava in den nebligen »Eselsbauch« und zweifeln am Sinn der Weiterfahrt. Doch wer durchhält, durchbricht zwischen 1.500 m und 1.900 m Höhe die nassgraue Suppe und findet sich dann plötzlich unter stahlblauem Himmel in strahlender Sonne. Von oben blickt man über ein weißes Wolkenmeer, das *Mar de Nubes* (➢ Foto Seite 416)

Diese wie mit dem Lineal gezogene plane Oberkante der Wolkenschicht entsteht auf den Kanaren allerdings nur dort, wo die untere Luftschicht des Nordostpassats an Bergen bis zu mindestens 1.200 m Höhe aufsteigen kann und so gegen die oberen Luftschichten stößt.

Temperaturumkehr

Während die unteren Luftschichten des Passatwindes durch den Kanarenstrom feucht werden und abkühlen, bleiben seine oberen Bereiche warm und trocken – d.h., leichter – und werden deswegen von der Erdrotation nicht weiter nach Westen verdriftet. So erreichen sie die Inseln mehr von Nordwesten her. Beide Schichten treffen in 1.200 m bis 1.500 m Höhe aufeinander, und es kommt zur Temperaturumkehr zur »***Inversión del Alisio***«. Wie eine Kappe legt sich die obere (warme) über die untere (kühle) Passatschicht und hindert sie in einer ganz bestimmten Höhe am weiteren Aufsteigen und mithin am Abkühlen.

Über dem Wolkenmeer ist es wieder 5-10° Celsius wärmer als auf 800 m unter den Wolken. Denn unter der Kappe verdichtet sich die Kondensierung, schlägt sich wie Tau in beträchtlichen Mengen nieder und kühlt auch die Luft ab.

Horizontalregen

Die hohe Luftfeuchtigkeit unter der Kappe wird erst im Kontakt mit der Vegetation zu feinem Nieselregen. Besonders im Bereich der Lorbeer- und Kiefernwälder in 1.000-1.500 m Höhe kondensiert der Nebel zu kleinen Tropfen. Da die Pflanzen mehr Wasser aus dem Wolkenmeer ziehen, als sie selbst brauchen, geben sie das wertvolle Nass an den Boden ab (➪ Essay, Seite 447). Dieses »Melken« oder »Auskämmen« der Wolken führt zu punktuellem »horizontalen Regen« (*Lluvia horizontal*). Der Boden ist nur direkt unter den Bäumen nass, aber zwei Meter weiter erkennt man in dieser Waschküche keinen Niederschlag.

Sonnen- und Winterpassat

Das beständige Azorenhoch hat sein Zentrum im Sommer über den Azoren, im Winter verlagert es sich südlicher nach Madeira. Je weiter sie vom Zentrum des Azorenhochs entfernt sind, desto kräftiger bläst der Passat (Sommer) und desto mehr Feuchtigkeit trägt er an die steilen kanarischen Bergwände heran.

Die in den Sommermonaten **tägliche Passatwolke** bringt in der regenfreien Zeit ausreichend Feuchtigkeit für die Landwirtschaft. Im Winter, wenn das Azorenhoch näher ist, nehmen beide Wirkungen des Passats ab: er flaut ab und ist weniger feucht.

Teneriffas Hauptwetterlagen

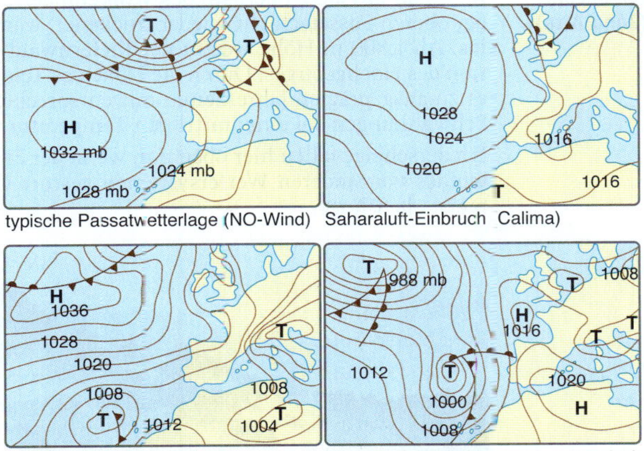

typische Passatwetterlage (NO-Wind) — Saharaluft-Einbruch (Calima) — Tief aus Südwest: warm, regnerisch — Störung aus Nordwest: kalt, regnerisch

Nordseite / Südseite

Diese Klimabedingungen führen zu einer Teilung der Insel in eine dem Passat zugewandte Seite, die im Wolkenschatten liegt (*barlovento, umbria*) und eine dem Wind abgewandte Seite, die der subtropischen Sonne schutzlos ausgesetzt ist (*sotavento, solana*).

Die Nord-Süd-Teilung und die unterschiedlichen Höhenlagen sorgen dafür, dass man bei einer Insel-Rundfahrt am selben Tag viele verschiedene Vegetations- und Klimazonen (➢ Seite 452ff) mit unterschiedlichen Wetterlagen erleben kann. Im Folgenden sind die Klimata der beiden Inselseiten im Detail erläutert.

1.2.2 Die Nordseite

Die grüne Luvseite Teneriffas zeigt – je nach Höhenlage – viele verschiedene Gesichter:

Untere Zone (Zona Baja)

Vom Meeresspiegel bis zu etwa 600 m Höhe herrschen gleichmäßig angenehme (mittlere) Temperaturen von 22°C bis – je nach Höhe – 18°C bei relativ trockener Luft. Regen fällt hier bei normaler Passatwetterlage kaum. Der Slogan vom »ewigen Frühling« gilt ganz besonders für diese Region. Im Küstenbereich wachsen tropische Früchte, während etwas höher Weinstöcke, Orangen und Pfirsiche gedeihen.

Mittlere Zone (Zona Media)

In 500 m -1.500 m Höhe ist es unter der Passatwolkendecke kühl, feucht und neblig. Die mittlere Temperatur übersteigt nicht 16°-12°C. Innerhalb dieser rund 1.000 Meter verharrt die unterschiedlich mächtige Wolkendecke mal höher, mal niedriger. Im Winter kann die Obergrenze bis auf 1.700 m ansteigen, im Sommer liegt sie niedriger bei etwa 1.300 m. Die ständigen leichten Niederschläge erreichen zwischen 500 mm und 1.000 mm im Jahr. Das sind ideale Bedingungen für Getreide, Kartoffeln wie auch verschiedenste Laubbäume und insbesondere den Lorbeerwald (*Laurisilva*, ➢ Seite 170).

Höhenzone (Zona Alta)

Ab 1.500 m Höhe, oberhalb des Wolkenmeers, ist die Luft dank der oberen Passatschicht wieder trockener, wärmer und wolkenlos. Ab 1.800 m Höhe weicht der Kiefernwald der Buschvegetation des Hochgebirges. Durch die Höhe des Teidemassivs kommt es zu ausgeprägten Jahreszeiten mit entsprechenden Tag/Nacht-Schwankungen bei einer mittleren Temperatur von ca. 9°C.

Niederschläge fallen hier oben nur, wenn der Einfluss des Passatwindes von anderen Wettersystemen gestört wird – im Winter meist als Schnee.

Über ein Meter Schnee im Gipfelbereich des Teide, aber immerhin: der Weg nach oben ist hier geräumt

1.2.3 Die Südseite

Das hohe Teidemassiv gibt dem Wolkenmeer kaum eine Chance, auf die Südseite zu gelangen. Im 1.000 m hohen Anagagebirge und der westlich anschließenden Hochebene bei La Laguna (ca. 650 m), wie auch auf den niedrigeren Inseln La Gomera und El Hierro können die Wolken zwar auf die Südseite der Insel kriechen, schmelzen jedoch unter der dort starken Sonneneinstrahlung meist schnell dahin.

Trockene Winde

Ein beständiges Merkmal des Klimas der Südseite ist der warme, trockene Fallwind, der besonders nachmittags stark bläst. Denn da der Passat seine Feuchtigkeit auf der Nordseite abgegeben hat, löst sich die Wolkendecke gegen Abend auf und die leichter gewordenen Luftmassen vermischen sich mit der oberen warmen Passatströmung. Sie steigen weiter auf, fallen auf der anderen Seite des Bergmassivs hinab und werden durch die Fallgeschwindigkeit noch wärmer und trockener.

Ansonsten streicht der Passat ohne wesentliche Hindernisse an der Südküste entlang. Nur die westliche steile Begrenzung des Tals (*Ladera*) von Güímar stellt sich quer und kann dann und wann Wolkenbildung verursachen. Die Temperaturen beeinflusst der *Alisio* jedoch auch hier. Zwar sind sie ca. 3°-4°C höher als im Norden, liegen aber deutlich unter den für diese Breiten üblichen Sommertemperaturen.

Vegetation

Die Vegetation ist im Vergleich zur Nordküste wenig abwechslungsreich. Kakteen und Wolfsmilchgewächse bestimmen das Bild. Nur in den höheren Lagen wächst hier auch noch die kanarische Kiefer.

1.2.4 Schmuddelwetter im prima Klima

Die Passatwolke mag für den sonnenhungrigen Touristen ein Ärgernis sein, sie ist jedoch der Garant für eine stabile Wetterlage und einen ausgeglichenen Wasserhaushalt, der die üppige Vegetation der Nordküste ermöglicht.

So mancher, der seinen Reiseführer aufmerksam gelesen hat, wird es kaum fassen können, wenn es an der Südküste schon seit Tagen schüttet. Oder er zieht murrend einen dicken Pullover über, weil sich die Nordküste mitnichten frühlingshaft zeigt, sondern kalt und windig – ungemütlich wie an der Nordsee.

Da das Reisebuch strahlenden Sonnenschein über dem Wolkenmeer verspricht, macht er sich nun auf zum *Teide* und akzeptiert, gut belesen und hoffnungsvoll, den Nieselregen bis 1.500 m Höhe. Aber wenn er auf 2.000 m Höhe immer noch durch Waschküche oder Schneematsch fährt, wenn es im günstigsten Falle dicke weiße Flocken schneit, dann kann er daheim zu Recht erzählen, dass es auf den glückseligen Inseln – bis auf Blitz und Donner – nicht nur ewige Frühlingswonnen gibt, sondern zuweilen auch richtiges Schietwetter.

Winter/ Tiefdruckgebiete

Wie schon gesagt, verlagert sich das Azorenhoch im Winter südlich Richtung Kanaren und teilt sich in zwei Zentren mit nur schwachem Luftausgleich. Da der Weg zum Archipel nun kürzer ist, trifft der weniger feuchte Passat nicht so kräftig auf die steil aufragenden Bergmassive. Die winterliche Passatwolke ist dementsprechend instabiler als im Sommer. Oft bleibt der sonst so zuverlässige Wind, der im Sommer an 90 von 100 Tagen bläst, ganz aus und pustet im Schnitt nur jeden zweiten Tag.

Fällt das Klimasystem des Nordost-Passats aus, können kalte nordwestliche Sturmtiefs bis zu den Kanaren vordringen. Ohne die Barriere des Wolkenmeeres toben sie sich vor allem in höheren Lagen (über 1.500 m) mit Windgeschwindigkeiten bis zu 200 km/h aus und sorgen für kurze aber immens starke Regenfälle (Schnee ab 2.000 m). So ein nordischer Wintereinfall kann fünf Tage dauern und erheblichen Schaden anrichten und an der Nordküste werden meterhohe Wellen zur nicht ungefährlichen Attraktion.

Auch der Süden bekommt dann seine winterlichen Duschen. Wenn die nordwestlichen Störungen kräftig genug sind, dringen sie bis zu den mittleren Lagen der Südhänge vor.

Sintflutartige Güsse bekommt der ansonsten fast niederschlagsfreie Süden jedoch nur von Luftströmen, die eine lange Reise hinter sich haben. In großen Höhen kann kalte Luft bis in tropische Breiten driften, sich dort mit schwüler Luft aufladen und von Südwesten auf die Inseln stoßen. Die Wassermassen spülen die ausgetrockneten Böden fort und hinterlassen tiefe Furchen (*barrancos*). Solche Tiefdruckgebiete sind zwar selten, aber wüten doch ein- bis zweimal im Jahr an 3-4 Tagen.

1.2.5 Sommertiefdruckgebiet

Wie oben erwähnt, hält der kühle Mix aus Nordostpassat und Kanarenstrom im Sommer die trocken-heiße Saharaluft vom Archipel fern. Aber starke Tiefdruckgebiete in der westlichen Sahara mit gewaltigen **Sandverwirbelungen** schaffen es zuweilen, die NO-Passat-Barriere zu bezwingen. Sie bringen ungewöhnlich hohe Temperaturen (manchmal über 40°C) und **tonnenweise Saharasand** auf die Inseln. ***Calima*** oder ***Tiempo del Sur*** nennen *Canarios* diese Wetterlage, wenn die Sicht wie durch Nebel eingeschränkt ist, weil die Luft schwefelgelb wird. Nicht nur Asthmatiker klagen dann hier und sogar in der Karibik (➢ Seite 447) über Atembeschwerden und Hausfrauen über dicken Staub.

Die größte Hitze erlebt man bei *Calima* nicht an den Küsten, sondern in den mittleren Höhen, da die Saharaluft sich über den feucht-kühlen Lagen des Kanarenstromes ausbreitet. In La Laguna (600 m) ist es dann wärmer als am Strand. Das »*Tiempo del Sur*« ist relativ selten (3-4 mal im Jahr), dauert 2-3 Tage, kann aber in Extremfällen bis zu einer Woche anhalten. Obwohl es als Sommerwetterlage gilt, hängt die gelbe Nebelglocke des *Calima* auch zuweilen im Winter über den Kanaren.

Calima

Gewaltige heiße Sahara-Sandstürme (➪ Foto unten) wirbeln tonnenweise gelben Staub bis in 3.000 m Höhe und treiben ihn über die Kanaren und den Atlantik (wo sie Hurrikane dämpfen oder verhindern können) – zuweilen bis in die Karibik. Dort wird dann Smogalarm gegeben. Die mitgeführten afrikanischen Mikroben und Fungi zerstören dort Korallenriffs; andererseits dienen sie dem tropischen Regenwald und dem Ökosystem Amazoniens als Dünger. Grund für die jüngste *Calima*-Zunahme sind Klimaveränderungen des nordafrikanischen Kontinents: fortschreitende Aridisierung und Verschmutzung. (➢ auch Klima der Kanaren, Seite 441) und im Internet unter

http://catbert.er.usgs.gov/african_dust und www.thirdworld.org/role.html

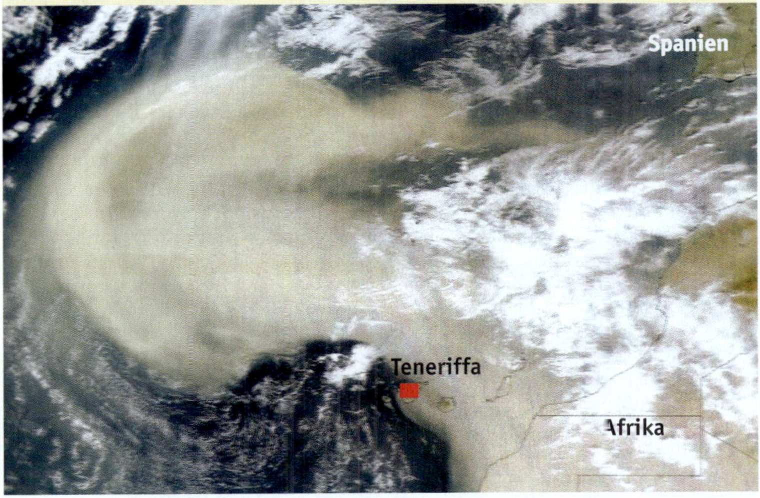

Calima: ein Sandsturm aus der Sahara bläst über die Kanaren bis in die Karibik

Von Regenbäumen und Schicksalstropfen (Klaus Schwidrowski)

Trotz Nähe der Sahara haben die Kanareninseln eine klimatisch privilegierte Position, liegen sie doch im Strom der elysischen Winde. Der Nordostpassat treibt wasserschwangere Wolken vor sich her, für die die hohen Gebirgsmassive wie ein Bremsklotz wirken. Sie hängen an den Nordhängen fest und versuchen sich mühsam über diese gewaltige Barriere zu wälzen. Einige schaffen es, andere erleichtern sich; dann gehen Niederschläge nieder, die Wassermengen (oftmals 30 bis 50 und mehr Liter/m²) schießen die tiefen Schluchten (*Barrancos*) hinab ins Meer.

Der Bauer sieht es mit Tränen. Er braucht den Regen für seine Felder, kann das kostbare Naß aber nicht halten, da es im porösen Vulkangestein versickert.

Nur die Kiefernwälder wissen sich zu helfen: mit ihren langen Nadeln «kämmen« sie aus den andrängenden Wolkenschwaden (*brumas*) ihren eigenen Feuchtigkeitsbedarf, und geben den großen Rest (2/3) an den Boden ab, wo es ebenfalls versickert (➢ *lluvia horizontal*, Seite 443).

Zum Problem wurde das Versickern aber erst, als das bis dato an der Oberfläche verbleibende Wasser durch Rodung, Klimawandel und steigenden Verbrauch versiegte. Teneriffas einstigem Wasserrausch folgte die Ernüchterung. Was sich in Millionen Jahren unter porösem Gestein in unterirdischen Grotten gesammelt hatte, ist großenteils verbraucht. 860 Mio. m^3 Wasser/Jahr gehen in guten Jahren auf der Insel nieder. Davon verdunsten 600 Mio. m^3 und 20 Mio. m^3 fließen ins Meer. Immerhin versickern ca. 40% (240 Mio. m^3) und werden in Basaltblasen gespeichert. Es bedurfte und bedarf aber erheblicher technischer Anstrengungen, um diesen unterirdischen Reichtum anzuzapfen.

Wer heute über die Insel fährt, sieht Süßwasser nur in riesigen Zisternen (*embalsas*), aber keine Quelle, keinen Bach. Früher sprudelte es überall im Anaga- und Tenogebirge. 22 Flüsschen gab es, und Ortsnamen wie El Rio (bei Granadilla) und La Laguna (➢ Seite 147) erinnern an wasserreichere Zeiten. Doch selbst im *Barranco del Infierno* (➢ bei Adeje, Seite 239), wo früher ein meterhoher Wasserfall in die Schlucht stürzte, tropft im Sommer nur ein Rinnsal.

Dafür gibt es ein Gewirr von Wasserleitungen, als offene bzw. gedeckelte Kanäle aus Stein oder endlose Rohre. Sie entstanden in zwei Schüben: Mitte des 19. und Mitte des 20. Jahrhunderts (Seite 209), als man insgesamt 2000 km Stollen (*galerias*) horizontal durch die Lavafelsen trieb, um das Sickerwasser in den Blasen zu schürfen. In diesen Vortrieben wird das Tropfwasser in Rinnen aufgefangen und fließt dann in eigene Becken. Die damals in dieses Projekt investierenden Kapitalgesellschaften (*Heredades*) erwarben dadurch Wasserrechte, die sie jeden Monat nach *Pipas* (je 480 Liter) verkaufen. Jeder ländliche Abnehmer weiß, an welchen Tagen das Wasser wieviele Stunden von solch einer Embalse zu ihm geschleust wird.

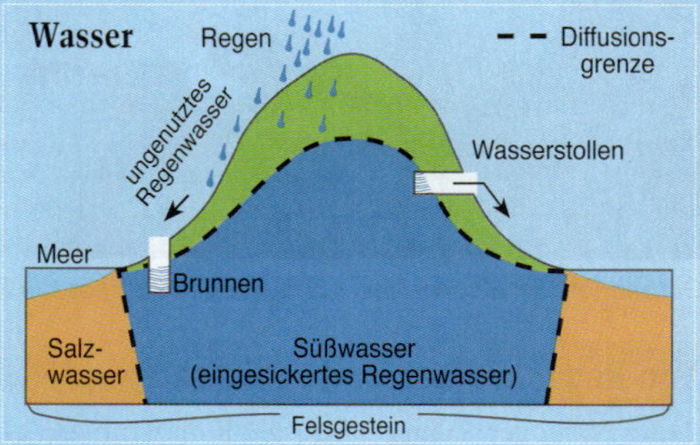

Dafür zahlen er und die Gemeinden. Neben den 1000 Stollen gibt es noch 500 (mittlere Tiefe 120 m), aus denen man Wasser entnimmt.

Nicht wenige Stollen und Brunnen sind inzwischen aber trocken oder unergiebig, denn der extreme Wasserabbau in der Vergangenheit hat den Grundwasserspiegel erheblich sinken lassen. Neue Vortriebe werden kaum noch riskiert, denn sie sind teuer und das Risiko, nicht fündig zu werden, ist groß.

Zur Zeit werden rund 215 Mio. m^3 verbraucht. Das ist weniger als der statistische Überschuss aus Regenwasser von 240 Mio m^3, so dass rechnerisch ein

Reserven(wieder)aufbau von 25 Mio. m^3/Jahr bleibt. Leider sind Statistik und Realität nicht dasselbe, zumindest gilt das für die letzten 10 Jahre. Und daher wurde selbst auf teneriffa Wasser knapp.

Touristen und Bananen sind die größten Wasserschlucker: beide brauchen je 400 Liter, das sind 3 Vollbäder: Der Tourist pro Tag (250 Liter mehr als zu Hause), die Banane im Jahr pro Kilo. Welch schöner Trost für den Touristen: er ist ökologischer als die Banane (➢ Seite 468). Nur mit dem Golfcaddy neben sich, schlägt der Urlauber die Banane, denn die 7 Plätze auf Teneriffa brauchen jeweils soviel Wasser wie eine Kleinstadt mit 8000 Einwohnern. Dennoch »rechnet sich« der Golfer angeblich, weil er viel mehr Geld auf der Insel lässt als der Pauschaltourist aus Manchester (➢Seite 213).

Das neue Zauberwort heißt **Meerwasser-Entsalzung**.

Erste Anlagen (*Desaladora*) entstanden schon Mitte der 1960er-Jahre auf Fuerteventura und Lanzarote, den trockensten Inseln, wo fast der gesamte Bedarf auf diese Weise gedeckt wird.. Inzwischen gibt es auf den Kanaren fast 300 *Desaladoras*. Wobei die »grünen« Inseln mit theoretisch reichen Wasservorräten mit der Einführung dieser Technik viel später begonnen haben als Lanzarote und Fuerteventura.

Das wasserverwöhnte Teneriffa verfügt bislang »nur« über 47 Anlagen, die 9% des Bedarfs decken. Santa Cruz entsalzt erst seit 1997 täglich 20.000 m^3 (= 30% des Hauptstadtverbrauchs). Für 2006 ist die Fertigstellung von drei weiteren Superanlagen im Süden und Westen geplant, die 50% des Wasserverbrauchs dieser touristischen Gegend abdecken sollen. Der Preis für das »Kunstwasser« beträgt ca. €1,70 je m^3 (3 x mehr als z.B. in Rioja/Festlandspanien), wobei 70% allein für Energiekosten benötigt werden.

Nicht mehr so groß wie früher sind die Verluste im 4000 km langen Verteilernetz. Es bestand lange aus zum Teil nur in den Fels gehauenen, offenen Aquädukten, aus gemauerten und gedeckelten Kanälen und einem unkontrollierten Spinnennetz von Verteilerrohren. Unglaublich viel Wasser verdunstete und versickerte. Absoluter Höhepunkt war das Jahr 1945. Damals gingen allein in der Hauptstadt Santa Cruz 53% des Wassers verloren. Ein Teil davon sicher auch dank der Schlitzohrigkeit mancher Tinerfeños. Tausende bauten sich schon damals illegal ihr Häuschen, und irgendwie gelang es ihnen, das öffentliche Versorgungsnetz anzuzapfen.

Nach 30 Jahren des Herumdokterns an den maroden Kanälen und Leitungen war das Ergebnis noch immer niederschmetternd. Auch noch bis 1975 kam selten mehr als 50% des eingeleiteten Wassers beim zahlenden Verbraucher an: der jährliche Verlust betrug bis zu 20 Mio. m^3. Da wurde es selbst den sprichwörtlich geduldigen Canarios zu bunt. Die Wasserabteilung der Hauptstadt wurde in eine Aktiengesellschaft umgewandelt. Und die beschloß – nun von keiner Bürokratie mehr gegängelt –, die Kanäle und Rohre zu erneuern. Nach nur fünf Jahren versickerten 1980 nur noch 15%. Heute sind es etwa 7%, ein auch international relativ gutes Ergebnis.

Die Wiederaufbereitung der ***aguas negras***, der Abwässer, steckt noch in den Kinderschuhen – 60% des Wasser bleiben ungeklärt. Die Kanaren bilden damit ein spanisches Schlußlicht, Musterknabe sind die Balearen mit 99% Klärung.

2. Teneriffas Flora und Fauna

2.1 Vegetation auf Teneriffa

(➢ auch Literatur Seite 600 und »Botanik mit Cristóbal«, Seite 516f)

2.1.1 Übersicht

Die kanarische Flora weckte schon Ende des 18. Jahrhunderts das Erkenntnisinteresse der Aufklärer wie *Humboldt*, *Darwin* und *Viera y Clavijo* (➢ Seiten 497f). Ihnen stellten sich viele Fragen: Warum gab es hier so viele in Europa unbekannte Pflanzen, die offensichtlich von fernen Kontinenten stammen? Wie konnte eine Flora und Fauna auf Inseln gelangen, die aus dem Feuer geboren waren? Und: Hat jemals eine Landbrücke zu Afrika bestanden?

Pangaea

Erst die 1912-24 von *Alfred Wegener* entwickelte **Theorie der Plattentektonik** (➢ Seite 434) konnte Antworten geben: Teneriffas Pflanzenvielfalt resultiert daraus, dass es vor 250 Mio. Jahren nur eine einzige zusammenhängende Landmasse gab, den Superkontinent »***Pangea***«. Als dieser zerbrach, drifteten seine Teile in verschiedene Richtungen (»Kontinentaldrift«). Die Vegetation passte sich den jeweiligen Klimazonen an. Nordafrika blieb subtropisch.

Mediterrane Fossilienfunde zeigen, dass es dort ausgedehnte Lorbeerwälder gegeben hat, ähnlich der heutigen ***Laurisilva*** mit ihren vielen Farnen in den Gebirgslagen. Auch **Drachenbäume**, die »Dinosaurier« unter den tinerfeñischen Pflanzen, wurden **im Mittelmeerraum** in Versteinerungen gefunden.

Thetys Meer

Das Mittelmeer war früher Teil des Thetys-Meeres, das bis zum Himalaya reichte. Spätere Gebirgsauffaltungen (*Atlas, Sierra Nevada*) verkleinerten dieses Meer und trockneten Nordafrika aus. Der kanarische Lorbeerwald überlebte aus dem Jungtertiär vor 15 Mio. Jahren. Ein naher Verwandte der **Kanaren-Kiefer** findet sich heute im Himalaya (!), der aus Tethys emporstieg.

Eiszeit

Nicht nur die Schrumpfung des Thetys Meeres veränderte die Vegetation im heutigen Mittelmeerraum. Bis vor etwa 11 Mio. Jahren kühlten Eiszeiten auch Regionen ab, die nicht unter einer Eisdecke lagen. Viele Pflanzen wurden dadurch weiter nach Süden verdrängt. Überleben konnten nur jene, die sich in mildere Gefilde wie die Kanaren gerettet hatten. In diesem isolierten Exil entwickelten sie sich prächtig und bildeten endemische (einmalige) Unterarten, sofern sie von Vulkanausbrüchen verschont blieben. Das ***Aeonium*** zum Beispiel, ein Dickblattgewächs mit rosettenförmigen fleischigen Blättern, ist in besonders vielen Arten und Unterarten vertreten.

Typisches Aeonium

Isolierte Vulkaninseln

Die Aufklärer des 18. Jahrhunderts glaubten noch an eine ehemalige Landbrücke der Inseln mit Afrika. Folglich gingen sie von einem afrikanischen Ursprung der kanarischen Flora und Fauna aus. Erst die Erkenntnis, dass die Vulkaninseln durch Unterwasser-Eruptionen aus dem Atlantik, d.h., isoliert von bestehenden Kontinenten entstanden waren, warf die Frage auf, wie Pflanzen und Tiere dort heimisch werden konnten (➢ dazu im Detail »Entstehung der Kanarischen Inseln«, Seite 434).

Afrikanähe

Bakterien, Farne und Flechten verwehten vom nur 100 km entfernten afrikanischen Kontinent, setzten sich in Gesteinsspalten fest und bereiteten so den Boden für höhere Arten. Andere reisten raffinierter, beispielsweise als Samen im Vogeldarm, verfangen in Vogelfedern oder in hölzernen Treibgut-Ritzen.

Klimabedingungen

Teneriffas klimatische Janusköpfigkeit mit einer humiden Luv- und einer ariden Lee-Seite bietet neben Pflanzen, die viel Wasser brauchen, auch Lebensraum für **Wüstengewächse**. Zusätzlich bringt die enorme Inselhöhe (3.718 m) mehrere abgestufte **Vegetationszonen** mit sich. Folglich ist die höchste Insel der Kanaren auch die pflanzen-vielfältigste. Ferner schafft die zerklüftete Oberflächenstruktur eine ganze Reihe von Mikroklimata – ökologische Nischen für viele Unterarten.

Endemiten

Pflanzen, die auf einen geographischen Raum begrenzt sind, werden »Endemiten« genannt. Von den etwa **1.950 Pflanzenarten**, die heute wild bzw. verwildert auf den Inseln wachsen, wurden seit der Eroberung durch die Spanier 1680 eingeführt und haben sich akklimatisiert (➢ »Lexikon der Nutz- und Zierpflanzen«, Seite 459f). Von den verbleibenden 1.270 Arten gelten **660** als **Kanaren-Endemiten**. Allein auf Teneriffa sind dies 173 Arten, davon reine **140 Teneriffa-Endemiten** (Lokalendemiten). Teneriffa hat damit den höchsten Anteil an Lokal-Endemiten.

Drago in La Quinta (Santa Ursula)

Mit dieser abwechslungsreichen Flora und dem Begriff »endemisch« wurde in letzter Zeit viel Werbung für Teneriffa gemacht.

So eingestimmt sind viele Touristen möglicherweise enttäuscht, wenn sie nicht auf Schritt und Tritt einer »extrem exotischen« Pflanze begegnen. Die **kanarische Palme**, die **Kanaren-**

Kiefer oder die **Kandelaberwolfsmilch** lösen kaum Erstaunen aus, obwohl alle drei endemisch sind. Eine Kiefer ist für den biologischen Laien eben nur eine Kiefer. Dagegen stoßen die Königin der Kanaren-Endemiten wie der **Rote Teide-Natterkopf** (➢ »Flora und Fauna«, Seite 424 mit Foto) und der sagenumwobene **Drachenbaum** auf spontane Bewunderung (➢ Icod, Seite 347).

Tabaiba und Dickblattgewächse

Die meisten Insel-Endemiten verstecken sich – oft unbeachtet– in Felsspalten oder in höchsten Höhen wie das **Teideveilchen**. Andere Gewächse wie die ***Tabaiba*** (Euphorbia regis-jubae und die Euphorbia balsamifera) stehen viele Monate kahl und dürr auf steinigem Boden. «Putzig« findet auch der Laie die vielen hauswurzartigen Dickblattgewächs-Arten (*Aeonium*), die mit ihren fleischigen Rosetten beispielsweise im »Malpaís« oder zwischen den Dachpfannen wachsen. Sie bilden attraktive Blütenstände in mannigfaltigen Farben und Formen.

Vegetationspyramide

Die klimatische **Zweiteilung in Nord und Süd** sowie die jeweilige **Höhenlage** bestimmen die verschiedenen **Vegetationsebenen** der Insel, die man grob in drei Stufen einteilt: das unterste Stockwerk (*Zona Baja/Piso Basal*) bis etwa 300 m und das oberste Stockwerk (*Zona Montañosa*) ab 2.000 m umfassen die ganze Insel ohne bedeutende Unterschiede zwischen Nord- und Südseite. Dagegen sind die mittleren Höhen (400 m bis 1.500 m) beider Inselseiten wegen der krassen Klimagegensätze (feucht bzw. trocken) sehr unterschiedlich bewachsen. Diese mittleren Lagen werden oben und unten von Übergangszonen begrenzt.

Die wichtigsten Pflanzen und Pflanzengemeinschaften Teneriffas werden im Reiseteil und in Kästen genauer dargestellt.

Vegetationszonen auf Teneriffa

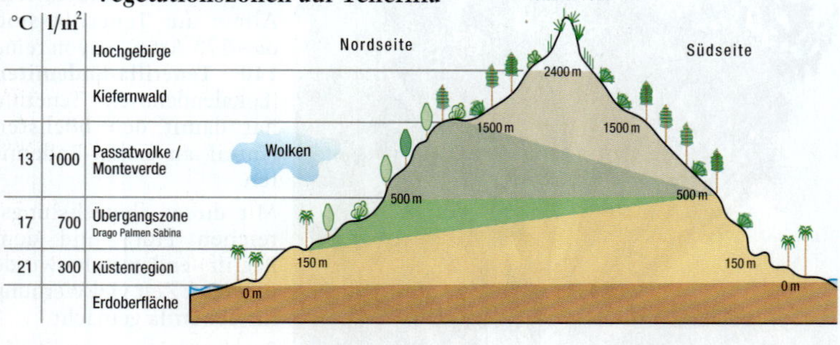

2.1.2 Küstenzone

Wenig Beachtung finden Pflanzen, die in unmittelbarer Meeresnähe ein recht anstrengendes Leben führen. Der Salzgehalt von Luft und Boden, der Wind und der sandige Boden machen ihnen zu schaffen. Die meist nur bis 50 cm hohen Gewächse mit fleischigen Ästen speichern große Mengen an Wasser, um die hohe

Guanchentraube

Salzkonzentration zu verdünnen. Auffällig ist die **Guanchentraube** (Zygophyllum fontanesii), deren sukkulente olivgelben Blätter wie Trauben wirken. Nur an den wenigen sandigen Küstenstreifen findet sich die **Kanaren-Tamariske** (Tamarix canariensis), ein mittelgroßer Strauch oder kleiner Baum mit schuppigen fedrigen Blättchen und kätzchenartigen rosa Blütenständen. Eine kleine Pracht ist auch der rosa-violett-blühende **Kamm-Strandflieder** (Limonium pectinatum). Wo die Gischt an felsigen Küsten ins Land getragen wird, ist die **Nymphendolde** (Astydamia latifolia) zu finden, ein dickblättriger Schirmblütler mit mehrstrahligen gelben Dolden. Die Spanier nennen sie *Lechuga de Mar*, Meersalat.

Die rosa-violett-blühende **Seeheide** (Frankenia laevis), ein Zwergstrauch, heißt spanisch *Albohol*. Auch der **Meerfenchel** (*Perejil de Mar*/Crithmum maritimum) gibt über seinen Namen die frühere Verwendung in der Küche preis. Er ist von sellerieähnlichem Geruch und salzigem Geschmack.

2.1.3 Der Norden

In die natürliche Vegetationspyramide der Insel hat der Mensch stetig und massiv eingegriffen. Schon das sommerliche Weiden der Guanchen-Ziegen in der sensiblen Bergwelt ab ca. 2.000 m verursachte unwiederbringliche Schäden. Andererseits ließen die Ureinwohner die unteren Hänge durch nur unbedeutenden Getreideanbau und – als nicht seefahrendes Volk – auch Teneriffas Wälder intakt. Beides sollte sich nach ihrer Unterwerfung durch die Spanier radikal ändern.

Die kanarische Palme und der Drachenbaum fühlten sich immer schon neben den auf der ganzen Insel vertretenen ***Tabaibas*** und ***Cardones*** (➢ unten) in der warmen, gemäßigt-trockenen Küstenzone unterhalb der feuchten Passatwolke wohl.

Ein gutes Beispiel dieser ursprünglichen, sehr anmutigen Vegetation ist im geschützten Gebiet beim ***Mirador San Pedro*** nahe Los Realejos erhalten (➢ Küstenwege, Seite 337f). Vielerorts wurde diese inseltypische Flora fast vollständig durch Nutzpflanzen und Plantagenanbau verdrängt.

Ab Mitte des 20. Jahrhunderts sind die unteren Nordhänge der Insel zum Siedlungsgebiet geworden. In den Gärten stehen dort exotische Zierpflanzen und farbenprächtig blühende Bäume aus mediterranen und subtropischen Gebieten. Die verbliebenen landwirtschaftlichen Flächen im Küstenbereich werden weithin von Bananenplantagen besetzt. Bis etwa 500 m Höhe findet man Wein- und Apfelsinen-Anbau.

2.1.4 Die Wälder

Monteverde

Mehrere ineinander übergehende Waldzonen bedeckten früher die Nordhänge zwischen 500 m und 2.000 m. In der unteren Übergangszone bildeten die Palmen, Dragos und Tabaibas zusammen mit den Trockenheit gewohnten **Sabinas** (*Juniperus turbinata*, Kanaren-Wacholder) weite, lichte Haine. Auf 600 m bis 1.300 m Höhe entwickelte sich der »***Monteverde***«, eine Mischung aus **Lorbeerwald** und **Gagel-Baumheidebusch** (*Fayal-Brezal*), Farnen, Moosen und Flechten sowie einer artenreichen Strauch- und Krautschicht im Unterwuchs. Der *Monteverde* entzieht das lebenspendende Nass überwiegend der Passatwolke.

Im Bereich der Lorbeerwälder wuchsen die begehrtesten Hölzer. Der ***Barbusano*** galt als das »kanarische Ebenholz« (Apollonais barbujano) und der ***Viñatigo*** (Persea indica), der bei Tischlern sehr geschätzt ist, als die sogenannte »Zeder der Kanaren«.

Veränderung

Der Wasserreichtum und die gemäßigten Temperaturen im Bereich der Passatwolke machten diese Höhenlage zum bevorzugten Siedlungsraum. Die reichen Nutzholz-Bestände wurden verfeuert und verbaut und auf den gerodeten Flächen Kartoffeln, Gemüse und Getreide angebaut. Die vereinzelt stehenden Edelkastanien und kleinen Eichen wurden erst später angepflanzt.

Monteverde heute

Auf Teneriffa ist der *Monteverde*, der grüne Bergwald, noch am ursprünglichsten im Anaga-Gebirge erhalten (➢ Seite 170). An der zentralen Nordküste finden sich nur noch kleine Bestände, beispielsweise im Nordwesten oberhalb von Los Silos (➢ Seite 359) und oberhalb von Los Realejos um die »*Zona Recreativa Chanajiga*« (➢ Seite 334).

Kanaren-Kiefernwald

In den trockeneren Gebieten teilweise oberhalb der Passatwolke löste die **Kanaren-Kiefer** den *Monteverde* ab. In ihrem Unterholz fühlt sich hier auch noch die **Baumheide** wohl. Erst in noch höheren Lagen stehen diese Kiefern wie Königinnen allein über den Wolken. Trotz massiver Rodungen im 16. Jahrhunder umgibt – nach Wiederaufforstungen – heute wieder die ***Corona Forestal*** (Waldkrone) weiträumig den Teide (bis zu etwa 2.000 m Höhe). Auftretende Winterfröste bestimmen die Obergrenze des Kiefernwaldes und damit die Baumgrenze.

2.1.5 Der Süden

Zona Baja (0-700 m)

Im Inselsüden ersteckt sich die *Zona Baja*-Vegetation von der Küste bis auf 500-700 m Höhe. Dort bestimmen vor allem die **Euphorbien** das Landschaftsbild. Die Familie der **Wolfsmilchgewächse** mit ihren vielen Arten und Unterarten kann sich auf dem weichen hellen Tosca-Gestein, aber auch im spitzkantigen schwarzen *Malpaís* entwickeln.

Wolfsmilchgewächse

Die Euphorbia regis jubae, **König Juba Wolfsmilch** – im Volksmund kurz ***Tabaiba*** genannt, ist hier überall gegenwärtig. Dieser bis zu etwa 2 m hohe Strauch bildet aus dem kurzen sukkulenten Stamm sich nach oben öffnende Äste. Seine schmalen, zu Rosetten geordneten Blätter verliert er bei längerer Trockenheit im Spätfrühjahr. Dann sehen die Hänge des Südens über Monate grau und abgestorben aus. Nur die ersten winterlichen Regenfälle können sie zu neuem Leben erwecken. Ab Dezember wirken sie dann mit ihren äußerst dichtstehenden grünen Blättern wie ein **Savannenwald en miniature**. Die in den Ästen der ***Tabaiba*** gespeicherte Feuchtigkeit (Stammsukkulenz), ein weißer, klebriger Saft (Wolfsmilch) ist hochgiftig!!!. Die Guanchen gossen ihn ins Meer, um dann die toten Fische von Land aus zu fangen. Auch zum Mumifizieren wurde er verwendet. Benannt ist die *Tabaiba* nach dem numidischen König *Juba II*, der schon zur Zeit des Römischen Reiches die kanarische Inselgruppe erreichte.

Kandelaber-"Kaktus"

Die teils am Boden kriechende, kräftige *Tabaiba dulce* (Süße oder **Balsam-Wolfsmilch** – Euphorbia balsamifera) kann noch mehr Wind und Trockenheit vertragen. Manche Euphorbien schützen sich vor dem Austrocknen, indem sie nur wenige, leicht abfallende kleine Blätter bilden wie z.B. die **Blattlose Wolfsmilch** (Euphorbia aphylla). Star unter den Wolfsmilchgewächsen ist der auf der gesamten Insel verbreitete ***Cardón*** (Euphorbia canariensis), zu deutsch **Säuleneuphorbie** oder auch umgangssprachlich – irreführend – **Kandelaberkaktus** genannt. Viele bogig aufsteigende dicke Sprossen entwickeln sich aus einem mächtigen Wurzelstock. Seine Blätter haben sich zu Dornenpaaren zurückgebildet. Bis zu drei Meter hohe vielarmige Prachtexemplare finden sich entlang der Südautobahn, deren Flughafen-Zufahrt und an den Südhängen des Anaga-Gebirges. Exotisch schön präsentiert sie sich, wenn sie an den Sprossenenden kleine rote Blüten bzw. rote dreikapselige Früchte trägt, ➢ Foto Seiten 450/51.

Euphorbia Canariensis
Star unter den Wolfsmilchgewächsen

Die schönste Euphorbia wächst allerdings nicht auf den trockenen Südhängen, sondern im etwas feuchteren **Teno-Gebirge** bei Masca (➢ Foto Seite 281).

Pflanzengemeinschaften

Die dominierenden Wolfsmilchgewächse im trockenen windigen Süden leben meist in Gemeinschaft mit ähnlichen Pflanzen. Vom Laien leicht mit der *Tabaiba* zu verwechseln ist die **Verode** (Kleinia neriifolia). Sie hat einen längeren verholzten Stamm und eine verästelte Krone. Nur an den Zweigspitzen sitzen grüne fleischige Blätter. Zur Blüte- und Fruchtzeit ist sie als Korbblütler unverkennbar. Weder Dornen noch Blätter, nur noch Stengel hat der ***Cardoncillo*** (Ceropegia fusca), die **Braunblütige Fensterpflanze**.

Opuntie

Der ***Feigenkaktus*** (Opuntia) hat sich seit seiner Einführung aus Lateinamerika weit verbreitet und seinen Platz in dieser Gemeinschaft oft zum Schaden einheimischer Pflanzen gefunden. Rosettenbildende Dickblattgewächse (Aeonium) fühlen sich sowohl im Lorbeerwald als auch auf knochentrockenem jungen Vulkangestein, ja sogar auf Hausdächern wohl (**Dachwurz**). Sie gehören ebenfalls zum Habitat des Sukkulentenbusches. Oft entwickeln sie große Blütenstände, die senkrecht aus den Blattrosetten aufsteigen und je nach Art in vielen Farben und Formen daherkommen. Auch kleine Bäumchen bzw. größere Sträucher wie der **Balo** (Plocama pendula) mit einer Höhe von bis zu 3 m gehören dazu. Er hat schlaff hängende Zweige und erinnert mit seiner Form an eine Trauerweide. Seine Früchte sind fleischig und sehr wasserhaltig; sie dienen vor allem Eidechsen als Nahrung.

Margeritenbusch am Fels

Viele der Pflanzen sind über Monate für den Laien unattraktiv und nur Biologen erkennen sie an ihren Besonderheiten. Dem interessierten Laien, der sich bißchen eingelesen hat (➢ Literatur Pflanzen, Seite 600), erschließen sie sich, wenn sie Blüten oder Früchte tragen und leichter zu bestimmen sind.

Nur nach ausreichenden Regenfällen im Winter und Frühling kommen im Inselsüden und -westen zum Braun, Grau und Grün andere Farbtupfer in die Landschaft. Vor allem an den Westhängen blühen Mandelbäume zartrosa und kräftige **Margeritensträucher** (Argyrantemum spec) bilden ein weißes Blütenmeer.

Die beige-grauen, gerölligen **Toscaböden** können an einigen Stellen mit einem dunkelroten dichten Teppich überzogen sein, den die **Knotenblütige Mittagsblume** (Mesembryanthemum nodiflorum) bildet. Bezaubernd wirkt der recht häufige **Kalifornische Goldmohn** an den Straßenrändern.

Eingriffe in die Natur

Erst seit Mitte des 20. Jahrhunderts hat der Mensch massiv in die Natur des Inselsüdens eingegriffen. Durch effektivere Bewässerung und Trockenfeldbau wurde auch dort Plantagenwirtschaft möglich (➢ Seite 408). *Tabaibas* und *Cardones* auf flachen Hängen mussten Tomaten, Bananen oder Schnittblumen weichen.

KalifornischerGoldmohn

Anderswo, wie beispielsweise im Güímar-Tal, wurden Avocados, Mangos, Papayas und Wein angepflanzt. Generell hat sich aber Teneriffas Landschaftsbild im Süden nicht so nachhaltig verändert wie im Norden durch die Rodung des Lorbeerwaldes. Nur die früher auch im Süden heimischen *Sabinas* (Juniperos) sind nahezu gänzlich ausgestorben. Und wo an den Küsten eine dichte touristische Bebauung die bescheidene Insel-Vegetation zugedeckt hat, verschönern heutzutage Palmen, bunt blühende Beete und gepflegte Parks die Hotelanlagen.

Kiefernwald

Schon ab 500-600 m Höhe schließt im Süden die **Kanarenkiefer** an den Sukkulenten-Busch bzw. das *Tabaibal/Cardonal* an (➢ Seite 452, »Vegetationszonen«). Zuerst wachsen nur vereinzelte Exemplare, dann erobert sie die gesamte Höhenstufe. Die lichten Kiefernwälder haben fast keinen Unterwuchs. Dafür setzt der gelb blühende kugelförmige **Wald-Hornklee** (Lotus campylocadus, ➢ »Kanarische Kiefer«, Seite 414) einen auffälligen Farbakzent. Er ist ein Teneriffa-Endemit, der entlang der Waldwege gern seine halbkugeligen Teppichpolster ausbildet.

Blick über lichten kanarischen Kiefernwald imBosque de la Esperanza auf das ferne Santa Cruz

2.1.6 Gebirgsregion

Kennzeichnung

An den Kiefernwaldgürtel (*Corona Forestal*) schließt oberhalb der Baumgrenze die subalpine Stufe der ***Zona Montañosa*** an. Die sehr trockene Luft, intensive Sonneneinstrahlung unter fast immer blauem Himmel, heiße Tage, kalte Nächte, der stetige Wind und die steinige Vulkanlandschaft verlangen von den hier siedelnden Pflanzen viel Überlebenskunst. Niedrige kugelbuschartige Gestalt zeigt die **gelbblühende Besenrauke**, nach dem Verblühen und dem dann strohigen Aussehen im Spanischen *hierba pajonera* genannt.

Ginster

Nur der **Teide-Ginster** (*Retama del Teide*/Spartocytisus supranubius) öffnet sich wie ein kleiner kräftiger Baum mit seinen graurindigen Ruten nach außen. Winters wirken die blattlosen Büsche mit oft über 20 m Umfang wie graue über das beige-braun-schwarze Geröll verstreute Heuhaufen. Ab Frühsommer schmücken sie sich jedoch mit duftenden, rosa-weiß strahlenden Blüten.

Tajinastes

Majestätisch sind die Gestalten zweier Natternköpfe. Allen voran der Rote Teide Natternkopf (Echium wildpretii*)/*Tajinaste roja* – die Tinerfeños nennen ihn *Orgullo de Tenerife*, den Stolz Teneriffas), bis zu 3 m hoch. Die andere ist die *Tajinaste picante*, **Blauer Teide Natternkopf** (Echium auberianum). Er blüht blau-violett und ist die große Kostbarkeit im Raum der *Caldera de las Cañadas*. *) benannt nach Hermann Wildpret, ➢Seite 309

Violeta

Last not least, das violette **Teideveilchen** (Viola cheiranthifolia/ *Violeta*), vor dem *Alexander von Humboldt* vor über 200 Jahren kniete. Es zeigt sich nur dem Teidegipfelstürmer, der einen Blick für diskrete Schönheiten hat (➢ auch »Flora und Fauna« im Kapitel »*Parque Nacional del Teide*«, Seite 424).

Teideveilchen

Roter Teide Natternkopf

2.2 Lexikon »Teneriffas Nutz- und Zierpflanzen«

2.2.1 Übersicht

Pflanzenimport

Da die Spanier auf Teneriffa außer Kiefern und einigen Loorbeerarten keine ökonomisch nutzbaren Pflanzen für Energie, Schiff- und Häuserbau vorfanden, führten sie inselfremde Flora ein, um sie in Europa zu vermarkten. Infolgedessen hat sich die ursprüngliche Inselvegetation seit der *Conquista* stark gewandelt.

Auf dem Weg von und nach Afrika, Asien und Amerika machten die Segelschiffe auf den Kanaren früher regelmäßig zur Proviantaufnahme Zwischenstation; und so lag es nahe, aus fernen Kontinenten mitgebrachte Pflanzen hier im milden Klima auf ihre landwirtschaftliche Verwertbarkeit zu testen.

Agrarprodukte

Während der Anbau von Zuckerrohr und Weinstöcken auf dem Archipel vorübergehend erfolgreich war (➢ Seite 490f), schlugen andere landwirtschaftliche Experimente fehl (Kaffee und Kakao).

Entwicklung

Hinzu kam, dass die wachsende Bevölkerung des Archipels mehr Lebensmittel brauchte. Die Ureinwohner hatten außer Getreide nichts angebaut, aber die Spanier brachten Kartoffeln, Bohnen, Mais und Tomaten aus ihren Kolonien auf die Insel, auch allerlei exotische Früchte wie Mangos, Papayas und Avocados. Sie gediehen hier gut. Langsam wich daher die ursprüngliche Vegetation der Landwirtschaft (bis 1000 m Höhe) und dem Plantagenanbau von Bananen, Tomaten, Schnittblumen und Zierpflanzen.

Park- und Gartenflora

Die vielen inselfremden Ziersträucher und blühenden Bäume in leuchtenden Farben dagegen sind reiner Luxus. Südamerikanische, afrikanische und pazifische Pflanzen wurden zur willkommenen Zierde in den Gärten der Wohlhabenden. Außer der Kanarischen Dattelpalme und dem Drachenbaum (*Drago*) ist nahezu die ganze ornamentale Park- und Gartenflora ursprünglich inselfremd, inzwischen aber als »inseltypisch« integriert.

Das gilt auch für einige Kakteen- und Palmenarten. Mit wachsendem Wohlstand der tinerfeñischen Bevölkerung und dem Tourismusboom wurde der Zierpflanzen-Anbau zu einem Geschäft. Selbst die Bepflanzung der Straßenränder und Kreisverkehre im knochentrockenen Süden wird immer luxuriöser.

Einziger Nachteil: die leuchtenden Exoten und Nutzpflanzen aus den Tropen brauchen viel Wasser (➢ »Bananen«, Seite. 466).

Aloe im Jardín Botánico von Puerto de la Cruz

2.2.2 Ausgewählte Zier- und Nutzpflanzen

Viele Pflanzen der folgenden Auswahl sind uns aus dem heimischen Gemüse- oder Blumenladen bekannt. Aber nicht immer kann der Zugereiste die tropische Frucht dem Baum oder die Zimmer-Topfpflanze dem Äquivalent in freier Natur zuordnen.

Afrikanischer Glocken-blütenbaum (Spathodea campanulata)

In seiner Heimat Südafrika wächst dieser Baum bis zu 20 m hoch und ist ausdauernd grün. Auf den Kanaren begnügt er sich mit nur 3-4 m und verliert in unregelmäßigen Abständen seine länglichen gefiederten Blätter. Die rot-orangen Glockenblüten mit schmalem gelben Rand, stehen jeweils zu dritt, brauchen viel Sonne und dienen Vögeln als Tränke. Seine feuerrote Pracht trägt er fast das ganze Jahr. ***Tulipero de Gabón*** nennen ihn die *Canarios*, deren Straßen, Parks und Gärten er ziert

Agave

Dieses wild wachsende **Liliengewächs** stammt aus Mittelamerika und liebt sonnige Hänge in Trockengebieten. Die fleischig-dornigen Blätter bilden eine Rosette aus deren Mitte nach 8-15 Jahren (in Gewächshäusern 50-100 Jahren) ein bis zu 10 m hoher verholzter Blütenschaft schießt. Danach stirbt die Pflanze. In Südamerika und auf Fuerteventura dient sie zur Faserherstellung (Sisal).

Auch die als Zierpflanze beliebte **Yucca** (Yucca aloifolia) ist eine Agavengattung, die im Freien bis zu 7 m hoch wächst. Im Sommer trägt sie bis zu 60 cm große, prächtige weiße Blütenstände.

Aloë (Aloë arborescens)

Die Aloë ist ebenfalls ein **Liliengewächs** (Südafrika) und wirkt auf den Betrachter wie eine Mini-Agave, aus deren Rosette zwischen Dezember und Februar eine hochstehende **scharlachrote Blüte** wächst. Seit altersher wird sie als Hausmittel gegen allerlei Krankheiten eingesetzt. Hauptsächlich auf Fuerteventura wird sie kommerziell angebaut, um aus ihr Kosmetikmittel, Salben und Cremes (gegen Akne und Schuppenflechte) zu gewinnen.

Araucaria (Araucaria heterophylla)

Die aus Norfolk (*Pino de Norfolk*) stammende **Schirmtanne** (wir kennen sie auch als sogen. Zimmertanne) ist immergrün und dank ihrer horizontal ausladenden, regelmäßig gewachsenen Zweige sehr dekorativ. Sie steht in Gärten und auf Plätzen gern allein und kann ihre normale Höhe von 20 m weit übertreffen. Benannt wurde sie nach den Araukiern, der Urbevölkerung Süd-Chiles (Arauco ist eine chilenische Provinz).

Schirmtanne als Weihnachtsbaum

Avocado (Persea americana/*Aguacate*)

Dieser bis zu 18 m hohe **immergrüne Baum** aus dem tropischen Amerika findet sich in mehreren Arten mit länglich-eliptischen Blättern und weiß-gelblichen Blüten. Die ovalen grünen oder schwarz-braunen Früchte sind heute auch in Nordeuropa beliebt. Auf den Kanaren gehören sie in jeden gemischten Salat. Der große Kern ist umgeben von gelbem weichen Fruchtfleisch, das viel Öl, Vitamine, Proteine und Mineralien enthält. Weltweiter kommerzieller Anbau in warmen Ländern.

Bougainvillea (B. spectabilis)

Diese **Zierpflanze** aus dem **Südpazifik** »blüht« das ganze Jahr weiß, orange, violett oder rot. Was wie leuchtende Blüten aussieht, sind farbige Hochblätter, von denen sich jeweils drei an die kleinen weißen Blüten anschließen. Sie liebt Pergolas oder fällt gern wie ein Wasserfall über Mauern. Benannt ist sie nach ihrem französischen Entdecker *Louis-Antoine Comte de Bougainville*, der die zu Papua-Neuguinea gehörende Insel gleichen Namens erforschte, die ab 1884 zu Deutsch-Papua-Neuguinea gehörte.

Eukalyptusbaum (Eucalyptus globulus)

Meist als schnellwachsender immergrüner **Chausseebaum** erreicht der Eukalyptus bis zu 40 m Höhe. Seine lanzettförmigen Blätter sind oliv-silbrig. Das Holz ist sehr hart und enthält ätherische Öle. Ihr Durst (Ursprung Australien!) wirkt zerstörend auf die einheimische Flora. Besonders auffällig ist der **Purpur Eukalyptus** (Eukalyptus ficifolia/*Eucalypto rojo*), mit kleineren, breiteren, an *Ficus* errinnernde Gummibaum-Blättern und (von Frühling bis Herbst) Büscheln roter, orange- oder rosafarbener Blüten.

2.2

Federborstengras (Pennisetum setaceum) Aus der afrikanischen Steppe kommend hat das Gras sich im Norden Teneriffas wild ausgebreitet und wird immer öfter auch bei der Gestaltung von Gärten, Rondeelen und Straßenrändern verwendet, da es auch allein gepflanzt sehr dekorativ ist. Es wächst in Büscheln und wird mit seinen dichten, rosa-bräunlichen Ähren bis zu 1 m hoch. In der Landschaft bedeutet seine rasche Ausbreitung eine ernste Bedrohung der heimischen Flora.

Feige (Ficus) Die Gattung ***Ficus*** stammt aus Australien bzw. dem südpazifischen Raum, Südostasien und Afrika, ist inzwischen aber auch in Nordeuropa als Zimmerpflanze mit vielen unterschiedlichen Arten sehr verbreitet. Man erkennt den immergrünen Baum oder Strauch an den eliptischen, mattglänzend-dunkelgrünen Blättern. Die alte **Würgefeige** (Ficus dealbata) im Botanischen Garten in Puerto de la Cruz (➢ Seite 310) mit ihren Luftwurzeln ist der berühmteste Ficus auf Teneriffa.

Recht auffallend ist auch der **Ficus rubiginosa**, wie die Würgefeige mit Luftwurzeln, ein 8-12 m hoher Park-Baum (in Australien noch höher). Zur Gattung des Ficus gehört ferner der ***Laurel de la India*** (Ficus microcarpa - fälschlich »Indischer Lorbeer« genannt), der als schattenspendender, sehr dicht belaubter Baum auf fast allen Plätzen (*Plazas*) Teneriffas zu finden ist. Er wird bis 20 m hoch, steht gern allein, hat runde, kleine gelblich-grüne oder rötliche Früchte und braucht viel Feuchtigkeit. Die Blätter des Feigenbaums sind als Lorbeer-Gewürz nicht geeignet.

Flamboyant oder Feuerakazie (Delonix regia) Hier handelt es sich um einen kleineren **3-5 m hohen Baum**, dessen Stamm sich meist zweiteilt und mit seinen kleinen gefiederten Blättern ein schirmartiges Dach bildet. Im Sommer blüht die Feuerakazie leuchtend-rot, und verliert im Winter ihre Blätter. Dann erkennt man sie an an ihren langen braunen Fruchthülsen. Ihr Ursprung liegt in Madagaskar.

Feuerakazie in voller Pracht

Hibiskus (Hibiscus rosasinensis/ *Rosa de China*) Das aus Südchina stammende **Malvengewächs** kommt in vielen Arten vor. Es hat prächtige trichterförmige rote, gelbe oder rosafarbene Blüten, aus der ein auffälliger Stempel mit den Staubgefäßen herausragt. Ganzjährig blühender Hibiskus wird in Gärten oft als Hecke verwendet und kann als Busch bis zu 4 m hoch werden. Leider wird er nicht selten von Blattläusen befallen.

Jacaranda (Jacaranda mimosifolia) Dieses **Trompetenbaumgewächs** stammt aus Südamerika, hauptsächlich Brasilien und Uruguay. Der gewöhnlich 3-5 m hohe Straßenbaum kann in seiner Heimat bis zu 15 m erreichen. Er trägt blau-violette Blütenstände; nach der Blüte im Frühling und Sommer treiben die fein gefiederten mimosenartigen Blätter neu aus. Sein Holz wird gern für Tischlerarbeiten verwendet.

Knallgelbe untere Blüten der Kassie; gut erkennbar sind hier die aufrechten Blütenstände

Kassie (Cassia didymbotrya) Der **immergrüne Busch** bzw. kleine 3 m hohe Baum kommt aus dem tropischen Afrika. Auffällig sind seine gefiederten Blätter von etwa 40 cm Länge und aufrechte große Blütenstände. Die unteren offenen Blütenblätter sind gelb, bei geschlossenen Blüten die Kelchblätter braun. Als **Johannisbrotgewächs** trägt er lange braune Fruchthülsen. Er findet sich als Gartenpflanze oder verwildert. Sein starker Geruch erinnert an Ginster, bzw. frischgeröstetes *Gofio* (➢ Thema »*Gofio*«, Seite 69).

Mango (Mangifera indica) Dieser aus Indien stammende dichtbelaubte, **immergrüne Baum** braucht viel Wärme. Er kann bis 3 m hoch werden (auf Plantagen meist kleiner) und hat 25 cm lange, eliptische Blätter, unter denen sich die noch grünen Früchte versteckt halten. Besser erkennt man den Baum an seinen frischen, rötlichen Trieben. Die hochwertigen grün-rot-gelben Früchte geben einen beliebten Saft. Ißt man die Mango als Obst, lässt sich das saftig gelbe Fleisch nur schwer vom flachen, ovalen Kern lösen. Mango ist nach der Banane das wichtigste Tropenobst.

Palmen Außer der endemischen **Kanarischen Dattelpalme** (Phoenix canariensis, ➢ umseitig) sind diverse Palmenarten aus aller Welt auf der Insel heimisch geworden. Das ***Palmetum*** (➢ Santa Cruz, Seite 137) wird (eines Tages einmal) einen guten Überblick vermitteln.

Die Kanarische Dattelpalme (Phoenix canariensis)

Wie der Phönix aus der Lava-Asche steigt die Kanarische Dattelpalme aus dem Wüstenterrain. Aber auch in lieblicher Umgebung dominiert ihre majestätische Gestalt alles andere Grün mit ihren Struwelpeter-Wedeln auf endlosschlankem Stamm. Dieser zweihäusige Baum ist endemisch auf dem Archipel, aber seine arabische Verwandtschaft ist unverkennbar. Die kaum kirschgroßen gelben Datteln (*Trambras/tamanares*) an den Dolden sind ungenießbar bitter.

Bis zu 40 m kann diese Palmenart in den Himmel schießen, und immer schon wurde sie »mit Haut und Haar« verwertet: Guanchen aßen ihre Palmherzen (*Palmitos*), aus den Blättern fertigt(e) man Seile, Körbe und Fischernetze. Tiere fressen die Früchte, ihren Saft kauft man im Supermarkt gegoren als Palmwein oder eingekocht als süßen Sirup, den ***Miel de Palma***. Und ihren 7 m langen Palmwedel ziehen bis heute die kanarischen Straßenfeger bei der Arbeit jedem borstigen Besen vor.

Sehr beliebt ist die ***Washingtonia*** (Washingtonia filifera und Washingtonia robusta) aus Mexiko. Die Filifera (fadentragend) ist ein stattlicher Baum, der im Freien 25 m erreichen kann. Mit normalerweise 10-15 m Höhe sieht die Krone oft zerrupft aus.

Unauffällig sind die weißen Blüten. Sie hängen als schmale, gelbgrüne Fäden zwischen den Blättern. Die Washingtonia robusta zeigt unbedeutende Unterschiede. Beide Arten sind weniger wegen ihrer Schönheit als wegen besonderer Robustheit bekannt. Ein Prachtexemplar steht im Caceres-Park/Icod ➢ Seite 345.

Papaya - Melonenbaum (Carica papaya)

Diese **3-8 m hohen Bäume** scheinen aus dem tropischen Amerika zu kommen. Nur ganz oben auf dem schlanken Stamm sitzen die bis zu 60 cm großen, handförmig gelappten Blätter, gehäuft in Büscheln. Der Baum ist eingeschlechtlich, selten zwittrig, weibliche Blüten sind gelb, männliche weiß-beige. Unter der Krone sitzen die ovalen, z.T. sehr großen Früchte direkt am Stamm. Unter der grün-orangefarbenen Schale

findet sich das leuchtend gelbe, weiche Fruchtfleisch. Die Säfte enthalten Papain, das die Verdauung anregt. Die Papaya wird deswegen auch in der pharmazeutischen Industrie verarbeitet.

Falscher Pfefferbaum (Schinus molle/*Falso Pimentero*) Aus Peru, daher auch **Peruanischer Pfefferbaum**, fand dieser bis zu 15 m hohe immergrüne Straßenbaum seinen Weg auf die Kanaren. Seine hängenden Zweige errinnern an Trauerweiden. Er trägt kleine weiß-gelbe Blüten, länglich-schmale Fiederblätter und kleine, rötliche kugelformige Früchte. Trotz seines Namens werden diese nicht als Gewürz verwendet. Nur die Samen haben einen leicht pikanten Geschmack.

Strelitzie (Strelitzia reginae), auch **Papageienblume**, ➢ Seite 266.

***Uva del Mar* (Cocoloba uvifera)** Ein immergrüner, **robuster Busch** oder kleiner Baum aus dem tropischen Amerika. Obwohl er bis zu 6 m hoch werden kann, hat er im Verhältnis zum Stamm eine große, dichte Krone aus nierenförmigen Blättern und kleine weiße Blüten, die in Trauben hängen. Die Frucht ähnelt dunklen Weintrauben, die essbar, aber nicht besonders schmackhaft sind. Da er Meeresnähe ertragen kann, wird er als **Strandbaum** verwendet. Schöne Exemplare stehen am Strand *Las Teresitas* bei San Andrés, ➢ Seite 144/145.

Prächtige Blüte des Weihnachtssterns

Weihnachtsstern (Euphorbia pulcherrima/*Flor de Pascua*) Jeder kauft den Weihnachtsstern zum Advent – in kleinen Töpfen im Blumenladen. In Teneriffas Norden wächst er verwildert und als **riesiger Busch** mit knorrigem Stamm und dünnen, langen Zweigen bis zu 4 m hoch. Seine Heimat ist eigentlich das tropische Amerika, insbesondere Mexiko. Er gehört zu den Wolfsmilchgewächsen und fällt auf durch sternförmig angeordnete hell- bis dunkelrote Hochblätter. Blütezeit: November-Januar. Im Sommer ist er kahl.

Yucca ➢ oben unter »Agave«

Bananen auf krummen Touren (www.bepepa.de)

Die Biologie Die Banane (*musa*) gedeiht an den größten milchsaftführenden Stauden der Welt. Von der Knolle bis zum 5 m hohen (Schein-) Stamm braucht sie ein gutes Jahr. Dann erscheint die Blüte bedeckt von purpurroten Tragblättern. Die bis zu 30 kg schwere Rispe mit 80-150 Früchten wird noch grün geerntet, um erst während des langen Transports zu reifen. Aus dem abgeschlagenen Stamm wächst ohne Samen ein neuer Trieb, der Sohn (*hijo*).

Essbananen und andere Bei den Musafrüchten gibt es zwar eine große Zahl unterschiedlicher Arten, aber nur einige hochgezüchtete Bananensorten wie *Gros Michel* und *Cavendish* eignen sich zum Export. Die Frucht ist nahrhaft, der hohe Gehalt an Zucker, Mineralstoffen und Vitaminen macht sie nach Weizen, Reis und Mais für 400 Mio. Menschen zum viertwichtigsten Grundnahrungsmittel. Jährlich werden 90 Mio. Tonnen Bananen (1% stammen von den Kanaren) produziert. Davon sind etwa 30% zuckerarme Mehlbananen, die nur gekocht genießbar sind, bzw. Textilbananen für die Manilafaser.

Geschichte Schon die Ägypter (im Arabischen heißt *banan* Finger), Inkas und Inder kannten die aus Malaysia stammende Frucht. 1516 brachte *Pater Thomas Berlengas* die Zwergbanane nach Santo Domingo. Von dort gelangte sie nach Brasilien. Auf Teneriffa löste die *Platano*-Sorte *Pequeña Enana* (kleine Zwergin) 1880 den sinkenden *Cochenille*-Anbau ab (➪ Seite 544).

Engländer legten erstmals Plantagen an, denn vorher diente sie hier nur als Zierpflanze. Sie ist aber windempfindlich und durstig, sonst wäre sie ideal für die Inseln der Glückseligen, heißt sie doch auch Paradiesfeige, schmeckt sehr süß und macht wegen des Serotonin-Gehalts happy.

Wasserproblem Der hohe Wasserbedarf der Bananen (1 kg Ernte schluckt 400 l Wasser; d.h., ein Quadratmeter Plantage braucht neben den jährlich 200 l Niederschlägen zusätzlich 1000 l) kommt zwar vermehrtem tinerfeñischem Weinanbau zugute (➪ Seite 71), macht sie aber bis heute durch ihren EU-subventionierten Preis zum transatlantischen Zankapfel.

EU-Banane Die Franzosen hatten 1993 in der EU Schutzzölle für Importe aus ihren Ex-Kolonien in Westafrika/Karibik durchgesetzt. Dabei ging es Marianne nicht etwa um Dritte-Welt-Solidarität, sondern in erster Linie um die Profite der französischen Importeure. Andere arme Bananenbauern müssen sich dagegen dem freien Wettbewerb stellen.

Von dieser EU-Regelung profitieren auch die Kanaren, deren schmackhafte, aber fleckig-mickerige *Platano* (Spanisch für »Banane«) gegen die US-gestylten *Chiquita*-Turbo-Früchte aus Mittelamerika chancenlos wäre.

Handelskrieg

Nach langem Gerangel riß den USA 1999 der Geduldsfaden. Sie riefen die Welthandelsorganisation (WTO) an, und die entschied gegen die EU. Seitdem durften die Amerikaner ihrerseits für $200 Mio Schutzzölle auf EU-Exportwaren erheben. Das traf auch deutsche Exporteure: Kaffeemaschinen und Badezusätze wurden in den USA trotz damaligem Mager-Euro teurer und zum Advent die beliebten Bienenwachskerzen aus deutschen Landen für die Amis nahezu unbezahlbar.

Alles Banane?

2001 wollte man sich binnen fünf Jahren einigen. Wie aber das, wenn ein karibischer Pflücker einen ganzen Tag arbeiten muss, um den EU-Stundenlohn zu erreichen? Ein Schiedsgericht musste zaubern, um einen Kompromiss zwischen € 75 (Karibik) und € 230 (Europa) Produktionskosten pro Tonne der süßen Frucht zu finden. »Salomonisches« Urteil: Um die Eurobanane zu schützen, beträgt der Zoll für die Karibenbanane seit Januar 2006 »nur« noch € 176/t; eine Senkung auf € 116 wurde 2008 abgelehnt; www.platanodecanarias.net.

Kanarische Bananenpflanzen mit Stauden, Frucht- und Blütenrispen

Einheimische Heilpflanzen Teneriffas

von Dr. rer. nat. Lothar Mayring htttp://mayring.in-ulm.de

Die Zahl kanarischer Heilpflanzen ist groß. Wer sich dafür intensiver interessiert, findet unter http://reisebuch.de/kanaren/teneriffa meine ausführliche Beschreibung und Kommentierung eines Großteils der Spezies. Hier beschränke ich mich auf nur zwei, dafür ganz besondere Arten. Vorweg gesagt sei: Medizinisches Wissen ist zum Teil subjektiv und in stetigemWandel begriffen. So beruhen die Wirkungen der beiden hier vorgestellten Pflanzen auf Erfahrungen des Autors, der keine Verantwortung für Probleme bei Anwendung der Pflanzen übernimmt. Von Selbstversuchen ist dringend abzuraten, zumal beide Arten unter Naturschutz stehen und stark wirkende Gifte enthalten.

Isoplexis Canariensis (*Cresta del gallo* = Hahnenkamm, kanarischer Fingerhut)

Die seltene »***Digitalis Canariensis***« gilt bei den Einheimischen als stolze Königin des Lorbeerwaldes. Sie stammt aus der Familie der Rachenblütler, ähnelt dem auch bei uns heimischen roten Fingerhut (digitalis purpurea) und wird daher auch als kanarischer Fingerhut (digitalis canariensis) bezeichnet. Ihre vielseitigen Wirkungen werden als herzstärkend und den Herzrhythmus stabilisierend beschrieben, zudem als harntreibend, erwärmend, brechreizend und abführend. Sie hat aber auch blutzuckersenkende Wirkstoffe. Aber Vorsicht: Heilende und tödliche Dosen liegen nahe beieinander. Auf ärztliche Anordnung kommen u.a. zur Anwendung ein Tee der Blätter und Kataplasmen (Breiaufschläge).

Die *Cresta de Gallo* ist als kanarischer Endemit wie auch ihre noch seltenere nahe Verwandte *Isoplexis Isabelliana* streng geschützt. Die dritte Unterart, der kupferfarbene kanarische Fingerhut, wurde bisher nur auf Gran Canaria gesehen.

Isoplexisarten zeigen ihre bis zu 3 cm langen roten bis orange-roten Blüten je nach Schattenlage von Februar bis Juli. Ihre Blattröckchen stehen als Rosettenbüschel mit ovaler bis lanzettlänglicher Blattform am verzweigten Stamm. Man findet *Isoplexis Canariensis* mit Geduld z.B. in der Lorbeerwaldzone des Anagagebirges an halbschattigen Standorten. Sie braucht viel Feuchtigkeit und liebt daher den Standort in der Nebelzone der Passatwolke.

Gehäufteres Vorkommen findet man am Abstieg (ca. 1 km) von Cruz del Carmen in Richtung Punta del Hidalgo. Der kommerzielle Anbau ist wegen der speziellen Ansprüche der Pflanze bisher nicht gelungen. Aber Exemplare der *Isoplexis canariensis* werden in botanischen Gärten gezüchtet.

Der Artenerhalt erfolgt nicht – wie bei beim Fingerhut unserer Breitengrade – durch Bestäubung mit Hilfe von Insekten, sondern durch Vögel (*Zilpzalpe*). Tatsächlich ähneln die Rachenblüten aus der Nähe betrachtet den aufgerissenen Schnäbeln junger Nestvögel.

Dracunculus canariensis (*Taracontilla*)

Der Stab war Zepter der Vormachtstellung Moses und Aarons über die Kinder Israels: »Mose redete mit den Israeliten« so heißt es im Alten Testament, »und alle ihre Fürsten gaben ihm zwölf Stäbe ... und der Stab Aarons war auch darunter. Und Mose legte die Stäbe vor dem Herrn nieder in der Hütte des Gesetzes. Am nächsten Morgen fand er den Stab Aarons .... grünen und die Blüte aufgegangen und Mandeln tragend ...«

Der Name Aaronstab bezieht sich auf den langen Blütenkolben im Zentrum des weissen Kelches. Auch diese Heilpflanze ist sehr selten und bedroht. Der **kanarische Aronstab** (*Dracunculus* = kleiner Drachen; volkstümlich auch als Drachen- oder Schlangenwurz bezeichnet) erreicht eine stattliche Höhe von bis zu 2 m. Fundstellen sind die Flusstäler unterhalb der Grünwaldzone (feuchte Standorte meist in der Nähe eines Baches oder Sees) aber auch die stickstoffhaltigen Böden brachliegender Felder. Gehäuftere Vorkommen des Drachenaronstabes findet man am Wegrand im nördlichen Stadteil **Barrio de la Alegria** der Hauptstadt Santa Cruz entlang des Flusses in Richtung Stausee (ca. 1 km nach Ende des Asphalts).

Der kanarische Aronstab zeigt seine leuchtend roten Samenstände ab Juni. Typisch sind seine handförmigen Blätter. Die weisse Kelchblüte lockt Insekten mit einem aasähnlichen Geruch an. Einmal auf dem aalglatten Trichter gelandet, rutschen die Tiere unweigerlich in die Fliegenkesselfalle. Kleine Reusenhärchen verhindern das Entkommen der Insekten bis zum Zeitpunkt der erfolgreichen Bestäubung der Blüte.

Alkoholische Auszüge der *Tacorontilla* helfen bei Erkrankungen im Mund und Rachenraum. Aber Vorsicht: das Aronstabgewächs ist giftig und riecht ungut. Allein das Berühren kann zu Hautreizungen führen. Die Pflanze wird auch für homöopathische Therapien eingesetzt, so z.B. eine chinesische Aronstabart unter anderem bei Schnupfen und Heiserkeit.

In der Allopathie (klassische Gegenmitteltherapie) findet der Aronstab Anwendung bei Gastritis und Brustleiden. ***Hippokrates***, der Urvater aller Ärzte, verordnete Aronstab bei Katarrhen der Luftwege und ***Hieronymus Bosch*** empfahl die Pflanze bei Lungen- und Brustleiden, Magenbeschwerden, Frauenkrankheiten, als Wundheilmittel und bei Ohrenschmerzen. Im Mittelalter merkte ***Tabernaemontanus*** zum Aronstab an: »So man mit diser Wurzel reuchert, vertreibet sie Schlangen und allerley Unziffer, und so sie mit dem Rauch auch obereilt werden, fallen sie umb als weren sie todt« und »Wann die Pestilenz regieret, soll man Aron fleissig in der Speiß gebrauchen, dann sie widerstehet dem Gifft sehr.«

2.3 Teneriffas Fauna

2.3.1 Situation

Historie

In vorhistorischer Zeit lebten auch »**Große Tiere**« auf den Kanaren. Davon zeugen Eierschalen-Funde von gewaltigen Schildkröten, riesigen Straußen oder Kormoranen. Auch Ratten, groß wie Katzen, enorme Pelikane und Echsen geistern durch die halbwissenschaftliche Literatur. Von einem einstigen »**Galapagos im Atlantik**« ist da die Rede. Nur Dinosaurier werden nicht herbeigerätselt. Sie waren schon 35 Mio. Jahre vor der Enstehung der ersten Insel (Lanzarote vor ca. 30 Mio. Jahren) ausgestorben.

Arche-Noah-Gedanke

Vögel, Echsen, Mäuse und Ratten hatten also schon lange vor dem Menschen den Archipel erreicht. Vermutlich dank »Inselhopping«. Nach jedem Unwetter trieben Holzstämme aufs Meer hinaus, auf denen Vögel rasteten und kleinere Tiere mitreisten. Aber nichts deutet darauf hin, dass jemals eine Arche Noah mit komplettem Zoo strandete. Auch Raubtiere, giftige Schlangen und Insekten hat es nie gegeben, sieht man ab von Bienen und einem üblen Tausendfüßler.

Unterarten

Diese ersten Einwanderer – **Reptilien** und **Vögel** – beherrschen neben kleinen wirbellosen Tieren (Insekten, Käfer, Schmetterlinge) auch heute noch das vulkanische Terrain. Viele haben in der insularen Isolation Unterarten gebildet, die auch auf anderen kanarischen oder makaronesischen Inseln (Kanaren, Madeira, Kapverden, Azoren) vorkommen. Abgesehen von einigen Vogelarten sind sie nicht leicht auszumachen. Dazu braucht man ein geschultes Auge und etwas Lektüre, ➢ Literatur, Seite 601.

Als einziges Säugetier hat die **Fledermaus** ihren Weg aus eigener Kraft auf die kanarischen Inseln gefunden und im Laufe der Jahrmillionen einige Unterarten gebildet, darunter die Langohr-Fledermaus, die wie ein fliegendes Mini-Kaninchen aussieht.

2.3.2 Landbewohner

Echsen

Auf Teneriffa sind **drei Echsenarten** heimisch:

Die größte, der ***Lagarto Tizón***, erreicht die stattliche Größe von 35 cm. Er meidet die Küstenzone und bevorzugt die Hanglagen bis nahe unter den Teide-Gipfel. Er ist Vegetarier, verachtet aber auch Würmer und Schnecken nicht.

Die im Spanischen ***Lisa*** genannte kleinere Echsenart wirkt auf den ersten Blick wie eine kleine Schlange, da ihre Beine nur rudimentär entwickelt sind. Sie wird bis 12 cm lang, hat braun schillernde, glatte Haut und lebt bis 600 m Höhe sehr scheu unter Steinen, Stämmen und Ästen. Fliegen und Spinnen sind ihre hauptsächliche Nahrung.

Die verbreitetste Echsenart ist der 10 cm große **Gecko**, der vornehmlich in Häusern lebt. Vor allem Kinder finden spontan Gefallen an diesem putzigen Tier mit schwarzen Kulleraugen und warziger Haut. Er lebt von Fliegen und Mücken. Mit Haftlamellen unter den Füßen schleicht er Wände entlang und spaziert gar über Kopf an der Decke. Geckos sind harmlos, nachtaktiv und geräuschlos. Sie mögen Süßes wie Keks und Schokolade.

Kleine Säugetiere

Auch die **Mäuse und Ratten** haben Unterarten gebildet. Die winzige **Spitzmaus** hat wohl schon vor 25 000 Jahren auf Lanzarote gelebt. Die **Etruskerspitzmaus** (*Musarañita*) gilt mit 3,5 cm Länge und nur 2 g Gewicht als das **kleinste Säugetier Europas**.

Andere Säuger wurden später von den Spaniern eingeführt: Eine nordafrikanische Igelart lebt seit etwa 1900 auf Teneriffa.

Reptilien

Unklar ist, ob die Spanier die beiden Froscharten als Nahrungsmittel mitgebracht haben oder ob sie zufällig hierher gelangten. Zisternen und Staubecken bieten ihnen gute Lebensbedingungen.

Haus- und Nutztiere

Aus Liebe zur Jagd führten die Spanier das **Kaninchen** ein, dem der Tourist vor allem auf **Speisekarten** (*conejo*) begegnet, wie zuweilen auch der Wachtel (*codorniz*) und dem Rebhuhn (*perdiz*).

Fraglich ist ferner, ob die Ureinwohner neben Schafen und Ziegen auch Hirtenhunde mitgebracht haben, oder der Boxer-ähnliche *Bardino* schon vorher auf den Kanaren lebte. Er gilt als typisch kanarische Rasse, ist breitköpfig, kräftig gebaut, leicht zu dressieren und kampfbereit. *Bardinos* erfreuen sich großer Beliebtheit.

Kamele

Das **Kamel** war auch auf Teneriffa lange Zeit Arbeitstier auf den Feldern, heute muss es Touristen durch die wenig kamelgerechte Landschaft schaukeln.

Bergschafe

Umstritten sind die in den *Cañadas* zur Jagd ausgewilderten **Mufflons** (Bergschafe), die der sensiblen Pflanzenwelt zusetzen.

Vieh

Viehzucht war auf Teneriffa immer unbedeutend. Aus Schafs- und Ziegenmilch werden aber gute Käse hergestellt. Hühner und Schweine werden in wenigen Batterien gehalten. Außer Ziege (*cabra*) und Kaninchen (*conejo*) kommt das Fleisch in den Supermärkten und Restaurants vom Festland oder aus Südamerika.

Rinder auf Teneriffa dienen nicht nur als Fleischlieferanten, sondern sorgen beim jährlichen »Arrastre de Ganado« in Tacoronte auch als »Wettkämpfer« beim Schlittenziehen für Publikumsbelustigung

2.3.3 Vögel, und was sonst noch fliegt

Waldvögel

Vögel aus Nordafrika konnten die Inseln leicht erreichen. Auf der Flucht vor den europäischen Eiszeiten fanden sie ins milde Kanarenklima und wurden seßhaft. Viele Arten sind uns vertraut, auch wenn sie diverse Unterarten entwickelt haben.

Im Lorbeerwald, dem *Laurisilva* (➢ Seite 170), der ältesten Inselvegetation, fühlen sich **zwei Taubenarten** wohl, weil beide – Flora wie Fauna – aus dem Tertiär (bis vor 11 Mio. Jahren) stammen: Die ***Paloma Rabiche*** und die **Silberhalstaube**, deren Federn von grau über rosa bis türkis schimmern.

Der **Kanarenbuchfink** (*Pinzón Azúl*) schwingt sich zwar manchmal bis in die *Cañadas* hinauf, gilt aber als Symbol für die alten Kiefernwälder, von deren Zapfensamen er lebt.

Auch der schwarz-weiß-rote *Pico Picapinos*, ein **Buntspecht**, hat die Pinienwälder zur Heimat. Ebenso die attraktive **Blaumeise**, die man aber auch in niedrigeren Zonen antrifft. Den schattigen Wald liebt ferner die **schwarze Amsel**, verzichtet dabei aber nicht auf Ausflüge ins Tal.

Teneriffas Sopran-Primadonna ist die **Mönchsgrasmücke** (*Capirote*). Sie lebt in den Grenzbezirken des *Monteverde*-Waldes, wo Baumheide und Gagelbäume vorherrschen. Farblich ist sie mit ihrem schwarz-grau-braunen Gefieder nicht sonderlich attraktiv.

Das gilt auch für eine andere **Finkenart**, den Kanarienvogel, der mit seinem natürlichen grau-braunen Federkleid und gelbem Bauch nicht mit hochgezüchteten Exemplaren in den Käfigen zu vergleichen ist. Zudem singt dieser ***Canario*** genannte Vogel in freier Natur nicht halb so melodiös wie die Mönchsgrasmücke.

Der **Kanarienvogel** lebt in allen Höhenzonen bis hinauf zum Kiefernwald, auf Wiesen und Feldern. Die erstaunlichen **Karrieren** des Kanarienvogels beschreiben die Essays auf den Seiten 474f.

Kanarienvogel

Dort trifft man auch einen guten Bekannten aus Nordeuropa, den **Wiedehopf** mit der typischen »Punkfrisur«. Mit spitzem Schnabel pickt er sich gern auch auf Golfplätzen seine Nahrung aus dem Grasboden.

Raubvögel

Während Waldvögel noch Terrain finden, droht den Raubvögeln Gefahr durch insektizid verseuchte Mäuse und Echsen.

Relativ verbreitet ist der **Turmfalke**. Er ist kleiner und dunkler als sein nordeuropäischer Verwandter. Mäusebussarde trifft man auf allen Kanaren; sie fühlen sich erst ab 1.000 m Höhe wohl, wo sie sich von jungen Kaninchen, Echsen und Käfern ernähren.

Von den früher verbreiteten **Fischadlern** (*Guinchos*) sind nur noch wenige mit Glück an den Steilküsten Teneriffas zu beobachten.

Erkennbar mit braunen Querstreifen am Bauch, finden auch noch einige **Sperber** (*Gavilane*) knappen Lebensraum in den Pinien- und Lorbeerwäldern, wo sie Jagd auf kleine Vögel machen.

Zwei Eulenarten leben auf den kanarischen Inseln: die **Schleiereule** (*Lechuza*) und die **Waldohreule** (*Buho chico*). Letztere ist eine kanarische Subspezies und weiter verbreitet als die Schleiereule. Sie zieht offeneres Gelände den Waldgebieten vor und nistet gern unter grossen Kandelaber-Kakteen.

Schmetterlinge, Käfer und Insekten

Über 5000 **Insektenarten** stellen die größte Zahl der Landtiere. Die meisten haben Unterarten gebildet und mitgeholfen, ureigenste Pflanzen- und Tiergesellschaften zu bilden.

So in der **Schmetterlings-**Welt: Majestätisch ist die leuchtend-gelb-orange-farbene *Cleopatra Canaria* in den Lorbeerwäldern. Den blauen *Manto de Canarias* trifft man in den *Cañadas*, wie auch den braun-grauen *Satiro Moreno* mit dunkleren und weißen Punkten.

Der **Große Monarch** (*Monarca*) hat über 11 cm Flügelspanne. Um 1880 ist er aus Amerika nach Teneriffa gelangt, denn bei seinen Wanderungen legt er ungeheure Entfernungen zurück. Alljährlich flattert er zum Überwintern 5000 km von Kanada nach Mexiko. Er ist gelb-orange und wirkt mit seiner ausgeprägten schwarzen Äderung sowie weißen Punkten an den Flügelrändern wie erlesenes Art Deco Design. Zu bewundern ist er im neueröffneten ***Mariposarium*** in Icod in Nachbarschaft zum berühmten Drachenbaum (***Drago***), ➢ Seite 345.

Für den biologischen Laien stellt sich bei diesen Tierchen nur die Frage: **Piesacken sie mich**?

Aber wie schon gesagt, gibt es **kaum Mücken**, **zuweilen Fliegen** und **keine Wespen oder Hornissen**. Allerdings können kanarische ***Cucarachas*** (Kakerlaken) 5 cm groß werden. Sie leben in der Kanalisation und sind in Unterkünften Zeichen mangelnder Sauberkeit.

Fazit

Insgesamt aber überwiegt das Positive: Grillen zirpen, Bienen summen, Libellen schwirren, und bunte Schmetterlinge flattern durch die Luft. Mit Schädlingen kämpft nur der Resident.

Der Kanarienvogel

(Aus der Zeitschrift »Vom Fels zum Meer« 1886)

»Als die Spanier die Kanarischen Inseln eroberten, fanden sie daselbst neben anderer reicher Beute einen Finken von großer Zierlichkeit vor, der sich durch einen sehr angenehmen und fleißigen Gesang auszeichnete. Da er sich leicht fangen ließ, wurde er bald nach Spanien ausgeführt und dort in Gefangenschaft weiter gezüchtet. Der ***Canari***, das Zuckervögelchen, bildete bald einen namhaften Gegenstand des Handels. Die Spanier monopolisierten ihn, indem sie nur Männchen ausführten. Das änderte sich, als Mitte des 16. Jahrhunderts ein spanisches Schiff mit Tausenden von Kanarienvögeln an der italienischen Küste strandete und die auf diese Weise zur Freiheit gelangten Vögel sich westwärts nach Elba flüchteten«.

»Es war das Land Tirol, in dem der gelbe Sänger dann eine begeisterte Aufnahme fand. Es vereinigten sich mehrere Umstände, den Marktflecken Imst, wo er viel von Bergleuten gezüchtet wurde, zum Mittelpunkte des Handels mit geschwätzigen Vögeln zu machen: Die angeborene Neigung des Oberinnthalers, umherzuwandern, je weiter, je lieber, um ein Stück Geld in die Heimat zurückzubringen – der lange Winter, der ihm erlaubt, Beschäftigungen im Hause nachzugehen – endlich ein Hang zur Vogelstellerei und ein besonderes Behagen an der Zähmung und dem Abrichten des kleinen Vogelvolkes«.

»Jedenfalls wissen wir, dass sich dort Handelsgesellschaften bildeten, wo die Mitglieder bis zu 70 und 100 Dukaten einzahlten. Von diesen Beträgen wurden junge Vögel zum Anlernen und Unterrichten aufgekauft. Zwischen dem 2. und 10. August geschah der Auszug der Vogelträger in ihrer Tracht, blaue, reich verschnürte Jacken, die Brusttücher mit silbernen Knöpfen besetzt, die kurzen Lederhosen kunstreich ausgenäht, die rote Schärpe um den Leib, den grünen Hut auf dem Kopfe und die gefiederte Last in der Vogelstiege auf dem Rücken. Nicht nur das Deutsche Reich durchzogen die furchtlosen Wanderer, sondern Holland, Frankreich, Russland, die Türkei und Syrien«.

»Er wurde als artiger Gesellschafter betrachtet. Die Schönheit des Gefieders bestimmte seinen Wert. Nur sehr reiche Leute konnten ihn besitzen, und er war bald der erklärte Liebling der Frauen, die ihn gewissermaßen als Toilettegegenstand betrachteten. Zum Sonntagsstaat der Frau von Stand gehörte beim Empfang von Besuch der Kanarie auf dem Zeigefinger der rechten Hand«.

»So wurden drei ganz verschiedene Zuchtlinien geschaffen. Die Holländer veränderten vorwiegend die Figur, die Engländer die Farben und die Deutschen – zuerst in dem kleinen Städtchen **St. Andreasberg im Harz** – die Gesangsfähigkeiten. Die begabteren mussten Lieder pfeifen und singen lernen«.

Womit wir bei der Frage angelangt wären: »Was hat der Kanarienvogel mit einem deutschen Mittelgebirge zu tun?«

Harzer Roller

Verpackt in Cellophan liegt Harzer Roller in jedem Supermarkt. Namensgebend war aber nicht die gerollte Form des »Stinkekäses«, sondern eine Kanarienvogelart, gezüchtet von ***Wilhelm Trute*** (1836-89), einem Bergmann der Königlichen **Silbergrube Samson in St. Andreasberg/Harz**. Der gurrende Gesang seines Harzer Rollers gilt bis heute als der schönste aller Kanarienvogelstimmen, und seine Epigonen werden als die vom »Trutschen Stamme« gepriesen. Sie beherrschen tiefe, ruhige Touren, wie die Hohlklingel, Pfeife und Hohlrolle. Mit Trutes ungeschützter Namens-Kreation hoffte dann ein Käsefabrikant seine gelbliche Käsestange besser vermarkten zu können, denn das gurrende Rollen des kleinen Sängers hatte damals weltweit die eitle Frauenwelt betört. Die Dame trug – wie schon bemerkt – neben brokatenen Abendtäschchen gern einen gefiederten »Harzer Roller« auf dem gestreckten Zeigefinger durchs Theater-Foyer.

Die Stadtväter von St. Andreasberg dankten ihrem berühmten Sohn Wilhelm Trute mit einem überdimensionalen Vogelkäfig an der heimatlichen Durchgangsstraße, in dem ein Entsilberungskessel der Hütte Samson als Vogelnapf dient. Er symbolisiert die innige Beziehung zwischen Harzer Bergleuten und ihrer Zuchtkunst als Hobby und Neben-Broterwerb. Als trällernde Alarmgeber vor Schlagendem Wetter unter Tage nahmen sie ihre bunten Lieblinge auch mit in die Grube; in England bis Ende des 20. Jahrhunderts.

Die Vogelbauer (*Vuchelheisel*) wurden aus 66 Einzelteilen in Harzer Heimarbeit gefertigt. 3 Mark erhielt eine Familie damals für 110 Stück. Darin traten die Flattermänner ihre Reise nach Übersee an. 1882/83 wurden 120.000 nach New York, 10.500 nach Südamerika und 5.600 nach Australien verschifft. 30.000 blieben daheim in Europa, 12.000 fanden im Deutschen Reich Abnahme. Alles nur Männchen. Die Weibchen mussten zu Hause am Herd ausharren, denn nur so blieb auch das Monopol in der (neuen) Harzer Heimat.

In der alten Heimat, auf den kanarischen Inseln, flattert nach wie vor der bräunlich-schimmernde Piepmatz mit gelb-grünlichen Tupfern an Hals und Brust frei in Flur und Wald herum oder als Hansi hochgezüchtet in Käfigen. Star ist der (honigfarbene) ***melado tinerfeño*** mit gestrecktem Hals und senkrecht stehendem Schwanz.

Die »Zucker-Inseln« gaben also den »Zuckervögel« genannten Kanarienvögeln ihren Namen. Schon 1402 hatte *Jean de Bethencourt* die kleinen Finkenvögel an den spanischen Hof gebracht, und schon *Alexander von Humboldt* vermerkte den Serinus canaria 1799 auf der Zuckerrohrinsel Teneriffa. **Namensgebend für den kanarischen Archipel** jedoch war wohl das lateinische Wort **canis** (Hund), weil die Römer zweifelhafte Kunde davon hatten, dass die Guanchen zur Not auch Hundefleisch aßen.

Wer sich von der Wahrheit der ungewöhnlichen Geschichte des ***Canari*** überzeugen möchte, sollte die **Kanarienvogel-Abteilung im Museum der Grube Samson in Sankt Andreasberg** besuchen; Informationen unter © 05582-1249, oder www.kanarienvogel-museum.de.

2.3.4 Fische und Meeresfrüchte

Fischerei Der vor Afrika kühlend wirkende Kanarenstrom, ein Abzweig des Golfstroms, und die enorme Meerestiefe rundum die Inseln (bis zu 4.000 m) bieten einer Vielzahl von Meerestieren ideale Lebensbedingungen. Fischerei gehört deswegen trotz schroffer Küstenlinien zum traditionellen Gewerbe der *Canarios*.

Fisch ist auch im Tourismus von enormer Bedeutung. Die Besucher wollen tagesfrischen Fisch; und der einheimische Fang kommt mit der Nachfrage längst nicht mehr mit. Tiefgekühlte Ware aus Nordspanien hilft, den Bedarf zu decken.

Fischarten Neuerdings wird auch etwas Fischzucht betrieben. Viele der ***Abadejos, Doradas*** und ***Bocinegros*** in den Restaurants kommen aus den schwimmenden Meeresbecken (*aulas*) vor der Küste. Zu den gängigen kanarischen Tisch-Fischarten, ➢ Seite 78, gehören auch Thunfische, der ***Atún*** und der kleinere ***Bonito***.

Krustentiere ***Langostinos*** und ***Gambas*** kommen meist aus anderen Gewässern. Groß sind die kanarischen Bestände an den kleinen roten ***Camarones***, die mit »Haut und Haar« als *Tapa* verzehrt werden, ebenso wie Kopffüßer (➢ unten).

Von Kopf bis Fuß auf Verzehr eingestellt

So oft wie unsereiner in eine Curry- oder Bockwurst beißt, bestellt sich der *Canario* ***Calamares*** oder ***Potas*** (Tintenfische), ***Chocos*** (*Sepia*) bzw. ***Pulpos*** (*Octopus*). Sie werden gebraten, frittiert oder gekocht, als Salat mit Zwiebeln und Paprika serviert (*Salpicón*) oder kommen in Ringen (*a la Romana*) bzw. in pikanten Scheiben mit Cayenne-Pfeffer (»*a la Gallega*«) auf den Tisch. Pulpos werden, knochen- und grätenlos, mit Haut und Haar verzehrt.

Solche Kopffüßer gehören (wie Schnecken und Muscheln) zur Familie der Weichtiere (Mollusca). Sie existieren in über 80.000 Arten (neben 35.000 als Fossilien). Ihre Tentakel sind dreimal so lang wie der Leib und haben eine oder zwei Reihen Saugnäpfe mit rundum besetzten Zähnchen. Die Arme entstanden aus dem vorderen Fußteil, der mit dem Kopf und dem Leib verwachsen ist. Kuttel-Fische nannte man sie früher bei uns, denn in der fleischenen Hülle liegen die Innereien (3 Herzen!), die bei Schnecken und einigen Tintenfisch-Arten zusätzlich durch die Schale bzw. einen kalkhaltigen ovalen Schulp geschützt werden.

Im Eingeweidesack befindet sich auch der auspuffartige, um 360° bewegliche Trichter, mit dessen Hilfe Kopffüßer – die Arme nach sich ziehend und wie im Rückwärtsgang – torpedoartig fliehen. Im Mantelsack haben sie einen Beutel mit violett-schwarzer Tinte, den *Sepia*-Farbstoff, um Verfolger einzunebeln.

Dem Überlebenstrieb dient auch ihre Mimikry: dank ihres Hautmuskel-Spiels nehmen sie schneller als ein Chamäleon die Farbe ihres Umfelds oder Verstecks an, um sich für Feind und Beute unsichtbar zu machen.

Abgesehen von der schlanken Gestalt und zusätzlichen Fangarmen unterscheidet sich der *Calamar* vom achtarmigen *Pulpo* (*Octopus*) auch in seiner

Wale u.a. **Pilot**- bzw. **Grindwale**, **Delfine** und **Tümmler** zwischen Teneriffa und La Gomera sind Ziel von Bootstouren, ➢ Seite 255 und 257f..

Seeschildkröten halten sich zwar in den Archipel-Gewässern auf, gehen aber zur Eiablage und zum Brüten nicht hier an Land. Sie sind stark gefährdet, da sie dümpelnde Plastiktüten für Quallen, ihr Leibgericht, halten und an ihnen ersticken. Nicht selten werden sie verletzt oder verendet angespült. Auch die **Robben**, vor hundert Jahren auf den östlichen Inseln noch in großen Kolonien heimisch, sind abgewandert.

Muscheln Man findet um die Kanaren kleine runde ***Almejas***, ***Lapas*** (Napfschnecken), ***Berberechos*** (Herzmuscheln) und leicht spiralförmige ***Burgados***. Die langestreckten ***Navajas*** heißen übersetzt »Klappmesser«. ***Mejillones*** (Miesmuscheln) werden gezüchtet.

Haigefahr Außer Seeigeln an felsiger Küste und zuweilen Feuerquallen gibt es für Badende keine gefährlichen Wassertiere, auch **keine Haie**. So können Taucher in aller Ruhe die Unterwasserwelt beobachten. Vorsicht gilt nur bisswütigen Muränen, die in Felslöchern lauern und dem Schwanzflossen-Stachel großer Rochen, die bis zu 2,5 m lang werden und 100 kg wiegen können.

2.3

Lebensweise. Während die sesshafte Krake ihrer Nahrung im Unterschlupf auflauert, sie aufbeißt, umschlingt und auflutscht, segelt der *Calamar*, die Arme voraus, ständig durchs Wasser. Über zwei hintere Stummelflossen steuert sich das Tier gewandt und so schnell, dass es gleichgroße Fische leicht erjagt.

Nur der 30 cm große **Gemeine Tintenfisch** vergräbt sich im Sand und greift sich seine Opfer durch raketenschnelles Ausschleudern seiner zwei etwas längeren Tentakel. Das Weibchen erlebt eine unbefleckte Empfängnis: das penislose Männchen verpackt seine Spermien in einer Hülle und überreicht sie seiner Gattin galant mit einem nur für diesen Zweck umfunktionierten Spezialarm in ihre Mantelhöhle. Dort platzt sie auf und die Spermien befruchten die Eier. Die Männchen verlieren dabei ihren Spezialarm, schwimmen als Eunuchen weiter und sterben nach ihrem ersten und letzten Sex-Abenteuer.

Das furchterregende Aussehen der Kraken (3-5 m) wurde schon von alters her mit faustdickem Seemannsgarn zu gruseligen Geschichten versponnen. Mit Segelschiffen und U-Booten (Kinohit: 20.000 Meilen unter dem Meer) kämpfende Kraken können aber nur in der Tiefsee lebende Riesenkalamari gewesen sein. Der mit 22 m längste wurde 1933 vor Neufundland angetrieben, und die größte Mittelmeer-Krake (7,5 m) fingen spanische Fischer 2001 an der Costa del Sol. Von noch monströseren Kraken fand man bisher nur Teile in den Mägen von Pottwalen, Beweisstücke für einen Kampf auf Leben und Tod, von dem auch tellergroße Saugnapf-Narben auf manchen Pottwalhäuten zeugen.

Menschen brauchen sich weder vor den Fangarmen noch vor den messerscharfen Schnäbeln zu fürchten. Sie finden uns Allesfresser offenbar wenig schmackhaft, anders als unsereiner die *Pulpo*- oder *Calamares*-Gerichte.

3. Geschichte und Gegenwart Teneriffas

3.1 Geschichte und Wirtschaft

Im Folgenden wird die Geschichte der Kanaren unter besonderer Berücksichtigung Teneriffas und seiner Wirtschaft dargestellt.

3.1.1 Mythologie und Altertum

Antike

Historische Zeugnisse von Atlantikfahrten der alten Ägypter, Griechen und Römer sind nicht überliefert. Sie navigierten nur entlang der Mittelmeerküsten. Allerdings hatten anscheinend schon die besonders seekundigen Phönizier (um 1200 v. Chr.) den kanarischen Archipel erreicht. Sie waren auf der Suche nach der Orchillaflechte zur Gewinnung von violett-rotem Farbstoff und hartem Kiefern-Kernholz (Teak) zum Schiffbau.

Andererseits vermutete man schon seit der Antike das **Paradies westlich der Säulen des Herakles**, wie der Sage nach die Meerenge von Gibraltar hieß. Dort trug der Riese Atlas das Himmelsgewölbe auf seinen Schultern, aber ebendort lag auch der vom Höllenhund Cerberus bewachte Eingang zur Unterwelt, dem Hades. Er gab vermutlich Cádiz, dem heutigen Fährhafen zu den kanarischen Inseln, seinen Namen.

Der paradiesische Garten Eden lag demnach in der antiken Mythologie unweit der Unterwelt.

Homer (800 v. Chr.) und ***Hesiod*** (700 v. Chr.) nannten es die **Elysischen Gefilde** oder die **Hesperiden**, wo die Nymphen der Nacht, Töchter der Zeusgattin Hera einen Baum mit goldenen Äpfeln hüteten. Wer davon aß, blieb – ohne je Hunger und Durst zu erleiden – ewig jung und lebte tagein, tagaus in göttlichem Klima.

Auch ***Platons*** Kunde (427-347 v. Chr.) vom untergegangenen **Kontinent Atlantis** und die Autorität eines ***Aristoteles*** (384-322) lockte die späteren Entdecker in westliche Richtung; seitdem hält sich bis heute die – wissenschaftlich lange widerlegte (➢ Seite 434f) – Mär, die **Makaronesische Inselgruppe** (die Kanaren, Madeira, die Azoren und Kapverden) seien Reste von Atlantis.

Bei den Römern nimmt ***Plinius*** (23-79 n. Chr.) diese alte Kunde in seinen Werken wieder auf und berichtet von Atlantik-Seglern, die einen schneebedeckten Berg auf den ***Islas Afortunadas*** (glückseligen Inseln) gesehen hatten. *Plinius* erwähnt auch den mauretanischen König *Juba*, der große Hunde (canis = Hund) von westafrikanischen Inseln mitgebrachte. Sie haben möglicherweise den ***Islas Canarias*** ihren Namen gegeben (➢ Seite 547+471).

Plinius hat ferner erstmals einzelne Inseln des kanarischen Archipels namentlich erwähnt. Er nannte Teneriffa wegen des schneebedeckten Teide ***Ninguaria oder Nivaria***, wie noch heute das Bistum Teneriffa mit Sitz in La Laguna heißt.

Kanarische Geschichte im Überblick

Vor 37 bis 2 Mio. Jahren	Entstehung der kanarischen Inseln schrittweise von Ost nach West durch unterseeische Vulkanausbrüche, ➢ Seite 435.
1000 v. Chr. bis 0	Erwähnung der Kanaren in der Antike (*Homer, Plato, Plinius*)
Ab ca. 900 v. Chr.	Schon vor unserer Zeitrechnung siedeln Angehörige nordafrikanischer Berberstämme auf den Inseln. Es entwickelt sich die steinzeitliche Guanchenkultur.
	Aber über 1000 Jahre lang geraten die Inseln in Europa wieder in Vergessenheit.
1300	Erste friedliche Kontake mit Europäern »Inbesitznahme« Lanzarotes durch den Italiener *Lancelotto*.
	Abermals werden die Inseln 100 Jahre »vergessen«.
1400	Beginn der *Conquista*, (Neu-) Eroberung von Lanzarote, Fuerteventura, El Hierro und La Gomera durch *Jean de Bethencourt*. Die Kanaren bleiben fast 100 Jahre lang »halb erobert« ohne größere Konflikte.
Ende 15. Jh.	Wachsendes spanisches Interesse, Einigung zwischen Spanien und Portugal, das Westafrika bekommt. Eroberung von Gran Canaria, La Palma und Teneriffa.
1500++	Kolonialisierung und Christianisierung Völkermord an den Ureinwohnern, den Guanchen; Assimilation der Überlebenden
	150 Jahre lang Zuckerrohr und Weinanbau in den Händen italienischer und englischer Kaufleute.
1650++	150 Jahre lang Konsolidierung, obwohl die Engländer mehrfach vergeblich versuchen, den Spaniern die Kanaren abzunehmen.
1800++	150 Jahre lang Ein/Auswanderungswellen, die durch Blüte und nachfolgenden Niedergang von Monokulturen ausgelöst wurden. Die Kanaren werden von einer Kolonie zur spanischen Provinz.
1936	Bürgerkrieg und danach (*Franco*) jahrzehntelang Isolation, wirtschaftliche Stagnation und Auswanderung.
Seit 1978	Demokratie in einer konstitutionellen Monarchie unter König *Juan Carlos*. Die kanarischen Inseln werden eine autonome Zone innerhalb des spanischen Staates in der Europäischen Union.
	Damit hieß es auch auf den Kanaren am
01.01.2002:	Einführung des Euro.

Die Guanchen

Herkunft

Blond, blauäugig und groß, aber dunkelhäutig waren die Ureinwohner der Kanaren. Also weder Arier noch germanische Hünen, derweil im Mittelalter in Europa jeder über 1,70 m als riesig galt. Viele Legenden um die Guanchen macht sie rätselhaft..

Die *Canarios* sind stolz auf ihre Vorfahren und hegen Ressentiments gegen die ***Godos*** (Goten). So nennen sie ihre Landsleute auf dem spanischen Festland. Mit Genugtuung nahmen sie 1993 zur Kenntnis, dass das Naturwissenschaftliche Inselmuseum zwar Abweichungen in den Blutgruppen zwischen Kanaren und Spaniern nachwies, dafür aber signifikante Übereinstimmungen zwischen Guanchen, Kanaren und Berbern.

Niedrige Kulturstufe

Guanche (*guan+chinech*) meint »Mensch Teneriffas« und dessen Sprache (selbst aber nannten sie sich "***Benahore***" (= mein Land). Durch die Insellage und fehlende Rohstoffe (z.B. das Eisenerz) lebten die Ureinwohner noch um 1500 als neolithische Analphabeten in Lavahöhlen. Sie kannten weder das Rad, noch Hohlkörper (Boote), noch den Pflug.

Sie schliffen an Handmühlen aus porösem Basalt und kneteten Keramikgefäße wie die frühen Sahara- und Atlasvölker ohne Töpferscheibe, ritzten Verzierungen in Krüge und geometrische Zeichen an die Wände ihrer Wohnhöhlen, die den früh-marokkanischen glichen.

Guanchen Wohnhöhlen und Lebensszenerie en miniature im Pueblo Chico bei La Orotava, *➢ Seite 332.*

Gofio

Die Guanchen lebten mit und von Ziegen und Schafen, bauten Getreide an und ernährten sich von ***Gofio***, geröstete und gemahlene Gerste oder Weizen, die sie in Wasser verrührten, (➢ Seite 69). Sie aßen Pilze, Palmdatteln, Feigen, Honig und Samenkörner, zur Not auch Hundefleisch. Daraus (wegen canis = Hund/lateinisch) leitet sich die Archipelbezeichnung ab, ➢ Seite 478.

Fische wurden von Land aus mit einer *Garrote* gefangen, einem langen Holzstab mit Steinspitze. Ansonsten mieden sie das

Meer und hatten keinen Kontakt zu ihren Inselnachbarn. Bis heute rätselt man deshalb, wie sie ab ca. 900 v. Chr. übers Meer gekommen sind. Möglicherweise »trampend« als **maritime Passagiere** auf Schiffen der Phönizier und Etrusker, was damals durchaus üblich war.

Werkzeuge/ Waffen

Im Kampf setzten sie feuergehärtete Holzlanzen und Keulen ein, aber auch der überall gegenwärtige Stein wurde für die Spitzen der Wurfpfeile und -kugeln genutzt. Die erwähnte ***Garrote*** war auch ein Arbeitsgerät der Hirten, die sich damit leicht über *Barrancos* schwingen konnten. Waren sie besonders lang und biegsam, wurden sie auch *Hastia* genannt. Die ersten Europäer dachten deswegen, die Guanchen könnten fliegen, weil sie manchmal »in der Luft verschwanden«. Auch der kanarische **Stockkampf** (*Juego de Palo*) leitet sich aus den Kampftechniken mit solchen Lanzen und *Garroten* ab.

Aus schwarzem Vulkanglas, dem Obsidian, schliffen sie Messer. Runde Steine wurden mit Fell umwickelt und an Hölzern befestigt, um sie als Schlagwaffe oder Wurfgeschoss gegen Feinde zu schleudern. Pfeil und Bogen kannten sie nicht.

Medizin

Neben allerlei **Kräutern** war **Butter** aus Ziegenmilch die Grundlage für Heilrezepte zur Wund- und Entzündungsbehandlung.

Wunden wurden auch durch **Ausbrennen** behandelt. Bei chronischen Kopfschmerzen oder Epilepsie bohrten die Guanchen die Schädeldecke der Kranken auf. Verstorbenen wurde auf diese Weise das Gehirn entnommen und von den Angehörigen rituell verspeist, um sich die Weisheit der Toten einzuverleiben.

Herrschaftsform

Als die Europäer landeten, wurde **Teneriffa** von einem einzigen ***Mencey*** (Fürst), dem ***Gran Tinerfe*** regiert, der im Südwesten der Insel (Adeje) herrschte. Nach seinem Tod wurde die Insel unter den Söhnen in **9 Fürstentümer** (*Menceyatos*) aufgeteilt: Anaga, Güímar, Abona, Adeje, Daute (Nordwestspitze Tenogebirge), Icod, Taoro, Tacoronte und Tegueste.

Alle erstreckten sich von der Küste bis zu einer Höhe von 1.000 Metern bergauf. Die zentrale Bergwelt der ***Cañadas*** blieb Allmende, gemeinsames Land. Dort weideten die Herden im Sommer, wenn das Gras an den Küsten vertrocknet war. ***Quevehi*** (Majestät), der *Mencey* von Taoro, galt als *Primus inter Pares*, als Erster unter Gleichen.

Sozialwesen

Kleinste Einheit war die Familie. Man konnte nur innerhalb desselben Standes heiraten; eine Frau durfte polygam mit bis zu drei Männern gleichzeitig leben. Es herrschte das Rotationsprinzip. Hielt ein Guanche um die Hand einer Frau an, schenkte er dem Brautvater Ziegen und Schafe. War die Ehe beschlossen, wurde die Braut für einen Monat im Bett gepäppelt, um kräftige Kinder zu gebären. Der *Mencey* kam zur Hochzeitsfeier und legte sich – *jus primae noctis* – erst einmal dazu.

Ehe Neugeborene wurden von Ammen mit Ziegenmilch ernährt, die sie dem Kind von Mund zu Mund einflößten. Erziehung war Sache von Frau und Mann; man wechselte sich ab. Als Familienoberhaupt hatte der Mann auch Autorität über angeheiratete Nachkommen. Beide Ehepartner konnten die Ehe auflösen. Um das zu erschweren, galten die Kinder dann aber als uneheliche Bastarde, wie der 10. Sohn des *Mencey Gran Tinerfe*, der deswegen nur einen Landflecken erbte (Punta del Hidalgo).

2 Klassen Die Angehörigen der herrschenden Klasse trugen Bart und lange Haare. Zu den Notabeln gehörten auch Spezialisten wie Fischer, Maurer und Heilkundige. Die soziale Durchlässigkeit war begrenzt, nur besondere Verdienste führten zum Aufstieg, unehrenhaftes Verhalten zum Ausschluss. Auch der Strafkodex der Guanchen richtete sich nach der Klassenzugehörigkeit. Verhandlungen gegen die untere Klasse fanden tagsüber, für die Oberen abends statt. Auf Mord stand Erschlagen, Räubern wurde ein Auge ausgerissen, bei Rückfälligkeit das zweite.

Rolle der Frau Trotz des Patriarchats hatten Frauen eine besondere Stellung, denn sie waren so kämpferisch, dass die Europäer sie mit den Amazonen verglichen. Mit dem Ruf ***vacaguaré*** (lieber sterben als in Gefangenschaft!) stürzten sie sich vom Felsen. Im Erbrecht dominierte die weibliche Linie. Begegnete ein Guanche einer Frau, durfte er ihr nicht ins Gesicht blicken und sie erst ansprechen, wenn sie ihn dazu aufforderte.

Religion/ Götter Die Guanchen verehrten Sonne und Mond, pflegten ihren Totenkult und balsamierten die Leichen mit dem Saft der Tabaiba-Pflanze (Wolfsmilch) ein, bevor sie in Grotten beigesetzt wurden. Wie bei den alten Ägyptern, Polynesiern und Mayas gab man den Toten Nahrungsmittel und Gaben für ihren Weg ins Jenseits mit.

Die Guanchen glaubten an Gottheiten, die Gut und Böse zugleich repräsentierten. ***Acorán*** war der Sonnengott, den sie als Schöpfer aller Dinge betrachteten. Andere, meistens weibliche Götter, wurden mit Götzenbildern verehrt. Dämonische Geister stiegen aus dem Ozean und brachten Unheil.

Leben der Guanchen als Keramikbild auf einer Parkbank

Rituale Während ihrer Opferriten hielten sie große Blätter in den Händen und streckten die Arme gen Himmel. Heilige Frauen trugen tönerne Gefäße mit Butter, Milch oder Honig. Während der Opferung sangen und tanzten sie am Fuße der Felsen. Dann zogen sie zum Meer und schlugen mit Ästen aufs Wasser, um von den Göttern das lebensnotwendige Nass vom Himmel zu erflehen. Oder sie trennten die Lämmer von ihren Müttern, fasteten drei Tage zusammen mit den blökenden (*balar*) Tieren, um dann tanzend (*bailar*) die Götter anzuflehen. Der ***Bailadero*** im Anagagebirge war z.B. eine derartige Kultstätte.

Wandbild: Guanchen mit Göttin

Die Götzen wurden auch durch Opfergaben verehrt, um Fruchtbarkeit für ihre Frauen und Schutz für die Viehherden zu erbitten. Heilige Jungfrauen, die in speziellen Höhlen lebten, zelebrierten rituelle Waschungen.

Feste Die Guanchen feierten ihre Feste mit gutem Essen, Tanzen und Singen – das ist bis heute so auf den Inseln. Während ihrer religiösen Feiern spielten sie auf einfachsten Musikinstrumenten. Steine wurden gegen natürliche Klangkörper geschlagen, Ziegenknochen dienten als Trommelstöcke.

Wettkampf Die körperlichen Kräfte wurden beim Steinheben und -werfen gemessen, sowie beim Weitspringen mit der *Garrote* über Felsblöcke. Am beliebtesten war der Ringkampf ***Lucha Canaria*** (➢ Seite 385f) und das Fechten mit Stöcken, was als ***Juego de Palo*** bis heute weiterlebt. Vor dem Kampf rieben sich die Kämpfer mit Tierfett und Kräutern ein. Sie wurden von ihren Familienmitgliedern begleitet. Zunächst bewarf man den Gegner mit drei Steinen, denen er stehend nur durch geschickte Körperbewegungen ausweichen durfte; dann schlugen sich die Kontrahenten mit den Holzstöcken.

Kunst Im ***Parque Etnográfico*** in Güímar dokumentiert eine Ausstellung alle Schriftreste der Guanchen. Es sind mehr Bilder als Buchstaben: Spiralen, konzentrische Kreise, Dreiecke, menschliche Gestalten mit Riesenhänden und sonstige Hieroglyphen. Sie und viele Ortsnamen (z.B. Tegueste und Adeje) erinnern an die Schriftzeichen der Berber aus Nordwestafrika.

Kultur Höhlenzeichnungen, Körperbemalungen und Keramikarbeiten gehörten zu den frühen kulturellen Leistungen der Guanchen.

Zeichnungen wurden mit groben Steinen in die Höhlenwände eingeritzt, sie stellten schematisierte Menschenkörper, geometrische Figuren oder dem libyschen Alphabet ähnliche Zeichen dar. Weitere Informationen dazu findet man im Internet unter www.institutum-canarium.org.

Die Guanchen arbeiteten viel mit Keramik- und Holzstempeln, mit deren reliefartigen Unterseiten sie Kleidung und ihre Haut bedruckten. Immer zeigen sie geometrische Figuren: gegeneinander versetzte Dreiecke, kleine Quadrate oder Kreisfiguren zur Markierung von Familieneigentum. Aus Ton wurden religiöse Götzenbilder gefertigt, die weibliche oder zweigeschlechtliche Wesen darstellten.

Statuen Neun **bronzene Mencey-(= Fürsten-) Statuen** des tinerfeñischen Bildhauers *José Abad* sind auf der **Plaza de la Patrona in Candelaria** aufgestellt (➢ Seite 203); sie zeigen die 9 Kinder des letzten Menceys, ***Tinerfe el Grande***, Sohn des Mencey *Sunta*; nur einer fehlt dort: *Hidalgo Pobre* (arm), der Uneheliche. Er bekam Punta del Hidalgo, ein kleines, abgelegenes Fleckchen im Nordosten.

Nach der Unterwerfung durch die Spanier waren die *Menceys* zur Gemeinschafts-Taufe gezwungen worden und hatten christliche Namen erhalten wie *Juan, Antonio, Gonzalo, Pedro* und *Gaspar*.

Mit diesem Akt, der am 29. September 1496 stattfand, wurde die Eroberung Teneriffas und die Unterwerfung ihrer Ureinwohner sozusagen offiziell vollendet.

Eindrucksvolle Mencey-Statuen gibt es nicht nur in Candelaria (Seite 203), sondern auch in Santiago del Teide, hier mit Sprungstab

3.1.2 Mittelalter

Im Mittelalter ging die Kenntnis über die *Islas Afortunadas* verloren. Das ptolemäische Weltbild (Ptolemäus, 120 n. Chr.) zeigte die Erde, den Mittelpunkt des Universums als Scheibe und schürte die Angst, in unbekannte Gefilde vorzudringen, von der Scheibe zu fallen oder von Ungeheuern verschlungen zu werden.

San Borondón

Nur der irische Mönch ***Sant Brandan*** stach auf der Suche nach der »Heiligen Insel der Seligen«, einer christlichen Auslegung der *Islas Afortunadas*, um das Jahr 520 in See. Nach 7-jähriger Irrfahrt tauchte vor ihm die ersehnte Insel aus dem Ost-Atlantik auf. *Brandan* flüchtete zurück an Bord, als nach einem »Beben« die Insel wieder versank. Chroniken von 1050 zeigen das Eiland als riesigen Wal, auf dessen Buckel ein Schiff ankert. Noch heute beschwören *Canarios*, sie selbst hätten das geisterhafte Auf- und Abtauchen einer achten Insel ebenfalls erlebt. Sie wird heute ***San Borondón*** genannt.

Zeitgenössische Darstellung des Auftauchens der achten Kanareninsel San Borondón

Die Furcht vor dem Unbekannten ließ die seit ca. 900 v. Chr aus Nordafrika eingewanderten Ureinwohner der kanarischen Inseln jahrhundertelang unbehelligt, bis in der Neuzeit (etwa ab 1300) die Entdecker zu neuen Ufern aufbrachen.

Erste Eroberungen

Seit Beginn des 14. Jahrhunderts unternahmen Adlige aus Europa Vorstöße zu den Kanarischen Inseln. Ihre Expeditionen standen unter dem Schutz der jeweiligen Königshäuser, die aber wegen ewiger kriegerischer Verwicklungen in Europa solche Abenteuer nicht finanzieren konnten. In der Hoffnung auf Gewinn sprangen schon damals gern global denkende Kaufleute ein.

Doch was die Eroberer vorfanden, war ihnen nicht paradiesisch genug. Der Italiener ***Lancelotto Malocello***, Entdecker Lanzarotes (1312), verließ die Insel schon bald wieder; 90 Jahre später hielt es den Normannen *Jean de Bethencourt*, Eroberer von Lanzarote, Fuerteventura, La Gomera und El Hierro, auch nicht lange.

Endlose Machtquerelen und wechselnde Besitzverhältnisse verleidete ihm das Leben im Elysium.

Die Eroberer (*Señorios*) machten sich zu Eignern des erkämpften Landes und vergaben es gegen einen Tribut als Lehen. Aber auch aus ökonomischer Sicht brachten die kanarischen Expeditionen nicht den erhofften Erfolg. Sie fanden weder Gold noch Edelsteine. Nur die als Sklaven verkauften Ureinwohner »lohnten« den Einsatz. Mit dem Erlös konnte man die daheim drängenden Gläubiger befriedigen.

Den Menschenhandel legitimierten im 14. und 15. Jahrhundert päpstliche Bullen. Unter dem Motto: »Krieg allen nichtchristlichen Religionen – Bekehrung der Heiden!« durften in eroberten Regionen Ungläubige im Namen Gottes versklavt werden.

Zeit der Entdeckungen

Durch hohe Zölle hatten die asiatischen Herrscher den schwungvollen Handel Europas mit dem Osten via Italien (*Marco Polo*, 1254-1324) gebremst. Als die Siege des osmanischen Reiches in Südserbien (Amselfeld-Schlachten 1389 und 1448) die türkische Vorherrschaft auf dem Balkan bzw. dem östlichen Mittelmeer besiegelten, kam der Levantehandel (vornehmlich mit Kleinasien, Syrien und Ägypten) völlig zum Erliegen.

Kopernikanische Wende

In dieser Epoche führten neue naturwissenschaftliche Erkenntnisse und Erfindungen (Sternen-, Wetter- und Meeresströmungskunde, Karthographie, und bessere Schiffe) zur Ablösung des ptolemäischen durch das von der Kirche lange Zeit verteufelte sonnenzentrierte Weltbild (Kopernikus 1473-1543). Küstenunabhängige, globale Navigation wurde möglich.

Da der versperrte Weg nach Osten das Umdenken Richtung Westen, hin zum gefürchteten Atlantik, gebot, war der Weg frei für die Vormachtstellung der westeuropäischen Seemächte (England, Frankreich, Portugal, Spanien), die aus Wirtschaftsinteressen die Kunde einer möglichen Nordwestpassage nach Asien aufgriffen und in machtpolitischer Konkurrenz protegierten.

Kolonialisierung

Bis ins hohe 15. Jahrhundert hatte die spanische Krone die Abenteuer am Rande ihres Hoheitsgebietes geduldet. Erst 1477, nach der Rückeroberung der Iberischen Halbinsel von den Mauren (*Reconquista*), hatte sie sich mit päpstlichem Missionsauftrag eingeschaltet und bis 1496 unter den *Reyes Católicos* (Isabella von Kastilien, Ferdinand von Aragón) die planmäßige Kolonialisierung der restlichen drei kanarischen Inseln (Gran Canaria, La Palma, Teneriffa) betrieben. Triebfeder waren aber, wie gesagt, weniger christliche Ideen, als die Hoffnung, von dort die per Landroute verlorenen Handelspartner Indien und China wieder zu erreichen.

Handelsdreieck

Man wusste also längst um die strategische Bedeutung der Kanarischen Inseln auf dem Weg nach Westen und an die Goldküsten Afrikas. Der Nordostpassat, der noch heute die Skipper jeden November mühelos von den Kanaren in die Karibik bläst, ließ 1492 dann auch den im Auftrage der *Reyes Católicos* segelnden Italiener ***Christoph Columbus*** »zufällig Amerika« entdecken.

Das Paradies der Antike wurde für praktische Zwecke intrumentalisiert: Hier konnte man vor der Atlantiküberquerung zum letzten Mal Frischwasser bunkern und von dort aus in strategisch bester Lage mit drei Kontinenten Handel treiben.

3.1.3 Eroberung Teneriffas durch Alonso de Lugo

Teneriffa fiel als letzte der drei unter den *Reyes Católicos* eroberten Kanareninseln, und es fiel nur gegen den erbitterten Widerstand der Ureinwohner. Auf dieser größten und am dichesten bevölkerten Insel war längst bekannt, dass die Spanier nicht als Freunde kamen. Aber der mit dem Feldzug beauftragte Andalusier *Alonso de Lugo* nutzte nach seiner Landung (1494) im späteren Santa Cruz geschickt den Unfrieden zwischen den tinerfeñischen Guanchenfürsten (*Menceys*) und verbündete sich mit den ***Reinos de Paces*** (»Königreichen des Friedens«). Mit ihnen zog er nach La Laguna, wo er mit einem der mächtigen *Menceys* der kriegerischen Reiche (***Reinos de Guerra***), *Bencomo de Taoro*, zusammentraf. Er bot ihm seine Freundschaft für den Preis der Unterwerfung unter die spanische Krone und den christlichen Gott an. Entschlossen, aber freundlich lehnte *Bencomo* die trügerische Offerte ab (➢ »Lugo«, Seite 368).

Kurz darauf besiegten die Guanchen den Spanier bei **La Matanza** vernichtend (➢ Seite 367). Lugo kam erst ein Jahr später zurück und unterwarf 1496 die *Reinos de Guerra* in Schlachten bei La Laguna und La Victoria endgültig (➢ Seite 372 und 335, Mitte).

Landverteilung

Im Gegensatz zu den *Islas de Señorio* (➢ oben) behielt auf den ***Islas Realengos*** (Teneriffa, Gran Canaria und La Palma) die spanische Krone den Rechtstitel auf das eroberte Land. Die größten und besten Grundstücke teilte aber der Befehlshaber mit seinen

Guanchen und Spanier

Vertrauten, bedachte aber auch Kaufleute, welche die hohen Kosten der königlichen Eroberung getragen hatten. Wie langgestreckte Filets lagen diese Ländereien im Norden Teneriffas und schlossen alle Vegationszonen ein. In den Höhenlagen hatten die Großgrundbesitzer Quellwasser und Holz, in mittleren und unteren Zonen guten Ackerboden, an der Küste Zugang zum Meer.

Große Besitzungen erhielt ferner die Kirche als Dank für ihr Plazet zur Eroberung der heidnischen Inseln. Kleinere Grundstücke gingen an verdiente Soldaten, Arbeiter und Handwerker, die aus Europa übersiedelten. Die neuen Eigentümer wurden verpflichtet, auf ihrem Land zu leben und es zu bestellen. Nicht verteiltes Land wurde der Krone direkt unterstellt.

3.1.4 Wirtschaftliche Ausbeutung

Zuckerrohr

Es war *Lugos* Idee, Zuckerrohr auf den Inseln anzupflanzen und das in Europa hochdotierte Endprodukt gleich vor Ort herzustellen. Es gab alles, was man dazu brauchte: reichlich Wasser für die Mühlen, Holz, um den großen Töpfen beim Einkochen Dampf zu machen, und für die Maloche auf den Plantagen zudem billige Arbeitskräfte: Guanchen und afrikanische Sklaven. Für sie war das Leben auf den *Islas Afortunadas* weit entfernt von Platons elysischen Gefilden. Teneriffas Landschaft litt enorm unter dieser einseitigen Ausbeutung, denn die rücksichtslose Rodung der Kiefernwälder gefährdete die natürliche Wasserversorgung (➢ Essay ab Seite 447) und die Klimaverhältnisse.

Privatbesitz

Ganz Teneriffa wurde gleich nach *Lugos* Eroberung umgekrempelt. Hatten die Guanchen noch ausschließlich für ihren Eigenbedarf produziert, wurde jetzt von einer ausländischen Kaufmannschaft nur **ein** Produkt angebaut und in Europa vermarktet. Die Guanchen – auch die »einsichtigen« *Reinos de Pace* – wurden von den spanischen Einwanderern dominiert. Nur privater Grundbesitz – für die Ureinwohner ein Fremdwort – bedeutete nun Reichtum und begründete politische Macht. Auch Genueser und Flamen erhielten wirtschaftliche Schlüsselpositionen. Portugiesen kamen als Handwerker und nutzten die Kanaren als Sprungbrett in die Neue Welt, die ihnen von Portugal aus verwehrt war.

Internationales Kräftespiel

Dieses kolonialistische Wirtschaftsmodell hatte über Jahrhunderte Bestand. Nur der organisatorische Rahmen änderte sich, je nach Regierungsform in Madrid. Von dort wurde auch bestimmt, in welchem Umfang welche Waren in welche Länder zu welchen Bedingungen im- und exportiert werden durften.

Die strategisch günstige Lage des Archipels am Handelsweg zu den amerikanischen Kolonien wurde von Freund und Feind als wirtschaftspolitische Daumenschraube im europäischen Kräftespiel genutzt. Mal mussten die kanarischen Waren hoch verzollt werden, mal wurden neue Quotierungen festgelegt. Das ging im 17. Jahrhundert so weit, dass für je 100 Tonnen Exportgut 5 Familien zur Auswanderung gezwungen wurden (➢ Essay Seite 492f).

Gegen diese staatlichen Regulierungen griffen viele europäische Kaufleute erfolgreich zum Schmuggel (➢ Thema »Wein« ab Seite 71). Erst im 18. Jahrhundert lockerte Spanien die Restriktionen und erklärte 1852 die Kanaren zur Freihandelszone (***Puertos Francos***).

Piraterie und kriegerische Angriffe

Wegen der Beliebtheit des Archipels als Zwischenstopp auf der Route von und nach den ***Indias*** (➢ Kanarisches Lexikon, Seite 545) hatten Piraten leichtes Spiel, den vollgeladenen Schiffen aufzulauern. Unterstützt wurde die Piraterie von sog. »Korsaren«, die mit staatlicher Lizenz feindliche Handelsschiffe enterten.

Ende des 17. Jahrhundert geriet die Kanarenpolitik der Briten in eine knifflige Situation. Sie hatten die Genueser und Flamen als die führende Kaufmannsschicht auf Teneriffa abgelöst, und der Weinhandel, die zweite große Monokultur auf dem Archipel, lag ganz in ihrer Hand. Andererseits waren sie seit Jahrhunderten Spaniens Erzfeinde und Konkurrenten. Immer wieder griffen britische Schiffe Teneriffa an. Dabei war kaum zu unterscheiden, ob es sich um Piraten-, Korsaren- oder Kriegsschiffe handelte.

In unseren Geschichtsbüchern sind ***Francis Drake*** (1588 Sieg über die spanische Armada), ***Walter Raleigh*** und ***Robert Blake*** (1657 Sieg über die Silberschatz-Flotte vor Santa Cruz) große Admirale der englischen Marinepolitik. In kanarischen Publikationen dagegen sind sie nichts anderes als Freibeuter.

Als ***Admiral Nelson*** 1805 durch seinen Sieg über die spanisch-französische Flotte bei Trafalgar in die Weltgeschichte einging, konnte sich Teneriffa rühmen, ihm acht Jahre zuvor eine Niederlage bereitet zu haben. Eine Kugel aus der Kanone *El Tigre* hatte dabei seinen rechten Arm getroffen. Die »Wunderwaffe« ist bis heute an exponierter Stelle im Santa Cruzer Militärmuseum zu besichtigen (➢ Seite 137).

3.1.5 Das Zeitalter der Aufklärung und des Liberalismus

Nicht nur im wirtschaftlichen Sinne war das Zeitalter der »Aufklärung« (*Ilustración*) in der 2. Hälfte des 18. Jahrhunderts eine Blütezeit Teneriffas. Wie in Europa war das Bürgertum kunst- und kulturbeflissen, aber auch offen für Politik, Ökonomie und neues humanistisches Gedankengut. Das naturwissenschaftliche Interesse brachte aufgeklärte Gelehrte auf die abgelegenen Inseln. Auch der vielzitierte **Besuch *Alexander von Humboldts* 1798** fällt in diese Zeit. Aber trotz aller Menschenrechtsideale wurde in Teneriffa an den Grundfesten der feudalen Gesellschaftsordnung nicht gerüttelt. Erst im Laufe der liberalen Bewegungen des 19. Jahrhundert kam es zu Reformen.

Während der französischen Besetzung weiter Teile Spaniens wurden von den Juntas Ersatzregierungen in den nicht besetzten Teilen und die Auflösung des Grundbesitzes auf den *Islas de Señorios* verfügt und danach ein Großteil des Kirchenbesitzes säkularisiert. 1852 erfolgte eine **Liberalisierung des Handels** und eine Demokratisierung des Wahlrechts. Baulicher Ausdruck des neuen offeneren Denkens war die großzügige Umgestaltung der Innenstadt von Santa Cruz Anfang des 19. Jahrhunderts nach klassizistischen Vorbildern Europas.

Durch den ständigen Wechsel von liberalen und reaktionären Regierungen in Madrid kamen jedoch viele Reformen ins Stocken. So leicht war das alte System nicht zu erschüttern, schon gar nicht auf dem Lande, wo sich die Herrschaft der Feudalherren und ***Caciques*** (»Kaziken«/Dorftyrannen) über viele Jahrhunderte etabliert hatte.

3.1.6 Politische Abhängigkeit und Monokulturen

Nachdem Spanien durch die Unabhängigkeitsbewegungen (*Simón Bolívar*) seine Kolonien in Südamerika schon Anfang des 19. Jahrhunderts verloren hatte und sich 1898 neben den Philippinen auch seine karibischen Besitzungen (Kuba, Puerto Rico) mit US-Unterstützung gelöst hatten, fürchtete die geschwächte und vom europäischen Bündnissystem isolierte iberische Kolonialmacht auch um die Kanaren, obwohl hier die Bevölkerung – außer kleineren Revolten auf La Gomera und Gran Canaria – loyal zum Mutterland stand.

Trotz mehr oder weniger starker Ambitionen Amerikas, Englands und Frankreichs, ja sogar Belgiens und Deutschlands, die kanarischen Inseln friedlich (durch Kauf) oder militärisch zu übernehmen, konnte Spanien seine Kolonien in Westafrika (Westsahara und Äquatorial-Guinea) bis ins 20. Jahrhundert halten und die Kanaren 1927 als zwei spanische Provinzen integrieren (seit 1982 mit Autonomie-Status).

Monokultur im 19. Jahrhundert: Cochinilla-Läuse auf der Opuntie. Aus den Läusen wurde vor Erfindung von Anilinfarben roter Farbstoff gewonnen, ➢ Seite 544.

Auch die Wirtschaftsepochen der Kanaren haben sich nicht aus ihren Gegebenheiten und Traditionen entwickelt, sondern wurden ihnen von außen als Monokulturen aufgezwungen: Die **Zuckerproduktion** brach schon Mitte des 16. Jahrhunderts wieder zusammen, weil sie in den iberoamerikanischen Kolonien klimatisch günstiger und billiger war; nach dem Weinanbau kam im 19. Jahrhundert die ***Cochinilla*** (➢ Seite 544, Essay). 100 Jahre später

lösten **Bananen** die zwischenzeitlich auch monokulturellen **Tomaten** ab, und heute ist – neben **Schnittblumen** (➢ Seite 266) – vor allem der **Tourismus** wiederum eine Art Monokultur (➢ Seiten 213, 494).

Jedem Zusammenbruch einer Monokultur folgte eine neue Auswanderungswelle nach Südamerika und in die Karibik, wo sich später – insbesondere in Venezuela und Kuba – die ersten kanarischen Unabhängigkeitsbewegungen bildeten .

Von der EU subventionierte Tomatenvernichtung auf Teneriffa

3.1.7 Die 2. Republik und Frankismus

Die II. Spanische Republik (1931-1936) brachte das politische Gefüge auf den Kanarischen Inseln erstmals völlig durcheinander. Mitteleuropäisches Teufelszeug, wie Gewerkschaften und Arbeiterparteien wurden gegründet, und mit etwas Verzögerung erreichte der Radikalismus der 20er-Jahre auch die provinziellen Kanaren. Die verkrustete Kunst- und Kulturszene wurde aufgebrochen.1935 eröffnete der Franzose ***André Breton*** die erste Surrealisten-Ausstellung Spaniens in Teneriffa.

Die schleichende Polarisierung der Gesellschaft wurde deutlich im Sieg der ***Frente Popular*** (Volksfront) von 1936.

Dass *General Franco* seinen Putsch von Teneriffa aus starten konnte, hatte mehr mit seiner Vita zu tun (➢ Seite 401), als mit der herrschenden Polit-Kaste. Die Inselregierung ergab sich keineswegs ohne Widerstand, was den Zivilgouverneur und seine Anhänger das Leben kostete.

Obwohl die Kanaren vom Bürgerkrieg danach nicht unmittelbar betroffen waren, traf sie die Repression besonders brutal. Die wirtschaftliche Isolierung vom Welthandel schmerzte die exportorientierten Inseln sehr. Zum ersten Male seit der *Conquista* wurde ihnen dazu die Selbstversorgung auferlegt, eine Umstellung, die große Probleme mit sich brachte. Der einzige bedeutende Außenhandel blieb der Export von **Bananen** nach Spanien. Selbst die Emigration in Richtung Südamerika war erschwert.

»Briefe« aus Cuba (Hans Beter/Teneriffa)

»Maria Chacon-Morales, 28, blanca, profesora, soltera, mi bis-bis-abuelo vino de teneriffe. Busco marido para la repatriación«

(»Maria Chacon-Morales, 28, weiß. Lehrerin, ledig, mein Ur-Ur-Großvater kam aus Teneriffa. Suche Ehemann zwecks Rückkehr«)

Solche oder ähnliche Anzeigen aus Kuba finden sich fast täglich in der Inselzeitung *EL DIA,* Rubrik *»Cartas de Cuba«*. Wer schreibt sie? Enttäuschte Kubaner oder Kinder der Emigranten?

Tatsächlich erleben die Kanaren in den letzten Jahren wieder eine verstärkte Heimkehr, nachdem erst unter General Franco, so schätzt man, rund 125.000 *Canario*s ihre Inseln verlassen hatten. Dieses Hin und Her ist so alt und den *Canarios* so vertraut wie Ebbe und Flut!

Dank früher Kirchenbücher in Kuba kennen wir die Zahl der *Canarios,* die ihre karge Scholle verließen, um auf der Zuckerinsel eine neue Heimat zu suchen. Danach kamen z.B. 1868 bis 1894 insgesamt 708.734 *Españoles de pura sangre,* d.h. weiße Spanier, nach Kuba, darunter 291.110 Soldaten. Rund ein Viertel der Neuankömmlinge sollen *Canarios* gewesen sein.

Doch ganz genau weiß das niemand, denn die Kirchenbücher unterscheiden nur zwischen *Españoles* auf der einen und *Pardos y Morenos,* d.h. Mulatten und Schwarzen, auf der anderen Seite. Einige wenige noch erhaltene Schiffslisten und die typischen Familiennamen, wie *Chacon, Chinea* oder *Pimiento,* vermitteln auch heute noch einen Eindruck von den engen familiären Bindungen zwischen den kanarischen Inseln und dem früheren spanischen Kronbesitz. Erst kürzlich erklärte die UNESCO das ***Barrio Canario***, das älteste spanische Stadtviertel in Havanna, zum Weltkulturerbe. Es ist zugleich das größte zusammenhängende Viertel in Kubas alter Hauptstadt.

Warum trieb es so viele *Canarios* in die neue Welt, besonders nach Kuba?

Die Kanarischen Inseln waren der letzte europäische Stützpunkt, auf dem die spanische Flotte vor der langen Atlantiküberquerung noch einmal Wasser und Proviant aufnehmen und ihre Besatzung auffüllen konnte. Schon Kolumbus nahm bei seiner ersten Reise nach Amerika einige *Canarios* mit. 1497 wurde dann Teneriffa als letzte der Kanarischen Inseln erobert, und bei der ersten Volkszählung 1520 wurden 25.000 *Canarios* registriert. 15 Jahre später wanderten allerdings 1.500 wieder ab. Es ist bekannt, dass sie auf den Schiffen anheuerten, mit denen *Pedro Fernández de Lugo* zur Einnahme von Santa Maria in Kolumbien aufbrach. Das Beispiel machte Schule, *Pedros* Sohn *Alonso Luis de Lugo* führte 1541 eine weitere Expedition mit kanarischer Beteiligung über den Atlantik.

Kanarische Emigranten als Eroberer in der Neuen Welt!

Bis 1787 hatte sich die Bevölkerung der Kanarischen Inseln immerhin bereits auf rund 160.000 erhöht »... trotz ständiger Hungersnöte, Epidemien und der starken Emigration nach Amerika ...«, wie amtliche Zähler damals nach Madrid meldeten.

Die Krone selbst hatte die Emigration erzwungen. Ein Gesetz mit dem ***Tributo de sangre*** (Blutzoll) – diese Bezeichnung ist bis heute jedem *Canario* ein Begriff – legte mit dem Ziel, die Bevölkerung in den Kolonien zu stärken, fest, dass im Austausch für jährlich 100 Tonnen Exportgut (anfangs Zucker und Gemüse, später Wein oder Fleisch) fünf Familien auswandern mussten. Dadurch wurden jährlich mindestens 1.500 *Canarios* in die Emigration getrieben. Darüber hinaus war die Auswanderung oft das Resultat nackter Not. Besonders die Umstellung vom Zuckerrohr- auf den Weinanbau am Anfang des 16. Jahrhunderts und das Ende der Kultur der *Cochinilla*-Laus (➢ unten) um 1860 vernichtete schlagartig die Existenzgrundlage Zehntausender.

Als erstes war das **Zuckerrohr** auf die Inseln gekommen. Speziell in Gran Canaria und Teneriffa wurde es so lange und intensiv angebaut, dass bald alle Bäume in der Umgebung der Fabriken abgeschlagen waren. Noch heute stammt die Verkarstung beider Inseln aus jener Zeit.

Danach verlagerte man die gesamte Produktion nach Kuba und mit ihr nicht nur alle afrikanischen Sklaven, sondern auch ein Drittel der Inselbevölkerung. Die *Canarios* in Kuba blieben, was sie waren: Arbeiter und Bauern. Einige von ihnen wurden reiche Zuckerbarone, wie etwa die Familie *Guzman*, die zum frommen Dank im Jahre 1625 ihrer Heimatstadt Icod de los Vinos auf Teneriffa ein Silberkreuz stiftete, das mit 1,80 m Höhe und 46,4 kg das größte jemals geschmiedete Silberkreuz der Welt ist. Es steht noch immer in der Pfarrkirche von Icod, ➢ Seite 345.

Als nächste Monokultur etablierte sich der **Weinanbau**. Der berühmte **Malvasier** aus kanarischem Anbau durfte im 17. Jahrhundert auf keiner festlichen Tafel Europas fehlen. Als jedoch die Engländer, die den Markt beherrschten, um 1660 in Madeira einen billigeren und noch schwereren Wein produzierten, brach der Markt für die Kanaren zusammen. Wieder verließen Zehntausende die Inseln. Der Malvasier geriet zeitweise sogar in Vergessenheit. Erst heute wird er wieder verstärkt angebaut.

Später spezialisierte man sich auf die Zucht von ***Cochinilla*-Läusen**, die zerquetscht einen intensiven roten Farbstoff ergeben (heute noch im Campari und Lippenstiften). Der war damals für das Färben feiner englischer Tuche unentbehrlich und wurde in Gold aufgewogen, bis 1858 die Badische Anilin den Naturfarben das Ende bescherte (➢ Seite 544, 490).

Eine weitere Welle spülte darauf wieder einige zehntausend *Canarios* über den Ozean. Vor allem wieder auf die Insel Kuba, welche die ***Españoles de pura sangre*** willkommen hieß, denn der Kampf um die Unabhängigkeit hatte die Bevölkerung der *Españoles* auf der einen und der *Pardos y Morenos* auf der anderen Seite Ende des 19. Jahrhunderts in blutige Kämpfe verwickelt. Verständlich, dass es das Bestreben der spanischen Krone war, den Anteil der *Españoles* zu erhöhen. Als 1898 die Amerikaner jedoch aktiv in diesen Kampf eingriffen, war die Insel für Spanien verloren, was von den meisten *Canarios*, die nun freie Kubaner wurden, zunächst freudig begrüßt worden war. Dass es heute wieder viele gibt, die am liebsten auf die Kanaren zurück möchten, beweisen die »Briefe aus Kuba«.

3.1

3.1.8 Die neue Monokultur Tourismus (➢ auch Seite 213)

Die britische Schiffahrtslinie *Yeoward* transportierte neben Bananen 1885 auch die ersten 350 Touristen von England nach Teneriffa, sechs Jahre später schon 5000. Der 1. Weltkrieg setzte dieser ersten touristischen Phase ein Ende. Danach kamen Weltwirtschaftskrise (1929), Bürgerkrieg, 2. Weltkrieg und zeitgleich die Franco-Diktatur bis Mitte der 1970er-Jahre.

Noch unter Franco setzten die Kanaren in den 1960er-Jahren wieder auf den Tourismus (1960 = 27.000, 1970 = 300.000 Gäste), was ihnen einen 40-jährigen Boom und immense soziale Umwälzungen brachte, wie keine andere Monokultur zuvor.

Der Preis ist die Zerstörung der paradiesischen Küstenlandschaft durch unkontrollierte Überbauung. Die 10 Mio. Touristen im Jahr (alle Kanareninseln) erfordern modernste Infrastrukturen, viel Logistik und eine gewaltige nachgeordnete Serviceindustrie.

Neben heute 865.000 Tinerfeños (einschließlich ausländischer Residenten) müssen täglich bis zu 200.000 Touristen in Hunderten von Restaurants und Hotels versorgt werden. Während viele Felder brachliegen, schaffen Flotten von Flugzeugen und Schiffen Nahrungsmittel heran. Ein überwiegend agrarisch orientiertes Gemeinwesen war daher kurzerhand zu einer Dienstleistungs-Gesellschaft umzufunktionieren.

Gleichwohl gibt es Armut und viele Arbeitslose (➢ Seite 23). Sie erklären sich u.a. aus der defizitären Schulbildung der Landbewohner. Zwar werden im Tourismus, Transportwesen und Baugewerbe) auch Ungelernte gebraucht. Führungspositionen nehmen aber überwiegend Festlandspanier ein (➢ Seite 496).

Das **Bruttosozialprodukt** der Provinz Canarias steht heute spanienweit an 6. Stelle. Unzählige Baukräne drehen sich nach wie vor um Hotelneubauten und Wohnanlagen für eine breiter werdende kanarische Mittelschicht. Denn es bleibt mehr Geld auf den Inseln als bei früheren Monokulturen. Zuzug und Preise explodieren derweil. Der Tourismus verwandelte die Kanaren im 20. Jahrhundert vom Aus- zum Einwanderungsland.(➢ Seite 49). Früher gingen arme Canarios in die Ferne, heute kommen reiche Fremde, Touristen wie Residenten.

Fazit Der 11.September 2001 brachte nur geringe Einbrüche, aber die spanische Wirtschaftsflaute (Bauwesen/Hypotheken) und die globale Finanzkrise werfen dunkle Schatten für 2009 voraus.

Teneriffa platzt seit einiger Zeit aus allen Nähten, und konkurrierende Urlaubsziele (Mittelmeer, Karibik) haben z.T. günstigere Angebote. Die kanarische Politik setzt daher neuerdings wieder auf die mehr als 200 Jahre alte Idee einer Handels- und Tranportdrehscheibe zwischen Europa, Afrika und Amerika, die dem Archipel neben dem Tourismus neue, zusätzliche Impulse geben soll.

3.1.9 Berühmte Persönlichkeiten auf den Kanaren

Besucher und Zugereiste

Der Umstand, dass *Frederic Chopin* und *George Sand*, ein seinerzeit berühmtes, exzentrisches Liebespaar, einen Winter (1838/39) auf Mallorca zubrachte, hat an den Orten des Geschehens bis heute erfreuliche ökonomische Effekte. Auf Teneriffa findet man nichts Vergleichbares. Auch viele der im Zusammenhang mit Teneriffa gern genannten folgenden Berühmtheiten haben nur mittelbar etwas mit der Insel zu tun:

Christoph Columbus

Am *Puerto Colón* in Las Américas erinnert zwar ein Denkmal an ***Christoph Columbus***, doch setzte er nie einen Fuß auf Teneriffa, nur vorbeigesegelt ist er. Selbst, dass der Teide gerade höllisch spuckte, ließ ihn kalt, trieb es ihn doch auf seiner zweiten Fahrt nach Amerika schnell noch zu *Beatriz de Bobadilla*, einer kanarischen Adligen, auf die Nachbarinsel La Gomera. Sie empfing ihn zwar mit Feuerwerk und Kanonen-Böllern, heiratete aber einen anderen Draufgänger, den Teneriffa-Eroberer *Lugo*.

Admiral Horatio Nelson

Admiral Horatio Nelson, der weltgeschichtlich vermutlich berühmteste Besucher, kam nicht der Sonne wegen. Seinen Angriff auf Teneriffa büßte er 1797 mit dem Verlust des rechten Arms, ➢ Seite 124. *Nelson* wurde nach der Schlacht in der Hauptstadt nicht schlecht behandelt: medizinisch versorgt und mit Speis und Trank vom siegreichen Admiral *Gutiérrez* bewirtet.

Alexander von Humboldt

Aufgeklärte Wissenschaftler interessierten sich für Vulkanismus, Flora und Fauna der Insel. ***Alexander von Humboldt*** ist ihr Star. Auf seiner Südamerika (1799-1804) stoppte er hier kurz. Das war den Tinerfeños einen *Mirador* mit Gedenktafel im Orotavatal wert (➢ Seite 320), heute ein Muss für Touristenbusse.

Hermann Wildpret

Schweizer Botaniker (1860-93); *Jardín Botánico*-Leiter in Puerto, Teideaufstieg-Begleiter Humboldts; *Echium wildpretii* nennt man nach ihm den Natternkopf/Tajinaste (➢ Seite 309, 458f)

Charles Darwin

Charles Darwin wiederum segelte auch nur vorbei, zeigte sich aber begeistert: »Alles wirkt wunderschön: Die Farben sind sehr leuchtend und weich. Der Gipfel oder Zuckerhut hat sich gerade aus den Wolken erhoben. Er thront zweimal so hoch als ich mir vorgestellt hatte, in den Himmel. Eine dichte Wolkenbank schirmt den Schneegipfel von der zerklüfteten Basis ab.«

Agatha Christie

Agatha Christies Aufenthalt schlug sich in einer Kurzgeschichte von zweifelhafter Bedeutung nieder. Es schien ihr auf Teneriffa nicht besonders gefallen zu haben: »Kein Mensch auf der Insel war gesellschaftlich oder künstlerisch von Bedeutung«. Auch ihre Landsleute brachten keinen Schwung in die Szene: »Die meisten Leute lebten seit sieben, vierzehn oder einundzwanzig Jahren hier und schätzten sich und andere danach ein, wie lange sie schon hier wohnten«. (aus: »Der Mann am Meer«, in: »Der seltsame Mr. Quinn«, Scherzverlag, Zürich).

3.1

Ernest Hemingway

Auf ***Ernest Hemingway*** können sich die Tinerfeños nur über drei Ecken berufen. Sein Titelheld *Santiago* in »Der alte Mann und das Meer« ist der 1897 geborene ***Gregorio Fuentes***, der damit in die Weltliteratur einging. Er war *Canario* und erhielt auf Antrag seine spanische Staatsbürgerschaft zurück. Danach zog es ihn aber auf die Nachbarinsel Lanzarote, wo er Anfang 2002 starb.

César Manrique

»Als ich von New York zurückkam, war ich entschlossen mitzuhelfen, meine Heimatinsel in einen der schönsten Plätze der Welt zu verwandeln«. Das sagte ***César Manrique*** 1968. 24 Jahre später starb der wohl einzige international bekannte kanarische Künstler bei einem Autounfall auf Lanzarote. Das einfache Leben der Fischer und Bauern auf Lanzarote hatte seine Bilder einst inspiriert. Erst nach seinem Kontakt mit der surrealistischen Künstlerelite in Europas Metropolen und einem vierjährigen USA-Aufenthalt fand er zu abstrakteren Formen. *Manrique*, an sich mehr Maler und Skulptor, erlangte weltweite Aufmerksamkeit als Architekt »seiner« Insel. Er gilt als Schöpfer des »**Gesamtkunstwerkes Lanzarote**«, in dem das Bizarre und Farben der archaischen Vulkanlandschaft mit der exotischen Inselflora und altkanarischen Finca-Architektur – verbunden mit modernen Stilementen – zur Einheit finden. Seither steht die Insel auf der Landkarte aller Kunstliebhaber.

Das eingangs zitierte Versprechen von 1968 erfüllt *Manrique* mit einer Reihe ungewöhnlicher Bauten: seinem ersten Wohnhaus (*Taro de Tahiche*) inmitten unwirtlicher Lavawüste, dem Musterbeispiel eines lanzarotenischen Bauernhauses, der *Casa Museo del Campesino*, den beiden Restaurants *La Era* und *El Diablo*, dem wunderbaren *Mirador el Rio*, dem Museum für zeitgenössische Kunst (*Museo Internacional de Arte Contemporaáneo*) und vor allem der Gestaltung der Konzertsaal-Grotte *Jameos del Agua*, die Rita Hayworth das achte Weltwunder nannte.

Auf Teneriffa – der größten und urbansten Insel der Kanaren – setzte er architektonische Akzente in städtischer Umgebung mit der Badelandschaft ***Lago Martiánez*** und der Park- und Strandanlage ***Playa de Jardín*** (beide Puerto de la Cruz) sowie dem ***Parque Marítimo*** in Santa Cruz.

Tinerfeños

Es gibt keine *Tinerfeños*, die in die Weltgeschichte eingingen, aber einige Namen, die hier Straßen oder Denkmälern schmükken, sind auch über die Inselgrenzen hinaus bekannt.

Das goldene Zeitalter

Als **Goldenes Zeitalter** (*Siglo de Oro*) wird in Teneriffa die Aufklärung (*Ilustración*) bezeichnet. Liberale, vernunfts- und wissenschaftsorientierte Gedanken, die Mitte des 18. Jahrhunderts in Europas Metropolen im Schwange waren, wurden vom tinerfeñischen Adel und Bürgertum offen aufgenommen. Weit weg vom Mutterland und reich an Schmuggelerfahrung, erhielt man in La Laguna die in Spanien verbotenen Schriften aus England, Frankreich und Amerika ohne Probleme. Die internationalen Handelshäuser Teneriffas wurden von protestantischen Kaufleuten aus Europa beherrscht.

Tertulias

Die liberalen Denker trafen sich in ***Tertulias*** (Gesprächskreisen), die in La Laguna, Santa Cruz und Puerto de la Cruz in den Herrenhäusern der vornehmsten Familien abgehalten wurden. Beispielsweise bei *Nava y Grimon*, dessen beeindruckendes Palais am Plaza de Adelantado in La Laguna zu sehen ist. Bei diesen Treffen wurde über Erziehung, Wirtschaft, Naturwissenschaft, Freihandel und Kunst diskutiert. Der *Marqués de Villanueva del Prado* setzte sich für die Errichtung des Botanischen Gartens in Puerto de la Cruz zu wissenschaftlichen Zwecken ein. Erste Inselzeitungen entstanden, und die erste Universität des Archipels ging aus dem Augustiner-Kloster in La Laguna hervor. Maßnahmen gegen die Vernichtung des Waldes (!) wurden beschlossen und die Einführung neuer landwirtschaftlicher Produkte betrieben.

José de Viera y Clavijo

Der berühmteste Historiker und Wissenschaftler ***José de Viera y Clavijo***, (1731-1813) stammte aus einer aufgeklärten bürgerlichen Familie, gehörte dem Klerus an und wurde vom Adel protegiert. Seine beiden Bücher über die kanarischen Inseln (*Noticias de la Historia General de las Islas Canarias* und *Diccionario de Historia Natural de las Islas Canarias*) gehören zu den wissenschaftlichen Standardwerken. In seinem Geburtsort Los Realejos hat man ihm ein Denkmal gesetzt, ➢ Seite 336.

Tomás de Iriarte

Die Familie ***Iriarte*** aus Puerto de la Cruz hat gleich mehrere Aufklärer in die Welt hinausgeschickt. ***Tomás de Iriarte*** (1750-1791) bekam Probleme mit der Inquisition, weil er in Madrid schneidende polemische Texte gegen den religiösen Fanatismus schrieb. Spanisches Kulturgut blieben seine humorvoll-moralischen *Fabulas Literarias.*

Juan de Iriarte

Sein Onkel ***Juan de Iriarte*** war Literaturkritiker und Direktor der Königlichen Bibliothek zu Madrid. Nur sein Bruder blieb im Lande, wurde Mönch und unterrichtete im Dominikanerkloster von Orotava. Aus der ***Casa Iriarte*** wurde ein kleines Museum mi einem Geschäft für Stickereien (➢ Seiten 300).

Augustín de Bethencourt

Augustín de Bethencourt (1758-1824) brachte es als Ingenieur und Erfinder schon zu Lebzeiten zu internationalem Ruhm, wiewohl nur im Ausland. Mit 20 Jahren zog es ihn von seiner Heimatstadt Puerto de la Cruz nach Madrid. Dort wurde er Direktor der ersten spanischen Ingenieursschule. Dem Bau von Straßen, Brücken und Kanälen blieb er auch in Russland treu, wo er als Militärtechniker im Dienste Alexanders I. tätig war. Für die Dränage des Hafens von Kronstadt erfand er einen speziellen Bagger. Seine Seidenspinn- und Dampfmaschinen machten ihn zu einem der angesehensten Ingenieure seiner Zeit. Sein Essay über die Konstruktion von Maschinen (*Ensayo sobre la Composición de las Máquinas*) ist noch heute ein Klassiker. Das ***Hotel Monopol*** im Zentrum von Puerto de la Cruz ist sein Geburtshaus.

3.1

José de Anchieta

Auch in den Jahrhunderten vor und nach der Aufklärung lebten *Tinerfeños*, die über ihre Insel oder Spanien hinaus berühmt wurden. ***José de Anchieta*** war mit *Ignacio de Loyola* verwandt, in dessen Orden er früh eintrat und als Missionar nach Brasilien ging. Der junge Jesuit gründete Missionsstationen, aus denen Sao Paolo und Rio de Janeiro hervorgingen. 1597 starb er in Brasilien und wurde 1980 selig gesprochen. Sein Geburtshaus (*1534) steht in La Laguna.

Teobaldo Power

Teobaldo Power (1848-1884), ein Musiker der Romantik, war irischer Abstammung. Seine Vorfahren lebten aber schon seit dem 17. Jahrhundert auf den Kanaren. Bereits in jungen Jahren von der Musikwelt in Barcelona, Paris und Madrid anerkannt, kehrte er nur kurz nach Teneriffa zurück. Die seiner Heimat gewidmeten ***Cantos Canarias*** kennt jedes kanarische Schulkind. In La Orotava wurde ein Konzertsaal, in seiner Geburtsstadt Santa Cruz eine Straße nach ihm benannt.

Oscar Dominguez

Surrealistisches Werk von Oscar Dominguez

Der in La Laguna geborene Maler ***Oscar Domínguez*** (1906-1957) lebte in den 1930er-Jahre in exzentrischen Kreisen in Paris. Er fand in *André Breton*, Wortführer des Surrealismus, einen berühmten Förderer. *Breton* sah in den Kanaren eine Art surreale Terra Magica. 1935 veranstaltete *Breton* mit *Domínguez* seine erste spanische Surrealisten-Vernissage in *Santa Cruz*.

Unter *Domínguez`* Werken findet man viele kanarische Motive, z.B. die *Cueva de los Guanches* (Guanchenhöhle) und *El Drago*. Alkohol, Drogen und das Gefühl des Versagens vor seinem Vorbild *Picasso* führten ihn 1957 in den Selbstmord.

Im *Parque García Sanabria* in Santa Cruz steht seine Arbeit ***Monumento al Gato*** unmittelbar oberhalb des großen zentralen Brunnens. Das neue Santa Cruzer Kulturzentrum zwischen *Mercado* und Anthropologischem Museum (entworfen vom renommierten Architekten *Jaques Herzog)*, wird den Namen von *Oscar Domínguez* tragen.

Pedro Gonzáles

Der ebenfalls aus La Laguna stammende ***Pedro Gonzáles*** kehrte nach einem mehrjährigen Venezuela-Aufenthalt 1961 nach Teneriffa zurück. Nach abstrakten Jugendwerken malte er in den letzten Jahrzehnten tinerfeñische Städte- und Landschaftsbilder.

Simon Bolivar/ Romulo Bethancourt

Zuweilen genügt den *Tinerfeños* schon die Teneriffa-Abstammung von wichtigen Persönlichkeiten für ein Denkmal. So für ***Simón Bolívar***, dessen Mutter in Garachico geboren wurde. Auch ***Romulo Bethencourt***, 1945-48 und 1959-64 Präsident von Venezuela, kam in den Genuss dieser Ehre. Seine Familie war vor langer Zeit von Teneriffa nach Südamerika ausgewandert.

General Franco

Eine zweifelhafte Ehre erfuhr Teneriffa durch ***General Franco***. Der Kommandeur des Inselmilitärs startete 1936 den Bürgerkrieg gegen die 2. Republik von Teneriffa aus, ➢ Seite 401.

Karneval in Santa Cruz fast wie in Rio

3.2 Fiestas und Folklore auf Teneriffa

3.2.1 Fest- und Feiertage

Die *Canarios* sind kein Volk von Traurigkeit. Sie legen Wert auf viel Freizeit und feiern gern. Am Wochenende geht man tagsüber oft in großen Gruppen auf Picknick- und Grillparties im Wald oder eine ***Tenderete*** (fröhliches Beisammensein mit Wein, Weib und Gesang zur *Timple*, einer Minigitarre). Abends trifft man sich zum Kneipenbummel (*parranda*) durch den Ort, entweder zufällig in den Bars, oder man hat sich auch vorher – überwiegend spontan – verabredet. Spanier meiden Stammtische, damit sich (behaupten böse Zungen) über den Wirt nicht herumspricht, wer der größte Zecher ist. Kneipen zum Tapetenwechsel gibt es ja mehr als genug in jedem Ort.

Feiertage

Neben den allgemeinen nationalen Feiertagen (➢ Liste unter »Wissen A-Z«, Seite 533) kommen noch rund 80 örtliche, **oft mehrtätige Fiestas** zu Ehren der jeweiligen Schutzheiligen. Viele dieser Feiern gehen fließend über in **folkloristische Dorffeste** mit bunten Trachten und kanarischer Volksmusik. Es wird gesungen, getanzt und getrunken, Höhepunkt ist meist ein Feuerwerk oder kräftige Böllerei.

Im folgenden sind die wichtigsten, auch für ausländische Besucher interessanten Feste auf Teneriffa kurz gekennzeichnet.

- Der Höhepunkt des Karnevals in Santa Cruz sind die Tage vom Freitag vor Rosenmontag bis Samstag nach Aschermittwoch. Kleinere närrische Nachbeben finden anschließend in allen tinerfeñischen Gemeinden (Puerto!) statt, können den Hauptstadt-Fasching aber nicht toppen (➢ »Karneval«, Seite 117).
- ***Romerías*** sind der geselligste, lebendigste und authentischste Ausdruck kanarischen Brauchtums. Diese »Erntedankfeste«

finden das ganze Jahr über auf Teneriffa statt, die meisten jedoch im Sommer. Wer Gelegenheit zum Besuch einer großen *Romería* hat (➢ Seite 399), sollte sie auf jeden Fall nutzen.

- **Fronleichnam** wird besonders in **Orotava** begangen. Die Blumenbilder und Teppiche (*alfombras*) aus buntem Lavasand gehören zu den großen Attraktionen der Insel (➢ Seite 329).
- Die **Osterwoche** (*Semana Santa*) wird in ganz Spanien feierlich begangen. Zentrum der religiösen Veranstaltungen und Prozessionen auf Teneriffa ist **La Laguna.**
- Fröhlich geht es **Mariä-Himmelfahrt** am 15. August in **Candelaria** zu. Das Fest zu Ehren der ***Schwarzen Modanna*** geht in eine rauschende *Romeria* über (➢ Seite 204f).
- Per Helikopter landen die **Heiligen 3 Könige** am 5. Januar im kindergefüllten Fußballstadion von **Santa Cruz** Danach reiten die Heiligen hoch zu Kamel durch die Stadt. Die Geschäfte haben bis Mitternacht zum Einkauf geöffnet (➢ Seite 292).

3.2.2 Kanarische Sport- und Spielarten

Wie gesagt sind auf den Kanarischen Inseln viele alte Traditionen lebendig. So auch eine Reihe von Spielen und Sportarten, wie die ***Lucha Canari**a*, ein Männer-Ringkampf, der auf die Ureinwohner zurückgeht (➢ Seite 386).

Daneben gibt es ***Arrastre de Ganado***, ein Wettkampf mit kanarischem Zuchtvieh. Dabei muss jeder Hirte (*Boyero*) sein mit Säcken beschwertes Ochsen-Gespann möglichst schnell über eine Strecke von 50 m treiben, ohne die Tiere zu schlagen.

Pelotamano ist ein Spiel wie Badminton, wobei ein Ziegenleder-Ball mit den bloßen Händen über das Netz geschlagen wird.

In kanarischen Dörfern sieht man zuweilen auch **Boccia-Bahnen**, auf denen die Männer nicht nur an Wochenenden ***La Bola Canaria*** spielen.

Das altkanische **Gewichtheben** nennt sich ***Levantamiento de Piedra*** (»Steinheben«), wobei enorm große Lavabrocken auf dem Nacken hochgestemmt werden.

Eine feuchtfröhliche Gaudi ist ***El Calabazo***, wenn zwei Männer mit 2 m langen Kellen im Wasserschöpfen wetteifern.

Ernster geht es bei der ***Lucha del Garrote*** zu, wenn *Canarios* beidhändig mit ihren *Garrotes*, 1,60 m langen Holzstöcken, fechten.

Über 3 m lange ***Lanzas***, hölzerne Stäbe, setzten schon die Guanchen an, um im ***Salto del Pastor*** (Hirtensprung) über die vielen tiefen Schluchten mehr weit als hoch zu springen.

Am 29./30. November ist in **Icod de los Vinos** abends der Teufel los. Dann düst die Dorfjugend auf hölzernen ***Tablas de San Andrés*** die steilen Gassen mit bis zu 50 Sachen hinab in einen Haufen alter Gummireifen (➢Seite 344).

3.2.3 Trachten der Canarios

Jede der sieben Inseln hat ihre eigenen, für sie typischen Trachten, die sich auch noch von Region zu Region und von Ort zu Ort unterscheiden. Am bekanntesten ist die Tracht aus dem Orotavatal. Sie wird – fälschlicherweise – für die tinerfeñische schlechthin gehalten.

Von der ursprünglich strikten, zunftgebundenen bzw. an der ständischen Gliederung orientierten Kleiderordnung ist wenig geblieben. Nur den hellen, knöchellangen Filzponcho der Hirten (*manta esperancera*), der früher mit Ziegenfett imprägniert war, trifft man noch vereinzelt in Bergdörfern oder auf *Romerías*. Seit dem 18. Jahrhundert holten sich auch die *Canarios* Anregungen aus dem Kleidungsstil der Reichen und Adligen. Das war die Geburtsstunde der Trachten (*Trajes de Mago*). Um die Stoffe einzufärben, nutzt man bis heute Naturprodukte, wie *Cochinilla* (rot), Färberwau (goldgelb), *Orchilla* (purpur), Indigo und Eukalyptus.

Die dominierenden Trachtenfarben sind inselweit rot, schwarz und weiß – die Farben der *Campesinos*, der Bauern.

Typisch sind auch die schwarzen Hüte der Männer und die mit farbigen Bändern verzierten kleinen Strohhüte der Frauen, sowie für den Norden der Insel gestreifte Röcke, kombiniert mit weißen Blusen und kunstvoll bestickten Westen (*chalecos*). Zu dieser Kleidung werden grüne oder gelbe Umhänge getragen. Die Schuhe und Stiefel sind aus schwarzem oder hellem Wildleder.

Charakteristisch für Teneriffa sind auch die *Romería*-Stoffe mit rot-grün-gelben Streifen; nur in Santa Cruz wird diese Farbfolge von einem zusätzlichen schwarzen Streifen unterbrochen.

Wer auf einer *Romería* den ***Baile de Mago*** mittanzen möchte, braucht dazu eine Tracht. Bei ***Mil Ideas*** in **Las Galletas** (in der Calle Sol del Sur, © 922-786375) wird sie den Kunden auf den Leib geschneidert.

Es tanzt ein Bi-Ba-Butzemann... (Hans Beter/Teneriffa)

Wie die Canarios tanzen und singen

Was haben deutsche und kanarische Volkslieder gemeinsam? Weit mehr, als man glauben würde!

Als ich *Don Roberto Gonzales, Director de la Banda Candelaria* (Orchesterchef) von Arafo/Teneriffa danach fragte, wollte er ein Beispiel hören. Also sang ich ihm das Lied vom Butzemann vor. Das Ergebnis verblüffte. Zwar verstand *Don Roberto* nicht den deutschen Text vom Säcklein tragenden Butzemann, summte jedoch die zweite Strophe bereits mit und erklärte dann: »Kenne ich! Das ist eine *Berlina*, ein Bauerntanz, der um 1890 zusammen mit Polka und Mazurka den Weg in unsere kanarische Volksmusik fand. Noch heute wird die *Berlina* als Pfeffer und Salz jeder Fiesta auf Fuerteventura, La Palma und El Hierro mit Akkordeon und Gitarre vorgetragen«. Dann lachte er: »*Hombre, qué escándalo*!« (Was für Skandal!) Es ist nämlich der einzige Volkstanz auf den Kanaren, bei dem sich die Paare eng umfasst halten.

Don Roberto hatte stundenlang das Festprogramm zum 75-jährigen Bestehen seiner *Banda* einstudiert. In weniger als drei Wochen würden die rund 60 Mitglieder, Jugendliche zwischen unglaublichen 5 und maximal 25 Jahren, vor heimischem Publikum auftreten. Nirgendwo auf den Kanaren, ja nicht einmal in ganz Spanien gibt es mehr ausgewiesene Musiker pro Kopf der Bevölkerung als hier in Arafo (➢ Seite 403). Im Vereinsregister des gerade 4000 Einwohner zählenden Städtchens sind eingetragen:

2 *Bandas* (Blas-Orchester mit je 50-60 Mitgliedern)

3 *Rondallas* (Volkstanzgruppen mit bis zu 20 Musikern und Tanzpaaren)

1 Chor (30 Sänger)

1 *Murga* (Karneval-Musikgruppe)

Die unzähligen folkloristischen Tanz- und Musikergruppen, die sich spontan zu Festen und Prozessionen zusammenfinden, nicht mitgezählt.

Sie alle verbindet die Liebe zur kanarischen Volksmusik, und – so Don Roberto – »die hört man mit dem Herzen, nicht nur mit den Ohren«.

Was ist typisch kanarische Volksmusik?

Einige Gesang- und Tanzstücke, die noch heute auf den Inseln lebendig sind, haben ihren Ursprung zweifelsfrei in der Kultur der Ureinwohner, der Guanchen. So trägt ein Trommeltanz aus La Gomera den Namen »*Tajaraste*«, was in der Berbersprache (*zajarasz*) »Goldring« bedeutet. Ebenso alt und lebendig ist ein getanzter Wechselgesang, der in La Palma und Gran Canaria an hohen Feiertagen aufgeführt wird. Zu schneller Trommel- und Flötenmusik singt ein Vorsänger eine immer wiederkehrende Melodie, während die Tanzpaare sich aufeinander zu- und wieder wegbewegen. Plötzlich pausieren Tanz und Musik. In die Stille hinein tritt ein Tanzpaar vor und beginnt einen Wechselgesang, der ohne feste Melodie von Liebe, Trauer oder Missständen in der Gemeinde handeln kann. Daher ist sein Inhalt manchmal zart, oft aber derb bis aggressiv. Anschließend setzen Musik und Tanz wieder ein. Das Spiel endet, wenn alle Paare einmal vorgetreten sind. Das ganze

Spektakel wird *Sirinoque* genannt. In der Sprache der Tuaregs und bei den Kabilen im Norden Afrikas heißt *siri-nek* »dein Tanz«. Kaum jemand zweifelt heute daran, dass die alten Guanchen aus genau dieser Region vor fast 3.000 Jahren auf die Kanarischen Inseln kamen.

Mit den Spaniern gelangten vor 500 Jahren die »*Folias*« auf die Inseln, der »Edelstein« der kanarischen Volksmusik. Es handelt sich um einen Palast-Tanz, wie er damals am Hofe der spanischen Könige aufgeführt wurde. Zur Musik der *Folias* bewegen sich in höfischer Manier drei Gruppen von je zwei Tanzpaaren. Die Einsätze der Tänze werden von den Musikern mit lauten Rufen, den *avisos*, angezeigt was bei dörflichen Festen noch heute zu ebenso lauten wie derben Antworten führen kann. Jede Insel hat sich in ihren *Folias* eigene Melodien und Tanzschritte erhalten. Eine volkstümliche Besonderheit ist die *Folia locura*, ein tränenreicher Gesang, zu dem zur Ehre Verstorbener am aufgebahrten Leichnam auch getanzt wird.

Doch nicht nur Guanchen und Spanier haben ihre Spuren in der Kanarischen Volksmusik hinterlassen. Vielmehr sind unter den 27 Volkstänzen, die ausführlich in der *Enciclopedia Canaria* beschrieben werden, einige, die auf portugiesische Einwanderer zurückgehen (*Aires de Lima*), oder andere, die von kanarischen Heimkehrern aus Kuba (*Habanera*) oder Mexico (*Mascarita*) mitgebracht wurden. Tatsächlich sind Einflüsse dreier Kontinente nachzuweisen.

Die Deutschen werden nicht nur mit ihrer *Berlina* erwähnt, sondern ebenfalls mit dem *Chotis majorero*, einem deutschen Tanz, der angeblich mit den Bourbonen (1720) nach Spanien und von da auf die Kanaren kam, wo er noch heute in La Palma getanzt wird und sich nach der Besiedelung Floridas über ganz Amerika ausgebreitet hat.

Als ich *Don Roberto Gonzales* nach seinem Konzert wiedersah, sagte er mir auf meine Frage nach seinem liebsten Volkstanz: »Der Kontrast zwischen ländlicher Fröhlichkeit und höfischen Trippelschritten in den *Folias de España* ist einmalig. Ich liebe diesen Tanz ...« Und höflich fügte er hinzu: »... doch die *Berlina* liebe ich auch, wie zum Beispiel *Baila un Bi-Ba-Butzemann*«.

Canarios beim Musizieren in einer Dorfkneipe

3.4 Architektur

Es war sicher ein kleiner Kulturschock für die spanischen Eroberer, als sie Ende des 15. Jahrhunderts ihren Fuß auf die Kanaren – ihre erste Kolonie – setzten. Kamen sie doch in glänzenden Rüstungen aus Städten wie Granada, Sevilla oder Toledo mit Palästen, Kathedralen und gewaltigen Festungen. Hier trafen sie auf Höhlenbewohner in Ziegenfellen.

Guanchenhöhlen

Die beim Abkühlen der Lava entstandenen gewölbten Löcher und der weiche, durch Kratzen oder Schneiden leicht auszuhöhlende Tuffstein im Inselsüden boten ausreichenden Schutz gegen Wind und Wetter. Hirten schliefen in steingeschichteten Hütten mit Strohdächern. Ansonsten hatten selbst die *Menceys* (Guanchenkönige) keine Herrschaftsbauten oder baulichen Machtsymbole, nur etwas größere Höhlen mit farbigen Felszeichnungen. Die kreisrunden Versammlungsplätze oder Kultstätten waren von niedrigen Mauern umgeben. Und selbst wenn Teneriffas umstrittene Stufen-Pyramiden (➢ Seite 200) tatsächlich religiösen Zeremonien gedient haben sollten, waren sie genaugenommen ziemlich schlichte Bauwerke.

Altkanarische Landhäuser

Nach Unterwerfung der kanarischen Ureinwohner ließen jedoch Prachtbauten nicht lange auf sich warten, denn der Eroberer *Alonso Fernández de Lugo* hatte große Pläne mit der Insel. Die von ihm ins Auge gefassten Zuckerrohr-Plantagen (➢ Seite 168) erforderten hohe Investitionen, für die er Kaufleute aus Genua gewann. Auf weitläufigen Haziendas bauten sich diese neuen Großgrundbesitzer repräsentative Landhäuser (*Casas Señoriales*) mit privaten Kapellen und *Bodegas* (Weinkellereien).

Militärkommandantur in Santa Cruz; klassizistische Fassade (➢ Seite 508) aus inseltypischem Material

Für das normale Mauerwerk nahm man gewöhnlich den leichteren Tuffstein, für die Grundmauern und Ecken den festen schwarzen Basalt. Meist wurden die Außenmauern weiß gekalkt, nur die Ecksteine blieben schwarz. Der Reichtum der Herren der Landhäuser zeigte sich bald in der verschwenderischen Nutzung und kunstvollen Bearbeitung des harten Kernholzes der kanarischen Kiefer. Klassisch sind die Außentreppen, die zu einer Galerie im ersten oder zweiten Stock führen. Auch für die Decken, Balkone, Stützsäulen, Fenster- und Türrahmen verwendete man Holz, das in den feineren Häusern ungestrichen blieb. Schutz vor Wind und Regen boten die nach Süden ausgerichteten Patios (Innenhöfe). Die Walmdächer wurden mit arabischen Terracotta-Pfannen nach der Mönch-Nonne-Methode belegt: über eine Lage U-förmiger Tonziegel (Nonne) wurde auf Lücke eine Lage mit der Wölbung nach oben (Mönch) gelegt, eine Dachdeckerkunst, die man bis heute überall sieht. Im Prinzip gelten diese typischen kanarischen Merkmale auch für kleinere Landhäuser.

Die Behausungen der Landarbeiter bestanden nur aus geschichteten groben Steinen und waren – wie bei den Guanchen – strohgedeckt. Solche *Chozas* stehen oberhalb von La Orotava an der Teideauffahrt und in Pinolere (➢ Seite 393).

Stadthäuser

Die italienischen Familien, wie die *Lercanos, Molinas* und *Pontes* zogen bald vom Land in die größer werdenden Städte. Ihre Paläste aus dem 16. bis frühen 18. Jahrhundert mit Renaissance- oder Barockfassaden in Orotava, Garachico, La Laguna und Santa Cruz werden heute als Museen oder Ausstellungsräume genutzt.

Die meisten der herrschaftlichen Stadthäuser haben im Patio reich geschnitzte, von Holzsäulen gestützte Galerien. Oft umläuft im 2. Stock ein **Balkonvorbau** das Haus, um dort das Getreide zu trocknen. Nur in der Fassade waren Portale und Fenster ggf. von Steinmetzarbeiten – als Zeichen großen Wohlstands – eingefasst.

Typisches Stadthaus aus dem 17./18. Jahrhundert mit umlaufendem Balkon im Obergeschoss und beschnitzten Fenstereinfassungen

Holz

Die Verwendung von Holz wurde typisch für die Kanaren. Man passte es zunächst in die jeweiligen europäischen Baustile ein, die mit etwas Verspätung auch den Archipel erreichten. Die Gotik war schon passé, als die Inseln von Europäern besiedelt wurden, und so finden sich auf Teneriffa nur wenige gotische Reste, wie das Portal der *Nuestra Señora de la Concepción* in Los Realejos, sowie einige Elemente der Klöster *San Agustín* und *Domenico* in La Laguna. Ohnehin war das Inselgestein für gotische Bögen ungeeignet.

Den Platareskenstil, eine besondere spanische Ausformung der Spätgotik, sieht man noch an einigen Portalen, z. B. bei der *Casa del Corridor* in La Laguna. Der Begriff ist vom spanischen *Platero* (Silberschmied) abgeleitet und besagt, dass die Ornamentik am Stein so filigran ist, wie von Silberschmieden ausgeführt.

Kirchen und Klöster

Prägend im kanarischen Kirchenbau des Barock ist der *Mudejar*-stil. Er verbindet maurische und christliche Elemente und war bis zum Ende des 16. Jahrhunderts in ganz Spanien verbreitet. *Mujedaren* hießen Mauren, die 1492 nach der Rückeroberung durch die Spanier auf der iberischen Halbinsel blieben. Dieser Stil, der sich in einigen spanischen Regionen auch in Steinarbeiten wiederfindet, manifestiert sich in kanarischen Kirchen und Palästen durch äußerst kunstvolle, mal naturbelassene, mal bemalte hölzerne Kassettendecken.

Besonders große und kostbar gestaltete Patios hatten die Klöster während ihrer Blütezeit im 18. Jahrhundert. Die um das ganze Gebäude umlaufenden Galerien wurden von hölzernen Säulen gestützt (Kloster *Santo Domingo* in La Orotava). Aus dem Arabischen kommt auch der ***Ajimez***, ein Holzaufsatz an einer Ecke des Klostergebäudes mit einem Leistengitter, durch das die Nonnen auf die Straße schauen konnten, ohne selbst gesehen zu werden, wie das Bild unten zeigt.

Ajimez des Convento de las Catalinas in Laguna

Forts

Für die *»**Castillo**«* genannten Befestigungen wurde schwerer schwarzer Basalt verwendet. Ein besonders klassisches Beispiel ist neben dem *Castillo San Juan* (Santa Cruz) und dem *Castillo San Felipe* (Puerto) das *Castillo de San Miguel* in Garachico aus dem 16. Jahrhundert. Der einzige Schmuck dieses düsteren Gemäuers ist das steinerne Wappen über dem mit anderen Steinplatten verkleideten Portal. In einer Dachecke befindet sich ein winziges Wach- und ein Glockentürmchen zum Alarmschlagen.

Klassizismus

Der Inselbarock war bei weitem nicht so überladen wie auf dem Kontinent. Es gab keine prunkvollen Schlösser; die Herrenhäuser hatten eher strengere, klassische Fassaden. So war letztlich der Druck zum Bruch mit dem Barock als typischer Herrschafts-Architektur geringer.

Erst Mitte des 19. Jahrhunderts setzte sich der Klassizismus (*Neoclassico*) durch. Das aufstrebende liberale Bürgertum präsentierte sich in klaren, klassischen Verwaltungs- und Regierungsgebäuden. Erstmalig verschwanden die typisch kanarischen Merkmale aus den Straßen. Stein ersetzte das Holz an Balkonen, Treppen, Brüstungen, Säulen und Fenstereinfassungen. Die nun flachen Dächer wurden nicht mehr mit Ziegeln belegt. Santa Cruz, das sich dank des Freihandels seit 1842 enorm entwickelte, bekam neben neuen Repräsentivbauten ein völlig anderes Straßenbild mit breiten Alleen und Plätzen (wie Plaza Weyler). Der Garten des Franziskanerklosters wurde im Zuge der Säkularisierung 1835 enteignet und zur Plaza del Príncipe umgestaltet.

Noch heute prägen die klassizistischen Gebäude das Zentrum von Santa Cruz: das Parlament, *Ayuntamiento*, *Capitanía General*, das *Hospital de Nuestra Señora* (heute das Archäologische Museum) und das *Teatro Guimerá*. Auch in La Orotava und La Laguna sind die Rathäuser in diesem Stil gehalten. Die Fassade der Kathedrale von La Laguna ist eine der wenigen Beispiele für klassizistischen Sakralbau auf der Insel.

Das 20. Jahrhundert

In der ersten Hälfte des 20. Jahrhunderts prägten zwei Richtungen die städtische Architektur: eine der vielen Facetten des Jugendstils (*Modernismo*) und der kühle Bauhausstil (*Racionalismo*). Wie im Neoklassizismus entwickelten sich dabei keine typisch kanarischen Akzente. Beide Stile verzichteten folglich auf die traditionell-kanarische Holzbearbeitung.

In Teneriffas Städten wurden zur Zeit des ***Modernismo*** vorwiegend Villen für das betuchte Bürgertum und bürgerliche Kulturstätten wie Theater (*Teatro Leal* in La Laguna) gebaut. Die damals entstandenen Stadtviertel um die Plaza de los Patos, die Ramblas und die Calle Maria y Josef sind bis heute beliebte Wohngegenden. Mit geschmiedeten Balkongittern, leicht abstrakten Pflanzenmustern sowie gewellten Linien um Türen und Fenster wirken die pastellfarbenen 2-3-stöckigen Stadthäuser beschwingt und leicht wie eine verspielte Version des Klassizismus. Avantgardistische Elemente wie in den europäischen Städten zur selben Zeit fehlten fast ganz. Bald verkam diese Bauweise auf den Kanaren zu einem Sammelsurium von Formelementen (z. B. Gebäude des Kunstvereins ***Circulo de Amistad*** in Santa Cruz).

Stadtvilla in Santa Cruz

Racionalismo

Die liberale 2. Republik (1931-36) war offen für die Klarheit und Funktionalität, mit der u.a. die im Dessauer Bauhaus vereinten Künstler völlig neue Akzente in der Architektur setzten. War der *Modernismo* auch in den kleineren Städten wie La Orotava heimisch geworden, so finden sich *Racionalismo*-Wohnhäuser nur in der Großstadt Santa Cruz. Es erforderte schon etwas Mut, sich für viel Geld diese nüchternen Kuben ohne jede Ornamentik bauen zu lassen (Beispiele finden sich auf der General Franco und Calle Enrique Wolfson). Viele dieser Häuser haben im Ansatz alle Elemente des heute postmodern wiederbelebten amerikanischen ***Art Deco***: geschwungene Rundungen, klare und gestreckte Linien, runde Bullaugenfenster. Öffentliche Gebäude (wie die ehemalige deutsche Schule, jetzt staatliche Sprachenschule, in der Calle Enrique Wolfson 16) zeigen bereits erste Anzeichen zu neuen monumentalen Formen.

Art Deco in Santa Cruz

Francozeit

Der Frankismus verstärkte diesen Zug zum Bombastischen. Das *Cabildo*-Gebäude mit dem Uhrenturm an der Plaza España (➢ Foto Seite 122) und das *Gobierno Civil* (Calle Mendez Nuñez/ Ecke Calle Viera y Clavijo unterhalb der Plaza Pato) aus den Jahren 1949-51 sind Ausdruck dieser Tendenz, in der sich Nüchternheit mit Machtwillen trifft: Betonung der Vertikale, Freitreppen, schwere Säulen und symbolträchtige Wappen.

Daneben verstärkte der Franco-Nationalismus regionale Tendenzen, die seit den 30er-Jahren auch zur Wiederentdeckung alter kanarischer Formelemente führte. Es gab wieder überdachte Balkone und Galerien aus Holz, Ecksteine, rote Ziegeldächer und kleine Türme, die an den *Ajimez* erinnern. Ein gelungenes Beispiel für diese Architektur ist das nach wie vor eindrucksvolle ***Hotel Mencey*** in Santa Cruz (➢ Foto Seite 135)

Repräsentative Bauten wie La Lagunas Universität oder Candelarias neue Basilika (1958) schließen direkt an die Epoche des oben beschriebenen tinerfeñischen Barocks an, des Goldenen Zeitalters der kanarischen Architektur.

Neue Entwicklungen

Die Architektur nach dem 2. Weltkrieg wurde dominiert von der schnellen Entwicklung des Tourismus. Wie an anderer Stelle bereits erwähnt (➢ Seite 212), war der Spekulation zunächst Tor und Tür geöffnet. Bar jeder Raumstrukturordnung und in platter epigonaler Kopie der städtischen Hochhaus-Architektur entstanden – mit billigem Baumaterial – die neuen Touristenzentren Los Cristianos und Las Américas.

Tradition und Landschaft wurden missachtet, neue Ideen verworfen. Auf Teneriffa gibt es aus diesen Jahren kaum einen Beitrag , der sich baulich nachträglich rechtfertigen ließe. Einzige Ausnahme ist die fantasievolle Badelandschaft des *Lago Martiánez* in Puerto de la Cruz von *César Manrique* (➢ Foto Seite 295).

Origineller noch und moderner sind *Manriques* Bauten auf Lanzarote, wo Harmonie mit der Natur und traditionelle Bauelemente im Vordergrund standen. Auch die nach seinen Plänen angelegte *Playa Jardín* in Puerto weist in diese Richtung.

Über die postmoderne Hotelarchitektur an der *Costa Adeje* (*Bahía del Duque, Anthelia etc.* ➢ Seiten 42+228) der letzten Dekade, die auch kanarische Elemente wie den *Ajimez* und Holzbalkone aufnimmt, wird die tinerfeñische Touristenstatistik entscheiden.

2003-2009 **Santa Cruz** erlebt seit Ende der 1990er-Jahre einen kaum vorstellbaren **Bauboom**, der die Veränderungen während des Klassizismus in den Schatten stellt. Neben Restaurierungsarbeiten an Häusern aller Stile werden am südöstlichen Stadtrand auch modernste architektonische Akzente gesetzt. Sie zeugen von einem neugeborenen tinerfeñischen Selbstbewusstsein mit einem Schuss Hybris. Die Stadtväter träumen bei reichlich geflossenen EU-Geldern offenbar von einer Verwandlung der kleinen Hauptstadt in ein Mini-Manhattan im Atlantik. Das **Sydneys Oper nacheifernde Auditorium** (➢ Fotos Seiten 114/5 und 136) sowie vis-à-vis die riesige **Messehalle** zeugen davon. Beide Gebäude wurden von *Calavatra* entworfen. Die Krise 2008/09 bremst den Höhenflug.

Erwähnenswert ist auch das neue (zweite) **Kongresszentrum »*Magma*«** in Las Américas (nahe dem ZOB) vom kanarischen Architekten *Fernando Menis*, der schon das dunkelgrau-betonbeige Präsidialamt beim *Mercado* baute (➢ Seite 128).

Seit Sommer 2008 öffnet sich die ***Plaza España*** mit dem kreisrunden »Lago« *(Herzog & deMeuron)* weiter zum Meer. Das imposante **TEA**-Museum beim *Mercado* wurde Ende 2008 eröffnet. Der Vorort-Strand ***Las Teresitas*** bei San Andrés soll nach Ideen des französischen Architekten *Perrault* zum Naherholungsgebiet des Großraums massiv neu gestaltet werden.

Kongresszentrum »Magma« in Las Américas

Traditionelles Kunsthandwerk Teneriffas (Artesania)

von Dr. rer. nat. Lothar Mayring htttp://mayring.in-ulm.de

Töpferei

Traditionell werden auf Teneriffa Gefässe aus vulkanaschehaltigem schwarzen oder rotem Ton (*arcilla, barreras*) von Hand geformt. Töpferscheibe oder Glasuren waren bei den Guanchen (oder besser: *Benahoares*) unbekannt bzw. unverwendet. Die Technik des Gefässaufbaus wird als »urdido« bezeichnet; sie ist einzigartig in Europa. Nur in Nordafrika findet man bei den Berbern Ähnliches: Auf einem Sandbett werden die Gefässe unter ständigem Drehen und Hinzufügen kleiner Tonmengen vom Boden zum oberen hin Rand aufgebaut (sog. Batzentechnik). Geübte Hände schaffen das für Gefäße, die bis zu 1 m hoch sein können.

Plastische Tone finden sich auf der Insel allerorten (Bentonite, feine Quelltone vulkanischen, nicht-sedimentären Ursprungs); sie müssen mit Sand versetzt (»gemagert«) werden. Dazu dienen idealerweise die feuerfesten, grobkörnigen, jüngeren und feingesiebten schwarzen Lavaaschen der *Barrancos* (Schluchten). Die Mischungen von Ton und Sand sind von Dorf zu Dorf verschieden und werden über Generationen weitergegeben. Die natürlichen Bentonite sind im warmen wasserarmen Kanarenklima meist trocken und derart hart, dass sie vor dem Einsumpfen zerstossen werden müssen.

Als Werkzeuge dienen ovale Kieselsteine der natürlichen Strände (*callaos, bruñidores, alisadera principal*). Für Verzierungen werden scharfkantigere Steine oder Knochen verwendet, hochgeschätzte Werkzeuge, die schon fast abgerieben noch vererbt werden. Die Muster an den Rändern sind schlicht: je nach Insel typische Symbole der prähispanischen Urbevölkerung.

Teilweise wird die rohe (ungebrannte) Töpferware mit solchen *callao*-Steinen geglättet, mit feinen Tonen überzogen (»engobiert«) oder mit Petroleum poliert. Die Engobentone finden sich als rote bis violette Adern zwischen Basaltmagma oder Lava-Ascheschichten.

Auf einer Fußscheibe gedrehte Tonschalen

Dieser natürlich gebrannte »Zement« wird in grossen Handmühlen (ähnlich den antiken Gofiomühlen) gemahlen und mit geheimen Zutaten vermischt.

Die so mit einem Lappen übermantelten und polierten Gefäße sind nach dem Brennen fast wasserdicht.

Nach dem langsamen Trocknen wird die Keramik im offenen Feuer gebrannt (vor der spanischen Besetzung Teneriffas waren Brennöfen vermutlich unbekannt), wobei der Aufbau des Brenngutes, die Schichtung und Art des Brennmaterials sowie der Wind eine wichtige Rolle spielen. An der Farbe des Tons erkennt der Töpfer den Fortschitt des Brennvorgangs.

Die von Hand aufgebaute Irdenware beeindruckt durch die Ausgewogenheit der Gestalt und zeigt das ursprüngliche Gefühl für Formen seiner Töpfer wie es auch auf dem nahen afrikanischen Kontinent gefunden werden kann. Sie dienen dem täglichen Gebrauch: zur Aufbewahrung von *Papas* (mit Löchern) und *Gofio* (➢ Seite 69), als Melkkrüge oder für Ziegenkäse.

Ein Grund für die Seltenheit scheibengedrehter Ware sind die kanarischen Tone. Im Unterschied zu unseren sedimentären Tonen sind diese ursprünglichen Tone pyroklasischer bzw. vulkanischer Herkunft. Das Drehen dieser Massen auf der Scheibe ist schwierig und verlangt besondere Fertigkeiten sowie geheimgehalte Zusätze.

Hinweise auf traditionelle Töpfereien bzw. Tongefäße der hier beschriebenen Art finden sich auf den Seiten 128 (*Museo de Naturaleza*, Abt. Guanchen-Tonarbeiten, in Santa Cruz), Seite 202 (*Centro Alfarero* in Candelaria), Seite 278 (Töpferei in Arguayo) und 327 (neuere spanische Keramik in der *Casa Tafuriaste* in Orotava).

Flechterei

Auf den Kanaren wird viel geflochten: Körbe, Schalen, Hüte, Besen, Matten, Puppen, Blumen. Aus *Junca*, einer Schilf- oder Binsengrasart, fertigten die Guanchen Kleidung und die Standarte der Menceys, später auch Seile.

Eine Besonderheit sind **Muränenreusen** (*tambores para morenas*) aus noch grünen *Junca*-Stengeln, wie sie in San Andrés bei Santa Cruz hergestellt werden. Diese Fertigkeit wird in den Fischerfamilien weitergegeben.

Muränenreuse

Die »Ur-Reuse« fand man bei Antequera, einem entlegenen nordwestlichen Inselkap: Vorn die trichterförmige Eingangspforte, dahinter eine Kammer mit Köder, Senkgewicht und Holzklappe zur vorsichtigen Entnahme der aalförmigen, bissigen Muräne, die bis heute auf Märkten und Speisekarten angeboten wird. Die Reusenränder sind mit Faserwicklungen gepolstert, als Schutz vor schafkantigem Vulkangrund. Wann die *Junca* geschnitten und wie sie flechtbereit gemacht wird, bleibt Geheimnis der Fischer.

Die kanarische Timple

Canarios sind ein feierfreudiges Völkchen: Kein Monat ohne *Cuadrilla*, *Parranda* oder *Romeria*, keine Woche ohne *Tenderete* mit Wein, Weib und Gesang. Da dürfen Instrumente wie Gitarre, Violine, Laute, *Bandurria* und *Requinto* nicht fehlen, und schon gar nicht ***Timple*** und ***Kontratimple***. Möglich macht's die Vielfalt der tinerfenischen Hölzer wie *cedro*, *palosanto*, *cipres*, *nogal*, *haza*, *moral*, *samaguila*, *caoba*, *pinto* und *abeto*. Aus bis zu sechs verschiedenen Arten werden die *Timples* gefertigt, hinzu kommen Intarsien aus Palisander, Ebenholz und Elfenbein.

Unklar ist, ob die *Timple* vom spanischen Festland oder aus Lateinamerika stammt, klar aber, dass die erste kanarische auf Lanzarote gebaut wurde und nur auf diesem Archipel zum fünfsaitigen (sechssaitig nur im Konzert) Leitinstument aufstieg, ja sogar zum touristischen Souvenir-Geheimtipp avancierte, weil sie mit nur 75 cm Länge problemlos ins Fluggepäck passt.

Die *Chicharreros* stimmen die kleine hinten bauchige Verwandte der Gitarre 4-saitig (D,A,E,C). Viele einheimische *Timple*-Bauer sind Autodidakten und zugleich hervorragende Interpreten ihrer Instrumente, bestimmen sie doch den Klang der kanarischen Volksmusik:

Es heißt: die *Timple* ist ein Gitarre, die aus Mitgefühl klein wird, wenn ein Kanare seinen Herzschmerz besingt. Ihre Tonlage soll so hoch gestimmt sein wie eine Jungenstimme vor dem Stimmbruch.

Mehr vom Autor dieses Beitrags zum Kunsthandwerk Teneriffas unter http://reisebuch.de/kanaren/teneriffa

Reisepraktische Informationen

Monument zum Gedenken an die über 580 Opfer des Zusammenstoßes zweier Jumbo Jets 1977 (KLM und PanAm) auf Teneriffas Nordflughafen Los Rodeos

1. Sport- und Aktivurlaub

Hier sind die Sportmöglichkeiten auf Teneriffa genauer dargestellt (➢ Seite 24ff). Soweit eine spezielle Ausrüstung benötigt wird, finden sich jeweils im Anschluß die Adressen von Verleihfirmen bzw. Kursanbietern. Einige Firmen (z.B. *Diga Sports*) bieten mehrere Sportarten an. Wer zu Wasser, Land oder Luft unter Spaniern aktiv werden möchte, findet sieben Insel-Organisatoren unter www.turismoruralyaventura.com.

1.1 Wandern

1.1.1 Situation

Wandern erfreut sich auch auf Teneriffa zunehmender Popularität. Folgende Regionen weisen die besten Bedingungen auf:

Regionen

- Der **Inselnorden** wird in 1.000-2.000 m Höhe durchzogen von langen, nicht zu steilen Forstwegen durch Kiefernwälder.
- **Im äußersten Osten** und **Westen** Teneriffas (Anaga- und Tenogebirge) verlaufen Bergpfade im steilen Auf und Ab durch dichten immergrünen Loorbeerwald mit vielen Moosen und Farnen. Geröllige Abschnitte hoch über der Küste bieten wunderbare Ausblicke. Teilweise schattige und breite Wanderwege (= selten genutzte landwirtschaftliche Fahrwege) finden sich in den östlichen Teno-Ausläufern oberhalb von Los Silos rund um Erjos.
- In der Felslandschaft der ***Cañadas*** (2.000 m und höher) gibt es neben anstrengenden Höhenpfaden auch weitgehend ebene und einfache Wege für weniger geübte Wanderer.

Dagegen hat der **Inselsüden** überwiegend schattenlose Wege. Andererseits gibt es dort weniger bekannte Pfade in Gebieten wie dem ***Barranco Infierno***, der ***Paisaje Lunar***, der ***Montaña Roja*** und dem ***Roque Conde***, die viele zum »Teneriffa-Muss« zählen.

Die eigentlich reizvolle, beigefarbene und teilweise bizarre Tufflandschaft der südlichen Höhenlagen fällt als Wandergebiet praktisch aus. In den Rathäusern von Adeje und Arona sind nichtsdestoweniger Wanderkarten erhältlich.

Die in diesem Buch genauer beschriebenen Wanderrouten (➢ die Seiten 184ff, 395, 413 und 429f) befinden sich im Anagagebirge und im Bereich des Teide bzw. der Auffahrten in die *Cañadas*. Für sie und andere Tagestrips ist eine angemessene Ausrüstung ratsam. Dazu gehören

Ausrüstung

- knöchelhohe **Wanderschuhe** mit gutem Profil für die unterschiedlichen Böden: Geröll, feiner Lavastaub und mitunter feucht-glitschige Erde im Lorbeer- und Kiefernwald.
- passende **Outdoor-Kleidung** für feuchtkalte bzw. sommerlich warme Witterung, d.h. wind- und regendichte Jacke, Pullover für alle Fälle; Sonnenschutz für Kopf und Haut.
- für Notfälle **Trillerpfeife** und **Taschenlampe**; **Handys** funktionieren in einigen Regionen des Anaga nicht.

- In den Rucksack gehören neben **Proviant** und viel **Trinkwasser/Saft**, eine gute Wanderkarte (möglichst 1:25.000), ggf. ein Fahrplan der TITSA-Inselbusse (➢ Seite 586ff) und Telefonnummern von Taxiunternehmen der Umgebung (➢ Seite 590).

Wanderkarten

- Es gibt 23 Karten im Maßstab 1:25.000 (***Mapa Topográfico Nacional de España*** mit Höhenlinien in 50 m-Schritten). Erhältlich sind sie u.a. in Santa Cruz in der ***Librería La Isla***; ***Librería Barbara*** (Los Cristianos) und in der *Librería* im Einkaufszentrum *Martiánez* (Puerto de la Cruz); Preis €3/Karte. Näheres dazu im **Internet** unter www.cnig.es oder www.ign.es.
- Stark verbessert (1:50.000) ist die GPS-taugliche ***Kompass***-Karte von Teneriffa, ➢ Seite 597 und 603.
- Wer es noch genauer wissen will, wendet sich an das Kartographische Institut ***Grafcan*** in Santa Cruz, ➢ Seite 603

Partner

- ein Wanderpartner/in, das ist sicherer, speziell auf schwierigeren weiten Routen, und macht zudem mehr Spaß als allein

Saison

In den Wintermonaten (**November-Februar**) kann das Wetter an den oberen Hängen der Nordküste unbeständig, neblig-feucht und kühl sein oder binnen Stunden entsprechend umschlagen.

In den Sommermonaten (**Juni-August**) kommt man ganz schön ins Schwitzen, nicht nur bei großen Höhenunterschieden, sondern auch wegen der starken Sonneneinstrahlung in den Bergen., speziell auf den schattenlosen Wegen der *Cañadas*.

Ideale Wandermonate sind also die Monate **März-Mai** und **September/Oktober**. Aber wenn nicht gerade ein Schlechtwettergebiet (*Calima* oder Sturmtief) über dem Archipel liegt, lässt es sich auch im Winter gut wandern.

Probleme

Nicht klettern, sondern (auch) kraxeln, heißt es auf manchen Wegen. Man muss nicht selten – im Auf und Ab – 1.000 Höhenmeter und mehr durch tief eingeschnittene *Barrancos* bewältigen. Dazu gehört auf vielen Routen Trittsicher- und Schwindelfreiheit. Wer »einfach mal so« bei – zunächst! – gutem Wetter in Sandalen und T-Shirt losstiefelt, begibt sich auf den Kanareninseln mitunter in tödliche Gefahr.

In den über 2.000 m hohen *Cañadas* macht die dünne Luft so manchem Flachlandeuropäer schon angeschnallt im Autositz zu schaffen, umso mehr bei körperlichen Anstrengungen. Wer mit der **Teide-Seilbahn** zur Bergstation fährt und von dort den **Gipfel** in Angriff nehmen möchte (Registrierung und Erlaubnis vorab notwendig, ➢ Seite 420), wird sich wundern, wie schwer in über 3.000 m Höhe das Laufen fällt, speziell bergauf. Der Weg von der Durchgangsstraße auf den Teide-Gipfel (ganz ohne Seilbahn) ist daher auch nur etwas für angepasste und trainierte Wanderer.

Wegesystem

Teneriffas Wege werden sukzessive gemäß der EU-Wandervereinigung (ERA) ausgezeichnet. Auf der folgenden Seite sind **die neuen Symbole** abgebildet. Man unterscheidet:

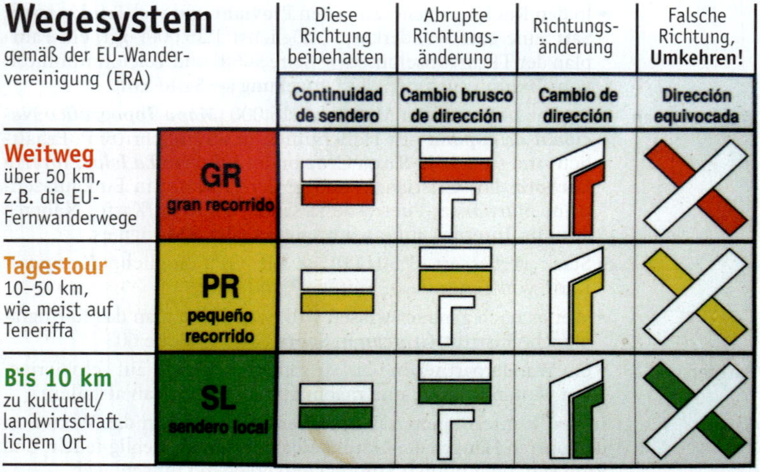

An und Abfahrt

Wer keine Rund-, sondern eine Zielwanderung vorhat, braucht einen aktuellen Fahrplan der TITSA-Busse, die man in Infobüros und jedem ZOB (*Estación de Guaguas*) erhält. Selbst abgelegene Strecken werden bedient (den separaten **Anaga-Busplan** besorgen!). Die Nebenroutenzeiten sollte man genau studieren, sonst wartet man vergebens an der Haltestelle (*Parada*). Auf Bitten stoppt der Busfahrer auf Nebenrouten auch per Handzeichen an Punkten ohne offizielle Haltestelle; ➢ Seite 586.

Nostalgischer Wanderwegweiser

1.1.2 Organisierte Wanderungen

Etliche Führer offerieren **Gruppenwanderungen**. Ihre Angebote finden sich in größeren Hotels und den Infobüros. Dies ist die bequemste Art, Teneriffas Berge und Wälder zu erwandern.

Veranstalter an der Nordküste

- »**Wandern mit *Gregorio***«, eigener Bus, inkl. Picknick ✆ 639-332761 oder Mo+Fr ab 17 Uhr im **Hotel *Tigaiga*** in Puerto de la Cruz, ✆ 922-383500; www.gregorio-teneriffa.de.
- »**Bergwandern mit *Helmut Frühauf***«, Info in Puerto de la Cruz ***Hotel Chiripa*** (Block B, Mo+Di+Fr+So, 19.15-19.45 Uhr, und ***Hotel San Borondon*** Mo+Fr, 18.30-19 Uhr; ✆ 922-364324, ✆ 630-070607
- »**Botanik mit *Cristóbal***«, Di+Do durch Puertos Botanischen Garten, Treff 10.30 Uhr am Eingang ohne Anmeldung. Sa Tagesausflüge mit Hotelabholung. Führungen durch die Hotelgärten von

Puerto de la Cruz; © 607-677252, © 661-960180, © 922-271277.

- ***Heidi's Wanderclub***, Puerto; nur mit öffentl. Verkehrsmitteln, ohne Anmeldung; Prospekte in Hotels und Touristenbüro (Plaza Europa); ab € 18, © 922-382768 & 626-854747.

Veranstalter im Süden und an der Westküste

- ***Diga Sports*** veranstaltet mittelschwere bis schwere Wanderungen und Biking-Touren ab verschiedenen Ausgangspunkten unter deutscher Leitung, z.B. kombinierte Bus-Wander-Schiffstouren nach Masca: € 50 inkl. Picknick. Info in Las Américas im *Hotel Park Club Europa,* Avenida Rafael Puig; © 922-793009; in Puerto de la Cruz in der Carretera del Botánico 8, *Edificio Risco*, Local 5; © 922-388338.
- ***Götz Kampmann***, der Autor des diesem Buch beigefügten 48-seitigen Wanderbüchleins, ist offizieller Reiseführer für die Kanaren (»*guía oficial*«). Seine Firma ***movida events tenerife*** organisiert Wanderungen, Exkursionen und Veranstaltungen vor allem im Süden. Für Gruppen ab 4 Personen stellt er individuelle Programme zusammen. Anfragen auf deutsch unter ©/Fax 922-764030, Handy 636-410489, www.movida-events.com.
- **Masca-Abstieg**: Verschiedene Veranstalter (u.a. ***Diga Sports***, ➢ oben) organisieren die beliebten Wandertouren in die Mascaschlucht (8 km, 3-4 Std). Unten wartet ein Boot und fährt nach Los Gigantes, Los Christianos oder Las Américas; Anfahrt nach Masca im Bus.

Pauschalangebote Wanderreisen

Wer überwiegend zum Wandern nach Teneriffa möchte, bucht am besten eine **Inklusiv-Reise** bei Spezial-Veranstaltern wie dem Deutschen Alpenverein oder Studiosus/München. Der Flug ist reserviert, man wohnt im fest gebuchten Hotel und wandert von dort in Gruppen. Alles ist organisiert, bedacht und geplant. Kompetente Führer erklären Flora und Fauna, Geologie und Historie.

- Der ***DV Summit Club*** (die Bergsteigerschule des Deutschen Alpenvereins) bietet auf Teneriffa zwei Wanderreisen (8 bzw. 15 Tage) mit festem Hotelstützpunkt; DAV, Am Perlacher Forst186, 81545 München, © 089-642400, Email: Info@DAV-Summit-Club.de; www.dav-summit-club.de.
- ***Studiosus Reisen***-München, 80992 München, Riesstraße 25, www.studiosus.com – Kataloge/Buchung in allen Reisebüros
- ***Wikinger Reisen***, der größte deutsche Wanderreiseveranstalter, hat auch viele Angebote für Teneriffa: www.wikinger-reisen.de.

1.1.3 Wanderempfehlungen

Folgende reizvolle Wanderungen wurden schon im Reiseteil ohne Details angesprochen (Ausnahmen bilden die vier Wanderungen in blauen »Kästen«: ***Afur***/Seite 184, ***Cumbre de Anaga***/187, ***Los Organos***/395 und ***Paisaje Lunar***/415).

Man findet diese Touren in vielen Wanderbüchern und einige davon auch im beigefügten separaten Wanderheft, soweit sie eine detaillierte Erläuterung bedingen.

- **Abstieg** von der Kammstraße TF 12 bei der *Casa Forestal* **nach Taganana**; 90 min Zielwanderung (➢ Seite 176)
- Vom ***Bailadero* nach Almáciga**; 90 min, Zielwanderung (➢ Seite 177 im Kapitel »Anagagebirge«)
- ***Barranco del Infierno***; 2 Std. retour, Zielwanderung (➢ Seite 239)
- **Masca-Abstieg** zum Meer, 3-4 Stunden Zielwanderung, Rückfahrt nach Los Gigantes mit dem Boot (➢ Seite 284)
- Bei Erjos (oberhalb von Los Silos) von der *Casa Forestal* an der TF 82 **Ziel-Wanderweg nach El Palmar** ca. 4 Std. (➢ Seite 363).
- Diverse **Wanderwege** oberhalb des Landhotels ***Los Partidos*** an der TF 373, Kilometerstein 14 (➢ Seite 364).
- ***Parque Nacional del Teide***:
  Aufstieg zum Teide-Gipfel, Rückfahrt mit der Seilbahn, 4,5 Std., Zielwanderung (nur mit Erlaubnis ➢ Seite 425/430);
  Diverse Wanderwege im Teide Nationalpark (➢ Seiten 428ff).

Die ab der vorliegenden Auflage neue **Wanderbeilage zu diesem Buch** enthält darüberhinaus einige kaum bekannte Routen.

Vokabular Wandern

Zur Interpretation spanischsprachiger Karten und Broschüren, aber auch fürs eventuelle Fragen unterwegs, ist es für Wanderer ganz nützlich, folgende Begriffe zu kennen:

Spanisch-deutsch

abajo – unten
arena – Sand
arriba – oben
barranco – Schlucht
bosque – Wald
camino – Wanderweg
carretera – Landstraße
Cañadas – Kraterebene unterhalb des Teide
casa forestal – Forsthaus
cementerio – Friedhof
corona forestal – Waldgürtel
cruce – Kreuzung
cumbre – Gipfel, Bergkamm
cumbrilla – kleiner Bergkamm
degollada – Bergsattel
faro – Leuchtturm
fuente – Quelle
galería – Wasserstollen
guagua – Omnibus (sprich Wuawua)
ICONA – Naturschutzbehörde
mesa – Tisch, Tafelberg
mirador – Aussichtspunkt
montaña – Gebirge, Berg
paisaje – Landschaft
parada– Haltestelle
Parque forestal – »Forstpark«, hier »Picknickplatz«
peligroso – gefährlich
pico – Gipfel
piedra – Stein
pinar – Kiefernwald
pista – Feldweg
pueblo – Dorf
puente – Brücke
sendero – Wanderpfad
tiempo – Wetter
vista – Sicht, Blick
zona recreativa – »Erholungszone«, hier: »Picknick/Campingplatz«

Deutsch-spanisch

Aussichtspunkt – mirador
Bergkamm – cumbrilla
Bergsattel – degollada
Blick, Sicht – vista
Brücke – puente
Bus – guagua (sprich Wuawua) -
Dorf – pueblo
Feldweg – pista

Forsthaus – casa forestal
Friedhof – cementerio
Gebirge/Berg – montaña
gefährlich – peligroso
Gipfel – pico
Gipfel, Bergkamm – cumbre
Haltestelle – parada
Kiefernwald – pinar
Kreuzung – cruce
Landschaft – paisaje
Landstraße – carretera
Leuchtturm – faro
Naturschutzbehörde – hier: ICONA
oben – arriba
Picknickplatz – parque forestal oder zona recreativa
Quelle – fuente
Sand – arena
Schlucht – barranco
Stein – piedra
Strand – playa
Tafelberg – mesa
unten – abajo
Wald – bosque
Waldgürtel – corona forestal
Wanderweg – camino
Wanderpfad – sendero
Wasserstollen – galeria de agua
Wetter – tiempo

Fragen beim Wandern:
Adónde llega este camino? – Wohin führt dieser Weg?
Dónde hay un teléfono? – Wo steht ein Telefon?
Dónde hay un taxi? – Wo finde ich ein Taxi?
Dónde está la parada? – Wo ist die Bushaltestelle?
A qué hora sale la guagua? – Wann fährt der Bus?

Richtungen:
a la derecha – nach rechts
a la izquierda – nach links
todo recto – immer geradeaus
adelante – nach vorn
sigue ... – folgen Sie ...
atrás – zurück

1.2 Klettern/Canyoning

Klettern wird auf Teneriffa immer beliebter. In den Cañadas findet man dafür fantastisch geeignete Gelände aller Schwierigkeitsgrade: ***Roques de García*** (alpin!) und ***Piedras Amarillas***. Ferner die **Schlucht von Arico**, ***Mesa de Tejina*** und ***Tabares*** (direkt bei Santa Cruz), sowie **Taganana**.

Viele kommen auch zum ***Barranco*-Abseilen** (*Canyoning*), die Schluchten führen kein Wasser (Ausnahme: *Barranco de los Carrizales* bei Masca). Schöne und gut ausgestattete *Barrancos* sind der *Barranco de Taborno*, das Teno-Gebiet bei Buenavista und die Strecke von Infoche hinab zum Wasserfall des *Barranco del Infierno* (Adeje); beliebt ist auch der *Barranco del Rio* bei Arico.

Kletterer besorgen sich ggf. *Rothers* Kletterführer »Teneriffa«.

Beides, Klettern und Canyoning, wird nicht behördlich propagiert; man wendet sich am besten an die kanarischen Clubs, bzw. studiert die entsprechenden Websites. Guten Überblick bietet www.whattenerife.com > mountain activities.

Touren offeriert www.tenerife-adventure.com, © 609-366574).

Clubs

Club Monañeros Nivaria, Calle Hero 53, Santa Cruz im Barrio de Salud, © 922-225715

Tenerife Mountaineering Group; Calle Primo Rivero 86, Santa Cruz, © 980-162882

1.3 Radfahren/Biken

Wen alpine Strecken reizen, wenn Pyrenäen und Alpen verschneit sind, der kann in Teneriffa aufs Rad steigen, egal ob Rennrad oder Mountainbike. Je weiter weg von der Küste, desto besser, denn nur in den Höhenlagen (*Cañadas*, Teno- und Anagagebirge) ist der Autoverkehr erträglich ausgedünnt.

Mountainbiker finden schattige, nicht besonders steile **off-road-Wege** (Forstwege) vor allem im Kiefernwald-Gürtel auf der Nordseite oberhalb der Linie Orotava-Realejos-Icod-Garachico. Generell sollten sich Biker im Norden einquartieren. Für Rennradfahrer empfiehlt es sich, Schuhe und Pedale mitzubringen.

Anfänger versuchen es seit Sommer 2007 in der **BMX-Schule** im www.bikeparktenerife.com an Tegueste`s Nordhängen (La Padilla, Camino Los Alamos, N8) mit *dirt/water-jumps, four cross* und anderer Zweirad-Akrobatik; nur Fr-So 10 ab Uhr; €20/Tag.

Als (asphaltierte) **gute Strecken** gelten alle *Cañadas*-Abfahrten, z.B. die weniger befahrene Straße nach Arafo (TF 523) oder die TF 24 über La Esperanza nach La Laguna (bergab beide ein bequemer »Spaziergang«) sowie die westliche Abfahrt nach Chio (TF 38).

Ohne große Höhendifferenz, aber kurvig verläuft die alte **Höhenstraße TF 82**, besonders schön und ruhiger die **Kammstraße TF 12/123** im Mercedeswald von Las Canteras über den *Bailadero* bis Chamorga (Anagagebirge). Empfehlenswert ist auch die ansteigende **Höhenstraße TF 373** von La Vega (bei Icod) über Puerto de Erjos, dann auf der TF 82 nach Santiago del Teide bis hinunter nach Los Gigantes (TF 454). In den *Cañadas* selbst ist Radfahren nur auf der asphaltierten Durchgangsstraße erlaubt.

Adressen

- ***Diga Sports***, (einer der professionellsten Sportanbieter Teneriffas überhaupt, auch Klettern) bietet geführte Touren: täglich 20-50 km für Anfänger und Fortgeschrittene (€35-€45) und Bike-Verleih. Infos Las Américas im *Hotel Park Club Europa*; © 922-793009 (deutsch), Fax 922-176837; www.diga-sports.de.
- ***Tenerifebike;*** Mountainbike, MTB, BTT; inselweit Touren und Ausrüstung; ©/Fax: 922-764640 (spanisch/englisch), © 609-385415 & 620-803262; www.tenerifebike.net.
- ***Mountainbike Active***, Vermietung und geführte Trips, auch Klettern. MB €45/3 Tage; Tour ab €45; Puerto de la Cruz, Calle Mazaroco 26 (gegenüber ZOB), *Edificio Daniela*, © 922-376081, © 620-005998, 17-19 Uhr; www.mtb-active.com.
- ***Bike Point;*** geführte Touren (€35), auch Verleih (€12-22; €60-100/Woche); auch Ersatzteile und Reparatur, hilfsbereite Crew; El Médano, Calle Villa de Orotava 10; 10-14 und 16-20 Uhr, So zu; © 922-176273; www.medanobike.com.
- ***Hobby Motor*** im *Pueblo Canario*, Las Américas (San Eugenio), © 922-794467; Tandems, Mountain-, City-, Road-Bikes ab €12/Tag, Scooter (ab 50 ccm) ab €22/Tag; www.tenerife.com.

- ***Canary Moto Rent a Bike;*** alle Zweiräder; im CC El Duque, © 922-102700; www.canarymoto.com
- ***Rent-a-Moto,*** Las Américas Edif. Tajinaste, © 922-752605

Fahrräder: Reparatur & Vermietung

Fahrräder (*Bicicletas*)

- ***Bike Point,*** s.o.
- ***Bicicletas Gil;*** Av. Trinidad 31, La Laguna; © 922-262854
- ***Bicistar,*** auch Verleih; San Felipe 46, Puerto de la Cruz; © 922-373449
- ***Tene Bici,*** auch Verleih © 922-752009; Resid. Camisón, Local 31, Las Américas.

Motorräder (*Motos*)

- ***Supermercado del Motorista,*** Verkauf und Reparatur; © 922-285220/300; Calle Iriarte 26/Plaza Pedro Swartz, Santa Cruz
- ***Hobby Moto,*** Las Américas, CC Pueblo Canario, © 922-794467

1.4 Tauchen

Teneriffa und El Hierro werden von Tauchern geschätzt. Bei Wasser-Temperaturen von 20°-25° im Sommer und 18°-20° im Winter geht aber hier wie dort nichts ohne Neopren.

Gebiete

Zwei gute **Tauchgebiete** mit besonders klarem Wasser (Sommer-Herbst Sichtweiten 25-30 m) liegen vor Teneriffas Westküste (**Playa Paraiso**, **Los Gigantes**, **Playa de San Juan**) und vor der ***Costa del Silencio*** (TenBel/Las Galletas). Nur bei Winden aus S/SW-SE (im Winter), ist die Nordküste die bessere Tauchregion.

Meeresfauna

Im Süden sieht man bis zu 1,20 m lange Rochenarten (*Mantas, Chuchos, Rayas*), große Barsche (*Meros*) und Meeresschildkröten; ferner Tinten-, Trompeten- und Papageienfische, Zackenbarsche, Delfine und Thunfische, sogar Barrakudas und Muränen.

Kurse

Ein Tauchkurs sollte nicht erst vor Ort beginnen. Die Tauchtauglichkeit kann man sich von einem (Fach-) Arzt daheim bescheinigen lassen, desgleichen dort den theoretischen Teil absolvieren.

Alle Tauchschulen bieten gratis »Schnupperkurse«. **Anfängerkurse** dauern eine Woche (Theorie, Pool, ca 4 Meerestauchgänge) und kosten etwa € 250.

PADI*-Tauchschulen (deutsch und/oder englisch)

Bereich Süden

- ***Fun Dive Tenerife,*** Las Américas im Hotel *Park Club Europa,* deutschsprachig; © 922-752708; www.dive-teneriffa.com.
- ***Aquamarina;*** Schnuppertauchen ca. € 70; PADI-Kurse; Las Américas, CC Compostela Beach (Westende Playa Las Vistas); © 922-797944; www.aqua-marina.com.
- ***Ocean Trek,*** Hotel *Sol Tenerife;* Abholbus; 3-10-Tage-Kurse; © 922-753472 und 609-291571; www.tenerife-diving.com.

* Professional Association of Diving Instructors ➢ www.divers-travel-guide.com

- ***Los Cristianos-Sub*** (spanisch/englisch); Probetauchen ab €35, Boottrip ab €60; Los Cristianos, Edficio Agua Marina bei Casa del Mar am Hafen); © 922-751585; www.loscristianossub.com.
- ***Diving Coral Sub***, Ten-Bel, © 922-730981; www.coral-sub.com.
- ***Diversity,*** Tauchzentrum im Puerto Colón, Lokal 125 dt/engl., alle Kurse, Try Dive €53, 6-Dive-Pack €200; © 922-717129 und 677-608744, www.divingtenerife.net.
- ***Active Dive Teneriffa***, im *Hotel Isabel Family*; Costa Adeje, C/Moscú, © 922-717911, deutsch; www.atlantik-tauchen.de.
- ***Baracuda Club Teneriffa***, Playa Paraiso (➢ Seite 274) *Hotel Paraíso Flora*, 25 Jahre auf Teneriffa, deutsche Leitung, © 922-741881, www.teneriffa-tauchen.de
- ***Los Gigantes Diving Centre*** (englisch/deutsch); am Hafen, Pier 5/6; © 922-860431; www.divingtenerife.co.uk.
- ***Marina Los Gigantes*** (spanisch/englisch), Los Gigantes, am Ende des Hafens (*Poblado Marinero*), täglich 9.30-18.30 Uhr; © 922-868418 & 619-099010; www.marinalosgigantes.com
- ***Club Alcalá Sub***; Alcalá, Calle Fábrica 26, © 922-866817
- ***Club San Borondón***, Playa San Juan, C/Marina 10 © 922-865100 und 647-220841;
- ***Solo Buceo***, Playa San Juan am Strand, © 922-865900 & 607-596138; www.solobuceotenerife.com

Bereich Nordküste

Die an der Nordküste etablierten Tauchschulen praktizieren ihre praktischen Unterricht auch an der Süd-oder Westküste:

- ***Tauchschule Atlantik***, Los Realejos, Calle El Burgado 1 (*Hotel Maritim*), © 922-362801 (dt); www.atlantic-tauchen.de
- ***El Cardumen;*** Schnupperkurse, Tauchtage, Rund-um-die-Insel-Tauchtrips, Verkauf/Vermietung; Puerto de la Cruz, Av. Melchor Luz 3 (Edf. Principado, local 63), © 922-368468 & 670-383007; www.elcardumen.com.

Therapeutisches Tauchen (auch für Behinderte)

- ***Argonauts,*** im Kurhotel *Mar y Sol*, Los Cristianos; © 0049-7073-1516; 922-797797 und 690-964201; www.marysol.org und www.argonautas.org

1.5 Hochseeangeln

Hochseeangeln ist "in". Gefischt wird auf Schwertfisch, Hai und großen Thunfisch ***Blue Marlin*** (Rekordfang Mai 2003: 454 kg).

Angeltrips

- Die ***Punta Umbria V***, Los Gigantes, bietet Hochseefischen; täglich 9.30 Uhr, 4 oder 7 Stunden © 922-861918.
- Die ***Yate Sofia*** geht in Los Cristianos täglich um 11 Uhr auf Hai, Dorada, Schwert- und Thunfisch: © 922-791459 und 607-972624
- ***Sailfisher,*** geht auf den legedären *Blue Marlin*; ab Puerto Colón, halber Tag €75, © 922-780192 (nur abends) und 600-562141.

- ***Neptuno Sea Company*** legt mit der Neptuno in Puerto Colon (Las Americas) ab; © 922-798044; www.neptunotenerife.com.

1.6 Surfen (Wind-, Kite-, Boogie), Kajak (Wetter: www.muchoviento.net)

Situation

Die Kanaren sind wegen des beständig wehenden NO-Passats ein gutes Windsurfrevier. Verglichen mit Fuerteventura gilt Teneriffa ab Oktober sogar als besserer Spot, weil der dann nachlassende Passat durch Teide-Fallwinde aufgefrischt wird

Ab Januar baut sich der NO-Passat wieder auf und erreicht im Juli seinen Höhepunkt. Dazu verbannt das konstante Azoren-Hoch über Monate jeden Regen. Die Wassertemperatur liegt ganzjährig bei 19°-24°C. 1991, '92 und '93 fanden auf Teneriffa World Cup Wettkämpfe statt.

El Médano

Die besten Spots konzentrieren sich auf 3 **El-Médano-Strände** (*El Médano, El Muelle, El Cabezo*), die einiges Können voraussetzen, allen voran die ***Playa El Médano***, wo sich die Schulen in erster Linie an Fortgeschrittene wenden. Anfänger kommen dort schon am Ufer mit den *Shorebreakers* nicht klar. Verlässt man die Bucht, wird's obendrein gefährlich. **Weitere Spots:** La Tejita (südwestlich Medano am Montaña Roja) sowie Bajamar, Guímar und Socorro. ***Boogie-Boarder*** sieht man an folgenden Inselstränden: Almáciga, Igueste (Anaga), Las Américas (Hotel *Villa Cortez*), Socorro (Icod), Bollullo, Hidalgo.

Surfer sollten am besten ihr **eigenes Brett** von zu Hause mitbringen: die Flugtarife dafür sind moderat, ➢ Seite 45.

Windsurf-Schulen/ Surfboard-Verleih

- ***Surf und Kite Center Playa Sur*** beim Hotel Playa Sur Tenerife; Equipmentmiete, Lagerung und Unterricht ; €35/Std; © 922-176688, http://surfcenter.el-medano.com.
- ***Azul,*** *School & Shop*, an der Holzpromenade, alle Services; © 922-178314 und 639-663839, www.azukiteboarding.com.
- ***D'light Kite***, Avenida Marítima, Edificio Marineda, Playa El Cabezo, © 922-177331, www.dlight.net.
- ***Official Test Center***, Calle Uruguay/Avenida Marítima, Playa El Cabezo, © 922-179382, www.otc-windsurf.com.

Surfer von El Médano an der Playa Cabeza

1.7 Segeln (www.todotenerife.es > deportes > deportes acuaticos)

Situation

Erfahrene Skipper und Starkwindsegler mit geeigneter Ausrüstung (mindestens 9 m-Boote) werden die Kanaren lieben. Mit 320 Windtagen/Jahr muss man nicht erst lange auf die Brise warten. Die Sicht ist meist gut, die Navigation leicht, die Strömungen sind gering, und das Wetter ist auch im Winter ideal. Der NO-Passat bläst dann etwas weniger als im Sommer. Kenner wissen genau, wo sie das Ölzeug über die Badehose ziehen müssen: z.B. zwischen Tenogebirge und La Gomera oder zwischen Candelaria und Las Galletas, wo der Wind permanent sehr stark pustet.

Andererseits sollte man sich auch nicht auf durchgängig problemloses Segelwetter verlassen (www.sailwx.info). Zwischen den Inseln können Böen von 8-9 Windstärken dem Boot zusetzen und im Winter heftige NW- oder SW-Stürme Skipper und Crew fordern. Am Fels zerschellte Yachten sind nicht selten (z.B. an der bei starkem NW gefährlichen Hafeneinfahrt von Los Gigantes).

Zudem haben die Inseln kaum geschützte Ankerbuchten und nur wenige Häfen mit guter Infrastruktur. Nur auf den Lee-Seiten im Archipel finden sich Anker- und Hafenplätze und die sind teilweise bis zu 10 lange Segelstunden von der Luv-Seite entfernt.

Charter

- ***Blue Sky Sailing,*** neue, voll ausgerüstete Boote (auch mit Skipper); alle 4 Marinas (➢ oben) und Gomera;

  www.TenerifeSailing.com; Gert Spijker © 922-548585 xyz
- ***Escuela Canaria de Crucero***, Santa Cruz, C/Miraflores 9, *Edificio Orchidea, Local 13,* © 922-240559; www.eccyacht.com.

Atlantiksegler im Hafen von Santa Cruz

- ***Nautiocio Tenerife*** - *W.S.C. Water Sports&Charters*, Las Americas/Puerto Colón verchartert/vermietet alles vom *Jet Bike* bis zur Luxusyacht; © 922-714034;
- ***CCB Yacht,*** Marina Puerto Colon, Local 5b, © 922-715404

Marinas

Chartern leicht gemacht: Direktanruf bei den Marinas/Puertos:
- del Atlantico, Santa Cruz, © 922-292184
- los Gigantes, © 922-868002
- Radazul (südlich von Santa Cruz), © 922-680933
- Colón/Las Americas, © 922-714211
- Deportivo Los Cristianos, © 922-790827
- San Miguel, © 922-785464; www.marinasanmiguel.com

Segelschulen

- ***Cidemat*** (*Cabildo Tenerife*) bietet Segel-, Surf-, Tauch- und Kajak-Kurse/Vermietung (nur spanisch). Valle Secco (Santa Cruz), Autovia TF 11, © 922-597258, www.depcrtestenerife.ne.
- **Escuela de Vela** am Strand von Los Cristianos, © 610-801200

Mitsegel-Törns

Mit anpacken auf dem Windjammer ***Alexander von Humboldt*** – kann jung und alt (16-69 Jahre). Die 1- bis 2-wöchigen Törns zwischen Anfang Dezember bis Mitte April kosten um €1200.

Infos und (frühzeitige!) Anmeldung über: »**DSST - Deutsche Stiftung Sail Training**«, 27568 Bremerhaven, H.H. Meyer Str., © 0471-94588-0, Fax: -94588-45; www.grüne-segel.de

1.8 Tennis

Größere Hotel ab 4 Sternen verfügen über/oder vermitteln Plätze der Nachbarhäuser. Dabei handelt es sich ganz überwiegend um Betonplätze. **Platzmiete ca. €14/Stunde**.

Hier nur Sand-, Quarz- und Kunstrasen-Plätze (*Tierra Batida/Cesped Sintético*) und empfehlenswerte Anlagen:

Norden

- ***Tennis-Center Miramar***, Los Realejos (westliche Rand von Puerto, *Urbanización Romantica II*). 6 Quarzplätze (4 mit Flutlicht); ein weiterer beim *Hotel Maritim* (zu Fuß 10 min entfernt), 9-21 Uhr. DTB und VDT lizenzierte Tennisschule; Pool, Sauna, Gästeturniere, Apt.- und Spielervermittlung; Calle Tulipanes 2; © 922-364008; www.miramartenerife.com
- ***Club de Tenis y Padel las Arenas***, Puerto Cruz, mit 2 Sandplätzen, Ctra. de las Arenas 127, 9-23.30 Uhr, © 922-374606.

Süden

- ***Centro Deportivo Tenisur***, Las Américas (San Eugenio Alto, beim Aguapark *Octopus*); außer Tennis noch Squash, Badminton, Minigolf (9-22 Uhr), © 922-796167
- ***Tennisclub La Florida***, Valle San Lorenzo, © 922-766235
- Empfehlenswert zum Tennisspielen sind auch die großzügigen neuen **Hotelanlagen zwischen Fañabé und La Caleta**.
- Club de Tenis beim Hotel Las Palmeras, © 922-752948

Westküste

- ***Club Aquarius Tenis Club***, Callao Salvaje, © 922-740533

1.9 Reiten

Nordküstenbereich

Parcours- und Ausritte in die bergigen Wälder der Nordseite:

- Die ***Finca Estrella*** in toller Lage oberhalb Icod an der Waldgrenze hat das beste (nicht zu steile) Gelände vor der Tür. Deutsche Besitzer; 1-3-tägige Ausritte (€45/€210); im Sommer Lagerfeuer-Camps. **Zufahrt**: Aus Puerto auf der TF 5 Richtung Westen die Abfahrt El Empalme/La Guancha zur TF 362 Richtung ICOD nehmen. Von ICODs Ortsmitte links nach El Amparo/La Vega bergauf. Weitere Anfahrtsbeschreibung im Internet. ©/Fax 922-814382 & 646-407312, www.teneriffa-reiten.de.
- ***Finca Verde***; pferdegerechter Reitstil (nur mit Schnurhalfter, wie die Indianer ihn ausübten). **8 Wohneinheiten** (auch für Nichtreiter, schöne Studios ab €42; größere Einheiten bis 6 Personen €90); Reitkurse in kleinen Gruppen, Wochenkurs €540; Ausritte, ***Wellness*** und physiotherapeutisches Reiten. **Zufahrt**: Oberhalb Orotava: nördliche Teideauffahrt TF 21 bei km 10, © 922-334007; www.fincaverde.com.
- ***El Manchón – Centro de Actividades en la Naturaleza Hípica***, oberhalb La Laguna; Reitstunden/Ausritte (nur spanisch). Das Gehöft (34 Pferde) liegt versteckt mit doppeltem Meerblick. Volkstümliches **Restaurant** in mehreren Räumen.

  Den Reitstall erreicht man – von Santa Cruz kommend – über die Ausfahrt (*Salida* 11); man folgt zunächst El Portzuelo und biegt vor dem Gebäude mit einer schwarzen Glasfront rechts in den Camino del Pulpito ein (ausgeschildert: »***Tasca El Manchón***«); Unterricht+Ausritt; © 922-632081 und 696-454541 +629-740551.
- ***Centro Hípico Los Brezos*** bei Tacoronte, ein hochgelegener kleiner Reiterhof, Mo-Fr auch Besucher. *Parcours* und Ausritte bis 4 Personen (nur spanisch/englisch). Camino Candelaria-Monte 101; Zufahrt: an der TF 226 (Esperanza-Tacoronte) bei km 3,5 auf den Abzweig mit Schild »40 km/h« achten; dort 100 m bergauf dann links noch 200 m. Anmeldung © 922-567222.

Bereich Süden

Im kargen Süden geht's mehr westernmäßig zu:

- ***Rancho Grande*** (auf dem Gelände des *Amarilla Golf & Country Club*), Unterricht für Anfänger+Kinder, Ausritte; Südautobahn, Ausfahrt 24 (Las Galletas), dann ausgeschildert; © 922-730319.
- ***Rancho Bonanza***, 30 Pferde; Südautobahn-Ausfahrt 22 Richtung Granadilla; bei Ortsende San Isidro rechts in die TF 636; oberhalb El Salto. Super! Ausritte ins attraktive Südgelände bis ans/ins Meer; auch Reitstunden; © 686-547062; www.ranchobonanza.net.
- ***Centro Hipico del Sur***, Südautobahn-Ausfahrt 25; dort bergauf Richtung Buzanada, auf halber Strecke dorthin in den Camino Los Migueles 82; Kurse, aber keine Ausritte;© 922-720643; www.centrohipicodelsur.com.

1.10 Gleitschirmfliegen (*Paragliding*, spanisch: *Parapente*)

Situation

Steter Nordostpassat, keine Wärmegewitter und regionale Mikroklimata sorgen für ideale und vielfältige Flugmöglichkeiten. **Das macht Teneriffa europaweit zum besten Paragliding-Gebiet – allerdings nur im Winter**. Im Sommer gibt es auf dem Kontinent weit bessere Möglichkeiten, unter dem 27 m-Schirm an 80 Nylonfäden lautlos durch die Lüfte zu schweben.

Wie beim Segeln und Windsurfen hat Teneriffa auch in diesem Fall eher den fortgeschrittenen *Paraglidern* etwas zu bieten – wiewohl von manchen Clubs die Gefahren nicht klar genug gemacht werden. Es beginnt beim Abheben: Viele Startpunkte sind auf Teneriffa steil und geröllig, was auch die Landung erschwert (am Strand verboten). Notlandungen im Wasser sind lebensgefährlich. Außer dem berühmten NO-Passat ist jeder andere Wind nicht konstant und deswegen nur von Kennern zu bewältigen.

Flüge im Norden sind prinzipiell leichter als im Süden, weil dort die Thermik sehr viel unberechenbarer ist. Wenn überhaupt **im Süden** (wegen starker Auf- und Abwinde über Mittag) nur früh morgens oder erst wieder nachmittags starten .

Wegen der vielen Unfälle werden zur Zeit strenge Reglementierungen erarbeitet. Auch fortgeschrittene Gleitsportler müssen sich zunächst bei den spanischen Clubs genauer informieren.

Von den 19 Abflugstellen auf Teneriffa sind folgende optimal:

Montaña de Fasnia und ***La Corona*** (bei Los Realejos/Nordküste);

O.k. sind *Taucho* (Adeje) und *Ladera de Güímar* (bis Windstärke 4).

Als gefährlich gelten Los Gigantes, Las Gaviotas, Ifonche, Teno und Los Molinos.

Der höchste Startpunkt mit der schönsten, längsten und einer der leichtesten Flugstrecke liegt beim **Observatorium *Izaña*** in den *Cañadas* (km 33 an der Straße TF 24 La Laguna–*Las Cañadas*). Von dort kann man aus 2.350 m Höhe bis Puerto oder (schwieriger) nach Puertito Güimar an der SO-Küste gleiten.

Auch gute *Paraglider* holen sich vor dem Start noch einmal die neuesten Wind- und Wetterinformationen (nur Spanisch):

Informationen und Kontakte

Wetterbericht: www.pajaroloco.net/meteo/tenerife.htm (super!)

Wind (*Izaña*): www.iac.es/weather/otdata

Radio: 141.610 Mhz (nur spanisch/engl). - für ganz Teneriffa

Ein Weltempfänger mit Airband (Exportmodell) empfängt auf 106,2 Mhz den Flugwetterdienst Las Palmas VOLMET (engl.) mit den aktuellen Wetterdaten und Windstärken

Deutschsprachige **Ansprechpartner** auch für Begleitflüge:

- ***El Refugio***, *Barranco del Rey*; ***Carmen+Andreas*** in La Escalona/ Vilaflor, Calle El Topo 34; © 922-725894 (➢ Seite 574)
- ***Michael Theiss:*** mike@teneriffa-paragliding.de, © 619-54033

- Deutschsprechende Spanier: ***Ibrahim Gonzalez***, © 609-546192, und ***Olga Caso***; olgacaso2012@yahoo.com. Beide sind FECDA-Lehrer (*Federacion Canaria de Parapente de Deportes Aéreos*): www.fecda.org. Dort gibt es auch aktuelle Fluginfos etc. Und nur dort können Ausländer Flugunterricht buchen. Über www.todotenerife.es (> deutsch > Deportes >Paragleiten) gibt's Infos über Routen und Adressen von spanischen Clubs.
- Fluglehrer ***Roberto Librizzi***, © 609-261796 (5-sprachig).

Wichtig: **Auf Teneriffa gibt es keinen Ausrüstungsverleih.**

1.11 Golf

Golf unterm Vulkan auf Lavafels und Basaltgrund? Auf Teneriffa gibt's das zehnfach. Binnen weniger Jahre avancierte die Insel zu einer beachtlichen Golf-Winteradresse und misst sich mit beliebten Golferzielen wie Andalusien, Mallorca, Florida und der Algarve.

Wichtig **Männer brauchen ein Handicap von 28, Frauen von 36.**

Im Sommer ist das Golfen billiger als im Winter!

1.11.1 Plätze im Norden

Real Club de Golf Tenerife****

Teneriffas ältester Platz (von A. Alberto, u.a.) liegt im Inselnorden zwischen Tacoronte und La Laguna nahe *Autopista Norte* (2 km westlich des Nordflughafens/24 km östlich Puerto, 74 km nördlich Südflughafen). 1932 von englischen Kaufleuten gegründet (deswegen auch *Royal Tenerife* genannt), hat der Platz in 600 m Höhe und üppiger Vegetation viel vom britischen Flair (allem voran das Clubhaus!) behalten.

Hier trefen sich Sa/So die Reichen aus Santa Cruz, Tacoronte und El Sauzal, so dass Touristen nur werktags willkommen sind. Gefürchtet ist das vierte seiner 18 Löcher, die sich an den Ausläufern der Esperanza-Hänge in Nord-Süd-Richtung erstrecken.

Greenfee (18 Löcher): **€75** Cart €45,.© 922-636607 und Fax 922-636480; über www.webtenerife.de;

Zufahrt: Von der Nordautobahn Salida 14 ausgeschildert.

Golf La Rosaleda

Bei Puerto de la Cruz liegt keine 10 Autominuten vom Zentrum entfernt in Bananenplantagen dieser kleine Platz (9 Löcher - par drei). Tolle Aussicht auf Teide und Meer. *La Rosaleda* ist kein Club, sondern ein offener Platz und insbesondere ein Schnupperterrain, das bis zur Platzreife führt. Golfschule (vielsprachig), mit Übungsplatz, Shop und Kinderbetreuung. Loch 10 ist eine gemütliche *Tasca*. **Greenfee** 9 Löcher **€17**, 18 Löcher **€24;** Unterricht ab 30/Std Gruppendiscount. © 922-373000; www.golflarosaleda.es

Zufahrt von der Autobahn (Salida 32, Martíanez) bergab, dann 3. Straße rechts.

Golfplatz Buenavista

Dieser Platz in atemberaubend schöner Lage über der felsigen Küste mit unverbauter Aussicht auf Meer und Berge wurde vom spanischen Golfstar *Severiano Ballestros* entworfen.

18 Löcher **€75** 9 Löcher **€40, Cart €32.** Um Buenavista herum gibt es wenig Unterkünfte. Ein Golfhotel ist in Bau; © 922-129034, Fax 922-128044; www.buenavistagolf.es.

Zufahrt über Buenavista (TF 445) Richtung Punta Teno, ausgeschildert.

1

1.11.2 Plätze im Süden (von Ost nach West)

Alle weiteren Golfplätze liegen wie grüne Oasen inmitten der Tufflandschaft an Teneriffas Südwestküste; auch sie wurden von namhaften Golfern (*Pepe Gancedo, Donald Steel*) entworfen. Einmal dort, vergisst man schnell die Bausünden und die Zersiedelung entlang der Zufahrt. Auch gelegentlicher Fluglärm scheint begeisterte Golfer nicht zu stören.

Golf dei Sur****

Nach seiner Einweihung 1987 war dieser Platz wiederholt Austragungsort internationaler Turniere. Die 27 Löcher sind küstennah in 3 Schleifen und mit großen schwarzen Lavasand-Bunkern zwischen 8.000 Palmen angelegt Alle Einrichtungen auf internationalem Niveau; Tennisplätze.

Golfschule, 3 x 9 Löcher; **Greenfee** 18 Löcher **€85**, 9 Löcher **€50**, Cart €38.

Zufahrt: 2 km westlich des Südflughafens, südlich der *Autopista Sur* (*Salida* 24) Richtung Los Abrigos, dann die erste Straße rechts (Urbanización Golf del Sur); © 922-738170, Fax 922-738272; www.golfdelsur.net.

Amarilla Golf & Country Club***

Dieser Platz (fest in britischer Hand, selbst die roten Telefonzellen fehlen nicht) liegt Backe an Backe mit dem Golf del Sur, eingerahmt von Villen-Feriensiedlungen und der Felsküste mit weiten Blicken auf den Teide und das Meer. Golfschule, Tennisplätze, Pool und Rancho-Grande-Reiten (➢ oben, Reiten). **Greenfee** 18 Löcher **€80**, 9 Löcher **€49,** Cart €32. © 922-730319, Fax -785557; www.amarillagolf.es.

Zufahrt: Von der Südautobahn Ausfahrt 24, erst ein Stück parallel zur Autobahn Richtung Las Galletas, dann vor der ***Michelin***-Vertretung Richtung Meer.

Centro de Golf Los Palos***

Der reizvoll angelegte Golfplatz Los Palos mit seinen 9 Löchern ist typischer Pitch & Puttplatz, prima für Anfänger, da das Gelände fast keine Höhenunterschiede aufweist. **Greenfee**: 1 Runde **€24**; 2 Runden **€33;** © 922-169080, Fax 922-169238; www.golflospalos.com.

Zufahrt über die *Autopista del Sur* (Ausfahrt 26/Guaza), dann Richtung Meer (Las Galletas), ausgeschildert.

Golf Las Américas****

Dieser angenehm zu spielende Platz mit zahlreichen Wasserhindernissen und Bunkern (*John Jacobs*, 1997) hat 18 Löcher. Das von einer Urbanisation mit 5-Sterne-Hotel eingerahmte Gelände liegt etwas eingeklemmt zwischen der Autobahn und den oberen Ausläufern von Las Américas. Wie auch beim *Golf del Sur* und *Amarilla Golf* versöhnt die gepflegte Anlage mit der Umgebung. Schönes Clubhaus mit toller Terrasse. **Greenfee** 18 Löcher **€ 95**, 9 Löcher **€55;** Cart €38. © 922-752005, www.golf-tenerife.com.

Zufahrt über Ausfahrt 28 der Südautobahn, Playa Las Americas.

Golf Costa Adeje*****

Ausgelegt auf 27 Löcher, eröffnete der Club 1998 mit 18 Löchern **nördlich von La Caleta**, locker umringt von der Ferienanlage *Los Olivos*. Der Golf-Architekt *Pepe Gancedo* verstand es, die alten Steinmauer-Terrassen einer Bananenplantage in die *Fairways* zu integrieren. Der herrliche Blick übers Meer reicht bis zur Nachbarinsel La Gomera – neben dem Buenavista- und dem Abama-Platz der landschaftlich schönste Platz Teneriffas. **Greenfee** 18 Löcher **€ 87**; 9 **Löcher € 48**; *Cart* € 37. © 922-710000; www.golfcostaadeje.com.

Abama Golf Resort******

Eine neue Dimension eröffnet das ***Abama-Grand Hotel-Golf Resort&Spa.*** Ein 18-Loch-Platz (+9) auf einem Gelände mit 22 Teichen und 90.000 (!) Bäumen, weitem Blick übers Meer und auf La Gomera, entworfen von *David Thomas*. Hier spielte schon *Bill Clinton*. **Greenfee:** 18 Löcher **€200**; An der Westküste südlich von San Juan de la Playa. Zufahrt über TF 47, km 9, © 922-126000; www.abamahotelresort.com.

Resorts

Wer direkt an einem Golfplatz oder in dessen unmittelbarer Nähe wohnen möchte, findet im Süden ein breites Angebot. Folgende Hotels mit **Club-Arrangements** sind eine gute Wahl:

Hotels in der Nähe von Golfplätzen

Hotel Aguamarina Golf an der Küste zwischen Golf del Sur und Amarilla Golf; das ***Apart-Hotel Golf Plaza Resort*** und das ***Apart-Hotel Las Adelfas*** befinden sich direkt in der *Urbanización Golf del Sur*; das ***Apart-Hotel El Nautico*** liegt direkt am Meer.

Integriert ins Gelände von *Golf Las Américas* ist das bildschöne ********Hotel Las Madrigueras***. Auch der weniger attraktive Apartmentkomplex ***Compostela Beach III*** steht auf dem Golfplatz.

Von den Grand Hotels im Bereich Las Américas (in Los Morritos, Fañabe und Costa Adeje) sind alle Südplätze gut zu erreichen:

• **Mare Nostrum Resort** *(*Las Américas/Los Morritos*)* • ***Jardín Tropical*** (Las Américas/San Eugenio) • ***Colón Gunahani*** (Las Américas/Fañabe) • ***Jardínes Nivaria*** (Las Américas/Fañabe) • ***Bahía del Duque*** (Las Américas/Costa Adeje) • ***Dreamplace Gran Tacarande*** (Costa Adeje) • ***Adeje Palace*** (Las Américas/Costa Adeje) • ***Sheraton*** (La Caleta) • ***Gran Palácio de Isora*** bei Alcalá liegt günstig zu beiden letztgenannten Golfplätzen

Die Luxushotels in Garachico – ***Hotel San Roque*** und ***Hotel La Quinta Roja*** – sind nächstgelegen zum Golf Buenavista.

Die Hotels ***Mencey*** in Santa Cruz und ***Botánico*** in Puerto Cruz bieten Golfprogramme, liegen aber von den Plätzen weit entfernt.

2. Teneriffa von A-Z

Apotheken (Farmacias)

Farmacias erkennt man am grünen Malteserkreuz; dort wird nach Geschäftsschluss die diensthabende nächste ***Farmacia de Guardia*** aufgeführt (➢ auch www.farmaciascanarias.com). Medikamente sind meist billiger und eher rezeptfrei als bei uns. Ab 22 Uhr erfolgt die Medikament-Ausgabe nur noch gegen Rezept. Öffnungszeiten Mo-Fr 9-13 und 16-20, Sa 9-13 Uhr.

Artenerife

➢ auch unter »Souvenirs« und »Museen«

Offizielle Verkaufspavillons mit kanarischem Kunsthandwerk (Viertelkugeldach mit Glasfassade, www.artenerife.com) in:

- Las Américas: Playa Troya und Puerto Colón, Av. Gran Bretaña
- Los Cristianos: Playa Las Vistas
- Orotava: Calle Tomás Zerolo 27 (*Casa Torre Hermosa*)
- Puerto Cruz: Hafen (Casa Aduana); demnächst Playa Jardín
- Santa Cruz: Plaza España, neben dem Stadttor am *Lago*

Arzt/ Zahnarzt

Arzt- und Klinikadressen, ➢ Reiseteil ➢»Praktisches«, z.B.

- **Los Cristianos/Las Américas/Costa Adeje** ➢ Seite 230
- **Puerto de la Cruz** ➢ Seite 313
- **Los Gigantes/Puerto de Santiago/Playa Arenas** ➢ Seite 271f
- **Santa Cruz** ➢ Seite 137.

Weitere Adressen stehen in den deutschsprachigen Insel-Zeitschriften, ➢ Seite 538 (Presse); dort auch die Praxen deutsch(sprachig)er **(Zahn-) Ärzte**; ➢ auch Notfall, Seiten 531 und 549.

Urologe: Dr. Thomas Funk, Hotel Maritim, El Burgado 1, Los Realejos, © 922-362828

Gynäkologe: Michael Theis, Calle de la Hoya 55/2, Puerto de la Cruz, © 922-370897,

Im Süden: *Hospiten Sur* © 922-777760

Internist: Ulrich Schläger Calle de la Hoya, 51/1B, Puerto de la Cruz, © 922-389216

Augenarzt: Jose Alberto Muiños, Calle Emilio Sera Fernandez Moratin 6A, Santa Cruz, © 902-886670

Im Süden: *Hospital Costa Adeje*, © 922-792400, *Centro de Salud »El Mojon«*, Chayofa, © 922-729810 (24 Std)

Allgemein, Innere: Martin Kranich, Roque de Jama 16, Los Cristianos, © 922-788061

Orthopädie, Akkupunktur u.a: Gyde Techow, Puerto/La Paz, Calle Almácigo 17, © 922-376137 und © 616-283470

Zahnarzt: Axel Wille, Santa Cruz, Calle General Antequera 3, © 922-274656

Banken

Geld(automaten) ➢ Seite 535.

Schalterzeiten: Mo-Fr 9-14 und Oktober-Juni auch Sa bis 13 Uhr.

Bankgebühren

EC- und Kreditkarten-Zahlungen, sowie Überweisungen innerhalb der EU sind gebührenfrei. Bar-Abhebungen an EC-Automaten im Ausland kosten dagegen € 2-5 pro Transaktion.

Tipp: Deutsche Bank-Filialen sind günstiger, einige Heimat-Banken bieten den Barabhebungs-Service gebührenfrei (➢ Seite 51). (Info: www.europa.eu.int/comm > area/ec01-2560

Behinderte In Los Cristianos und Las Américas/Costa Adeje sind die Promenaden, Bürgersteige, Strände und etliche Hotels rollstuhlgerecht: www.portalturismoaccesible.org.

Lero bietet viel Service, (Transfer, Ausflüge); im Hotel *Mar y Sol*, Los Cristianos, © 922-750289 und Puerto de la Cruz, *Edificio Marina*, Av. Betancourt y Molina 34, © 922-373301; www.lero.net.

Auskunft (nur englisch) gibt auch ***Orange Badge***; *Urbanización Cristian Sur*, Avenida Amsterdam, Los Cristianos, © 922-797355, mit Rollstuhlvermietung www.orangebadge.com. Die Infobüros in Las Américas haben die Broschüre ***Barrier-free Tourism Guide***.

Infos bei »Bundesarbeitsgemeinschaft der Clubs Behinderter und ihrer Freunde e.V«, 55131 Mainz, Eupener Str. 5, © 06131-225514 & -225514, www.bagcbf.de.

Benzin Bleifreies Benzin (*sin plomo*/ohne Blei) **€0,75/Liter** (Stand: 12/08)

Tankstellen (*Gasolineras*) sind zahlreich und oft durchgehend geöffnet. Der Tankwart bedient gratis. In den Bergen (*Cañadas, Anaga, Teno*) gibt es keine Tankstellen.

Bußgelder Deftige Knöllchen drohen bei Verkehrsverstößen. Hier die Bußgelder für **Delikte außerhalb geschlossener Ortschaften**; sie sind in den Stadtzentren noch höher (Barzahler sparen 30 Prozent!):

- €300: Verkehrsgefährdung und Fahren ohne Gurt
- €270: Parken auf dem Bürgersteig
- €200: Überfahren einer roten Ampel
- €120: Nichtbeachtung von Zebrastreifen/Stopp-Schildern, Handybenutzung am Steuer, Parken in der 2. Reihe

Camping ➢ Seite 583f.

Diplomatische Vertretungen/ Spanische Botschaften (**Konsulate** auf den Kanaren ➢ Seite 535)

BRD: 10787 Berlin, Lichtensteinallee 1, © **0049-**30-254007215.

Österreich: 1040 Wien, Argentinierstr. 34, © **0043-**1-50557880.

Schweiz: 3006 Bern, Kalcheggweg 24, © **0041-**31-3505242.

Einkaufen Wegen seiner ultraperipheren Lage in Europa sind auf den Kanaren einige Produkte wie (bestimmte) Spirituosen, Tabakwaren und Benzin billiger als auf dem Festland. Für Elektronik, optisches Gerät und Uhren gilt Santa Cruz als günstige Einkaufsstadt.

Man sollte jedoch die heimischen Preise im Kopf haben, um echte **Schnäppchen** zu erzielen.

Casa de los Balcones heißen die Läden einer Kette für hochwertiges Kunsthandwerk mit Zentrale in Orotava; Filialen u.a. in Castillo; Las Américas: Hotel *Bahia Duque*; Talstation Teideseilbahn; Puerto/Paseo San Telmo; in Garachico als *Centro Artesanal el Limonero*; ➢ Seiten 330, 532, 537.

Preise Das kanarische **Preisniveau für Lebensmittel** entspricht in den Touristenzentren dem in Mitteleuropa (➢ Seite 539). Nur in den Dörfern bekommt man Grundnahrungsmittel noch billiger.

Fleisch Ziege und Kaninchen (*cabra, conejo*) kommen vom Archipel, Rind (*ternera*) ist oft aus Südamerika.

Fisch Spanier essen traditionell dreimal soviel Fisch wie andere Europäer; frischen Fisch gibt es in großen Supermärkten wie *Mercadona, Alcampo, Carrefour* und *HiperDino*. Fischläden/Stände sind rar. ***Congelado***-(tiefgefroren)-Läden sind verbreitet.

EKZ (CC) In riesigen **Einkaufszentren** (***Centros Comerciales/CC***) am Rande von Ballungsgebieten (oberhalb von Puerto; zwischen Santa Cruz und La Laguna) findet man die Supermärkte ***Carrefour***, ***Alcampo*** im US-amerikanischem *Mall*-Stil (Mo-Sa durchgehend 10-22 Uhr geöffnet, So geschlossen); das gilt auch für das Kaufhaus ***El Corte Inglés*** beim ZOB von Santa Cruz.

Auch die großen Touristenzentren haben ihre CC, die den Vorlieben der Urlauber Rechnung tragen. Spitze ist das elegante Plaza del Duque beim Hotel *Bahia del Duque* mit prima ***Food Court***. Auch beachtlich ist der ***Supermercado*** im Hotel ***Santiago V*** in Las Américas, Los Morritos.

Entfernungen (km von - nach)

Ort	Santa Cruz	Puerto	Cristianos
Adeje	84	78	11
Bajamar	24	31	111
Buenavista	76	42	74
Candelaria	18	59	59
Garachico	70	36	68
Granadilla	66	111	27
Guía de Isora	93	56	22
Icod	60	26	58
La Esperanza	18	34	94
La Laguna	9	28	87
Las Américas	75	85	4

Ort	Santa Cruz	Puerto	Cristianos
Los Cristianos	77	81	-
Los Gigantes	93	53	40
Orotava	39	9	84
Parador Teide	102	84	63
Puerto de la Cruz	41	-	81
Santa Cruz-	-	41	77
Santiago/Masca	112	39	39
TF Nord	14	24	86
TF Süd/Medano	64	93	18
Vilaflor	80	125	41

Flüge **Südflughafen**-Auskunft: © 922-759000 (nach der spanischen/englischen Ansage für Deutsch die »**3**« drücken); www.aena.es.

Nordflughafen-Auskunft: © 922-635998, www.aena.es.

Fernsehen/Radio Über ASTRA-Satelliten sind über **25 deutschsprachige Programme** zu empfangen (ARD, ZDF, KiKa/Arte, ORF, Privatsender und alle 3. Programme, n-tv, EuroNews, EuroSport und CNN), ferner zahlreiche deutschsprachige Radioprogramme, ➢ Seite 540.

Flaggen **Kanarische Inseln:**
senkrechte gelb-blau-weiße Streifen mit Wappen, in dessen mittlerem blauen Teil zwei Hunde unter der Inschrift ***Oceano*** einen gekrönten Schild mit den Vulkankegeln der 7 Inseln halten.

Teneriffa: Blaue Fahne mit weißem Diagonalkreuz.

Feiertage auf Teneriffa

01. Januar:	Neujahr – ***Año Nuevo***, Geschäfte/Büros geschlossen
06. Januar*:	Heilige 3 Könige – ***Los Reyes***, Geschäfte/Büros geschlossen*)
02. Februar:	Tag der Jungfrau von Candelaria, Geschäfte/Büros geschlossen
März/April:	Nur Karfreitag (Ostermontag ist Arbeitstag!) sind die Geschäfte überwiegend geschlossen. Spanier urlauben oft vor Ostern.
01. Mai:	Tag der Arbeit – ***Día del Trabajo***, Geschäfte geschlossen
03. Mai:	(nur in Orten mit *Cruz* im Namen) Tag der Arbeit und Lugos Landung auf Teneriffa – ***Día del Trabajo/Día de la Cruz***, in Santa Cruz 1.5.-3.5. ***Fiestas de Mayo***. Büros geschlossen, Geschäfte unterschiedlich geöffnet.
30. Mai:	Tag der Kanaren – ***Día de Canarias***, Gesch./Büros geschlossen
Mai/Juni:	Fronleichnam – ***Corpus Cristi***, nur in Orotavo alles zu
15. August:	Mariä Himmelfahrt – ***Asunción***, Geschäfte/Büros geschlossen
12. Oktober:	Hispanischer Tag – ***Día de la Hispanidad***, alles geschlossen
01. November:	Allerheiligen – ***Todos los Santos***, Geschäfte/Büros geschlossen
06. Dezember:	Verfassungstag – ***Día de la Constitución***, alles zu
08. Dezember:	Mariä Empfängnis – ***Inmaculada Concepción***, alles zu
25. Dezember:	Weihnachten – ***Navidad***, alles zu

An den Dezember-Sonntagen dürfen die Geschäfte geöffnet sein.

*) Am Vorabend (5.1.) Einkauf bis 24 Uhr

Fotografieren Speicherkarten für **Digi-Kameras** gibt es überall und in allen Formaten.

Fremdenverkehrsämter Touristeninformation für ganz Spanien, nicht nur die Kanaren:

Prospektanforderung: ✆ 06123-99134, Fax -9915134

- 10707 Berlin, Kurfürstendamm 63, ✆ 030-8826543, Fax -8826661, berlin@tourspain.es
- 40237 Düsseldorf, Grafenberger Allee 100; ✆ 0211-6803981, Fax -6803985; duesseldorf@tourspain.es
- 60323 Frankfurt/Main, Myliusstraße 14, ✆ 069-725038, Fax -725313; frankfurt@tourspain.es
- 80051 München, Schubertstr. 10 (Postfach 151940), ✆ 089-5307460, Fax: -53074620, munich@tourspain.es

in Österreich (0043-)

- 1010 Wien, Walfischgasse 8/MZZ, ✆ 01-5129580, Fax: -81; viena@tourspain.es

in der Schweiz (0041-)

- 8008 Zürich, Seefeldstr. 19, ✆ 044-2536050, Fax: 2526204, zurich@tourspain.es

Fundbüro Anlaufstelle für abhanden gekommene Gegenstände (***Objetos Perdidos)*** ist die örtliche Polizeidienststelle (***Policia Local***).

Geld-Automaten Mit **ec-Karte** kann man an den zahlreichen Geldautomaten (***Cajeros***, *Telebanco/Servired*) täglich bis zu €300 abheben. Bargeld ist an denselben Automaten auch bei Einschub einer Kreditkarte verfügbar. Die Gebühren dafür liegen aber höher (Ausnahmen ➢

Seiten 51, 531). In beiden Fällen geht natürlich nichts ohne PIN.

Geldautomat

Haustiere

Nach Spanien dürfen Vögel, Hamster, Meerschweinchen etc. aus EU-Ländern (und der Schweiz) ohne Einschränkung mitreisen. Hund und Katze müssen aber gegen Tollwut geimpft sein. Dazu erhält jedes Tier einen EU-Pass mit einer ID-Nummer und den Impfeinträgen. Die Identität kann anhand eines Mikrochips (wird bis 2010 für alle Vierbeiner eingeführt, ca. €30) geprüft werden (www.eu-kommission.de > Haustiere). Das heimatliche Reisebüro kennt die Airline-Bestimmungen über Haustierboxen.

Internetcafés

Internetzugang (***Nodo Internet***) ist in großen Hotels oder in ***Locutorios*** (➢ Seite 541f) möglich; ➢ jeweils unter **Praktisches** für **Santa Cruz, Puerto de la Cruz, Los Cristianos und Las Américas.** Einige Gemeinden bieten ihn Bibliotheken oder *Centros Culturales.*

Kirchen

➢ unten unter **Seelsorge**

Konsulate auf Teneriffa

Diese Website erspart oft den Anruf/Besuch!

Botschaften, ➢ Seite 532

Santa Cruz führt ein Honorarkonsulat: C/Costa y Grijalba 18 (oberhalb Plaza Pato, ✆ 922-248820, Mo-Do 10-13 Uhr) für Beglaubigungen, Passwesen etc. (www.honorarkonsul-teneriffa.de **mit sehr vielen Tipps!!**). Übergeordnet ist das Konsulat in Las Palmas/Gran Canaria, ✆ 928-491880-81; www.las-palmas.diplo.de.

Österreich: Santa Cruz, Calle de San Francisco 17, ✆ 922 243799

Schweiz: Las Palmas/GranCanaria, ✆ 928-293450

Kreditkarten

In fast allen Hotels, Restaurants, Läden, Tankstellen und bei Autovermietern kann man mit Kreditkarten zahlen (AE, VISA, Euro-/Mastercard). Meist wird zusätzlich der Personalausweis gefordert. Zentrale Verlustmeldung aller Karten: ✆ 0049-116116

Kriminalität

Die Kanaren gelten politisch als sicheres Reisegebiet; der baskische **ETA-Terrorismus** beschränkt sich bisher auf das Festland.

Gewaltverbrechen und **Ausländerfeindlichkeit** sind bisher selten.

Andererseits nimmt die global organisierte mafiotische **Bandenkriminalität**, die sich aber normalerweise nicht gegen Touristen richtet, rapide zu, ebenso die (drogenbedingte) **Kleinkriminalität** und kriminelle Delikte unter Touristen.

Diebstähle und **Einbrüche** (Häuser und Autos) stehen auf der Tagesordnung. Im Auto sollte man nichts von Wert liegenlassen. Einige **Autovermieter** empfehlen sogar, über Nacht die Wagen nicht abzuschließen, um Tür-/Fensteraufbrüche zu vermeiden.

Größere **Hotels haben Zimmersafes. Am Strand ist besondere Vorsicht geboten**, vor allem, wenn man ins Wasser geht.

Auf Straßen und an den Stränden gibt es **Taschendiebe**, an Geldautomaten und Haustüren immer neue **Trickbetrüger**. Agressives Werben für *Time-Sharing* wurde erfolgreich zurückgedrängt.

Um **Anzeige zu erstatten**, ruft man © 902-102112 an (8-24 Uhr; auch auf Deutsch) und erhält eine Protokoll-Nummer, unter der man binnen 48 Stunden auf der nächsten Polizeistation seine gedruckte Anzeigenkopie abholen kann: www.policia.es (*denuncias* ➢ deutsch) oder geht zur ***Policía Local*** dort, wo der Diebstahl geschehen ist; dabei sind meist Spanischkenntnisse erforderlich.

Kunsthandwerk ➢ unter *Artenerife*, Einkaufen, Museen, auch **Essay Seite 510**.

Märkte **13 Bauernmärkte: nur Lebensmittel lokaler Kleinerzeuger**

Bauernmärkte (Mercadillos del Agricultor)

www.mercadosdelagricultor.com > cómo llegar klicken für genauen Lageplan) vom Nordosten im Uhrzeigersinn:

1 **im Anaga-Gebirge** (an der TF12, Cruz del Carmen); nur 10 Stände, Sa 9-14.30, So 10-14.30Uhr
2 **La Esperanza**; im Herbst Pilze! An der Teideauffahrt (TF 24), untere Ortseinfahrt, rechts; Sa/So 9-13 Uhr
3 **Candelaria**, TF1, Salida #9; am großen Meeresparkplatz/Ayuntamiento; Mi 17-21 Uhr
4 **Guímar**, im Zentrum neben dem Ayuntamiento, TF1, Salida 11; So 9-14Uhr
5 **El Medano/San Isidro** im gelblichen Gebäude unterhalb der Autobahnausfahrt El Medano, Salida 22 (an der TF 64); Sa/So 8-14 Uhr
6 **Chafiras/San Miguel**, meerseitig der TF1, Salida 24, im Industriegebiet neben dem »TÜV« (= ITV); Mi 16-20, Sa/So 8-14 Uhr
7 **Adeje im Industriegebiet Las Torres**. Gleich oberhalb der Südautobahn die erste westliche Ausfahrt nach Salida 79; Sa/So 8-14 Uhr
8 **Santiago del Teide**, an der TF 82 (= Avda General Franco) beim Ayuntamiento, Sa/So 8-15Uhr
9 **Palmar/Lagunetas (Teno-Gebirge)**; etwas abseits der TF 436 Buenavista-Masca (Richtung Teno Alto) in der Finca Los Pedrales; Sa 9-14.30, So 10-14.30Uhr
10 unterhalb **La Guancha** direkt bergseitig der TF 5
11 **La Matanza**; Autopista Norte, Salida 23, an der TF 217, am Ortsende Richtung Santa Ursula; Sa/So 8-15 Uhr
12 **Tacoronte**, sehr beliebt; Autopista Norte Salida 17 und 19, im Ortskern von Tacoronte die TF 16 Richtung Valle Guerra/Tejina, dann noch ca. 5 km in San Juan; Sa/So 8-14 Uhr
13 **Tegueste**, oberer Ortsanfang links der TF 13; Sa/So 8.30-14 Uhr

Lebensmittelmärkte

- **Santa Cruz**; ***Mercado de Nuestra Señora de Africa***, täglich bis 15 Uhr großer Lebensmittelmarkt (Fische und Supermarkt im Untergeschoss); gute Waren, Mo nur wenige Stände.
- **La Laguna**; täglich bis 13 Uhr Lebensmittelmarkt mit großem Angebot im ***Mercado*** an der zentralen Plaza de Adelantado, Mo nur wenige Stände.
- **Puerto de la Cruz**; Mo-Sa 7-13 Uhr Lebensmittelmarkt im ***Mercado***-Betonklotz an der Straße zur *Playa Jardín*, Avenida de Blas Perez Gonzalez, So 9-13 Uhr.

Touristen-/ Flohmarkt

- **Santa Cruz** (z. Z. noch) unterhalb des *Mercado de la Nuestra Señora de Africa*; So 9-13 Uhr, Nippes, sehr lebendig.

Kleidungsmärkte

Meist gibt es auf solchen Märkten Billigklamotten, Lederwaren, Modeschmuck, Souvenirs

- **Los Abrigos**; Di abends 18-22 Uhr
- **Alcalá**, Plaza del Llano, Mo 9-14 Uhr
- **Los Cristianos** So 9-14 Uhr neben dem *Hotel Gran Arona*
- **Candelaria**, Mi vormittags.auf dem Basilika-Platz
- **Costa Adeje** gegenüber dem *CC El Duque*, Do und Sa 9-14 Uhr
- **Playa San Juan** Mi+So 10-13 Uhr an der TF 47; Bauernstände
- **El Médano**, auf der zentralen Plaza, Sa 10-14 Uhr.
- **San Isidro**, Fr 17-21 Uhr, am oberen Ortsende, etwas abseits

Krankenhaus

➢ unter »Praktisches« in den Ortskapitel und Seite 531, Arzt

Museen

➢ Seite 27 und Infokasten Seite 538

Öffnungszeiten

Die Geschäfte **in den Städten** öffnen zwischen 9 und 10 Uhr, schließen dann für eine mehrstündige Siesta (13-16/17 Uhr) und sind danach bis 19/20 Uhr wieder geöffnet. Samstags um 13 Uhr beginnt das Wochenende. Sonntags bleiben die Läden geschlossen. **In den Urlaubszentren** gibt es dagegen keine allgemein gültigen Ladenöffnungs/-schlusszeiten.

Einkaufzentren wie ***IKEA***, ***Carrefour***, ***Alcampo*** etc. sind Mo-Sa 10-22 Uhr geöffnet, in der Vorweihnachtszeit auch sonntags.

Handwerker und (Auto-) **Werkstätten** arbeiten 9-13 und 15-18 Uhr, Juli-September nur bis 15 Uhr, dafür meist durchgehend.

Kirchen sind fast immer geschlossen; nur kurz vor und während den Messen stehen die Türen offen. Klöster sind unregelmäßig geöffnet; Kernzeiten: ca. 10-13 und 16/17-19/20 Uhr.

Restaurants außerhalb der Touristenzentren mittags und abends Kernzeiten 13-16 und 20-23 Uhr, Sonntagabend und Mo geschlossen. In den Touristenzentren oft durchgehend geöffnet.

Polizei

Notruf: 112 (auch deutsch); ferner Notfälle, ➢ Seite 549
Anzeigen-Aufnahme ➢ Seite 535f

Postämter

Öffnungszeiten: Mo-Fr 8-14.30 Uhr, Sa 8-13 Uhr generell;
Adressen ➢ jeweils vor Ort

Briefporto in € **Stand 2009**

			Spanien	**Europa**	**Intern.**
Postkarten	normal		0,32	0,60	0,78
Briefe	bis	20 gr	0,39	0,62	0,78
	bis	50 gr	0,43	1,29	1,66
	bis	100 gr	0,65	1,64	2,60
	bis	200 gr	1,08	3,28	5,25
	bis	350 gr	1,81	5,86	9,30

Post nach BRD/CH/Ö ca. 1 Woche; von dort dauert's oft länger.

Museen/Kunsthandwerk auf einen Blick

(Mehr Details im Reiseteil unter den Ortschaften. Mit **Bono-Busticket**, ➢ Seite 586, erhält man in den staatlichen Museen 50% Ermäßigung.

Orotava

- ***Casa de los Balcones***, das schönste Herrenhaus der Altstadt als Museum mit Laden für Souvenirs und Kunsthandwerk; ausgeschildert. Täglich 8.30-18.30Uhr, Eintritt frei. Museum 9-19 Uhr; € 1,50.
- ***Casa del Turista***, Kunsthandwerk und kanarische Souvenirs; in der Altstadt gegenüber der *Casa de los Balcones*. Täglich 8.30-18.30 Uhr.
- ***Casa Lercaro***, Läden (9-20 Uhr) und Lokale (bis 22.30 Uhr)
- ***Museo Artesanía Iberoamericana*** (südamerikan. Kunsthandwerk), CalleTomás Zerolo 34, *Convento Santo Domingo*, ✆ 922-321746; Mo-Sa 9-15 Uhr, €2.
- ***Casa Torrehermosa*** – kanarische *Artesanía* von geprüfter Qualität; Calle Tomás Zerolo 27, Mo-Fr 9.30-18 Uhr, Sa 9.30-14 Uhr.
- **Keramikmuseum *Casa Tafuriaste***; Calles León/San Agustín, Di/Fr 9-14 und 14.30-18 Uhr, Mo/Mi/Do ab 10 Uhr, Sa nur vormittags, €2, ✆ 922-321447.

Tacoronte/Valle Guerra

- ***Museo Antropologia de Tenerife*** – *Casa de Carta* (Ethnographisches Museum) in Valle Guerra am Ortsrand von Tacoronte; Di-So 9-19, Mo zu; €2,50, ✆ 922-546300.

Puerto de la Cruz

- **Archäologisches Museum**, Calle Lomo 9, ✆ 922-371465, Di-Sa 10-13, 17.00-21, So 10-13 Uhr, €2.

El Sauzal

- ***Museo del Vino*** (Weinmuseum), Autobahn *Salida* 11, Di 11.30-19.30, Mi-Sa 10.00-21.00, So 11-18, Feiertage 11.30-17.30 Uhr, ✆ 922-572535, frei.

La Laguna

- ***Museo de Historia de Tenerife*** (Museum der Entwicklung Teneriffas), Calle San Agustín 22, (*Casa Lercaro*), ✆ 922-825949, Di-So 9-19 Uhr; €3.
- ***Museo de la Ciencia y el Cosmos*** (»Wissenschaft und Kosmos« – mit Planetarium), Calle Via Láctea (bei der Uni, Zufahrt: Autobahn, *Salida* 8b, Avda Trinidad, ➢ Seite 158; besser: Tranvia hält vorm Museum, ➢Seite 587); ✆ 922-315265, Di-So 9-19 Uhr; €3.

Santa Cruz

- ***Museo de la Naturaleza y el Hombre*** (Naturkunde-und Archäologie-Museum) unweit des *Mercado* am *Bco Santos*; ✆ 922-535816, Di-So 19-19; €3.
- ***Museo Municipal de las Bellas Artes*** (Kunstmuseum), unterhalb der Plaza Principe, Mo-Fr 10-20 Uhr, Sa und So 10-15 Uhr, frei. ✆ 922-243808.
- ***TEA - Tenerife Espacio de la Arte;*** Zentrum für moderne Kunst, gegenüber dem Mercado; ✆ 922-849057; Di-So 10-20 Uhr, €5; Bibliothek Sa/So zu.

Güímar

- ***Parque Etnográfico Piramides de Güímar*** (Museum & Gelände um die Reste alter Pyramiden), Calle Chacona, täglich 9.30-18 Uhr, ✆ 922-514510; Eintritt € 10.

Garachico

- ***Casa Cultura*** im *Ex-Convento de San Francisco*; kleines Naturkundemuseum, Mo-Sa 10-19, So 10-15 Uhr, ✆ 922-830000.
- ***Museo Fortaleza San Miguel***, histor.; ✆ 922-830001, 10-14, So 10-15 Uhr, € 1,50.

Außerdem

- **2 Töpfermuseen** Arguayo (➢ Seite 278), Candelaria (➢ 204), ***Museo Etnográfico Pinolere*** (➢ Seite 393), ***Museo del Pescador*** in Puerto Santiago (➢ Seite 270), **Militärmuseum** in Santa Cruz (➢ Seite138).

Presse

Die tinerfeñischen Tageszeitungen ***EL DIA***, ***LA OPINIÓN*** und ***DIARIO DE AVISOS*** nennen im Serviceteil täglich die wichtigsten Flug- & Schiffsverbindungen. Die 14-tägig erscheinenden **deutschsprachigen Inselzeitungen** »**Wochenblatt**«, »**Wochenspiegel**«, »**Info-Canarias**«, »**Kanaren Magazin**«, »**Radio Megawelle**« und »**Teneriffas Neue Presse**« berichten über lokale und touristische Themen, Inselklatsch und Prominenz; alle mit einem aktuellen **Service- und Anzeigenteil** für Ärzte, Handwerker, Kleinanzeigen, sowie Museen, Fähren und interinsulare Flüge.

Preisniveau

Außer billigem Benzin, Alkohol, Tabak und einigen Dienstleistungen (Bustarife) mitteleuropäisches Niveau (➢ Seite 540). Nur in den Dörfern kann man noch preisgünstig kanarisch essen.

Radio, TV deutschsprachig

Per **Sat-Schüssel** empfängt man **über 100 TV/Radio-Sender**.

Die **Deutsche Welle** sendet (auf Kurzwelle)
morgens auf 9545 kHz (=31 m-Band),
mittags auf 15245 kHz (=19 m-Band),
abends auf 17860 kHz (=16 m-Band),
Radio Österreich International (RÖI) im 22 m-Band auf 13730 kHz (abends auch im 49 m-Band auf 5945 und 5155 kHz)

Radio Europa (FM 106,1) bringt rund um die Uhr Nachrichten und Musik. Nur an der Nordküste (Puerto) zu empfangen.

Radio Megawelle

- im Süden und Westen 88,3 MHz; auf Gomera 102 MHz
- im Norden 103,7 MHz; Internet: www.megawelle.com

Rechtsanwälte, (auf deutsch)

- ***Mario Machado***, Santa Cruz, La Marina 7/37, © 922-533266
- ***Victor Spacek-Streer***, Puerto, Edificio Bex, © 922-374348

Reisebüros (deutschsprachig)

- ***Viajes La Florida***, © 922-722278; www.kudlich-reisen.com
- Viajes Arco, © 922-373722, Puerto-La Paz, Supermarkt 2000
- *ITS, Las Américas*, © 922-750644, Hotel *Conquistador*
- *TUI, Las Américas*, © 922-777740, CCEl Duque
- *Jahn-Reisen, Puerto*, © 922-384252

Seelsorge

<u>Norden/evangelisch</u>: Puerto de la Cruz, Pfarramt im Taoro Park ,Ctra. Taoro 29, hinter der Anglikanischen Kirche; dort Gottesdienst So 17 Uhr; Sekretariat und Info: Mo, Mi Fr 12-14 Uhr, © 922-384815. Diakonie: Mo, Di, Mi, Fr 16-18 Uhr. © 922-374964; www.Diakonie-Teneriffa.org

<u>Norden/katholisch</u>: Puerto de la Cruz, in der Kapelle San Telmo an der Uferpromenade. Messen: Sa 18.30, So 10 und 11.30 Uhr, zum persönlichen Gebet ist die Kapelle Di u Do, 11-13 und Mi 19-21 Uhr geöffnet: ©/Fax 922-384829, Handy 609-054492.

<u>Süden</u>: **Ökumenische Kirche *San Eugenio***, Pueblo Canario/Playa de las Américas, jeden Sonntag 12 Uhr; © 922-729334.

Evangelische freie Gemeinde: Las Américas, Puerto Colón, *Local* 228, in der skandinavischen Touristenkirche Pastor *Olaf Wulff*, © /Fax: 922-781069, Gottesdienst So 14 Uhr

Preisniveau Lebensmittel/Einkäufe:
Mammut-Läden: *Hipertrebol/HiperDino, La Hucha, Alcampo* (TF 5, Salida 7/7b, sowie Puerto/Salida 36), *Carrefour* (in und südl. Santa Cruz/Añaza, TF1 Salida 4), Kaufhaus *ElCorte Inglés* (www.elcorteingles.es, in Santa Cruz (oberhalb ZOB) und *Supercor* gibt es für Selbstversorger zwei gute SM-Ketten:
- **SPAR** (4x in Orotava/Realejos/Puerto, sowie den »***SM 2000***« in La Paz)
- ***Mercadona*** (z.B. 5x in Cristianos/Américas; 3x Puerto; www.mercadona.es

***Mercadona*-Preise 2009**

Deutsches Kastenbrot, 500 g	3,02
Schokolade Milka, Tafel 150g	0,99
Seehecht frisch, 500g	3,50
Seeteufel, frisch, ca 2 kg	20,00
Suppenhuhn, halb, 620 g	1,67
Truthahnbrust, halb, 500 g	3,25
Kalbsrücken Entrecote, 500 g	7,25
Lammschulter, ganz, 1100 g	13,75
Schweinelende, 850 g	6,33
Bier, Dorada, Dose 500 cc	0,96
Brandy, Carlos III, 700 cc.	8,89
Brandy, Carlos I, 700 cc.	19,89
Mineralwasser 1,5 l	0,67
Johnnie Walker, Flasche 1 l	26,29
Butter ungesalzen, 250 g	1,40
Milch Vollfettstufe UHT, 1.5 l	1,51
Eier Grösse L, Karton 6 Stück	1,00
Kaffee, gemahlen, 250 g ab	1,43
Cherry Tomaten, 250 g	1,10
Salattomaten, 950 g	2,30
Gouda, old Amsterdam, 250 g.	3,95
Emmentaler, 250 g	1,99
Philadelphia, Schale, 125g	1,58
Ital. Mortadella, 150 g	1,47
Frankfurter, groß 4 St., 400 g	1,75

Obst & Gemüse-Preise (*precios*) der 12 Bauernmärkte (➢ Seite 536): www.mercadosdelagricultor.com

Sonstiges

Packung Camel/Marlboro	2,40
Benzin (Sept 2009)	0,85
kanar. Mittagessen/Person	16,00
Kleines Mietauto/Woche	ab 100,00
Taxifahrt 10 km	9,00
Busfahrt 60 km	5,00
(*Bonobus* 40% Rabatt, ➢ Seite 586)	
***Hotel, Selbstbucher DZ	ab 65,00

Decathlon, IKEA, RoyMerlin (Bau): TF5, *Salida* 7 von Norden; *Salida* 7b von SC

Elektronik: **SATURN**, Santa Cruz, oberhalb ZOB; **Media Markt**, Añaza, südlich von Santa Cruz, TF1, *Salida* 4

Schinkenstand im Supermarkt

Katholische Messe in der Kirche *Nuestra Señora del Carmen* in Los Cristianos, Sa 17.30, © 922-176505

Senioren-heime Die deutsche Pflegeversicherung zahlt auch ins Ausland. Beim *Costa Martiánez* in Puerto de la Cruz steht ein ehemaliges Hotelhochhaus mit deutschsprachiger Rundumbetreuung: **Martina Senioren-Residenz**, Av. Bethencourt y Molina 34 © 922-385544; www.senioren-residenz.es.

Schulen, (deutsche)

- **Deutsche Schule Teneriffa** (DST), einzige deutsche Schule (2/3 spanische Schüler), die zum Abitur führt (nach 12 Schuljahren); Tabaiba Alto Calle Drago, © 922-682010, www.dstenerife.com.

Privatschulen

- Puerto de la Cruz, Calle San Rafael 3, © & Fax 922-384062.
- Las Américas, Miraverde, © & Fax 922-713217.

Souvenirs Typisch kanarische **Mitbringsel**: Strelitzien, Hohlsaum-Stickereien, Tischdecken, Teneriffa-Spitze, Drachenbaum-Samen und kanarische Zigarren (*Puros*, ➢ Seite 139). Gute Souvenire bilden ferner: Keramik, kanarische *Mojos* (rote oder grüne Soßen, ➢ Seite 67, im Jet erlaubt), Käse, Honig, Inselweine.

Spanische Sprachkurse Neben Schnell- und Urlaubsprogrammen findet man – vor allem im Inselnorden – auch Ferien- und Intensivkurse.

- Als hochkarätig gelten die 3-wöchigen **Uni-Kurse in La Laguna** in den Sommer-Semesterferien; Mo-Fr 9-14, €230, © & Fax 922-319200; Internet: www.feu.ull.es, weiter unter idiomas.
- ***EOI Escuela Oficial de Idiomas***; gute staatliche Langzeitkurse, strenger Schulbetrieb, preiswert; Santa Cruz, Calle Enrique Wolfson 16, © 922-283712, www.eoisantacruztf.com.
- ***Formación FU, S.L.***, Puerto de la Cruz - *Centro Comercial La Cupula*; © 922-389303, Fax -389457, Email: info@bildungszentrum-lacupula.com.
- **INAKO-Sprachen**: Kurse im Norden im Hotel Maritim in Los Realejos/Puerto de la Cruz. Im Süden im *Pueblo Canarias* in Las Américas; Einzelunterricht Doppelstunde €45, Gruppen €18/Stunde und Person. ©/Fax 922-323578 und © 629-294584.
- Die **SOTHIS-Sprachenschule** bietet 3-6 Wochenstunden in Kleingruppen ab €50/Monat.und Intensivkurse ab 5 Teilnehmern in Los Cristianos, El Medrano und in Puerto de la Cruz/La Paz – *Edificio Tagor Botánico*, Local 29 (beim Botanischen Garten); © 922-385021 und 922-788041, www.sothis.es.

Strom 220 Volt; für Schukostecker braucht man in manchen Quartieren einen Adapter. Wer keinen dabei hat (bei uns preiswert im Kaufhaus), findet ihn auf Teneriffa oft sogar in Supermärkten.

Telefonieren Die blau-grünen Säulen der spanischen ***Telefónica*** stehen allerorten und sind für Münz- und Telefonkartenbetrieb eingerichtet. **Telefonkarten** (*tarjetas telefónicas*) zu €6 oder €12 gibt es an jedem besseren Zeitungskiosk. **Jeder** Festnetz-Anschluss auf der Insel (und Gomera) wird mit der Vorwahl 922- angewählt. Spanische Handy-Nummern beginnen mit 6xy- (ohne 922-)

Öffentliches Telefon a la España

Landesvorwahlen:
Deutschland: 0049
Österreich: 0043
Schweiz: 0041

In den Touristenzentren findet man auch ***Teléfonos Públicos*** oder ***Locutorios*** in Sammelanlagen mit mehreren Telefonen, in denen man ohne Münzen oder Karte telefonieren kann und nach Gesprächsende am Schalter zahlt. Der Begriff »***Locutorio***« hat sich durchgesetzt, seit viele Südamerikaner im Lande sind. Meist sind hier automatisch Billignummern vorgeschaltet.

Wer schon daheim im Reisebüro oder im Flieger eine ***T-Card*** der Deutschen Telekom erwirbt, kann auch damit telefonieren, zahlt aber mehr als mit Bargeld oder spanischer Karte.

Notruf 112
(Feuer, Polizei, Ambulanz, auch deutsch)
Auskunft: **11818**
internationale Auskunft: **11825**
deutschsprachige Auskunft für Spanien**: 11841**
(Mo-Fr 9-17 Uhr.); für €0,75/min wird auf Deutsch spanienweit jede Telefonnummer ermittelt; dauert das Gespräch länger als 3 min, wird kostenlos zurückgerufen. Auch Fragen nach Hotels, Restaurants, deutschsprachigen Ärzten und Rechtsanwälten werden beantwortet.

Zeitansage: **093**
Weckdienst: **096**

Telefonieren im Hotel

Ab ***/*Hotel sind im allgemeinen Gespräche in Direktwahl vom Zimmer aus möglich. Der Computer belastet automatisch die Rechnung des Gastes. Die Gebühren dafür sind unterschiedlich, jedoch ausnahmslos erheblich höher als bei Benutzung eines öffentlichen Münz-/Kartentelefons.

Handy

Wer das **eigene Handy** einsetzt, wird erfreut feststellen, dass das problemlos funktioniert, da sich das Gerät automatisch in das Netz eines kooperierenden spanischen Providers einwählt (vorausgesetzt, es ist für internationales *Roaming* freigeschaltet). Kosten: € 0,75/Gespräche, plus Heimtarif/Minute (max € 0,48 und max. € 0,24 bei eingehenden Gesprächen).

SIM Card

Wer viel telefonieren möchte bzw. erreichbar sein muss, telefoniert billiger mit einer spanischen ***SIM Card*** (in Telefonläden), die man in sein Handy einsetzt. Sie kostet ab € 30, davon € 6 für die Karte und den Rest als Gebührenguthaben. Man telefoniert damit zu günstigen innerspanischen Gebühren (**pro Minute je nach Netz - *Movistar, Amena, Airtel* und *Vodafone* ab € 0,15**) und empfängt als »Inländer«gratis. Damit ist jedoch eine neue Handynummer verbunden, die man den Lieben daheim mitteilen muss.

So buchstabiert man in Spanien am Telefon

A = Alemania	I = Italia	R = Roma
B = Barcelona	J = Jérez	S = Sevilla
C = Cáceres	K = Kilo	T = Toledo
CH = Chocolate	L = Lima	U = Uruguay
D = Dinamarca	M = Madrid	V = Valencia
E = España	N = Navarra	W = doble ve
F = Francia	O = Oviedo	X = ekis
G = Granada	P = Pamplona	Y = Igriega
H = Holanda	Q = Queso	Z = Zaragoza

Time-Sharing

Wer ein Time-Sharing-Apartment kauft, erwirbt das Recht, dort (oder in einem europa- oder weltweit anderen Apartment der Organisation) pro Jahr eine festgelegte Zeitspanne zu wohnen. Solche Anteile kosten so ab € 10.000 und erscheinen oft auf den ersten Blick attraktiv. Man sollte jedoch genau nachrechnen, ob das Angebot tatsächlich so günstig ist, wie es nach den blumigen Erläuterungen der Verkäufer zunächst aussieht. Manch einer hat gerade auf den Kanaren den schnellen »Urlaubs-Zuschlag« hinterher bereut. Vor allem die Klauseln für Rücktritt und Kündigung sollte man vor Unterschrift genau studieren.

Touristen-Info

➢ Übersicht auf Seite 55.

Trinkgeld (propina)

Canarios zahlen zwar in ihren Stammlokalen nur einen kleinen Obulus, aber im Touristensektor (Restaurant, Taxi) ist inzwischen längst ein Trinkgeld von 10% üblich. Der Kellner bleibt nicht neben dem zahlenden Gast stehen, sondern bringt das Wechselgeld bzw. den Kreditkartenbeleg zurück. Erst danach entscheidet der Gast über die Höhe der ***Propina*** und bedeutet dem Ober im Gehen, dass das kalkulierte Trinkgeld auf dem Tisch liegt. Der *Camarero* (Ober) reagiert – nebenbei – am besten auf den Zuruf »***Oíga, por favor***!« (»Hören Sie bitte!«).

Trinkwasser

Das Leitungswasser ist ohne Gesundheitsgefährdung trinkbar, schmeckt aber nicht. Tee und Kaffee werden daher besser mit Mineralwasser aus Plastikflaschen (entsorgen in speziellen gelben Müllcontainern , sog. *Envases*) mit 5-10 Litern Inhalt zubereitet, die in allen Supermärkten vorrätig sind. Viele Leute kochen auch Spaghetti und Kartoffeln lieber damit.

Übersetzungen

Eva Schellert, ©/Fax 922-563750 & 653-481355
schellert.eva@gmail.com

Juri Michaelsen, ©/Fax: 922-510884; 626343054; juritf@web.de

Verkehrs-regeln

Es gelten die **EU-Verkehrsregeln**, außerdem:

- **Tempolimit**: 120/90/50 km/h für Autobahn/Landstraße/Ort
- Ein 2006 eingeführtes **Punktesystem** hat die vielen schweren Unfälle in Spanien zwar um 10% reduziert, dennoch fahren viele (unter Alkohol-/Drogeneinfluss) oft viel zu schnell und riskant.

- Bei **Verkehrsverstößen** wird härter durchgegriffen als in bei uns in Deutschland, ➢ Übersicht **Bußgelder** auf Seite 532.
- **Gurt- und Helmpflicht** wie in der übrigen EU
- **Promillegrenzen**: 0,5 Promille, für Anfänger bis 2 Jahre nach der Prüfung nur 0,3 Promille. Unfallbeteiligung mit über 0,3 Promille führt zu Bestrafung, selbst wenn man nicht der Verursacher ist. Die Versicherung kann vom angetrunkenen Fahrer alle Kosten, die er/sie durch einen (Bagatell-)Unfall verursacht hat, zurückverlangen. Die Verweigerung der Alkoholkontrolle wird gleich geahndet wie das Fahren unter Alkoholeinfluss.
- **Kindersitze**: Bis zu einer Größe der Kinder von 1,50 m Pflicht. Baby-Autositze dürfen auf dem Beifahrersitz nur gegen die Fahrtrichtung installiert werden, wenn das Auto keinen Front-Airbag besitzt bzw. dieser deaktiviert ist.
- **Parken**: innerhalb der blauen Linien gebührenpflichtig (Parkautomaten), bei gelber Markierung gilt Parkverbot.
- **€-Knöllchen**: Seit März 2007 werden im EU-Ausland verhängte Geldstrafen oder Geldbußen wegen Verkehrsvergehen auch im Heimatstaat des Sünders/der Sünderin eingetrieben.

Zeitzone Die Kanaren zählen zur **Greenwich-Zeitzone** (WEZ), d.h. bei der Ankunft muss man seine Uhr eine Stunde zurückstellen, auf dem Heimflug wieder eine Stunde (auf MEZ) vorstellen.

3. Kanarisches Lexikon

Typische spanischsprachige Begriffe, die auch dem Touristen auf Teneriffa immer wieder begegnen und großenteils bereits in diesem Buch vorkommen, sind hier (noch einmal) zusammengefasst erläutert. Spezielles Vokabular aus den Bereichen »Geologie« und »Essen & Trinken« finden sich in gesonderten Listen in den entsprechenden Kapiteln, ➢ Seiten 437ff (Geologie) und 76ff.

Ajiméz (arab.) Holzgitter-Verkleidung, ➢ auch unter Architektur, Seite 508.

Areperia Imbiss oder einfaches Restaurant mit *Arepas*, gefüllten süßen oder salzigen Maistaschen, einer Spezialität aus Venezuela.

Ayuntamiento Rathaus

Barranco Schlucht, ausgetrockneter Wasserlauf. Die vielen durch Erosion entstandenen tief eingeschnittenen Schluchten sind heute fast ganzjährig trocken. Nur bei tropischen Regengüssen verwandeln sie sich in Sturzbäche mit viel Sediment (Geröll und Sand), die das Meer bis weit vor die Küste braun färben können. Ausgemauert führen sie enorme Wassermengen rasch ab, andererseits geht dann viel Süßwasser ungenutzt verloren.

Cabeza cuadrada »Quadratkopf«, kanarischer Spitzname für Deutsche

Cabildo Inselregierung

Caldera Schüssel, eingestürzter Vulkankrater, z.B. die *Cañadas*

Cochinilla

Auf deutsch »Koschenille«. In den trockenen unteren Lagen der kanarischen Inseln gehört die **Opuntie** – eine Kaktusart, die aus Mexiko stammt – mit ihren großen »Ohren« zum typischen Landschaftsbild. Auf der Opuntie lebt ein Parasit von ihrem Kaktussaft, die *Cochinilla*, eine nur pfefferkorngroße, violett-schwarze **Schild-** oder **Krapplaus** (Dactylopius cacti). Die Opuntie wurde ab 1830 auf den Kanaren angebaut, um aus ihr roten Farbstoff zu gewinnen. Insbesondere Teneriffa lebte vier Jahrzehnte lang im Cochinilla-Färbemittel-Rausch. Der Anbau ist billig, läuft im warmen Klima fast automatisch, und die Ernte bedarf keiner qualifizierten Arbeitskräfte. Man muss jedoch beim »Pflücken« der lausigen Tierchen geschickt sein; sonst hat man stattdessen widerspenstige Opuntien-Stacheln in den Fingern.

Die parasitären Läuse vermehren sich in Windeseile: etwa alle 10 Wochen kann neu geerntet werden. Ihre Gelege und Larven sind mit einer weißen wachshaltigen Schicht überzogen, an der man die befallenen Pflanzen schon von weitem erkennt. Zerdrückt man eine Laus, bekommt man tiefrote Fingerkuppen vom Farbstoff. Nach der Ernte wurde die Laus in kleinen Öfen zur Gewinnung des intensiv purpuroten Farbstoffes verbrannt.

Die kanarische Koschenille-Industrie brach 1870 zusammen, als künstliche Anilin-Farben die natürlichen Farbstoffe abzulösen begannen. Die daraus folgende Wirtschaftskrise führte zu einer der größten Emigrationswellen der kanarischen Geschichte. Die Koschenille wird heute nur noch als Farbstoff für Lippenstift und Campari genutzt; traditionsbewußten *Canarios* dient sie neuerdings wieder als burgundroter Finca-Fassadenanstrich

Im Frühjahr tragen die Feigenkakteen organgerote Früchte, die im 19. Jahrhundert exportiert wurden und heute auf den kanarischen Wochenmärkten als *higo chumbo/pico* ein kleines Comeback erleben. Wer mit Vorsicht die stachelige Schale schält, findet saftiges Fruchtfleisch.

Nicht zu verwechseln ist die *Cochinilla*-Laus mit der *Orchilla*-Flechte, einer auf den Kanaren in Felsritzen wildwachsenen grauen Färbe-Flechte (Rocella tinctoria), aus der schon zu Zeiten der Phönizier purpurroter Farbstoff gewonnen wurde. Die beiden Ostinseln Lanzarote und Fuerteventura tragen deshalb auch die Bezeichnung »Purpurarien«.

Von der Cochinilla befallene Opuntie ➢ *auch Seite 490*

Cañadas	Eigentlich »Hohlweg, Weidefläche«. Auf Teneriffa Bezeichnung für die Hochebene, aus der sich der Teidekegel erhebt.
Canario	Bezeichnung für die Einwohner der kanarischen Inseln (ursprünglich nur für die Bewohner Gran Canarias). Vermutlich Ableitung von *canis* (lat: »Hund«). Der römische Geschichtsschreiber *Plinius* berichtet von einer Expedition des mauretanischen Königs *Juba* zu den Kanaren, von der er große Hunde mitbrachte.
Charca	Teich, Tümpel, Zisterne mit Süßwasser
Charco	natürlicher Salzwasserpool, meist im Lavafels am Meer; namensgebend für die *Plaza del Charco* in Puerto.
Chicharrero	Bürger von Santa Cruz; abgeleitet von *Chicharro* (kleine Sardine/Makrele). Ursprünglich abfällige Bezeichnung der reichen Bewohner La Lagunas für die armen Fischer unten am Meer
Chiringuito	Strandkiosk mit *Tapas* und Drinks
Churro y Chocolate	in ganz Spanien beliebtes (Sonntags-)Frühstück: es handelt sich um große, in Stücke geschnittene Schmalzgebäck-Kringel (nicht süß), die in warme herbe Schokolade getunkt werden.
Cofradia de Pescadores	die Fischereigenossenschaft eines Dorfes und (Kneipen-) Treffpunkt der Fischer. Heute sind die *Cofradías* meistens mit einem einfachen Fischrestaurant verbunden wie in San Andrés, Punta del Hidalgo, Candelaria etc.
Corona Forestal	Wörtlich »Waldkrone«, Bezeichnung für die bewaldeten Zonen Teneriffas oberhalb von etwa 1.000 Höhenmetern.
Coto de Caza	Jagdgebiet, vor allem auf Kaninchen (mit Frettchen und Pharaonenhunden, ➢ weiter unten)
Desaladora	Meereswasserentsalzungsanlage (➢ Seite 448)
Ermita	kleine Kapelle mit nur einem Fenster, repräsentativem Eingangsportal und einem kleinen Glockenturm vorne links.
Finca	Ursprünglich ein kleineres Grundstück bzw. ländliches Anwesen; heute Bezeichnung für jede Art von Häuschen, auch im städtischen Bereich; ➢ auch unter *Hacienda*.
Galería	Stollen, der horizontal in den Berg getrieben wurde, um in ihm abgesickertes Gebirgswasser aufzufangen. Über ein Kanalsystem wird das Wasser zu den Verbrauchszentren geleitet.
Godo	Lexikalisch »Gote«, wird aber nicht für Nordeuropäer (Touristen) verwendet, sondern als negative Bezeichnung für (Festland-) Spanier. Die Graffitti-Parolen ***Fuera Godos*** (»Godos raus!«) sind Ausdruck des historisch oft durch Madrid gekränkten kanarischen Nationalbewusstseins (*Conquista*, Frankismus). Seit Spaniens Beitritt zur EU ist die kanarische Autonomiebewegung politisch bedeutungslos, doch Animositäten leben weiter
Gofio	Geröstetes und dann gemahlenes Getreide; traditionellesGrundnahrungsmittel der Urbevölkerung der Kanaren (➢ Seite 69).
Guagua	Offizielle Bezeichnung für »Autobus«. Vermutlich haben aus Kuba rückkehrende Auswanderer das Wort in ihre alte Heimat mitgebracht. Im nordöstlichen Südamerika wurde das englische

	Wort *wagon* (Wagen) zu *guagua* (sprich: *wuawua*) sozusagen »eingespanischt«.
Guanchen	Dieser ursprünglich nur für die Ureinwohner Teneriffas benutzte Name wurde zur Bezeichnung für alle Altkanarer. *Guan* bedeutet soviel wie Mann, Einwohner; und *Chinech* war die Guanchen-Bezeichnung für Teneriffa (➢ Seite 480).
Guiri	Englischer oder deutscher Ausländer; nicht negativ gemeint
Hacienda	Landgut, Großgrundbesitz mit einem Herrenhaus; heute auch Steuerbehörde; *Ministro de Hacienda* = Finanzminister
Indias, las	Ursprünglich Bezeichnung für die spanischen Besitzungen in der Karibik, später für den ganzen südamerikanischen Handelsraum.
Lagar	Alte Weinpresse aus Holz
Lucha Canaria	Verbreitete volkstümliche Sportart, ➢ Seite 386
Medio Ambiente	Umwelt (woragleich auch für die entsprechende Behörde)
Mirador	Aussichtspunkt
Mojo	Grüne Soße (mit Kräutern) oder rote (scharfe) Soße mit Paprika; beide Soßen werden traditionell zu Fisch- oder Fleischgerichten mit Runzelkartoffeln (*papas arrugadas*) gereicht, ➢ Seite 66f.
Mujedar	Bemalte Holzdecke. Mujedaren (Synonym für Mudejaren) wurden Araber genannt, die nach der *Reconquista* in Spanien blieben, aber nicht christanisiert wurden.
Nivaria	Eine der ältesten (römischen) Bezeichnungen für Teneriffa, wahrscheinlich wegen des mit Schnee (*nieve*) bedeckten Teide; bis heute heißt das Bistum Teneriffa *Nivaria*.
Parada	Bushaltestelle, von *parar* = anhalten
Parador	Ältere Bezeichnung für Gasthaus (gleicher Ursprung wie *Parada*). Heute staatliches Hotel der gehobenen Kategorie, meist in historischen Gebäuden. Die Idee für die *Paradores* kam 1926 dem königlichen Kommissar für Tourismus. Zwei Jahre später wurde der erste *Parador* in der *Sierra de Gredos* eingeweiht. Heute gibt es in Spanien 86 *Paradores*, darunter auch einige auf den Kanaren.
Península	Halbinsel nennen die Canarios das spanische Festland.
Pleito Insular	»Inselstreit«: eine aus dem 19. Jahrhundert stammende Rivalität zwischen Gran Canaria und Teneriffa um die Vormacht auf den Kanaren, die 1927 durch die Teilung des Archipels in zwei Provinzen de jure beigelegt wurde (➢ Seite 495). Unterschwellig blieb die Konkurrenz erhalten. Denn beide missgönnen sich jeden zusätzlichen Touristen bzw. jede Madrider Subvention. Und auf jedem Karnevalsumzug in Santa Cruz zeigt alljährlich eine potthäßliche, fette *Miss Gran Canaria* mit Schweinekopf, was man von der Nachbarinsel hält.
Podenco	*Canarios* setzen den *Podenco Canario* zur Kaninchen-Jagd mit Frettchen ein. Dieser bis zu 70 cm große Windhund (Ursprung: Mallorca/Ibiza) ist trotz einer gewissen Ähnlichkeit nicht mit den altägyptischen Pharaonenhunden verwandt. Er ist schlank,

hat rotes oder weißes Fell mit roten-gelbroten Tupfen, aufrecht gestellte Löffelohren, ein spitzes Maul mit Scherengebiss und ein enormes Sprintvermögen; www.kelb-tal-fenek.de/podcan/pc jagd. htm.

Resident = (EU-)Ausländer mit Wohnsitz in Spanien. Wer ohne Arbeit über 90 Tage bleibt, braucht ein *empadronamiento* vom Meldeamt; nach 6 Monaten wird man auf den Kanaren steuerpflichtig.

Residenten auf den Kanaren in Tausend (2008): BRD: 40; GB: 38; Italien: 24; Kolumbien: 21; Marokko: 16; Venezuela: 12; Kuba: 11; Argentinien: 10; China: 6; Portugal: 6; Rumänien: 5; Total: 282.

Romería Erntedankfest zu Ehren des Lokalheiligen, ➢ Seite 399.

Tabla Holzbrett, auf denen man früher Lasten zu Tal »rutschen« ließ. Am 30. November – Tag des *San Andrés* und Anstich des neuen Weins – vergnügen sich heute die Jugendlichen damit, auf selbstgezimmerten *Tablas* zu Tal zu düsen, ➢ Icod, Seite 344.

Tertulia ➢ Seite 499, auch 130, 145 und 290

Urbanización Eine Urbanisation ist eine neu angelegte Siedlung nach amerikanischem Modell mit Bungalows und/oder Reihenhäusern.

Zona Recreativa Von der Forstverwaltung (ICONA) bzw. der Umweltbehörde eingerichteter Picknickplatz (überwiegend in den bewaldeteten höheren Lagen). Alle sind mit Tischbänken, Grillöfen (Holz liegt auf den größeren kostenlos bereit) und Trinkwasser ausgestattet.

Gebräuchliche Abkürzungen in Spanien/auf Teneriffa

Avda/Av = *Avenida*	= Allee
C/ = *Calle*	= Straße
C.C./CC = *Centro Comercial*	= EKZ, *Coalicion Canarias*
Ctr/Ctra = *Carretera*	= Landstraße
Edf= *Edificio*	= Gebäude
ICONA	= Forstverwaltung
IGIC (*Impuesto General Islas Canarias*)	= kanarische Mehrwertsteuer (5%)
ONCE	= Lotterie des Blindenverbandes
PP = *Partido Popular*	= Konservative Partei
PSOE	= Sozialistische Partei
PVP (*Precio de Venta al Público*)	= Laden-/Verkaufspreis
RFA (*República Federál de Alemania*)	= Bundesrepublik Deutschland
SIDA	= Aids
s/n = *sin número*	= ohne Hausnummer
SP = *Servicio Público*	= Schild bei Taxen/Bussen
Urb. = *Urbanización*	= Neue Siedlung
Ud.,Uds. = *Usted(es)*	= Anrede der Sie-Form (Sing/Pl)
ZEC (*Zona Especial Canaria*)	= Wirtschaftssonderzone mit Steuererleichterungen

NOTFÄLLE

Notruf
Polizei/Feuer/Unfall/Krankenwagen: ✆ **112**
(auch auf Deutsch/*Alemán*); mit Weitervermittlung

Diebstahl ➢ Kriminalität, Seite 535

Geldtransfer nach Teneriffa (wenn's brennt)
✆ **922-225279** (auch Englisch); www.westernunion.com

Kreditkartenverlust ➢ Seite 51

Krankheit/Unfall ➢ Teneriffa A-Z, Seite 531
Per Taxi in die ***Urgencia*** des nächsten Krankenhauses *(Clinica oder Hospedal).*

Rettungswagen (*Ambulancia*) Rotes Kreuz: ✆ 922-
Santa Cruz: 281800; Los Cristianos: 753939; Guia de Isora: 850780; Puerto de la Cruz: 383812; Orotava: 330101; Icod: 810117; La Gomera: 141408

Hospital Universitario de Canarias direkt an der Autobahn; von La Laguna kommend, *Salida* 5A, ***Urgencias*** (Notaufnahme), ✆ 922-641011. Eine Ausfahrt später (4B): ***Hospital Candelaria,*** ✆ 922-602000, ebenfalls mit ***Urgencia.*** An beiden Kliniken hält die *Tranvia* (Straßenbahn, ➢Seite 586)

Radiotaxi *Isla Tenerife* (inselweit):
✆ 922-615111/-615190/-615200
Lokale Taxirufe, ➢ Seite 590

Ärzte ➢ Seite 531

Fotonachweis

Götz Kampmann/Teneriffa: Seiten 459, 513
Dr. Lothar Mayring/Ulm: Seiten 468. 469, 510, 511, 512
Christoph Mersmann/San Andrés, Santa Cruz de Tenerife: Seiten 118, 119, 120, 381; www.fotos2c.de
Siam Park/Teneriffa: Seiten 56, 253+54
Hermann Schmidt/Nürnberg: Seiten 163, 171, 247 unten, 281, 390/91, 395, 453, 455 (2), 461, 462, 463, 464 (2), 465
Werner Schmidt/Ganderkesee: Seiten 19, 250, 251 oben, 266, 310, 415, 423, 424, 432/33, 438, 458, 460, 467, 490
Alle anderen von den Autoren & Ursula Schulz-Favero/Rom

4. Empfehlenswerte Unterkünfte

4.1 Situation und Auswahl

Unterkunftsarten

Die unterschiedlichen Möglichkeiten, auf Teneriffa unterzukommen, wurden auf den Seiten 40 bis 44 beschrieben. Vom Camping über einfache Pensionen bis hin zu Luxus-Hotelpalästen ist alles vorhanden. Darüberhinaus gibt es unter dem Begriff ***Turismo Rural*** eine steigende Zahl unterschiedlichster Quartiere abseits der Touristenzentren, die – wie die **Campingplätze** – in einem eigenen Kapitel kommentiert werden.

Pauschale oder individuelle Buchung?

Die **Empfehlungen** beziehen sich auf pauschal und individuell buchbare Häuser. Soweit es sich um Quartiere handelt, die sich in Veranstalterkatalogen finden, sind diese – soweit möglich – hinter dem jeweiligen Hotel bzw. Apartmentkomplex genannt. Dieses Buch erfasst aber nicht sämtliche Unternehmen, die ein bestimmtes Haus (auch) anbieten. Das gilt speziell für nur regional operierende Firmen. Wegen relativ häufiger Wechsel veralten einige Angaben schon von einer Saison zur anderen.

Systematik

Die **Empfehlungen** orientieren sich an der Einteilung der Insel in GroßraumSanta Cruz, Osten etc. wie auf den Seiten 90ff erläutert. Für (fast) alle dort genannten Ferienorte sind Quartiere kurz gekennzeichnet, die – in ihrer Kategorie – **im Rahmen des jeweiligen lokalen Angebots positiv auffallen**. Die hier getroffene Auswahl basiert auf persönlichen **Besichtigungen** vor Ort.

Bewertungsfaktoren

Neben weitgehend objektiven **Bewertungskriterien** wie **Strandnähe, Verkehrslärm/Ruhe, Lage der Zimmer** (Sonne, Schatten, freier Blick), **Größe und Umfeld der Poolanlage** (Beton, Garten) etc. spielten auch **subjektive Eindrücke** bei den Empfehlungen eine Rolle. Subjektiv ist z.B. die Favorisierung eines bestimmten Hotels im Vergleich mehrerer ähnlicher Häuser. Eine Erläuterung der Gründe für die Herausstreichung müßte oft detailreich sein und auch negative Eigenschaften der (hier nicht genannten) Konkurrenz mit ins Spiel bringen, was unter wettbewerbsrechtlichen Aspekten problematisch ist und daher unterlassen wird.

Fazit

Sicherlich wird mancher Leser den Empfehlungen nicht in allen Fällen 100%ig folgen können. Gleichzeitig fehlen vielleicht ein paar Häuser, die – je nach persönlicher Optik – ebensogut für eine Empfehlung in Frage gekommen wären. Mit einer Buchung der hier empfohlenen Hotels und Apartmentanlagen wird man aber – **im Rahmen des jeweiligen Ortsangebotes und der Kategorie** sowie unter Berücksichtigung ggf. vorhandener und bereits genannter Einschränkungen – so ganz schief nicht liegen.

Service und Mahlzeiten

Auf einen wichtigen Punkt muss allerdings deutlich hingewiesen werden: **Kaum eine der Hotelempfehlungen berücksichtigt die Qualität von Service und Mahlzeiten!** Eine Bewertung der dabei im Zeitablauf häufig schwankenden Qualität für eine Vielzahl von Häusern ist einfach nicht möglich oder aktualisierbar.

Fon/Fax/ Email/ Internet

Hotels in den Touristenzentren bucht man (per Katalog/Reisebüro, Internet) am besten über Veranstalter; Preise, Telefon und Email werden deshalb für solche Häuser meist nicht genannt, aber – soweit möglich – die Websites. **Detailliertere Angaben** (Tarife, Telefon, Website/Email) hingegen finden sich zu Unterkünften auf dem Lande oder in kleinen Ortschaften. Das gilt auch für kleinere, individuellere, exklusivere oder alternative Hotels in Touristenzentren sowie Landhotels und Fincahotels.

Buchung direkt vor Ort

Es sei noch einmal darauf hingewiesen (➢ Seite 40-44), dass es für Reisende ohne feste Buchung mühsam sein kann, spontan eine Unterkunft zu finden. Nicht-touristische Orte haben meist keine offiziellen Quartiere. Wer vor Ort abends an der Rezeption großer Hotels buchen möchte, geht selbst bei vorhandenen Zimmern oft leer aus und wird auf Bürozeiten verwiesen. Abgesehen davon, beharrt man dann auch gerne auf offiziellen, i.e. hohen, Tarifen.

Veranstalter

Wer sich die Angebote der Veranstalter ***online*** ansehen möchte, findet Restplätze und aktuelle Offerten im Internet, z.B. bei:

1-2-fly	www.1-2-fly.de
Airtours	www.airtours.de
alltours	www.alltours.de
Dertour	www.dertour.de
FTI	www.fti.de
Gulet Österreich	www.gulet.at
Hotelplan Schweiz	www.hotelplan.ch
ITS	www.its.de
Jahn	www.jahnreisen.de
LTUplus	www.ltu.de
Neckermann	www.neckermann-reisen.de
Olimar	www.olimar.de
Schauinsland	www.schauinsland-reisen.de
Thomas Cook	www.thomascook-reisen.de
Tjaereborg	www.tjaereborg.de
TTS	www.tts-touristik.de
TUI	www.tui.de (bzw. ... .at; ... .ch)

Aufbau des Kapitels

Die **Reihenfolge** orientiert sich (im Uhrzeigersinn) an den Inselregionen (➢ Seite 90f): **Großraum Santa Cruz, Anaga, Osten, Süden, Westen, Nordküste, Teide-Auffahrten und -Nationalpark)**

- **Quartier-Empfehlungen für Inselrundreisen ab Seite 571**
- ***Turismo Rurál*** **und Landhotels ab Seite 573**

Zu den Preisangaben

Alle **Tarife für Direktbucher**, so verfügbar, sind ca.-Preise, ermittelt im Jahr 2009. Die Tarife schwanken saisonal und orientieren sich darüber hinaus noch an Feiertagen sowie lokalen Ereignissen. Am teuersten wird Teneriffa Weihnachten, Ostern und regional zur Karnevalszeit. **Hauptsaison** ist praktisch neun Monate im Jahr, nur Mai, Juni und September gelten als Nebensaison.

Preisangaben finden sich vor allem für Hotels, Pensionen oder andere Unterkünfte, die nur selten oder gar nicht bei Veranstaltern zu buchen sind, darunter viele für schmale Budgets.

4.2 Unterkunftsempfehlungen nach Regionen und Orten

Großraum Santa Cruz/La Laguna

Santa Cruz

Santa Cruz zählt neben Geschäftsreisenden fast nur Kurzbesucher. Die Hotelpreise sind daher an der Business-Belegung orientiert: In der Woche ist die Übernachtung teurer als am Wochenende. Das »runderneuerte« Stadtzentrum hat Fußgängerzonen mit schicken Geschäften, etliche Restaurants, schöne Parks und Plazas, auch etwas Kultur (Auditorium, Recova-Galerie, Museum, TEA). Die Stadt eignet sich auch als Standort für 3-4 Tage.

- ***Mencey********, das neuerdings von *Iberostar* geführte Haus (286 Zi, 22 Suiten) ist top. Beste Lage gegenüber dem Park *García Sanabria* (21), geschütze Innengärten mit Pool, Tennis und Casino; exquisites Restaurant; Hotelgarten-Zimmer ordern. Calle Dr. José Naveiras 38, (an der Rambla Franco) ✆ 922-609900, DZ ab € 150; www.iberostarmencey.com.
- Das ***Silken Atlantida******* ist das modernste Business-Hotel der Stadt. Es lieg an der Hauptverkehrsstraße Avenida Tres de Mayo, oberhalb des Warenhauses *El Corte Inglés*; ✆ 922-294500, www.hoteles-silken.com; DZ ab € 130
- ***Contemporáneo******, 128 Zi, nüchtern-elegantes Haus, geräumige Zimmer, viel Komfort. Nach Wochendentarifen und ruhigem Zimmer fragen. Es liegt vis-a-vis des *Hotel Mencey* auch ganz schön am Park; Rambla de Santa Cruz 116, ✆ 922-271571, ab DZ € 85, www.hotelcontemporaneo.com.
- ***Taburiente******, Calle Dr. José Naveiras 24, beim Mencey; renoviert, zentrale Lage, sympathisch; ✆ 922-276000; DZ ab € 78; www.hoteltaburiente.com
- ***NH Hotel******* ruhige Lage nahe Pl. España, mit Dachterrasse (Bar/Restaurant), modern-zweckmäßig, Calle Candelaria/Dr. Allart, ✆ 922-534422, DZ € 70-110; www.nh-hoteles.es
- ***Príncipe Paz******, gelungener Neubau (80 Zi), eingepasst in ältere Bauten, prima zentrale und ruhige Lage in der Fußgängerzone, sehr empfehlenswert; CalleValentín Sanz am *Parque Principe* (Eingang durch die Ladenpassage); ✆ 922-249955, D/F je nach Saison, ab € 82; www.principepaz.com.
- ***Pelinor*****, etwas versteckt und unscheinbar, die 73 Zimmer sind klein und einfach, aber zentral in einer begrünten Fußgänger- und Shoppingstraße nahe der Plaza España; Calle Bethancourt Alfonso 8, ✆ 922-246875, DZ € 65; über www.clever-hotels.com
- ***Hotel Horizonte*****, 45 Zi, einfach, aber tip top und nicht zu laut, Nähe Plaza Principe (6), C/Santa Rosa de Lima 11, ✆ 922-283054;, www.booking.com; D/F € 45
- ***Pension Mova****, recht ruhig &zentral, C/San Martín 33, ✆ 922-283261, DZ mit Bad € 30.
- ***Casablanca, Pension***, ruhig, zentral, Gem.Bad; C/Viera y Clavijo 15, ✆ 922-278599; DZ € 21.

San Andrés/Las Teresitas

Der 1,6 km lange (Saharasand-) Strand *Las Teresitas* liegt 7 km nordöstlich der Hauptstadt am Fuße des Anagagebirges. Er ist von Santa Cruz per Bus (Nr. 910) im 15-min-Takt erreichbar und (bisher noch) »hotelfrei«. Im angrenzenden Dorf San Andrés gibt es viele kanarische Lokale und Kneipen, aber nur ein Quartier:

- ***Casa Amarilla***, optimaler geht's nicht: Sandstrand, Fischerdorf und in greifbarer Nähe das Anagagebirge und Santa Cruz (➢Seite 576ff).

La Laguna

Die kleine Universitätsstadt ist für Individualreisende ein guter Standort für 3-4 Tage. Man wohnt unter *Canarios* in einer UNESCO-geschützten Altstadt und hat ein günstiges Ausgangsquartier für Ausflüge ins Anagagebirge, die Nordost-Küste, die Wälder oberhalb von La Esperanza und den Besuch von Santa Cruz.

- ***Nivaria******, angenehm, kanarisch, (einige Apts. mit Küche) direkt an der zentralen grünen Plaza del Adelentado 11; ✆ 922-264298, DZ/F € 114; www.hotelnivaria.com
- TIPP:***Hotel Aguere*****, hist. Haus in zentraler Fußgängerstraße Obispo Rey, begrünter Patio, sehr sympathisch; Calle ObispoRey, ✆ 922-259490, DZ/F € 90; www.hotelaguere.es
- ***Pension Medina*****, extrem einfach, aber Bad, Calle Eduardo de Roo 68, € 30; ✆ 922-660848

Bereich Anagagebirge

Im Anagagebirge gibt es keine Hotel- oder Apartmentkomplexe.

Einfache Unterkünfte sind:

- ***Roques de Bodegas,*** La Mecha, 3 Studios mit Küchenecke und Meeresblick, ➢ Seite 575ff.
- ***Benijo***, kleines Natursteinhaus mit Terrasse und Treppe zum Sandstrand, ➢ Seite 575ff
- Im Gebäude des Restaurants ***El Frontón*** (oberhalb des Natursteinhauses) stehen drei sehr einfache DZ zur Vermietung; ✆ 922-590238, € 30.
- ***Albergue Montes de Anaga Tenerife***, eine moderne **Jugendherberge** bzw. **Wanderhotel** mit Berg-/Meerblick an der Straße TF 1122 nach Chamorga, 2 km östlich des *Bailadero* (Kleinbus 247 nur 2 x täglich ab/nach Santa Cruz). Zimmer: 1x2 mit Bad (€ 30; 5x4 und 3x6 Zi. mit Gem.-Bad (€ 14 pro Bett/Nacht); Frühstück € 2,50, Abendessen € 8; Mountainbikes: 6 Std = € 3, 24 Std = € 21; ✆ 922-822056 &(bis 13h): -8232225;www.alberguestenerife.net

Ostküste

Nordöstlich von El Médano gibt es keine Hotel-Unterkünfte an der Küste. Nur in **Las Caletillas/Candelaria** befinden sich zwei ältere Komplexe und – abseits vom Tourismus – oberhalb der Südautobahn einige Landhotels bei Güímar; die Umgebung von Arico avancierte zu einem Zentrum für Miet-Fincas (➢ *Turismo Rural*, Seite 573).

Las Caletillas ist ein in den 1990er-Jahren aus dem Boden gestampftes Neubauviertel mit vielen 8-/10-stöckigen Wohnblocks. Hier wohnen fast ausschließlich *Canarios*, die im Süden oder im 12 km entfernten Santa Cruz arbeiten. Zwei Hotels mitten in diesem Neubaugebiet liegen »Backe-an-Backe« zwischen 4-/5-stöckigen Mietshäusern. Erst das reizvolle Zentrum von Candelaria (3 km) bietet kanarisches Ambiente.

Pool am Meer des Hotels Punta del Rey

- ***Tenerife Tour******, die Anlage (95 Zi) stammt aus den Anfängen des Tourismus; der verblichene Glanz wird mit einigen Vorteilen aufgewogen: unterhalb des Hauptgebäudes liegen auf einer Felsnase ins Meer auf zwei Stufen verschachtelte Bungalowreihen mit Terrassen – alle mit Blick aufs Meer; nüchterne Poolanlage, Tennis und Boule; Avenida Generalísimo 170, ✆ 922-500200, Fax -502363, D/F €70, www.tenerifetour.com
- ***Catalonia Punta del Rey****** stammt aus derselben Zeit wie das Nachbarhaus; die beiden quer zur Küste stehenden 9-stöckigen Hotelblocks bieten von ihren vielen Balkons (insgesamt 424 Zi!) nur Meerblick, wenn man etwas den Hals reckt. Zwischen beiden Gebäuden liegt der kaum begrünte Pool. Die großen Trümpfe des Hotels befinden sich jenseits der Küstenstraße: Tennisplätze und ein tolles in den Lavafels gehauenes Meerwasser-Schwimmbad; Av. Generalísimo 166, ✆ 922-501899, Reserv. ✆ 1-800-6958284, DZ/F €60.
- ***Finca La Paz*** liegt etwa 4 km oberhalb von Candelaria an einem tiefen *Barranco* bei Las Cuevecitas. Die Finca ist eine schmucke Ferienanlage mit 4 Apartments für 2 Personen (€65) oder für 4 Personen (2 SZ, €75), ferner ein Ferienhaus (€65/75) und ein Holzhaus zum gleichen Preis, gut für 2 Erwachsene und Kinder; zu allem gehört ein kleiner Pool; ✆ in Deutschland: 0208-663325 und Anbieter im Internet; das prima Restaurant ***El Auténtico*** (➢ Seite 80ff) gehört zum Komplex.

  Nicht weit von der Finca entfernt kann man das Häuschen ***El Menor*** mitsamt einem großen Schwimmbad mieten, ➢ Seite 576ff.
- ***Finca Fina,*** etwas östlich von Arafo auf 220 m Höhe, separates 2-Zi-Apartment, Bad und Terrasse in einem großen, blühenden Garten., Poolbenutzung, Meer/ Bergblick; €45, ✆ 922-514215, (deutsch); www.fincafina.com.

Nur für Langzeitmieter kommen moderne Apartments in **Poris de Abona** und **Tajao** in Frage:

- 4-Zi-Wohnung (2 Bäder), Balkon, Dachterrasse in Meernähe für max 5 Personen in Poris de Abona, 3 Pers. €50, Extra-Person je €10/Tag. In der Zeit Okt-Juni €500/Monat. Email: pilar_juanito@hotmail.com (mit Unterstrich).
- Prima gelegenes kleineres Apartment im attraktiven Fischerdorf Tajao mit 2 Schlafzimmern, Wohnzimmer und Küche, kleiner Balkon, max. 4 Personen, €50, monatlich €450. Email: aliciagasparbaute@hotmail.com, ✆ 629-756127.

Landhotels (➢ 579ff): *La Raya, Finca Salamanca, Casona Santo Domingo*

Bereich Süden

Playa Los Cristianos

Im Ort finden sich nicht nur große Hotelanlagen, sondern auch viele kleine und mittlere Apartmenthäuser in der 2. und 3. Reihe und etliche einfache Pensionen. Im östlichen, sich den Guaza-Hang hinaufziehendem neuen Teil der Stadt wohnt man insgesamt ruhiger als im alten Zentrum gleich oberhalb des Hafens.

Hotels

- Das ***Arona Gran Hotel******* liegt direkt an der Meerpromenade etwas östlich vom Stadtkern. Der halbmondförmige Bau überragt mit seinen sechs Stockwerken (391 große Zimmer, begrünte Balkone, alle mit Meerblick) alle Nachbarn. Mit den neuen 4-Stern-Hotels an der Costa Adeje kann es trotz schöner Poolanlage nicht mithalten. Unattraktive Bebauung in der Umgebung. Avenida Los Cristianos, ✆ 922-750678, www.aronahotel.com.
- Das ***Oasis Moreque****** liegt 8-stöckig zwischen lautem Küstenzubringer und Meerespromenade. Schön begrünte Poollandschaft. Zimmer zur Straße haben keinen Meerblick; 500 m zum Sandstrand. Die Zimmer zum Meer sind eine gute Wahl; Tennisplätze direkt am Wasser; ✆ 922-790366, Fax -792260; www.H10hotels.com
- ***Reverón Plaza******* mit Restaurant *Mirador de la Plaza*, attraktiv-restauriertes Haus, einziges feineres Stadthotel (5 Etagen) im Zentrum, 44 Zimmer mit Balkonen zum lebendigen Kirchplatz; kleiner Dachpool mit Meerblick; 4 min zum Hafenstrand; an der Plaza del Carmen, ✆ 922-796013, Fax -757052; DZ ab €93, www.hotelesreveron.com.

- Das ***Kurhotel Mar y Sol***, ein seriöses Zentrum für Prävention und Rehabilitation steht unter deutscher Leitung. Es liegt etwas oberhalb des Meeres am flachen Hang und ist besonders auf **Rollstuhlfahrer** ausgerichtet. Zahlreiche traditionelle und alternative Theraphieangebote gegen Allergien, Hauterkrankungen, Wirbelsäulenbeschwerden und Multiple Sklerose. Drei Pools (einer permanent 32° Celsius) mit Behinderten-Einrichtungen. Tauchschule für Behinderte. Vollwertkost möglich. Buchung unter © **922-750540, Fax -795473 in Deutschland: 07073-1516**, www.marysol.org.

Hotels und Pensionen für Individualreisende

Folgende einfache Pensionen liegen überwiegend im Fußgängerbereich, strandnah und haben meist nur Etagenbäder; DZ/F kosten €20-30. Da sie von Gomera-Touristen als Zwischenstation genutzt werden, sind sie oft belegt.

- ***Pension La Paloma***, ruhig in der Fußgängerzone, Calle Paloma 5, © 922-790198.
- ***Venezuela***, nettes Haus in der (nicht gerade autofreien) Avenida de Suecia, © 922-797931
- ***Pension Lela***, Calle Juan XXIII, DZ; © 922-752737.
- ***Hotel Andreas***, C/Valle Menendez, © 922-790012, DZ mit Bad €53; www.hotelesreveron.com

Apartment-Vermittlung (überwiegend auf Englisch)

- ***Marcus Management Service*** (Avenida Antonio Dominguez, Edificio Potosin, © 922-751064, Fax -753725, www.tenerife-apts.com) vermietet im ruhigeren östlichen Stadtteil von Los Cristianos (10-20 min zum Strand) moderne, z.T. luxuriöse **Apartments**. Empfehlenswert sind in der ***Urbanización Oasis del Sur*** (beim Guaza-Hang) das ***Royal Palm*** und ***Port Royale*** mit Gemeinschafts-Pools; Wochenpreis für kleinere Apartments ca €250-300.
- ***Anyka Sur (Edificio Azahara, Los Cristianos, © 922-791377,*** © 64940 8517) vermittelt Apartments hauptsächlich an der Playa las Vistas, kleinere Typen ab €45, www.anykasur.com

Las Américas und Costa Adeje

Durch die heftige und zu enge Bebauung sind in Las Américas Stadtviertel entstanden, in denen viele Aparthotels den heutigen touristischen Erwartungen nicht mehr genügen. Ihnen fehlt es an großzügiger Bauweise, weitläufigen und begrünten Poolanlagen, sowie größeren Balkons. Alle Empfehlungen liegen über diesem Las-Américas-Durchschnitt.

Erst seit Mitte der 1990er-Jahre entstanden neue Bereiche und Hotelanlagen, die in jeder Hinsicht gehobene und höchste Ansprüche erfüllen. Das gilt grundsätzlich für **Los Morritos**, **Fañabé** und die **Costa Adeje** mit breiten Alleen und verkehrsberuhigten oder autofreien Stichstraßen. Dort reicht es, in der gewählten Unterkunft auf optimale Zimmer zu achten (Meerblick, ruhig).

Dabei ist es natürlich in der ersten Reihe teurer und attraktiver, aber auch in der zweiten und dritten Reihe findet man kurze Wege zum Strand und gepflegtes Ambiente (Shopping, Restaurants und Grünanlagen). Die vierte und fünfte Hotelreihe kann schon arg nah zur Autobahn hin liegen. Unterkünfte oberhalb der Autobahn (z. B. in San Eugenio Alto) sind durch Autolärm, weite Wege zum Meer und enge Bauweise gekennzeichnet. Aus diesem Bereich werden keine Häuser empfohlen.

Für Selbstbucher und Individualreisende kommt ganz Las Américas/Costa Adeje eher nicht in Frage. Es gibt keine kleinen Pensionen oder individuelle Stadthotels. In Südteneriffas Ganzjahres-Saison lassen hohe Auslastung und scharf kalkulierte Kontingentierung der Veranstalter Spontanbuchern kaum eine Chance.

- Das ***Mare Nostrum Resort*** (***Hotel Mediterraneum Palace********, ***Sir Anthony*******, ***Marc Antonio-*******, ***Cesar-******* und ***Cleopatra-Palace******* gibt sich wie Klein-Las Vegas. Zu ihm gehören die genannten – unterirdisch verbundenen – Hotels und ein Kongresszentrum für

2.200 Menschen, mit Spielkasino und Showtheater. Der Komplex liegt direkt am schönen hellen Camisón-Sandstrand. Meerblick haben fast alle Zimmer des *Sir Anthony*, viele im *Cleopatra* und im *Mediterraneum* – neben vielen Zimmern zur Straße – nur die obersten Stockwerke. Das *Mediterraneum* besitzt eine attraktive Badeanlage und zusätzlich für **FKK-Freunde** einen Dachpool sowie Tennisplatz. Bei Frühstücks- bzw. Halbpensions-Buchung freier Zugang zu den Restaurants und Büffets der anderen *Mare-Nostrum-Hotels*. Fitness–/Wellness-Programme: neben diversen Saunen, Bädern, Massagen und Kosmetik gibt es auch ein medizinisches Therapie-Angebot; www.expogrupo.com.

- Das ***Parque Santiago III*** **** ist in Hufeisenform um eine grüne, aufgelockerte Poollandschaft (Meerwasser) gebaut. Die **Apartments** liegen geschickt zueinander versetzt und haben überwiegend große Balkons. Die helle *Playa Camisón* liegt gleich jenseits der angrenzenden Küstenpromenade. ***Parque Santiago V*** **** (z.B. J, U, I, Gu, S) liegt gegenüber, ist kleiner und eleganter (➢ Seite 227), ✆ 922-757500 www.parquesantiago.com.
- ***Hotel Europe Villa Cortés******** ist ganz neu und eines der luxuriösesten Häuser Teneriffas; mexikanisches Design, 150 Zimmer, jedes mit Internet-und Fax-Anschluss, 49 verschiedene Zimmerstile und 6 unterschiedliche Restaurants, ab € 195. Für die gefüllte Brieftasche: Imperial-Suite, ✆ 922-757700; www.europe-hotels.org.
- Die **Ferienanlage *Park Club Europe*** liegt in der 2. Reihe (ca. 200 m bzw. 500 m zu zwei Stränden), alles andere ist einfach Spitze! Ein vorbildlicher, z.T. dschungelartiger Hotelpark mit vielen Bereichen (Tennis, Volieren, kleine Pools mit Sandstrandecken) und geglückter Badelandschaft; Animateure sorgen für Abwechslung (viel Sport). Familien mit Kindern, die ein Zimmer (mit z.T. großen Balkonen) mit Blick auf den Park erwischen, dürften sich besonders wohlfühlen, ✆ 922-793352; www.europe-hotels.org.
- Der ***RIU Parque Cristóbal***, Apartments, sehr stilvoll renoviert, ist vor allem etwas für Familien mit (kleinen) Kindern. Gute Strandlage (15 min zu den Stränden *Las Vistas* bzw. *La Camisón*). Seine einfachen Flachbungalows liegen wie eine abgeschirmte grüne Oase in der zweiten Reihe hinter leider unschönen Hotelklötzen. Zwei Süßwasser-Pools, ein Sandstrand-Spielplatz im Palmenschatten, ✆ 922-790874; www.hdhotels.com

Altes Zentrum von Las Américas

Zwischen der Autobahn und alten Hotelkästen (*Gran Tenerife, Palm Beach* und *Park Hotel Troya)* am Meer finden sich mehrere ältere, nur von Fußwegen durchkreuzte Bungalow-Siedlungen in einem recht ruhigen System von Anliegerstraßen, in denen man trotz der Nähe zum *Nightlife* der Verónicas nicht schlecht, weil sehr individuell und preiswert wohnt, wer auf Glitzer verzichtet. Beispiel:

- ***Apartamentos Paraiso del Sol***, eine in 3 Wohnkarrees gegliederte Siedlung (220 zweistökkige Bungalows) mit schlichten Gemeinschaftspools; ohne Meerblick, ohne Schnickschnack. Unterhalb des neuen Kongresszentrums MAGMA, Bungalows nahe der Durchgangsstraße Avda Centenario sollte man meiden. In 15 min ist man zu Fuß auch an schönen Stränden *(Vistas & Camisón)*; preiswert; ✆ 922-753104; www.coral-hotels.com

Stadtteil San Eugenio

- ***Hotel Jardín Tropical******* liegt direkt an der Promenade, die hier etwas erhöht über Kliffs (kein Strand!) verläuft; das Haus im maurischen Stil (5-stöckig, Hufeisenbau, 376 Zi, viele mit Meerblick) ist eines der ältesten ****Hotels im Süden. Badelandschaft im Hotelpark, zusätzlich (öffentliche) Schwimmgärten *La Roca* in den Kliffs. Im Hotelumfeld blüht Massentourismus; ✆ 922-746000; www.jardín-tropical.com.

Stadtteil Fañabé

Von allen beschriebenen Fañabé-(Apart)-Hotelanlagen ist es nur einen Sprung zum Strand, zu kleinen Restaurants und Cafés, sowie zum Shopping und Supermarkt.

- Die *****Apartment-Anlagen *Sol Sun Beach***, *Lagos de Fañabé* und *Los Olivos* liegen alle in der ersten Reihe hinter dem Promenaden-Bollwerk an der hellen Sandstrandbucht. Die 2-/3-stöckigen, aufgelockert gruppierten Wohneinheiten haben sämtlich Balkons und im inneren Bereich Blick auf den begrünten Pool. Mittlerer Standard, die Apartments zum Pool sind eine gute Wahl; ab € 75; ✆ 922-712102; www.solmelia.com

- Das ***Aparthotel Parque del Sol******* liegt zwar in der zweiten Reihe, besitzt aber mehr Komfort als die eben genannten (*Sol Sun Beach, Lagos de Fañabé* und *Los Olivos*). Alles ist etwas offener, grünund weitläufig. Etwas teurer, ca. € 110; © 922-713076; www.parquedelsol.net
- Das ***Hotel Colón Guanahani*******; ein kleines, aber feines Hotel der Oberklasse; 154 Zi. mit großen Balkonen zum geschwungenen Pool mit Palmen im Innenbereich; gute Gastronomie; ab 164, © 922-712046; www.adrianhotels.com

Costa Adeje

Am Kliffküsten-Abschnitt mit einer Meeres-Promenade zwischen Playa Fañabé und La Caleta wurde in den 1990er-Jahren mit der kleinkarierten Bebauung gebrochen. Statt geschlossener Apartment-Siedlungen (Fañabé oder Hochhaushotels (z.B. *Park Hotel Troya* etc.) wurden auf weitläufigem Terrain riesige, autarke Luxus-Anlagen errichtet, die in Europa ihresgleichen suchen. Sie sind am amerikanischen Resort-Modell orientiert, *all-in-one*-Anlagen mit hoteleigenen (teuren) Geschäften, mehreren Restaurants und Parks mit Badelandschaften, die dem Gast jeden Weg außer Haus ersparen sollen und wollen.

Den Anfang machte Mitte der 1990er-Jahre das ***Hotel Bahía del Duque******** direkt hinter dem gleichnamigen Strand (➢ Seite 229; © 922-746900. Seitdem entstanden dort weitere, ähnlich große Luxushotels. Eingerahmt von seiner Dependance, dem ***Mirador del Duque***, und dem klassisch-kanarischen ***Dreampalace Gran Tacanda*** (das Feinste!, ©922-746400), ist das *Bahía del Duque* immer noch eines der aufwendigsten, nicht zuletzt wegen seiner Gartenanlagen.

Östlich davon entstanden die Luxusherbergen ***Anthelia Park******* und ***Jardines de Nivaria******** (beide an die *Playa Fañabé* angrenzend) und nördlich davon das ***RIU Palace Tenerife******* mit dem – Backe-an-Backe – dahinter plazierten ***RIU Arecas*******, dem ***Sheraton Las Caleta******** und dem ***Costa Adeje Palace*******, kurz vor dem Fischerdorf La Caleta. Die letztgenannten vier liegen ein paar Meter oberhalb der Küste und haben (bisher) keinen Strand.

Unmittelbare Strandlage scheint die Besucher aber weniger zu interessieren als der Meerblick, wenn auch manchmal vom weiter weg. Das zeigt der neueste Star der Costa Adeje: ***La Plantación del Sur Vincci Selección********, www.vinccihoteles.com.

Der Unterschied zwischen 4-Stern und 5-Stern-Hotels (insgesamt 8, alle bei deutschen Veranstaltern zu finden) an der Costa Adeje ist indessen so groß nicht. Manch einen stört aber die immer dichter werdende Bebauung mit Apartments in 3. und 4. Reihe.

Hier noch einige Websites von **5-Stern-Hotels**: ***Bahia del Duque:*** www.bahia-duque.com; ***Jardines de Nivaria:*** www.adrianhoteles.com, ***Costa Adeje Gran Hotel*** (weiter vom Meer): www.costadejegranhotel.com; ***Dreampalace Gran Tacande***: www.grantacande.com; ***Sheraton La Caleta:*** www.sheraton.com/lacaleta. Zum Vergleich die 4- Sterne-Hotels ***RIU Arecas*** und ***RIU Palace Tenerife:*** www.riu.com; ***Costa Adeje Palace:*** www.h10.es

Normales DZ im Bahia del Duque. Gediegene Qualität zwar, aber insgesamt kein wirklicher »Luxus«

Adeje Stadt

Außer dem *Hotel Fonda* (➢ Seite 581ff) gibt es im Ortsbereich von Adeje nur zwei einfache ***Hostales***: ***Roschild***, C/Corpus Cristi 29; DZ mit Bad €35, ✆ 922-780252, und ***Pension Rambla***, C/Principal, DZ mit Bad €24; ✆ 922-780071.

La Caleta

Caletas alter Kern ist jetzt mit einer Meerespromenade ansprechend gestaltet. Der Golfplatz »***Golf Adeje***« hat aber mit luxuriösen Apartmentblocks das Milieu radikal verändert, wobei sich das einzige (Apart-)Hotel dort bescheiden ausnimmt.

- __*Aparthotel Jardín Caleta*__*** liegt in 2. Reihe hinter der felsigen Küste. 4-stöckiges Haus (244 Apts für 1-3 Personen, nur z.T. mit Meerblick) mit einer kaum begrünten Poolanlage. Einige Fischrestaurants und Leitereinstiege ins Meer sind zu Fuß zu erreichen. ✆ 922-710976, ab €60; Reservierung ✆ 922-797677; www.hovimar-hotels.com
- __*Royal Garden Villa*__s***** am Golfplatz, Luxus pur; www.royalgardenvillas.com

Playa Paraíso

Der riesige Hotelkomplex __*Bahía Príncipe*__**** (➢ Seite 274) ist bei Familien sehr beliebt, zu buchen bei fast allen großen Veranstaltern, ✆ 922-723313; www.bahiaprincipetenerife.co.uk.

Costa de Silencio

Rund 10.000 Gästebetten stehen an der *Costa del Silencio* bereit. Viele davon in **TenBel** (**Ten**eriffa-**Bel**gica nach dem ursprünglichen Hintergrund, ➢ Seite 242) an der felsigen Steilküste, einer inzwischen sehr preisgünstigen touristischen Pionier-Anlage aus den 1960er-Jahren. Nordöstlich von TenBel schließt sich ein Küstenabschnitt mit nagelneuen, britisch dominierten Bungalow-, Apartment– und Time-Sharing-Anlagen an. Außerdem gibt es dort drei Golfplätze mit riesigen Golf-Resorts.

- ***Hotel San Blas Reserva Ambiental,*** groß angelegtes, öko-orientiertes Luxusprojekt am westlichen Ortsrand von Los Abrigos, einen Steinwurf vom Meer; in Gestalt und Farbe

Bucht bei La Caleta

adobe-nachempfunden. Event-museales Stockwerk (Erlebnis-Tunnel über Natur, Geologie und Flora der Kanaren); autoktone Bepflanzung auf Tuffsteinen; Führungen durch das oberhalb gelegene kleine Naturschutzgebiet mit See und Vogelbeobachtung; €167-€284; © 922-749010; www.sanblas.eu.

Apartment-Vermittlung für die *Urbanización Golf del Sur*:

- ***Las Adelfas***; © 922-733616
- ***Parque Albatros***, © 922-738802
- ***Santa Barbara*** (elegante Anlage am Meer), © 922-738032

Im Zentrum von Las Galletas gibt es außerdem eine kleine Etagenpension ➢ Seite 243.

El Médano

El Médano steht bis heute für gebremsten, etwas alternativen Tourismus und Surf-Sport. Das Städtchen hat den schönsten natürlichen Strand der Insel (mit Dünen), viele Apartmenthäuser und drei größere Hotels. Die Nähe zum Flughafen stört überraschenderweise wenig. Bis auf den zentralen Plaza-Bereich ist das Stadtbild indessen keine Perle.

Angesichts der Las-Américas-Konkurrenz wirbt El Médano mit günstigen Angeboten um Gäste. Das Infobüro an der zentralen Plaza hilft bei der Quartiersuche.

- ***Hotel Playa Sur Tenerife**** liegt mit 4 Stockwerken sehr ruhig am westlichen Ende der Holzplanken-Promenade; es steht allein außerhalb der Stadt (7 min zum Zentrum). Die wenig begrünte Schwimmanlage ist klein; dafür wohnt man quasi auf dem Strand; viele Zimmer mit Balkon zum Meer; Surf-Schule/Verleih nebenan; für Pauschalbucher gutes Preis-Leistungsverhältnis; Preise für Privatbucher: D/F je nach Saison €80-120, Langzeitrabatte, © 922-176120, www.hotelplayasurtenerife.com. Buchung auch über TTS, 22087 Hamburg, © 040-2201477; www.tts-touristik.de;
- Das ***El Médano**** war Ende der 1960er-Jahre das erste feinere Hotel im Süden – noch vor dem Bauboom in Las Américas. Der klassisch-moderne Stil beeindruckt heute noch (wieder). Das Interieur dagegen ist eher altmodisch-verstaubt, aber nicht ohne Charme; beste Lage direkt am Hauptstrand und an der zentralen Plaza; Liegeterrasse ohne Pool, Leitereinstieg ins Meer, DZ ab €78 © 922-177000; www.hotelmedano.com.
- ***Hotel Arenas del Mar*******, am Surfstrand Cabezo/Jaquita; modern, jung zweckmäßig; Pool, Spa, Rest. & Bars, Zi mit Meerbalkon; 922-788778; DZ/F ab €120; www.arenasdelmar.com
- ***Hostal Carel***, 4-stöckig mit 21 DZ, einfach und preiswert, ohne Pool, kleine Balkone, kein Meerblick, zu Fuß 5 min zum Strand; an der TF 64, Avenida ***José Miguel Galván Bello*** gegenüber der Kirche, DZ €50, © 922-176066; www.residencecarel.com
- ***Apartamentos Agua Viva***, direkt an der Strandpromenade, Eingang Calle La Gaviota, einfache Apartments ab €50, © 922-177174.
- ***Apartamentos Sotovento, Barlovento, Casa Médano*** (alle drei © 616-304648), ***Aptos. Miramar***, © 922-176911.

San Isidro

An der verkehrsreichen Hauptstraße gibt es zwei preisgünstige Hotels, die wegen ihrer Flughafennähe (Taxi 10 min, ca. €7) von Individualtouristen als Start- oder Endpunkt nach/vor der An- oder Abreise nützlich sind. Obwohl sie auch von Veranstaltern angeboten werden, sind sie als Urlaubsquartier ungeeignet. Allerdings sind von hier die TITSA-Busverbindungen in die Touristenzentren gut; nach El Médano 5 km. Hoteleigene Busse fahren nach Las Américas und Los Cristianos.

- ***Hotel Ucanca****, im oberen Stock eines Neubaus, sauber, über der Autobahn, teilweise Meerblick; günstig, DZ €59; © 922-390776.
- ***Hotel Monica Sur*****, auch bei Veranstaltern. Dachpool mit Meerblick, DZ/F €59, © 922-390036 und 922-3902766; www.monikasurhotel.com.

Bereich Westküste

Die Unterkünfte an der Westküste konzentrieren sich auf die zusammengewachsenen Orte Los Gigantes, Puerto de Santiago und Playa de Arena. Diese Region (zu groß und zu eng bebaut) wird vornehmlich von Engländern (und Tauchern) bevorzugt. In deutschsprachigen Katalogen gibt es nur wenige Angebote. Bei den folgenden Adressen handelt es sich z.T. um Apartments für Privatbucher.

• ***TTS-Teneriffa Touristik Service*** vermitteln an Teneriffas Westküste Apartments. Einige von ihnen werden unten mit Hinweis TTS empfohlen (TTS in Deutschland, ✆ 040-2201477, Fax 040-2201480; auf Teneriffa: Herr Hüneke, ✆ 922-868009; www.tts-touristik.de)

Los Gigantes

• Das ***Hotel Los Gigantes********* besticht durch seine vorgelagerte Meeres-Position, so dass man nur den Wellenschlag hört. Das 9-stöckige Haus steht zwar quer zur Küste, hat aber viele Räume mit Meer- oder Steilfelsen-Blick. 180°-Panoramasicht vom gering-begrünten Pool. Zum Wohlfühlen; C/Flor Pascua, ✆ 922-861020 (nur über Thompson=TUI England).

• Das ***Poblado Marinero*** (»Seedorf«) ist ein zweizeiliger, aufgelockerter Apartmentkomplex (2-3stöckig) am Yachthafen. Vor der ersten Zeile (mit Meerblick) verläuft die autofreie Promenade mit Cafés, Restaurants und Touristenshops, vor der zweiten liegt ein langgestreckter begrünter Dorfplatz. Zu beiden Seiten kann man baden: am kleinen Lava-Sandstrand und in *El Laguillo*, der (öffentlichen) Poolanlage des *Poblado*; 1-/2-Zi-Apartments € 65-105; ✆ 922-860 966/-860 943; Fax -860 679, www.elhotelito.com.

Puerto de Santiago

• ***Das Barceló Santiago********* ist ein gestreckter, moderner Komplex (406 Zi mit Sat-TV, 23 Suiten) in exponierter Lage auf einer Felsnase im Meer mit 270°-Panoramablick auf Atlantik, La Gomera und Gigantes-Felswand. Von der schwungvollen Poolanlage mit Palmen wiederholt sich dieser tolle Ausblick; Calle La Hondura 8, ✆ 922-860912, Fax -861808, D/F € 130-180, www.barcelosantiago.com.

• ***Apartamentos Tamaimo***, gepflegte Anlage nahe Hotel Barceló, die meisten Apts. ohne Meerblick, ab € 40-87, ✆ 922-860638; www.hotels-spain-accomodation.com

Playa de las Arenas

Der an sich reizvolle Lava-Sandstrand wird durch viel zu enge Bebauung der kleinen Bucht förmlich »erdrückt«.

• ***Apartamentos Punta Negra***, kleine reihenhausartige Chalets in ruhiger Lage auf einer Lava-Felsnase in einer Sackgasse direkt am Wasser, Zugang zu einer geschützten *Charca* (kleine ruhige Badebucht). € 65-80, www.canarias.arkus.net. Eine gute Wahl in dieser sonst eng bebauten Gegend, ✆/Fax 922-860029.

Alcalá

• ***Gran Meliá Palacio de Isora***, eine der besen Luxus-Adressen der Insel am Rande eines kanarisch-gebliebenen Fischer-Städtchens mit tollem Gomera- und Bergblick; mehrere Restaurants; € 200-400; ✆ 902-144440; www.gran-melia-palacio-de-isora.com

• ***Pension Alcalá***, kleines 4stöckiges Apartmenthaus, einfache Zimmer ohne Meerblick, südamerikanisches Kneipen-Restauration im Haus; es gewinnt durch die nahe *Paseo Marítimo*-Küstenpromenade; Calle Marruecos 2; DZ ohne Bad € 30; € 35 mit Bad; plus ein Apartment mit Terrasse € 46 sowie ein Extra-Haus in der C/Sospiro, in Hafennähe € 40-50; ✆ 922-865457, Fax -865457; www.pensionalcala.com

• ***Hotel Rural El Navio***, etwas außerhalb von Alcalá in einer Bananenfinca, aber in Fußgängerdistanz zum Meer, ebenso zu Supermärkten und Restaurants, ruhig. Alle 12 Zimmer mit Terrasse. DZ/F € 105; ✆ 922-865680; über http://de.toprural.com.

Edelhotel *Gran Melia Palacio de Isora* bei Alcalá

Playa San Juan (für **Apartments** ➢ Seite 275).

- ***Abama***, vom Feinsten: Wie eine marokkanische Kasbah, in Bananenplantagen, mit Golfplatz (auf dem schon *Bill Clinton* spielte); 14 Bars, Restaurants, u.a. japanisch, argentinisch, italienisch und Jazzclub. Neben Zimmern, Suiten mit und ohne Meerblick gibt es Villen. Tarife €300-1600. Toll ist der künstliche helle Strand in einer Barranco-Mündung, zu dem eine Zahnradbahn fährt. Hervorragende Wahl für alle, die es sich leisten können. ✆ 922-105600; www.abamahotelresort.com.

Masca

- ***Casa Rural Moro Catana*** ➢ Seite 579ff
- ***Casa Riquelme***, im Ortsteil Lomo, dem Restaurant angeschlossen; kleine DZ ab €32, ✆ 922-863576.
- ***Dona Nieves*** ✆ 922-863408, schöne einfache Zimmer, €30-50, und ***Jane Mineur*** am Camino de Lomo, ✆ 922-863485
- ***Pension Masca;*** an der TF 436 im Ortsteil Lomo de Masca; 2 DZ (mit/ohne Küche: €30; ein EZ €25; fragen in der Bar/Restaurante ***Aqui me quedo*** direkt an der TF 436 oberhalb des Hauptortes; ✆ 922-863408 (nur spanisch); www.hotel-ami.es
- ***Casa Las Piedras*** im Weiler Las Carrizales, ➢ Seite 579ff.

Las Portelas (Teno)

- ***Albergue El Bolíco***. Diese Wanderherberge liegt grün eingerahmt im beliebten Wandergebiet oberhalb von Buenavista; nur Mehrbettzimmer; €14/Bett, Frühstück €3, auf Wunsch Mittag- und Abendessen (je €9) vom unterhalb gelegenen ***Mesón del Norte*** (➢ Seite 360); Zufahrt: von der TF 436 Buenavista-Masca bei km 9,5 (kurz unterhalb des Restaurants) links ab, dann noch ca. 2 km; ✆ 902-455550; www.alberguebolico.com

Die Nordküste

Zentraler Bereich

Die folgenden Unterkünfte stehen für das breite touristische Angebot in **Puerto de la Cruz**. Landhotels und Fincas/Ferienhäuser der jeweiligen Region werden hier ebenfalls aufgeführt. Ihre Beschreibung im Detail findet sich jedoch im Kapitel *Turismo Rural* (➢ Seite 574f).

Puerto de la Cruz

Puertos Hanglage bietet **zwei unterschiedliche Wohnbereiche**:

- die fast flache, strandnahe **Unterstadt** (Martiánez, Zentrum, *Playa Jardín*) im verkehrsberuhigten Stadtkern, meist mit 1960er-Jahre Hotels (kleine Pools, wenig Grün), einfachen Pensionen und preiswerten *Hostales* in der 2. und 3. Reihe, überwiegend ohne Meer- oder Teideblick.
- die **Oberstadt** am Hang (La Paz/Durazno, Taoro, San Fernando). Hier liegen vor allem größere Aparthotel-Anlagen in weitläufigen Pool-Gärten mit Teide- und/ oder Atlantikblick. Dafür ist der Weg zu Fuß zum Meer steil und/oder weit.

Auf die Beschreibung von Hotels etc. entlang der Ost-West-Verkehrsachsen (Carretera El Botánico und vor allem Calle Valois) wurde bewusst verzichtet.

Unterstadt – Bereich Lago Martiánez

Hinter Puertos berühmter Meer-Badelandschaft *Lago Martiánez* laufen zwei große Straßen (Avda Betancourt y Molina und Avda Aguilar y Quesada) auf die *Playa Martiánez* zu. Zwischen beiden Avenidas stehen Apartment- und Hotelhochhäuser der unschönen Art aus den 1960er-Jahren. Sehr viel attraktiver (aber auch teurer) sind die ebenfalls älteren, kleineren Hotels entlang der breiten, immer sehr belebten autofreien Promenade Avenida Colón, die den *Lago Martiánez* landseitig begrenzt. Im Erdgeschoß dieser Hotels befinden sich große Restaurants und Terrassencafés, teilweise mit Live-Musik und Tanz.

- ***Hotel San Telmo******, einfacheres Haus an der hier trubeligen, engeren Meerespromenade; felsiger Meereinstieg über Treppen, kleiner Hotelpool auf dem Dach mit tollem Panoramablick. Für die gute Lage am Meer preisgünstig; ✆ 922-385853, €62; www.hotelopia.es
- Das ***Hotel El Tope******** liegt etwas oberhalb der Martiánez-Zone, schon auf halbem (Fuß-) Weg nach La Paz, aber noch im fast ebenen Stadtbereich (10 min zum Strand/*Costa Martiánez*). Das moderne, geschmackvolle Haus (216 Zi) ist beliebt wegen seiner günstigen Lage. Der große Poolgarten (mit Tennis) grenzt an einen tiefen, grünen *Barranco*; dadurch wird der weite Blick auf den Teide und das Meer nicht durch nahe Hochbauten gestört. D/F €60-€140 je nach Blick und Saison. Empfehlenswert! ✆ 922-385080; www.eltope.es

Bereich Zentrum/Plaza Charco

Der Altstadtkern Puertos ist weitgehend verkehrsberuhigt, hat aber viel Promenaden-Trubel (Cafés, Restaurants, Geschäfte). Man findet hier keine Luxusanlagen, sondern neben älteren Apartment-Blocks u.a. einfachere Pensionen und zwei kleinere traditionsreiche Stadthotels, das *Monopol* und das *Marquesa*:

- **Marquesa*****, 4-stöckiges altkanarisches Haus (von 1712 mit wunderschönem Patio, zusammen mit dem fünfstöckigen Neubau verfügt es über 137 Zimmer, meist mit Balkon, ab 3. Stock mit Meerblick (im Neubau). Kleiner Pool auf einer Sonnenterrasse, Calle Quintana 11-13, D/F ab €66, ✆ 922-383151, Fax -386950, www.hotelmarquesa.com.

Im Nostalgiehotel Marquesa

- ***Monopol**** (z.B. J), 4-stöckiges Haus in altkanarischem Stil (100 Zi) in Fußgängerzone, schöner Patio, beheizter Pool auf einer der großen Dachterrassen mit Meer- und/oder Teideblick. Immer Blüten vorm Hotel, Calle Quintana 15; ab €80; © 922-384611, Fax -370310; www.monopoltf.com
- ***Chimisay**** (z.B. AE, S), 4-stöckiges modernes Haus (67 Zi) in der Fußgängerzone mit dem besten Dachpool (Meerblick), Fitness-Raum, Calle Agustin Betancourt 14, DZ €57, © 922-38[illegible]552 und -383599, Fax -382840, www.hotelchimisay.com.
- ***Nopal****, kleine Dachterrasse mit Pool und Altstadtblick, Calle San Juan 15, €68, © 922-378062, www.solvasa.com
- ***Hotel Maga,*** beliebtes preiswertes Haus im Zentrum, C/San Juan 26, 40; © 922-3[illegible]3853; www.promocanarias.com/hotelmaga
- ***Los Geranios***, einfaches Haus, DZ €30 plus €3 Frühstück, © 922-382810.

Bereich Playa Jardín

- ***Apartamentos Punta Brava***, kleines familiär geführtes Haus, Superlage im Fischervorort Punta Brava; 6 prima Apartments (1 Einheit rollstuhlgerecht); nur ein paar Minuten zur *Playa Jardín*; €50-88, Extraperson €18 (nicht unter 5 Tage). Empfehlenswert die Maisonette mit Teide- & Meerblick. © 627-821945 (deutsch); www.tenerife-apartamentos.com

Die beiden folgenden Häuser liegen hintereinander am Hang (begrenzt vom unschönen *Barranco* San Felipe); ihre Nähe zur *Playa Jardín* ist bemerkenswerter als ihr bauliches Konzept.

- Die ***Apartamentos Bahía Playa* I und II** (z.B. AE) sind nur durch die belebte Straße vom Playa Jardin getrennt. Viele der großzügigen Apartments blicken auf den *Barranco* und häßliche hohe Wohnblocks. Die Apartments der Westseite des ***Bahía II*** haben den schöneren Blick (auf *Loropark* und Punta Brava). Zwischen beiden *Bahías* befindet sich eine – nicht eben umwerfende – Poolanlage; © 922-374408; www.apartamentosbahiaplaya.com

Zwischen dem *Barranco*, der Avenida Blas Perez Gonzales und der Avenida Melchior Luz liegen hohe Wohnblocks mit Wabenbalkonen dicht nebeneinander. Einzige Vorteile dieser Apartments sind der Meerblick (aus den oberen Stockwerken) und die Steinwurfnähe zum *Playa Jardín* (nur über die belebte Straße). Die Häuser ***Apartamentos Noelia Playa*, *Florida*** und ***Tegeguia*** sind preiswert.

Empfehlung: Wer in *Playa Jardín*-Nähe wohnen will, liegt im östlich anschließenden Wohnviertel zwischen Post/ZOB und den Sportanlagen/Aufschüttungs-Gelände am Meer richtig. In einigen ruhigeren Wohnstraßen finden sich empfehlenswerte kleine 3-Sterne-Hotels und Apartments, die allerdings wegen ihrer geringen Höhe keinen Meerblick haben:

> Kleinanzeigen privater, deutschsprachiger Vermieter stehen in jeder (14-tägigen) Ausgabe des **Wochenblattes**.
> Redaktion: Plaza Charco, Edeficio El Rincon.
> © 0034-922-381278, Fax 922-372167; www.wochenblatt.es

- ***Hotel San Borondón******, C/Agustin Spinoza 2; älteres originelles Gebäude mit Anbauten; größere Balkons und Terrassen zum geschützten mittelgroßen Meerwasser-Pool im gepflegten Garten mit halboffenem geschmackvollen Restaurant; DZ/F je nach Saison und Ausstattung (Suite) ab €80, ✆ 922-383313; über www.hotelopia.es
- ***Eden Trovador******; C/Puerto Viejo 38, das einzige Haus im Viertel mit Meerblick dank des kleinen Dachpools, DZ/F €72 ✆ 922-384512, www.hoteltrovador.com

Hotel San Borondón mit origineller Fassade

Oberstadt

Mit Ausnahme des gemischt-bebauten Wohnviertels La Paz, wo es Geschäfte und Restaurants in Gehweite gibt, wohnt man in der Oberstadt in großen modernen Hoteloasen komfortabler als in der Unterstadt. Dank der Höhe hat man einen weiten Blick aufs Meer und kann zur Unterstadt/Meeres-Promenade den öffentlichen TITSA-Bus nehmen (oder zu Fuß 20 min durch Grünanlagen).

Taoro

Alle Taoro-Unterkünfte sind empfehlenswert; sie liegen ruhig und haben durchweg große Pools in parkähnlichen Gärten.

- Das ***Sol Elite Parque San Antonio******* ist eine prima Anlage: flache, langgestreckte Gebäude, große Zimmer und Terrassen (EZ ohne Balkon) mit Blick auf den parkähnlichen Garten und weitläufige Poolanlage; einige wenige Zimmer (an der Straße) mit Meerblick; ab €80, ✆ 922-384851, www.solmelia.com
- ***Tigaiga*******, die 1. Wahl: 5-stöckiges, etwas älteres Haus hoch über der Stadt hinter dem Kasino in ruhiger Lage. Paradiesischer Garten mit freiem Blick auf Puerto und das Meer; prima Pool; das *Tigaiga* gewinnt seit Jahren TUI-Auszeichnungen; €180 ✆ 922-383500, Fax-384055. www.tigaiga.com
- ***Villa Chiripa********, ebenfalls 1 Wahl! Versteckt neben dem Hotel *Chiripa Garden* thront diese Herrenhaus-Villa über blühenden Gärten mit Blick auf Teide, Puerto und Meer. Alles vom Feinsten. Neben beheiztem Pool befindet sich das »gläserne« Wintergarten-Restaurant, Tennis. Sehr empfehlenswert; nur 12 DZ/F €180, ✆ 922-381450; www.lti.de/spanien.htl

Die folgende Unterkunft liegt schon am Rande des Taoro-Hügels:

- ***Aparthotel Flora Sol******* auf halber Höhe des Taoro-Hügels ruhig, etwas abseits der Straße. Die Zimmer (Südlage) haben große Terrassen und – bis auf die kleinen Sudios – alle Teideblick. Relativ kleiner, aber schöner Pool im sehr gepflegten und begrünten Garten. Angenehmes, zum Pool hin halboffenes Restaurant. Prima Wahl. Apartments je nach Ausstattung und Saison €65-150, ✆ 922-389848 und Fax 922-389574; www.aparthotelflorasol.com

San Fernando

Preiswert wohnt man in Puertos Stadtteilen oberhalb des Taoro Parks. Zu Fuß sind es 30 min zum Meer. Unter den 2-3stöckigen, engstehenden Wohnhäusern liegen folgende Unterkünfte abseits der Durchgangsstraße:

- ***Ferienpark Eden Luz**** verfügt über einen parkartigen Garten mit Pool, Tennis, Minigolf, Schach, Spielplatz, Boccia. Von oberen Stockwerken schöner Blick über Puerto aufs Meer/Teide. Gutes Preis-Leistungs-Verhältnis. Toll für Kinder, ✆ 922-335711.
- ***Hotel Don Candido****, sympathisches kleines Hotel; Zimmer mit Balkons, Pool; Zimmer überwiegend an Reiseveranstalter vergeben, ✆ 922-922-380596.
- ***Hotel Casa del Sol*** mit Schwimmbad auf der Dachterrasse, €46 ohne F, ✆ 922-380762; www.hotelcasadelsol.com
- ***Hotel Perla Tenerife***, auch mit Schwimmbad, Okt.-Januar nur ***all-inklusive***, sonst mit Frühstück ab €61, ✆ 922-374388, www.gemahoteles.com

La Paz/Durazno

Puertos höhergelegener, grüner Stadtteil La Paz ist fest in deutscher Hand. Hier wohnen ältere Residenten, Überwinterer und Urlauber. Beiderseits und unterhalb des *Botanico* liegen etliche 5-6 stöckige Apartmenthäuser, elegante Hotels und schmucke Villen in blühenden Gärten. Der Verkehr hält sich in Grenzen, nur die Durchgangsstraße neben dem *Jardín Botánico* ist laut. Einkaufszentren, kleine Ladenzeilen und viele Straßen-Restaurants sind gut zu Fuß erreichbar. Von der Kliffpromenade hat man einen weiten Blick über die Küste. In 20 Minuten gelangt man über einen bequemen Treppenweg hinab ans Meer und ins Stadtzentrum.

– Das ***Hotel Botánico****** ist Puertos erste Adresse. Es verfügt über einen tropischen Park, große Schwimmbäder, geräumige, bestausgestattete Räume und internationales Flair. Sport, Wellness (Top: ***Oriental Spa***), Musikprogramme. Drei gute Restaurants (Thai, Italienisch, Spanisch); ab €220; ✆ 922-381400; www.hotelbotanico.com

- Das ***Hotel Semiramis****** wurde an eine Felswand gebaut. Der zeitlos-elegante Baustil der 1970er-Jahre kaschiert dessen Alter. Superblick über das Meer; nur in den unteren der 20 Etagen hört man die Autos der Küstenstraße an Tagen ohne Brandung. Die sehr schöne Poolanlage ist relativ klein, der Außenbereich insgesamt kann mit den modernen 5-Sterne-Hotels nicht mithalten – aber es hat »was«! ✆ 922-385071; www.besthotels.es
- Das ***Hotel La Paz***** ist ein flach gestrecktes Gebäude mit umlaufenden Balkonen im kanarischen Stil und großem Garten. Nur Zi mit Blick ins Grüne empfehlenswert, weil leiser, D/F €60-€130; ✆ 922-385071; über www.hotelopia.es > Spanien > Puerto Cruz

Hotel Sol Elite Parque San Antonio in Taoro

Unterstadt:
Martianez-Bereich
11 Las Vegas
12 Vallemar
3 San Telmo
4 El Tope
Zentrum: Charco
5 Marquesa
6 Monopol
8 Chimisay
9 Nopal
10 Apt. Florida Plaza
11 Puerto Azul
Oberstadt:
Taoro
22 Parque San Antonio
23 Tigaiga
24 Chiripa / Villa Chiripa
25 Puerto Palace
26 Aparthotel Flora Sol
San Fernando
27 Eden Luz
28 Don Candido
29 Casa del Sol + Perla Tenerife
Playa Jardin
12 Apt. Punta Brava
13 Bahia Playa I
14 Bahia Playa II
15 Gran Turquesa
16 Turquesa Suit
17 Puerto Playa
19 San Borondon
20 Don Manolito
21 Eden Trovador
Atlantisc
Puerto Pesquero
zukünftiger Yachthafen
Landgewinnung
Plaza Europa
Sportplatz
Calle de Mequinez
C. Carrillo
FISCHERVIERTEL "LA RAMILLA"
Plaza del Charco
Calle de Quintana
CHARCO
Calle de San Felipe
Calle Puerto Viejo
C. Pérez Zamora
C. Blanco
Plaza Concejil
Sportplatz
Paseo de Luis Lavaggi
Guirres
Calle Los
Castillo de San Felipe
Manuel B. Cervia
Calle del Pozo
Busbahnhof
Calle Valois
Carretera
Jardines Taoro
Cementerio San Carlos
Playa Jardin
Avenida de Melchor Luz
Autobahn-Ausfahrt 39, Loro Parque, Punta Brava, Hotel Maritim, Los Realejos
Sotomayor
Casino Taoro
Sportplätze
Centro de Congresos
Barranco San Felipe
Avenida de Blas Pérez Gonzales
María Rosario
Plaza San Felipe
Sportplätze
Sportplatz
Cabezas
TAORO
Parque Tao
Carretera Taoro
PLAYA JARDIN
Mercado
Las
Camino de Coches
Anglikanische Kirche
Carretera
General de las Arenas
SAN ANTONIO
Autobahn-Ausfahrt 35, La Orotava

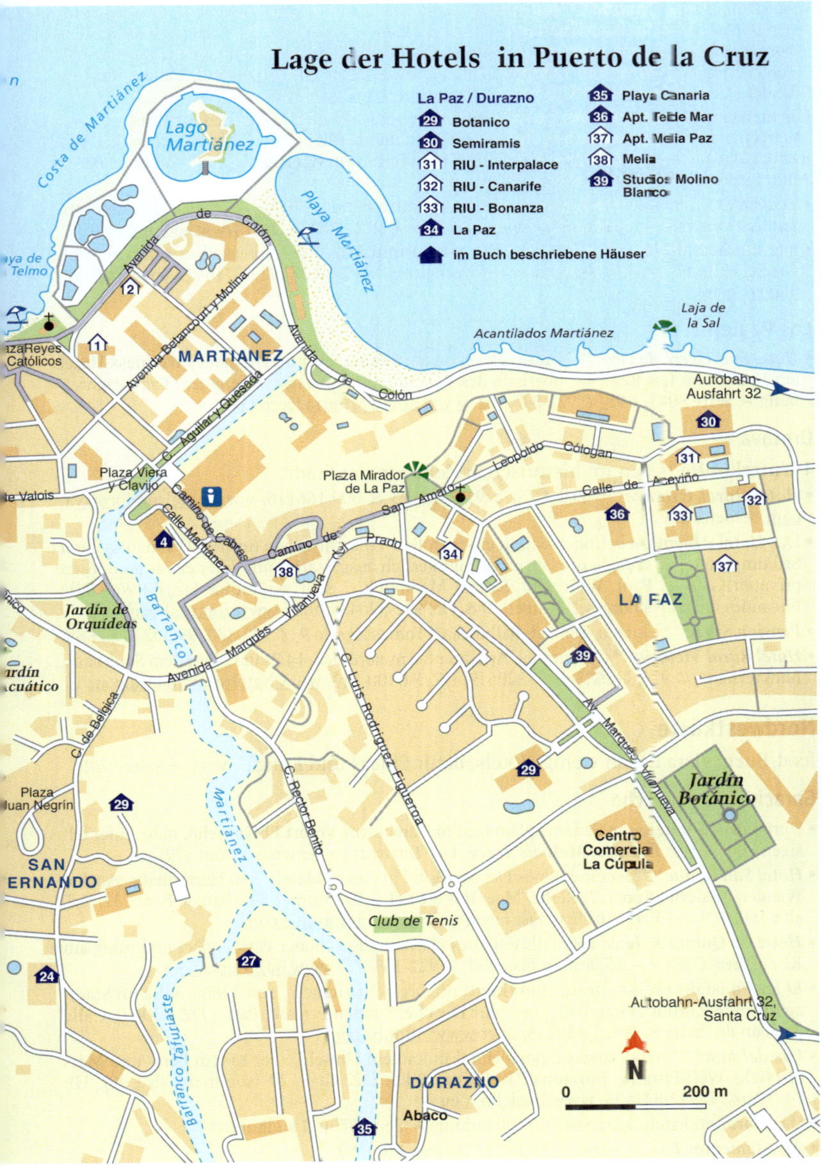
Lage der Hotels in Puerto de la Cruz
La Paz / Durazno
29 Botanico
30 Semiramis
31 RIU - Interpalace
32 RIU - Canarife
33 RIU - Bonanza
34 La Paz
im Buch beschriebene Häuser
35 Playa Canaria
36 Apt. Teide Mar
37 Apt. Melia Paz
38 Melia
39 Studios Molino Blanco
Lago Martiánez
Costa de Martiánez
Playa Martiánez
Acantilados Martiánez
Laja de la Sal
Autobahn-Ausfahrt 32
MARTIANEZ
Avenida de Colón
Avenida Betancourt y Molina
C. Aguilar y Quesada
Plaza Viera y Clavijo
Camino de Cabras
Calle Martiánez
Plaza Mirador de La Paz
San Amaro
Leopoldo Cólogan
Calle de Aceviño
Camino de Prado
LA PAZ
Avenida Marqués Villanueva
Av. Marqués Villanueva
Barranco
Jardín de Orquídeas
C. de Bélgica
Plaza Juan Negrín
SAN FERNANDO
C. Luis Rodríguez Figueroa
C. Rector Benito
Martiánez
Jardín Botánico
Centro Comercia La Cúpula
Club de Tenis
Barranco Tafuriaste
Autobahn-Ausfahrt 32, Santa Cruz
N
0
200 m
DURAZNO
Abaco

4

- Das ***Hotel Playa Canaria******* hat eine versteckte, sehr ruhige Lage (Sackgasse) an einem grünen *Barranco* im Neubauvillenviertel Durazno. Zu Fuß sind es 1,5 km zum *Jardín Botánico*. Vom Poolbereich mit separater Liegewiese blickt man über Bananenplantagen auf den Teide. Kleiner botanischer Lehrpfad. Alle Zimmer haben Blick auf Pool, Landschaft und Teide! D/F ab €56-€114, ✆ 922-385151; www.hotelesplaya.com.

Die meisten **Apartmenthäuser** im Ortsteil La Paz sind schon etwas älteren Datums. Obwohl ansprechend im neukanarischen Stil errichtet, fehlen bauliche Auflockerungen in den uniformen Fassaden; auch die Schwimm- und Grünanlagen entsprechen oft nicht mehr heutigen Anforderungen in punkto Größe und Design.

- ***Teide Mar,*** Calle Aceviño 6; großzügige Anlage mitten in La Paz; vorzugsweise die ruhigeren Studios mit Garten- Pool- und Bergblick; €50-65; ✆ 922-380224; über www.booking.com
- Die ***Studios Molino Blanco*** abseits der Straße mittig La Paz. Hufeisenbau um den Pool. Große Balkons, prima Preis-/Leistungsverhältnis, ab €60, ✆ 922-371641; www.molino-blanco. com

Los Realejos

- ***Hotel Spa Tierra de Oro*******; ruhig gelegenes, aufwendig restauriertes neues **Wellness-Hotel** am Rande von Los Realejos, oberhalb des Restaurants *Monasterio*, genauere Lagebeschreibung ➢ Seite 80ff); €98; ✆ 922-343-322; www.hotelspatierradeoro.com.

Orotava

4 Unterkünfte liegen im historischen Zentrum der Stadt:

- ***Hotel Rural Orotava******* D/F €75, ✆ 922-322793 & 609-166116; www.hotelruralorotava.com, ➢ Seite 579.
- Das ***Hotel Alhambra*** befindet sich in einer großen Villa, die innen um 1900 in maurischem Stil umgestaltet wurde; heute ist sie großbürgerlich ausgestattet mit einer etwas pompösen privaten Galerie. Pool, Whirlpool, Sauna, Meerblick. 7 sehr geräumige DZ/F €96, Calle Nicandro Gonzales Borges 19, super! ✆ & Fax 922-320434, über www.toprural.com
- ***Pension Silene*****, einfach, zentral; Balkons; C/Tomas Zerolo 9, ✆ 922-330199, DZ/mB, €38.
- ***Hotel Rural Victoria****** C/Hermano Apolinar 8; am *Botánico*; 14 Zi in kolonialem Stadthaus; Blickterrasse; ✆ 922-331683, Fax -320519; DZ/F €100-120; www.hotelruralvictoria.com

Nordwestküste

Icod/Buenavista haben wenig Hotels, dafür Fincas und Bungalows (➢ Seite 574).

Garachico/El Guincho

- 3 prima Häuser liegen in Bananenplantagen in Garachicos **Vorort El Guincho,** nahe einer felsigen Badebucht: ***El Patio***, ***Malpaís Trece***, ***Las Terrazas*** (➢ Seiten 577 und 579).
- ***Hotel San Roque******* ist ein kleines Design-Hotel in einem klassischen Herrenhaus. An den Wänden moderne Kunst. 2. Reihe, Meer um die Ecke; 20 Zimmer, Esteban de Ponte 32; D/F ab €160, ✆ 922-133435 (in Bau, fast fertig)); www.hotelsanroque.com
- ***Hotel La Quinta Roja*** ist ebenfalls ein altes Herrenhaus; schöner Patio, nobel und ruhig am Kirchplatz; D/F €96-125, Suiten bis €183, ✆ 922-133377, www.quintaroja.com.
- ***El Jardín*** ist die preiswerteste Unterkunft im Ort (sehr einfach), eine kleine Villa im Stadtzentrum, 4 Zimmer ohne Bad, eines mit Dusche, Sonnenterrasse, Patio; DZ €30-50, Calle Esteban de Ponte 8; ✆ 922-830245; über www.niumba.com
- ***Luz del Mar*******, modernstes (Sport-)Hotel in kargem Umfeld, aber tollem Berg- und Meeresblick; Well-Fitness, Biosauna, Trekking, Bike; DZ ab €120 (sommers ab €90), HP €17/Pers,, ✆ 922-841623, www.luzdelmar.eu.
- Das ***Garahotel*** steht kurz vor der Vollendung, ➢ Seite 579ff (Landhotels)
- ***Apartamentos Las Terrazas*** ➢ Seite 577 (*Fincas Rurales*).

Nordostküste

Santa Ursula

- ***La Quinta Park Suites******* ist die einzige große Aparthotelanlage (4-stöckig, 228 Zi), oberhalb der Steilküste in einem Neubaugebiet (Villen, Reihenhäuser, Apartmentblocks). Die meisten Zimmer des halbmondförmigen Gebäudes mit Blick über den Pool aufs Meer oder die Berge. Großes Kur-, Schönheits-, Sport- und Fitness-Programm. Hotelbus nach Puerto (7 km), mit Frühstück ab € 116; © 922-300266, www.laquintaparksuites.com.

La Matanza/El Sauzal (alle 3: Zufahrt ➢ Seite 369; ausgeschildert)

- ***Jardín de la Paz***, exklusive Adresse hoch überm Meer. 12 eng, aber einzeln stehende Villen teilen sich den Garten; 2 geheizte Meerwasserpools mit Blick auf Teide und Meer. Die Villen sind unterschiedlich in Größe (2-6 Personen), Ausstattung und Preis, alle Wohnungen hell und geräumig,. Alle mit Terrasse und eigenem Rasen. Mindestaufenthalt 1 Woche, € 180-390 für 2 Personen, Langzeit weniger; © in Deutschland: 06124-2724. www. jardin-de-la-paz.com
- ***Apartamentos Villa Luz de Luna***, kleines Apartmenthaus am steilen Hang mit Meer- und Teideblick; 1- und 2 Zi-Wohnungen mit kleiner Küchenzeile, Balkon oder Terrasse. Pool. La Matanza, Camino Jagre 1 (Zufahrt wie *Jardín de la Paz*), Studio: ab € 40, Apt ab € 65; © Handy: 676-555051, Fax 922-323392, www.kanaren-traeume.de
- ***Faisán Azul;*** riesiger Garten mit 9 Einheiten; vom kleinen Turmzimmer (€ 57), kleineren Villen (€ 65) zur gr. Turm-Whg. für 8 Pers, € 145) für jeden etwas; Superblicke: Meer/Teide, Pool, © wie *Villa Luz de Luna*, s.o.; www.traum-ferienwohnungen.de

Tejina

- Das ***Hotel Costa Salada*** bei Tejina ist ein Juwel, ➢ Landhotels, Seite 579.

Bajamar/Punta del Hidalgo

Die Badeorte Bajamar und Punta del Hidalgo sind heute an vielen Ecken und Enden restaurierungsbedürftig. Andererseits bieten sie einen ruhigen und preiswerten Aufenthalt mit Meerwasserpools abseits des Massentourismus. Das dortige Hotel ***Oceano*** ist auf Therapien fürs ältere Publikum eingestellt.

Bajamar

- ***Hotel Neptuno******, 4-stöckiges schlichtes Haus (75 Zi), etwas unterhalb der Straße direkt an der Steilküste; ca 1 km zu Meeresbecken; einige Zimmer mit Balkons, verstaubt, preiswert, DZ €25 © 922-542562, Fax -150402 (bis mind. 2010 wegen Renovierung geschlossen).
- ***Delfin******, in hervorragender Lage gleich oberhalb der Meerwasserpools, schon altes Haus, 5-stöckig, 66 Hotel-und Apartmenteinheiten, die meisten mit Balkon, meerseitig mit Weitblick; Tennis, Bowling und kleiner Pool ohne Blick. DZ/F € 65, © & Fax 922-540200-04.

Punta del Hidalgo

- Das ***Hotel Oceano******* ist ein 10-stöckiges Haus, 84 Zi mit 30-70 m², alle mit Balkon und Meer-/Teideblick, großem Garten mit Pool, Tennis, Fitness, (Bio-)Sauna; 50 m zum Meerwasserpool. Ausflüge, Wanderungen, Folklore. Diverse Therapien (Darmentgiftung, Chiropraktik, Osteopathie, Ozon, Vollwertkost, Massagen, Kosmetik, Meditation). Meist ältere Gäste. DZ/F ab € 165-250, © 922-156000, Fax -156352; Beratung/Buchung in Deutschland: © 0180-5447710; www.oceano.de;
- ***Aparthotel Atlantis Park******, ältere 2-stöckige im Karree um den Meerwasserpool gebaute Anlage, zusätzlich Süßwasserpool und Therapieeinrichtungen, 150 m vom Meer, DZ/F € 90 (im Sommer € 75); Kontakt über Elisabeth, © 922-156411, Fax: -156189; in Deutschland: 07192-923910, www.atlantis-park.com

Teideauffahrten und Nationalpark

La Escalona

- ***Rural Hotel Nogal***, ➢ auch unter Landhotels, Seite 582; © 922-7260099

Bei Ifonche

- ***Finca El Refugio*** ist ein renoviertes rustikales Haus in exponierter, ruhiger Berglage (940 m) mit weiten Blicken. Produkte kommen marktfrisch auf den Tisch. Super-Frühstück! Tips für Wanderungen und andere sportliche Aktivitäten. Calle El Topo 34, Escalona; 7 km oberhalb von Arona auf der TF 51 Richtung Vilaflor links in die TF 567 Richtung Ifonche abbiegen; nach 2 km links weist ein Schild links auf die 1 km entfernte Finca (Feldweg), DZ mit Frühstück €64; © 922-725894, ➢ Seite 406, 527 www.el-refugio.com

Vilaflor

- ***Hotel Spa VillAlba***, (➢ Landhotels, Seite 582)
- ***Hotel Rural El Tejar*** (➢ Landhotels, Seite 582)
- ***German*** ist eine recht einfache, aber sympathische **Pension** (mit Restaurant) in ruhiger zentraler Lage. Zimmer mit Bad und Klimaanlage, Gemeinschaftsterrasse mit Teideblick, © 922-709028, DZ €55
- ***Sombrerito***, ***Hostal*** im Haus des Ausflugsrestaurants *Casa Chico*, einfach, zentral, Zimmer mit Heizung; DZ €51, © 922-709052, Fax -709052, DZ/F €55, EZ/F €30.

Bei La Esperanza

- ***Don Leandro***, Las Lagunetas, ➢ Seite 582.

Teide Nationalpark

- Der ***Parador Las Cañadas del Teide***, ein staatliches, rustikal-gediegenes Berghotel, ist die einzige Unterkunft im Nationalpark. Das Hotel liegt am Fuß des Teidekegels, 4 km südlich der Seilbahn, und ist ein prima Ausgangspunkt für Wanderungen in der *Cañada*-Felslandschaft. Wer hier übernachtet, genießt morgens und abends die grandiosen Landschaftsbilder ohne Tagestouristen. Besonders empfehlenswert. DZ ab €125, mit Teideblick €144 (➢ Seiten 422 und 582); © 922-374841; www.parador.es; dort muss man zunächst die Karte anklicken und dann auf > Teneriffa.

Wer im linken Flügel des Parador Nacional unterkommt (Zi 101 oder darüber die Suite 201), hat Blick auf Teide und die Roques (Eckzimmer)

Unterkünfte für eine Insel-Rundreise

Wer Teneriffas landschaftliche Vielfalt fernab der Urlaubszentren und ggf. auch an wechselnden Standorten erleben möchte, sollte dies besser gründlich planen und vorbereiten. Denn vor Ort ist es nicht immer leicht, kurzfristig oder auf gut Glück für jeweils eine oder nur wenige Nächte eine passende Unterkunft zu finden.

Insbesondere in der Hochsaison (Dezember/Januar, Karneval und Ostern) sind Teneriffas Hotels und Pensionen schon mal ziemlich ausgebucht. Eine telefonische Anfrage vor Reiseantritt macht daher durchaus Sinn. Während man für einfachere Häuser Spanischkenntnisse braucht, wird in großen und besseren Hotels durchweg auch Deutsch und/oder Englisch gesprochen. Einige kleinere Landhotels setzen einen Mindestaufenthalt von 2-3 Tagen voraus.

Für eine individuell gestaltete Teneriffa (Rund-) Reise finden sich einfachste bzw. preiswerte und teure bzw. noble Herbergen.

Die folgende Liste bezieht sich auf beide Möglichkeiten. Sie beginnt beim Südflughafen und »umrundet« die Insel im Uhrzeigersinn – was aber nicht als Routenvorschlag gedacht ist, sondern lediglich der rascheren geographischen Einordnung dienen soll. Genannt sind, mit Ausnahme von Puerto de la Cruz und Los Cristianos, vor allem Unterkünfte außerhalb der Touristenzentren, die man individuell buchen kann, unabhängig davon, daß sie z.T. auch in Veranstalterkatalogen stehen.

Nur wenige Häuser sind nur hier genannt. Die meisten finden sich mit detaillierterer Kennzeichnung bereits im Vorkapitel bzw. unter den »Landhotels«, ➢ Seite 580ff.

Folgende Kürzel weisen auf die generelle Einschätzung der Häuser hin; sie erfolgte subjektiv durch die Autoren und ist kein objektives Werturteil:

– = Preiswert/einfach,
! = herausragende Eigenschaften
(z.B. landschaftlich besonders schön gelegen)
+ = höheres Preisniveau, aber auch entsprechend angenehm

Unterkünfte rund um die Insel ab Südflughafen im Uhrzeigersinn:

San Isidro (2 Südflughafen-Hotels, ➢ Unterkünfte Süden)
– *Monica-Sur*, © 922-390036; Fax -390156; DZ €60
– *Ucana***, © 922-390776, Fax -390763; DZ €59

El Médano (➢ Unterkünfte Süden)
– *Hostal Carel*, © 922-176066 Fax -172868; DZ €60
+ *Playa Sur Tenerife*, ©922.176120, Fax-76337; DZ€ 80-120
+ *El Médano****, © 922-177000, Fax -176048; DZ, €77-93

Las Galletas (➢ Costa de Silencio)
– *Los Vinitos*, Calle Venezuela im Zentrum, © 922-785803, DZ €24, EZ € 18

Granadilla/San Miguel (➢ Unterkünfte Ostküste)
+ *Hotel Rural Senderos de Abona*, Granadilla, Calle Peatonal de la Iglesia 5, © 922-770200, Fax -770308, DZ ab €75
+/! *Hotel Rural San Miguel*, ebendort DZ ab €90 © 922-167922, © 647-605353
Arona (➢ Unterkünfte Landhotels, Seite 581)
+/! *Ecohotel La Correa*, €70-€95, ©/Fax 922-725738.
Ifonche (➢ Unterkünfte Teideauffahrten)
-/! *El Refugio*, 5El Tope 34, Escalona, DZ/mF €64, © 922-725894 (deutschsprachig),
La Escalona (➢ Unterkünfte Teideauffahrten)
+/! *Rural Hotel Nogal*, © 922-726050, DZ ab €120;
Vilaflor (➢ Unterkünfte Teideauffahrten)
– *German*, © 922-709028, DZ €55
+/! *VillAlba*, Ctra. San Roque, © 922-709930, DZ €145-160
+/! *Hotel El Tejar*, © 922-709800 und -814; DZ/F €75
Los Cristianos(➢ Unterkünfte Süden)
– *La Paloma*, Calle Paloma, © 922-790198, DZ €24
+/! *Reveron*****, Plaza del Carmen, © 922-796013, Fax 757052, ab €93
Adeje
+ *Hotel Fonda*, DZ €60; © 922-865457, (➢ Landhotels Süden)
– *Pension Roschild*, DZ €35, © 922-780252, (➢ Seite 558)
– *Pension Rambla*, DZ €24; © 922-780071 (➢ Seite 558)
Alcalá (➢ Unterkünfte Westküste)
– *Pension Alcalá*, Calle Marruecos 2, © 922-865457, Fax -865457, €24-50
Masca (➢ Unterkünfte Westenküste)
–/! *Casa Riquelme*, im Ortsteil Lomo, €32, © 922-863576 und
– *Dona Nieves*, €30-50, © 922-863408
+ *Pension Masca*, €30, © 922-863408
Las Portelas (➢ Unterkünfte Westküste)
-/! *El Bolíco*; Wanderherberge, ➢ Seite 561; €14; © 922-127334 oder 616 327931
Erjos (➢ Unterkünfte Landhotels)
+/! Landhotel *Caserio Los Partidos*, © 922-693090/693138, DZ/F €80
– *Finca la Hacienda*, El Tanque/Tierra del Triego, © 610-694326, DZ €56
El Guincho (bei Garachico, ➢ Unterkünfte Landhotels)
+/! *El Patio*, C/Finca Malpais 11, © 922-133280, Fax -830089, DZ/F €80-96
+/! *Malpais Trece*, © 922-830064, © 679-411933, DZ/F ab €60
Garachico (➢ Unterkünfte Nordwestküste)
+/! *La Quinta Roja*, €96-€123, © 922-133377.
–/! *El Jardin*, Calle Esteban Ponte 8 (zentral), © 922-830245, DZ €30-50
Puerto de la Cruz (➢ Unterkünfte zentrale Nordküste)
+...*Hotel Maga*, C/Iriarte 11, © 922-383853, DZ/F ab €40
+/! *Marquesa*, Calle Quintana 11, © 922-383151, €66
+ *Hotel Chimisay*, Calle Agustin Bethancourt 14, DZ/F €57, © 922-384611.

Orotava (➢ Unterkünfte zentrale Nordküste)
- *Silene*, Calle Tomas Zerolo, ✆ 922-330199, DZ €38
+ *Hotel Rural Orotava*, C/Carrera 17, ✆ 922-322793 & -793. DZ/F €75
+ *Hotel Alhambra*, Calle Nicandro Gonzales Borges 19, ✆ & Fax 922-320434, DZ/F €96

Bei Tejina (➢ Unterkünfte Landhotels)
+/! *Costa Salada*, ✆ 922-690000, Fax -541055, ✆ 670362000; DZ ab €125

Benijo bei Taganana (➢ Unterkünfte Anagabereich)
+ *Bar Mecha*, Roques de La Bodega, ✆ 922-590154, €40
-/! *Albergue Montes de Anaga*, €14/Person, ✆ 922-590107, ➢ Seite 553

La Laguna (➢ Unterkünfte Großraum Santa Cruz)
+ *Aguere*, Calle Obispo Rey, ✆ 922-259490, Fax -631633, DZ/F €80
+ *Nivaria*, Plaza Adelantaro, ✆ 922-264298, Fax -259634, DZ/F €114

Santa Cruz (➢ Unterkünfte Großraum Santa Cruz)
+/! *Mencey******, ✆ 922-609000 oder 609906, Fax -280017, DZ ab €200
+/! *Principe Paz****, Calle Valentín Sanz, am Parque Principe; ✆ 922-249955, Fax -281065, DZ €82 (wochentags teurer)
+ *Pelinor***, nahe der Plaza España, Calle Bethancourt Alfonso 8, ✆ 922-246875, Fax -280520, DZ €66
- *Pension Mova***, 21 Zi, einfachst, sauber, billig; C/San Martin 33 (nahe Plaza Principe, ab der C/de la Rosa), ✆ 922-283261, DZ/Bad €26.

Güímar (➢ Unterkünfte Landhotels)
+ *Hotel Rural Casona Santo Domingo*; mit Restaurant, sympathisch. D/F €55-63 (je nach Saison), ✆ 922-510229 & -31, Fax -514451 (➢ Seite 581)
+/! *Finca Salamanca, Hotel Rural* & Restaurant, Carretera de Güímar-El Puertito, km 1,5, ✆ 922-514530, DZ/F €110

Las Caletillas
+ *Tenerife Tour*, etwas verstaubt, aber gut gelegen, ✆ 922-500200, D/F €70

NP Teide (➢ Unterkünfte Teideauffahrten)
+/! *Parador Nacional*, am Fusse des Teide; ✆ 922-374841, DZ ab €125

4.3 Turismo Rural - Unterkünfte im Hinterland

Kennzeichnung

Über 600 Landhäuser (*Fincas*) auf Teneriffa decken ein breites Spektrum ab: von der kleinen Kuschelkate für Selbstversorger über das schlicht-kanarische Haus für 2-4-6 oder mehr Personen mit/ohne Frühstück, von der stattlichen *Hacienda* mit einzelnen Wohnungen und Gemeinschaftbereich (Pool, Garten) zum Bungalow in der Ferienanlage, von der Villa mit Pool zu verschachtelten kanarischen Kuben mit privaten Terrassen oder Vorgärten.

Mal abgelegen am Hang, mal am Dorfrand, mal direkt an der zentralen Plaza und fensterlos abweisend hinter hohen Mauern, sich aber nach hinten über den Patio oder Garten mit Blick in die Landschaft öffnend.

4

Fast nie an der Küste gelegen sind solche Quartiere ein guter Tip für Teneriffa-(Wander-)ferien im Sommer. In den Höhenlagen ist es – selbst im Sommer – deutlich kühler als am Meer und – Vorsicht! – im Winter ab 500 m für manchen viel zu kalt. Deswegen sind die küstenfernen Häuser und Landhotels im Norden immer beheizbar, aber seltener ausgebucht.

Eingerichtet mal nüchtern bis bäuerisch, mal gediegen-pompös, neureich oder stylisch-geschmackvoll-modern – es lebe der kleine Unterschied.

Um das Optimale zu finden (Größe, Lage, Preis, Komfort etc), kann man bequem im Internet durch die Angebote surfen: Aussenansicht, Blick in die Räume, sowie Umgebung und Anreise-Skizzen vermitteln eine gute Grundlage für die persönliche Entscheidung aus der heimatlichen Ferne.

Die Wege von den Rural-Häusern zum Einkaufen, zu Restaurants oder zum Strand sind meist weit, ein Mietfahrzeug ist daher fast immer unabdingbar. Neben An- und Abreise per Taxi organisiert der Vermieter aber auch Flughafen-Abholdienste, wenn man zunächst einmal seine feste Burg autofrei erleben möchte. Hier offenbart sich nebenbei der Vorteil eines hochtouristischen Ziels, wie die Kanaren es sind: nichts ist unmöglich.

Das Markenzeichen ***Turismo Rural*** garantiert nach außen, dass die jeweilige *Casa Rural* (CR) selbst in alten Gemäuern modernen Komfort bietet.

Kosten für eine Wohneinheit: ab €45/Tag, Bungalows ab €450/Woche.

Buchungsmöglichkeiten für Fincas Rurales/Ferienhäuser

Viele *Rural*-Häuser haben keinen eigenen Internetauftritt; sie werden meist über offizielle kanarische Tourismusbüros oder zahlreiche europäische Agenturen (zusammen mit Flügen, Mietwagen und Aktivitäten vor Ort) angeboten. Es gibt aber auch private (deutsche/englische) Vermieter, die ohne solche Dienstleister oder amtliche Agenturen auskommen und ihre Objekte in Eigenregie vermarkten.

Immer mehr Urlauber versuchen aus diversen Reiseführer-Informationen, Angeboten heimischer Reisebüros und dem Ergebnis individueller Internet-Recherche die optimalen »Rosinen« aus dem unübersichtlichen Kuchen zu picken, und nehmen dann ihre Buchung per Telefon, Fax, Email oder Buchungsmaske selbst in die Hand.

Offizielle kanarische Agenturen (Kommunikation auch auf Deutsch)

- ***AECAN,*** 89 Häuser, Santa Cruz, Calle Villalba Hervás 2, © 922-248114; Fax -298078, www.aecan.com
- ***ATTUR/ACANTUR***, 91 Häuser, Santa Cruz, C/ Castillo 41, oficina 231, ©/Fax 0034-902-215582; www.ecoturismocanarias.com
- ***ARICOTUR,*** 10 Häuser bei Arico; Info, Buchung: 38580 Arico, C/Benitez de Lugo 1, © 922-161133 (*Mirna*), www.casasruralesarico.com.

Buchungsbüro in Deutschland

Karin Pflieger/Hamburg vermittelt 8 *Casas Rurales* auf Teneriffa, www.la-palma-turismo-rural.de; © in Deutschland: 040-5604488.

Empfehlenswerte Websites zur eigenen Recherche

- http://de.toprural.com, gute website, gute Casas (auch direkt mietbar); super!
- www.super-teneriffa.de; inselweit jede Art Unterkunft; weitere Links; super;
- www.sonniges-teneriffa.de
- www.niumba.com gut, aber etwas umständlich
- www.el-sur.de; nur wochenweise, oft hochgelegen, primär im Süden
- www.finca-selection.de; sehr ordentliche Website, gute Häuser
- www.sonneninsel-teneriffa.de; nach Insel-Gemeinden geordnet
- www.solotenerife.com; übersichtlich, nach Haustypen
- www.ruraltenerife.net/; gute Häuser insbesondere im Norden
- www.go-teneriffa.de; überwiegend große Häuser (Chalets, Villen)
- www.ferien-finca.de; Villen, Chalets, gehobenes Niveau
- www.kanaren-traeume.de; vornehmlich große Häuser
- www.campinguia.com/casas-rurales; nur einige Fincas

Von den Autoren besuchte und empfohlene Casas Rurales

Die folgende Auswahl von Casas (Fincas) Rurales deckt unterschiedlichste Preisgruppen und Teneriffa-Landschaften ab. Häuser im Norden sind stärker vertreten, was dem Insel-Angebot insgesamt entspricht. Darunter sind auch Häuser aus Veranstalterkatalogen und einige freie (private) Vermieter. Wer von zu Hause über die jeweilige spanische/tinerfenische Telefonnummer (0034-922- .. buchen möchte, sollte für die meisten Häuser über Spanischkenntnisse verfügen.

In/bei San Andrés (Playa Teresitas)

- ***Casa Amarilla*** (deutsch); mit Blick über das Dorf aufs Meer stehen (gut ausgestattet) im riesigen exotischen Garten am Hang: ****Haus für 6 Pers. €100; ein Haus 4 Pers. €60, *Casita Azul*, ein Holzhäuschen mit Fischteich für 2 Pers. (plus 2 Kinder) €50 und ein winziges Apartment für Verliebte, €30. Zu Fuß durchs Dorf 7 min zum Strand, © 922-549016; www.ferienhaus-teneriffa-sanandres.de
- ***Dos Barrancos;*** über einen Patio verbundene Doppelfinca, je 2 DZ, max 8 Pers. Zwischen Santa Cruz und San Andrés, 3 km abseits im ruhigen Barranco, Restaurantnähe; €73-110; © 0034-620763429 und über http://de.toprural.com
- Das super-Haus ***Guacimara*** liegt ruhig am Rande von Igueste de San Andrés. Pool auf grosser Meerblick-Terrasse; 40 m von der Parkmöglichkeit, Abstieg zum schmalen, schwarzen Strand; 7 km zum Teresitas-Strand; bis 7 Pers., €120-€160, © 600-533699; www.igueste.com und über www.niumba.com
- ebenfalls dort, mitten im Dorf, mit Meer/Bergblick-Terrasse; bis 4 Pers. €82, über www.niumba.com > Teneriffa > Igueste de San Andrés

Nordwesten-Anagabereich

- ***La Mecha***, ab-, aber toll gelegen am felsig-sandigen Strand von Roques Bodega an der Anaga-Nordküste: 2 kleine und ein größeres Studio mit tollem Blick; Restaurant im Haus und um die Ecke; © 922-590154, €40; ➢ Seite 553
- ***Casas con Duende*** für romantische Flitterwochen: Natursteinhäuschen auf 40 m hohen Klippen über einsamem Strand mit schaumumkrönten Felsen im Wasser; einfach aber mit Schick und Pfiff; abgelegen, aber 3 nahe Lokale; © 617-751821 (Juan, span.); über www.casas-rurales.info >Benijo; und www.lorural.es

4

- ***Casa Rural en Anaga La Estercolada*** (»Höhlenhaus« (500 m ü.M.). Bei *Pedro Alveréz*, am östlichen Ortsrand von Tegueste, wurden 5 (bis 1970 bewohnte) Sandstein-Höhlenkammern zu einer alternativen Herberge ausgebaut. Es ist alles vorhanden, was man vor und/oder nach einer Wanderung benötigt. Zwei Schlafzimmer (max 8 Pers.), Bad, Küche, Grill und vor allem Ruhe in reizvoller Umgebung. € 350-420/Woche fürs ganze Haus. Angebot von 7 verschiedenen Anaga-Wanderungen (€ 30 pro Tour) bei 5-15 Teilnehmern. 1 Woche vorher anmelden. ✆ 0034-639-286863 (sp/engl) und 0034-617-712107 (dt).

La Esperanza (El Rosario - oberhalb La Laguna, etwas für den Sommer!)

- ***Parque Los Patos***. 3 Bungalows in 700 m (alle mit Kamin, 2-4 Personen) stehen im großen Garten mit Federvieh, Ententeich und Tennisplatz. Hinter Bäumen ahnt man in der Ferne den Atlantik. Ruhig. Die Besitzer im Haupthaus sprechen Deutsch. 2er-Belegung; € 55-65; Calle Preventorio 9, ✆ 922-548004, ✆ 669-785353 und ✆ 699-229823; www.parquelospatos.com
- ***La Majadera*** im riesigen Obstgarten, mit 2 separaten Wohnbereichen für 2-6 Personen; Terrasse, Grill, Pool, Jacuzzi; C/Las Rosas 58, € 75-210; ✆ 922-680922 & 616-596851, www.fincalamajadera.com und www.toprural.com

Nordküstenbereich (von Ost nach West)

Guamasa (bei La Laguna)

- ***Garimba***: 4 Häuser auf weitläufigem Gelände; dunkel-altmodisch bis normal, alle mit Terrasse, Hzg, Kamin (600 m), Sat-TV. Grill, Bodega, Teide- und Meerblick, ideal für Gruppen. Besiedeltes Umfeld, Baden: 30 Autominuten zum Meerwasserpool. Zufahrt: TF5, *Salida* 17 (Guamasa) Richtung Tacoronte, € 60-90; ✆ 922-636704, Tochter *Luz* spricht Deutsch, www.fincagarimba.com

Tacoronte (Ortsteil Caridad)

- ***Adelantado***; herrschaftlich-spanisches Haus in großem Garten (525m Höhe), bürgerlich-gediegen möbliert; 4 DZ mit Bad, 2 Salone, große Küche, Speisesaal; Bonsaischule; Strand 3 km (Mesa del Mar), zu Fuß zum Lokal/Laden; € 170; ✆ 922-271135, Fax -241010; www.toprural & www.casaruraleladelantado.com

La Matanza

- ***Suerteluna***, (650m, wo die dichte Besiedlung aufhört), herrlicher Blick aufs Meer und den Teide; viele Laubbäume. 3-stöckiges Haus (max. 7 Personen), Nachbargebäude häßlich. Kleiner Garten, Pool, Grillhäuschen mit altkanarischem Steinofen. Innen stilvoll-antik. Preis nach Belegung; € 95/2 Pers.; ✆ 922-275552, 0034-628013269 (spanisch) und www.ecoturismocanarias.com
- ***Faisan Azul,*** ➢ Seite 569; www.traum-ferienwohnungen.de

Puerto/Los Realejos

- **TIPP**: ***Casa Chiquita*** (50 m^2, 50 m ü.M.); 4 km von Puerto de la Cruz, ruhig in einer Bananenplantage; Blick Richtung Bollullo-Strand (per Auto 10 min), Restaurant 5 min zu Fuß; € 50, ✆ 922-321181; über www.urlaub-anbieter.com
- ***La Babon,*** allein in Plantagen oberhalb Playa Socorro; sehr schlichte Einrichtung, moderne Küchen/Bäder; Patio, Meer- & Teideblick; schöner geht's kaum; 2 DZ (€ 70/90); Strand 10 min zu Fuß; ✆ 922-341790; www.sonniges-teneriffa.de
- ***El Patio de Tita***, ruhig gelegene Hacienda in Bananenplantage mit Meer- und

Teideblick (300 m ü.M.); 4 Suiten für 2-4 Personen; Pool, Whirlpool, Dachterrasse; € 70-120; © 669-028677; www.fincaelpatio.com; www.toprural.com

- ***Finca San Pedro,*** alte Finca in blühenden Gärten, unterhalb Mirador Pedro in ruhiger Lage, 10 min zum Meer (Felsküste) oder Sandstrand Socorro; Pool; DZ/F ab € 70; © 922-354699; www.san-pedro.de

Icod

- ***Finca Las Breveritas.*** 3 Häuschen für je 2-3 Pers. in 700 m Höhe (!) in einem verwunschenen 3000 m²-Garten; romantisch-verspielt und dennoch tiptop; beheizter Pool; ab € 70; © 922-202853, ©: 620-891845/-46, www.ecoarural.com
- ***Casa Ida***, 5 verschachtelte Units (400 m). Alte Hausteile (Holzdecken, Fensternischen) mit modernen Komfort-Elementen; jeweils eigene Terrasse, Kü und 1-2 SZ. Teide /Meerblick. In **Genovés** (Icod/Garachico) oberhalb der TF 82; © 922 13 32 97 und 686-168285, www.ruralida.com & www.toprural.com
- ***Finca No Problem.*** 95 m² für max 4 Pers (2 SZ). Uriges Natursteinhaus einsam auf einer Wiese, umringt von Weinstöcken und Obstbäumen. Ideal für Wanderer. Zur *Playa San Marcos* 15 Autominuten. Über www.solotenerife.com; € 40-60; unter *Finca San Pablo* mieten Spanischsprechende: © 630-743406 (*Nieves*);

Garachico (El Guincho, El Tanque)

- ***Apartamentos Las Terrazas***: einfache Apartments mit Vorgarten in ehemaligen Landarbeiter-Reihenhäusern; Gemeinschaftsraum mit TV und Telefon; schöner Blick über Bananenplantagen auf die Küste. Ab € 45, © 0034-619-751674 (*Pedro* spricht etwas Deutsch).
- ***Casa la Joya*** (450 m ü.M.); bildschön restauriertes Haus in ruhiger Dorfrandlage, Meerblick, Hofgarten, guter Ausgangspunkt für Wanderer; € 67-80; deutscher Besitzer; © 922-136317, über www.Botho.jazztel.es > per Email
- ***Finca El Lance***; sep. *Häuschen* (mit Hzg, Kamin, Grill, @) für 1 5 Pers. unterhalb El Tanque (450 m) in riesigem Garten (Weinpresse, Dreschplatz, romantische Ecken). € 62-€ 94; © 922-136369; www.fincalance.com & www.tourist-online.de

Buenavista/Los Silos

- ***Finca las Mariposas***, 6-Pers.-Natursteinhaus bei Los Silos; auf deutscher Biofarm mit Meerblick; €45; © 922-841320, www.lasmariposas.de/finca haus.html

Teno Alto (10 Häuser, 1 Laden, 1 Kneipe, nur Spanisch):

- ***Casa Antonio*** urig-rustikal, ruhig, hoher Meerblick; € 70/Fr-So, € 150/Woche 2Schlafzimmer (1x2 und 1x4 Betten); Zufahrt: Dorf Teno Alto durchqueren, auf dem Zementweg in die Senke; nach 1,2 km beim weißen Haus ins Tal zum Nachbarn Pedro (der den Schlüssel hat), © 922-370937 (*Antonio* spricht nur spanisch)
- ***Finca Luisa***: 2 SZ, 2x Bad, 2x Kü, je Paar € 30/Tag: © 922-127167
- ***Victoriano***, uralt-Haus, 2 Apt. € 15/Pers, © 922-127311
- ***Carmen*** (2 km dorffern, Blick, 2 Zi, Fr-So € 70; € 150/Woche; © 922-693057

Ostküste

Candelaria

- ***El Menor***, großzügige, moderne Villa oberhalb Candelaria in Las Cuevecitas (ca. 450 m ü.M.); 2 Personen finden hier Ruhe, einen 8x4x2 m-Pool und eine riesige Panoramablick-Terrasse. 10 Autominuten zum Rest der Welt. Die deutschen

Vermieter Ute Bethge & Klaus Frischmeyer – im separaten Haus – geben Tipps. €65, ©/Fax922-506266; Email: finca2000elmenor@yahoo.de

- ***Casa La Hoyita;*** bei Guímar, verwunschenes Häuschen auf 2 Ebenen am oberen Ortsrand in viel Grün; DZ €36; © 922-511357; www.casalahoyita.com; deutsch: www.trivago.de/guimar

Arafo

- ***Casa el Cura Viejo*** liegt (500 m ü.M.) ruhig am östlichen Dorfrand mit Blick über *Barranco* und terrassierte Felder; drei kleine, etwas dunkle Wohneinheiten für max. 6 Personen; jede mit DZ, Bad und Wohnküche; die beiden Salons, der Garten und Pool sind Gemeinschaftsbereich. Einfache Restaurants und Läden sind zu Fuß erreichbar; €50/2 Pers; © 922-511835 (spanisch); www.casacuraviejo.com

Arico

Die folgenden Häuser liegen bei Arico in ländlich-karger Felsregion auf 500 m Höhe. Sehr authentisch-kanarisch und ruhig.

- ***El Sitio de la Casa***; hinter Arico Nuevos hohen Mauern liegt dieses Juwel in terrassierten Gärten; 3 Häuser für je 2, ein Haus für 4-5 Personen; 3 Pools, verschiedene Gemeinschaftsbereiche; stilvoll, ruhig, weiter Blick. Calle La Luz 14, €65-141; ©/Fax 922-768021 & 629-098713 (Spanisch); www.ruraltenerife.net;
- Im beschaulichen, abgelegenen Weiler ***Las Vegas*** (700m, zwischen Arico Nuevo und Granadilla), ab der TF28 liegen drei empfehlenswerte Häuschen: über www.toprural.com > ***Casa Pepa; Casa las Pérez*** und ***Finca La Cuadra;*** alle mit Pool; €70-90.

Süden

- ***Denis***; esoterische Urlaubsoase 2 km von der dort unschönen Küste (*Playa Paraiso*!). In einem blühendem Park mit vielen Haustieren, sprudelndem Pool, lauschigen Ecken und einer Plaza als Treffpunkt liegen 7 Häuschen (jeweils mit eigener Terrasse); workshop-Angebote; €70-100; © 922-741967 und 676-440784; Buchung über www.fincaselection.de und www.haciendacristofero.com
- ***Casas del Pintor*** (600 m ü.M.), traumhafte Anlage oberhalb von Arona, ruhig im großen blühenden Garten; 5 geschmackvoll restaurierte/eingerichtete Häuschen für bis zu 4 Personen; €60-85; © 922-725274, www.casaruraldelpintor.com

Westküste

- ***Casa Macrina*** (max 2 Personen, 700 m ü.M.) liegt bei Tijoco Alto, nördlich von Adeje. Authentisch-kanarische Atmosphäre, Holzofen, kleine Terrasse. Die Vermieterin wohnt gleich nebenan. Zum Laden 5 km, zur *Playa Américas* 26 km; €380/Woche für 2 Pers. Direktbuchung: © 922-780286 oder über www.el-sur.de
- ***Casa la Vistita*** (600 m ü.M.) im Dörfchen Aripe (bei Chio); kleines Gehöft für vier Personen außerhalb des Ortskerns; Waschmaschine und TV; €75 für 2 Pers. Direktbuchung unter © 922-850039 oder © 670-836692; über www.toprural.com und www.casalavistita.com
- ***El Estanco Viejo - Casa Pino***; 2 rustikale, durch eine Grillecke verbundene Häuser mit Pool (4x8 m) für je 4 Pers. in Taucho (800 m); Blick auf Atlantik und Gomera, Wanderwege, 25 Auto-min zum Strand; über www.super-teneriffa.de

Masca

- ***Morro Catana***, rustikales Natursteinhaus mit Terrasse. Von dort toller Blick auf Mascas bizarre Berglandschaft. Beste Wandermöglichkeiten; 3 Apartments für max 3-4 Personen; ✆ 922-353197 und ✆ 696-465838; www.ferien-privat.de
- ***Casa Rural Las Piedras*** liegt im fast verlassenen Weiler Carrizales (im gleichnamigen *Barranco*, einige Kilometer nördlich von Masca); aller Komfort, eigene Terrasse mit Gomera-Blick herrliche Vegetation; ✆ 670-953718 (spanisch), Email: germanamada@wanadoo.es
- ***Casa El Chorro;*** im gleichen Weiler; Haus für 2 Pers. mit Gomera-Blick, € 60; ✆ 699-764588 und 669-224805; www.hotel-ami.es

4.4 Die schönsten Landhotels ➢ Übersichtskarte Seite 580

Die meisten der hier aufgeführten Landhotels gehören zum Programm ***Turismo Rural***; sie lassen sich über die gleichen kanarischen Agenturen wie die *Casas Rurales* (➢ Seite 575) und großenteils auch über Reiseveranstalter buchen. Landhotels, die nicht dem *Turismo Rural*-Verbund angeschlossen sind, finden sich – soweit positiv beurteilt – unter den regionalen Unterkunftsempfehlungen.

Östliche Nordküste

Bei Tejina: Landhotel Costa Salada (1)

Das *Costa Salada* ist das einzige Landhotel direkt an (d.h. oberhalb der felsigen) Küste. Diese alleingelegene, einstige Hacienda hat 3 Suiten, 10 DZ mit Meerblick-Terrasse und Sat-TV. Beheizter Meerwasserpool, Sauna und Jacuzzi. Abendessen auf Anfrage im Restaurant oder bei gutem Wetter draußen. Meerzugang zu einer kleinen steinigen Bucht. Badebuchten in der Nähe in den Fischerdörfern Jover und La Barranquera (➢ Seite 112). Zufahrt über die TF 161 die in Tejina von der TF 16 (Tacoronte-Hidalgo) abzweigt. Zimmer/Suiten, € 120-€ 180, Mai/Juni ab € 92. Sehr empfehlenswert. ✆ 922-690000, Fax -541055. www.costasalada.com.

Orotava: Hotel Rural Orotava (2)

In einem alten Herrenhaus, zentral (nahe *Casa Balcones*), alle Zimmer mit Bad, Heizung, TV; im begrünten Patio läßt es sich herrlich frühstücken; dort auch das Restaurant *Sabor Canario*; Calle Carrera 17, DZ € 75, ✆ 922-322793 & 609-166116, Fax-322725; www.hotelruralorotava.com

Westliche Nordküste

Bei El Tanque: Caserío los Partidos (3)

Tipp an der Waldgrenze: total ruhige Zimmer in idealem Mountainbike/Wandergebiet. 20 kurvige Kilometer zum Meer, 40 km in die Cañadas Alter Finca-Komplex mit Teideblick. Im Winter kalt (nur kleine Zimmerkamine). Vorbestellt bekommt man ein wunderbares Abendessen (Lammkeule!). 12 rustikale Zimmer mit dezentem Komfort; **San José de los Llanos** (Zufahrt TF 373 Icod-Puerto de Erjos Kilometer 14, ausgeschildert); DZ/F € 80, mit Terrasse und Teideblick € 100, ✆ 922-693090 (10-19 Uhr); www.caserio-lospartidos.com, ➢ auch Seite 364.

Die 20 schönsten Landhotels

Bei El Tanque/Tierra del Trigo (8)

Hotel Rural Finca la Hacienda, im Weiler Tierra del Trigo; frühere Landarbeiter-Häuschen wurden zu einem einfachen, aber gemütlichen Hotel umgestaltet; 13 Zi, DZ/F € 56; ✆ 922-840895 & 610694326; www.fincalahacienda.es und (besser) www.toprural.com

Bereich Garachico/Juan de la Rambla

Die folgenden ruhigen und komfortablen Unterkünfte liegen in Bananenplantagen auf einer flachen Landnase an der felsigen, aber zu Fuß erreichbaren Küste. Von Puerto de la Cruz kommend muss man für beide Häuser kurz vor Garachico in einer Rechtskurve auf kleine Hinweisschilder achten:

- **Hotel Rural El Patio (4) in El Guincho**. Altes Herrenhaus in Bananenplantagen, 18 geräumige Zimmer, großer begrünter Innenhof, beheiztes Schwimmbad, TV-Raum, Aufenthaltsräume, DZ/F ca. € 100; ✆ 922-133280, Fax 922-830089; www.hotelpatio.com.
- **Finca Malpais Trece (5) in El Guincho**. Modernisiertes Herrenhaus, 8 Zimmer. Von einigen Zimmern sowie von den Gartenanlagen Meer- und Teideblick, kein Schwimmbad, Ess- und Wohnräume mit TV. DZ € 80 ✆ 922-830064; ✆ 679411933, Fax 922-133068; www.malpaistrece.es

Zur ruhigen Badebucht geht's von beiden Häusern (800m) durch Bananenfelder.

- ***GaraHotel*** **(5)**. In Garachico, direkt gegenüber dem Caleton-Naturbad (nur im Bademantel über die Strasse!), liegt dieses großzügig renovierte Herrenhaus mit Patio, Terrassen, Whirlpool, Sauna; 16 DZ mit allem Komfort. Calle Esteban de Ponte 7; DZ/F ab € 85; ✆ 922-133480, www.garahotel.com.
- ***Finca San Juan*** **(6)**, oberhalb von San Juan de la Rambla (Richtung Mirador Mazape) ruhig in Feldern gelegener Komplex mit Restauration. Zi, Studios, Apts,

beheizter Pool, Sauna; großer Garten, überall Meerblick, Frühstücksbuffet, nach Anmeldung kocht belgische Besitzerin 3-Gänge-Menüs. DZ/F €67-€132 (Haus für 5 Personen), © 922-694078; www.finca-san-juan.com.

Ostküstenbereich

In Güímar: Hotel Rural Casona Santo Domingo (7)

Im Altstadtkern gelegen, seitliche Durchgangsstraße,nicht ganz leise; Restaurant, Bodega im Patio, sympathisch. D/F €55-63 (je nach Saison), © 922-510229, Fax -514451; www.casonasantodomingo.com.

Unterhalb Güímar: Finca Salamanca (9)

Dieses Landhotel bietet stilvolle Eleganz auf weitläufigem Terrain mit Obsthainen. 16 Zimmer, davon 2 Suiten. Nächster Meerzugang: 4 km in Puertito de Güímar, schmaler Lava-Strand in Candelaria (10 km), richtig guter Sandstrand erst wieder in El Médano (40 km). Die Umgebung wird landwirtschaftlich genutzt, aber in der für Südteneriffa typischen Weise: plastikverpackte Bananen-Plantagen. Restaurant im Haus, toller Garten, Terrassen, beheizter Pool. DZ ab €110; © 922-514530. Zufahrt über *Salida* 11/Güímar, dann auf TF 61 Güímar-El Puertito; bei Kilometer 1,5 ist links die Einfahrt; www.hotel-fincasalamanca.com.

In Granadilla: Hotel Rural Senderos de Abona (10)

Granadilla ist eine unattraktive Versorgungsstadt mit nur punktuellem kanarischem Charme, 10 km von El Médano entfernt. Das Hotel liegt versteckt und eingeklemmt, hat aber grüne Ausblicke. Der Obstgarten mit kleinem Pool und der liebevolle Patiogarten bilden winzige Oasen im steindominierten Terrain; nur 12 Zimmer; © 922-770200, DZ/F €75; www.senderosdeabona.com

In San Miguel: Hotel San Miguel, Hotel Rural Vera de la Hoya

Wie Granadilla ist San Miguel kein romantischer Ort. Die beiden Unterkünfte sind jedoch bezaubernde Enklaven:

Hotel Rural San Miguel (11) liegt ruhig im alten Teil von San Miguel unterhalb der TF 28. Auf unterschiedlichen Ebenen mit Patios und Terrassen befinden sich in diesem ländlich-elegant restaurierten Herrenhaus 16 luxuriös-individuelle Zimmer mit Klima, eine zum Whirlpool umgebaute Höhle, Sauna und Dachjacuzzi. DZ ab €95, © 922-167922 und 647-605353; www.hotelruralsanmiguel.com.

Vera de la Hoya (11) liegt ruhig ein paar Kilometer westlich (TF 28) von San Miguel unterhalb des Ortsteils San Roque in schöner Landschaft. Das Natursteinhaus hat 6 Doppelzimmer jeweils mit Bad, eine Bibliothek mit Sat-Fernsehen,einen kleinen Pool auf großzügiger Terrasse, Bodega, Speisesaal. DZ/F €60, das ganze Haus kostet €300/Tag; © 922-700775, © 666-936697; Zufahrt von der Autobahn: *Salida* 24 (Chafiras/San Miguel), dann TF 65 Richtung Las Zocas, links in die TF 857 nach Aldea Blanca, dann die kleine Straße rechts Richtung San Roque (Schild »*Casa Rural*«). Weiter der Ausschilderung folgen; www.smrural.es.

Bereich Südwesten

In Adeje: Hotel Fonda Centrál (12)

Das Hotel ist ein schön restauriertes Herrenhaus mitten in der Stadt an der Hauptstraße; Zimmer liegen aber ruhig zum romantischen Patio hin; Restaurant; DZ/F €60; © 922781550/-711887 und © 607 386941, www.casa-rurales.info

4

Teideauffahrten

In Arona Ecohotel La Correa (13)

Sechs Doppelzimmer in einem im kanarischen Stil gebauten Haus, alle mit Balkon oder Terrasse, TV; schöner Garten (Pflanzen der Südlandschaft Teneriffas) mit Pool, Bick bis zum Meer. Gesundes Frühstück. Tolles Standquartier für Wanderungen, Strand. DZ/F € 70-95 je nach Saison. © 922-725738 (auch Fax). Anfahrt: oberhalb des Ortskernes von Arona, durch den Ortskern, etwa 2 km dem Straßenverlauf folgen, eher rechts halten; www.eco hotelcorrea.com.

In Escalona (unterhalb Vilaflor): Hotel El Nogal (13)

Diese große kanarische Hacienda (40 DZ) liegt zwar in Teneriffas Süden, aber mit 1.000 m in schon kühlen Höhen. Schöne Gärten, Terrassenpool mit tollem Blick über die mit Minivulkanen besprenkelte Südebene. Klassisch-kanarisch restauriert und möbliert, Holzböden, Heizung, Kamine. 17 km zur Küste (Los Cristianos), nur 20 km in die *Cañadas* und 5 km zu Wanderwegen um Vilaflor. DZ/F ab € 120 bis € 140, © 922-726050, Fax 922-725853. Nur 200 m oberhalb vom Kirchplatz in Escalona, mehrere Restaurants sind zu Fuß erreichbar. Zufahrt über den Camino Real, ausgeschildert; www.hotelnogal.com.

In Vilaflor: Hotel Tejar und Hotel VillAlba

Hotel El Tejar (14) zentral im Ort; moderne Zimmer, SAT-TV, @ in jedem Zimmer, Mountainbikes, kleiner Spa-Bereich, Calle El Calvario 37 (abseits der Hauptstraße). DZ/F ab € 75; © 922-709814 & -709800; www.hotelesreveron.com

Hotel Spa VillAlba (14), ein luxuriöser Neubau im kanarischen Stil, gut in die Landschaft eingepasst. Leichte Küche (Gemüse-Eigenanbau); Spa-Nutzung für Hotelgäste gratis, beheizter Pool. An der TF 21 oberhalb Vilaflor-Zentrum (ausgeschildert); DZ/F € 168; 2 Nächte: Fr/Sa € 157/Nacht; Langzeit-Aufenthalt und So-Do billiger. © 922-709930; ebenfalls: www.hotelesreveron.com

Teide-Nähe/La Esperanza (von La Laguna an der östlichen Teideauffahrt)

Las Lagunetas: Hotel Casa Rural Don Leandro (15)

In 1.400 m Höhe auf einer von Kiefernwäldern eingerahmten kleinen Alm mit Ziegen, Pferden und Obstbaumallee liegt *Don Leandro*, ein großes, bestens renoviertes Farmhaus mit kleinem Restaurant, Pool, 6 DZ, 2 Suiten und drei Apartments (alle mit Heizung). Die Küche komponiert Menüs mit Produkten aus dem angeschlossenen Hof. Eine exklusive Landidylle; der Tip für heiße Sommerwochen. Zufahrt: TF 24 (La Esperanza-Teide) km 16, auf das Schild ***Las Lagunetas*** achten, dann ausgeschildert; DZ ab € 55-€ 70; Apartments (4-6 Pers.) € 98-€ 130. © & Fax 922-690307, © 629-760083, www.donleandro.net

Cañadas: Parador de Cañadas del Teide (16)

Der *Parador,* einzige Unterkunft im Nationalpark, ist ein rustikal-gediegenes Berghotel am Fuß des Teidekegels, 4 km südlich der Seilbahn. Sehr guter Ausgangspunkt für Wanderungen in den *Cañadas*. Übernachter genießen morgens und abends die grandiose Landschaft ohne Tagestouristen. DZ ab € 125; © 922-374841, Fax 922-382352, www.parador.es, ➢ auch Seite 571.

4.5 Camping auf Teneriffa

Teneriffa kennt keine Campingkultur, wildes Zelten ist verboten. Junge Canarios zelten dennoch in den Ferien (Mitte Juni-Mitte September) wild in abgelegenen Buchten (Taganana) oder (toleriert) neben aufgestellten mobilen WCs, Duschen und Müllcontainern. Zwei der drei Privatplätze haben nur wenig Platz, Schatten und Komfort. Auf den staatlichen Zeltplätzen campt man simpel, aber ruhig und einsam in herrlichen Bergwäldern (➢ umseitig)

Wer im Wohnmobil anreiste, hat meist ein Surfbrett auf dem Dach und steht in El Médano tagsüber in Strandnähe oder auf Médanos neuem C-Platz ➢ unten.

Kommerzielle Campingplätze

La Nauta (westlich des Südflughafens bei Las Galletas)

Der Platz liegt ruhig, aber unattraktiv: umgeben von plastiküberzogenen Bananenplantagen und (Herbst bis Frühjahr) von abgestellten Wohnwagen. Enge Stellplätze; Zelten auf freiem Feld. Winzige **Miethütten** (Tür, Fenster, 2 Betten), Pool und Beton-Tennisplätze. Zelten für 2 Personen mit Auto € 12/Tag, Wohnwagen € 6, Hütte € 26. **Zufahrt:** Süd-Autobahn, *Salida* 26 (Las Galletas) Richtung Meer; hinter Guaza rechts in die TF 653; © 922-785118; www.campingnauta.com.

El Castillo de Himeche (an der Westküste bei Guía de Isora)

Teneriffas bester Campingplatz bietet in 380 m einen Panoramablicke übers Meer. Mit Stellplätzen von 60-200 m² (alle von Dauermietern belegt), sauberen sanitären Anlagen und gutem Pool genügt er normalen Ansprüchen. Holzhäuschen und Tischbänke für Zelter. Deutsche Leitung; 2 Erwachsene mit Zelt/Auto € 11,50/Nacht; © 922-693063, 686-258954; camping_himeche@hotmail.com

Zufahrt: Vom Meer kommend folgt man bei km 5,5 an der TF 463 (San Juan nach Guía de Isora) rechts dem blau-weißen Campingsymbol ca. 3 km.

Playa de la Arena (Nordküste unterhalb Tacoronte)

Diese Anlage liegt bei Mesa del Mar fernab vom Trubel in einer Badebucht. Neben 300 m² Zeltfläche gibt es dichtgedrängt 7 Holzhüttchen (*cabañas*) in üppiger Vegetation, einen tollen, überdachten Gemeinschafts-Grillbereich und eine Bocciabahn oberhalb des Terrassen-Restaurants. **2-Personen-Cabaña** € 18; © & Fax 922-564236 und 669-811535.

Zufahrt: ab Tacoronte über TF 16 in die TF 165 nach Mesa del Mar abbiegen.

Camping Municipal El Médano Montaña Roja (TITSA-Bus #470 & 438)

Mit dem wilden Wohnmobil-Campen an der Strandstraße macht dieser neue ökokomfortable Zeltplatz am Fuß der *Montaña Roja* Schluss. Direkt an der TF 643 unterhalb des Südflughafens hat er Platz für 25 Caravans & 75 Zelte; mit Supermarkt, Bar/Cafeteria und Waschmaschinen; ganzjährig geöffnet, tägl. 8-22 Uhr; © 922-176251 & 691-682896; www.todotenerife.es > Camping und Zeltplätze

Camping Municipal Punta del Hidalgo

Beim markanten Leuchtturm von Punta del Hidalgo liegt diese Anlage mit 324 Plätzen für Zelte und 72 Wohnwagenplätzen (➢ Seite 382). Ausreichende Sanitäranlagen. Nur im Sommer, winters nur am Wochenende. Tarife ➢ Foto Seite 584; Anschrift: E-38240 Punta del Hidalgo, Calle Los Corrales 1, © 629-139203.

Einfaches Zelten (kostenlos) auf staatlichen Zonas Recreativas

Etwas Besonderes ist das Zelten in den Wäldern unterhalb der *Cañadas* auf sogenannten *Zonas Recreativas*, die als **Picknick- und** (großenteils auch) als **Einfachcampingplätze** dienen. Sie liegen überwiegend in Höhen zwischen 1.000 m und 2.000 m. Dort kann es sogar im Sommer nachts empfindlich kühl werden. Im Winter sind diese Plätze nur etwas für Hartgesottene. Dafür entschädigt meist ihre wunderbare landschaftlich Einbettung. Alle haben jede Menge Tischbänke und rustikale Grillöfen oft samt geschlagenem Holz. Wasser und einfache sanitäre Anlagen sind ebenfalls vorhanden.

Wer auf einem der Plätze (nur mit Zelt!) campen möchte, braucht indessen ein **gratis ausgestelltes *Permiso*** (Erlaubnis) der ***Medio Ambiente de Cabildo Insular de Tenerife*** (Umweltbehörde) in La Laguna, C/Las Macetas, Pabellón Santiago Matin (bei der Uni-Klinik). Dorthin gelangt man über die Autobahnausfahrt »Los Majuelos«, dann rechts bergab. Info unter © 922-239199, Fax -239174.

(Nur zuständig für Picknick-/Campingplatz »Los Raices« ist die *Area de Cultura*, © 922-225547; für den Platz »Arenas Negras« das Rathaus in Garachico, © 922-830000)

Der Antrag zum Camping muss maximal 30, spätestens 3 Tage vor der ersten Übernachtung ausgefüllt gefaxt bzw. gemailt werden. Dabei sind neben persönlichen Daten (Name, Pass, Adresse) die Zahl der Personen/Zelte sowie Dauer und bevorzugter Platz anzugeben.

»*Permiso*-Antrag« zum Download unter www.todotenerife.es. Dort muss man unter »*buscar*« eingeben »*solicitud*«.

Der Maximalaufenthalt pro Platz beträgt 7 Tage.

Preisschild Camping Hidalgo, die Kosten sind moderat

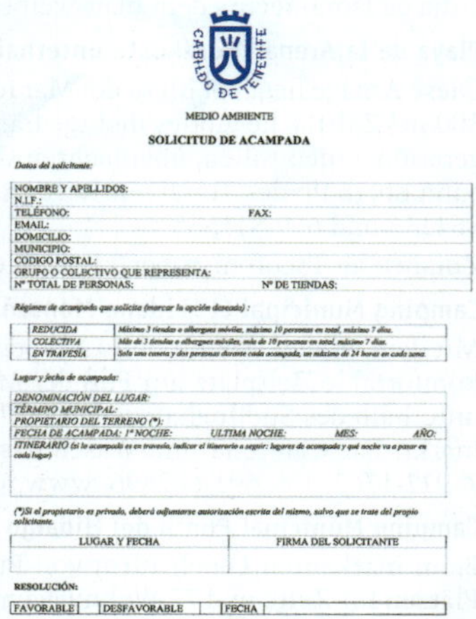

MEDIO AMBIENTE

SOLICITUD DE ACAMPADA

Datos del solicitante:

NOMBRE Y APELLIDOS:
N.I.F.:
TELÉFONO: FAX:
EMAIL:
DOMICILIO:
MUNICIPIO:
CODIGO POSTAL:
GRUPO O COLECTIVO QUE REPRESENTA:
Nº TOTAL DE PERSONAS: Nº DE TIENDAS:

Régimen de acampada que solicita (marcar la opción deseada) :

	REDUCIDA	*Máximo 3 tiendas o albergues móviles, máximo 10 personas en total, máximo 7 días.*
	COLECTIVA	*Más de 3 tiendas o albergues móviles, más de 10 personas en total, máximo 7 días.*
	EN TRAVESÍA	*Sola una caseta y dos personas durante cada acampada, un máximo de 24 horas en cada zona.*

Lugar y fecha de acampada:

DENOMINACIÓN DEL LUGAR:
TÉRMINO MUNICIPAL:
PROPIETARIO DEL TERRENO (*):
FECHA DE ACAMPADA: 1ª NOCHE: ULTIMA NOCHE: MES: AÑO:
ITINERARIO (si la acampada es en travesía, indicar el itinerario a seguir: lugares de acampada y qué noche va a pasar en cada lugar)

(*)Si el propietario es privado, deberá adjuntarse autorización escrita del mismo, salvo que se trate del propio solicitante.

LUGAR Y FECHA	FIRMA DEL SOLICITANTE

RESOLUCIÓN:

FAVORABLE		DESFAVORABLE		FECHA	

Antragsformular Camping für die staatlichen Gratisplätze

Offizielle (Picknick-)Plätze/Zonas Recreativas mit Camping

(Die Grafik zeigt nur die reizvollsten Plätze, aber Nr. 3 & 4 ohne Camping!)

Llano Viejo im Anagagebirge (700 m); schattiger Platz im Laurisilvawald. An der Straße TF 12 in der Nähe des *Mirador Cruz del Carmen.*

Lomo de Jara In der Laurisilva mit einzelnen Kiefern gelegen, Feldweganfahrt

Calderetas schön und gepflegt, westlich Ravelo/El Sauzal (1.000 m Höhe)

La Vica in einer Mulde unter Kiefern, westlich Ravelo/Matanza (800 m)

La Caldera im Kiefernwald in einem Krater an der nördlichen Teideauffahrt oberhalb Aguamansa (1.200 m). Wandern, Details ➤ Seite 395.

Chanajiga einsame Lage oberhalb von Los Realejos bei Palo Blanco (TF 326), Laurisilvawald-Reste, oft in den Wolken, schön (1.500 m).

La Tahona leicht zu erreichen von TF 344, östlich von La Guancha, schattig.

El Lagar im Kiefernwald oberhalb von Guancha, weite Feldweg-Anfahrt, ab TF 322, tolle Lage (1.000 m).

Arenas Negras auf 1.300 m Höhe in einem Lavafeld mit Kiefern oberhalb von Garachico bei Montañeta (TF 373); hervorragend. Miethütten.

Los Pedregales an der Straße nach Teno Alto, (von Buenavista TF 436) gute sanitäre Anlagen, prima Blicke auf das weite grüne Tal.

Chio in 1.600 m Höhe auf Lavakieseln in dünnem Kiefernwald an Westauffahrt in die *Cañadas* (TF 38). Oft über den Wolken. Irre Lage.

Las Lajas an der südlichen Teideauffahrt (TF 21) oberhalb Vilaflor. Große Kiefern, Spielplatz; prima Camping über den Wolken (2.000 m).

Los Frailes im Kiefernwald mit Blick über die Ostküste oberhalb Arafo abseits der TF 523. Spazierwege, sehr schöner Platz (1.000 m).

Las Raices riesiger, populärer Platz im Kiefernwald an nordöstlicher Teideauffahrt TF 24, ca. 5 km westlich von La Esperanza (1.000 m). Verkehrsgünstig gelegen, aber dafür nicht so schön wie andere.

Dynamische Entwicklung

Eine einspännige offene Pferdekutsche für 5 Personen nahm 1884 ihren täglichen Dienst zwischen Santa Cruz und La Laguna auf; 1901 wurde sie von einer Straßenbahn abgelöst, die bis 1957 verkehrte. Weil der Autoverkehr auf der Insel explodierte, verlegte man die Schienen nun aber wieder neu, und so fährt seit 2007 die ***Tranvia*** von Santa Cruz nach La Laguna. Eine **Zugverbindung** von Santa Cruz in den Inselsüden ist in Planung ebenso wie die Vollendung der **Ringautobahn (»*Anillo*«) rund um die Insel**. Für einen »Teide-Tunnel« (Orotava-Güímar) liegt eine (deutsche) Expertise vor.

5. Transport, Internet & Literatur

5.1 Öffentliche Verkehrsmittel

TITSA-Busse (➢ Seite 57) und *Tranvia*-Strassenbahn

Sytem Teneriffas Busnetz (**TITSA**, grün) arbeitet im Verbund mit der ***Tranvia***-Straßenbahn Santa Cruz-La Laguna (***Metrotenerife***, rot).

Kosten **Bus**: Einzelfahrt € 1; Metrobereich (S/C, La Laguna): € 1,30
Tranvia: € 1,30/Fahrt, Rückfahrkarte € 2,40

Bono/ Via-Karte Gilt für Busse (*guaguas*) **sowie** *Tranvia*, ist übertragbar, d.h. auch zu zweit nutzbar und spart 25%, ab 21 km 40%, in Museen 50% (am ZOB & Pressekiosken, zu € 12 & € 30 erhältlich).

Kosten Man nennt dem Fahrer sein Ziel, zahlt bei ihm bar oder steckt die Bono-Karte vorn im Bus in den grünen Automaten. Wer binnen 2 Stunden umsteigt, nimmt den Rabatt mit in den Folgebus. Auf der Bono-Karte erscheint das verbleibende Guthaben. Reicht der **Bono-Saldo** nicht, zahlt man bar nach.

Preisbeispiele (in Klammern **mit Bono**):
Puerto-Santa Cruz € 4,40 (€ 2,55)
Puerto-Südflughafen € 9,70 (€ 5,75)
Puerto-Los Gigantes € 6,00 (€ 3,55)
Américas oder Puerto-*Teide* € 5,20 (€ 3,10)
Las Américas-Puerto € 12,25 (€ 7,25)
Las Américas-Santa Cruz € 6,20 (€ 3,65)

TITSA-Info: Auskunft: © **922-531300 - nur in spanisch!**
Internet: www.titsa.com:
Fahr- und Streckenpläne (auch englisch) als pdf-Download
Hilfreich zur Tages-Planung ist www.titsa.com/lineas.asp?idtl=i. Diese Seite zeigt im *pulldown*-Menü alle **interurbanen** Buslinien. Für **urbane** (stadtinterne) Linien ersetzt man den letzten Buchstaben »i« durch »u«.

Hat man seine Verbindung gefunden und klickt auf eine Haltestelle (*Bus-Stop/Parada*), erscheinen die Zeiten der Anschlussbusse. Gibt man Startpunkt und Ziel ein, bekommt man einen Routenvorschlag.

Südautobahn-Haltestellen

Eine Besonderheit sind die TITSA-Haltestellen an einigen Südautobahn-Ausfahrten. Wer im Bushäuschen den Knopf drückt, signalisiert dem nächsten Bus, dass er zusteigen möchte – und winkt dem Fahrer ab, wenn's die falsche Linie war.

Gratis Titsa-Karte mit Touri-Fahrplänen

Ein Halteverbotsschild mit »**P/BUS**« kennzeichnet TITSA-Bushaltestellen am (Land-) Straßenrand ohne Bushäuschen.

SMS-Service

Ruft man per Handy ✆ **5676** an und gibt im Text »**TITSA 1234**« (4-ziffriger Code der jeweiligen, auf gelbem Schild ausgewiesenen) Haltestelle, erhält man per SMS die nächste Abfahrtzeit der Buslinie X, Y oder Z (€ 0,15 + heimatliche Gebühr).

Fahrpläne Lineas Turisticas

Die Abfahrtszeiten der Busse ändern sich relativ häufig. So traten allein von Mitte 2008 bis Herbst 2009 nacheinander drei neue Gesamtfahrpläne in Kraft. Wer Busse benutzen möchte, vielleicht auch 'mal pünktlich sein muss (Abflug!), sollte sich unbedingt den aktuellen Gratisfahrplan »***Lineas Turisticas***« für alle touristisch relevanten Buslinien (mit Karte) besorgen. Jedes Touristenbüro hat sie vorrätig. Auch am Flughafen.

Der Intercambiador in Santa Cruz

Tranvia

Die Straßenbahn *Tranvia* verkehrt – wie gesagt – von Santa Cruz ab dem sog. ***Intercambiador*** (einem Umsteigebahnhof sozusagen, wo man per Bus ankommt bzw. weiterfährt und dann in die *Tranvia* umsteigt, oder umgekehrt) und La Laguna.

Frequenz

Die *Tranvia* verkehrt 6-24 Uhr; **Fr/Sa auch nachts (halbstündlich)**, tagsüber alle 7-10, So alle 15 min. Ab 21 Uhr alle 15, So alle 20 min. Letzte Bahn: 23.30 Uhr; www.metrotenerife.com

Tickets/ Schwarzfahrten

Wer die Tranvia benutzen möchte, kauft sein Ticket vor Fahrtantritt (als Einzel- oder Bono-Karte) im ZOB, in Zeitungskiosken oder im Automaten an jeder *Tranvia*-Haltestelle (**nicht** beim Fahrer!). Entwertungs-Maschinen hängen in der Bahn; Schwarzfahren kostet bar € 40, im Einzugsverfahren € 400 !!!

Anfahrt per Auto/Parken

Der *Intercambiador* ist auch für Autofahrer gedacht, die dort dank großer Parkkapazitäten leicht in die öffentlichen Verkehrsmittel umsteigen können. Für Bus- oder Bahnbenutzer sind 3 Stunden Parken frei; jede zusätzliche Stunde koste € 0.80 bis maximal € 8/Tag).

Ebenen

Der ***Intercambiador*** hat 5 Etagen: unten 3 Parkdecks (Zufahrt ➢ Seite 122): S2 (grün), S1 (gelb) und 0 (blau); darüber 2 Bus-Ebenen:

- **Ebene 1** dient dem Stadtbusverkehr und den ***Lineas Metropolitaneas*** (Santa Cruz-La Laguna: #135 und #232-#238)
- **Ebene 2** (auf Höhe des Kaufhauses ***El Corte Ingles***) ist reserviert für ***interurbane*** Linien und Info-Büros (TITSA, Touristen).

Tranviaebene

Auf Höhe der Parkebene 0 befindet sich auch die *Tranvia*-Endstation. Dort fahren auch private Bus-Zubringer zu den Fähren nach Los Cristianos ab. Ebenfalls ist dort der Taxistand. Ferner findet man dort Kioske mit Bono-via-Karten sowie die Park & Ride-**Parkautomaten**

Radfahrer

Biker können ihr Rad in der *Tranvia* mitnehmen!

Stationen der Strassenbahn-Linie 1 (Santa Cruz-La Laguna)

➢ auch die Karten auf den Seiten 127, 148, 152

Taxis

Radiotaxi *Isla*: 24-Std-Dienst, inselweit © 922-615111, -615190, -615200. **Lokale Taxirufe** (kaum deutsch), **vorweg jeweils 922**:

Arico	768057	Los Abrigos	176670
Arona	795414	Los Silos	840164
Bajamar	540485	La Orotava	330174
Buenavista	841180	Playa San Juan	867833
Candelaria	500190	Playa San Marcos	810345
Costa Adeje	715407	Puerto de la Cruz	384910
El Médano	177157	San Juan Rambla	360134
Garachico	830056	Santa Cruz	621313
Guía Isora	850807	Santa Ursula	300031
Icod	810895	Santiago de Teide	861627
La Laguna	259907	Tacoronte	560635
Las Américas	791407	Vilaflor	709047

5.2 Motorrad- und Fahrrad-/Bikeverleih

Motorräder/Scooter

- **Las Americas/Costa Adeje**: Motorrad/Mofa/Quad-Vermietung oberhalb *Hotel Park Troya* im CC SURF. ✆/Fax: 922-796244, www.rentamototenerife.com

  Preisbeispiele für 1/3/7 Tage (incl Vers.+Steuern): Scooter 50 €25/64/130; Scooter 125 €31/86/184; 250 ccm €63/170/350; 600-650 ccm €71/193/386.
- **Los Cristianos**: *Dadashnjad*, Av. Penetración 14, ✆ 922-751703
- **Los Cristianos**: *Fumero Reveron*, Valle Menéndez 24, ✆ 922-792850
- **La Matanza**: *Autos Alimar*, Av. Berlin 104, ✆ 922-577817
- **Puerto de la Cruz**: *Autos-Rueda*, Ctr. Gral. Las Arenas 30, Local 7, ✆ 382902
- **Puerto de la Cruz**: *Zig-Zag Motos*, Ctr. Gral. Las Arenas 30, Local 7, ✆ 922-382902
- **Los Realejos/La Longuera**: *Expomotor*, C/El Toscal 16; 3 Tage Honda 250 €146; ✆ 922-362265; www.expo-motor.com
- **Puerto de Santiago**: *Dominguez Linares*, Ctr. Gral. Puerto de Santiago 58, ✆ 922-867234
- **Santa Cruz**: *Supermercado Motorista*, C/Iriarte 28 (zwischen Plaza Weyler und Calle Ramon y Cajal), ✆ 922-243154
- **Gomera/Valle Gran Rey**: Al*ofi* , ✆ 922-805353 www.bikecenter-gomera.com
- **Organisierte Touren** bietet *moto-sol*: ein- oder mehrtägige Trips mit Servicewagen fürs Gepäck, Picknicks etc; ✆+Fax 922 396050/51, ✆ 610-681581101; www.moto-sol.de
- **Buchung in Deutschland** (Osterode/Harz): www.teneriffa-on-bike.de, ✆/Fax 05522-4767

Fahrräder/Bikes

- **La Laguna**: *Kit Cars 43*, C/Alfonso Garcia Ramos 8, ✆ 922-656254
- **El Médano**: *Jürgen Tiltmann*, ✆ 922-700686, (Puerto:922-383500),
- **Los Cristianos**: *Beltran Bethencourt*, Av. Marítimo s/n, ✆ 922-795078

  Bicisport, ✆ 922-751829,

  Diga-Sports, Park Club Europa, ✆ 922-793009
- **Las Américas**: *Pol*, Av. Raffael Puig s/n, ✆ 922-750485

  Rafting Bike (im Kleinbus auf 2000 m Höhe und per Drahtesel über Vilaflor 35 km bergab, ✆ 922-713000), ➢ Seite 520.

- **Puerto de la Cruz**:
  Mountainbike-Verleih *Aktive* (auch geführte Touren); Calle Mazaroco, Edificio Daniela 26 (beim ZOB); ©/Fax 922-376081, Handy 620 005998; www.mtb-active.com
- *Sports-Location*; 6 Mountainbike-Tagestouren à €45, © 922-725282; www.sports-location.com

5.3 Teneriffa im Internet (mit La Gomera)

(Sp = spanisch, E = englisch, D = deutsch)

Allgemeine Websites zu Teneriffa www.

- institutum-canarium.org;

die wohl anspruchsvollste (Dt) Internetseite über den Archipel. Diese Wiener Forschungsgesellschaft (1969) ist befasst sich mit Kultur, Historie, Archäologie, Soziologie, Ethnologie, Geologie, Biologie und der Tourismusentwicklung. Bibliografie und Kanaren-Links; Suchdienste und Suchkataloge. Aktueller Schwerpunkt: kanarische Felsbilder.

- carlos-mueller.de; Geschichte der Kanaren, viele Links
- laspalmas.diplo.de; deutsches Konsulat auf Gran Canaria
- turismodecanarias.com; Internetportal des Archipels
- http://atlastenerife.es; Portal der Insel; im Aufbau, langsam
- http://canarias.arkus.net; 1a für Verkehr (Fähren), Links, etc.
- gevic.net; Enzyklopädie des Archipels.
- inselteneriffa.com; Inselüberblick, gut sortiert, 5400 Fotos
- super-teneriffa.de; informativer Überblick aller Bereiche

Veranstaltungen www.

- vivecanarias.com; Veranstaltungstermine mit Link auf
- auditoriumdetenerife.com; (➢ auch Seite 137)
- hoy-today.com, Veranstaltungen Santa Cruz, La Laguna
- santacruzmas.com nur Santa Cruz

Regierung und Verwaltung www.

- gobcan.es; Regierungsseite der Kanaren (span);
- canarias.es; Sport, Gastro, Spa, etc. pro Insel gut sortiert
- tenerife.es; Inselverwaltung (deutsch!)
- todotenerife.es; Reg.-Seite mit Touri-Info ***PuntoInfo***
- ayuntamiento.es > Tenerife: alle Insel-Rathäuser (sp.)
- sctfe.es; das Hauptstadt-Portal Teneriffas
- costa-adeje.net; Las Americas: Freizeit, Strände, etc.
- arona.org; Rathaus Arona
- puertodelacruz.org; Rathaus Puerto de la Cruz
- aytolalaguna.com; Rathaus La Laguna

- candelaria.es; Rathaus Candelaria
- historia-viva.org; La Laguna
- spanien-abc.com; Spanien (von A bis Z geordnet)
- turismodecanarias.com; guter Überblick und Termine
- teide.com; alles auf einen Klick und Blick (wenig aktuell)

Universität La Laguna www.

- ull.es: (Sp) Semesterpläne, Sprachkurse der Uni
- librerialemus.com (Uni-Bücherei Lemus)

Informationen der kanarischen Touristenbüros www.

- arona.org (Süden: Las Américas/Cristianos
- puertodelacruz.org; (Sp-E-D) mit Event-Kalender
- losrealejos.es (im Entstehen)
- gobiernodecanarias.org/turismo

Private/kommerzielle Websites www.

- hoermann-tc.de (D); Fotos, Wetter, Webcam, Links
- canarias24.com
- tenerife.com (Sp, E) buntes Allerlei
- abcanarias.com (mit Buchung)
- members.aol.com/canconsult (D) Kanaren-Synopse

Gomera im Internet www.

- gomera-island.com; offizielle Gomera-Seite
- lagomera.de; deutsch, umfassend sehr gut
- silbogomero.es; Gomera Pfeifsprache mit Hörtest
- mygomera.eu

Spezielle Websites nach Themen

Umwelt/Natur/Wandern www.

- pateatusmontes.com; spanischer Wanderclub (Sp/D/E)
- dav-summit-club.de; Deutscher Alpenverein
- treckingreisen.de; Wanderreisen ins Anagagebirge
- gobiernodecanarias.org/cmay/medioambiente; (Sp, E): Geologie/Botanik, Flora/Fauna-Fotothek, staatl. Camping
- mma.es/ecu; Vögel, Videos
- desnivel.es; spanische Bergwelt
- gobiernodecanarias.org/medioambiente; (Sp, E) staatliche Wald-Camping- und Picknickplätze
- kanaren-aktiv.de; Wandern
- m-e-e-r.de; www.ngo-online.de; *Whalewatch* ➢ 255ff
- canaryplants.com; gut, aber erst im Aufbau

Kanarische Fischwelt www.

- http://grafik.freepage.de/maciot (auch deutsch)

- pescabase.org (nur SP, aber super!)
- pescprof.net (SP/port.)

Kanarische Pflanzenwelt www.
- bepepa.de; Bananen
- floradecanarias.com; umfassend
- uni-regensburg.de > Kanarenflora (Prof. P. Schönfelder)
- nees.uni-bonn.de/lehre/docs/TeneriffaExkurs2004_NEES_UniBonn.pdf; (2x mit Unterstrich!): 13 wissenschaftl. Exkursionen

Umwelt-Organisationen www.
- benmagec.org; yaestabien.org
- atan.org
- pueblosybarrios.org
- nopuertogranadilla.org
- alternativaslegales.org

Segeln, Surfen www.
- canarias.org/turismo; Sporthäfen
- tenerife-boarding-world.com; Surfen, Kiteboard
- funfactory.com.es; Surfen, Kiteboard, Radeln

Karneval
- http://carnavaldetenerife.com

Vermietungen/Buchungen (➢ Seite 574ff)
- www.teneriffa-travel.de; Privat-Vermietungen
- www.canarias-spezial.com; Landhäuser
- www.teneriffa--ferien-reisen.de; auch große Villen

Hotels www.
- hotelsearch.com/state/canarias.html -
- http://interhotel.com/spain/es/index.hotels
- quehoteles.com mit Hotelbeschreibungen

El Tiempo/Wettervorhersage für Teneriffa www.
- inm.es (>/web/infmet/radar:) Niederschläge
- aemet.es spanisches Wetteramt
- meteored.com/principal/
- muchoviento.net präzise Windvorhersage (Surfer/Segler)
- wetter.com/
- http://espanol.weather.com/weather/
- iac.es
- snow-forcast.com > Teidewetter
- http://earthobservatory.nasa.gov; unter *data&images*: Calima Staubwolken

Web-Cameras

- www.tenerifewebs.com; Links zu Branchen der Insel
- www.webtenerife.de; offizielle Website des Touristenbüros
- www.lagacetadecanarias.net/webcams/tenerife.php
- www.tenerife.de/webcam/

Printmedien, deutschsprachig

- www.wochenblatt.es
- www.infocanarias.com; mit Fachbüchern zum span. Recht
- www.tenepress.com
- www.teneriffa-nachrichten.com
- www.megawelle.com (Radiomagazin mit Insel-Infos)
- www.teneriffa-panorama.es
- www.kanarenexpress.com

Printmedien, kanarische

- www.eldia.es
- www.la-opinion.com
- www.diariodeavisos.com

Parks, Attraktionen, Museen

- www.loroparque.com; Papagei- und Tierpark in Puerto Cruz
- www.siampark.net; neuer größter Wasser-Vergnügungspark
- www.cip.es/avecstruces-tenerife; Straußenfarm mit Restaurant
- www.cabtfe.es/areas/museos/guia
- www.museosdetenerife.org

Landkarten (➢ auch Seite 603f)

- www.cnig.ign.es
- www.grafcan.com
- www.ign.es
- www.kompass.at
- www.atlastenerife.es

Tauchen

- www.divingtenerife.com/deutsch (D)
- www.tenerifebuceo.com
- www.cuatrogrados.com/ponto
- www.arrakis.es/~atlantik
- www.canary-guide.com/tf/tenesub (D)
- www.tenerifafondo.org (E, Sp)
- www.tauchen-auf-teneriffa.com
- www.atlantik-tauchen.de

Turismo Rural (➢ Seiten 574ff)

Privathäuser www.
- canarias-spezial.com; Häuser im Süden und im Norden
- sucasa.de
- el-sur.de

Radiosendung (D) www.
- radioeuropa.ws; (102.3-103.0-103.7-106.1-102.9)
  Radio Europa 24-Stunden, stündlich deutsche Nachrichten.
- megawelle.com; (Süd: FM 88.3/Nord: FM 103,7)

Verkehr www.
- Fähren: fredolsen.com; trasmediterranea.es; canarias-arkus.net
- Busse: titsa.com
- Flüge: aena.es/vuelos/anea.html; Flugauskunft, Flugpläne, aktuelle Flugverspätungen (on-line!)
- Touristische Rundflüge: aerosinsulares.com

La Gomera www.
- gomera-island.com; Gomeras Tourismusbüro
- oekotours.com; jeden Tag eine andere Wanderung (D)

Sonstige/Allgemeines www.
- paginas-amarillas.es; Branchentelefone
- paginasblancas.es; Telefonbücher
- teneriffa-infobuch.com; Residenten-Handbuch (Branchen)
- teneriffa.de; Lange Linkliste
- insulae-fortunatae.de; Geologie, Geschichte in Phasen
- canarias24.com; (E), Leipziger Allerlei
- canary-isles.com; (E), kunterbunte Seite
- tenerife.net; (D,E,Sp), Allgemeines über die Insel
- cybercanarias.com; (Sp), Kaufhaus, Buisiness-Seite
- fredolsen.es/piramides (Sp,E,D) Pyramiden von Güímar
- schwarzaufweiss.de/kanaren/tabelle3.htm;
  kleine Homepage, alle Kanaren, Geschichtstabelle
- http://citizens.eu.int; Rechtshinweise für EU-Bürger (D)
- drbaaden.de/bebenicod.html; Teneriffas Vulkane

5.4 Ausgewählte Literatur und Karten

Spezielle spanische Literatur, die man nicht beim heimischen Buchhändler um die Ecke oder im Internet findet, kann man auf Teneriffa auch in einer der deutschen Buchhandlungen bestellen:

- **Bücherkiste**, Ctra. Botánico, Canary Center, local 48, **Puerto de la Cruz**, www.canary-center.com/buecherkiste
- **Buchhandlung Frauke Andres**, Calle Iriarte 17, **Puerto de la Cruz**; www.buchhandlung-andres-tenerife.de
- ***Librería Bárbara***« in **Los Cristianos**, Calle Juan Pablo Abril (in der Haupt-Fußgängerzone) oder bei
- ***Lemus*** in der Universitätsstadt La Laguna, Calle Heraclio Sánchez 64, www.librerialemus.com

Allgemein (Spanisch)

- Pedro Hernández Hernández (Hsg), »***Natura y Cultura de Islas Canarias***«, La Laguna/Teneriffa, 7. Auflage 1999

Sehr informative kanarische Enzyklopädie. Über Geographie, Natur, Guanchen, Geschichte, Kunst, Flora und Fauna bis hin zur aktuellen sozioökonomische Situation des Archipels. Reich bebildert, viele Tabellen. Dickes Handbuch (700 Seiten) für den wissbegierigen und sprachkundigen Kanaren-Fan.

- Pedro Hernández Hernández (Hsg), »***Conocer Canarias - Mil preguntas y respuestas para disfrutar***«, Tafor, La Laguna 2000

Nach dem amerikanischen FAQ-Muster wurden 1000 häufige/interessierende Fragen kapitelweise für die Kanaren zusammengestellt. So erhält man kurze und knappe Antworten über das Wesentliche. Das Nachschlagen wird spannend gehalten. Reich an Bildern, Karten und Tabellen.

- *Centro de la Cultura popular canaria* (Hsg), »***La Enciclopedia de Canarias***«, Teneriffa und Gran Canaria 1999

Wer plant, ggf. auf dem Archipel zu leben, schon dort wohnt oder immer wieder kommen möchte, wird irgendwann diesen dicken Schinken in sein Regal stellen. Die Koryphäen der Kanaren gehen umfassend auf alle Aspekte von Staat und Gesellschaft, Natur und Geschichte ein. Mit ausführlicher Bibliographie.

- Ángeles Violán und Rafael Arozarena: »**Galerie der kanarischen Volksbräuche**«, Zech Verlag, Teneriffa 2006, ISBN 978-84-933108-8-2, Originaltitel: »***Guía naïf de costumbres canarias***«

Kanarische Volkskultur im Spiegel der naiven Malerei. Die wichtigsten kanarischen Sitten und Gebräuche werden in 45 Bildern detail- und originalgetreu nachgezeichnet. Kurze Begleittexte erläutern die einzelnen Volkssitten und ihre Hintergründe. Mit Beiträgen des kanarischen Schriftstellers *Rafael Arozarena* (Kanarischer Literaturpreis). Anspruchsvolle Kunst und Literatur, die sich im Preis niederschlägt, die gebundene Ausgabe kostet €29,90.

- Richard Pott u.a.: »**Die kanarischen Inseln - Natur- und Kulturlandschaften**«; Ulmer Verlag Stuttgart 2003, 320 Seiten, €39,90.

Drei Professoren zeichnen ein umfassendes Porträt des Archipels. Auf hohem Niveau, aber gut lesbar, werden u.a. behandelt: Vulkanische Entstehung, Öko- und Wassersysteme, die Nationalparks und – extensiv – die Flora. Mit ausführlicher (wissenschaftlicher) Bibliographie und über 300 Fotos und Graphiken.

Thematisch geordnete Empfehlungen

Geschichte (empfohlen von Verena Zech, Teneriffa)

- Horst Uden: »**Der König von Taoro. Historischer Roman der Eroberung Teneriffas**«, Zech Verlag Teneriffa, 5. Auflage 2003, ISBN 978-84-933108-4-4, 288 Seiten.

Dieser historische Roman vermittelt die Eroberungsgeschichte Teneriffas und liefert viele Informationen über die kanarischen Ureinwohner Guanchen, Mythen, Legenden und den Ursprung verschiedener Orte. Etwas altmodische Sprache (erstmals 1941 erschienen), aber ein Klassiker unter den Kanaren-Büchern.

- Harald Braem: »**Tanausú, König der Guanchen**«, Zech Verlag Teneriffa, 3. Aufl. 2003, 978-84-933108-0-6, 288 Seiten.

Unterhaltungsroman zur Geschichte der Eroberung der Insel La Palma und ihren letzten Guanchen-König Tanausú. Kanaren-Forscher Braem hat in diesem Buch sein profundes Wissen über die magische Welt der Guanchen verarbeitet, ihre religiösen Überzeugungen, Rituale und Kultplätze, Gesellschaftsordnung etc.

- José. M Castellano Gil und Francisco J. Macías Martín: »**Die Geschichte der Kanarischen Inseln**«, *Centro de la Cultura Popular Canaria*, 4. Auflage, La Laguna 1999.

Überblicksartige Darstellung der kanarischen Geschichte von der vorspanischen Zeit bis zur Gegenwart.

- Lisa Blome: »**Die schönsten Sagen und Legenden der kanarischen Inseln**«; Editorial Globo 2001, ISBN 84-8101-578-4.

Einblicke in Aberglauben, Brauchtum, Traditionen und Wertvorstellungen der Inselbewohner.

Vulkanismus

- Walter Hähnel: »**Geologie und Vulkanismus von Teneriffa - Das Innere der Erde und das Äußere der Insel**«, Teneriffa, 3. Aufl. `97

Der Preis von € 10 für das 64 Seiten starke Heft ist zwar happig, aber wer sich in die Erdgeschichte Teneriffas einlesen will, kommt an dem Büchlein nicht vorbei. Eine gründliche Einführung in die Geologie, den Vulkanismus und die Entstehung der Kanaren gehen den inselspezifischen Kapiteln voraus. Mit geologischer Formationstabelle und kleinem Fachlexikon. Auch in Insel-Büchereien erhältlich.

- Hans-Ulrich Schmincke: »**Vulkanismus**«, Wissenschaftliche Buchgesellschaft, Darmstadt, 2. Auflage 2000, Paperback

Auf 264 Seiten eine reich bebilderte, wissenschaftliche Darstellung des Vulkanismus. Das Buch geht in einigen Abschnitten auf die kanarischen Inseln ein und arbeitet die Unterschiede bzw. Ähnlichkeiten zwischen Hawaii und den Kanaren heraus.

- Vicente Arana, Juan C. Carracedo, »**Los Volcanes de las Islas Canarias**«, Bd I Tenerife (mit engl. Übersetzung), Madrid 1978.

Viele Fotos und Zeichnungen veranschaulichen die vulkanischen Materialien und Strukturen im Allgemeinen und speziell auf der Insel. Der letzte Teil informiert über die geologischen Auswirkungen auf Wirtschaft und Gesellschaft Teneriffas. Auf der Insel erhältlich.

Pflanzen (und Tiere)

- Hermann Schmidt, »**Pflanzen auf Teneriffa**«, Basilisken-Presse, 2. Auflage Marburg/Lahn 1997

Das Fachbuchangebot über die Inselvegetation ist groß; Schmidts Werk gilt als **Klassiker für die tinerfeñische Flora**. Wer sich ohne Vorkenntnisse über die vielen endemischen Inselpflanzen einlesen möchte, sollte es sich schon frühzeitig zu Hause besorgen (mindestens 3 Tage Lieferzeit), da es auf Teneriffa sehr schwer zu finden ist. Gute Fotos, sehr klare Beschreibungen.

- David Bramwell y Zoe I. Bramwell: »***Historia Natural de las Islas Canarias - Guia Basica***«, Editorial Rueda, Madrid 1987

Diese umfassende Naturgeschichte des Archipels führt auf den ersten 20 Seiten ein in die kanarischen Biosphären an der Küste, den unteren und oberen Berghängen, sowie die Waldzonen.

Anschließend wird die gesamte kanarische Flora und Fauna (einschliesslich der Meerestiere) in Zeichnungen oder Fotos mit Kurzbeschreibungen aufgelistet. Trotz der Fachbegriffe ist das Buch auch ohne besondere Spanischkenntnisse verständlich; Nachteil: nur mit lateinischer und spanischer Nomenklatur.

- David Bramwell, Zoe I. Bramwell u.a.: »***Wild Flowers of the Canary Islands***«, Editoriál Rueda, Madrid, 2. Auflage 2001.
- Myrtle and Philip Ashmole: »***Natural History Excursions in Tenerife, A Guide to the Countryside, Plants and Animals***«, Kidston Mill Press 1989.

Viele Pflanzen und Tiere werden neben Ausflügen zu deren Beobachtung, kurz beschrieben. Für den biologisch und zoologisch Interessierten; ohne bunte Bilder. Jedoch nur auf Englisch.

- Peter und Inge Schönfelder: »**Die Kosmos-Kanarenflora**«; 850 Arten der Kanaranflora und 48 tropische Ziergehölze; präzise und umfassend; Kosmos Vlg., Stuttgart 1997, 318 Seiten, €42.

Zwei Klassiker sind

- Dieter Lüpnitz: »**Kanarische Inseln - Florenvielfalt auf engem Raum**« Sonderheft 23, Palmengarten Stadt Frankfurt/M 1995.
- Günther Kunkel: »**Die Kanarischen Inseln und ihre Pflanzenwelt**«, Stuttgart 1987

Vögel

- Eduardo Garcia del Rey: »**Where to watch birds in Tenerife**«, Turquesa Ediciones, Santa Cruz 2000, ISBN 84-95412-07-1

Ein kompetenter ornithologischer Führer mit 67 Detailkarten erläutert und beschreibt, wann wo was warum zwitschert.

- Tony Sánchez: »***Aves***«, ISBN 84-7207-136-7 viele Fotos, €30

Fische

- Wer Appetit auf Tintenfische hat, liest Mark Normanns »**Tintenfisch Führer**« (800 Fotos!), Jahr Verlag Hamburg 2000
- **Johannes Schmid**: Spanische Fischküche - Gerichte mit Geschichte aus Spanien und dem Mittelmeerraum, Vlg. Winfried Jenior (www.jenior.de), 295 Seiten, Kassel 3. Aufl 2004; **grandios!**
- Alberto Brito u.a.: »***Peces de las Islas Canarias - Catálogo comentado y ilustrado***«, F. Lemus Editor, Teneriffa 2002, ISBN 84-87973-16-7; €29; mit 443 Hochglanzfotos der über 600 Arten

Segeln

- Klaus Rhein: »**Die kanarischen Inseln und Madeira - Pläne und Fotos von Häfen und Ankerplätzen**«, Edition Maritim (Nautische Reiseführer), 3. Auflage Hamburg 1999.
- Jimmy Cornell: »**Atlantische Inseln - Revierführer**«, Pietsch Verlag Stuttgart 1991

Hochseefischen

- »**Big Game - Erfolgreich Angeln**«, die große Blinker-Serie, Heft 18, Jahr-Verlag Hamburg

Tauchen

- Sergio Hanquet: »***Bucear en Canarias***«/«***Diving in Canaries***«, Arona/Tenerife 2000, umfassend (nur span/engl), €29.
- F. Baringo: »**Tenerife - Tauchführer**« (3-sprachig), Teneriffa, www.cuatro grados.com/ponto.
- **Peter Wirtz**: **Unterwasserführer/Fische - Madeira, Kanaren, Azoren**; Vlg. Naglschmid, Stgtt 1994; Meeresfauna-Bestimmung

Radfahren

- **Wolfgang Taschner, Michael Reimer**: Radtouren-Spezial, kanarische Inseln; Hayit Verlag Köln, 120 Seiten, €14,95.

- Eberhard Schmitt: »**Teneriffa & Gomera per Rad**« (Cyclo-Reihe), Kettler Verlag, 1. Auflage Berlin 1997.
- Michael Leibl: Mountainbiken auf den Kanarischen Inseln; Moby Dick Verlag, Kiel 2002; 109 Seiten mit Loadbooks, €23.

Sonstige Themen

Auswandern, Langzeiturlauben, Überwintern

- Sören Constantin: »**Kanarische Inseln - Ihre zweite Heimat**«, Pietsch-Verlag, Stuttgart 1. Auflage 2001, 224 Seiten

Alles über den Alltag auf den Kanaren; von der Miete über den spanischen TÜV bis zum Immobilienkauf.

- Irene Börjes: »**Tod am Teide**«, Zech Verlag, Teneriffa 2006, ISBN 978-84-934857-0-2, 216 Seiten.

Die Autorin schildert (wohl teilweise autobiografisch) Freud und Leid des Reiseleiteralltags und karikiert dabei so manchen typisch deutschen Urlauber. Der Leser, bei den Gruppen-Ausflügen immer mit dabei, erfährt alles Mögliche über die Insel, die *Canarios*, ihre Kultur und Lebensart, Sitten und Gebräuche, über Geologie, Vulkanismus, Flora und Fauna. Auch Insider-Geschichten kommen nicht zu kurz. Flott geschriebener, unterhaltsamer Urlaubskrimi, ideal als Strandlektüre.

Wanderführer

- Frank R. Scheck »**Wandern auf Teneriffa**«, wird allgemein positiv beurteilt; 35 Touren und gute Karten; Dumont. Köln 2000.
- Peter Mertz: »**Naturwanderführer Teneriffa**«, 19 Wanderungen mit Flora und Fauna, Einkehrmöglichkeiten. Mit separaten Wegbeschreibungen für die Jackentasche, Bruckmann 1999, €19,70.
- Klaus und Anette Wolfsperger: »**Teneriffa - die schönsten Tal- und Höhenwanderungen**«, Rother, München 1999
- »***Guia de Senderos Tenerife***« (Spanisch), Gobierno de Canarias, Medioambiente, 1. Auflage 12/1995, 420 Seiten.
- Hsg. von der Naturschutzbehörde (*Medio Ambiente*): »***Senderos de Canarias*****« auf CD-ROM**: 104 per Satellit fotografierte Wanderrouten auf den Kanaren mit spanischer Weg-, Flora- und Fauna-Beschreibung. ISBN 84-920730-7-1, € 30; zu beziehen über bei *Lemus* in La Laguna, Calle Heraclio Sanchez 64, ✆ 922-251145.

Führer für die staatlichen Picknick- und Campplätze

- »***GUIA - Canaria de Equipamientos en la Naturaleza***«, Hsg. *Medio Ambiente* (Umweltbehörde) der Kanarischen Regierung (*Gobierno de Canarias*), 200 Seiten; Insel für Insel werden Seite für Seite die kanarischen Besucherzentren, Picknick- und Campingplätze (mit Foto, Lage, Zufahrt und Telefon) aufgelistet. Durch die tabellarische Systematik auch ohne Spanischkenntnisse ein Tipp für Camper, Picknickfreunde und Wandergruppen.

Landkarten

Das Straßennetz vor allem an mittleren Hängen der Nordküste ist verwirrend engmaschig und die Streckenführung oft unübersichtlich. Die Land- und Nebenstraßen-Nummerierung wurde wiederholt geändert und viele Hausnummern lauten »s/n« (sin número, ohne Nummer). Wer die ***Autopista del Norte*** Richtung Westen fährt, findet manchmal für die gleiche Ortsausfahrt eine andere *Salida*-Nummer als auf der Gegenrichtung nach Osten.

Straßen- und Ausfahrt-nummerierung

Routenbeschreibungen und -tipps brachten dadurch Autoren und Reiseführerleser gelegentlich zur Verzweiflung. Die Teneriffa-Kartenwerke haben allesamt Vorzüge und Nachteile. Zumindest bis Ende 2004 im Handel erhältliche Exemplare wiesen zum großen Teil Unstimmigkeiten bei der Straßennummerierung und den Nummern der Autobahnausfahrten auf. Nicht recht erklärlich sind auch die Unterschiede bei der Betonung von Ortschaften. Kleinste Dörfer erscheinen hier im Fettdruck, dort korrekt klein und fehlen anderswo ganz, während größere Orte in Ballungsgebieten auf einigen Karten kaum auszumachen sind.

Separate Karte

Diesem Reiseführer liegt eine Karte bei, die den meisten Urlaubern für Ausflüge über die Insel ausreichende Dienste leisten dürfte.

Von in Deutschland erhältlichen Karten sind gut das **Michelin-Blatt Nr. 222** »Teneriffa (mit La Gomera und La Palma)«, außerdem die »Wander- und Radtourenkarte Teneriffa« von **Kompass**.

Straßenkarte Teneriffa von RKH

Die **Teneriffa-Karte von Reise Know-How** (1:120.000) verzeichnet bereits die neue Nummerierung. Auch wegen ihrer Handlichkeit (90x72cm) ist sie für Autofahrer eine gute Wahl. Dank der eingezeichneten Höhenlinien und der Schummerung läßt sich auf einfachen Routen damit zur Not sogar wandern.

Wanderkarten

Neue Wanderkarten (*Mapas Topográficos Nacional de España*: für Teneriffa 23 Blätter im **Maßstab 1:25.000**) kamen erst vor einigen Jahren auf den Markt und lösten die alten Militärkarten endlich ab. Mit Höhenlinien in 50 m-Schritten und ausführlicher Legende – da lacht des Wanderers Herz. Zu erwerben in Santa Cruz z.B. in der ***Librería La Isla***; Vertrieb: ***Centro Nacional de Información Geográfica*** (CNIG), €3/Blatt, www.cnigign.es

CD-ROM 1:10.000

Wer es noch genauer wissen will, wendet sich an das Kartografische Institut in Santa Cruz, Calle Panama 34 Naves 8 y 9 (*Polígono Costa Sur*, unterhalb des Friedhofes), ✆ 922-237860, www.grafcan.com.

Dort erhält man Teneriffa auf **62 Meßtischblättern** (1:10.000). Es gibt sie auch als CD-ROM zum happigen Preis von €30/Blatt! Man braucht das Programm »AutoCad«.

Die Reiseführer von Reise

Reisehandbücher
Urlaubshandbücher
Reisesachbücher
Edition RKH, Praxis

Algarve, Lissabon
Amrum
Amsterdam
Andalusien
Apulien
Athen
Auvergne, Cévennen

Barcelona
Berlin, Potsdam
Borkum
Bretagne
Budapest
Burgund

City-Trips mit Billigfliegern
City-Trips mit Billigfliegern, Bd.2
Cornwall
Costa Blanca
Costa Brava
Costa de la Luz
Costa del Sol
Costa Dorada
Côte d'Azur, Seealpen, Hochprovence

Dalmatien
Dänemarks Nordseeküste
Disneyland Resort Paris
Dresden

Eifel
El Hierro
Elsass, Vogesen
England, der Süden
Erste Hilfe unterwegs
Estland
Europa BikeBuch

Fahrrad-Weltführer
Fehmarn
Föhr
Formentera
Friaul, Venetien
Fuerteventura

Gardasee, Trentino
Golf von Neapel, Kampanien
Gomera
Gotland
Gran Canaria
Großbritannien

Hamburg
Helgoland
Hollands Nordseeinseln
Hollands Westküste
Holsteinische Schweiz

Ibiza, Formentera
Irland
Island, Faröer
Istanbul
Istrien, Kvarner Bucht

Juist

Kalabrien, Basilikata
Katalonien
Köln
Kopenhagen
Korfu, Ionische Inseln
Korsika
Krakau, Tschenst.
Kreta
Krim, Lemberg, Kiew
Kroatien

Landgang an der Ostsee
Langeoog
La Palma
Lanzarote
Latium mit Rom
Leipzig
Ligurien, Cinque Terre
Litauen
London

Madeira
Madrid
Mallorca
Mallorca, Leben/Arbeiten
Mallorca, Wandern
Malta, Gozo, Comino
Mecklenb./Brandenb.: Wasserwandern
Mecklenburg-Vorp. Binnenland
Menorca
Montenegro
Moskau
Motorradreisen
München

Norderney
Nordseeinseln, Dt.
Nordseeküste Niedersachsens
Nordseeküste Schleswig-Holstein
Nordspanien
Nordzypern
Normandie
Norwegen

Ostseeküste Mecklenburg-Vorp.
Ostseeküste Schleswig-Holstein
Outdoor-Praxis

Paris
Piemont, Aostatal
Polens Norden
Polens Süden
Prag
Provence
Provence, Templer
Pyrenäen

Rhodos
Rom
Rügen, Hiddensee
Ruhrgebiet
Rumänien, Rep. Moldau

Sächsische Schweiz
Salzburg, Salzkammergut
Sardinien
Schottland
Schwarzwald, südl.
Schweiz, Liechtenstein
Sizilien, Lipar. Inseln
Skandinavien, der Norden
Slowakei
Slowenien, Triest
Spaniens Mittelmeerküste
Spiekeroog
St. Tropez und Umgebung
Südnorwegen
Südwestfrankreich
Sylt

Teneriffa
Tessin, Lago Maggiore
Thüringer Wald
Toscana
Tschechien
Türkei, Hotelführer
Türkei: Mittelmeerküste

Umbrien
Usedom

Venedig

Hans-R. Grundmann

Florida Von Key West bis New Orleans

Florida auf neuestem Stand: Nicht nur Strände, High-Life, Disney- und Amusementparks, sondern auch Natur satt mit exotischer Flora und Fauna in Mangrovensümpfen, an glasklaren Quellflüssen und am sagenumwobenen Suwanee River. Dazu alte Historie, Multikulti, Architektur- und Musentempel. Als Kontrapunkt Weltraum- und Militärtechnik hautnah.

Landeskunde und ausführlicher Serviceteil mit jeder Menge Unterkunfts-, Camping- und Restauranttipps; dazu einige hundert Webadressen für weiterführende Informationen.

428 Seiten, 37 Karten, über 200 Farbfotos; mit separater Florida-Karte

4. Auflage 6/2009:
ISBN 978-3-89662-238-9 € 19,90

Bernd Wagner, Hans-R. Grundmann

Kanada, der ganze Westen mit Alaska

Detaillierter und praxisnaher Reiseführer für Reisen im Campmobil oder Pkw (Übernachtung im Zelt oder Motel) durch den Westen Canadas und hohen Norden samt Alaska. Zusätzlich auf Trans Canada Highway durch Ontario, Manitoba, Saskatchewan und Alberta. Allg. Teil mit allen Aspekten und Informationen zu Reisevorbereitung, -planung und -durchführung.

620 Seiten, 59 Karten, 230 Farbfotos
Mit Unterkunfts- und Campingführer für Alberta & BC (96 Seiten, rund 1000 Einträge) und eine **Straßenkarte** für Kanadas Westprovinzen und Alaska.

13. Auflage 2009: ISBN 978-3-89662-247-1 €25,00

P. Thomas, E. Berghahn, H-R. Grundmann

Kanadas Osten/ USA Nordosten

Dieser grenzüberschreitende Reiseführer behandelt auf kanadischer Seite Ontario, Québec, New Brunswick, Nova Scotia und Newfoundland, in den USA die Neu-England-Staaten mit Boston und New York und State City sowie Michigan mit Detroit, außerdem Chicago. Alles Wichtige für beide Länder. Ideal für Reisen auf eigene Faust per Pkw oder Campmobil.

752 Seiten, 56 Karten, vierfarbig. Mit sep. Karte der Gesamtregion und New York City Extra (48 Seiten).

7. Auflage 8/2008: ISBN 978-3-89662-240-2 €25,00

20. Auflage 8/2009

Abbildung Auflage 2009

Hans-R. Grundmann

Mallorca

Handbuch für den optimalen Urlaub

bestens beurteilt von der Stiftung Warentest

20. Auflage 8/2008

ISBN 978-3-89662-258-7 · € 19,90

488 + 48 + 60 Seiten mit 63 eigens für dieses Buch angefertigten Farbkarten, davon 8 Wanderkarten, und über 250 Fotos. Unterkunftsempfehlungen für 48 Ferienorte mit aktuellen Kostenbeispielen 2007.

Separate Straßenkarte mit Stadtplan Palma und kulinarischem Lexikon. Mit 2 Beilegern - 48+60 Seiten:

- **Wandern und Natur**
- **Optimal unterkommen auf Mallorca**
- **Jedes Jahr neu**

Marc Schichor, Kirsten Elsner

Wandern auf Mallorca

Tramuntana Gebirge – Gipfel, Schluchten und Täler

- 50 Tourenvorschläge in der zentralen Tramuntana
- die meisten Wege auch in Gegenrichtung
- alle Routen in Kurzfassung und en Detail
- Vorschläge für mehrtägige Wanderungen
- Genaue Karten von alle Orten in der Wanderregion
- Kleines Pflanzenlexikon mit zahlreichen Fotos
- Unterkunftsverzeichnis von der Berghütte bis ****Hotel

Der Clou des Buches ist die von den Autoren **für speziell diese Routen angefertigte separate Karte** mit Höhenlinien und -schichten im **Maßstab 1:35.000**, die keine Zweifel mehr über den richtigen Weg aufkommen lassen.

360 Seiten vierfarbig mit zahlreichen exakten Karten, Skizzen und über 400 Fotos, **ISBN 978-3-89662-239-6; € 22,50**

3. Auflage 4/2009

3. Auflage 2010

Hans-R. Grundmann, Hartmut Ihnenfeldt

Auf Mallorca leben und arbeiten

Ein Ratgeber für alle, die es für länger nach Mallorca zieht

Wer spielte nicht gelegentlich mit dem Gedanken, auszusteigen, Routine und allzu Bekanntes hinter sich zu lassen? Um zum Beispiel auf Mallorca ein neues, anderes Leben zu beginnen?

Viele erfüllen sich diesen Traum, stellen aber fest, daß auch auf einer Ferieninsel der ganz normale Alltag gemeistert sein will. Dieses Buch liefert Know-How zur Bewältigung von Fragen und Problemen, mit denen Mallorca-Einsteiger unweigerlich konfrontiert werden.

284 Seiten - ISBN 3-89662-253-2 · € 17,50

Daniel Krasa, Hans-R. Grundmann

Ibiza

Der richtige Begleiter für alle, die ihre Reise individuell gestalten und Ibiza auf eigene Faust erleben wollen:

- High Life und Altstadtnostalgie in Ibiza-Stadt
- Lange Sandstrände und verschwiegene Buchten
- Wanderwege durch romantische Berglandschaft
- Geschichte und Kultur, Mandelblüte und Rotwein
- Alles zu Aktivurlaub und Sport, zu Nightlife und Ibiza Sound
- Die besten Quartiere, Restaurants, Kneipen und Discos
- Ausflugsrouten und viele echte »Geheimtipps«

2. Auflage 3/2009; 336 Seiten 4-farbig, 230 Fotos, 27 Karten und Ortspläne + separate Karte Ibiza/Formentera/Eivissa-Stadt

ISBN 978-3-89662-246-4 · €17,50

Niklaus Schmid

Formentera,
der etwas andere Reiseführer

- Alle Infos zu Ibizas kleiner Schwesterinsel
- Landschaft, Flora und Fauna, Geschichte und Kultur in unterhaltsamen, kurzweilig geschriebenen Essays
- Anekdoten und wundersame Geschichten über die Insel und ihre Bewohner; Klatsch und Tratsch; Promis auf Formentera
- Folklore und Formentera Sound
- Endlose Strände, urige Strandbars und karibische Wasserqualität
- Auf nicht einmal 100 km² mobil ohne Auto: Wanderwege und Routen für Radfahrer

2. Auflage 7/2007, 312 Seiten vierfarbig mit Formentera-Karte und Ortsplänen in der Umschlagklappe. **ISBN 978-3-89662-236-5 · € 14,90**

Frank Ostermair, Sandra Roters

Menorca, die unentdeckte Baleareninsel

Mallorcas kleine Schwester Menorca führt als Reiseziel deutschsprachiger Urlauber ein erstaunliches Schattendasein. Dabei verfügt Menorca über viele wunderbare und selten volle Strände unterschiedlichster Charakteristik bei glasklarer Wasserqualität, über zwei veritable Hafenstädte, Fischerdörfer und Orte im Inselinneren mit eigenem mit Mallorca nicht vergleichbaren Gepräge, landschaftliche und kulturelle Kleinode. Menorcas touristische Infrastruktur ist ausgezeichnet, ebenso die kulinarische Qualität wie Ambiente vieler Restaurants.

2. Auflage 2010; 284 Seiten, ca. 180 Farbfotos, 30 Karten und Ortspläne + separate Karte Menorca/Maó/Ciutadella

ISBN 3-89662-206-4 · € 17,50

Alphabetisches Register - Index

Im Register finden sich alle Ortsnamen, Sehenswürdigkeiten und geographischen Bezeichnungen ebenso wie alle wichtigen Sachbegriffe. Die häufig anzutreffende Unterscheidung zwischen Sachregister und geographischem Index wurde hier aus praktischen Erwägungen aufgegeben. Egal, wonach man sucht, alles ist unterschiedslos alphabetisch eingeordnet, wobei heißt:

Fette Seitenzahl bei Angabe mehrerer Seiten: ausführlichste Nennung.

Isabel und Steffen Synnatschke

Wonderland of Rocks
USA Südwesten

Naturwunder in Stein in Nationalparks und abseits touristischer Pfade

144 Farbseiten, 18 x 18 cm, Hardcover mit Fadenheftung, mehr als 150 erstklassige Fotografien auf Kunstdruckpapier.

ISBN 978-3-89662-242-6 €14,90 (D)
Neuerscheinung Juni 2008

»Wonderland of Rocks« entführt den Leser auf einer fotografischen Reise in einige der spektakulärsten Nationalparks, vor allem aber in wilde, einsame Gegenden weit abseits ausgetretener Pfade des Tourismus.

Es geht mitten hinein in faszinierende Felslandschaften im Bereich des Colorado Plateau, einem der schönsten Naturräume unserer Erde.

Wind, Wasser und Eis schufen dort eine skurrile, farbenprächtige Welt aus Sandstein, die ihresgleichen sucht: pittoreske Slot Canyons und tiefe dunkle Schluchten, zu Stein erstarrte Meereswellen, bunt gestreifte Badlands, steinerne Pilze, lustige Gnomen, schlanke Felsnadeln und immer wieder imposante Steinbögen. Diese Meisterwerke der Natur – großenteils kaum bekannt – wurden von den Autoren nicht weniger meisterhaft fotografisch festgehalten, außerdem indianische Felsmalereien und Relikte aus der Zeit der Dinosaurier. Kleine Exkurse erläutern den geologischen Hintergrund der Felsformationen, -skulpturen und -bögen.

Im Anhang befindet sich eine kompakte Beschreibung der hier gewählten Route durchs »Wunderland der Felsen« mit Karte und Tipps für die eigene Reiseplanung.

Dieser Bildband ist sowohl ein »Appetitanreger« für den nächsten USA-Urlaub als auch ein Erinnerungsstück oder Geschenk für alle, die bereits den US-Südwesten bereist haben und das eine oder andere Motiv aus eigenem Erleben kennen.

Buchshop Mallorca Bildung Reise
Kultur Afrika Asien Kanada USA
Rom London Urlaub New York San Francisco
Paris Kurztrip Norwegen Schweden
Städtereisen Südamerika Karibik Europa
Reisetipps Kuba Chile Spanien Italien
Australien Griechenland
Reise Know-How
reisebuch.de
Mallorca Special
NEU
reisebuch.de - neues Layout,
verbesserte Navigation, noch mehr Service!
Besuchen Sie unseren Reise Know-How Buchshop mit hunderten
von Reiseführern, Sprachführern und Landkarten aus aller Welt.
Alle Neuerscheinungen & Neuauflagen immer zuerst bei reisebuch.de!
Mallorca Blog
Reif für die Insel?
Täglich frische
Insel-News mit
einem Klick!
www.mallorca-blog.de
Tagesaktuelle News, Bücher, Videos, Sport,
Tourismus, Mietwagen, Wetter u.v.m.
Alles rund um die beliebte Baleareninsel.

Teneriffas Regionen **Seite**

Ortspläne

Wanderkarten

Sonstige

Themen **Seite**

Grafiken

Dedo de Dios beim Teide